초기 라틴 신학

이상훈
고려대학교 사학과(B.A.)와 장로회신학대학교(M.Div.)를 졸업하였다. 그리고 미국 프린스턴신학대학교(Th.M.)와
드류대학교(Ph.D.)에서 역사신학을 공부하였다. 계명대학교 신학과 교수 및 한국교회사학회 총무를 역임하였으며
지금은 한국학중앙연구원 교수로 있다.

이은혜
이화여자대학교 영어영문학과를 졸업하였고, 장로회신학대학교(M.Div., Th.M.)와 미국 프린스턴신학교(Th.M.)에서
공부하였다. 그리고 미국 드류대학교 대학원에서 철학박사(Ph.D.) 학위를 받았다. 지금은 장로회신학대학교 강사로 있다.

기독교고전총서 04
초기 라틴 신학

옮긴이	이상훈·이은혜
초판인쇄	2011. 1. 17.
초판발행	2011. 2. 1.
표지디자인	송원철
펴낸곳	두란노아카데미
등록번호	제 302-2007-00008호
주소	서울시 용산구 서빙고동 95번지
영업부	02-2078-3333　FAX 080-749-3705
편집부	02-2078-3478
홈페이지	http://www.duranno.com
이메일	academy@duranno.com

ISBN 978-89-6491-004-7 04230
ISBN 978-89-6491-000-9 04230(세트)

두란노아카데미는 두란노의 '목회 전문' 브랜드입니다.

기독교
고전총서 **4**

초기 라틴 신학

테르툴리아누스, 키프리아누스, 암브로시우스, 히에로니무스의 저작으로부터

이상훈 · 이은혜 옮김

Early Latin Theology:
Selections from Tertullian, Cyprian, Ambrose, and Jerome

30th 두란노아카데미

발간사 PUBLISHER'S PREFACE

먼저 두란노서원이 창립 30주년을 맞이하면서, '기독교고전총서' 20권을 발간할 수 있도록 허락하신 하나님께 감사드립니다.

실용 음악을 하기 위해서는 고전 음악부터 공부한다고 합니다. 운동선수들이 화려한 개인기를 발휘하기 위해서도 수천 혹은 수만 번 기본기를 먼저 연습해야 하지 않습니까? 목회나 신학도 마찬가지입니다. 현대를 풍미하는 최첨단의 신학은 기독교 고전에 대한 깊은 탐구로부터 시작되며, 21세기를 살아가는 성도의 마음을 이끄는 목회와 설교 역시 고전으로부터 중요한 통찰력을 얻을 수 있습니다. 바로 여기에 '기독교고전총서' 발간의 의미가 있습니다.

두란노서원은 지난 30년간, 크게 네 가지의 주제를 놓치지 않으며 기독교 출판에 앞장섰습니다. 첫째는 '성경적'입니다. 지난 30년 동안 두란노가 많은 책을 출판했지만, 성경의 정신에 입각한 출판을 목표로 했습니다. 둘째는 '복음적'입니다. 두란노는 지금까지 성경에 근거한 복음주의적 신학을 포기한 적이 없습니다. 셋째는 '초교파적'입니다. 한국 교회 안에 다양한 교단이 있지만, 두란노는 교단과 교파를 초월하여 교회가 하나님의 나라를 바라볼 수 있도록 돕기 위해 노력했습니다. 넷째는 '국제적'입니다. 두란노서원은 문화적이고 국제적인 측면에서 세상과의 접촉을 시도했습니다.

두란노서원이 창립 30주년을 맞이하면서 '기독교고전총서'를 발간하는 것은 위에서 언급한 네 가지 주제를 더욱 확고히 하는 기초 작업 가운데 하나입니다. 기독교 고전에는 교파가 있을 수 없고, 가장 성경적이면서도 가장 복음적인 신학을 우리는 기독교 고전에서 배울 수 있습니다. 또한 각 시대마다 교회가 어떻게 세상과 소통하려 노력했는지를 알게 되어, 우리 시대의 목회를 위한 귀한 통찰력을 얻을 수 있습니다. '기독교고전총서'의 발간이라는 기념비적인 사업이 가져다주는 이러한 유익은 단지 두란노 안에만 머무는 것이 아니라, 한국 교회 전반에 넓게 확산되리라 확신합니다.

　　'기독교고전총서'를 번역하기 위해 한국교회사학회 교수님들이 수고하셨습니다. 문장 하나하나, 단어 하나하나를 가장 적절한 우리말로 옮기기 위해 노력해 준 번역자들에게 이 자리를 빌려 감사를 전합니다.

두란노서원 원장

한국어판 서문

중세 사상가인 베르나르 드 샤르트르는 "거인들의 어깨 위에 올라서서, 그들의 위대한 선조들보다 더 멀리까지 바라볼 수 있었다"고 말했다. 또한 피에르 드 블루아도 "우리는 거인들의 어깨 위에 올라앉은 난쟁이와 비슷한 처지에 있으며, 그들 덕분에 그들보다 더 멀리까지 바라볼 수 있다. 우리는 고대인들의 저작을 연구함으로써 그들의 세련된 사상을 되살리고, 그들을 시간에 의한 망각과 인간의 무관심으로부터 구출해 낼 수 있다"고 말했다. 우리는 고전들을 연구함으로써 거인들의 어깨 위에 있는 난쟁이처럼 더 멀리 바라볼 수 있을 것이다.

'기독교고전총서'는 오래 전부터 구상되었으나 이제야 결실을 보게 되었다. 처음에는 40권 정도의 기독교 고전 전집을 구상하였으며, 모두 그리스어나 라틴어 등 그 저작의 원문에서 번역하려고 구상하였다. 그러나 그것은 아직 힘에 겨운 일이어서 우선 'The Library of Christian Classics'을 대본으로 하여 번역하기로 결정하였다. 이는 초대 교회 시대로부터 종교 개혁 시대까지의 고전들을 모두 26권에 편집한 것이다.

우리는 이 중 여섯 권은 제외하기로 결정하였다. 우리가 제외시킨 것은 제4, 18, 20, 21, 23, 26권이다. 제4권의 제목은 *Cyril of Jerusalem and Nemesius of Emesa*로, 예루살렘의 키릴로스의 교리 문답과 에메사의 네메시오스의 '인간 본질론'을 담고 있다. 제18권의 제목은 *Luther: Letters of Spiritual Counsel*로, 루터의 영적 상담의 서신들을 담고 있다. 제26권의 제목은 *English Reformers*로, 영국 종교 개혁자들의 저작을 담고 있다. 이들 고전들은 그 저작들이 중요하지 않아서가 아니라 이미 단행본으로 널리 보급되어 있기 때문에 이번 전집에서는 제외시키기로 결정하였다. 제20권과 제21권은 칼뱅의 「기독교 강요」로, 매우 중요한 저작이긴 하지만 이미 우리말로 많이 번역 출판되어 있기 때문에 제외시키기로 결정하였다. 또한 제23권은 칼뱅의 「성경 주석」으로, 이 역시 소중한 저작이긴 하지만 이미 우리말로 번역 출판되어 있어서 제외시키기로 결정하였다. 영어 전집에서 아우구스티누스의 「신국론」이나 오리게네스의 「원리론」이나 루터의 「3대 논문」을 제외시킨 것도 마찬가지 이유다.

'기독교고전총서'의 제1권은 사도적 교부들의 저작들과 이레나이우스의 「이단 반박」을 담고 있다. 제2권은 알렉산드리아의 클레멘스와 오리게네스의 저서들을 담고 있다. 제3권은 아타나시오스와 나지안조스의 그레고리오스와 니사의 그레고리오스의 저작들과 함께, 아리우스와 네스토리오스의 서신들과 「칼케돈 신조」를 포함하여 초대 교회 총회들의 결정들을 담고 있다. 제4권은 테르툴리아누스, 키프리아누스, 암브로시우스, 히에로니무스 등 라틴 교부들의 저작들을 담고 있다. 제5권은 「독백」, 「자유 의지론」, 「선의 본성」 등 아우구스티누스의 초기 저서들을, 제6권은 아우구스티누스의 「고백록」과 「신앙 편람」을, 제7권은 「삼위일체론」과 「영과 문자」 등 아우구스티누스의 후기 저서들을 담고 있다. 제8권은 동방 교회의 금욕주의를 다루고 있는데, 사막 교부들의 말씀이 있다.

제9~13권까지는 중세 교회의 저작들을 담고 있다. 제9권은 초기 중세 신학들을 담고 있는데, 레렝스의 빈켄티우스의 저작, 라드베르와 라트랑의 성찬론 논쟁, 그레고리우스 대교황의 「욥기 주석」, 비드의 「영국 교회사」 등이 있다. 제10권은 스콜라 신학을 다루고 있으며, 캔터베리의 안셀름, 피에르 아벨라르, 피에트로 롬바르도, 보나벤투라, 던스 스코투스, 오컴의 윌리엄 등의 저작들을 담고 있다. 제11권은 중세 신학의 대표자라고 할 수 있는 아퀴나스의 「신학 대전」을 담고 있다. 제12권은 중세 신비주의를 다루고 있는데, 클레르보의 베르나르, 생 빅토르의 위그, 아시시의 프란체스코, 에크하르트, 독일 신학, 쿠사의 니콜라우스 등등의 저작들이 있다. 제13권은 위클리프, 총회주의자들, 후스, 에라스무스 등 종교 개혁 선구자들의 저작들을 담고 있다.

제14~20권까지는 종교 개혁자들의 저작들을 담고 있다. 제14권은 루터의 「로마서 강의」를 담고 있다. 제15권은 루터의 초기 저작들 중 「히브리서에 대한 강의」, 「스콜라 신학에 반대하는 논쟁」, 「하이델베르크 논제」, 「라토무스에 대한 대답」 등이 있다. 제16권은 자유 의지와 구원에 대한 루터와 에라스무스의 논쟁을 다루고 있는데, 에라스무스의 「자유 의지론」과 루터의 「의지의 속박론」이 있다. 제17권은 멜란히톤의 「신학 총론」과 부처의 「그리스도 왕국론」을 담고 있다. 제18권은 칼뱅의 신학적 저작들을 담고 있는데, 「제네바 신앙 고백」, 「제네바 교회 교리 문답」, 「성만찬에 관한 신앙 고백」, 「예정에 관한 논제들」, 「사돌레토에 대한 대답」 등의 저작들이 있다. 제19권은 츠빙글리와 불링거의 저작들을 담고 있는데, 츠빙글리의 「하나님 말씀의 명료성과 확실성」, 「청소년 교육」, 「세례」, 「주의 만찬론」, 「신앙의 주해」와 불링거의 「거룩한 보편적 교회」가 게재되어 있다. 제20권은 급진적 종교 개혁자들의 저작들을 담고 있는데, 후터파의 연대기, 뮌처, 뎅크, 프랑크, 슈벵크펠트, 호프만, 메노 시몬스, 후안 데 발데의 저작들이 있다.

이 전집은 기독교 고전들에서 가장 중요한 부분을 발췌하여 훌륭하게 번역한 것이다. 또한 세계적인 전문가들이 각 저작들에 대해 명료한 해설을 해 주고 있으며, 학문적 논의들도 심도 있게 다루고 있다. 독자들은 이 전집에서 기독교 사상의 진수들을 접하게 될 것이다. 이 전집이 신학도들과 뜻있는 평신도들의 신앙을 강화시키고 신학을 심화시키며 삶을 성숙시키는 데 크게 기여하리라 믿는다. 이 전집의 출판을 흔쾌히 허락해 준 하용조 목사님과 이 전집을 출판하기 위해 수고를 아끼지 않은 두란노서원의 관계자들과 번역에 참여해 준 모든 번역자들에게 심심한 감사를 드린다.

이양호
'기독교고전총서' 편집위원회 위원장

두란노아카데미가 두란노서원 창립 30주년을 맞아 총 20권의 '기독교고전총서'를 발간하는 실로 눈부신 일을 해냈다. 두란노가 주동이 되어 한국교회사학회 교수들이 전공에 따라 번역에 참여하여 이루어 놓은 결실인데, 한국교회사학회는 우리나라 신학대학교와 각 대학교 신학과 교수들이 대거 참여한 기관이기에 한국 교회 전체의 참여로 이루어졌다는 또 다른 하나의 의미가 있다.

'기독교고전총서'는 초대, 중세, 그리고 종교 개혁 시대까지의 저명한 신학 고전들을 망라한다. 각 시대의 신학적 특색들과, 그리스도의 교회가 시대마다 당면한 문제가 무엇이었으며, 어떻게 교회를 지키고 복음을 전파하며 정통을 수호하였는지에 대한 변증과 주장과 해석의 가장 기본적인 문제들이 무엇이었는지를 확인하는 기회가 될 것이다.

두란노아카데미의 이번 '기독교고전총서' 간행은 그런 보화(寶貨)가 반드시 한국 교회 도처 서가에 꽂혀 그 신학적 수준을 세계 최선의 것으로 치솟게 하고자 한 사명감에서 착수한 것으로, 우리들로서는 그 고전들을 회자(膾炙)할 수 있음이 천행이 아닐 수 없다. 이는 한국 교회 역사에 또 다른 기념비를 세운 일이라 여겨 충심으로 찬하하여 마지아니한다.

민경배 백석대학교 석좌 교수

1962년부터 한 권 한 권 사기 시작해서 나는 'The Library of Christian Classics' 전집 (26권)을 다 소장하게 되었고 가장 애지중지한다.

26권을 살 때마다 나는 책 뒷면에 나의 이름과 책을 산 곳과 날짜와 가격을 적곤 했는데, *Augustine: Earlier Writings*과 *Christology of the Later Fathers*는 1962년 6월 21일 총신에서 각각 485원에, *Early Christian Fathers*는 1965년 미국 웨스트민스터 신학교에서 5달러에 사서, 평생 교회사를 연구하면서 그 어느 책들보다 자주 이 전집을 읽으면서 참고하곤 했다. 특히 제일 처음 사서 읽게 된 *Augustine: Earlier Writings*는 나의 학문적인 삶에 큰 영향을 미쳤다. 한철하 교수님의 가르침을 따라 영문으로 읽으면서 아우구스티누스의 진솔하고 처절한 고백과 기도에 매료되었고, 믿는 것을 이해하려는 신학 활동에 공감하게 되었고, 세상과 교회와 하나님 나라를 바라보는 폭넓은 우주적인 안목에 깊은 감동을 받았다. 그리고 아우구스티누스를 전공하기에 이르렀는데 그것이 나의 삶과 사역에 얼마나 큰 축복이 되었는지 모른다.

이번에 두란노서원이 'The Library of Christian Classics'의 26권 중 20권을 선별해서 번역한 '기독교고전총서'를 출간하게 됨을 진심으로 축하하며 많은 사람들이 이 고전을 읽고, 삶과 사역이 보다 건강하고 아름답고 풍요롭게 되기를 바란다.

김명혁 강변교회 원로 목사, 한국복음주의협의회 회장

옛것을 버리고 새것만 추구하는 세대에서 온고지신(溫故知新) 즉, 옛것을 연구하여 새로운 지식이나 도리를 찾아내는 일이 얼마나 중요한 것인지를, 학문을 사랑하고 진리를 탐구하는 이들이라면 누구나 이해할 것이다.

세기를 넘어 두고두고 읽히고 사랑받는 고전은 시간뿐 아니라 국경을 뛰어넘어 공간을 초월하여 읽히고 인용되는 책들로 영원한 진리의 진수를 맛보게 한다. '기독교고전총서'의 번역자들은 그 시대의 신학자나 신학의 맥을 바르게 이해하는 학자들로 구성되어 있어 그 책들의 질에 걸맞은 높은 수준의 용어 선택과 표현을 했다. 이것

은 우리에게 또 한 번 감격을 주는 것이다. 영어로 번역된 고전들을 다시 우리말로 번역함으로 원저자의 의도가 왜곡될 수도 있겠으나 'The Library of Christian Classics'과 같은 기독교 고전의 권위 있는 영역본을 번역함으로 오히려 그 이해의 폭을 더 넓게 했다 할 수 있을 것이다.

지금은 얕은 물에서 물장난이나 하듯 쉽고 재미있고 편리한 것만 찾는 시대이지만, 날마다 생수의 강물을 마시고 그 깊은 샘에서 길어온 물을 마시려는 목회자, 신학생, 평신도 리더, 그리고 그 누구라도 꼭 한 번 이 고전들을 읽어보도록 추천한다.

이종윤 서울교회 담임 목사, 한국장로교총연합회 대표 회장

'기독교 고전'이라 불리는 책들은 기독교의 2000년 역사와 함께해 왔다. 한국의 기독교 역사의 연수(年數)가 유럽의 연수와 비교할 수 없이 짧지만, 이미 세계 기독교 역사의 한 획을 그을 정도로 영향력이 강한 한국 기독교가 '고전'이라 일컬어지는 책들을 출간한다는 것은 큰 의미가 있다.

기독교는 가난한 자를 부하게 하고 묶이고 포로 된 자를 자유롭게 하는 '생명'인데, 지금 우리는 세상에서 오명을 뒤집어쓰고 있다. 이것은 우리의 잘못으로 책임이 우리에게 있다. 이 오명을 벗어버리기 위해서는, 우리 안에서 철저한 자성과 회개와 갱신이 일어나야 한다. 이것은 오직 주의 성령으로, 주의 말씀으로만 가능하다. 시간이 흘러도 여전히 깊은 고전의 메시지를, 하나님 앞과 교회 안에서, 개인의 삶의 터에서 깊게 묵상하고, 묵상한 그것을 삶의 영역에서 진실하게 드러낸다면 분명히 우리는 변할 것이고, 우리 기독교는 새로워져서 세상을 변화시킬 능력을 가진 생명이 될 것이다. 나는 분명 이렇게 소망하고 기대한다.

오늘의 교회를 갱신시키고, 오늘의 교인들을 영적으로 신학적으로 성숙시키는 일에 크게 기여하는 고전시리즈가 될 것을 필자는 분명히 확신한다.

김홍기 감리교신학대학교 총장

역사상 존재했던 다양한 배경의 성도들이 하나님과 관계를 맺고, 그 영혼의 깨달음과 하나님을 향한 갈망과 예배를 뭉뚱그려 놓은 것이 기독교 고전이다. '고전'이라는 칭호를 얻은 이유는 그만큼 통찰력이 깊고, 영성이 준수하며, 시대를 초월하는 내구성이 있기 때문인데, 예수 그리스도의 충만한 분량에 이르기 위해 지속적으로 영성을 계발해야 하는 목회자나 신학생이나 성도는 끊임없이 영성을 살찌울 수 있는 영양분을 공급받아야 한다. 영성 훈련이라면 보통 기도회나 성령 은사를 체험할 만한 집회 참석을 상상하지만 그것이 영성 훈련의 핵심이 아니다. 구름떼같이 허다한 증인들이 하나님과 관계를 맺어 온 고전 문헌들을 살펴보면서 자신들의 신학과 예배와 경건 생활을 살펴보고 계발하는 것이다.

이에 '기독교고전총서' 우리말 번역을 진심으로 환영하는 바이다. 지금 시대에 최고의 실력을 갖춘 번역가들이 각고의 노력으로 번역한 이 글들이 한국 성도들의 영성 개발에 큰 공헌이 될 줄로 확신한다. 바라건대 목회자들뿐 아니라 일반 성도들도 더욱 고전에 쉽게 친근해질 수 있게 되기를 소망한다.

피영민 강남중앙침례교회 담임 목사

기독교는 2천 년 역사를 이어오면서 풍성한 영적 광맥을 축적하고 있다. 그 가운데 하나가 기독교 고전 문헌이다. 이는 시대가 변하고 사람이 바뀐다 해도, 각 세대가 캐내어 활용해야 할 값진 보물이요 유업이다.

그럼에도 이런 문헌이 대부분 헬라어나 라틴어 같은 고전어로 쓰였거나 외국어로만 번역되어 있는 것이 오늘의 우리 현실이어서 신학 대학에서 훈련받은 사람조차도 기독교 고전에 손쉽게 접근하기 어려운 형편이었다.

그런데 이 '기독교고전총서'는 초기 기독교 교부로부터 시작하여 16세기 종교 개혁자에 이르기까지 대표적인 기독교 저작들을 대부분 포함하고 있다는 점과, 두란노 아카데미 편집부와 한국교회사학회가 협력하여 이루어 낸 결실이라는 점에서 누구도 그 권위를 의심치 않으리라 여겨진다. 번역은 창작 이상의 산통과 노고가 필요한 작업이기에, 교회사 교수들이 합심하여 기독교 고전들을 한국어로 살려 낸 이 시리즈는 한국 교회사에 길이 기억될 역작이라 생각한다.

위대한 신앙 선배들의 그리스도의 복음을 향한 뜨거운 가슴과 깊은 이해가 독자들에게 전달되어 풍요로운 영성을 체험하는 가운데 놀라운 영적 부흥이 일어나기를 소망하며, 많은 분들에게 추천하고 싶다.

목창균 전 서울신학대학교 총장

고전의 가치를 인정하는 기독교가 중요하게 여기는 '고전 중의 고전'은 단연 성경이다. 기독교는 성경을 하나님의 말씀으로 믿는데, 하나님께서 교회에 선물로 주신 보물은 성경 외에 다양한 고전들 속에도 담겨 있다. 기독교 역사 2천 년 동안, 하나님의 일꾼으로 세움 받은 분들이 기록해 놓은 고전은 기독교의 보화다. 기독교 고전은 우리의 믿음과 경건이 한층 성숙해지는 계기를 제공하고 신학적 수준을 한 단계 높이며 신앙을 성숙하게 하는 좋은 자양분이 될 것이다. 기록된 하나님의 말씀인 성경이 기독교 역사를 거쳐 오면서 각 시대마다 어떻게 해석되고 적용되었는지를 이 고전에서 살펴볼 수 있다.

이번에 출판되는 '기독교고전총서'를 보다 많은 성도들이 읽음으로써, 성경을 각자의 삶에 어떻게 적용시킬 수 있는지를 배우게 되기를 바란다. 아무쪼록 '기독교고전총서'의 출판으로 말미암아, 한국 교회가 기독교 고전의 귀중함을 새롭게 깨달아 기독교의 근원으로 돌아가려는 움직임이 강하게 일어나기를 바라며, 기쁜 마음으로 이 책을 추천한다.

장영일 장로회신학대학교 총장

일러두기

'기독교고전총서'(전20권)는 미국 Westminster John Knox Press(Louisville · LONDON)에서 출간된 'Library of the Christian Classics'에서 19권, 그리스어에서 1권을 '한국교회사학회'의 각 분야 전문 교수들이 번역하였다.

1. 맞춤법 및 부호 사용 원칙

맞춤법의 경우, 기본적으로 '국립국어원'의 원칙을 따랐다.

본문의 성경 인용의 경우, '개역개정'을 기본으로 하고 그 외에는 인용 출처를 밝혔으며 사역에는 작은따옴표(' ')로 표시하였다.

국내 단행본, 정기간행물의 경우에는 낫표(「 」)를, 외서의 경우에는 이탤릭체를, 논문에는 큰따옴표(" ")를 하였다.

라틴어의 경우, 이탤릭체로 표시하였다.

강조 문구는 작은따옴표(' ')로 표시하였다.

원서에서 사용한 부호를 가능하면 그대로 사용하였다.

2. 주

원저의 각주 외에 옮긴이의 각주가 추가되었다. 이것을 *, ** 등으로 표시했으며 각주 란에 추가하였다.

각주 번호는 원서 그대로 따랐다.

3. 용어 통일

인명과 지명의 경우, '한국교회사학회 용어(인명 · 지명) 통일 원칙'을 따랐으며(다음 쪽 참고), 영문은 처음 1회에 한하여 병기하였다.

한국교회사학회 용어(인명·지명) 통일 원칙

1) 문교부가 1986년에 고시한 외래어 표기법을 따른다

현행 외래어 표기법은 다음과 같이 네 개의 장으로 구성되어 있다.

제1장 표기의 기본 원칙

제1항 외래어는 국어의 현용 24자모만으로 적는다.

제2항 외래어 1음운은 원칙적으로 1기호로 적는다.

제3항 받침에는 'ㄱ, ㄴ, ㄹ, ㅁ, ㅂ, ㅅ, ㅇ'만을 쓴다.

제4항 파열음 표기에는 된소리를 쓰지 않는 것을 원칙으로 한다.

제5항 이미 굳어진 외래어는 관용을 존중하되 그 범위와 용례는 따로 정한다.

제2장 표기 일람표(현재 19개 언어): 생략

제3장 표기 세칙(현재 21개 언어): 생략

제4장 인명, 지명 표기의 원칙: 생략

2) 〈외래어 표기법〉에 제시되어 있는 〈라틴어의 표기 원칙〉은 다음과 같다.

(1) y는 '이'로 적는다.

(2) ae, oe는 각각 '아이', '오이'로 적는다.

(3) j는 뒤의 모음과 함께 '야', '예' 등으로 적으며, 어두의 i+모음도 '야', '예' 등으로 적는다.

(4) s나 t 앞의 b와 어말의 b는 무성음이므로 [p]의 표기 방법에 따라 적는다.

(5) c와 ch는 [k]의 표기 방법에 따라 적는다.

(6) g나 c 앞의 n은 받침 'ㅇ'으로 적는다.

(7) v는 음가가 [w]인 경우에도 'ㅂ'으로 적는다.

3) 〈외래어 표기법〉에 제시되어 있는 〈고전 그리스어 표기 원칙〉은 다음과 같다.

(1) y는 '이'로 적는다.

(2) ae, oe는 각각 '아이', '오이'로 적는다.

(3) c와 ch는 [k]의 표기 방법에 따라 적는다.

(4) g, c, ch, h 앞의 n은 받침 'ㅇ'으로 적는다.

목차 CONTENTS

테르툴리아누스 이상훈 옮김

키프리아누스 　이상훈 옮김

암브로시우스 이상훈 · 이은혜 옮김

히에로니무스 이은혜 옮김

전체 서문 PREFACE

초기 라틴 교부들(아우구스티누스 이전의 교부들)의 신학을 제시하기 위하여 작품들을 선택하는 것은 쉽지가 않다. 삼위일체와 그리스도의 인격과 같은 기독교 신앙의 중심이 되는 교리들에 대한 서방의 저술들은 결코 부족함이 없다. 일반적으로 프렉세아스(Praxeas)에 반박하는 테르툴리아누스, 삼위일체에 관해서는 노바티아누스과 포티에의 힐라리우스(Hilary of Poitiers), 신앙론과 성령론에 관해서는 암브로시우스(Ambrose)를 즉시로 떠올릴 것이다. 그러나 헬라 교부들은 이 분야에서 훨씬 더 중요하며, 그들은 이 시리즈저술에서 방대하게 다루어지고 있다. 다시 말해서 테르툴리아누스의「변증학」, 미누키우스 펠릭스(Minucius Felix)의「옥타비우스」(Octavius)와 암브로시우스의「신비에 관하여」(De Mysteriis)와 같은 고전들이 있는데, 그러나 이것들은 최근의 좋은 영어 번역본으로 손쉽게 구해서 볼 수 있다. 그러므로 비록 포티에의 힐라리우스와 같은 그토록 훌륭한 사람을 제외하는 아쉬움이 있음에도 불구하고, 가장 저명한 네 명의 초기 라틴 교부인 테르툴리아누스, 키프리아누스, 암브로시우스, 그리고 히에로니무스의 작품들로부터 선별하여 다루는 것이 현명한 것 같다. 이 책에서는 어느 정도의 통일성과 개별성을 줄 수 있도록 하기 위하여, 라틴 세계로부터 상당한 주목을 받았지만 기독교고전총서(Library of Christian Classics)에서 출판된 헬라 교부들의 저술들에서 충분하게 드러나지 않았던 한 가지 주제인 교회(the Church)를 다루도록 하겠다.

그렇지만, 나는 좁은 의미에서의 교회론(the Doctrine of the Church)에 국한하지 않고, 교회의 본성과 구성(constitution)뿐만 아니라 교회의 생활에 대한 라틴적인 사고들을 예시하고자 한다. 그리하여 테르툴리아누스의 「이단 반박 논설」(De Praescriptionibus Haereticorum)과 키프리아누스의 「보편 교회의 일치에 대하여」(De Catholicae Ecclesiae Unitate)는 교회에 대한 근본적인 서구 이론을 제공하며, 테르툴리아누스의 「우상에 대하여」와 히에로니무스의 서신 일부는 교회와 사회의 일반적인 관계(교회와 세계의 주제)를 제공해주고, 암브로시우스의 서간문들은 주로 교회와 국가의 관계를 어떻게 생각하고 있었는지 그리고 그의 생각을 어떻게 실행했는지를 보여주고자 암브로시우스가 주고받았던 서신들 가운데서 몇 편의 편지들을 선별하여 뽑았다.

히에로니무스와 암브로시우스의 다른 편지들은 성직자의 훈련과 의무들에 대하여 말해주고 있다. 처음에는 최초의 기독교 윤리에 대한 "편람"(manual)인 암브로시우스의 「직무에 대하여」(De Officiis)를 포함하기를 희망했으나, 그 작품이 너무 길어서 주어진 지면을 거의 다 차지하기 때문에 싣지 못했다. 세례 논쟁(Baptismal Controversy)에서 제기되었던 문제들에 대한 옵타투스(Optatus)주교의 가르침은 아우구스티누스의 세례에 대한 가르침을 예견했으며 동시에 영향을 주었는데 그의 글을 실을 자리를 마련했어야 했지만 그러지 못했다.

나의 이러한 선택의 결과는 일반적인 제목에도 불구하고, 어떤 내용은 직접적으로 신학적이지 않고 오히려 역사적인 것으로 분류될 만한 것들이었다. 그러나 그 모든 것들이 기독교 고전 가운데 분류되어야 한다고 나는 믿고 있다. 한 편의 글마다 거기에 해당하는 상당한 서론을 필요로 하는 한편, 나의 주해는 완전한 주석으로 의도된 것은 물론 아니다. 나는 테르툴리아누스의 「이단 반박 논설」의 부록으로, 교회에 대한 서구 사상의 기초가 되었던 이레나이우스의 중요 구절들의 발췌문과 또한 몬타노스주의자로서의 그의 입장을 규정하기 위하여 테르툴리아누스의 「정절에 대하여」(De Pudicitia)의 작은 부분을 추가하였다. 몬타니즘은 그것과 대비되어 가톨릭 교리가 날카롭게 정의되었던 당시의 사상적 경향이었다.

네 명의 라틴교부들은 번역하기가 쉽지 않았으며, 테르툴리아누스의 경우 원본이 상당부분 불완전하게 보전되어왔다. 그들 모두는 대부분 또는 항상 고도로 수사학적이며, 현대적 감각의 영어로는 화려한 수사를 제대로 맛볼 수가 없다. 아주 자유로운 의

역 외에 영어로 테르툴리아누스의 참 맛을 제공할 수 있을지 의문스럽다. 나는 라틴어에 되도록 가깝게 하려는 것이 나의 의무라고 생각했고, 내가 숙어적인 현대 영어로 쓰려고 노력할 동안에도, 니케아 이전의 기독교 시리즈(Ante-Nicene Christian Library)의 지독한 직역주의와 일부 다른 번역본의 과장되게 성경적이거나 "종교적인 문체의 두 극단을 피하려고 했는데, 지금 생각해보면 내 스스로에게 좀 더 자유를 주었더라면, 덜 딱딱하게 번역할 수 있는 많은 구절들이 있었음을 의식하게 된다. 또한 대부분의 테르툴리아누스의 익살과 단어의 유희를 재생할 수 없는 나의 무능함을 탓하고 있다. 키프리아누스의 수사학은 다른 종류로서, 산만하고, 열의가 있으며, 반복적이다. 그는 한 단어보다는 두 단어를 선호하는데, 나는 때로는 한 쌍의 동의어 가운데 하나를 생략하기도 했다. 나는 테르툴리아누스, 키프리아누스, 그리고 암브로시우스의 몇 개의 다른 번역본을 참조하기도 했는데, 어떤 것은 좋았고, 어떤 것은 (꼭 말해야겠는데) 아주 형편없었다. 나는 그들의 번역이 좋을 때는, 염치없이 그 번역을 사용하였다. 그러나 히에로니무스의 번역은 본질적으로 「니케아 교부들과 니케아 후기 교부들」(Nicene and Post-Nicene Fathers) 시리즈에 있는 영국성공회의 프레맨틀(Dean Fremantle)의 번역이다. 이 종류의 번역본으로는 이것이 탁월한 번역으로 보였는데, 아마도 오늘날 쓰이는 것보다는 비교적 좀 말이 많고, 비교적 더 공식적이지만, 활력이 있고 상상력이 풍부하다. 그러나 교정을 요하는 세부적인 부분 외에도 프레맨틀은 설명적인 주해를 본문에 편입시키는 경향이 있었다, 그는 또한 발라르시-미그네(Vallarsi-Migne) 본문에서 번역했으며, 그리고 히에로니무스에 의해서 인용된 본문을 거의 항상 영어 성경 번역본(주로 Authorized Version, 때로는 Revised Authorized Version)으로 대체했다. 나는 대부분의 주해들을 제거했고, 번역본을 힐베르그(Hilberg)의 본문과 일치하도록 하였고 (내가 힐베르그를 받아들일 수 없는 몇몇 예외를 제외하고는), 현재의 영어본과 아무리 다를지라도 히에로니무스 자신의 영어 인용문들의 번역들로 대체했다. 이 책 전반에 나타나는 성경 인용문들은 몇몇 히에로니무스의 인용문들을 제외하고는 불가타 이전의 번역본(pre-Vulgate)이라는 것을 염두에 두어야만 한다. 그리고 구약의 인용문들의 출처는 주로 헬라어 70인역(Septuagint Greek)이며 히브리 원문이 아니라는 것을 상기해 주기를 바란다.

그린스레이드(S. L. GREENSLADE)

역자 서문

지중해의 바다 빛은 황홀하다. 흔히들 '네이비블루'라 부르는 그리 진하지도 또 옅지도 않은, 그러면서도 부드럽고 깊은 느낌의 블루…. 고대 기독교 발상의 무대를 직접 발로 밟아 선인들의 채취를 느끼고 싶었던 후세의 교회사가들은 책에서만 만나던 다소 생경한 느낌의 이름들로부터 비로소 얼마만큼의 친숙함을 얻는다. 예나 지금이나 변치 않을 그 지중해의 다감함으로 인해 ….

고대 라틴 세계는 지중해의 세계다. 육로의 통행이 오늘처럼 편하지 않았던 그 시대, 바람의 향방을 헤아릴 수 있는 감각을 지닌 이들에게 있어서 바다는 더 이상 미지와 두려움의 대상은 아니었다. 유럽과 아시아 그리고 아프리카를 잇는 교두보로서 팔레스타인의 지정학적 위치의 절묘함이 기독교사에서 종종 운위되고 있거니와, 그 팔레스타인에서 시작된 예수 그리스도의 죽음과 부활의 소식은 헌신적인 이들의 열심에 실려 지중해를 넘어 라틴 세계 이곳저곳으로 전달된다. 테르툴리아누스, 이레나이우스, 키프리아누스, 암브로시우스, 히에로니무스 등. 이들의 이름 앞에 이미 카르타고, 리용, 밀란 등의 지명이 함께 등장하고 있다는 사실은 이들 동시대인들에게 라틴 세계의 판도가 상당한 지역에까지 미치고 있었음을 암시한다. 당대 희랍의 문물을 대변하는 알렉산드리아가 있었다면, 그 이외의 지역은 명실 공히 라틴 세계라 할 수 있다. '모든 길은 로마로'라는 말은 또 한편 '로마로부터 그 어떤 곳도 이를 수 있다'는 말로도 이해할 수 있다.

2세기 말 3세기 초의 라틴 교부들

흔히들 아우구스티누스 이전, 혹은 니카이아(A.D. 325년) 전후의 라틴 교부들은 총칭으로 '초기 라틴 교부들'이라 일컬어진다. 이들은 북아프리카에서 활동하던 테르툴리아누스, 키프리아누스, 락탄티우스를 비롯하여 로마에서 활약하던 히폴리투스, 노바티아누스, 같은 이탈리아 반도이지만 더 북쪽의 밀란에서 활동하던 암브로시우스, 팔레스타인의 베들레헴에서 활동한 히에로니무스, 그리고 지중해 저쪽 유럽 내륙으로 진출한 리옹의 이레나이우스 등을 포함한다. 지역적 팽창만큼이나 이들이 물려받은 선대로부터의 유산, 그리고 그것들을 자신들의 시대에 유지, 보존, 혹은 확대하여야 하는 그들의 임무는 그리 간단치 않았다. 전 세대, 혹은 전전 세대에 싹트기 시작했던 예수 그리스도 사건에 대한 제각각의 해석에 대하여 이들은 나름의 기준을 제시해야 했으며 한편으로 '땅 아래, 혹은 지하' 상태의 교회에 더 이상 머물지 않고 '햇볕 위'(혹은 공인)로 나온 교회를 의식하며 그 위상을 찾는 일에도 적극적으로 관여하여야 했다.

'기독교고전총서'의 「초기 라틴 신학」 편집자는 지역적으로 광범위하고, 다양한 인물들의 활동으로 인해 이들의 신학을 제시하기 위한 작품을 선택하는 일이 '쉽지 않다'고 토로하는 말로 시작한다. "삼위일체와 기독론과 같은 기독교 신앙의 중심 교리들에 대한 라틴 교부들의 저술을 꼽자면 프락세아스(Praxeas)를 논박하는 테르툴리아누스, 삼위일체에 대한 노바티아누스과 포티에의 힐라리우스, 신앙과 성령에 대한 암브로시우스의 저술들을 즉시 떠올릴 수 있겠다. 그러나 이들 분야에서는 헬라 교부들의 저술들이 더 중요하다고 여겨지기에 …(중략)… 테르툴리아누스의 「이단논박」(De Praescriptionibus Haereticorum)과 그의 후기 사상을 보여주는 「우상에 관하여」, 키프리아누스의 「보편 교회의 일치에 대하여」(De Catholicae Ecclesiae Unitate)와 몇몇 서신들, 교회와 국가의 관계를 논의하는 암브로시우스의 서신들, 그리고 당시 교회와 사회의 일반적인 관계를 보여주는 히에로니무스의 서신들을 선별하였다"고 적고 있다.

테르툴리아누스과 그의 저술들

테르툴리아누스는 A.D. 155년 경 북아프리카 카르타고에서 태어났다. 문학·철학, 특히 법률에 넓은 교양을 가졌으며, 저명한 법률가로서 활약하였으나, 로마의 그리스도교 박해에서 신자의 영웅적 순교에 감동되어 A.D. 193년 경 기독교로 개종하였다. 이후 그는 사제의 길을 걷게 되었고 이를 통해 이교도(異敎徒), 유대인, 이단자(異端者)들의 여러 가지 이설(異說)들로부터 기독교를 지키기 위해 힘을 쏟았는데, A.D. 207년 경 이후에는 엄격한 성격 탓으로, 그 자신이 몬타누스파(派)에 가입하는 면모를 보여주기도 하였다.

테르툴리아누스는 자신의 열정적이며 엄격한 성정을 기독교의 '정통성'을 보존하며 지키는 일에 열심을 내는 쪽으로 발휘하였다. 저술가로서 테르툴리아누스는 매우 특색 있는 인물이었다. 이전에 있었던 저술가들과는 대조적으로 그는 자신의 논리 전개에 있어서 엄격한 형식을 사용하였다. 테르툴리아누스는 생활의 전반적인 면에서 비판적 관찰자였으므로 그의 이와 같은 관심이 그의 저술들에 자연스럽게 배어있다. 칼 홀(Karl Holl)은 테르툴리아누스에 대하여 "그로 인해 마침내 서방 정신이 입을 열었다"라고 평가한다. 그가 남긴 저술로는 「호교서」(護敎書, Apologeticum, 197), 「헤르모게네스 논박」(Adversus Hermogenem, 200/6), 「영혼의 증언에 대하여」(De testimonio animae, 197/200), 「마르시온 논박」(Adversus Marcionem, 207/8) 등이 있다. 이들 저술들에서 테르툴리아누스는 기독교의 정체성을 흔드는 가르침들에 대하여 자신의 해박한 법률지식과 당대 철학 등을 동원하여 그것들을 반박한다.

'기독교고전총서'의 「초대 라틴 신학」에 소개된 테르툴리아누스의 저술 가운데 몇 가지를 간단하게 소개하면 다음과 같다. 「이단논박」에서 테르툴리아누스는 사도들이 사도적 전통이 각각의 구전과 그들이 설립한 교회에 보낸 서신을 통해 전수되었다고 주장한다. 이 때의 서신들은 주로 이후에 신약성서로 정경화될 문헌들을 의미한다. 이처럼 그는 성서의 권위를 중요하게 꼽았으며, 아울러 구전 전통을 강조한다. 이것들이 '신앙의 규범'(Regulae Fidei)을 이루고 있다. 신앙의 규범은 교육적 목적으로 사용될 수 있으며, 또한 오류 없는 성서의 해석 범위를 규정해 주기도 한다. 테르툴리아누스는 이단들이 규범(Regulae), 즉 성서적 해석의 규범을 무시하고 잘못된 해석학을 적용하고 있기 때문에 그들이 성서를 인용한다고 하더라도 그것은 소용없는 일이라고 논한다. 「우상에 대하여」에서는 보다 분명한 테르툴리아누스의 사상이 드러난다. 당시 제국은 교회를 승인하지 않았으며 기독교 국가(Christians State)가 되리라는 생각은 꿈에도 생각하지 못하고 있던 형편이었다. '혹시 로마 황제들이 기독교인이었다면 몰라도 기독교 국가란 불가능하다'(If Caesars could be Christians—but that is impossible). '기독교국가가 되기 전에 차라리 세상의 끝이 오는 것이 더 빠르리라!' 기독교 기관들이 사회에 보급되리라는 어떠한 기대도 할 수 없는 그러한 상황에서, 테르툴리아누스는 기독교에 대한 관용을 기대하지 않았다. 기독교인은 모든 형태와 제도들이 우상 투성이로 구성된 이방 사회에서 살고 있다는 사실과, 국가와 이웃들이 기독교인에게 그러한 우상들과 관련된 것들—최악으로는 모든 죄악들—을 행하기를 기대하거나 강요하는 사실에 직면해야만 한다. 이런 세계에서 교회가 어떻게 살 수 있겠는가? 테르툴리아누스의 대답은 세상과 가능한 한 분연히 단절(break)하여 살아가라고 촉구하였던 것이다. '아덴과 예루살렘이 무슨 상관이 있는가?'라는 그의 철학적 명제는 이제 실제 생활에서도 나타난다. 세상과의 확실한 분리를 강조하는 그의 가르침은 그가 왜 몬타니즘 운동에 스스로 몸담게 되었는지를 말해주고 있다.

키프리아누스와 그의 가르침

테르툴리아누스와 같이 카르타고를 무대로 활동했던 키프리아누스는 여러 면에서 테르툴리아누스와는 달랐다. 요하네스 쾨스텐은 키프리아누스를 가르켜 "테르툴리아누스와 달리 급한 성정 또한 좌중을 압도하는 천재성을 가진 그런 스타일의 사람은 아니었다. 반면 그는 동정과 부드러움을 갖추고 신중하며 포용적인 신사적 면모를 지닌 인물이었다. 그러나 그는 어디까지나 테르툴리아누스에 전적으로 의지하여 자신의 신학활동을 펼쳤던, 이를테면 테르툴리아누스의 비서와 같은 인물"이었다고 평가한다. 「초기 라틴 신학」 편집자는 "이 책에서 어느 정도의 통일성과 개별성을 줄 수 있도록 하기 위하여, 라틴세계로부터 상당한 주목을 받았지만 '기독교고전총서'(Library of Christian Classics)에서 출판된 헬라 교부들의 저술들에서 충분하게 드러나지 않았던 한 가지 주제인 교회(the Church)를 다루도록 하겠다. 그렇지만, 나는 좁은 의미에서의 교회론(the Doctrine of the Church)에 국한하지 않고, 교회의 본성과 구성(constitution)뿐만 아니라 교회의 생활에 대한 라틴적인 사고들을 예시하고자 한다"고 편집 의도를 밝히고 있거니와 바로 초대 교회에서 교회의 본질과 그 구성, 그리고 교회 생활 전반에 관한 라틴 교부들의 저술 중 가장 대표적인 가르침은 다름 아닌 바로 키프리아누스의 저술들 속에 잘 드러난다.

키프리아누스는 카르타고에서 200년에서 210년 사이에 태어났다. 이교도의 집안에서 태어났지만 그는 유복한 부모덕에 당시로서는 최고의 교육을 받아 웅변술의 스승이 되었다. 당시 그곳 사제였던 카이실리우스의 영향을 받아 246년 기독교인이 되었고, 이후 사제의 훈련과정을 거쳐 249년에는 카르타고의 감독으로 추대되었다. 250년 로마 황제 데키우스의 박해를 비롯한 수차례의 박해에도 굴하지 않고 자신의 교구에 있는 그리스도인들을 선도하였다. 교회론 등의 교리상의 논쟁에도 가담하여 큰 발자취를 남겼으나, 로마 황제 발레리아누스의 박해로 A.D. 258년 참수형을 당해 순교하였다. 신학의 여러 문제, 특히 교회론과 관련한 저작 「보편적 교회의 일치」를 위시하여 그 밖의 13편에 이르는 논문과 그와 비슷한 숫자의 서신 등을 남겼다. 키프리아누스는 중세에서 근세에 걸쳐 아우구스티누스를 위시한 많은 신학자 ·사상가에게 영향을 끼쳤다.

'기독교고전총서'에서 소개하고 있는 키프리아누스의 저술은 「보편적 교회의 일치」와 「타락한 자들의 문제」라는 제목의 서신, 그리고 「세례 논쟁」이라는 제목의 서신이다. A.D. 251년 부활절 주일은 3월 23일이었다. 부활절이 얼마 지나지 않은 4월이나 아마도 바로 그 전 해에 있었던 로마 황제 데키우스의 박해 기간 변절하고 타락한 자들에 대한 아프리카 교회의 방침을 결정하기 위하여 카르타고에서 공의회가 열렸다. 키프리아누스는 이 공의회의 회장으로서 그가 쓴 두 개의 소논문(tract), 「타락한 자들에 대하여」(On the Lapsed)와 「보편 교회의 일치」(On the Unity of the Catholic Church)을 낭독하였고, 후속적으로 두 편의 글을 로마에 보냈다. 로마에 보낼 때에는 아마도 두 편의 글, 적어도 「보편 교회의 일치」는 개정하여 보냈다. 카르타고에서의 내분은, 그 치리정책에 있어서 아프리카 감독단을 함께 결속하고자 하는 바람을 가지고, 「일치에 대하여」(De Unitate)와 같은 작품을 쓸 만한 충분한 이유가 되었다.

키프리아누스의 보편 교회(Catholic Church)의 개념은 자신의 선임이었던 테르툴리아누스의 「이단 논박」에서 나타나고 있는 보편교회 개념과 유사하다. 테르툴리아누스에 의하면 교회는 구약성서에 사도적 성서들을 덧붙여서 사용하면서, 전통적인 사도적 신앙을 유지하고 있으며, 사도 시대로부터 전해 내려오는 제도들 아래에 살고 있는 하나의 가시적 몸이다. 그리고 교회는 더 나아가 각 교구에서 감독들의 승계에 의해서 사도들과 연결된다. 그러나 테르툴리아누스가 이 책을 저술한 이래로 분위기가 변하였고, 그 분위기와 함께 강조점도 변했다. 테르툴리아누스가 교리의 순수성을 염려했던 것에 비하면, 키프리아누스는 그럴 필요가 줄어들었다. 키프리아누스의 주된 관심사는 일치(unity)를 위한 것이며, 일치를 목표로 하면서 그는 감독들의 권위와 동료로서 그들의 응집력을 훨씬 더 강조한다. 키프리아누스에게 있어서 감독단(episcopate)이 물론 참된 신앙의 수호자인 것은 여전하지만, 그의 당면한 상황 속에서 감독단은 훨씬 더 중대한 일치의 수호자이다. 그러므로 사도적 승계는 부분적으로 참된 교회를 여타 이단적 경쟁자들 사이에 구별하기 위한 수단으로써, 그리고 부분적으로는 순종에 대한 감독 권위의 원천으로써 전면에 부각된다.

신학적으로 키프리아누스는 교회의 일치는 자명한 것(axiomatic)이며, 더 나아가 성서적으로 신적으로(divinely) 보증되었다는 지론을 가지고 있다. 이것은 단순히 모든 기독교인들이 내적으로, 그리고 영적으로 연합되었음을(연합되지 않을 수도 있다) 의미하는 것이 아니라, 유일한 하나의 구체적이고 가시적인 몸, 유일한 하나의 연합(communion)인 교회, 주님께서 사도들을 세우신 참되고 유일한 교회임을 의미한다. 키프리아누스에게 있어서 이러한 일치는 이상적인 것이 아니라 실제적인 것이어서, 그 일치는 깨어질 수가 없다. 그것은 사도적 승계 안에 있는 감독[주교]단, 각 지역 교회에서 감독들의 승계라는 구조와의 일치, 또는 그 구조를 둘러싸고 있는 일치이다. 승계(Succession)들 밖에서는 교회란 있을 수 없다.

암브로시우스와 그의 시대

암브로시우스의 시대는 그 전임자들의 시대와는 사뭇 다르다. 같은 라틴 교부들이라 하더라도 밀란 칙령 이전의 시대와 그 이후는 기독교의 위상이 너무나 달라져 후대인들을 혼란스럽게까지 한다. '기독교고전총서'에서 소개하고 있는 암브로시우스의 서신들은 그 변화를 한 눈에 느끼게 한다. 각종 전쟁에 참가하여 살육행위를 하였던 당대의 황제에 대하여 암브로스우스는 당당하게 그의 잘못을 지적하고 있으며 그것에 대한 적절한 참회의 절차가 없이는 교회에서 베풀어지는 성만찬에 참여할 수 없다고 선언한다.

암브로시우스는 340년 지금의 독일 지역인 트리어에서 출생하였다. 부친의 죽음 이후 로마로 가서 수사학을 공부하고, 368년 변호사가 되었으며, 370년에는 북이탈리아의 리구리아주 밀란의 집정관(執政官)이 되었다. 밀란에 집정관으로 재직하고 있을 때 밀란 성당의 주교 후계자 논쟁을 수습하여 아리우스파(派)와 가톨릭 양쪽의 신망을 얻었으며 이를 계기로 374년 정식 안수도 받지 않은 상태에서 주교가 되었다. 이후 니케아 정통파의 입장에 서서 교회의 권위와 자유를 수호하는 데 노력하여 신앙·전례(典禮)·성가(聖歌) 활동의 실천 등에 업적을 남겼다.

히에로니무스의 편지글들

히에로니무스는 달마티아 지방의 스트리돈에서 A.D. 345경에 출생하였다. 이후 로마로 건너가 공부하였으며 19세 때 세례를 받았다. 교황 다마소 1세의 비서로 활동하였으며, 교황이 서거하자 베들레헴으로 가서 학문연구에 전념하고 주로 성서와 관련된 저술을 남겼으며 A.D. 419년 경 사망하였다. .

히에로니무스는 히브리어 원본의 성서를 연구한 성서학자로 유명하다. 그의 가장 큰 업적은 그리스어 역본인 70인역 성서를 토대로 '시편' 등의 라틴어 역본(불가타 성경)을 개정한 일이다. 그는 히브리어와 함께 아람어 등에도 깊은 조예가 있었다. 이를 통해 그는 당대의 라틴어 판 성서 작업에 깊이 관여하였던 것이다. '기독교고전총서'에서는 히에로니무스 시대의 인물들과 성서, 그리고 교회의 여러 사안들과 관련된 내용들을 담고 있는 6개의 서신을 소개하고 있다. 서신 내용을 통해 우리는 왜 제롬이 암브로시우스, 그레고리우스, 아우구스티누스와 함께 라틴의 4대 교부라 일컬어지는지, 그 면모를 알 수 있다. 그는 교회 중심적, 성서 중심적 라틴 사고의 전형을 보여준다.

초대 교회에서 라틴 교부들의 위상은 희랍 교부들의 철학적, 사변적 경향에 비해 보다 교회 중심적, 기독교 윤리의 실천적 경향을 강조하는 면모를 보이는 데 있다.

「초기 라틴 신학」에 나타나는 교부들의 가르침은 주로 초대 교회의 교회론과 그리스도인의 윤리관을 이해하는 좋은 길잡이로 활용될 수 있겠다.

이상훈

테르툴리아누스

PART I
TERTULLIAN

일반적 개요

I

테르툴리아누스의 생애에 대해서는 할 말이 그리 많지 않다. 히에로니무스에 따르면 그는 카르타고에서 태어났고 백부장의 아들이었다. 그는 분명히 문법과 수사학에 있어서 훌륭한 교육을 받았으며, 훈련된 변호사였다. 중년에 그는 기독교로 개종하였고 카르타고에서 살면서 저술했으며, 추측하건데 거기서 교회의 장로로 있다가 (비록 이것은 확실히 증명할 수는 없을지라도), 점차로 몬타니즘으로 기울어졌고 최종적으로는 그 단체에 가담하려고 카르타고의 보편 교회들과 관계를 끊었고, 주후 220년 후 노년이 되어 죽었다. 그의 기독교 관련 저서들은 주후 197년부터 칼리스투스(Callistus)의 교황시기인 218-222년까지의 기간에 집필되었다.

테르툴리아누스는 순교를 앞두고 있는 기독교인들에게 짧은 권면을 한 후에, 변증가로서 「국가에 대하여」(Ad Nationes)의 저술로서 변증을 시작했으며, 이어서 탁월한 작품 「변증」(Apology)을 썼는데, 이 책에서 그는 기독교에 대항하여 통상적으로 가해졌던 정치적, 사회적 비난들을 제거하는 것을 주된 목적으로 삼고 있다. 이 세 권의 작품들은 주후 197년부터 시작한다. 한 분 하나님의 존재에 대한 자연적 본능의 증거인 「영혼의 증거」(*The Testimony of Soul*)와 후대의 작품 *Ad Scapulam*(212)에서 변증적인 관심을 계속 보여주고 있다. 또 다른 주요 작품들은 영지주의에 대한 공격들로 구성되었다. 각각의 특정 이단을 반박할 필요성이 아닌, 원칙적으로 모든 이단을 반박하는 「이단 반박 논설」(*De Praescriptionibus Haereticorum*), 마르키온에 반박하는 방대한 작품, 헤르모게네스(Hermogenes)와 발렌티노스파를 반박하는 저서들, 논문들 「그리스도의 육체에 대하여」와 「육체의 부활에 대하여」, 「뱀이 문 상처」(*Scorpiace*)와 「영혼에 관하여」가 있다. 마지막 작품은 테르툴리아누스의 영혼에 관한 교리에 대한 단호한 진술이다. 논쟁적 신학에서 테르툴리아누스의 가장 영향력 있는 작품은 영지주의를 반박하는 책이 아니라, 서구 삼위일체 교리의 주요 원천이 되고 있는 양태론자 '프락세아스'(Praxeas)를 반박하는 책이다. 현존하는 다른 그의 대부분의 저술들은 도덕적이고 훈육적이다. 그의 초기 활동, 즉 약 206년경, 몬타니즘의 면모에 대한 어떤 자취도 있기 이전에, 「주 기도에 대하여」(*On the Lord's Prayer*), 「세례에 대하여」(*On Baptism*), 「인내에 대하여」(*On Patience*), 「참회에 대하여」(*On Penance*), 「부인들의 옷차림에 대하여」(*On Women's Dress*), 「그의 아내에게」(*To His Wife*), 「처녀의 면사포에 대하여」(*On Virgin's Veil*) 등이 세상에 출시된다. 이 책들 가운데 「세례에 대하여」는 예전적으로 중요하며, 그보다 중요성은 좀 덜하지만 「웅변에 관하여」(*De Oratione*)도 중요하다. 한편 「참회에 대하여」는 종종 당혹스러운 것도 있지만, 참회와 관련된 치리의 역사에서 매우 중요하다. 몇 년 후에 나온 기독교인들의 군복무를 반박하는 「병사의 면류관」(211년)과 「우상에 대하여」("교회와 세상")가 나왔다. 「정절에 대한 권고」(*The Exhortation to Chastity*)도 또한 이 시기에 해당된다. 완전히 몬타노스주의자로서 쓴 책은 「박해 속에서의 도피」(*The Flight in Persecution*, 213), 「일부일처제」(*Monogamy*), 「금식에 대하여」(*On Fasting*), 「정절에 대하여」(*On Chastity, De Pudicitia*) 등이 있다. 「프락세아스 반박문」(*Adversus Praxeam*)은 비록 몬타니즘으로 확정되지는 않았지만, 이 또한 몬타노스주의자 단계에서 쓴 책이다. 테르툴리아누스는 라틴어뿐만 아니라 헬라어로도 저술했다. *De Spectaculis*는 확실히 헬라어로도 발간되었으며, 세례에 관해서도 그는 헬라어로 저술했으나 현존하지 않다. 31개의 저술들이 현존하며, 위에서 언급하지 않은 두 작품으로 철학자의 외투에 대해서 쓴 「외투」(*De Pallio*)와 미완성의 「유대인 반박문」이 있다. 아마도 테르툴리아누스는 또한 아름다운 「성 페르페투아의 수난」(*Passion of St.*

Perpetua)의 편집자(어떤 이는 저자라고 함)였을 것이다. 그의 모든 작품들이 전해지고 있는 것은 아니다. 잃어버린 논문들 가운데 「영혼의 기원」(*The Origin of the Soul*)에서 헤르모게네스에 반박하는 한 부분과, 아펠레스 분파에 반박하는 한 부분, 그리고 「운명」(*Fate*), 「낙원」(*Paradise*), 「기독교인의 소망」(*The Christian Hope*), 그리고 「황홀경」(*Ecstacy*)과 같은 책들이 있다. 마지막 작품은 몬타니타즘에 대하여 많은 것을 말해줄 수 있었을 것으로 추측된다.

II

테르툴리아누스의 문체는 번역자들에게는 절망스럽다. 그는 열정적이며, 활발하고, 익살과 재치가 풍부하고, 단어의 유희를 즐긴다. 그의 저술은 다양한 종류의 수사학적 기법들로 장식되어 있다. 그의 재간을 너무 무리하게 이용함으로 그의 글은 구불구불 꼬여 있고 명료하지 않은데, 특히 한 문장의 내용을 두 세 개의 함축적인 단어들로 압축할 때 더욱 그렇다. 어떤 때 그는 놀림조로 말하고 있음에 틀림없으며, 그러나 그의 익살스런 말솜씨가 얼마나 피곤할 수 있는지를 그가 알았을 리가 없는 때들도 있다. 그러나 좋게 보아서 그는 설득력 있고 화려하다. 그는 자기가 쓰고 싶다고 생각하는 대로 단어를 사용하고, 그 단어들이 자기가 원하는 것을 말하게 하며, 마치이전에는 존재하지 않았던 것처럼 단어들을 창작한다. 만일 그의 내용이 그의 형식보다 덜 독창적이었다면 (그 구분이 확실한 한에는), 독자들은 그가 강력한 독창적인 지성의 소유자라는 것을 결코 의심할 수 없다. 테르툴리아누스를 "라틴 신학의 아버지"라고 부르는 것이 관례이다. 그 칭호에 합당한 자격이 있으나, 이해를 할 필요가 있다. 「이단반박 논설」(*De Praescriptionibus*)을 예로 들어보자. 이 책은 의심의 여지없이 서방에서 (그 중에서도 특히 키프리아누스와 그를 통하여) 교회론에 지대한 영향을 끼쳤으나, 근본적인 견해는 이레나이우스로부터 온 것이다. 비록 이레나이우스가 헬라어로 저술했을지라도 그는 서방의 감독이었으며 추측컨대 서방에서 그의 글들이 읽혀졌다. 또한 영지주의를 반박하는 자료에 대하여 테르툴리아누스가 이레나이우스에게 빚을 지고 있음은 자명하고, 테르툴리아누스도 그것을 숨기지 않았다. 테르툴리아누스는 헬라의 변증가들의 글들을 읽었고, 그들의 로고스 교리를 잘 알고 있었다. 그럼에도 불구하고, 「프락세아스 반박문」에서 삼위일체교리에 끼친 테르툴리아누스의 공헌은 사실이며 중요하다. 테르툴리아누스는 확실히 서방의 특징이 된 진지하고 염세적인 타락의 교리(doctrine of Fall)를 위한 길을 예비하였다. 그리고 이 점에서 그는 헬라의 대가들과 결별하였다. 만일 도덕과 훈련에서 그의 엄격주의가 받아들여지지 않았다 할지라도, 그 책들은 (그리고 심지어 몬타노스파의 엄격주의 책들이 복사되고 읽혀졌다) 그대로 남아서 기독교 생활의 엄격한 관점에 대한 지지를 원하는 사람들에 의해서 사용되었다. 빚으로서의 죄에서 나타나는 엄격한 법적 개념과 보상과 처벌에 대한 개념들은 불행한 유산들이어서 유감이지만 너무도 생생하다.

그가 '라틴' 신학의 아버지라고 묘사될 때, 라틴 신학의 용어를 만든 것에 그가 공헌한 것을 또한 주목하게 되는데, 후대의 언어들을 추적하면 대부분 테르툴리아누스에게로 추적하여 올라갈 수 있다는 것은 틀림없는 사실이다. 그러나 여기서도 단서를 달아야 하겠다. "그에게 우리는 라틴 기독교 어휘의 대부분을 신세지고 있다"고 싸우터(Souter)는 말하고 있다. 이것은 사실이다. 그러나 실제는 가장 이른 초기 라틴어 성경본들에 얼마나 의존하고 있으며, 그리고 아마도 헤르마스(Hermas)의 「목자」(Shepherd)와 고린도에 보내는 클레멘스의 서신과 같은 그러한 몇 개의 헬라어 작품들의 라틴어 번역본에 얼마나 의존하고 있는가에 달려있다. 이 모든 작품들이 테르툴리아누스보다 후대의 것이거나, 심지어 바로 테르툴리아누스가 최초의 라틴어 성경 번역본을 만들었다고 믿어지는 한에서, 테르툴리아누스가 대부분의 라틴 신학 용어를 '창조했다'고 말할 수 있겠다. 테르툴리아누스는 적어도 그에게 도움이 되는 라틴어 성경을 가지고 있었다는 것이 오늘날 보편적으로 주장되고 있다.

완화해서 이야기 하더라도 테르툴리아누스는 초기 교회의 가장 영향력 있는 사람 가운데 하나로 우뚝 서 있다. "내게 사부를 건네주시오"(Hand me the Master)라고 키프리아누스는 그의 비서에게 말하곤 하였다. 삼위일체에 대한 노바티아누스의 작품은 테르툴리아누스의 삼위일체에 의존해 있고, 레렝의 빈켄티우스(Vincent of Lerins)의 「방법론」(Commonitorium)과 그의 '보편성개념'(catholicity)에 대한 준거는 대부분 「이단 반박 논설」

에 빚을 지고 있으며, 교황 레오의 「서간집」(Tome)은 기독론의 개념과 어휘를 테르툴리아누스에게서 가져온 것이다. 더 많은 사람들이 섬세하고, 동시에 더 인간적이며 더 관대하고 더 합리적인 알렉산드리아인들을 선호할 것이다. 비록 사물에 대한 자신의 스토아적 견해를 완전히 제거할 수는 없었을지라도, 테르툴리아누스는 철학을 좋아하지는 않았다. 철학은 별개로 하고, 테르툴리아누스는 기독교를 '신적인 직무'(divinum negotium), 즉 계시, 하나님께서 행하신 어떤 것으로 이해하려고 진짜로 노력했다. 그의 과장들과 세부사항들에 대한 왜곡들에도 불구하고, 그는 여전히 신지학적(theosophical)이고 (미숙하다고 말해야 할까?) 철학적인 사색의 왜곡들에 대항하여, 서방을 안정적이며 사려 깊고, 역사적이며 성경적으로 유지하는 데 중대한 힘이 되었다고 할 수 있다.

이단 반박 논설

서론

I

20세기는 계시의 문제에 대하여, 그리고 계시와 밀접한 연관이 있으며, 그리스도 안에 있는 계시에 의해서 세워진 교회의 본질과 권위에 대하여 많은 관심을 기울여 왔다. 이와 유사한 일이 2세기에도 일어나고 있었다. 영지주의는 자신들이 기독교인 이라고 주장하면서, 부분적으로는 이성에, 부분적으로는 신비주의와 특별 계시들에 의지하여 그들의 가르침을 만들었다. 그들은 지금 신약이라고 불리는 책들의 일부를 사용했으나, 본문과 해석을 다룸에 있어서 상당히 고압적인 자세로 그 책들을 취급 하였고, 그들은 또한 교회가 이후에 받아들이기를 거부한 다른 책들도 사용하였다. 그럼에도 불구하고 그들의 가르침 속에 또는 이면에는 정통 기독교적 요소들이 있었 다. 그리고 그들이 당대의 최신 사상의 관점에서 기독교적 계시를 해석했기 때문에 많은 사람들에게는 그들이 가장 최신식 종교 교사들처럼 보였음에 틀림없다. 단순한 사람들의 교화를 책임진 일반 감독(bishop)이나 장로(presbyter)에게는 (만일 붙잡고 가르칠 만한 확고하고 분명한 무엇인가를 발견하지 못했다면), 영지주의자들은 성가신 존재들이며 최악의 경우에 (그들은) 심각한 위험이 되었을 것이다. (그들이 주교나 장로에게 실제로 매력적이지 않았다면)

　　2세기와 3세기 초의 신학자들은 (유스티니아누스, 특별히 이레나이우스, 알렉산드리아의 클레멘스와 테르툴리아누스를 들 수 있는데), 영지주의적 견해나 교사들인 *seriatim*에 대항하여 논쟁할 준비가 되어 있었고, 실제로도 논박을 하였다. 그러나 그들 가운데 몇 명은 영지주의가 제기한 가장 핵심적인 물음은 "진정한 기독교가 무엇인가?"라는 것으로 이해하였다. 믿음의 권위 있는 출처를 결정할 필요가 있었는데 - 즉, 거룩한 책들의 범위를 결정하여 정경(canon)을 형성하는 것을 주로 뜻함 - 만일 그렇게 할 수 있게 된다면, 그 당대에서 진정한 기독교를 어디에서 발견할 수 있는지를 보여주는 데 유용하였다. 그 답변들에 대한 단서는 '사도적'이라는 한 단어이다. 주장된 바에 따르면, 구원하는 계시(saving revelation)는 역사 안의 한 시점에서 나타난 역사적 사건들, 즉 구약에서 예언되고 준비되어져 왔던 사건들을 통한 역사적 그리스도 안에서 최종적으로 주어진 것이었다. 계시는 가르침의 총체(corpos)로서 "믿음"으로 논의되어져 왔는데, 이것은 그리스도에 의해서 사도들에게, 사도들에 의해서 그들이 세운 교회들에게 전수되어져 왔다.

　　이러한 전달과정은 세 가지 주요한 방법으로 구체화되었다. 첫째는, 사도들 자신들이나 사도들의 최측근의 글들 속에 나타난다. 그러므로 경전인 성경으로써 구약에 추가될 수 있고 추가되어야만 할 것들은 바로 이 책들, 이 책들 밖에는 없다. 이 책들은 권위 안에서 구속력을 띄게 될 것이다. 몇몇 책들에 대해서는 실제로 서로 의견이 불일치하기도 했으나, 바울에다 누가복음을 덧붙인 마르키온의 짧은 신약과는 대조적으로, 현재의 신약의 핵심은 2세기말 경에 정경으로 받아들여졌다. (신약의 각 권은 오랫동안 이미 사용되어지고 있었다.) 둘째로, 현대 학자들이 너무나도 많은 관심을 보이고 있는 케리그마(선포)라고 하는 사도적 선교목적의 설교의 정수는 결코 잊혀질 수 없었다. 왜냐하면 케리그마는 직접적으로 전도에 필수적인 것으로 남아있었기 때문이다. 이처럼 지역 교회들은 사도적 신앙의 규범(Rule of Faith) 또는 진리의 규범(Rule of Truth)을 항상 의식했는데, 그 진리의 규범은 또한 세례 시에 믿음을 고백하는 신조 속에 구체화되어졌을 것이다. 이 신앙의 규범은 아주 짧은 것이었지만, 신학자들에게 논쟁과 오류들에 대한 범주를 제공하기에는 충분했다. 그 규범에 얼마나 충실한지에 대한 여부가 곧 근원적 기독교에 대한 시금석이 되었던 바, 규범에서 떠나는 것은 곧 위험신호였다. 그 규범은 또한 성경 주해를 위한 가이드라인을 제시해주었다. 셋째로, 원(原) 계시는 정규적이며, 권위를 인정받은, 그리고 공인된 사역의 책임 있는 가르침에 의해서, 특히 사도들 자신이 세우고 가르쳤으며, 사도적 시대 이후에 그들의 연속성을 증명할 수 있는 교회들 속에서 보전되어졌다. 이 연속성에 대한 외적인 증거는 먼저 주로 감독들을 일컫는 성직자들 속에 있으며, 다음으로 이 연속성의 신적인 지원을 받는 기관들(교회)에 있다. 그리하여, 사도적인 저술들을 사용하면서, 사도적인 신앙의 규범에 충실하고, 책임 있는 감독들에 의한 감독을 받으며, 사도들의 시대 이후로 믿음과 예배와 훈련의 끊어지지 않는 연속성을 가진 그러한 교회들 속에서, 틀림없이 진정한 기독교를 발견할 수 있다. 바로 여기에 기독교 전통이 존재하며 기독교 교회가 있다. 만일 어느 한 지역교회의 가르침에 대하여 의심이 생긴다면, 다른 많은 교회들과의 합치 여부 속에서 진리를 가늠할 수 있다.

비록 매우 이른 시기의 교회의 삶 속에서 감지되어지긴 했지만, 대부분의 논쟁은 단계적으로 형성되었다. 2세기 초에 이그나티우스는 이미 영지주의적인 왜곡과 분파의 위협을 감지하면서, 감독에 의해서 (교회가) 유지될 필요성을 강조하였다. 후에 헤게시포스(Hegesippus)는 역사적인 연속성에 대한 증인들로써 감독의 승계의 중요성을 보았고, 긴 명단(감독 명단)을 가진 교회들은 동일한 것을 가르쳤음을 적시하고 있다. 방대한 신학적인 이해를 가지고 그 입장을 완전히 세운 사람은 바로 이레나이우스였다. 그러나 누가 이레나이우스의 책을 읽을 것인가? 그때나 지금이나 단지 학자들 밖에 없다. 그는 테르툴리아누스의 배후에 있는 위대한 지성이며, 바울신학에 중심적 위치를 부여했고, 구속의 역사적 성격에 대한 해석을 제공했기 때문에 교회는 그에게 심오한 빚을 지고 있다. 신학으로 보자면, 모든 사람들은 테르툴리아누스의 둔사와 역설보다는 그의 절제된 글을 더 선호할 것이다. 그러나 독자들을 확보한 것은 바로 테르툴리아누스의 재기발랄함과 대담성이었다. 영민함이 담긴 이들 소책자에서 많은 후대의 신학자들은, 싫든 좋든 간에, "정통 입장"의 정수와 모든 반대자들을 맞설 수 있는 지름길을 보았다.

본 책자는 모든 테르툴리아누스의 저작물 가운데 "가장 말재주가 좋고(plausible) 가장 장난기 있는 책"으로 불려졌으며, 심지어 그 책에 대한 더 심한 말들도 있었다. 논의의 가치는 무엇인가? 물론 우리는 본서의 본질적인 취지와 겉치레적인 말을 구별해야만 한다. 여러 가지 면에서 그 책이 나온 당시에 그 책은 건전했으며, 어떤 면에서는 지금도 건전한 채로 남아 있다. 설령 누군가 구약의 난제들, 바울의 율법과 자유, 공로와 은혜의 대조법(antitheses)을 가지고 씨름했던 마르키온과 그의 고투에 대하여 테르툴리아누스보다도 더 동정을 가지고 있다고 치더라도, 영지주의는 분명 별종이었다. 회고해보면, 영지주의는 우리가 흔히 말하는 기독교를 가르치지 않았음이 분명하고, 그들은 핵심적인 역사적 계시에서 벗어났기 때문에, 기독교적 믿음과 삶의 연속성을 가지고 있지 않았다. 줄여 말해서, 그들은 시간 혹은 공간 속에서 '보편성'이라는 시험을 넘어설 수 없었기 때문에, 그들은 배척을 당한 것이 명백하다. 이 같은 결론은 몇 가지 질문들을 피해가는 것 같지만, 주된 요점에 있어서는 그것은 건전하며, 그것이 바로 테르툴리아누스가 도달한 논지이기도 하다. 한편, 현대 비평가들이 말하고자 했듯이, 테르툴리아누스가 명제적 형태로 생각했던 원계시(original revelation)의 명확성(clarity)과 고정성(fixity)을 너무나도 지나치게 강조했다는 것은 분명한 사실이다. 그는 지역에 따라 전달하는 과정에서의 인간적인 오류를 충분히 인정하지 않았으며 4세기에 일어났던 것으로 보이는 오류의 급속한 확산 등에 대하여도 충분한 여지를 허용하지 않았다. 시간이 흐름에 따라서 테르툴리아누스의 원리들이 제대로 적용되어지지는 못했다. 그러나 여전히 참된 사실은 기독교가 계시의 종교라는 것과, 기독교는 역사적 사건 속에 닻을 내리고 있으며, 성경에 기록되고 해석되어진 그 사건의 중요성은 구체적이며, 역사적인 교회의 삶 안에 있는 개개인에 의해서 자각된다는 점이다.

Ⅱ

이 작품에서 논점을 취하는 정확한 형식은, 근본적으로 심각한 것이지만, 매우 창조적인 것이다. 마무리하는 말을 읽어 보면, 테르툴리아누스는 특정한 교리들에 대하여 영지주의와 논쟁할 준비가 되어있고, 그는 이러한 논쟁에 관한 긴 시리즈 작품들을 출판하기도 했다. 그러나 이 작품에서 테르툴리아누스는 교회가 그같이 논쟁할 필요가 없이 단순히 자신의 권위로 마주 설 수 있다고 주장한다. 영지주의가 성서에 호소하고 성서로서 주장하는 한, 교회는 그들의 말을 경청할 필요가 없다. 교회는 단순히 참된 성서를 소유하고, 오래되고 열려있는 해석의 전통을 소유하고 있다는 자신의 권리위에 서야만 한다. 만일 영지주의자들이 교회 내에서 그리스도인이기를 원한다면, 그들은 신앙의 규범에 기초한 이들 저술들과 그 해석의 전통을 받아들일 것이다. 만일 그들이 이것을 원치 않는다면 (성서의 문헌을 훼손하는 일과 일부 사도적 저술들에 대한 거부를 철회하지 않는다면), 그들은 자신 스스로를 교회밖에 두는 것이며, 교회는 그들의 가르침을 주목할 필요가 없을 것이다. 그러나 그들이 교회의 성서를 요구하는 것을 허락해서는 안 된다. 그들이 어떤 주장을 증명할 수 있는 유일한 방법은, 만일 충분히 안정된 어떤 공동체가 있기라고 한다면 그들의 공동체가 사도들로부터 역사적 연속성을 부여받은 교회들임을 보여주어야만 한다. 만일 영지주의가 성서에 호소하지 않는다면, 그들은 자동적으로 일고의 가치도 없게 된다.

물론, 테르툴리아누스가 보기에 영지주의 그룹들은 결정적일 정도의 방법으로 그들의 역사적 연속성, 즉 각 지역 교회 안에서의 감독들의 연속성을 증명할 수는 없으리라고 확신한다. 그의 견해의 난해한 점 한 가지가 바로 여기에 있다. 구체적, 역사적 연속성이 있는 곳에서 진정한 기독교를 발견할 가능성이 있으며, 정규적인 사역(regular ministry)은 그러한 연속성에 대한 하나의 요소이며 연속성에 도움이 된다고 하는 것은 완벽하게 합리적인 주장이다. 그런데, 사역의 계승이 단절된 곳에서는 진정한 기독교가 존재할 수 없다거나, 계승이 발견되는 곳에서는 언제나 진정한 기독교가 있다고 말하는 것은 전혀 별개의 사안이다. 이 짧은 서론에서 이것을 충분히 토의할 수는 없다. 그렇지만, 이레나이우스와 테르툴리아누스의 가르침은 몇 가지 면에서 명료화할 필요성이 있다. 우선, 그들의 관심은 언제나 참된 교리, 즉 믿음의 수호를 위한 것이었다. 비록 그들이 주된 목적에 대한 하나의 방법으로써, 제도적 교회가 존재하도록 지탱하는 방법에 관하여 관심을 기울이기는 하였을지라도, 그것은 어디까지나 이차적인 관심일 뿐이었다. 둘째로, 논란이 되고 있는 사도적 계승은 각 지역 교회 안에서 전혀 다른 명단을 제공하고 있는 일련의 감독들로 구성되는 것이지, 성직 임명자나 성직 수임자의 연결고리로 이루어지는 것이 아니다. 초대 교회에서 사도적 계승은 언제나 전자를 의미한다. 셋째로, 그들이 감독이 되는 것에 특별한 강조점이 있지 않다. 비록 테르툴리아누스는 확실하게 그것(감독직)을 당연시 하였지만, 논점의 요지는 감독직(episcopacy)에 있지 않았다. 이레나이우스는 종종 계승을 장로들의 계승(successions of presbyters)으로 불렀다. 요점은 각 지역 교회 안에 책임 있는 목회자들의 질서 있는 계승이 있어야만 한다는 것이다.

이러한 사도적 계승에 대한 교회의 이해는, 테르툴리아누스의 마음속에서 지배적이지 않았던 것처럼 보이며, 이레나이우스는 확실히 마음에 없었던 어떤 것, 즉 제도주의(institutionalism)를 낳는 구실을 제공하였다. 이 제도주의 하에서는 다른 것들, 즉 어쩌면 더 중요하다고 볼 수 있는 기독교적 생활의 특징들을 희생시키면서, 권위, 고정성 그리고 좋은 교인됨(good churchmanship)을 강조하게 된다. 그리고 제도주의는 치명적으로 단순히 사도적 계승 안에 있는 어떤 감독과의 친밀성의 여부로서만 교회의 회원 됨을 가능하도록 야기할 수 있다. 테르툴리아누스는 이 모든 것들을 포기하고 몬타니즘을 선호하게 되었다. 그 주된 이유는 몬타니즘의 도덕적, 치리적 엄격성 때문이었으며 (평균적인 기독교인은 제도적 교회에 대한 충성도로써 스스로 구원을 보장받았다고 생각하는데 반하여), 또한 그가 '취득시효'(De Praescriptionibus)에서 상술한 '권위'에 대한 교리를 계속 유지하기를 중단했기 때문이다. 왜냐하면 몬타니즘에서는 성령을 통한 새로운 계시가 있을 수 있었다. 즉, 권위는 감독들의 집합에 있는 것이 아닌, 성령의 현재적이며 즉각적인 역사 속에 놓여져 있는 바, 사람, 즉 영적인 남자나 여자 속에 있는 것이었다. 테르툴리아누스가 주요 출처로 삼는 이레나이우스와 그의 최종적인 입장은 부록에서 간략하게 제시된다.

III

'취득시효'(Praescriptio)의 기술적인 의미에 대하여 염려할 필요는 없다. 테르툴리아누스는 법률 훈련을 받아왔다. 그는 아직 통용되고 있는 praescriptiones라는 단어에 대하여, 또한 이미 폐기된 언어들 역시 알고 있었다. 그러나 그는 교회가 영지주의에게 실제로 법적 조치를 취하는 것을 제안하지 않고 있으며, 법적인 형태에 세세하게 정확해야만 할 필요도 없었다. 그는 한 가지 이상의 취득시효(praescriptio)의 의미를 마음에 두고 있었기에 45항과 이 작품을 언급하는 「그리스도의 육신에 관하여 2」에서 "그러나 모든 이단들을 논박하는 이 같은 취득시효는 다른 곳에서 이미 사용되고 있다"(Sed plenius eiusmodi praescriptionibus adversus omnes haereses alibi iam usi sumus)라고 복수를 사용한다. 두 개의 가장 오래된 원고들은 제목으로서 De Praescriptione라고 명명되었는데, 그것은 현대에 더 자주 사용되는 일반적인 형태가 되었다. 다른 사본들과 가장 초기의 편집자들은 De Praescriptionibus라고 이름 붙였는데, 그것 또한 정확하다. *Praescriptio*중 한 가지 조항은 소유의 항목으로, '오래된 소유'나 '오랜 기간'을 뜻한다. 테르툴리아누스가 38항에서 이 뜻을 마음에 두고 있었음이 틀림없으며, 역사적으로 계속된 교회가 항상 성서를 소유해왔기 때문에 이것은 의심의 여지없이 줄곧 유효하다. 그러나 *praescriptio*의 역할은 애초부터 이전의 문제를 부각시키고, 그 문제에 대한 토론으로 제한하는 것이다. 만일 영지주의는 성서를 사용할 권한이 없다는 이전의 요점이 매듭지어졌다면, 교회는 성서의 의미에 대하여 영지주의와 논쟁할 필요가 없다. 교회는 관례법에 의해서 성서를 소유했겠으나, *praescriptio*의 첫 번째 의미는 '이 점이 먼저 결정되어져야만 한다'는 청원이다. 때때로 사용되는 이의신청, 예외, 제한과 같은 현대적인 법률 용어들은 모두 오해의 여지가 있는 편이기에, *praescriptio*를 '취득시효, 규정'으로 자역(字譯)하는 것이 최상인 것 같다. 좀 노장의 학자들이 테르툴리아누스의 이 작품을 몬타노스 시대의 작품으로 생각했었다고 하니 놀라운 일이다. 이 책에는 몬타노스파의 어떤 내용이 들어 있는 것과는 거리가 멀고, 이 책은 그 운동의 원리들을 완전히 반대하고 있다. 이것은 아마도 「마르키온 반박문」의 첫머리에 있는 다른 책에 대한 암시 때문에 오해가 발생했을 것이다. 그 다른 한 권의 책은 '새로운 취득시효'(*praesciptio novitatis*), 즉 '오랜 시간의 취득시효'(*praescriptio longi tempris*)를 근거로 이단에 대하여 논박을 지지하는(*sustinebit*) 책이다. 그러나 *sustinebit*는 논점이 좋을 것이라는 뜻이지, 그 책이 여전히 집필되어져야만 한다는 뜻이 아니다. 그것은 몬타노스의 영향을 드러내는 작품들(206년 이후)과 개인적인 영지주의에 반대하는 책들보다 더 앞서있으며, 그것은 200년경으로 추정된다.

본문에 대하여는 우리는 테르툴리아누스의 주요한 원고인, 40장(章)에 달하는 9세기의 아고바리디누스 사본(*Codex Agobardinus*, Parisinus 1622)을 가지고 있다. 다른 중요한 원고는 11세기의 것인, *Seletstadiensis* 또는 *Paterniacensis* 439이다. 두 개의 15세기의 MSS가 플로렌스(Florence)와 레이든(Leyden)에 있다. 가장 최신의 완전 비평적 편집으로는 크로이만(Kroymann)에 의해서 이루어진 비엔나 사본(1942)이다. 비엔나 사본은 많은 부분이 손상된 아고바르디누스본의 검토를 위한 현대적 과학적 과정들을 거친 장점을 가지고 있으며, 본문을 확실하게 여러 군데 향상시켰으나, 크로이만의 수많은 억측들과 상실한 본문들(*lacunae*)에 지속적으로 의지하는 것은 설득력을 주지 못한다. 따라서 현재 번역의 기초는 여전히 절충적이다. 편집과 번역의 세부적인 것들은 참고문헌을 참고하였다. 「기독교 총서집」(Corpos Christianorum)에서 라바울(R.F. Refoulé)이 편집한 것은 번역이 되어졌을 때 손에 넣을 수가 없었다. 그도 또한 15세기의 룩셈부르크 사본(Codex Luxemburgenis 75)을 사용하였으며, 나처럼, 그도 크로이만이 수정한 것들을 상당부분 채택하지 않았다.

본문

1. 우리가 살고 있는 이 시대를 생각하면 필자는 다음의 말을 꼭 하고 싶다. 이단의 출현이나 이단들이 신앙을 훼파하는 행위가 일어날 때 놀라지 말아야 한다는 점이다. 왜냐하면 이단의 출현은 이미 예고됐으며, 이단은 신앙을 시험함으로써 참된 신앙을 검증하기 위한 바로 그 이유 때문에 출현하는 것이기 때문이다.[1] 많은 사람들은 이단이 강력한 힘을 가졌기 때문에 분개하는데, 그러한 반응은 근거 없는 것이며 경솔한 짓이다. 이단이 출현하지 않았다면 그것이 어떤 힘을 가질 수 있었겠는가? 어떤 것이 필연적으로 존재하도록 운명지어졌을 때, 그것은 존재의 목적과 함께, 그것이 존재하게 됨으로써 그것의 비존재를 배격하는 강력한 힘을 부여받게 된다.

2. 열병의 예를 들어보자. 열병이 존재하는 곳에서 인간의 생명이 파괴되며 치명적이고 고통스러운 문제들이 발생하는 것은 놀라운 일이 아니다. 왜냐하면 열병은 사람의 생명을 파멸하기 위하여 존재하기 때문이다. 열병으로 인하여 사람의 생명이 파멸되는 일을 목도할 때 우리는 놀라지 않는다. 왜냐하면, 그것이 열병이 존재하는 이유이기 때문이다. 마찬가지로, 신앙을 약화시키고 멸절시키기 위하여 생겨난 이단이 실제로 그러한 일을 할 수 있다고 우리가 경고를 받았다면, 우리는 이단의 존재자체를 먼저 경계해야만 한다. 존재와 힘은 불가분의 관계이다.

열병의 목적과 힘은 본질적으로 악한 것임을 우리는 알기 때문에, 우리는 놀라움

---

1. 마 7:15; 24:4, 11, 24; 고전 11:19, 이 서론에 대한 근거본문. 참고 4항.

보다는 역겨움을 느낀다. 열병을 완전히 없애는 힘이 우리에게 없기 때문에, 우리는 열병을 몰아낼 예방조치들을 취하게 된다. 그런데, 이런 논리를 이단에 적용해보자. 이단은 영원한 죽음을 초래하며 이단에 빠지는 사람은 이단과 함께 맹렬한 불의 시련 속에 떨어지게 된다. 이단을 피할 능력이 있음에도 불구하고 이단을 피하기보다는 이단의 힘에 놀라움을 느끼기를 선호하는 사람들이 있다. 그러나 이단이 강하다는 사실에 우리가 놀라지 않을 때 비로소 이단은 그 능력을 상실하게 된다. 우리가 이단의 힘이 이단 자체의 태생적 진리에서부터 솟아난다고 가정하게 된다면, 우리는 놀라서 실족하게 되든가, 아니면 실족하여서 놀라게 되는 경우가 발생한다. 확실히 놀라운 것은 악은 그 자체로 어떤 힘을 소유하고 있지만, 이단은 믿음이 약한 사람들과의 관계에서 강력하게 된다는 사실이다. 권투선수들이나 검투사들이 경기할 때, 승자가 강하거나 천하무적이기 때문이 아니라, 패자가 약하기 때문에 이기는 경우가 종종 있다. 이후에 진짜 실력 있는 사람과 맞붙어 싸우게 되면, 그 승자는 두들겨 맞게 된다. 이와 마찬가지로, 이단은 사람의 약함을 이용하여 그 힘을 이끌어내는 것이다. 참으로 강한 믿음의 사람을 만나면 아무런 힘도 발휘하지 못한다.

3. 이단의 힘에 놀라서 감탄에 빠진 사람들은 이단의 포로들에 의해서 훈화를 받게 되어, 타락에 이르게 되는 경우가 드물지 않게 자주 있다.[2] 사람들은 질문한다. 교회의 가장 신실하고 가장 지혜롭고 가장 경륜 있다고 하는 아무개 아무개는 왜 그쪽 편으로 전향했는가? 틀림없이 그러한 질문들은 그 자체로 답을 제공해주고 있다. 만일 이단 때문에 교회의 신실하고 지혜로우며 경륜 있는 사람들이 변절했다면, 그 사람들은 지혜롭지도, 신실하지도, 경륜 있지도 않은 사람으로 드러나고 만 것이다. 지금까지는 평판이 좋은 사람이 나중에 타락하는 것이 놀랄 일인가? 사울은 모든 사람보다 월등히 좋은 사람이었을지라도, 나중에는 질투로 인하여 인생이 망가졌다. 다윗은 주님의 마음에 합한 선한 사람이었으나 나중에는 살인과 간음죄를 지었다. 솔로몬은 하나님으로부터 모든 은총과 지혜를 선물로 받은 자였으나 여인들에 의해서 우상숭배에 빠졌다. 오직 하나님의 아들이 오시기 전까지는 모든 인간은 죄 아래 있

---

2. 난해한 문장이며 내 번역이 서툴다. 본문이 확실하지 않다. I read *miriones*, the *lectio difficilor*, not *infirmiores*; 나는 그것을 c.2.에서 종종 표현된 "놀라움"이라는 단어와 연결하였다. 아마도 대중 번역하자면 "멍청하게 입 벌리고 있는 바보들" 정도로 표현할 수 있으리라. *Aedificari in ruinam*은 마 7:26, 고전 8:10을 암시하는 단어들이다.

다. 그렇다면 만일 감독이나 집사, 과부, 처녀나 교사, 심지어 순교자까지도 신앙의 규범에서 이탈하였다면, 이단이 진리를 소유했다고 결론 내려야만 하는가? 사람들에 의해서 믿음을 검증해야 하는가 아니면 믿음에 의해서 사람들을 검증해야 하는가? 그 사람이 그리스도인이 아니라면, 아무도 지혜로운 사람일 수 없고, 아무도 신실한 사람일 수도 없으며, 아무도 영예를 받을 수 없다. 그리고 끝까지 인내하지 않는다면 아무도 그리스도인이라고 할 수 없다.

당신은 인간이기에 다른 사람들을 외모로만 알 뿐이다. 당신은 볼 때에 생각하고, 당신의 두 눈이 당신으로 하여금 보게 할 때만 당신은 본다. 그러나 "주님의 두 눈은 고결하시다."[3] "사람은 외모를 보지만, 하나님은 중심을 보신다."[4] "주님은 자신의 소유인 사람들을 아신다."[5] 그리고 주께서 심지 않은 식물들은 뽑아내신다. 그분은 나중 된 자가 처음 되는 것을 보여주시고, 바닥을 청소하기 위하여 그의 손에 키를 가지고 계신다. 믿음이 가벼운 쭉정이는 온갖 유혹의 바람에 제멋대로 날아가게 하신다. 그리하여 주님께서 그의 창고에 모으신 알곡들은 훨씬 더 순결하게 된다.

제자들 가운데 몇 사람도 실족하여 주님 자신으로부터 돌아섰다. 나머지 제자들도 즉시로 주님의 발자취를 떠났는가? 아니다. 제자들은 주님이 생명의 말씀이시며 하나님으로부터 오신 분임을 확신하였고, 주님께서 제자들에게 "너희도 가려느냐"고 물으셨을 때, 제자들은 끝까지 인내하며 주님과 동행하였다. 부겔로와 허모게네, 빌레도와 후메네오와 같은 몇 사람이 사도들을 버리고 달아났으나 그것은 그리 중요한 것이 아니다.[6] 그리스도를 배반한 사람은 한 사람이다. 우리가 그리스도인임을 보여주는 것은 그리스도의 본을 따라 우리가 고난을 당하는 것인데, 우리가 고난당할 때 몇몇 사람이 교회를 버리고 떠났다고 우리가 놀랄 것인가? 성경은 말한다. "저희가 우리를 떠나갔으나, 그들은 우리에게 속하지 않았다. 그들이 우리에게 속하였다면 그들은 의심의 여지없이 우리와 계속 함께 하였을 것이기 때문이다."[7]

4. 그러한 것들에 머물러 있는 대신, 우리는 주님의 가르침과 사도의 서신들을

---

3. 에스드라 4서 8:20, 불가타역 *elevati*. 테르툴리아누스는 아마도 *alti*(고결한) 를 사람의 중심으로 "깊이 들어간다"고 이해했으리라.

4. 삼상 16:7.

5. 딤후 2:19.

6. 딤후 1:15; 2:17.

7. 요일 2:19.

마음에 간직해야 한다. 주님의 말씀과 사도의 서신은 이단들이 일어나리라고 경고하였고, 이단들을 피하라고 우리에게 명령하신다. 지금 우리가 하고 있듯이, 이단들의 출현에 우리는 공포를 느끼지도 않으며, 우리가 피하지 않으면 안 될 정도의 그런 일들을 수행할 능력이 이단들에게 있다는 사실에도 우리는 놀랄 필요가 없다. 미친 듯이 날뛰는 늑대들이 양의 탈을 쓰고 나타날 것이라고 주님께서 가르쳐주셨다. 이 양의 탈이라는 것은 곧 외적으로 '그리스도인'이라고 공포하는 것이 아니고 무엇이겠는가? 탐욕스러운 늑대들이란 그리스도의 양떼들을 공격하기 위해서 은밀하게 내부로 숨어들어온 교묘한 생각들과 충동들을 말하는 것이다. 거짓 예언자들은 거짓 설교자들, 가짜 복음전도자들과 거짓 사도들, 적그리스도들, 이전과 같이 지금도 그리스도를 대적하는 반역자들이다. 오늘날은 이단들이 이런 역할을 하고 있는 것이다. 이단들의 왜곡된 가르침으로 교회를 공격하는 것은 적그리스도들이 그 당시에 행했던 끔찍한 박해만큼이나 심각한 행위이다. 사실상, 박해보다도 더 심한 것이다. 왜냐하면, 박해는 고작해야 순교자를 낳을 뿐이지만, 이단은 배교자를 낳기 때문이다.

사도 바울이 어디선가 "모든 것들을 검증하라, 그리고 좋은 것을 굳건히 붙들라"[8]라고 한 말씀을 자신들에게 합당한 것으로 잘못 해석하여서 자신들의 믿음을 바꾸어 이단으로 변절한 것을 옳다고 인정받기를 원하는 경우가 있다고 치자. 이때 이단들이 존재해야만 하는 이유는 바로 박해 때에도 굳건히 섰던 것처럼 이단에 빠지지 않고, 옳다고 인정받은 믿음으로 입증하는 검증도구가 되기 때문이다. 마치 잘못되게 "모든 것들을 검증한다는 것"이 가능하지 않은 것처럼, 어떤 악한 선택을 실수로 굳게 붙든다는 것도 가능하지 않다!

5. 또 다시 사도 바울이 의심할 여지없이 악한 것들인 분파간의 분쟁과 분열을 비난하면서, 곧이어 이단을 비판의 목록에 추가하였다.[9] 따라서 그가 분열의 악함과 연결시킨 이것이 물론 악하다고 그는 선포하고 있다. 진실로 사도 바울이 분열과 분파들이 있음에도 불구하고 "대강 믿노니"라고 한 말 속에는, 사도 바울은 이단들이 출현할 것을 알았고, 이단들을 더 큰 악으로 규정하기 위해서였다. 사도 바울은 이단들을 더 큰 악이라고 보는 관점에 의해서 분열과 분당은 더 작은 악이라고 기꺼이

---

8. 살전 5:21.
9. 고전 11:18–19.

믿는다는 것을 보여주고 있다. 사도 바울이 이단이 선하기 때문에 악한 것들을 믿는다는 것을 뜻했을 리가 없다. 그는 교회들에게 더 심하게 악한 성질의 유혹들에 놀라지 말라고 경고하고 있었다. 그는 말하기를, 그것은 이단이 타락하게 만들기에 실패한 사람들, 즉 "인정받은 자들을 드러나게" 하도록 의도된 악이라고 칭한 것이다. 간단히 말해서, 분열과 분쟁이 교회 일치에 파괴적인 것과 똑같이, 이단도 역시 교회 일치에 파괴적이기 때문에, 사도 바울은 이단을 분열과 분쟁과 똑같은 책임적인 범주로 묶고 있음에 틀림이 없다. 따라서 사도 바울은 이단으로 길을 잘못 들어선 사람들을 인정하지 않고 있다. 그와는 반대로, 사도 바울은 그런 사람들에게서 돌아서라고 강한 어조로 촉구하고 있으며, 우리 모두 같은 말을 하고 같은 뜻을 가질 것을 가르치고 있다.[10] 같은 말과 같은 뜻을 가지는 것을 이단은 허용하지 않으려고 할 것이다.

6. 그 점에 관하여는 더 이상 말할 필요가 없다. 왜냐하면 사도 바울이 다른 곳에서도 똑같이 말씀하고 있기 때문이다. 사도 바울이 갈라디아 교인들에게 편지할 때에 이단들을 육체의 죄로 분류하였으며,[11] 디도에게 조언하는 바 이단에 속한 사람은 왜곡되고, 죄악되며, 스스로 정죄받은(self condemned) 사람들이기 때문에 한 두번 훈계한 후에 그런 이단을 피하라[12]고 조언하고 있기 때문이다. 그 외에도, 사도 바울은 사실상 이단의 열매인 거짓 가르침을 피하는 의무를 강조하면서 거의 모든 서신마다 이단에 대하여 견책하고 있다. '이단'이란 이 말은 선택이라는 의미를 가진 헬라어인데, 한 개인이 이단을 가르치거나 채택할 때 행사하는 선택을 의미한다. 이러한 이유 때문에 사도 바울은 이단에 빠진 사람을 스스로를 정죄받았다(self condemned)고 한다. 다시 말해서, 이단에 빠진 사람은 자신의 심판의 원인을 스스로 선택한 것이 되고 마는 것이다. 우리 그리스도인들은 자신의 독단으로 어떤 것을 소개하거나, 다른 누군가가 그의 독단으로 소개하는 것을 선택하는 것을 금지사항으로 생각하고 있다. 우리의 권위는 주님의 사도들이며, 그 분들도 자신들의 독단으로 아무것도 소개하지 않기로 선택했다. 사도들은 그리스도에게 받은 가르침을 신실하게 열방들에게 전파하였다. 따

---

10. 고전 1:10.
11. 갈 5:20.
12. 딛 3:10.

라서 우리는 다른 복음을 설교하고자 하는 사람이 있다면, 하늘로부터 온 천사라도 저주를 받아야만 한다.[13] 거짓의 천사들이 필루메네(Philumene)라고 불리는 처녀로 들어와서, 자신을 광명의 천사로 변형시켜서, 온갖 기적과 술수들을 동원하여 아펠레스(Apelles)를 속여서 그로 하여금 새로운 이단을 소개하게 만들 것을, 성령님은 이미 그 당시에 예견하였다.[14]

7. 이것들은 주님께서 어리석다고 부르신 세상적인 지혜의 재간으로 귀를 즐겁게 하기 위해서 생겨난 인간적이고 악마적인 교리들이며, 주님께서 세상의 어리석은 것들을 선택하셔서 철학을 부끄럽게 하려고 하신 것이다. 왜냐하면 세상적인 지혜는 결국 철학이 되어서 하나님의 본성과 목적에 대한 성급한 해석을 자행하기 때문이다. 바로 철학이 이단들에게 기술을 제공하는 주범이다. 철학에서 에이온(aeon) 개념과 그러한 무한한 형태들이 (그것들이 무엇이든 간에) 들어왔으며 발렌티노스의 인간적 삼위일체가 들어왔다. 그는 플라톤주의자였다.[15] 철학으로부터 마르키온의 신(神)이 들어왔고, 마르키온이 말하는 신의 무활동성 개념이 더욱 철학에서 들어온 것이다. 마르키온은 스토아학파 출신이었다.[16] 사멸하는 영혼[17]의 관념은 에피쿠레안들로부터 끄집어낸 것이며, 육체의 복원을 부정하는 사상은 철학적 학파들의 공통적인 전통으로부터 가져온 것이다. 제노(Zeno)는 그들에게 하나님과 물질을 동등한 것으로 가르쳤고, 헤라클레이토스는 무엇이든 불의 신과 관련하여 논할 때마다 등장한다. 이단들과 철학자들은 동일한 주제들을 골똘히 생각하고 동일한 토론들에 사로잡혀 있다. 악의 기원은 무엇이며 악이 왜 있는가? 인간의 기원은 무엇이며, 어떻게 존재하게 되었나? 그리고 발렌티노스의 가장 최신 주제인 신의 기원은 무엇인가? 틀림없이 「욕망

---

13. 갈 1:8.

14. 필루메니와 아펠레스는 30항을 보라. 그는 마르키온의 수제자였다.

15. 대부분의 영지주의자들은 에이온들이 신성으로부터 발산되었다는 것에 대하여 말했다. 발렌티노스에 대하여는 33항을 보라. 그리고 그의 인간적 삼위일체, 즉 인간의 삼중적인 구성으로서 물질(materialis), 마음(animalis), 영(spiritualis)에 대하여는 테르툴리아누스의 「발렌티노스에 대한 반박문」 17, 25, 26을 보라. 이 반박문 자체는 이레나이우스의 「이단들에 반대하여」, I, II (Harvey 편집)에 기초하고 있다.

16. 그의 저서 「마르키온에 대한 반박문」에서, 테르툴리아누스는 마르키온의 '선한 신(神)'이 그리스도를 보내시기 이전까지 세상에 대하여 그 어떤 것도 돌보지 않았다고 마르키온을 조롱하였다. 그러나 신(神)에 대한 마르키온의 가르침은 스토아 철학의 '아파테이아' (apatheia)와 아무런 연관을 갖고 있지 않다.

17. 마르키온의 제자인 루카누스(Lucanus)가 '사멸하는 영혼' 관념을 가르쳤다. 참고 테르툴리아누스, 「그리스도의 육신론」 2항.

과 낙태」에서 연유한다!18 병에나 걸릴진저 아리토텔레스, 그가 사람들에게 변증법을 가르쳤다. 변증법이란 건설하는 만큼 허물어뜨리는 예술이며, 외투를 갈아입듯이 자신의 의견을 바꾸고, 억측을 강요하고, 논쟁할 때는 고집스럽고, 논쟁적이 되고자 열심을 냄으로써 심지어 그 자신에게도 부담이 되는 것이다. 왜냐하면 변증법은 모든 요점들을 확실하게 하기 위하여 재고(再考)함으로써 토론이 결코 끝나지 않기 때문이다.

철학으로부터 나오는 것들이란 그러한 우화들과 끊임없는 족보들, 그리고 열매 없는 질문들, "해충처럼 슬며시 기어들어오는 말들"이다. 그러한 것들로부터 우리 신앙을 유지하기 위하여, 대 사도는 골로새 교인들에게 보내는 편지 속에 명백하게 천명하기를, 철학을 조심하라고 했던 것이다. "누가 철학과 헛된 속임수로 너희를 사로잡을까 주의하라." 이것들은 성령의 섭리에 대항하여 "사람의 전통을 따르는 것이다."19 사도 바울은 아테네에 간 적이 있는데, 그곳에서 인간적인 지혜들은 진리를 공격하고 왜곡시킨다는 것을 이해하게 되었고, 그 자체로 다수의 이단들이 서로 적대적인 다양한 분파들에 의해서 나뉘어져 있다는 것을 알게 되었다. 예루살렘이 아테네와 무슨 상관이 있으며, 교회가 플라톤학파의 아카데미, 그리스도인이 이단들과 도대체 무슨 상관이 있다는 말인가? 우리의 원리들은 솔로몬의 행각20에서 나온 것들인데, 솔로몬 자신도 마음의 단순성 속에서 주님을 찾아야 한다고 가르쳤다. 나는 스토아 학자나 플라톤 학자 또는 변증적인 기독교를 필요로 하지 않는다. 예수 그리스도 이후로 우리는 사변이 필요 없게 되었고, 복음서 이후로 연구가 필요 없게 되었다. 우리가 믿게 되었을 때, 우리는 그 밖의 다른 것을 믿고자 하는 욕망이 없다. 왜냐하면 우리가 믿어야할 것은 그밖에 아무것도 없다고 믿음으로써 출발했기 때문이다.

8. 자, 이제 나는 교회의 회원들이 사색을 정당화시키기 위해서 예증으로 끌어들

---

18. 「욕망과 낙태에 관하여」(De enthymesi et ectromate)는 영지주의의 헬라어 용어이다. 욕망은 플레로마(Pleroma, 충만)로부터 유출되어 나온 형태가 없는 것이며, 그 이후에 창조주 하나님인 데미우르지(Demiurge)를 낳았다. 참고 「발렌티노스에 대한 반대문」 17. 18. 크로이만(Kroymann)은 ektenoma를 읽는다. Arte inserunt Aristotelem. 나는 용인된 Miserum Aristotelem으로 번역한다.

19. 딤전 1:4; 딤후 2:17; 골 2:8.

20. 참고 고후 6:14. 솔로몬의 행각(요 10:23; 행 3:11; 5:12)은 스토아 학파의 제논의 복도(스토아)와 대조된다. 지혜서 1장 1항(단순성)에 대한 암시는 솔로몬과 연결을 강화시킨다.

이고, 이단들이 망설임과 주저함을 가져오기 위해서 밀어붙이고 있는 성구해석의 문제로 넘어가고자 한다. 그들은 말하기를, 성경에 기록되기를 "찾으라 그러면 찾을 것이요"[21]라고 하였다. 그러나 우리는 주님께서 이 말씀을 하셨을 시점을 잊어서는 안 된다. 주님께서 가르치기를 시작하셨을 바로 초기에는 모든 사람들이 그가 그리스도이신가에 대하여 여전히 의심하고 있었다. 베드로는 예수가 하나님의 아들이심을 아직 표명하지 않았고, 심지어 세례 요한도 예수가 메시아라는 확신을 잃어버렸다. 예수가 누구인가에 대한 인식이 없고, 여전히 찾아가야 하는 바로 그 때에, "찾으라. 그러면 찾을 것이다"라고 말씀하시는 것이 옳았다. 더욱이, 그 말씀은 유대인들을 대상으로만 적용되는 말씀이다. 그 비평 속에서의 모든 단어는 그리스도를 찾을 수단을 가진 사람들을 향한 것이었다. "그들은 모세와 엘리야를 가졌다"고 성경은 말한다. 즉 그리스도를 선포하는 율법서와 예언서들을 가지고 있는 것을 말한다. 유사하게도 주님께서는 다른 곳에서 명백하게 말씀하시기를, "성경을 상고하라. 성경은 나에 대하여 말하기 때문에 그 속에는 구원의 희망이 있다."[22]고 하셨다. 그것이 "찾으라. 그리하면 찾으리라"에서 주님께서 의도하신 바일 것이다.

이어서 나오는 구절 "두드리라, 그리하면 네게 열릴 것이요"도 명백하게 유대인들에게 적용되는 것이다. 한 때 하나님의 집 안에 있었던 유대인들은 그들의 죄들로 인하여 집밖에 던져져 있는 자신들을 발견하였다. 그러나 이방인들은 하나님의 집 안에 결코 있어본 적이 없었다. 이방인들은 통의 한 방울 물 같고 저울의 적은 티끌 같을 뿐이어서,[23] 항상 밖에 있었다. 항상 밖에만 있었던 사람이 어떻게 그가 있어보지 않았던 곳을 두드릴 수 있겠는가? 그가 결코 안에 들어가 보거나 또는 거기서 쫓겨나 본 적이 없었다면, 그 사람이 어떻게 그 문을 인식할 수 있겠는가? 분명코 한 때 안에 있어본 적이 있고 쫓겨난 그 사람만이 그 문을 인식하고 두드리게 될 것이 아닌가? 다시 말해서, "구하라, 그리하면 받을 것이요"[24]라는 말씀은 요청할 대상을 알고, 그 대상이 어떤 것을 약속했는지를 아는 사람들, 즉 아브라함과 이삭과 야곱의 하나

---

21. 마 7:7; 눅 11:9.
22. 눅 16:29; 요 5:39.
23. 사 40:15.
24. 요 16:24; 마 7:7과 동등하게 사용됨.

님을 아는 유대인들에게 적합한 말씀이며, 이방인들은 하나님의 인격과 약속들을 알지 못했다. 그러므로 "나는 이스라엘 집의 잃어버린 양 외에는 다른 데로 보내심을 받지 않았다"[25]고 주님은 이스라엘에게 말씀하셨다. 주님은 아직 자녀들의 떡을 개들에게 던지기 시작하지 않으셨으며, 사도들에게 이방인들의 길로 가라고 말씀하시지도 않으셨다. 주님께서 공생애 말에 제자들에게 가서 이방인들을 가르치고 세례를 주라고 명령하셨다면, 그것은 제자들이 곧 보혜사 성령을 받아 그들을 모든 진리 가운데로 인도할 것이기 때문이었다. 이것은 또한 우리의 결론을 지지해주는 대목이다. 만약 이방인의 선생들로 임명된 사도들 자신이 보혜사를 그들의 선생님으로 받아들이게 되면, "찾으라, 그러면 찾을 것이요" 라는 말씀은 우리들에게 적용되기보다는 유대인들에게 훨씬 더 잘 적용된다. 왜냐하면 우리는 우리 자신의 어떤 노력이 없이도 사도들에 의해서 가르침을 받게 되며, 사도들은 성령님에 의해서 가르침을 받았기 때문이다. 나는 모든 주님의 말씀이 모든 사람을 위해서 주신 것이라고 인정한다. 그 말씀들은 유대인들의 귀를 통하여 우리 그리스도인들에게로 전해졌다. 여전히, 많은 말씀들은 특정한 사람들을 향한 것이며 우리에게 직접적으로 적용되는 명령이기보다는 우리를 위한 하나의 예시로 구성된 것이다.

9. 그러나 이제 나는 요점을 제시하고자 한다. "찾으라, 그리하면 찾을 것이다"라는 말씀이 우리 모두를 위한 것이라고 가정해보자. 그렇다고 할지라도 주해의 안내 원리들을 참고하지 않고 그 의미를 결정하는 것은 잘못일 것이다. 어떠한 하나님의 말씀도 적용할 때에 무자격하거나 무제한적인 법이 없기 때문에, 단순한 말씀들일지라도 말씀의 배경이 되는 의미를 고려하지 않고 주장할 수는 없다.

나의 첫 번째 원리는 이것이다. 그리스도께서 하나의 명백한 진리의 체계를 세우셨는데,[26] 그 진리체계는 세상이 무조건 믿어야만 하며, 그 진리체계를 발견할 때 우리가 그것을 믿기 위하여 우리는 정확하게 찾아야만 한다. 이제 당신은 단 하나의 명백한 진리를 막연하게 탐구할 수는 없는 노릇이다. 당신은 발견할 때까지 찾아야만 하고, 발견했을 때 당신은 믿어야만 한다. 그런 다음에 당신이 믿게 된 것을 단순히 유지하기만 하면 된다. 왜냐하면 그 밖의 다른 것은 믿을 것이 없다는 것을 당신도 믿

---

25. 마 15:24.
26. 테르툴리아누스의 상당 부분의 논지는 이것에 의존해 있다.

기 때문이다. 그러므로 주님께서 가르쳐 주신 것 이상의 아무것도 찾지 말라고 당신에게 명령하신 분, 그 주님의 가르침을 일단 발견하고 믿었다면, 그 밖에 다른 어떤 것도 찾을 것이 없다. 만약에 당신이 이 진리가 무엇인지에 대하여 조금의 의심이라도 느낀다면, 그리스도의 가르침은 우리와 함께 발견되어진다고 필자는 입증하고자 한다. 당장 그 증거에 대한 나의 확신은 나로 하여금 그것을 기대하도록 해준다. 나는 특정한 사람들에게 그들이 믿게 된 바 이상의 무엇을 추구하지 말라고 경고하는데, 그것이 그들이 찾는데 필요한 모든 것이기 때문이다. 그들은 "찾으라, 그리하면 찾을 것이요"를 합리적인 주석 방법들을 무시한 채로 해석하지 말아야 한다.

10. 이 말씀에 관한 합리적인 주석방법은 세 가지 항목, 즉 주제, 시간, 한계점에 있다. 주제에 관하여, 당신은 무엇을 찾아야만 하는가를 고려해야 한다. 시간에 관하여는 때를, 한계점에 관하여는 어디까지 살펴야 하는지를 고려해야만 한다. 당신이 찾아야만 하는 것은 그리스도가 무엇을 가르쳤는가이며, 정확히 당신이 그것을 발견하고 있지 못하는 동안에, 당신이 정확히 그것을 발견할 때까지 찾아야만 한다. 당신이 발견한 그 때에 믿게 된다. 당신은 발견을 위한 목적이 아니라면 찾지 않는 것과 마찬가지로, 당신이 찾지 못한다면 믿지도 않게 될 것이다. 발견은 당신의 탐구의 목적이며 믿음은 당신의 발견의 목적이었기 때문에, 일단 당신이 믿음을 받아들이게 되면 더 이상의 탐구와 발견을 연장하여 계속할 수 없다. 당신이 탐구에 성공한다는 것은 바로 당신을 위하여 한계를 설정한 것이 된다. 주님께서는 당신으로 하여금 그분의 가르침의 한계 밖에서는 믿지 못하게 하시며, 찾지도 못하게 하심으로써 경계선을 그어주신 것이다.

그러나 다른 사람들이 잘 가르친 것들이 너무도 많다는 단순한 이유 때문에, 어떠한 발견의 가능성이 있는 한 계속해서 찾기를 계속하겠다고 결심했다면, 우리는 항상 찾고만 있을 것이며 결코 믿을 수는 없게 될 것이다. 발견의 결실이 어디에 있는가? 마르키온에게? 그러나 발렌티노스도 또한 제의한다. "찾으라, 그리하면 찾으리라." 발렌티노스에게? 그러나 아펠레스도 또한 똑같이 견해를 가지고 나의 문을 두드릴 것이며, 그리고 에비온과 시몬[27]과 그들 전체가 차례로 나의 환심을 사서 그들의

---

27. 에비온 종파("가난한 자들")로부터 테르툴리아누스는 개인적인 창시자를 에비온이라는 이름으로 잘못 가정하고 있다. 시몬 마구스 (행 8장)는 영지주의의 전통적인 "창시자"이다. 두 사람에 대하여는 33항을 보라.

편으로 끌어들이려고 하지만 그 어떤 길도 발견하지 못할 것이다. "찾으라, 그리하면 찾을 것이요"라는 구절을 도처에서 마주치는 동안은 끝이 없을 것이다. 만약 내가 그리스도가 가르친 바, 찾아야만 할 그 것, 믿어야만 할 그것을 내가 결코 이해하지 못했다면, 나는 찾기를 결코 시작하지 않았기를 희망할 것이다.

11. 비록 길을 잃는다는 것은 정도(正道)를 벗어나는 것이라고 할지라도, 만일 우리가 정도에서 벗어나지 않는다고 한다면, 길을 잃을지라도 해롭지 않으리라. 다시 말하자면, 이탈하려는 의도가 아니라면, 우리가 좀 방황해도 해롭지는 않으리라. 그러나 내가 믿어야할 바를 한 때 믿었는데, 이제는 참신한 다른 어떤 것을 찾아야겠다고 생각했다면, 아마도 무엇인가 다른 것이 발견되어지기를 내가 소망하고 있다는 것이다. 그러나 그런 소망은 만일 내가 결코 믿은 적이 없었거나, 믿기를 중단하지 않은 이상, 결코 가지지 않았어야 할 소망이다. 따라서 나의 믿음을 버림으로써 나는 배교자의 본색을 드러내게 된다. 최종적으로 말하자면, 자기가 어떤 것을 소유하지 못했거나, 어떤 것을 잃어버렸을 때만, 사람은 그것을 찾고자 한다. 비유에서 한 늙은 여인이 은전 열 개 가운데 하나를 잃어버려서, 그것을 찾기 시작했다. 그 여인이 잃은 은전 하나를 발견했을 때, 그녀는 더 이상 찾는 것을 중단했다. 비유에서 한 사람이 빵이 없어서, 이웃집 문을 두드리기 시작했다. 문이 열리고 빵을 받게 되자, 문을 두드리기를 멈추었다. 한 과부는 접견이 허락되지 않았기 때문에, 재판관에게 원한을 들어달라고 계속해서 간청하였다. 과부의 요청을 들어주었을 때, 더 이상 강청하지 않았다.[28] 따라서 분명한 것은 찾고, 두드리고, 구하는 데에 끝이 있다는 사실이다. 성경에 이르기를, 구하는 자는 받을 것이요, 두드리는 자에게는 열릴 것이요, 찾는 자는 발견할 것이기 때문이다. 항상 찾기만 하는 사람을 나는 참을 수가 없다. 왜냐하면 그는 결코 발견하지 못할 것이기 때문이다. 항상 두드리기만 하는 사람을 나는 참을 수가 없다. 왜냐하면, 그 문은 결코 열리지 않을 것이다. 그는 빈 집을 계속해서 두드리고 있는 것이다. 항상 구하는 사람을 나는 참을 수가 없다. 왜냐하면 그의 요청은 이루어지지 않을 것이다. 그는 듣지 못하는 것에게 강청하고 있는 것이다.

12. 비록 우리가 지금 그리고 항상 찾아야만 한다고 할지라도, 우리가 어디서 찾

---

28. 눅 15:8; 11:5; 18:3.

아야하겠는가? 이단들 가운데서? 아니다. 그곳은 모든 것이 우리의 진리와 적대적이며 이상한 곳이어서 이단들에게 접근하기를 금하는 바이다. 노예가 그의 주인의 원수로부터는 말할 것도 없고, 낯선 자에게 그의 음식을 받기를 기대하겠는가? 어떤 군인이 적국의 왕들로부터는 말할 것도 없고, 중립편에서 하사품이나 봉급을 받기를 희망하겠는가? 물론, 그가 버림받은 자나 도망자나 반역자가 아니고서는! 심지어 늙은 여인도 잃어버린 은전 하나를 그녀의 집 안에서 찾고 있었다. 심지어 문을 두드렸던 그 남자도 그의 이웃집 문을 쾅쾅 두드리고 있었다. 그 과부도 강퍅하기는 하지만 적대적이지 않은 한 재판관에게 호소하고 있었다. 가르침과 파괴는 결코 동일한 진영에서 나올 수가 없다. 빛과 어둠은 결코 동일한 근원으로부터 나오지 않는다. 따라서 우리는 우리 세력, 즉 우리 친구들, 우리의 직무 안에서 찾도록 하자. 그리고 신앙의 규범에 불충실함이 없이 질문할 수 있는 것들만을 찾도록 하자.

13. 신앙의 규범,[29] 즉 우리가 주장하는 바, 그리고 지금 여기서 우리가 진술하고자 하는 바 그 규범에 따라서 우리는 다음과 같이 믿고 있다. 하나님은 오직 한 분이시며, 그 분은 다름 아닌 세상의 창조자이시며, 그의 말씀으로 무(無)로부터 만물을 지으셨고, 말씀은 모든 것보다 앞서 보내졌다. 이 말씀은 그의 아들이라 불리었고, 하나님의 이름으로 족장들에 의해서 여러 가지 방법으로 보였으며, 예언자들에 의해서 지금까지 말해졌으며, 마침내 성령님과 하나님 아버지의 능력으로 동정녀 마리아에게 내려와 그녀의 자궁에서 육신이 되었고, 그녀에게서 태어났고, 예수 그리스도로 사셨다. 이후에 예수 그리스도는 새 법과 하늘나라에 대한 새 약속을 하셨고, 기적을 행하셨고, 십자가에 달리셔서, 삼일 만에 다시 사시고, 하늘에 올리어지시고, 하나님 아버지 우편에 앉으셨다. 예수 그리스도는 성도들을 인도하기 위하여 거룩한 능력의 영을 그의 자리를 대신하여 보내셨다. 예수 그리스도는 영원한 생명과 하늘의 약속들의 결실을 맺고자 성도들을 데리러 영광 중에 다시 오시어, 선인과 악인이 모

---

29. 신앙의 규범(Regula Fidei)은 보존되고 있는 사도적 설교의 요약이며, (아마도 직감적으로 말할 수 있는 것은) 교회의 전통 속에서 보존되었고 모든 가르침의 시금석으로 사용되어진 것이다. 그것은 세례신조와 비슷하나, 예전적으로 사용되어지는 것은 아니며 언어적으로 고정된 것도 아니다. 이레나이우스는 그것을 두 가지, 즉 「이단 반박문」 I. ii과 Epideixis를 통해 제공하고; 테르툴리아누스는 이 책 「이단 반박 논설」, 「처녀의 너울에 관해서」(Virg. Vel. I)와 「프락세아스 반박문」(Prax., 2)으로 제공한다. 테르툴리아누스의 형식에 대하여는 에반스(E. Evans)의 「프락세아스에 반박하는 테르툴리아누스의 논문」(S.P.C.K., 1948)을 보고, 일반적인 그 주제에 관하여는 에인데(D. van den Eynde)의 「기독교 교육의 규범들」(Les normes de l'enseignement chrétien)(파리, 1933)과 켈리(J.N.D.Kelly)의 「초기 기독교 신조들」(Longmans, 1950)을 참고하라.

두 부활하여 그들의 육신이 복원된 후에 악인은 영원한 불로 심판하실 것이다. 이단들이 소개하고, 이단자들을 만드는 그런 질문들을 제외하고는, 신앙의 규범은 (앞으로 증명되게 되듯이) 그리스도에 의해서 가르쳐졌으며, 우리 가운데 아무런 질문들이 없이 받아들여지는 규범이다.

14. 신앙의 규범의 본질이 훼손되지 않는다고 가정한다면, 당신은 원하는 대로 추구하고 토론해도 좋다. 어떤 점에서 해결되지 못했고, 모호하거나 어둡고 불분명한 지점에서는 참을 수 없는 호기심을 제어하는 편이 좋겠다. 당신을 가르칠 수 있는 지식의 은사를 부여받은 어떤 형제도 반드시 있을 것이고, 당신의 호기심과 물음들을 공유하게 될 학식 있는 사람들 가운데서 당신을 동요시킬 사람도 꼭 있을 것이다. 그러나 최후의 수단으로서 당신은 무지한 채로 남아 있는 편이 더 낫다. 왜냐하면 당신이 알지 말아야 할 것을 알게 될까 두렵기 때문이다.[30] 왜냐하면, 당신이 알아야만 하는 것을 당신은 알고 있기 때문이다. "네 믿음이 너를 구원하였느니라"[31]는 성경말씀과 같이, 성경적인 공부가 구원하는 것이 아니다. 믿음은 신앙의 규범위에서 확립되어진다. 거기에 믿음의 법이 있으며, 그 법을 지킴으로써 구원을 얻는다. 공부는 호기심에서 나온 것이며 열심히 학식을 추구함으로써만 영광을 얻는다. 호기심 대신에 믿음에게 자리를 내어주도록 하자. 학문적인 영광 대신 구원을 얻도록 하자. 그것들이 적어도 방해가 되지 않도록 하거나, 그것들이 조용히 있도록 하자. 믿음의 규범에 반대되는 어떤 것도 알지 않는 것이 모든 것을 아는 것이다.

가령 이단자들이 진리의 원수들이 아니라고 하더라도, 우리가 그 이단자들을 피하라는 경고를 받지 않았다고 하더라도, 그들 스스로가 아직도 찾는 중이라고 공표하는 사람들과 의논한다고 한들 무슨 소용이 있겠는가? 만약 참으로 그들이 찾고 있는 중이라면, 그들은 아직도 확실한 것을 아무 것도 발견하지 못한 것이다. 그들이 무엇을 보유하고 있든지 단지 잠정적일 뿐이다. 그들이 계속해서 탐구하고 있다고 하는 것은 그들의 망설임을 보여준다. 따라서 당신이 그들처럼 구도자가 되어 스스로 찾고 있는 자들에게 기대하고, 의심자가 의심자들에게 기대하고, 확신이 없는 자가 확신이 없는 자들에게 기대할 때에, 그렇다면, 당신은 소경이 되어서, 소경에 의해서 반드시

---

30. 여기서 본문에 오류가 있다.

31. 눅 18:42.

도랑으로 인도되고 말 것이다.[32] 그러나, 사실상, 그들이 여전히 찾고 있는 체 하는 것은 우리를 속이기 위한 수단일 뿐이라는 것이다. 먼저 우리를 불안으로 가득 차게 하여서, 우리에게 자기들의 견해를 추천하고자 하는 속셈이다. 그들이 우리에게 다가와서 그들이 말해왔던 바로 그 명제들을 변호하기 시작할 순간, 조사가 필요하다. 우리가 부정하는 것은 그리스도가 아니라 바로 그들이라고 그들에게 알아듣게 말함으로써, 우리는 재빨리 그들을 공박해야만 한다. 그들이 여전히 찾고 있다는 점에서, 그들은 아직도 아무런 확신을 소유하고 있지 못하다. 그들이 아무런 확신이 없다는 점에서, 그들은 아직도 믿지 못하고 있는 것이다. 그들이 아직 믿지 못한다는 점에서, 그들은 그리스도인들이 아니다.

"그들은 확신을 가지고 있으며 믿고 있다. 하지만 그들의 믿음을 변호하기 위하여 '구도'의 필요성을 주장한다."는 반론이 제기 되었다. 그렇다, 그러나 그들은 그것을 변호하기도 전에 그것을 부인하는 것이다. 왜냐하면 그들이 구도한다는 것은 그들이 아직 믿지 않고 있다는 것을 시인하는 것이기 때문이다. 그들 스스로에게조차도 그리스도인들이 아닌데, 그들이 어떻게 우리에게 그리스도인이 될 수 있겠는가? 속임수로 우리에게 왔을 때 그들이 주장하는 것은 도대체 어떤 종류의 믿음이란 말인가? 그들이 거짓으로 진리를 소개할 때, 그들은 도대체 무슨 진리를 옹호한다는 말인가? "그들은 성경에 기초하여 토론하고 설득한다"는 또 다른 반론이 있다. 당연하다. 믿음의 책 말고 또 다른 어떤 출처로부터 믿음에 관한 것들을 말할 수 있단 말인가?

15. 이렇게 하여 내가 애초에 계획했던 입장에 도달하였다. 서론적인 언급을 하면서 기초를 놓으면서 나는 이 방향으로 토론을 몰아가고 있었다. 이 시점 이후부터 나는 대적자들의 호소의 근거에 이의를 제기할 것이다. 그들은 성서에 호소하기에, 어떤 사람들은 처음부터 이 뻔뻔스런 호소로 인하여 감화를 받기도 한다. 게다가, 논쟁이 진행됨에 따라서, 그들은 강한 사람조차도 지치게 하고, 약한 자들을 점령하고, 동요하는 사람들을 근심으로 분열시켜서 보낸다. 그러므로 무엇보다도 이점에 있어서 분명한 내 입장은, 그들이 하는 성경에 대한 어떤 토론도 전혀 인정할 수가 없다는 것이다. (만약 그들이 성경을 이해할 수 있다고 가정하고서) 어떤 권리가 없이도 아무나 성경에

---

32. 마 15:14.

접근하는 것이 허락되었다고 할 경우에, 만일 성경이 그들의 강점이 된다고 할지라도, 우리는 먼저 성경의 정당한 소유자들이 누구인가를 밝혀야만 한다.

16. 자신감이 결여되었기 때문이거나, 다른 어떤 방법으로 그 논쟁들을 시작하려는 욕망에서 이같은 반론을 제기한다고 나를 의심하지 말라. 왜냐하면 나는 오로지 우리의 신앙의 빚을 지고 있는 사도 바울에게 복종하고자 하기 때문이다. 사도 바울은 우리가 질문을 시작하는 것을 금하고, 기발한 말들을 경청하는 것을 금하고, 한번의 훈계[33] 이후에 – 한번의 '토론'이라고 하지 않았음을 주목하라 – 이단자와 어울리지 말라고 했기 때문이다. 이단자와 만남을 위한 이유로 훈계를 내릴 때에, 사도 바울은 토론을 금하였고, 그 이단자가 그리스도인이 아니기 때문에 '한번만' 훈계하라고 말한다. 그 이단자는, 그리스도인처럼, 두 세 증인 앞에서,[34] 두 번의 견책을 받을 권한을 가지고 있지 못하다. 왜냐하면, 그 이단자와의 토론을 금하고 있다는 바로 그 이유 때문에 그가 지금 견책을 받고 있기 때문이다. 더욱이, 성경에 대한 여러 논쟁들은 위통이나 두통만 일으킬 뿐 아무런 성과가 없기 때문이다.

17. 이단이라고 가정된 자들은 반드시 성경 가운데 하나 또는 다른 책을 받아들이지 않는다. 이단이 받아들인 성경의 책들이라고 할지라도, 이단은 첨가하든지 삭제하든지 하여 자신들의 가르침에 맞게 왜곡시킨다. 그리고 어떤 경우에는, 이단은 성경의 책들을 불구로 만들지는 않는다고 할지라도, 우리와는 다른 해석들을 창안해 냄으로써 성경의 책들을 바꾼다.[35] 잘못된 주석은 왜곡된 본문과 똑같이 진리를 손상시킨다. 기초가 없는 가정들은 자신들의 논박의 도구를 거부한다. 기초가 없는 가정들은 잘못된 맥락 속에서 결합된 구절이나, 구절들의 애매함을 이용하여 집착하고 있는 말씀들에 의지하고 있다. 만일 상대방이 당신이 확증한 것을 부정하고 당신이 부정한 것을 확증한다고 하면, 성경학자들 가운데 가장 저명한 당신은 무엇을 성취한단 말인가? 사실상, 당신은 그 논쟁에서 당신의 목소리 외에는 잃는 것이 없으리라. 그리고 그들의 모독으로부터 분통 외에 아무 것도 얻는 것이 없으리라.

---

33. 딛 3:10. 원본에는 분명히 "한 두 번."이라고 하였으나, 많은 고대 라틴어 MSS와 라틴 교부들은 "두 번"이라는 것을 생략하였다. 예, 키프리아누스, 「서신」, 59:20.

34. 마 18:16을 보라. 당신의 '그리스도인' 형제라고 되어있다.

35. 이 주제에 대하여는 38항을 보라.

18. 당신은 어떤 동요하는 사람을 강건하게 하기 위하여 성경적 논쟁에 뛰어든다. 실제로 그 사람이 이단보다는 진리 쪽으로 더 기울어지게 될까? 동요하는 그 사람 역시 당신이 성경 논쟁에서 아무것도 성취하지 못했음을 보게 되며, 대적자 편에게 부정과 확정 그리고 동등한 지위를 허락하게 된다. 그 결과로써, 그 동요자는 그 이전보다 훨씬 더 불확실한 채로, 그가 이단으로 여김 받는 것도 알지 못한 채로, 논쟁에서 떠나가게 된다. 이단자들도 역시 이러한 비난으로 우리에게 응수할 수가 있다. 진리가 자기들 편에 있다고 동등하게 주장하면서, 성서의 위증과 거짓된 해석들을 도입한 것은 바로 우리들이라고 이단자들은 억지를 부리며 말한다.

19. 다음으로 논하고 싶은 것은 우리는 성경에 토를 달지 말아야 하며,[36] 승리가 불가능하거나 불확실하거나 충분히 확실하지 않은 입장에서는 논쟁하지 말아야 한다. 비록 성경적 논쟁으로 인하여 양측이 동등한 채로 남겨지지 않았을지라도, 사건의 자연적인 순서는 한 가지 사항이 먼저 결정되어야만 한다. 이제 그 사항을 토론하기만 하면 되는데, 다름 아니라, 누가 성경에 귀속하는 믿음을 보유하고 있는가 하는 사항이다. 사람이 그리스도인이 되려면 누구로부터, 누구를 통하여, 언제, 누구에게, 무엇에 의해서 가르침이 전수되었는가 하는 점이다. 왜냐하면 참된 기독교적 가르침과 신앙이 자명한 곳에서만, 참된 성경, 참된 해석, 그리고 모든 참된 기독교적 전통들이 발견될 수 있기 때문이다.

20. 만일 잠시 동안 내가 이렇게 말하는 것을 그분이 허락해 주신다면, 우리 주 예수 그리스도[37]는, 어떤 신의 아들이시든지, 어떤 사람과 신이시든지, 어떤 믿음을 그 분이 가르쳤든지, 무슨 상급을 그 분이 약속했든지, 그 분은 스스로 선포하셨다. 그 분이 지상에 살 동안에, 그 분이 어떤 분이었는지, 그 분이 그 이전에는 어떤 분이 었는지, 어떻게 하나님 아버지의 뜻을 성취하셨는지, 인간의 의무로서 그는 무엇을 내어놓았는지에 관하여. 그분은 이 모든 것을 사람들에게 공개적으로, 혹은 제자들에게 개인적으로 선언하셨다. 그 분은 제자들 가운데 특별히 열 두 명과 함께 하셔서

---

36. 다시 말해서, '이단들'을 상대함에 있어서, 우리는 성경에 대하여 논쟁하지 말아야만 한다. 일반적으로, 테르툴리아누스는 단연코 교리의 최종적 권위를 성경에 호소하고 있다.

37. 다시 말해서, 진리가 '무엇으로' 판명된지든 간에, 그 진리는 공개적으로 사도들에게 전해졌으며 사도들에 의해서 교회에 전수되었던 그리스도의 가르침에서만 발견되어질 수 있다.

그들을 열방의 교사로 예정하셨다. 그들 가운데 한 명은 이탈하였다. 그 분이 부활하여 하나님께 돌아가실 때, 나머지 열 한 명에게 모든 민족에게 가서 가르치고, 열방에게 아버지와 아들과 성령의 이름으로 세례를 주라고 그 분은 명령하셨다.

그러므로 즉각적으로 사도들(사도란 "보냄을 받았다"는 뜻임)은, 다윗의 시편의 예언의 권위를 따라 제비를 뽑아 유다의 자리에 맛디아를 열 두번째 사도로 추가하였다. 사도들은 약속된 성령의 능력을 받아 기적을 행하며 담대하게 말하며, 먼저는 유대 전역으로 나아가 예수 그리스에 대한 그들의 믿음을 증거하였고 교회를 세웠으며, 그리고 세상으로 나가 열방에게 동일한 믿음에 대한 동일한 교리를 선포하였다. 또 다시 사도들은 모든 도시에 교회들을 세웠다. 이 초대 교회로부터 다른 교회들은 믿음과 교리의 씨앗들을 전수받았고, 교회가 되기 위하여 날마다 계속하여 그것들을 전수받았다.[38] 이로 인해 그 교회들은 그들이 사도적 교회의 산물이기 때문에 사도적이라고 간주하고 있다. 모든 종류의 사물들은 그들의 기원에 따라서 분류되어져야만 한다. 그렇다면 아무리 교회의 숫자가 많을지라도, 이 교회들이 유래한 하나의 초대-사도적 교회와 동일하다. 모든 교회가 원시적이며 모두가 사도적이다. 형제의 이름과 상호 친절의 서약으로 행해지는 공동체 안에서의 친교를 통하여, 즉 다른 원리가 아닌 단 하나의 공통의 신조에 의해서 다스려지는 권리에 의해서, 교회들의 공통된 일치성을 증명해준다.[39]

21. 그러므로 이러한 근거 위에서 우리는 규정을 정하고자 한다.[40] 만일 주 예수 그리스도께서 사도들을 복음 전파를 위하여 보내셨다면, 그리스도께서 임명한 것에 부합하지 않는 한 아무도 설교자들로 받아들일 수 없다. 성자와 성자께서 아버지를 계시해 준 자 외에는 아무도 아버지를 아는 자가 없으며, 또한 성자를 계시하기 위하여 성자를 아는 자는, 성자께서 전도하기 위하여 파송한 사도들 외에는 아무도 없었으며, 물론 사도들은 성자가 그들에게 계시한 것만을 전파하였다. 사도들이 전파한 것(즉, 그리스도께서 그들에게 계시하신 것)은, 누군가가 표현했듯이 생생한 목소리(viva voce)와 이후

---

38. 그들은 사도적 믿음과 교리를 받음으로써 교회가 된 것이지, 안수에 의하여 사도적 계승 속에서 성직자를 받아들임으로 교회가 된 것이 아님을 주목하라. 이 두 가지가 양립불가한 것은 아니지만, 테르툴리아누스와 이레나이우스 두 사람은 모두, 목회의 사도적 계승을 강조할지도, 믿음에 더 강조점을 두고 있다. 사도적 계승에 관하여는 32항을 보라.

39. communions(Sacramenti)는 여기서는 종교의 체계를 의미한다.

40. 이 중심적인 장의 원리들에 대하여 서론을 보라.

에는 서신들을 통하여 사도 자신들이 설립했던, 그 동일한 교회를 통해서만 증명되어
져야 한다고 나는 이제 밝히는 바이다. 만약 이렇게 한다면, 믿음의 모태요 근원이 되
는 사도적 교회들과 일치하는 모든 교리가, 의심의 여지없이 교회가 사도들에게 받았
고, 사도들은 그리스도로부터, 그리스도는 하나님에게 받은 것을 보전하고 있다는 근
거 위에서, 참된 것으로 여겨지게 될 것이다. 반면, 교회들과 그리스도와 하나님의 사
도들이 전파한 진리에 조금이라도 반대하는 기미가 있는 모든 교리들은 거짓 속에서
유래한 것으로 당장 정죄를 받아야 한다는 논리가 성립한다.

나에게 남은 과제는 우리의 교리들인 위에서 제시한 신앙의 규범이 사도들의 전
통에서 유래하였으며, 결과적으로 다른 교리는 거짓에서 나왔다는 사실의 여부를 보
여주는 일이다. 우리는 사도적 교회들과 친교를 나누고 있다. 다른 어떤 교리는 사도
적 교회와 연합되어 있지 않다. 이것이 진리의 증거이다.

22. 그러나 증거가 너무도 간결하고 단순하기 때문에, 이 증거를 당장에 제시한다
면 더 이상 토론할 것이 없어지게 되므로, 잠시 상대방에게 논박할 자리를 내주어서,
마치 우리가 증거를 제시하지 못했다고 가정해보자. 아마도 이단자들은 그들이 이 합
법적인 지시(prescription)을 약화시키기 위한 시도로 무엇인가를 제시할 수 있다고 생각
한다. 때때로 이단들은 사도들이 모든 것을 알지는 못했다고 말한다. 이어서 그들은
입장을 바꾸어서, 사도들은 참으로 모든 것을 알았을지라도, 그들이 모든 것을 모든
사람에게 전해준 것은 아니라고 말한다.[41] 두 가지 제안들은 마음의 착란상태에서 나
온 발상이며, 그 제안 속에는 제대로 가르치지 못하거나 충분히 솔직하지 못한 사도
들을 파송한 책임을 그리스도가 져야 한다고 이단들이 폭로하고 있는 셈이다.

주님께서 사도들로 세운 사람들이 아무 것도 모르는 무지한 사람들이라고 한다
면, 제 정신이 있는 사람이라면 누가 믿을 수 있겠는가? 왜냐하면 주님께서는 그들을
동행자로 삼으셨고, 그들을 가르치셨고, 함께 동거하셨다. 주님께서는 사람들이 이해
하도록 허락되지 않은 비밀들을 너희에게 알게 하시겠다고 말하시면서, 모든 난해한
것들을 그들에게 사적으로 설명해주시곤 하셨다. 교회가 세워지는 반석이며,[42] 하늘

---

41. 부록 I. B에 나오는 이레나이우스의 입장과 비교해보라.

42. 테르툴리아누스의 「일부일처에 관하여」(Monog) 8과 「정절에 관하여」(Pudic.) 21(부록II)처럼 여기서 반석은 베드로 자신이다. 「마
르키온 반대문」(Adv. Marc.) IV. 13에서 반석은 그리스도이다.

나라의 열쇠를 주시고 하늘과 땅에서 매이고 풀 수 있는 권세를 주신 베드로, 그에게 주님께서 무엇을 숨기시는 것이 있었겠는가? 주님의 사랑하시는 자, 주님의 품에 의지하던 자, 반역자가 유다임을 주께서 미리 알려 준 사람, 주께서 자신의 아들의 자리를 대신하여 어머니 마리아를 부탁하던 자, 바로 요한에게 무엇을 숨기신 것이 있었을까? 주께서 자신의 영광까지도 보여주셨고, 모세와 엘리야 그리고 하늘로부터 임하는 아버지의 소리까지도 그들에게 보여주셨는데, (다른 제자들을 거절하신 것이 아니라, '세 증인에 의하여 모든 말은 확증되어야'[43]하기 때문에) 그들에게 어떠한 지식인들 숨기고 싶어 할 수 있으셨겠는가? 그러므로 또한 무지한 제자들에게는 부활 후에 도상에서 모든 성경을 그들에게 풀어주실 계획을 하셨다.

한 번은, "나는 너희에게 아직도 말할 것이 많이 남아 있다. 그러나 너희들은 지금 그것들을 이해할 수 없다"고 말씀하신 것이 사실이다. 그러나 덧붙이시기를, "진리의 영, 그분이 오시면 그가 너희를 모든 진리 가운데로 인도할 것이다"[44]라고 말씀하시면서, 그가 약속하신 것처럼, 성령을 온전한 진리를 받게 될 그들이 모르는 것이 아무 것도 없으리라고 가르쳐 주셨다. 그는 그 약속을 확실하게 지키셨다. 사도행전은 성령의 강림을 증거하고 있다. 사도행전을 성경에서 제외시키는 자들은 성령에 속한 자들일 수 없다. 왜냐하면 성령께서 제자들에게 보내졌다는 사실을 아직도 인식하지 못하기 때문이다. 그들은 자신들을 교회라고 주장할 수도 없다. 왜냐하면 그들의 무리가 그 시초가 언제이며, 어디서 발상했는지를 증명할 수 없기 때문이다. 그들이 그들의 입장에 대하여 증거를 가지고 있지 못하다는 것은 상당히 중요한데, 왜냐하면, 그들이 똑같은 자료 속에서[45] 그들의 거짓에 대해 나오는 반박을 멈출 수 있기 때문이다.

23. 사도들이 어느 정도는 무지하다는 것을 비웃기 위하여, 베드로와 그의 일행이 바울에게 책망 받았다는 사실을 거론한다.[46] 그 사실로 보아서 사도라도 무엇인가 부족하다는 증거가 아니냐고 그들은 말한다. 그리하여 충만한 지식은, 바울이 그

---

43. 신 19:15; 마 18:16; 고후 13:1.

44. 요 16:12-13.

45. 마르키온과 그 추종자들은 사도행전을 거부했다. 그리하여 그들은 사도적 교회와의 연속성을 스스로 거부한 것이다. 그러나 적어도 그들 자신이 권위 있다고 인정하는 한 책으로부터 반박되어질 수 없다는 것을 확보하였다.

46. 갈 2:11.

의 선배 사도들을 책망했을 때와 같이, 나중에는 부수적으로 생겨났으리라고 그들은 주장하기를 희망한다. 이 시점에서 나는 사도행전을 성경으로 인정하지 않는 사람들에게 다음과 같이 말하고자 한다. "우선 당신들은 이 바울이 누구이며 그가 사도가 되기 전에 어떤 사람이었으며 그리고 그가 어떻게 사도가 되었는가를 보여주어야 한다." 왜냐하면 다른 경우에 있어서 논쟁의 문제에서 그들은 바울을 상당 부분 이용하고 있기 때문이다. 증거를 요구하는 비판적인 지성에게, 바울이 박해자에서 사도로 변했다고 스스로 공언하는 것은 충분한 신빙성이 없다. 심지어 주님께서도 증인이 되지 않으실 것이다.

그러나 그들로 하여금 성경 없이 믿도록 놔두자. 그들은 성경에 반대되는 것을 믿게 될 것이다. 그렇다고 치더라도, 베드로가 바울에게 책망을 받았다는 점이, 베드로와 나머지 사도들이 바울보다 이전에 제시한 것과 다른, 새로운 형태의 복음을 바울이 소개했다는 것을 어떻게 입증할 수 있는가? 없다. 바울이 박해자에서 전도자로 전향했을 때, 그는 형제들 가운데 한 명에 의해서 다른 형제들에게로 데려가졌고, 사도들의 노력으로 신앙을 "덧입었던"[47] 남자들에 의해서 다른 남자들에게로 데려가졌다. 그 이후에, 바울은 스스로 우리에게 말하기를, 그가 베드로를 만나기 위하여 예루살렘에 올라갔다고 하였다. 바울과 베드로는 공통된 믿음을 가지고 설교하기 때문에 두 사람의 만남은 의무이자 권리가 된 것이다. 바울이 어떤 상반되는 믿음을 전파했다면, 그들은 박해자가 전도자로 돌아섰다는 사실에 놀라지 않았을 것이다. 그의 원수 바울이 도착했을 때 예루살렘 형제들이 주님께 영광을 돌리지는 않았으리라. 그래서 그들은 친교와 동의의 표시로 오른손을 바울에게 내밀었고, 그들 사이에서 그들의 사역의 범위를 나누었지, 복음을 나눈 것이 아니다.[48] 그것은 서로가 다른 것을 전파해야 한다는 뜻이 아니라, 다른 사람들에게 전파해야 한다는 뜻이다. 베드로는 할례자들에게, 바울은 이방인들에게 전파하는 사역의 분할을 말한다. 그러나 만일 베드로가 이방인들과 한번 식사했던 이후로, 할례자들을 존중하여 이방인들과의 교제에서 물러난 사건은 확실히 행동의 실수이지 전도의 문제가 아니다. 그것은 창조주 외의 또 다른 신을, 마리아에게서 태어나지 않은 또 다른 그리스도를, 부활 이외의

---

47. 행 9:17, 27. "입는다" 믿음을 입는다(*fidem induerant*). 갈 3:27, 세례 시 "그리스도로 옷 입는다."
48. 갈 1:18-24; 2:9.

또 다른 소망을 선포하는 문제가 아니었다.

24. 사도들을 상반된 편에 두게 되는 것은 나에게는 행복한 일이 아니다(오히려 나의 불행이다). 그러나 심술의 아들들이 초기 가르침에 의심의 시선을 던지기 위하여 책망의 사건을 제기하기 때문에, 나는 베드로를 위하여 항변할 것이다. 바울 자신은 모든 사람에게 모든 것이 되겠다고 말했다. 유대인에게는 유대인이, 이방인에게는 이방인이 되어서 모든 사람을 얻고자 한다고 하였다. 특정한 때, 특정한 사람, 특정한 경우에, 그들은 다른 때, 다른 사람, 다른 경우에는 기꺼이 찬성했을 행위들을 비난하곤 한다. 예를 들어, 바울이 할례를 금했음에도 불구하고, 자신이 디모데에게 할례를 행한 것을 베드로는 책망하는 것이 당연할 수 있다. 사도에 대하여 판단을 내리는 것은 어리석은 짓이다.[49] 베드로가 순교함으로써 바울과 동등하게 되었다는 사실은 얼마나 다행인가!

의심의 여지없이, 바울은 삼층천에 올려져 낙원에까지 데려가졌고, 거기서 어떤 것들을 듣는 체험을 했다. 그러나 그 소리들은 바울로 하여금 다른 교리를 전하게 구비시켜주는 것일 수 없기 때문이다. 왜냐하면, 그것들은 속성상 어떤 인간의 언어로 소통해서는 안 되는 것들이기 때문이다.[50] 그러나 만약 한 이단이 실제로 새어나가 어느 한 사람에게 발각된 사실을 따르고 있다고 주장한다면, 바울이 그 비밀을 누설한 죄가 있든지, 아니면 그밖에 다른 누군가가 바울을 따라서 낙원에 데려가져서, 그 사람이 바울이 말하는 것이 허용되지 않았던 것을 발설하도록 허락을 받았다는 것을 그들은 보여주어야만 한다.

25. 그러나 사도들이 어떤 사항에서는 무지하지 않았으며 그들의 설교에서도 다르지 않았다는 것을 인정하면서도, 또 한편으로 모든 사람들에게 똑같이 모든 것을 드러내지 않고서, 다만 어떤 것들은 모두에게 공개적으로 위탁하면서도 어떤 것들은 몇 사람에게만 비밀스럽게 가르쳤다고 주장한다면, 그것은 내가 이전에 말했던 것과 마찬가지로 정신착란에서 나온 발상이다. 이 때문에 바울은 디모데에게 말한다. "오, 디모데야, 그 맡긴 것(the deposit)을 보호해 다오!" 그리고 다시 "그 좋은 맡긴 것을 지켜 다오!" 이 맡긴 것이란 게 무엇인가? 비밀스러운 것, 다른 교리의 부분으로 여겨지는

---

49. 히에로니무스와 아우구스티누스가 주고받은 편지에서 갈라디아 사건에 대한 토론을 상기시키는 것은 흥미로운 일이다.

50. 고후 12:2 이하.

것인가? 아니면 그가 말할 때 "아들 디모데야, 이 책임(charge)을 네게 위임하노라"라고 말한 부분인가? 아니면 "만물을 주관하시는 하나님과, 본디오 빌라도 앞에서 선한 고백을 증거하신(witnessed the good confession) 예수 그리스도께서 보시는 앞에서 내게 위탁하노니, 그대는 이 명령(commandment)을 지키라"라고 바울이 명령에 대하여 말한 것인가? 무슨 명령이며 무슨 책임을 말하는가? 맥락을 살펴보면, 이 말들이 숨은 교리라는 암시는 없으며, 디모데가 바울 자신으로부터 – 솔직히 (내 생각에는) 그가 말했듯이, "많은 증인들 앞에서" – 들었던 가르침 외에는 어떤 것도 받아들이지 말라는 명령이다. 교회가 되기 위하여 이토록 많은 증인들을 가지고 있지 않아도 별 차이는 없다. 많은 증인들 앞에서 선포되어진 것들은 비밀이 될 수 없다. 또한 디모데가 "이것들을 충성된 사람에게 부탁하여 저희가 다른 사람들을 가르칠 수 있도록 하라"는 바울의 소원을 어떤 숨겨진 복음의 증거라고 해석할 수도 없다. "이것들"(these)은 바울이 그 때 편지로 썼던 것들을 의미한다. 바울과 디모데 두 사람 사이에 은밀한 것들을 언급했었다면, 바울은 "이것들"이 아니라, 언급하지 않은 어떤 것을 가리키는 "그러한 것들"(those)이라고 했을 것이다.[51]

26. 바울이 복음의 사역을 누군가에게 위탁할 때에 – 그 사역은 무차별적으로 부주의하게 수행해서는 안 되기 때문에 – 주님의 말씀을 따라서 사역자는 진주를 돼지에게 던져서도 안 되며 거룩한 것을 개들에게 주어서도 안 된다는 말을 덧붙이는 것이 당연했다. 주님은 어떤 숨겨둔 신비에 대한 암시 없이 공개적으로 말씀하셨다.[52] 주님 자신은 무엇이든지 그들이 어둠 속에서 은밀하게 들은 바들을 빛 아래와 집 꼭대기에서 전파하라고 제자들에게 명령하셨다. 그들 사역의 비유 속에서, 주님은 친히 비유로 한 므나(즉, 그분의 한 말씀)도 감추어 두어서 결실을 맺지 못하게 하지 말라고 제자들에게 가르치셨다. 등잔은 보통 말 아래 치워두는 것이 아니라, 모든 집을 비추기 위하여 등잔대 위에 놓는다고 주님께서는 친히 가르치셨다. 만일 빛(즉, 하나님의 말씀의 빛과 그리스도의 신비의 빛)을 숨김으로써 사도들이 이 명령들을 성취하지 않았다면, 그들은 이 명령들을 무시했거나 이해하지 못했던 것이다. 나는 사도들이 누구를 두려워했다고 생각할 수 없다. 그들은 유대인의 폭력이나 이방인의 폭력도 두려워하지 않았다. 회당

---

51. 인용구절: 딤전 6:20; 딤후 1:14; 딤전 1:18; 6:13–14; 딤후 2:2. 이러한 것, 그러한 것 = *haec, illa*.
52. 성례의 비밀(*Tecti sacramenti*). 그리고 아래의 "그리스도의 비밀"은 *sacramentum*이다.

과 공공장소들에서 침묵을 지키지 않았던 사람들이 교회에서 더욱 자유롭게 전파했을 것이다. 아니다, 만일 사도들이 유대인이나 이방인들이 믿기를 원하는 것을 체계적으로 제시하지 않았다면, 그들을 회심시키지는 못했을 것이다. 사도들이 소수의 개인에게만 어떤 것을 가르치기 위하여, 이미 믿고 있는 교회들에게 어떤 것을 알리지 않은 일들은 더구나 없었을 것이다. 말하자면, 비록 사도들이 가족원들 내에서 일부 사안들을 토론한다고 할지라도, 그들이 세상에 전파했던 믿음과 반대되거나 새로운 신앙의 규범을 소개하는 것들이 있었다고는 믿을 수 없는 일이다. 그들은 교회에서는 한 하나님을 말하고, 집에서는 다른 하나님을 말하지는 않았으며, 그리스도의 일면을 공개적으로 말하지만 그리스도의 다른 측면은 비밀스럽게 말하거나, 만인에게 부활의 한 소망을 선언하지만 몇몇 소수에게는 다른 것을 가르쳤을 리가 없다. 사도들의 서신은 모두 "똑같은 말을 하고, 불일치가 없게 하라", 분열이 없게 하라고 간청하고 있다. 왜냐하면 사도들은 바울이건 다른 누구이건 간에 동일한 메시지를 전파했기 때문이다. 게다가, 복음과 반대되는 방식들로 복음을 취급하는 것을 금하게 하는 주님의 말씀인, "너희 말에 예할 것은 예하고 아니오 할 것은 아니오 하라. 여기서 지나치는 것은 무엇이든지 악에서 나오는 것이다"라는 말씀을 그들은 기억했다.[53]

27. 만일 사도들이 메시지의 모든 영역을 알지 못했다거나 신앙의 규범의 모든 내용을 글로 공표하지 않았다는 것을 믿을 수 없다면, 아마도 사도들이 단도직입적이고 충분하게 설교했지만, 교회들이 실수하여서 사도들이 그들에게 제공한 것들을 바꾸었는지 여부를 우리는 고려해봐야만 한다. 이단자들은 의심하기 위하여 이 모든 선동적인 것들을 제시하고 있다는 것을 여러분들은 알게 될 것이다. 이단들은 사도들에 의해서 책망 받은 교회들을 예로 든다. "오, 어리석은 갈라디아인들이여 누가 여러분을 유혹하였는가? 여러분은 잘 달려왔는데, 누가 너희들을 꾀려하느냐?" 그리고, 처음에는 옳았다. "여러분이 은혜 안으로 부르신 분으로부터 그렇게 빨리 다른 복음으로 돌아섰다니 의아하도다." 다시, 이단자들은 고린도 성도들에게 보내는 서신을 인용하면서, 무엇을 아는 줄로 생각하면서 아직도 마땅히 알 것을 알지 못하는 고린도 교인들[54]은 아직 육신적이어서 우유를 섭취하고 아직 고기를 먹을 수 없다는 말씀

---

53. 고전 1:10; 마 5:37.
54. 갈 3:1; 5:7; 1:6; 고전 3:1-2; 8:2.

을 인용한다. 이단자들은 교회들이 책망 받았다는 사실에 반대하기 때문에, 그들에게 교회들이 자신들의 실수들을 확실히 수정했다고 하자. 사도는 기뻐하며 교회들의 믿음, 지식, 그리고 삶의 방식으로 인해 하나님께 감사를 드린다.[55] 그리고 오늘날 이 교회들은 단 하나의 전통의 가르침의 특권 속에서 그 당시 책망을 받은 교회와 하나가 되었다.

28. 모두가 오류를 범했다고 가정하자. 심지어 바울 사도조차도 그가 복음을 증거할 때에 속았다고 가정해보자. 교회를 진리로 인도하시기 위하여 그리스도께서 성령을 보내시고 아버지께 요청하사 성령께서 진리의 교사가 되도록 하기 위해 보내진 성령님이지만, 그 성령님이 교회를 돌보지 않았다고 가정해보자. 하나님의 청지기, 그리스도의 성직자가 그의 직무를 태만히 하고, 사도들을 따라서 성직자가 직접 설교한 것들과는 다른 것을 이해하고 믿도록 당분간 허용했다고 가정해보자. 심지어 그랬을지라도, 무수히 많은 교회들이 실수하여서 한 믿음을 가지게 되었다는 것이 가능한 일인가?[56] 그토록 많은 가능성들이 있다면, 당신은 동일한 결과에 도달하지 못할 것이다. 여러 교회 속에서 교리적인 오류는 편차들을 보여 왔다. 많은 교회들 가운데서 동일성이 발견되어지는 곳에서는, 그것은 실수가 아니라 전통이다. 누가 감히 오류들이 전통의 창시자들 속에 놓여져 있다고 단언할 수 있을까?

29. 오류가 어떻게 일어나든지 간에, 내 생각에는, 이단들이 없을 동안에는 그 오류가 영향력을 행사했다! 진리는 마르키온주의자나 발렌티노스주의자가 그녀(진리)를 자유롭게 놓아주기를 기다리고 있었다. 한편, 모든 것이 잘못 행해졌다. 복음의 전파, 신조의 수용, 수 천 수 만의 세례들, 믿음의 역사, 기적들, 은혜의 은사들, 성직과 사역들, 모든 것이 잘못되었고, 심지어 순교자들도 잘못된 영광의 면류관을 받았다. 또는 비록 그것들이 잘못되고 비효과적으로 행해졌어도, 그것들이 어떤 하나님께 속한 것인지가 알려지기 전에 하나님의 일들은 제대로 진행되고 있었다는 것을 당신은 어떻게 설명하겠는가? 그리스도가 발견되어지기 전에 그리스도인들이 있었다는 것을 당신은 어떻게 설명하겠는가? 또는 참된 교리 이전에 이단이 있었다는 것을 어

---

55. 롬, 엡, 빌, 골, 살전후의 첫 구절들은 대부분 믿음에 대한 찬미를 포함한다. 이 교회들은 모두 다른 교회들이다.

56. 논쟁을 위해서 부록 I, A에 나오는 이레나이우스와 비교하라. 이러한 종류의 보편성에 대한 호소는 중요하지만, 시간이 이 보편성을 약화시켰다. 심지어 4세기에는 "전 세계가 아리아인들임을 발견하고 신음하였다."

떻게 설명하겠는가? 실재하는 것은 항상 그것의 표상 이전에 존재한다. 사본(copy)은 나중에 나온다. 이단들이 올 것이며 경계해야만 하다고 초기 교리 자체에서 예언했던 이유가 아니라면, 이단을 더 초기의 교리라고 잘못 아는 것은 상당히 불합리하다. 이 교리는 교회에게 씌어진 것이다. 참으로 교리 자체는 그녀(교리)의 교회를 위해서 씌어졌다. "비록 하늘에서 온 천사일지라도 우리가 전한 것과 다른 복음을 전한다면 저주가 있을지어다."[57]

30. 그렇다면, 폰토스(Pontus, 성경에서 본도) 배의 주인이며, 스토아 철학의 제자인 마르키온은 어디 있었는가? 그렇다면, 플라톤의 제자인 발렌티노스는 어디 있었는가? 잘 알려진 바와 같이 그들은 그렇게 멀지 않은 과거인 대략 안토니우스의 통치 때 살았으며, 축복의 기억을 소유한 엘레우테루스 감독(Bishop Eleutherus) 하에 있었던 로마에서 보편적 교회의 교리를 처음으로 받아들여서, 형제들을 물들게 하고 있었던 끝 모르는 억측으로 인하여, 그들은 한번 그리고 또 다시 추방당했고(마르키온은 추방과 함께 2,000파운드를 물었다), 그들이 마침내 영구적인 출교로 추방될 때까지, 해외에 그들의 이상한 교리들의 유해한 씨앗들을 퍼트렸다. 나중에 마르키온은 참회를 공언하였을 때, 그의 화해를 위해 부과된 조건은 그가 파멸의 길로 가도록 가르쳤던 모든 사람들을 교회로 원상복귀시켜야만 한다는 것이었다. 그는 그 조건을 받아들였으나, 죽음이 먼저 그를 덮쳐왔다.[58] "이단들이 틀림없이 존재할 것이다." 그렇다고 이 말이 이단을 좋다고 말하는 것은 아니다. 악도 역시 틀림없이 존재한다. 주님께서는 배반을 당할 것임에 틀림없다. 누구든지 이러한 근거로 이단을 변호하고자 한다면, 배반자에게 화있을진저! 다음은 아펠레스의 배경을 주목하고자 한다.[59] 그 배경은 마르키온 그 이상으로

---

57. 갈 1:18.

58. 마르키온에 관하여는 블랙만(E.C. Blackman)의 「마르키온과 그의 가르침」(Marcion and his Teaching)(런던, 1948)을, 발렌티노스에 관하여는 새그나드(F. Sagnard)의 「영지주의자 발렌티노스」(La Gnose Valentinienne)(파리, 1947)를 보라. 테르툴리아누스는 심각한 어조로 긴 지면을 할애하여 마르키온을 논박하였으나, 발렌티노스에 반대하는 테르툴리아누스의 소책자는 풍자에 가까운 것이었다. 여기서 연대는 혼동이 있다. 안토니누스 피우스(Antoninus Pius)는 138-161 동안 통치했고, 엘레우테루스(Eleutherus)는 174-189 동안 로마의 감독이다. 마르키온은 140년경 로마에 갔으며, 144년에 출교 당했다. 발렌티노스는 비슷한 시기에 알렉산드리아에서 로마로 갔으나 거기서 좀 더 오래 있었다. 어떤 편집자들(예를 들어, Preuschen, Rauschen같은)은 "나중에 마르키온이 참회하였다"는 문장을 인정하지 않았다. 그 이유는 마르키온이 회개했다는 어떠한 증거도 없기 때문이다. 종파분리주의자들이 그들의 무리를 데리고 보편적 교회(cum suis로 돌아옴)로 데리고 들어왔을 때, 그들을 기꺼이 훈육하여 용인했다는 기록은 다른 곳에서 발견되었다. 예를 들어, 키프리아누스 Ep. 55항(로마)에서와 4세기에 도나티즘을 다룬 아프리카의 교회법에 나타난다.

59. 비록 아고바디누스(C. Agobardinus)는 흔적(stigma)이라는 표현을 사용했고, 크로이만도 계속 그렇게 사용하지만, 계보 또는 배경(stemma)이라는 표현이 여기서는 맞는 것 같다. 이레나이우스는 아펠레스를 언급하지 않았지만, 이후에 2세기에 로도(Rhodo)에

70

올라가지는 않는다. 아펠레스를 가르치고 형성한 것은 바로 마르키온이었으나, 그는 한 여인에게 빠져, 마르키온의 절제를 저버리게 되었다. 그래서 그의 가장 거룩한 스승의 눈에서 멀리 떨어진 알렉산드리아로 은둔하였다. 몇 년 후에 돌아온 아펠레스는 더 이상 마르키온주의자가 아니라는 사실 외에는 더 나아진 것이 없으며, 다른 여자, 즉, 앞에서 이미 언급한 동일한 사람인 처녀 필루메네(Philumene)에게 매달리게 되었다. 이후에 그녀는 끔찍한 매춘부가 되었으며, 바로 이 여자의 사악한 영향을 받아서 그녀에게서 배운 바를 아펠레스는 「계시」라는 책으로 썼다. 아직도 그들을 기억하는 사람들이 살고 있다. 사실상 그들의 제자들과 계승자들은 그들이 나중에 들어온 자들임을 거의 부정하지 않는다. 게다가, 주께서 말씀하신 대로, 그들의 행위에 의해서 유죄로 증명되었다. 만일 마르키온이 구약과 신약을 분리했다면, 그는 그가 분리한 것보다 더 나중 사람이다. 연합된 것이었기 때문에 단지 분리할 수 있었다. 그리고 만일 그것이 분리되기 이전에 연합된 것이었다면, 그 이후에 그것이 분리된다 할지라도 분리자는 나중에 온 것이다. 다시, 발렌티노스가 이전에 잘못되었던 것을 정확하게 교정한 것들을 재해석하고 교정할 때에, 그것이 다른 누군가에게 이미 속해있음을 그가 증명한다.

나는 이들을 더 뛰어나고 더 친밀한 진리의 훼손자들이라고 말한다. 이에 덧붙여서 나는 니기디우스(Nigidius)와 헤르모게네스(Hermogenes)와 오늘날 주님의 길을 왜곡하고 돌아다니는 다른 많은 이들을 추가할 수 있다.[60] 그들이 어떤 권위로 앞으로 나서게 되었는지 그들로 하여금 나에게 보이게 하라. 만일 그들이 다른 하나님을 전파한다면, 왜 그들이 반대하여 전파하고 있는 그 하나님의 피조물들과 책들과 이름들을 사용하는가? 만일 같은 하나님이라면, 왜 하나님을 다르게 전파하는가? 그들로 하여금 그들이 새로운 사도들임을 입증하게 해보자. 그리스도가 두 번째 오셔서, 두 번째 가

게는 노인으로 알려져 있다(ap. Eus., *H.E.*, V, 13). 테르툴리아누스는 「아펠레이아코스에 반박하여」(*Adversus Apelleiacos*)를 썼으나 지금은 남아 있지 않으며, 종종 아펠레이아코스와 필루메네를 언급했다. 가장 마지막 정보는 테르툴리아누스에게서 얻을 수 있는 것 같다. 마르키온 자신은 엄격한 금욕주의자로서, 정통적인 반대자들도 그의 인격적 성결함을 인정한다.

60. 니기디우스는 달리 알려져 있지 않다. 헤르모게네스는 동방 출신이며, 거기서 안티오케이아의 테오필로스가 그에 대하여 반박하는 글을 썼다. 그는 카르타고에 정착했으며, 테르툴리아누스가 205-206년경에 「헤르모게네스에 대한 반박문」을 썼을 때에도 그곳에 살고 있었다. 이 작품들은 현존하고 있으나, 헤르모게네스를 반대하는 테르툴리아누스의 또 다른 작품 「영혼의 부에 관하여」(*De censu animae*)는 잃어버렸다. 테르툴리아누스는 그의 「영혼에 관하여」(*De Anima*)에서 이 작품과 헤르모게네스를 종종 언급하였다. 그 작품에 대한 바스징크(J.H. Waszink)의 주석서(암스테르담, 1947)를 참고하라.

르치셨고, 두 번째 십자가에 달리셨고, 두 번째 죽었으며, 두 번째 다시 살아나셨다는 것을 그들로 말하게 하자. 바로 그 기초 위에서 주님은 사도들을 세우셨고,[61] 주님 자신과 동일한 표적을 행할 능력을 그들에게 주셨다. 비록 나는 그들의 가장 위대한 기적이라는 것이 사도들을 거꾸로 모방한 방식이라는 것을 확신하고 있지만, 그들이 기적을 행하는 것을 보고 싶다. 사도들은 죽은 자를 살렸다. 이 이단자들은 산 자를 죽음으로 몰고 갔다.

31. 그러나 이것은 본제를 벗어난 것이다. 진리가 먼저이고 거짓이[62] 나중에 들어온 것이라는 나의 논지로 돌아가고자 한다. 이것은 주님의 씨 뿌리는 비유에서 추가적인 지지를 받고 있다. 주님은 먼저 좋은 밀 씨를 뿌리고, 나중에 대적자 마귀가 와서 알곡에 열매 없는 가라지를 섞어 놓는다. 올바르게 해석하면, 이것은 다른 교리들을 의미한다. 왜냐하면, 씨는 다른 곳에서도 역시 하나님의 말씀의 비유로 쓰이고 있기 때문이다. 이 비유에서 확정된 순서가 분명히 밝히고 있는 것은, 먼저 전승된 것이 주님의 것이며 참된 것인 반면, 나중에 소개되는 것은 외래적이며 거짓된 것이라는 점이다. 이 판결은 나중에 등장하는 모든 이단들에게 유효하다. 이 이단들은 스스로 완전한 확신으로 믿음을 주장하기 위한 확고한 견해를 가지고 있지 못하다.

32. 만일 어떤 이단이 스스로를 사도적 시대에 속해 있다고 감히 주장하면서, 그럼으로써, 그들이 그 당시에 살았기 때문에 사도들에게서 전수를 받았다고 생각한다면, 우리는 다음과 같이 말할 수 있다. 그들 교회의 기원들을 제시해보라고 하자. 그들의 감독들의 명단을 펼쳐 보이라고 하자. 그들의 최초의 감독은 창시자이며 사도들이나 사도적인 사람 가운데 한 명인 선임자 – 즉 내가 말하는 것은 사도들과 함께 있었던 한 사람 – 를 가졌던 그러한 방식으로 처음부터 계승되어 내려와야 한다. 왜냐하면 이것이 사도적 교회들이 그들의 기원들을 기록하는 방식이기 때문이다.[63] 예를

---

61. 여기서 본문은 훼손되었다. 그리스도는 기적을 행할 능력을 제자들에게 주지 않고는 그들을 사도로 삼지 않으셨다.

62. 진리의 우선권(*principalitas veritatis*). *Principalitas*를 일시적 우선권을 의미한다는 것을 이레나이우스(부록 I.B.)와 키프리아누스의 구절들을 해석하기 위하여 마음에 새겨두어야만 한다.

63. 이 논쟁에 대한 일반적인 이해를 위해서 서론을 참고하라. 계승은 관할구에 있는 모든 감독들의 사안이지, 일련의 성직수임(consecration)이 아니다. 사도적인 남자들이 사도들에 의해서 안수 받았다고 테르툴리아누스가 생각했는가? 또는 만일 교회들이 사도들의 – 사도들의 가르침을 우리는 신뢰할 수 있다 – 동료들에게로 교회의 역사적 연속성을 추적할 수 있다고 한다면 테르툴리아누스가 만족했겠는가? 동일한 문제를 위하여 「클레멘스 I」 44항의 "다른 특출한 남자들"과 비교해 보라.

들어, 스미르나 교회가 보고하기를 요한이 폴리카르포스를 그곳에 배치했으며,[64] 로마 교회는 보고하기를 베드로가 클레멘스를 안수하였다[65]고 하였다. 이와 똑같은 방식으로 다른 교회들도 사도들에 의해서 감독의 직위를 임명받은 사람들을 배출하였고, 그렇게 함으로써 사도적 자손(seed)을 교회에 이어갔다.

이단자들로 하여금 스스로 그런 종류의 것들을 창안하게 하라. 불경자들은 이미 양심의 가책이라곤 없을 것이다. 그러나 그들이 뭔가를 창안한다고 할지라도, 그것은 그들에게 쓸모가 없을 것이다. 만일 그들의 가르침을 사도들의 가르침과 비교한다면, 둘 사이에 차이점과 모순들이 그들의 가르침은 어떤 사도나 사도적인 사람의 작품이 아님을 극명하게 드러날 것이다. 왜냐하면 사도들은 그들의 가르침이 서로 다르지 않을 것이며, 사도적 사람들은 사도들과 모순되지 않을 것이기 때문이다. 그렇지 않다면, 사도들에게서 배운 사람들이 다른 무엇인가를 설교할 수 있다고 우리가 생각할 수 있는가? 결과적으로 사도적 사람들의 가르침이 교회들이 세운 이 기준을 따라서 도전을 받게 될 때에, 비록 그 교회들이 어떤 사도나 사도적 사람을 그들의 직접적인 창시자로 배출할 수 없을지라도, 그들은 훨씬 이후에 설립되었기 때문에(교회들이 매일 세워지고 있었다), 여전히 그들은 동일한 신앙에 동의하고, 교리 면에서 유사성이 있기 때문에 역시 사도적이라고 여겨진다.[66] 따라서, 이단들이 이러한 두 기준에 따라서[67] 우리 교회들로부터 도전을 받을 때에, 그들 교회들이 하나도 빠짐없이 그들 스스로를 어떻게 사도적으로 여기고 있는지를 증명하게 하라. 그러나 그들은 사도적이지 않으며, 그들 자신이 사도적이 아닌데 그것을 증명할 수도 없다. 이단들이 신조에 동의하지 않기 때문에 결코 사도적이지 않은데, 어떤 식으로든 사도적인 교회들은 그들을 평화와 친교[68]속으로 받아들일 수도 없다.

---

64. 폴리카르포스를 알고 있었던 이레나이우스는 말하기를, 폴리카르포스는 사도들에 의해서 임명되었다고 하였다(「이단논박」(Haer.) III, iii). 이그나티우스가 그에게 편지했을 때(115년경), 폴리카르포스는 이미 스미르나의 감독이었으나, 아직 어렸다. 그는 156년에 순교하였다.

65. 로마의 초기의 계승명단은 리누스(Linus), 아나클레투스(Anacletus), 클레멘스 순서로 되어 있다. 예를 들어, 「부록 I, B: 이레나이우스」에서 클레멘스는 탁월한 사람 중 첫 번째였으며, 약 95년경에 고린도 교회에 중요한 편지를 썼다. 이러한 계승 문제들에 관하여는 클레멘스, 이그나티우스 그리고 폴리카르포스에 관한 라이트푸트(Lightfoot)의 중요한 주석서와 에르하르트(A. Ehrhardt)의 「사도적 계승」(The Apostolic Succession, 1953)을 보라.

66. 다시 말해서, 카르타고는 이단자들로 취급될 수 있을 것이다!

67. Utramque formam(양쪽의 형식으로), 사도적 계승과 사도적 교리를 말함.

68. 친교(Sacramenti), 20항의 마지막 문장과 같은 뜻.

33. 추가하여, 사도들의 시대에 폭로되었으며 사도들에 의해서 거부되어진 그 실제적인 가르침들을 나는 이제 본격적으로 검토하려 한다. 왜냐하면 그 가르침들이 사도들의 시대에도 이미 존재하고 있었거나 아니면 그때 존재했던 것으로부터 씨앗을 취했다는 사실이 발견되면, 그 가르침들을 더욱 쉽게 논박할 수 있기 때문이다.

고린도에 보내는 첫 번째 편지에서 바울은 부활을 부인하거나 의심하는 사람들을 책망한다. 사두개인들이 그러한 견해를 가졌다. 그 견해의 일부를 마르키온, 아펠레스, 발렌티노스, 그리고 육체의 부활을 공격했던 사람들이 가져왔다.[69] 그 다음에, 갈라디아교인들에게 보내는 편지에서, 바울은 할례와 율법을 지키며 변호하는 사람들에 반대하여 통렬히 비난한다. 그것은 에비온 이단이다.[70] 디모데에게 교육하면서, 바울은 결혼을 금하는 자들을 공격한다. 마르키온과 그의 추종자 아펠레스가 그것을 가르쳤다.[71] 마찬가지로 바울은 부활이 이미 일어났다고 말하는 자들을 언급한다. 발렌티노스주의자들이 이런 입장을 옹호한다.[72] 바울이 끊임없는 족보들을 언급할 때,[73] 우리는 발렌티노스를 떠올리게 된다. 발렌티노스의 가르침 속에는 어떤 에이온이나 새로운 이름을 가진 다른 것과 항상 같은 이름이 아닌 것이 은혜, 감각 그리고 진리를 낳았다고 한다. 은혜, 감각 그리고 진리는 말씀과 생명을 자손으로 낳는다. 말씀과 생명은 또 다시 인간과 교회를 만든다. 그런 다음, 이 첫 번째의 8개의 에이온들로부터 10개의 다른 에이온들이 나오고, 놀라운 이름을 가진 12개의 더 많은 에이온들이 30개의 전체 이야기를 구성하기 위하여 태어난다. 동일한 사도(바울)가 "초등학문 아래서 종노릇하는" 자들을 비난할 때, 그는 우리에게 허모게네를 암시한다. 허모게네는 창조되지 않은 물질(Matter)을 소개하면서, 그 물질을 창조되지 않은 하나님과 동일시한다. 그리하여 초등학문의 어머니인 여신을 만들면서, 허모게네는 그 여신을 하

---

69. 단지 일부이다. 왜냐하면 테르툴리아누스의 「육체의 부활에 관하여」(Res.Carn.) 36항에 따르면, 사두개인들은 몸이나 영혼의 부활을 인정하지 않은 반면, 영지주의는 영혼의 부활을 가르쳤다.

70. 갈 5:2. 에비온에 대하여는 27항을 보라. 에비온주의자들은 "유대주의자"였다. 이레나이우스 1. 26 참조.

71. 딤전 4:3. 마르키온은 결혼을 세례의 장애물로 만들었다. 마르키온 분파의 성장은 개종자들과 세례 받지 않은 추종자들에게 의존하였다.

72. 딤후 2:18. 그 제안은 부활이 세례에서 일어났거나(「육체의 부활에 관하여」 19항) 진리의 획득 시에 일어났다는 견해이다.(「이레나이우스」, II, x/viii, 2)

73. 딤전 1:4. 뒤에 이어지는 것에 대하여 이레나이우스의 여러 군데서(passim)와 사그나드의 앞의 책 58을 보라.

나님과 동등하다[74]고 여기고 그 여신에게 종노릇할 수 있다.

　　요한의 묵시록에 우상들에게 바쳐진 것들을 먹고 음란을 자행하는 자들을 징계하기 위한 말이 있다. 오늘날 가이안[75] 이단이라고 불리는 새로운 니콜라당[76]이 등장했다. 그러나 그 편지에서, 요한이 무엇보다도 "그리스도가 육체로 오심"을 부인하는 자들과 "예수가 하나님의 아들이심"[77]을 믿지 않는 자들에게 적그리스도라는 이름을 붙여주었다. 전자의 입장은 마르키온이 주장했고, 후자는 에비온이 주장했다. 천사를 숭배하는 시몬의 마술에 관하여는 물론 우상으로 취급하면서, 시몬 베드로는 시몬 자신을 대신하여 정죄하였다.[78]

　　34. 우리가 사도들로부터 배우면서, 내가 믿기로는 이런 것들이 그 당시에 존재했던 가짜 교리들의 유형들이라고 본다. 그러나 진리에 대한 그렇게 많은 상이한 왜곡들 가운데서도, 우주의 창조주로서의 하나님에 대한 논쟁을 일으키는 가르침을 만나본 적이 없다. 아무도 두 번째 하나님을 감히 상상해낸 사람은 없다.[79] 영지주의자들은 처음에는 성부 하나님보다 성자 예수님에 대한 의심을 느꼈다. 비로소 마르키온이 창조주 외에 지고한 선(善)의 또 다른 하나님을 소개할 때까지는, 아펠레스가 더 높으신 하나님의 영광스러운 창조의 천사가 율법과 이스라엘의 하나님이 되어서 자신을 불의 속성이 있다고 선언할 때까지는,[80] 그리고 발렌티노스가 그의 에이온들을 사방에 흩어서 한 에이온의 실수로부터 창조주 하나님의 기원을 이끌어낼 때까지는,[81] 영지주의자들은 성부 하나님에 대한 의심보다는 성자 예수님에 대한 의심을 품고 있

---

74. 갈 4:3, 9. 참고. n. 60. 테르툴리아누스는 물질(materia), 어머니(mater)로 말놀이를 한다.

75. 가이안. 분명히 가이안파임. 분명히 니골라당과 오파이트(Ophites)과 같이 방탕주의자들임.

76. 계 2:14-15. 니골라당은 불분명하지만, 영지주의 분파의 오래된 명단들 속에 항상 포함되었다.

77. 요일 2:22; 4:3. 마르키온은 육체는 악의 근원이기 때문에 성육신을 받아들일 수 없었다. 에비온주의자들은 그리스도의 신성을 전혀 믿지 않았다. 테르툴리아누스는 그가 인용한 요한서신을 말할 필요가 없다는 사실에 주목하라. 그는 단지 한 번만 인정했다. 참고 「정절에 관하여」 19항.

78. 행 8장. 이레나이우스 I, xvi. 참고 10항. 영지주의의 설립자들이 신약시대 때 정죄 받은 것을 추적하면서, 시몬이 가장 초기의 형태의 영지주의 형태를 띠고 있다고 테르툴리아누스는 주장한다. 테르툴리아누스가 바실레이데스(Basilides)를 거의 아무 곳에서도 언급하지 않는 것이 이상하다. 바실레이데스를 「육체의 부활에 대하여」 2항에서 언급한 바 있다.

79. 두 번째 하나님. 마르키온과 같은 좀 더 성서적인 영지주의자들이 채택하게 된 견해이다. 첫 번째 이유는 구약에서 묘사된 하나님과 예수 안에 계시된 신약의 하나님을 동일시 할 수 없기 때문이다. 두 번째 이유는 그들은(좀 더 철학적인 영지주의자들과 함께) 창조와 물질과의 접촉을 절대자 하나님의 행위로 보지 않았다.

80. 불같이 활활 타오르는 하나님에 대하여는 「육체의 부활에 관하여」 5항과 바스징크(Waszink)가 각주한 「영혼에 관하여」 23항을 보라.

81. 플레로마(충만)로부터 "지혜의 욕망"의 타락. c. 7을 보라.

었다. 이 사람들에게만 그리고 이 사람들에게 처음으로 참된 신성이 계시되었단 말인가! 의심의 여지없이 이 사람들은 악마로부터 더 큰 사려와 더 충만한 은혜를 받았고, 악마는 여기서 하나님을 능가할 수 있는 절호의 기회를 보았으며, 그리고 그의 유해한 교리들로써, 주님께서 불가능하다고 말씀하신 것, 소위 제자들이 스승을 능가하리라는 것을 성취할 절호의 기회를 악마가 본 것이다.[82]

그래서 이 이단들은 그들이 시작한 날짜를 자기들이 선택하는 대로 정한다. 그들이 진리에 근거를 두고 있지 않다면 날짜가 별로 중요한 것이 아니다. 틀림없이 그들이 사도들의 시대에는 존재하지 않았고, 존재할 수가 없었다. 만일 그들이 그 때에 존재했다고 한다면, 그들도 또한 분명하게 이름이 붙여졌을 것이고, 따라서 그들도 역시 핍박을 받았을 수 있었다. 사도들 아래에 존재했던 무리들은 이름이 붙여졌을 때에 정죄를 받게 된다. 그렇다면 둘 중에 하나다. 현재의 이단들이 그 싹은 사도들 시대에 존재하다가 이제는 좀 더 세련되어져서, 그 때부터 그들에 대한 정죄가 계속 이루어져왔던 것과 동일한 그 이단이든지, 아니면 기원에 있어서 다르고 더 후대인 다른 이단들이 존재하게 되어서, 이 경우에는 그들이 전도를 공유함에 따라서 정죄를 함께 받게 된 경우이든지 둘 중에 하나다.

이것은, 위에서 언급했듯이,[83] "후대 연대"의 원칙으로부터 따라온다. 심지어 비록 그들이 정죄받은 교리들과 아무런 상관이 없을지라도, 그들의 늦은 연대를 근거로 한다 할지라도 사도들에 의해서 이름조차 붙여지지 않았다는 점만 보아도, 그들이 훨씬 더 가짜임을 미리 판단하게 된다. 이것은 그들이 그 당시 예견되었던 이단들이라는 것을 이중으로 확증하는 것이다.

35. 이 법칙에 근거하여 우리는 모든 이단들을 조사하고 유죄를 입증해왔다. 그들이 사도들보다 후대이거나 동시대이건, 그들이 사도들과 다르다는 것을 감안할 때, 그들이 일반적으로나 구체적으로 사도들에 의해서 검열을 받았거나 이전에 정죄를 받았다고 가정한다면, 그들로 하여금 그들 나름대로 우리의 가르침에 반대하는 동일한 논박을 요구하라. 만일 그들이 그 가르침의 진리를 부정한다면, 그들 자신이 유죄 판결을 받았던 그 동일한 기준에 의해서 그 가르침이 유죄임을 입증하는 방식으로,

---

82. 마 10:24.
83. 후세(Posteritas), 참고. c. 31과 n. 62.

그들은 그 가르침이 이단임을 입증해야만 한다. 그와 동시에 지금 우리가 입증한 바와 같이, 그들 속에서 발견되지 않는 그 진리를 어디서 찾는지 보여주어야만 한다. 우리의 가르침은 후대의 것이 아니다. 그것은 그들(이단) 전부보다 더 이전에 있었다. 이속에 우리 가르침이 진리라는 증거가 있다. 어디에서나 첫 번째 자리에 있는 것, 그것에 진리의 증거가 있다. 사도들에 의한 가르침은 아무데서도 정죄를 받지 않았다. 사도들은 그 가르침을 변호한다. 이것은 그 가르침들이 사도들에게 속한다는 증거이다. 그들이 모든 외래적 가르침들을 정죄한다는 것을 고려할 때, 그들이 정죄하지 않는 것은 명백히 그들 자신의 재산이기 때문이다. 그리고 그것이 사도들이 우리 가르침을 변호하는 이유이다.

36. 자, 만일 여러분 자신의 구원의 일에 대하여 호기심을 좀 더 발휘할 준비가 되었다면, 사도적 교회들을 대충 훑어보아라. 사도적 교회에서는 사도들의 감독자리가 오늘날까지 그들의 구역들을 관할하고 있으며, 사도들 각자의 목소리와 얼굴을 떠올리게 하는 사도의 진짜 편지들이 여전히 암송되어지고 있다.[84] 만일 아가야(Achaea)가 당신과 가장 가깝다면, 당신에게는 고린도가 있다. 만일 당신이 마케도니아에서 멀지 않다면, 당신에게는 빌립보와 데살로니가가 있다. 만일 당신이 아시아에 갈 수 있다면, 당신은 에베소가 있다. 만일 당신이 이탈리아에 가깝다면, 당신은 우리에게도 가장 가까운 권위인 로마가 있는 것이다.[85] 사도들이 그들의 피와 함께 그들의 가르침을 모두 쏟아 부은 그 교회는 얼마나 복된가. 교회를 위하여, 베드로는 그의 주님과 같이 고난을 받았고, 바울은 요한의 죽음과 함께 면류관을 받았고, 사도 요한이 끓는 기름 속에 잠겨도 해를 당하지 않은 후에 한 섬으로 유배를 당했다.[86]

---

84. H. E., VII, 19에서, 유세비우스는 야고보의 실제적인 감독 자리가 아직도 예루살렘에 존재한다고 믿고 있다. 어떤 사람은 테르툴리아누스가 여기서 감독 자리(cathdrae)라고 한 것은 실체적 대상을 의미한다고 생각한다. 그것은 불필요하며, 대체로 가능성이 적지만, 불가능한 것은 아니다. 그러나 "진짜"라고 할 때 이것이 꼭 자필이라는 의미보다는 삭제되지 않은 본문을 의미한다.

85. 참고 『마르키온 반대문』 IV. 5. 매우 유사한 문장이다. "우리"는 카르타고와 라틴 아프리카 교회를 의미한다. 카르타고와 라틴아프리카 교회가, 로마로부터 설립되었거나 로마의 성직자를 받았는지 안 받았는지 간에, 교리적 권위를 얻기 위하여 그 사도적 관할구(로마)에 주목한 것은 틀림없다. Auctoritas는 기원과 권위라는 이중의 의미를 가지고 있다. 그것은 재판권이나 주권을 의미하는 것은 아니다. 잘란트(T.G. Jalland)의 책 『교회와 교황권』(1944) 147쪽에 의하면 그것은 "소유 권리 증서"를 의미하는 로마법을 뜻하는 기술적 용어로 받아들여야 한다고 했는데, 나는 그것이 설득력이 없다고 느껴진다. "그리고 데살로니가"라는 것이 원문에 있었는지 여부는 확실하지 않다.

86. 이것은 베드로의 십자가형에 대한 최초의 언급이다. 그러나 요 21:18과 타키투스 「연대기」 XV. 44에서, 네로의 희생자들이 "십자가에 달린 것"(crucibus adfixi)를 말하고 있다. 오리게네스는 머리를 거꾸로 했다는 것을 추가했다(ap. 유세비우스, H. E. III. 1). 바울은 세례 요한처럼, 바울은 전통을 따라서 참수형을 당했는데, 이것은 로마시민으로서 그의 권리였을 것이다. 이것은 요한의 이야기

그 교회가 무엇을 배웠고, 무엇을 가르쳤고, 그 교회가 아프리카 교회와 어떤 우정[87]의 연대를 맺고 있는지를 살펴보자. 그 교회는 우주의 창조자이신 한 분 주 하나님을 알며, 동정녀 마리아에게서 나셨으며 창조주 하나님의 아들이신 그리스도 예수를 알고, 그리고 육체의 부활을 알고 있다. 그 교회는 율법서와 예언서를 사도들과 복음전파자들의 서신들과 결합하였다. 그 근원인 성서로부터 교회는 믿음을 마셨고,[88] 그리고 교회는 그 믿음을 물로 인치고, 성령으로 옷 입고,[89] 성만찬으로 먹이고, 순교에 대한 용기를 북돋았다. 그리고 교회는 그 가르침에 반대하는 사람을 한 명도 받아들이지 않았다. 이것이 이단들을 예견했던 그 가르침이며, 그렇지 않다고 지금 말하더라도 그 가르침에서 이단들이 생겨나게 되었다. 그러나 그들이 가르침에 반대하게 된 이후로 지금까지, 그들은 그 가르침에 속하지 않았다. 심지어 부드럽게 기름지고 유용한 올리브의 알맹이로부터 거칠고 형편없는 올리브가 나오듯이, 심지어 가장 좋고 달콤한 무화과에서 텅 빈 하찮고 쓸모없는 무화과가 나오는 것처럼, 그와 마찬가지로 이단들은 우리의 줄기에서 자라나지만, 우리와 다른 종류가 된다. 이단들은 진리의 씨앗에서 생겨나지만, 그들이 거짓이라는 점에서 이단들은 잘못 성장한 것이다.

37. 그러므로 만일 진리가 "이 규범을 행하는 수많은 사람들인"[90] 우리에게 수여되어야만 한다면, – 이 규범은 교회가 사도들로부터 전수받았고, 사도들은 그리스도로부터, 그리스도는 하나님으로부터 전수받았으며 – 우리가 제시한 원리가 확정된다. 그 원리는 이단들이 성서에 호소하는 것을 허락해서는 안 된다고 규정하기 때문에, 성서를 사용하지 않고도 우리는 이단들이 성서와 아무런 관계가 없다는 것을 증명하게 된다. 만일 그들이 이단자라면, 그들은 그리스도인이 아니다. 왜냐하면 그들

와 끓는 기름에 대한 최초의 등장이다.

87. *contesserarit* 읽기. 참고 c. 20, *ad fin, contesseratio hospitalitatis.* 증표(*tessera*)를 쪼개서 각각 반쪽을 취하는 것이 우정의 맹세였다. 그러나 이 맥락에서 다음 문장처럼, 다른 읽기인 *contestetur*로 더 많이 얘기되어지는데, 그 뜻은 "로마와 아프리카가 믿음에 대한 어떤 공통의 증거"를 의미한다. 그리고 만약 옳다면, *contesserarit*는 우정이 공통된 믿음 위에 기초하며, 로마는 믿음을 주는 자라는 것을 암시한다. 「마르키온 반박문」IV, 5와 병행하는 구절에서, 아마도 *sonent*는 *contestetur*를 지지한다.

88. *Potat*는 타동사로서, "교회의 자녀들에게 마실 것을 주다"라는 뜻이 될 수 있다.

89. 물론 성령을 옷 입는 것을 나타낸다(*Aqua signat, sancto spiritu vestit.*) 인침에 관하여, 그리고 세례의 부분들 사이의 연관성에 관하여, 램프(G.W. Lampe)의 「성령의 인치심」(1951)을 보라.

90. 갈 6:16.

이 받아들인 이름들은 그리스도로부터 온 것이 아니라 그들이 스스로 선택하여 따르는 이단자들로부터 온 것이기 때문이다. 따라서 그들이 그리스도인들이 아니기 때문에, 기독교 문헌에 접근할 권리가 없으며, 우리는 그들에게 다음과 같이 말할 권리가 있다. "당신들은 누구냐? 당신들은 언제, 어디서부터 왔는가? 당신들은 우리 사람들이 아닌데, 우리 땅에서 뭘 하고 있소? 무슨 권리로 당신은 내 재목을 베고 있소, 마르키온? 누구의 허락으로 당신은 나의 물줄기를 딴 데로 돌리고 있소? 발렌티노스? 무슨 권세로 당신은 나의 경계선을 옮기고 있소, 아펠레스?[91] 이 소유지는 내게 속한 것이요. 그러니 나머지 당신들 모두는, 왜 당신들 마음대로 여기서 씨를 뿌리고 가축들을 방목하는 거요? 그것은 나의 소유지란 말이오. 내가 오랫동안 소유해왔단 말이오. 당신들이 나타나기 전부터 소유하고 있었소.[92] 나는 부동산의 원래 주인들로부터 유효한 권리 증서를 받았소. 내가 사도들의 상속자랍니다. 사도들이 유언으로 제공함에 따라서, 사도들이 그 땅을 신탁으로 유증(遺贈)하고 맹세하여 그것을 확증함에 따라서, 그 계약조건에 따라서 내가 그 땅의 소유권을 가지고 있소. 사도들은 당신들을 외인(外人)과 원수들로 영원히 상속권을 박탈하고 당신들과는 관계가 없다고 하였소." 교리에서 이단자들이 차이가 나는 것을 제외하고는 어떻게 이단자들이 사도들에게 외인(外人)이요 원수들이 될 수 있겠는가? 이단자들 각자는 그들의 판단에 따라서 다른 교리를 만들었든지, 사도들과 반대되는 교리를 전수받은 것이다.

38. 성서와 성서 해석에 대한 변조는 교리상 차이가 발견되는 곳마다 생겨나리라고 예견된다. 다른 가르침을 제안하는 사람들은 불가불 교리 문헌을 적당히 경감시키지 않을 수 없다. 왜냐하면 다른 가르침의 자료들을 소유하지 않고는, 그들이 다르게 가르칠 수 없었기 때문이다. 그들의 교리의 변조는 교리 문헌의 변조 없이는 성공적일 수 없었던 것과 마찬가지로, 우리의 교리적 통전성은 교리를 다루고 있는 원자료의 통전성이 없이는 우리에게 효력을 발휘하지 못했을 것이다.

자, 우리의 원자료 가운데, 우리의 가르침과 배치되는 것이 무엇이 있는가? 성서와 배치된 것으로 드러나고, 가감하거나 변조하여 결점을 고친, 우리 스스로가 만들

---

91. 마르키온과 아펠레스는 성경에서 어색한 구절들을 제거했고, 발렌티노스는 성경 해석을 왜곡시켰다. 다음 장을 보라.

92. 여기서 오랜 취득시효(*praescriptio longae possessionis*) 또는 오랜 소유(*longi temporis*)를 암시하고 있다. 그러나 비록 주된 논쟁과 연결되어 있지만, 확실히 주된 논쟁에 대한 첨가이다.

어서 끌어들인 교리가 무엇이 있는가? 성서가 그들의 시작이었다면 우리는 어떤가. 당신들이 성서를 일부 삭제하여 훼손하기 전, 어떤 변경이 있기 전의 그 성서에 우리는 속해 있다. 삭제본(mutilation)[93]은 언제나 원본보다 후대의 것임에 틀림없다. 그것(삭제본)은 그것이 반대하는 것(원본)에 정통해 있지도 않으며, 그것(원본)보다 더 초기의 것도 아닌, 적개심에서 갑자기 생겨난 것이다. 결과적으로 상식이 있는 사람이라면, 우리가 처음부터 존재하고 최초가 된 자인데, 그런 우리가 성서에다 본문의 훼손들(textual corruptions)을 도입했다고 믿을 수 있는 사람은 아무도 없고, 오히려 더 나중이며 적대적인 범인들은 바로 그들이라고 믿지 않을 사람은 아무도 없을 것이다. 한 사람은 그의 손으로 성서를 왜곡하였고, 다른 사람은 그의 주석으로 왜곡하였다. 만일 발렌티노스가 온전한 성서를 사용했다고 치면, 그도 마르키온이 교활했던 것처럼 똑같이 그 진리 위에다 폭력적인 손을 대었다. 마르키온은 공개적으로 적나라하게 칼을 사용하였다. 그는 펜이 아니라 칼을 사용하여 그 자신의 자료에 맞도록 성서에 대량학살을 가했다. 발렌티노스는 본문을 아꼈다. 왜냐하면, 그는 그의 문제에 맞도록 성서를 창안해내지 않고, 성서에 맞추어 문제를 창안했기 때문이다. 그러나 그는 좀 더 멀리 나가서, 특정 단어들의 적절한 의미를 제거하고, 환상적인 배열[94]을 추가하였다.

39. 형제들이여, 이것들은 "우리가 대항하여 싸워야 할 영적인 사악함"으로부터 나온 날조된 것들입니다. 이 날조된 것들을 우리는 조사해야 하며, 믿음에 필수적이며, 그 결과 "택함을 받은 자들은 명백히 드러나게 될 것이고" 그리고 유기(遺棄)받은 자들도 발견되어지게 된다.[95] 그 목적을 위하여, 그들은 난해하고 불가해한 어떤 것들로 치부할 필요가 없는 오류를 고안해내고 가르치는 능력과 재능을 소유하고 있는데, 유사한 솜씨의 예를 세속 문학에서도 쉽게 접할 수 있기 때문이다. 오늘날 당신은 완전히 다른 이야기를 함께 모으는 것을 버질(Virgil)로부터 볼 수 있는데, 문제가 행

---

93. 삭제(Interpolation). 영어의 interpolation(개찬, 改竄)은 본문의 중요한 오용(誤用)은 아닌데, 삭제(Interpolation)라는 단어는 그 보다는 더 넓은 것이다.

94. 마르키온은 구약을 거부했고, 그의 신약경전을 (목회서신과 히브리서를 제외시키고) 누가복음과 열 개의 바울서신으로 구성하였다. 그리스도를 구약이나 육체와 연결시키는 이 많은 구절들로부터, 그리고 율법에 대한 많은 구절들을 절단했다. 이레나이우스는 「이단논박」 I, I, 6; I, xiii, 1에서 발렌티노스가 왜곡한 사례들을 제시하고 있다.

95. 엡 6:12, 고전 11:19.

간에 맞게 번안되고(adapted) 행간이 문제에 맞게 번안되어진다. 예를 들어, 호시디우스 게타(Hosidius Geta)는 버질로부터 비극의 「메데아」 전체를 흡수했다.[96] 내 친척 중 한 명은, 작가 생활의 기분전환으로, 동일한 시인(버질)에서 「게베스의 식탁」(Table of Cebes)이라는 작품을 끄집어내어 만들었다.[97] 여기 저기 그리고 사방에서 뽑은 작은 천조각들을 함께 바느질로 붙이는 조각천을 이어 맞추는 세공(patchwork)처럼, 우리는 호머의 시들로부터 명구집들(centos)을 만드는 사람들에게 "호메로센톤스"(Homerocentons)라는 이름을 붙여 준다. 그리고 성경은 상상할 수 있는 모든 주제를 위하여 의심할 여지없이 더 풍부한 소재들을 제공하고 있다. 참으로, 이단들이 틀림없이 있으리라는 (사도의 서신을) 읽을 때, 하나님의 뜻으로 성서 자체로 너무나 잘 배열되어 있어서 이단자들에게 문제를 제공하고 있다는 모순을 나는 두려워하지 않고 말해야겠다고 생각한다. 왜냐하면 성서가 없으면 이단도 있을 수 없다.

40. 이단을 조장하는 그러한 성구들의 의미를 누가 해석한 것인가라고 나에게 물을 것이다. 물론 악마다. 악마의 사업은 진리를 왜곡하는 일로써, 우상—비법들에서 신적인 성사(聖事)들까지도 흉내 낸다.[98] 악마가 세례를 주는 일부는 그의 신봉자들이고, 그의 충신들이다. 그는 씻음으로써 죄를 제거할 것을 약속하고, 내 기억이 맞는다면, 이 의식에서 군인들을 이마에 인 쳐준다. 그는 빵의 성체 봉헌을 경축하며, 부활의 표상을 끌어들이며, 그리고 무력으로 협박하여 화환을 산다. 어째서인지, 그는 실제로 그의 대제사장을 한 번의 결혼으로 제한한다.[99] 그는 그의 동정(virgins)을 가졌

---

96. 이 호시디우스 게타는 달리 알려져 있지 않지만, 「메데아」의 명곡모음은 현존한다. 편집. 배에렌스(Baehrens), *Poet. Lat. Min.* (Teubner), IV, 219ff.

97. 게베스는 피타고라스 학파이며 소크라테스의 제자이다. 하지만 이 대화는 훨씬 후대의 것이다. *Pintax(Tabula)*는 한 성전 안에 있는 그림으로, 인간사의 과정을 보여주고 있다. 이 대화는 그것을 알레고리화한 것이다. 그것은 현존한다. ed. Praechter, Teubner, 1893.

98. 어떤 기독교 의식들과 이교 의식들 – 특히 일부 신비 종교들 – 사이의 닮은 점에 대한 표준적 설명이다. 유스티니아누스와 테르툴리아누스는 종종 그것을 사용한다. 다음의 예들은 미트라교((Mithraism)의 제의들로부터 왔다. 이를 위하여는 쿠몽(Cumont)의 글들을 보라. 그러나 내 생각에 크로이만(Kroymann)이 signat(인치다)라는 단어 앞에, *Mithra*라는 단어를 행간 주석(gloss)으로서의 본문에서 뺀 것이 옳다고 생각한다. 그 문장 전반의 문법적이고 논리적인 주제는 악마이다.

99. 막시무스 교황(Pontifex Maximus). 테르툴리아누스의 *ad Uxor.*, I, 7과 다른 곳에서 그와 같다. 그것이 사실이었을까? 황제가 막시무스 교황이었을 때, 그 당시에는 아니다. 물론 딤전 3:2에 언급이 있다. 기독교적인 생각을 위해서는 암브로시우스의 「서신」 63을 보라.

고, 그는 그의 절제를 가졌다.[1] 만일 우리가 누마 폼필리우스(Numa Pompilius)[2]의 종교적 법령으로 넘어가서, 만일 우리가 그의 제사장의 기능들과 배지(badge)와 특권들, 희생적 제사의 직무들[3]과 도구들과 그릇들, 맹세와 속제에 대한 상세한 점들을 살펴보면, 악마가 유대법의 주도면밀함[4]을 모방해온 것이 명백하지 않겠는가?

만일 악마가 우상숭배의 직무들 속에서 그리스도의 성사(聖事)들이 행해지는 바로 그러한 것들을 그토록 모방하고 표현하고자 한다면, 그가 문장은 문장으로, 단어는 단어로, 비유는 비유로 동일한 재간으로 창의력을 가지고, 거룩한 역사의 문헌과 기독교 종교를 그의 세속적이고 경쟁심 많은(emulous) 믿음으로 각색할 동일한 열망과 동일한 능력을 가지고 있었다고 우리는 확신해도 좋다. 그러므로 이단이 나온 뿌리인 영적인 사악함은 악마가 보낸 것이거나, 아니면 이단은 우상숭배와 멀지 않다는 것을 우리는 의심해서는 안 된다. 왜냐하면 둘 다 동일한 작자의 짓거리이기 때문이다. 그들은 창조주를 반대하는 다른 하나님을 발명해냈든지, 또는 그들이 한 창조주를 고백한다고 가정한다면, 그 창조주에 대한 그들의 가르침은 거짓이다. 하나님에 대한 모든 거짓은 일종의 우상숭배다.[5]

41. 나는 이단자들의 생활방식을 꼭 묘사하고 넘어가야겠다. 그들의 신앙에 부합하듯이, 무익하고, 현세적이며, 모두가 너무나도 인간적이고, 진지함(gravity)에서, 권위에서, 훈련에서 결여되어 있다.[6] 우선적으로, 누가 세례 지원자이고 누가 세례 받은 사람인지 구분할 수 없다. 그들은 함께 들어오고, 함께 듣고, 함께 기도한다. 심지어

---

1. 예를 들어, 베스탈스(Vestals)의 「절제」는 독신주의를 뜻하지만, 결혼 안에서의 훈련과 절제를 의미할 수도 있다. 참고. 테르툴리아누스, ad Uxor., I, 8.

2. 전통적으로 기원전 715-673년의 로마의 두 번째 왕이다. 요정 에게리아(Egeria)의 조언을 받은 그는 로마의 정치를 개혁했고 제사장들의 대학들을 조직했다. 그러나 모세가 그랬듯이, 후대의 많은 것들이 그의 이름으로 수집되었다.

3. '직무'(ministration)라는 단어에서, 우리는 주요 사본인 Agobardinus를 분실했고, 본문이 매우 불확실한 채로 남아 있는 나머지 장들 속에 몇몇 곳들이 있다.

4. 까다로움(Morositatem). 참고. 「마르키온 반대문」, IV, 35, morositatem legis와 같은 책, II, 18, sacrificiorum... scrupulositates.

5. 참고 테르툴리아누스 「우상숭배에 대하여」 I, 전체 요소가 거짓이다. tota substantia (idoloatriae) mendax.

6. 이 흥미로운 장(章)은 여기서 가능한 보다 충분한 주해를 할 필요가 있다. 테르툴리아누스는 마르키온주의자들과 다른 영지주의자들에 대한 것과 마찬가지로, 나중에 그가 가입한 몬타노스주의자들에 대하여도 많은 것을 생각하고 있었을 것이다. 여인들은 몬타니즘에서 여제(prophetess)로서 중요한 역할을 한다. 사역에 대하여 테르툴리아누스의 몬타니즘적 관념의 일부가 「정절에 대하여」 21(App. II)에서 보인다. 그의 몬타니즘 시절의 한 작품의 다른 중요한 장(章)은 「정절에 대한 권고」 7인데, 여기에서 그는 평신도의 제사장직에 대하여 말하고 있다. 마르키온은 교회가 그러했던 것처럼(히에로니무스, 「갈라디아서 주석」 6:6), 세례지원자들(catechumens)을 적절한 성례전에 참석하는 것에서 배제했다.

어떤 이교도가 도착한다 할지라도, 그들은 거룩한 것[7]을 개들에게 기꺼이 던지고, 진주들(여기서는 가짜임)을 돼지 앞에 기꺼이 던져주려 한다. 훈련의 파괴가 그들에게는 단순성이고, 그것에 대한 우리의 집중을 그들은 가식(affectation)이라고 부른다. 그들은 모든 사람과 모든 장소에서 교제한다. 그들 모두가 진리를 공격하는데 동의한다면, 신학적 차이들은 그들에게는 별 관심사가 아니다. 그들 모두는 득의양양하며, 그들 모두는 지식을 약속한다. 그들의 세례 지원자들은 충분히 교육을 받기도 전에 완벽하다.[8] 이단자들의 여인에 대하여는, 그들은 얼마나 주제넘은가! 그 여인들은 뻔뻔스럽게도 축귀(exorcisms)를 가르치고, 주장하고, 행하고, 치유를 약속하고, 아마도 심지어 세례까지 행하는 것 같다.[9] 그들의 안수식은 성급하고, 무책임하고, 불안정하다. 때로 그들은 초보자를,[10] 때로는 세상 직업에 묶여 있는 남자들을 임명하고, 때로는 우리에게서 떠난 변절자들을 임명하여 그들을 진리로 묶을 수 없을 때 그들을 야망으로 묶어두기를 희망한다. 반역자들의 진영 안에서 보다 더 빨리 승진을 얻을 수 있는 곳은 없다. 그곳은 당신이 나타나는 것 자체가 하나의 공로이다. 따라서 한 사람이 오늘 사제가 되면, 내일은 다른 사람이 사제가 된다. 오늘의 집사가 내일의 독자(reader)[11]가 되고, 오늘의 성직자[12]가 내일의 평신도가 된다. 왜냐하면 그들은 제사장의 기능들을 심지어 평신도에게 부여하기 때문이다.

42. 말씀의 사역에 대하여 내가 무엇을 말해야 할까? 그들의 관심은 이교도들을 회심시키는(convert) 것이 아니라, 우리 사람들을 뒤엎는(subvert) 것이다. 그들이 추구하는 영광은 넘어진 자를 일으켜 세우는 것이 아니라, 바로 선 자를 넘어뜨리는 것이다. 그들의 일은 그들의 건설적인 운영에 기인하는 것이 아니라, 진리의 파괴로부터 기인하기 때문에, 그들은 자신의 것을 세우기 위하여 우리가 세운 것(construction)을 서서히 손

---

7. 거룩한(Sanctum)이란 단어는 성만찬을 의미한다. 히에로니무스의 「서신」15에 나타남.

8. 완벽한(perfecti)은 헬라어로는 teleioi로써, 충만한 입회식(full initiation)을 가리키는 영지주의가 애호하는 신비용어이다.

9. 참고 Virg. Vel., 9. "여인은 교회에서 말하는 것이 가하지 않으며, 또한 제사장의 직무에 있어서는 가르치거나 세례 주는 것, 또는 (희생제물을) 바치는 어떤 남자들의 기능을 공유할 것을 주장하는 것이 더더구나 가하지 않다."

10. Neophytos, 딤전 3:6. 참고 암브로시우스, 「서신」 63.

11. Lector(성구를 낭독하는 자). 세부적인 의식(minor order)에 대한 첫 번째 언급이다.

12. 사제의 기능(Sacredotalia munera). 테르툴리아누스와 키프리아누스에 있어서, 사제(sacerdos)가 항상은 아니지만 보통은 감독(bishop)을 의미한다. 4세기에는 보통 감독을 의미했으나, 독점적으로 감독만을 의미한 것은 아니었다. 이 단어의 형용사는 장로들(presbyters)을 포괄한다. 평신도에 대하여는 「정절에 대한 권고」 7을 보라.

상시킨다. 그들이 하는 말이라고는 모세의 율법서와 예언서 그리고 창조주 하나님에 대하여 불평하는 것 외에는 아무 말도 하지 않는다. 따라서 그들은 넘어진 폐허들을 일으키는 것보다 세워진 건물들을 허물어뜨리는 것이 더 쉽다는 것을 발견하게 된 것이다. 그러한 일을 할 때에만 그들은 자신들을 겸손하고 유순하고 공손한 모습으로 보여준다. 그러나 그들 자신들의 지도자들에 대해서는 어떠한 존경심도 가지고 있지 않다. 이단자들 가운데 사실상 어떠한 분열들이 없는 이유는, 분열들이 일어나도, 그들의 일치(unity) 자체가 바로 분열(schism)이기 때문에, 그들은 분열을 눈치 채지 못한다. 만일 그들이 그들끼리 자신들의 신앙의 규범들을 변개시킬 것이 분명하다고 말해도 내 말이 크게 틀리지 않을 것이다. 왜냐하면, 그것을 전수한 그 사람이 그것을 제멋대로 합쳤었던 것과 마찬가지로, 그들 각자는 그들이 전수받은 것을 제멋대로 각색했기 때문이다. 그것의 발전은 그것의 본성이나 그것의 기원의 성격과 다르지 않다. 발렌티노스파와 마르키온파는 발렌티노스와 마르키온이 그들 맘대로 믿음에서 새로운 것들(innovations)을 만들었던 것과 똑같은 자유를 취하고 있다. 간단히 말해서, 이단들을 면밀히 검토해보면, 그들 모두는 원래의 창시자들과 여러 면에서 불일치가 있음을 발견할 수 있다. 그들 중 대다수는 교회들조차 없다. 어머니도 없고, 집도 없는 그들은 믿음을 빼앗기고 진리로부터 추방당한 채 이리 저리 방황한다.[13]

43. 이단들이 마술사, 허풍장이(charlatans), 점성가 그리고 철학자들 – 물론, 모두는 사색의 신봉자들임 – 과 거래를 한 것도 역시 악명 높다. "찾으라, 그러면 찾을 것이다"는 말씀을 그들은 계속해서 우리에게 되뇐다. 그들이 행동하는 방식을 보면 그들의 믿음의 특성(quality)을 판단할 수 있다. 훈련은 교리의 지수(index)이다. 그들은 말하기를, 하나님은 두려워할 대상이 아니라고 한다. 따라서 그들에게는 모든 것이 자유롭고 제한받지 않는다. 그러나 그분이 현존하시지 않는 곳 외에 하나님을 두려워하지 않는 곳이 어디 있는가? 하나님이 계시지 않는 곳에는 진리 역시 존재하지 않는다. 그리고 진리가 없는 곳에는 그들의 교훈과 같은 것은 자연스럽다. 그러나 하나님이 현

---

13. 나는 잠정적으로 크로이만의 '진리로부터 추방당한 채 방황하고 있다'(extorres quasi veritate vagantu)를 받아들인다. 잘못된 본문에 대한 수많은 교정을 하였다. 야유를 받으며 무대에서 퇴장된 sibilati가 그 단어 중에 하나인데, 레파울은(Refoulé)은 그 단어를 계속 사용한다.

존하시는 곳에는, 지혜의 근본인[14] 하나님에 대한 경외가 있다. 하나님을 경외하는 곳에는, 품위 있는 신중함, 주의 깊은 조심성과 근심어린 배려, 잘 검증된 선발, 잘 균형잡힌 친교와 마땅한 승진, 종교적 순종, 헌신적인 봉사, 겸손한 외모, 연합한 교회, 그리고 모든 경건한 것들이 있다.

44. 동일한 논증에 의해서, 우리들이 더 엄격한 훈련을 한다는 증거들은 진리가 우리 가운데 있다는 추가적인 증명들이다. 진리를 포기하는 것은 다가올 심판을 염두에 두는 사람에게는 맞지 않는 일이다. 우리 모두가 그리스도의 심판 자리에 서야 할 때,[15] 무엇보다도 우리 믿음의 모든 것들을 보고 드려야 한다. 그리고 음란한 이단으로 말미암아, 그리스도께서 그들에게 위탁한 믿음의 순결함을 잃은 그들은 무엇이라고 말할 것인가? 추측하건대, 다가올 파괴적이고 왜곡된 교리들에 대하여, 그리고 그 교리들을 경계하고 혐오하라는 명령에 대하여, 그리스도와 사도들로부터 아무것도 들은 바가 없다고 그들은 주장할 것이다. 아니다, '그들이'(그리스도와 사도들)[16] 앞서서 미리 우리를 준비시키지 않았다는 점에서 그들은 자신들의 잘못을 인정하게 될 것이다. 그들은 모든 이단적인 교사들의 권위에 관한 것들, 그들이 기적을 행함으로써 어떻게 자신들의 교리에 대한 믿음을 놀랍게 확증했던가를, 그들이 어떻게 죽은 자들을 일으켰고, 병든 자를 치유했으며, 미래를 예언했으며, 그래서 어떻게 그들이 사도들로서 받아들여졌는가를 훨씬 더 많이 추가하게 될 것이다. 마치 많은 이단들이 도래할 것이며, 잘못된 전도의 기만성을 강화하기 위하여 가장 위대한 기적들이 행하여질 것임이 마치 전혀 기록되지 않은 것처럼!

그럼으로써 그들은 용서받을 만할 것이다. 그러나 만일 주님과 사도들의 서신과 선포들을 염두에 두면서 몇몇 사람이 믿음의 통전성에 굳게 섰다면, 내가 추측하기로, 주님께서 답하실 때 다음의 이 말들은 용서받음을 상실하게 될 위험에 처하게 될 것이다. "거짓 교사들이 내 이름으로 그리고 선지자들과 사도들의 이름으로 일어나리라는 것을 분명히 나는 사전에 말하였다. 그리고 너희에게 이 말을 하도록 나는 제

---

14. 시 111:10; 잠 9:10.

15. 고후 5:10.

16. '그들이', 즉 그리스도와 사도들을 말함. 만일 주어의 변화가 너무 심하다고 느끼지 않는다면 충격적인 감각이다. 주어의 변화가 너무 심하다고 생각한 사람들은 본문을 다양하게 수정했다.

자들에게 명령했으나, 너희는 그것을 믿으려 하지 않았다.[17] 나는 복음과 동일한 신앙의 규범의 가르침을 사도들에게 단번에 최종적으로(once for all) 위탁했다. 그러나 나중에 그(신앙의 규범) 안에 있는 몇 가지를 수정하는 것이 내게 기쁨이 되었다. 나는 부활, 심지어 육체의 부활을 약속했다. 그러나 나는 내가 그것을 이행할 수 없는 경우에, 그것을 재고하였다. 나는 나 자신의 동정녀 탄생을 선언했다. 그러나 그 후에 나는 그것을 부끄러워했다. 나는 해와 비를 만드신 분을 아버지라 불렀다. 그러나 또 다른 더 좋은 아버지가 나를 양자로 삼았다. 나는 당신들에게 이단들에게 귀 기울이는 것을 금지했었다. 그러나 내가 틀렸다." 바른 길로부터 떠나 방황하고 참된 믿음을 위협하는 위험들에 대하여 조심하지 않는 사람들은 이 같은 의견들을 잘 받아들일지도 모른다.

45. 현재로서 이상이 일반적인 모든 이단들에 반박하는 나의 주장이다. 나는 명백하고, 정당하며 빠져나갈 수 없는 규정들(prescriptions)[18]에 근거해서 그들은 성서에 대한 어떤 토론도 허용되어서는 안 된다고 주장하는 바이다. 미래의 언젠가, 하나님의 은혜가 허락된다면, 구체적인 일부 이단에 대하여 반박하고자 한다.

부록 I: 이레나이우스의 「이단 반박문」(Adversus Haereses)발췌문

리용의 감독 이레나이우스가 주후 185년경에 쓴 이단을 반박한 논문으로부터, 테르툴리아누스는 상당 부분의 기초 자료들을 끌어왔다. 이레나이우스의 논문은 초기 라틴어본과 다른 번역본들로 보전되었다. 헬라어 원본은 단지 인용문으로만 현존한다. 테르툴리아누스를 이해하는 데 가장 연관이 있는 몇몇 구절들을, 비록 많은 논평이 필요하지만 논평 없이, 이곳에 실었다. 이레나이우스를 언급하는 방법들이 일

---

17. 또 다시 본문이 확실치 않다. 이 경우에는 구절의 순서가 불분명하다. 어떤 이는 이 구절을 뒤에 놓는다. 즉 "너희가 그것(나의 복음 등)을 믿지 않기 때문에"라고. 나는 몇 가지를 바꾸었다.

18. 복수형 praescriptionibus에 주목하라.

정하지 않기 때문에, 여기에서 도표 하나를 제시한다. 미그네의 P.G., VII는 1710년 Massuet의 일람표를 따른 것이다. 많은 영어권 학자들은 1857년 캠브리지에서 나온 하비판(W.W. Harvey)을 인용한다. 이제 우리는 또한 샤그나르(F.Sagnard)의 「기독교의 근원」 (*Sources Chrétiennes*)도 가졌으나, 지금까지는 3권 밖에 없다. 나의 발췌문은 다음과 같다.

Massuet-Migne	Harvey	Sagnard
A. I, x, 1–2	I, ii, iii	
B. III, i, ii, iii, iv	III, pref., i, ii, iii	pp. 94–122.
C. III, xxiv	III, xxxviii	pp. 398–400
D. IV, xxvi, 2–3, xxvii, I	IV, xl, 2; xli, I; xlii, I	
E. IV, xxxiii, 7–8, IV, liii		

테르툴리아누스를 조망하기 위한 「이단 반박문」으로부터의 발췌문

(A)

교회는 비록 전 세계에 걸쳐서 땅 끝까지 퍼져 있지만, 사도들과 그들의 제자들로부터 한 믿음을 물려받았다. 교회는 한 분 하나님, "하늘과 땅과 바다와 그 가운데 있는 모든 것을 만드신" 전능하신 아버지를 믿는다. 그리고 한 분 그리스도 예수, 하나님의 아들, 우리를 구원하시려고 성육신하신 분을 믿는다. 그리고 성령님, 예언자들을 통해 선포하신 분을 믿는다. 즉, 하나님의 섭리와 초림과 동정녀 탄생과 수난과 죽은 자 가운데서 부활하심과, 사랑하는 자 우리 주 그리스도 예수를 하늘로 올리심과, 육체로 아버지의 영광 중에 하늘로부터 나타나셔서, 만물을 모으시고 모든 인류의 모든 육체를 일으키사, 보이지 않으시는 성부 하나님의 심히 기쁨하심을 따라서, 우리 주요 하나님이요 구원자요 왕이신 그리스도 예수에게로, "하늘에 있는 자들과 땅에 있는 것들과 땅 아래 있는 것들이 모든 무릎을 꿇어야만 하고, 모든 혀는 그분을 고백해야만 하고", 모든 지위에 합당한 심판을 수행하셔서, "영적인 사악함"과 범죄하여 변절자가 된 천사들, 사람들 가운데서 경건치 못한 자, 불의한 자, 부정한 자, 불경한 자는 영원한 지옥 불에 보내고, 의로운 자, 거룩한 자, – 일부는 처음부터, 일부는 회개함으로써— 주님의 명령을 지켜서 그의 사랑 안에서 인내한 자들에게 영원한 영광으로 그들을 두르시고, 생명과 썩지 않음의 선물을 수여하신다는 예언자들을 통하여 선포하신 성령을 믿는다.

내가 전에 말했던 바와 같이, 이러한 설교와 이 믿음을 전수받은 교회는, 비록 전 세계에 걸쳐서 흩어져 있지만, 마치 한 집에 살고 있는 것처럼, 그것을 조심스럽게 유지하고 있으며, 마치 교회가 한 영혼과 한 마음을 가진 것처럼 이러한 교리를 믿으며, 전파하며, 가르치고, 마치 한 입을 가진 것처럼 이 교리들을 후세에 전수한다. 왜냐하면, 비록 세계에 다양한 언어들이 있지만, 전통의 힘은 하나이며 동일하기 때문이다. 독일에 세워진 교회들도 다른 것을 믿거나 후세에 전수하지 않으며, 스페인이나 켈트족 가운데 세워진 교회들이나, 동방이나 이집트나 리비아에 세워진 교회들도 그렇지 않으며, 세계의 중간부에 세워진 교회들도 그렇지 않다. 하나님의 피조물로써, 태양은 전세계에 걸쳐서 하나이며 동일한 것과 마찬가지로, 진리의 설교는 모든 곳에서 빛나며 진리의 지식에 도달하고자 자원하는 자들에게 빛을 비추어준다. 교회 지도자들의 가장 웅변력 있는 지도자들이라 할지라도 다른 무엇을 말하는 것이 아니며 (왜냐하면 아무도 주님보다 위일 수 없기 때문에), 어눌한 설교자라할지라도 전통의 가치를 떨어뜨리지 않을 것이다. 왜냐하면 그 믿음은 하나이며 동일하며, 그 믿음에 대하여 길게 말할 수 있는 사람이라도 그 믿음에 덧붙이는 것은 아무것도 없으며, 말할 것이 별로 없는 사람도 그 믿음에서 아무 것도 뺄넬 것이 없기 때문이다.

(B)

이번에는 내가 처음 두 권의 책에서 말한 것을 기억하라. 만일 당신이 앞으로 전개할 내용들을 추가한다면, 당신은 모든 이단들을 완전히 논박하게 될 것이며, 교회가 사도들로부터 전수받아 교회의 자녀들에게 물려준 하나의, 참된, 생명을 주는 믿음을 위하여 확신을 가지고 끈기 있게 이단들에 대항하여 싸울 수 있을 것이다.

왜냐하면 모든 자의 주님은 복음의 능력을 그의 사도들에게 주었기 때문이다. 그 사도들을 통하여 우리는 진리, 즉 하나님의 아들의 가르침을 알게 되었다. 바로 그들에게 주님은 말씀하셨다. "너희의 말을 듣는 자는 나의 말을 듣는 것이다. 너희를 멸시하는 자는 나를, 그리고 나를 보내신 그분을 멸시하는 것이다." 왜냐하면, 복음을 우리에게 전해준 오직 그 사람들을 통하지 않고는, 우리의 구원 계획을 우리가 알 수가 없기 때문이다. 이 복음을 그들이 첫 번째로 설교했다. 나중에, 하나님의 뜻에 의하여, 그들은 그것을 성서로 우리에게 전수해주어서, 우리 법칙 "기둥과 근거"가 되게 하였다. 사도들의 부족한 점을 개선한다고 뽐내는 어떤 사람들이 감히 말하듯이, 사도들이 "완전한 지식"을 가지기 전에 설교했다고 말하는 것은 잘못된 것이다. 왜냐하면 주님께서 죽은 자들 가운데서 살아나시고, 그들은 "성령께서 그들 위에 임했을 때, 위로부터 임하는 권능을 덧입게" 된 후에, 그들은 모든 은사들로 충만했으며 "완전한 지식"을 가졌다. 그들은 하나님으로부터 온 좋은 것들의 기쁜 소식을 가지고 하늘의 평화를 사람들에게 선포하면서, "지상의 가장 멀리 떨어진 곳까지" 나갔다. 그리고 이런 일을 했던 그들은 각자 그리고 모두가 하나님의 복음을 소유했다.

그리하여, 베드로와 바울은 로마에서 복음을 전파하면서 교회를 세우고 있었던 동안에, 히브리인 가운데서 마태는 그들의 언어로 복음서를 기록했다. 그들이 떠난 후에, 사도요 베드로의 통역관인 마가는 베드로가 설교했던 것을 글로 기록하여 우리들에게 전수했다. 바울의 동료인 누가는 바울이 설교한 복음을 책에 적어놓았다. 나중에 주님의 제자로, "주님의 품에 의지했던" 요한 자신도 역시 그가 아시아 에베소에 머무는 기간에 복음서를 발간했다. 이 사복음서들은 율법서와 선지서가 선포한 천지의 창조주이신 한분 하나님에 대한 믿음과 하나님의 아들이신 한 분 그리스도에 대한 믿음을 우리들에게 전수해주었다. 누구든지 그것들에 동의하지 않는 자는 주님과 관계있는 사람들을 경멸하는 것이며, 주님 자신을 경멸하는 것이며, 또한 하나님 아버지를 경멸하는 것이다. 그리고 모든 이단자들이 그렇듯이, 그런 자는 자신의 구원을 저항하고 반대하기 때문에 스스로 정죄함을 받은 것이다.

그들이 성서로부터 논박을 당할 때, 그들은 성서 자체를 비난의 대상으로 만든다. 본문이 좋지 않다, 성서가 진짜가 아니다, 성서가 서로 모순된다, 만일 전통을 알지 못한다면 성서로부터 진리를 발견할 수가 없다고 비난한다. 그들은 말하기를, 왜냐하면 진리는 글이 아니라 구전으로 전수되어왔기 때문이며, 그것이 바울이 "그러나 온전한 자 가운데서 우리가 지혜를 말하노니, 그러나 지혜는 이 세상에 속하지 않았다"고 말한 이유이다. 그들이 각자는 말하기를, 이 지혜는 그가 스스로 발견한 지혜라고 한다. 물론 순전한 허구이다. 그것은 진리가 이제는 발렌티노스에게 있고, 이제는 마르키온에게, 이제는 케린토스(Cerinthus)에게 있다는 것을 어떻게 그들이 믿을 수 있는지를 설명한다. 그리고 나중에는 바실리데스(Basilides)와 구원의 방식에서 한 마디 말도 하지 않아도 교회를 논박하는 사람이라면 누구에게나 진리가 있다고 한다. 왜냐하면 그들 모두는 모든 면에서 너무도 변절되어서 진리의 규범을 훼손하고 그들 자신을 전파하는 것을 부끄러워하지 않기 때문이다.

그러나 또 다시, 사도들로부터 왔으며 장로들의 계승을 통하여 교회 안에서 보호를 받은 그 전통으로써 우리가 그들을 도전할 때에, 그들은 장로들뿐만 아니라 심지어 사도들보다도 더 현명하다고 자처하면서, 순수한(unadulterated) 진리를 발견했다고 말하면서, 그들은 전통을 반대한다. 사도들은 율법의 문제들을 주님의 말씀들과 섞었다고 그들은 말한다. 그리고 사도들 뿐 아니라 주님조차도 데미우르지(Demiurge, 구약의 하나님)로부터, 중간자(Intermediary)로부터, 수뇌부(Summit)로부터 나온 연설을 행한 반면, 그들 자신은 의심 없이, 오염 없이, 혼합 없이 숨겨진 신비를 안다고 말한다. 그들의 조물주(Maker)에 대하여 이 무슨 순전히 뻔뻔스러운 불경이란 말인가!

따라서 그들은 이제 성서와도 일치하지 않게 되었고, 전통과도 일치하지 않게 되었다. 친애하는 친구여, 모든 측면에서 당신을 뱀처럼 벗어나게 하려는 교활한 놈들과 싸워야 하는 것은 바로 이와 같은 원수들에 대항하는 것이다. 그러므로 우리가 일격을 가함으로써 그들 가운데 몇이라도 부끄러움을 느끼고 그들을 진리로 향하여 전향하도록 하고자 하는 희망에서, 우리는 모든 측면에서 그들에 저항해야만 한다. 비록 일단 오류에 사로잡힌 마음이 그 정신을 되찾는다는 것은 어려울지라도, 진리로 직면한다면 오류를 피하는 것이 완전히 불가능한 것만은 아니다.

따라서 진리를 보기를 원하는 모든 자들은 세계 만방에 명백하게 나타나 있는 사도들의 전통을 모든 교회 안에서 볼 수 있다. 그리고 사도들과 오늘날까지 그들의 계승자들에 의해서 교회 안에서 감독으로 임명된 자들을 일일이 열거할 수 있다. 그들은 이 사람들의 헛소리들과 유사한 어떤 것도 가르친 바가 없고, 아는 바도 없다. 비록 사도들이 그들이 말하는 소위 완전자(perfect)에게 따로 그리고 남은 것에 대한 지식이 없이 가르쳤다고 하는 감추어진 신비들을 알고 있었다고 할지라도, 그들은 교회들을 위임해 주고 있던 이들에게 우선적으로 그것들(신비들)을 전수했다. 사도들은 가르침의 직책을 맡기면서 계승자로 세워두고 가는 사람들에게 그들이 매우 온전하며 모든 면에서 흠이 없기를 원했다. 왜냐하면, 그들의 타락은 가장 큰 재앙이 되는 반면, 그들의 흠 없는 행동은 큰 기회가 될 것이기 때문이다.

그러나 교회들의 모든 계승을 열거하는 것이 이같은 한 권의 책에서는 매우 따분한 일이 될 것이기 때문에, 베드로와 바울 두 사도가 설립하고 확립하였으며 가장 위대하고 가장 오래 되었으며 보편적으로 알려진 로마 교회를 채택해보고자 한다. 사도들로부터 내려온 그 교회의 전통과 감독들의 계승들을 통하여 우리에게 도달한 "사람들에게 선포된 그 교회의 믿음"을 증거로 제시함으로써, 우리는 자기만족이나 허영이나 무지(blindness) 그리고 악한 생각, 그리고 어떤 방법을 통해서든 적합하지 않은 것들만을 긁어모으는 모든 사람들을 논파(論破)하게 된다. 왜냐하면, 도처에서 그 교회로 온 자들에 의해서 사도들로부터 온 전통이 항상 그 교회 안에 보전되어졌기 때문에, 모든 교회들, 곧 도처에서 온 신실한 자들은 로마 교회의 좀 더 중요한 기원 때문에 반드시 이 교회에 동의해야만 한다.

[그리고 나서 이레나이우스는 리누스(Linus)로부터 엘레우테루스(Eleutherus)에 이르기까지 로마의 감독 명단을 제시한 후에, 다음의 말을 하고 있다.]

동일한 순서와 동일한 계승에 의해서 사도들과 진리의 설교로부터 나온 교회 안의 전통이 우리에게 미치게 되었다. 이것은 사도들로부터 지금까지 교회 안에 보전되어왔으며 진리 안에서 후대에 전수되어 온 그 믿음, 곧 생명을 주는 동일한 하나의 믿음이 있다는 완벽한 증거이다.

[그런 다음 이레나이우스는 사도적 전통과 스미르나 교회의 계승을 말하고, 에페소스의 요안네스을 암시하면서, 다음과 같이 결론을 맺는다.]

그러므로 손에 잡히는 그토록 많은 증거들을 가진 우리는 교회로부터 매우 손쉽게 취할 수 있는 진리를 더 이상 다른 곳에서 찾아서는 안 된다. 왜냐하면, 풍성한 보고(寶庫)로서의 교회는 사도들이 진리에 속한 모든 것을 가장 풍성하게 가져온 것이며, "누구든지 그것(교회)에서 생명의 물을 마실 수 있을 것"이기 때문이다. 이것(교회)이 바로 생명의 문이며, 다른 나머지 모두는 도둑이요 강도이다. 그러므로 우리는 그들을 피해야만 하지만, 교회의 것(전통)들을 깊이 사랑하고, 진리의 전통을 붙잡아야만 한다. 확실히, 비록 아무리 작은 문제들이 논쟁 중에 있다고 할지라도, 사도들이 살았던 가장 오래된 교회들에 호소해야만 하고, 연구 중인 그 질문에 대한 명백하고 분명한 답변을 그 교회들로부터 가져와야만 하지 않겠는가? 만일 사도들 자신이 성서를 남겨주지 않았다면, 사도들이 교회들에게 위임했던 자들에게 전수해준 전통의 질서를 우리가 따라야만 하지 않았겠는가?

그리스도를 믿는 많은 바바리안들이 이 전통의 질서에 동의하였다. 그들은 종이와 잉크 없이 성령에 의하여 그들의 심비(心碑)에 쓰인 구원을 소유한다. 그들은 부지런히 고대의 전통을 지켜서, 하나님의 아들이신 그리스도 예수를 통하여, 천지와 그 안에 있는 모든 것들의 창조주이신 한 분 하나님을 믿었다. 하나님의 아들 그리스도 예수는, 그의 창조물을 향한 넘치는 사랑 때문에, 동정녀 탄생을 감내하셨으며, 그 자신이 스스로 안에서 사람과 하나님의 연합을 이루셨으며, 본디오 빌라도에게 수난당하셨고 다시 살아나셨으며 황홀 중에 위로 영접 받으셨고, 장차 구원받을 사람의 구세주이자 심판받을 자들의 심판주로서 영광 중에 오셔서, 진리를 왜곡하여 그의 아버지 하나님과 그의 재림을 무시하는 자들을 영원한 불 가운데로 보내실 것이다.

글자도 없이 이 믿음을 믿게 된 자들은 언어에 관한 한은 야만인들이지만, 그들이 모든 의와 순결함과 지혜 가운데 행하기 때문에, 생각과 습관과 삶의 방식에 있어서, 그들의 믿음의 이성으로 보자면, 그들은 엄청나게 지혜로우며 하나님을 기쁘시게 하는 자들이다. 만일 누군가가 이단들이 날조한 것을 그들에게 그들 자신의 언어로 설교한다면, 그들은 이런 불경스러운 강연을 경청하기를 거부하면서 즉시 그들의 두 귀를 막고 멀리 달아날 것이다. 그래서 그들은 고대의 사도적 전통에 의지해서, 이단들의 터무니없는 지껄임을 한 마디로 즐기지 않으려고 그들의 마음을 지킨 것이다.

왜냐하면 이단 가운데 어떤 회중과 어떤 교리도 확립된 바가 없기 때문이다. 발렌티노스 이전에는 발렌티노스파가 없었고, 마르키온 이전에는 마르키온파가 없었다. 왜곡을 만들어낸 창시자들과 창안자들 이전에는, 이미 열거한 모든 사악한 의견들 가운데 하나라도 존재하지 않았다. 발렌티노스는 히기누스(Hyginus) 때 로마에 가서, 피우스(Pius) 아래에서 번창했으며, 아니케투스(Anicetus)의 시절까지 계속되었다. 마르키온의 선임자인 케르돈(Cerdon)도 역시 여섯 번째 감독인 히기누스 때 출현했다. 그는 교회에 들어갈 목적으로, 참회를 하였으며, 때때로 비밀스럽게 가르쳤고, 때때로 또 다시 참회하고, 때때로 그의 사악한 가르침에 확신을 가지고 형제들의 무리로부터 이탈하였다. 그를 계승한 마르키온은 열 번째 감독인 아니케투스(Anicetus) 때에 번창했다. 내가 보여주었듯이, 영지주의로 불려진 나머지 사람들은 시몬의 제자인 메난데르(Menander)에게서 기원한다. 이들 각자는 저마다 채택한 의견의 아버지이자 우두머리가 되었다. 그리고 나서 이 모든 사람들은 훨씬 나중에 교회 역사의 중간에 그들의 배교 속에서 다시 일어났다.

우리에게 남아 있는 교회 안의 사도적 전통이 바로 그런 것이다. 자 이제 사도들이 하나님에 대한 가르침을 적어놓은 복음서를 통하여, 사도들이 제시한 성서적 증거들로 되돌아가보자. 사도들은 복음서에서 우리 주 예수 그리스도가 진리이며 그분 안에서 조금도 거짓됨이 없음을 증명하였다. 주님의 동정녀 탄생과 죽은 자로부터의 부활을 예언한 다윗도 그렇게 말했다. "진리는 땅으로부터 솟아나리라." 진리의 제자들이 된 사도들은 또한 거짓을 초월한 것이다. 왜냐하면 빛과 어둠이 함께 갈 수 없고, 진리와 거짓이 함께 갈 수 없는 것처럼, 둘 사이는 상호배타적이기 때문이다.

(C)
그러므로 우리의 창조주 하나님, 이 세상을 형성했으며 그 위에는 어떤 다른 하나님도 없는 그 하나님에 대한 사악한 의견들을 도입한 모든 자들을 우리는 논박해왔다. 우리 주님의 본질과 그분의 피조물인 인류를 위하여 그가 행하신 경륜에 관하여 거짓으로 가르친 자들을, 우리는 증거들을 가지고 무너뜨렸다. 다른 한편, 교회의 설교는 모든 곳에서 항상 일정하게, 내가 보여주었듯이, 예언자들과 사도들과 모든 제자들의 증언을 통하여, 시작과 중간과 끝까지 줄곧, 하나님의 전체 경륜을 통하여, 그리고 인간의 구원에 영향을 끼치는 관습적인 행함을 통하여, 변화도 쉼도 없이 우리의 믿음 안에 거한다. 그 믿음은 우리가 교회로부터 전수받아 안전하게 지키고 있으며, 또한 하나님의 영에 의하여 지속적으로 그 젊음을 새롭게 하며 좋은 그릇 안에 담겨있는 어떤 귀중한 것과 같이 그 용기에 활력을 더 주고 있다

하나님이 남자를 창조할 때 생기를 불어넣었듯이, 하나님의 이 은사를 교회에 위

탁하셔서, 모든 성도들이 그 은사를 받음에 따라서 생명을 수여받게 되었으며 또한 성도들은 이 은사 안에서 부패하지 않는 거룩한 성령의 이름으로 그리스도와 연합하는 수단을 부여받았고, 우리의 믿음의 확증이며 우리가 하나님께로 오르는 사다리가 되는 성령님을 나누어 받게 되었다. 이는 "바로 그 교회 안에 하나님은 사도들, 예언자들, 교사들을 세우셨으며", 교회에 의지하지 않고 다만 그들의 사악한 의견들과 사악한 행동들로 말미암아 스스로 생명을 속이는 모든 자들은 성령의 다른 모든 사역들을 통해서 누리는 기쁨에 참여할 수가 없기 때문이다.

왜냐하면 교회가 있는 곳에는 또한 하나님의 영이 있으며, 하나님의 영이 있는 곳에는 교회와 모든 은혜가 있기 때문이다. 따라서 성령은 진리이시다. 그러므로 성령과 관계가 없는 자들은 그들의 어머니의 가슴에서 생명의 영양분을 먹지 못하며, 그리스도의 몸으로부터 생겨나는, "수정처럼 깨끗한" 샘에서 아무것도 받아 마실 수 없으며, 다만 그들은 흙탕의 시궁창(earthy ditch)으로부터 "깨진 물통을 잘라내어" 악취 나는 진흙탕 물을 마신다. 그들은 논박 받는 것에 대한 두려움 때문에 교회의 믿음에서 도망친다. 그들은 교육을 받지 않기 위해서 성령을 거부한다. 진리로부터 유리방황하면서 그들은 모든 오류를 적절히 탐닉하며, 그 오류로 인하여 이리저리 흔들리며, 매 순간마다 그들의 마음을 바꾸곤 하여서, 결코 확실한 확신을 성취하지 못한다. 그들은 진리의 제자이기보다는 차라리 말의 궤변가들이다. 왜냐하면 그들은 하나의 반석 위에 세우지 않고, 다만 조약돌이 가득한 모래, 그런 모래 위에 기초를 세웠기 때문이다.

(D)

그러므로 교회 안에서 장로들에게 복종하는 것이 옳다. 내가 보여주었듯이, 장로들은 사도들로부터 계승의 자격을 갖추고, 감독직의 계승과 더불어 하나님 아버지의 기쁘신 뜻을 따라서 진리의 확실한 선물을 받은 사람들이다. 그렇지만, 본래의 계승으로부터 따로 떨어져서 다른 곳에서 회합을 갖는 다른 사람들은, 왜곡된 견해들을 가진 이단들이거나, 아니면 득의양양하고 자기만족에 빠진 분리주의자이든지, 그것도 아니면 이익과 허영을 취하기 위하여 행동하는 위선자들이 아닌지 의심받아 마땅하다. 이 모든 자들은 진리로부터 멀리 타락해간다. 진실로, 이상한 불, 즉 이상한 교리를 하나님의 번제단으로 가져오는 이단들은, 나답과 아비후처럼 하늘로부터 내리는 불에 삼킬 것이다. 진리에 대항하여 하나님의 교회에 저항하도록 다른 이들을 조장하는 자들은 고라, 다단과 아비람과 그 일당처럼, 지진으로 삼킨 바가 되어 지옥에 남는다. 교회의 일치를 쪼개어 나누는 자들은 여로보암과 동일한 처벌을 하나님으로부터 받는다.

[그리고 나서, 이레나이우스는 "많은 사람들이 장로들이라고 믿지만," 그의 행동은 장로의 자격이 없는 자들에 대하여 말한다. "그러한 자들로부터 떨어져서, 다만 사도들의 가르침을 지키며 장로적인 질서(presbyteral order)와 더불어서, 다른 사람들의 교화와 교정을 위하여 건전한 말과 흠 없는 삶의 방식을 보여주는 자들을 지지하는 것이 옳으니라." 이레나이우스는 모세(민 16:15), 사무엘(삼상 12:3) 그리고 바울(고후 2:17; 7:2), 이들의 선한 행위를 언급하면서 이어서 말하기를 "교회가 양육하는 그러한 장로들에 관하여 예언자들은 말한다. '나는 그대의 군주들에게 평화를, 그대의 감독들에게 의(義)를 주노라.'"]

바울은 그러한 사람을 어디서 찾을 수 있는 지를 가르쳐주면서 말한다. "하나님께서 교회 안에 첫째로 사도들을, 둘째로 예언자들을, 셋째로 교사들을 두셨다." 그렇다면 하나님의 은사들을 두신 바로 그 곳에서 우리가 진리를 배워야 한다. 즉 사도들로부터 교회의 계승권을 소유한 사람들로부터, 건전하고 흠 없는 삶의 방식과 불순하지 않고 부패하지 않은 말씀을 가진 사람들로부터 진리를 배워야 한다. 왜냐하면 그들은 모든 것을 만드신 한 분 하나님에 대한 우리의 믿음을 보전하며, 그들은 우리에 대한 그토록 위대한 경륜들을 만드신 하나님의 아들에 대하여 우리가 간직하는 사랑을 증진시켜주며, 그들은 하나님을 불경스럽게 하거나 족장들을 불명예스럽게 하거나 예언자들을 경멸하는 위험이 없이, 성경을 우리에게 풀어주기 때문이다.

(E)

[영적인 사람에 대한 영지주의적 가르침은 그릇된 것이다. 참으로 영적인 사람에

대하여 바울이 말한다. "영적인 사람은 모든 것들을 판단하나, 자기 자신은 아무에게도 판단 받지 않는다." 그러한 자는 하나님의 모든 경륜 속에서 시초부터 인류에게 현존하며, 미래를 예고하며, 현재를 드러내며, 과거를 이야기하는 하나님의 성령을 진정으로 받은 사람이다. 이러한 영적인 사람은 이단, 유대인, 마르키온, 그리고 모든 영지주의 등을 판단할 것이다.]

영적인 사람은 또한 분열을 일삼는 자들을 판단할 것이다. 분열을 일삼는 자들은 하나님의 사랑이 텅 비어있으며, 쪼개고 나누면서 교회의 일치보다는 자신의 기회를 추구하며, 그들이 할 수 있는 한, 사소하고 위험한 이유들 때문에 그리스도의 위대하고 영광스러운 몸을 죽이고자 하며, 평화를 말하나 전쟁을 일삼고, 참으로 하루살이를 걸러내고 낙타를 삼키는 자들이다. 그들이 일으킨 어떠한 개혁도 분열의 해악에 비교할 수 없다. 영적인 사람은 또한 진리밖에, 즉 교회밖에 있는 모든 자들을 판단할 것이다. 그렇지만, 영적인 사람은 아무에게도 판단을 받지 않게 될 것이다. 왜냐하면, 그에게는 모든 것이 함께 결합되어 있기 때문이다 – 모든 것이란 온전한 믿음을 말한다. 만물을 유래하게 하신(from whom) 전능하신 한 분 하나님에 대한 굳건한 믿음, 만물을 존재하게 하신(through whom) 우리 주 그리스도 예수 하나님의 아들에 대한 굳건한 믿음, 그리고 하나님의 아들을 사람이 되게 하신 하나님의 성령, 진리의 지식을 제공하며, 하나님의 뜻을 따라서 모든 세대 속에서 사람들에게 아버지와 아들의 경륜들을 일으키시는 하나님의 영에 대한 굳건한 믿음을 말한다.

참된 지식은 사도들의 가르침이며, 전 세계 안에 있는 교회의 오래된 헌법이며, 사도들이 모든 곳에 있는 교회들에게 물려준 감독들의 승계에 의한 그리스도의 몸의 보다 적합한 형태이다. 참된 지식은 성경의 어떤 날조도 없이 확실하고 건전하게 보존되어, 가감 없이 완전한 진술로 우리에게 내려왔다. 참된 지식은, 위험이나 불경함이 없이 성서를 따라서 타당하고 빈틈없이 주해되어, 왜곡함이 없게 읽혀진다. 참된 지식은 사랑의 지고한 선물이며, 지식보다 더 보배로우며, 예언보다 더 영광스러우며, 다른 모든 선물들보다도 더 탁월한 것이다.

부록 II: 테르툴리아누스, 「정절에 관하여」

테르툴리아누스는 그의 가톨릭 시절에 교회의 치리제도에 관한 논문인 「참회에 관하여」(De Paenitentia)를 저술했다. 테르툴리아누스가 몬타노스주의자가 된 이후, 대략 주후 220년에 저술한 「순결에 관하여」(De Pudicitia)는 그의 후대작품으로, 더욱 엄격한 견해를 보여준다. 이 작품은 주후 218-222년 로마 감독인 칼리스투스(Callistus)의 "엄격하지 않은" 참회 규정에 화가 났던 것 같다. 대부분의 학자들은 그 작품이 직접적으로 칼리스투스를 언급한다고 생각하지만, 그러나 다른 사람들은 생각하기를, 그 책은 이러한 가정 위에서(엄격하지 않은 참회훈련을 하려는) 칼리스투스의 정책을 채택하고자 한 카르타고의 감독을 공격한 것이라고 한다. 여기에 제시된 구절들은 로마 교회의 우선권(Roman primacy)을 예시하려는 의도가 아니며, 그것은 이 책의 주제가 아니라 교회의 교리이다. 나는 21항의 네 번째 문단에 나오는 ecclesiae(교회)를 속격이 아닌 여격으로 번역하고, 그리고 칼리스투스가 "가톨릭-심리적(catholic-psychic)" 교회의 대표자로서 공격을 받는 것이지, 자신을 위하여 교회를 탈취한 자로서 공격받는 것이 아니라는 가정(假定)을 일관되게 유지할 것이다. 교황의 초기 역사에 대한 모든 학문적인 서적들은 이 구절들을 논한다. '칙령'의 내용을 위해서는 달레(A. D'Alès)의 「깔리스테의 칙령」(파리, 1914)과 초기의 참회 규정에 관한 책들(예를 들어, Caltier, Poschmann, Mortimer)을 참조하라.

순결에 관하여

1항. 칙령, 최종적인 칙령이 발표되었다는 것을 내가 들었다. 진실로, 감독 중의 감독인 로마 교황(Sovereign Pontiff)이 다음의 칙령을 내놓았다. "참회하는 자들에게, 나는 간통죄와 간음죄를 사면하노라." 이 얼마나 어이없는 칙령인가! 그 칙령을 "잘되었어!"라고 승인할 사람이 누가 있겠는가? 이 관대한 선물을 어디에다 공시하려는가? 바로 현장에, 욕망의 선전용으로 매춘부들의 문 위에다 게시하는 게 어떻겠는가? 이 같은 참회에 관한 칙령이 범죄가 막 저질러지려는 그곳에 공포되어야만 한다. 우리가 그 짓을 원하면서 막 들어서려는 곳에서 면죄에 대하여 읽어야만 한다. 그러나 그것이 교회 안에서 읽혀졌고, 교회 안에서 선포되어졌다 - 그러고도 교회는 처녀라니!

21항. 만일 사도들이 이 인물들(figures)을 더 잘 이해했다면, 사도들은 자연히 그들에게 좀 더 주의를 기울였을 것이다. 그러나 사도들의 가르침과 그들의 능력 사이를 구분함으로써 내 요점으로 진행하고자 한다. 치리는 사람을 지배하며, 능력은 사람을 특별한 성격으로 표시한다. 그러나 능력이란 게 무엇인가? 성령이며, 영은 하나님이시다. 성령이 무엇을 가르치셨나? 어둠의 일들과 교제하지 말아야 할 것을 가르쳤다. 성령님이 명령한 것을 주목하라. 누가 죄를 사할 수 있는가? 그것은 그의 특권이다. "하나님 한 분 외에 누가 죄를 사면하는가?" 그것은 그분 자신과 그분의 성전을 거슬러서 저질러진 용서받지 못할 죄들(mortal sins)을 의미한다. 당신에게 저질러진 죄들의 경우에는, 주님께서 베드로에게 명하시듯 당신에게도 명하시기를, 일흔 번에 일곱 번 용서하라고 하신다. 만일 사면이 하나님께 달린 경우들에, 축복받은 사도들이 그러한 용서를 실제로 했었다는 전례가 만들어졌다면, 사도들은 치리에 의해서가 아니라 능력에 힘입어서 그것을 행했을 것이다. 왜냐하면 그들은 하나님만이 하실 수 있는 죽은 자를 살렸고, 그리스도 외에는 할 수 없는 병자를 회복시켰으며, 그들은 그리스도께서 내치지 않으시는 징벌을 가하는 데까지 나갔다. 왜냐하면 고난을 가하는 것은 고난을 당하러 오신 그 분에게 맞지 않는 일이기 때문이다. 아나니아는 즉사했고, 엘리마스(Elymas)는 눈이 멀게 되었다는 것은 그리스도께서도 역시 이 일을 '행하실 수도 있으셨음'(could)을 증명한다.

마찬가지로 예언자들은 살인과 간통 둘 다 참회하는 자들을 용서했다. 왜냐하면 사도들은 또한 그들의 엄격함(severity)을 증명하고 있기 때문이다. 그런데 사도적 어른이시여(apostolic sir, 교황), 당신이 예언자라는 증거를 내게 보여주시오. 그러면 당신의 신적인 권위를 내가 인정할 것이며, 그러한 종류의 죄들을 사면하는 능력에 대한 당신의 주장은 유효할 것이다. 그러나 만일 당신이 단지 치리하는 직위만을 획득하고, 절대 주권을 맡지 않았다면, 일개 성직자로서, 당신이 무슨 권한으로, 당신이 누군데 죄를 사면한단 말인가? 당신 자신을 예언자나 사도로 증명할 수 없다면, 당신은 죄를 사면할 수 있는 자격이 결여된다.

그러나 (당신은 말하겠지) 교회는 죄를 사면할 능력을 가졌다고. 나도 이것을 인정하며 동시에 당신이 인정하는 것보다 나는 훨씬 더 진지하다. 왜냐하면 새로운 예언자들 안에서 보혜사 자신이 다음과 같이 말하고 계시는 바, "교회는 죄를 사면할 수 있으나, 나는 그렇게 하지 않노라, 또 다른 범죄가 저질러지지 않도록." 이 선언을 하는 자가 거짓 예언의 영이었다면 도대체 어떻게 하겠는가? 그러나 확실히 전복자(subverter)들이 자신에게 자비를 베푸는 편이 차라리 훨씬 더 적절하였을까, 그래서 다른 사람들이 죄를 짓도록 그렇게 유혹하도록? 또한 만일 그가 이 같은 주장을 진리의 영과 연관시킬 것을 열망한다면, 진리의 영은 참으로 간음자들의 사면을 허락할 수 있으나, 수많은 사람들을 위험에 처하게 하면서 그렇게 하지 않으실 것이다.

당신의 현재 결정에 대하여, 당신이 어떤 근거에 의거하여 이것이 교회를 위하여 옳다고 가정하는지 나는 질문하고 싶다. 그 근거가 주님께서 베드로에게 말했기 때문인가? "이 반석 위에 내가 교회를 세우리니 그대에게 내가 천국 열쇠들을 주노라." 또는 "그대가 무엇이든지 이 땅에서 매거나 풀면, 하늘에서도 매이거나 풀리게 되리라." 따라서 매고 푸는 권세가 당신에게까지도, 즉 베드로와 가까운(akin to) 모든 교회에 전해졌다고 당신은 가정하는가? 당신이 누구인데 주님께서 베드로에게 개인적으로 이 권한을 수여하신 주님의 명백한 의도를 바꾸어 뒤집는단 말인가? 주님께서 말씀하시길, "그대에게, 내가 교회를 세우리니" 하셨고, 교회에게가 아니라 "그대에게 열쇠들을 주노라" 하셨다. 그리고 주님은 "누구든지 '그대가' 매거나 풀면" 말씀하셨지, '그들이' 매거나 푸는 것을 말씀하시지 않으셨다.

이 가르침은 그 사건으로 확증되었다. 교회는 베드로 안에서, 즉 그를 통하여 세워졌다. 그가 열쇠를 넣었는데 그 방법은 다음과 같다. "이스라엘 사람들이여, 이 말씀을 들으라. 나사렛 예수, 그분은 하나님께서 여러분들을 위하여 예정하신 분이다." 등의 예를 들어, 그는 기독교 세례로 천국의 입구를 열었던 – 참된 구원에 따라서, 이전에 매였던 죄들은 풀리게 되었고 풀리지 않은 죄들은 매이게 했던 – 첫 번째 사람이다. 그는 아나니아를 죽음의 사슬로 묶었고 절름발이를 병의 고생으로부터 풀어주었다. 율법을 지키는 것에 대한 토론에서, 성령의 영감을 받아서 이방인의 부르심에 대하여 최초로 말한 사람이 바로 베드로였다. "그런데 이제 왜 당신들은 주님을 시험하려는가? 왜 우리와 우리 조상들도 질 수 없었던 멍에를 형제들에게 지게 하는가? 그러나 그들과 동일한 방식으로 우리도 예수 그리스도의 은혜로 말미암아 구원받을 줄을 우리는 믿노라." 이 결정은 철폐된 율법의 부분들을 푸는 동시에 또한 율법의 지켜졌던 것을 매게 되었다. 따라서 기독교인의 중대한 범죄들과 관련해서는, 풀고 매는 권세는 결코 베드로에게 이양된 것은 아니었다. 만일 주님께서 베드로에게 범죄한 형제를 일흔 번에 일곱 번까지 용서하라고 명령하셨다면, 그 이후에 아무 것도 매거나 묶어두지 말라고 주님은 분명히 베드로에게 명하셨을 것이다. 그러나 형제에게 저지른 죄가 아니라 주님에게 죄를 저질렀다면 그것은 예외이다. 왜냐하면 사람에게 저지른 죄를 용서하는 것은 하나님을 대항하여 저지른 죄는 사면 받을 수 없다는 가정을 낳기 때문이다.

이제 교회(당신의 교회), 즉 심령님(Psychic)에 관한 모든 것은 어떠한가? 베드로의 인격을 따라서, 그 권세는 영적인 사람들, 사도나 예언자에게 속할 것이다. 왜냐하면 교회 자체는 적절한 그리고 근본적인 영(靈)이며, 그 안에 성부, 성자, 성령의 신성이 삼위일체로 계신다. 주님께서 셋으로 이루어지기 위하여 만드신 교회를 함께 모으는 것은 바로 성령이시다. 처음부터, 이 신앙에 동의하는 자들의 총수는 그 창설자와 임명자로부터 교회로서 그 존재를 취했다. 그러므로 교회는 참으로 죄를 사면할 것이다. 그러나 교회는 영적인 사람을 통한 영(靈)인 교회를 의미하는 것이지, 감독들의 집합체인 교회를 의미하는 것이 아니다. 율법과 심판은 주님께 속한 것이지 종에게 속한 것이 아니며, 하나님께 속한 것이지 성직자에게 속한 것이 아니다.

우상에 관하여

서론

I

테르툴리아누스가 로마제국의 행정장관들(magistrates)에게 기독교 「변증」이라는 글을 제출했을 때, 기독교인들은 충성되고 가치 있는 시민임을 입증하고자 애썼다. 기독교인들은 황제와 그 밑의 권위자들을 위하여 기도하며, 제국의 평화와 안녕을 위하여 기도한다. 일상생활의 일에 전부 참여한다고 변증한다. "우리는 삶에서 동떨어져, 숲 속에 살며, 인도의 벌거벗은 현인들인 브라만과 다릅니다. 우리는 하나님께서 애써서 가꾸신 어떠한 결실도 거부하지 않습니다. 당신들이 만든 공회용 광장(forum), 정육점, 목욕탕, 가게, 광장, 여관, 장날 그리고 모든 종류의 사업들 없이, 우리는 이 세상에서 당신들과 함께 살아갈 수 없습니다. 우리는 당신들과 함께 바다에 가며, 당신과 함께 군대에서 섬기며, 시골에서 일하면서, 사고팝니다. 우리의 기술과 노동은 당신의 처분에 달렸습니다." 그리고 다른 맥락에서는 다음과 같이 말한다. "우리는 당신의 모든 것, 도시들, 셋방들, 마을, 촌락, 도회지, 물물교환소(exchanges), 심지어 군대

막사, 동아리(tribes), 마을 평의회, 왕궁, 원로원, 법정에 차있습니다."

이것들은 의심할 여지가 없는 충분한 사실이며, 기독교가 인류의 적이라는 공공 연한 비난에 맞서서 테르툴리아누스는 그 사실들을 진술할 권한을 가졌다. 그러나 기독교인들에게 보내는 편지에서, 테르툴리아누스는 매우 다른 노선을 취하고 있다. 두 측면이 다소 표리가 다르거나, 아니면 그의 변증적인 글을 보낸 결과에 실망한 탓일 것이다. 제국은 교회를 승인하지 않았으며 기독교 국가(Christian State)가 되리라는 생각은 테르툴리아누스가 꿈에도 생각하지 못했었다. 혹시 로마 황제들이 기독교인이었다면 몰라도, 그러나 그것은 불가능하다. 기독교 국가가 되기 전에 차라리 세상의 끝이 오는 것이 더 빠르리라! 그렇다면, 기독교 기관들이 사회에 보급되리라는 어떠한 기대도 할 수 없는 그러한 상황에서, 테르툴리아누스는 기독교의 특이한 점들에 대한 관용을 기대하지 않았다. 기독교인은 모든 형태와 제도들이 우상 투성이로 구성된 이방 사회에서 살게 되리라는 사실과, 국가와 이웃들이 기독교인에게 그러한 우상들과 관련된 것들(최악으로는 모든 죄악들)을 행하기를 기대하거나 강요하리라는 사실에 직면해야만 한다. 이런 세계에서 교회가 어떻게 살 수 있겠는가?

테르툴리아누스의 대답은 세상과 가능한 한 완전히 단절하여(break) 살아가라고 촉구하는 것이다. 세상의 더 큰 지역이 구원될 수 없다면, 신실한 자들은 자신들의 구원을 확고히 하도록 하자. 그와 동시에, 기독교인들이 보다 나은 삶에 대한 비밀을 소유했다는 것이 명백해지면 교회의 선교적 능력은 배양될 것이다. 교회와 세상의 극명한 대조를 최대한으로 부각시켜야만 한다. 이교도와의 협상은 어떤 형태로든지 있을 수 없다. 따라서 테르툴리아누스는 황제를 환영하기 위하여 자신의 대문 위에 월계관으로 장식하는, 언뜻 보기에 순진하고 유쾌한 일처럼 보이는 그러한 일의 이면에 우상숭배가 도사리고 있음을 감지하지 못하는 기독교 형제들의 두 눈을 뜨게 해 줄 것이다. 그리고 테르툴리아누스는 일부 기독교인들이 두 세상으로부터 최고의 것을 다 취하려고 처량하게 애쓰고 있음을 보여줄 것이다.

많은 문제들이 있음에 틀림없다는 것이 명백하다. 고린도에서 많은 문제들이 일어났는데, 테르툴리아누스는 바울의 편지들을 상당히 마음에 두고 있었다. 「디오그네토스 서신」(Epistle to Diognetus)은 구체적인 문제들에 대한 조언은 제시하지 않고 있지만, 세상 속에서의 기독교인의 역설들을 보여주었다. 유대인들은 그들 나름대로의 어려움들이 있었다. 테르툴리아누스와 거의 동시대의 미쉬나 소책자 「우상숭배」(Abodah Zarah)[1]를 비교하는 것은 흥미로운 일이다. 비교할만한 가치가 있는 또 하나는 알렉산드리아의 클레멘스와의 비교이다. 클레멘스는 어떤 면에서 테르툴리아누스보다는 진보적이고 인도적(人道的)이지만, 실제 생활(practical life)에 대하여 명상하는 삶을 근본적으로 선호하는 사람이다. 테르툴리아누스는 「구경거리들에 관하여」(On the Shows)라는 책으로 시작했다. 그 책에서 테르툴리아누스는 기독교인들은 극장, 투기장, 서커스 등에서 멀리해야 한다고 주장했다. 대개 그런 것들이 비도덕적이라는 부분적인 이유도 있지만, 주된 이유는 그것들이 우상숭배와 관련되어 있기 때문이다. 「군인의 명예에 대하여」(On the Soldier's Crown)에서, 테르툴리아누스는 「변증」에서도 제기했었던 군복무를 또 다시 반대한다고 하였다. 부분적으로는 도덕적인 이유도 있지만, 본질적으로 군인들은 우상숭배에 참여하는 것을 쉽게 피할 수 없다는 이유 때문이다. 다른 작품인 「여성의 의복에 대하여」(On Women's Dress)는 허영과 사치의 도덕적인 죄(offences)를 공격하지만, 그러나 역시 주된 요점은 유행을 따르는 의상들의 수많은 세부장식들이 이교적인 것과 연관되어 있음을 지적하는 것이다.

　「우상숭배에 대하여」는 좀 더 폭넓게 그 주제를 붙잡고 씨름한다. 기독교인이라면 모두가 어떤 우상도 숭배하지 말아야 한다는 것을 알고 있다. 그러나 그 원리의 필연적인 결과들은 무엇인가? 테르툴리아누스에게는 많은 점들이 명백하다. 기독교인은 행정장관, 군인, 교장, 또는 우상숭배 예식에 직접적으로 참여해야만 하는 어떤 직업도 가져서는 안 된다. 기독교 장인(匠人)은 절을 지어서도 안 되고, 명백하게 이교적 숭배에 사용할 우상이나 다른 것들을 만들지 말아야 한다. 기독교 사업가는 그러한 목적으로 상품, 예를 들어 향 같은 것을 팔아서는 안 된다. 더욱이, 기독교인이 이교적 신들의 존재를 인정하고 있다고 - 예를 들어, 그가 이교의 신들로 맹세함으로써 - 이방인이 생각하도록 허용해서는 안 된다. 또한 기독교인은 우상들 뒤에 서 있는 귀신들(demons) - 왜냐하면 테르툴리아누스에게는 이것(귀신들)들은 매우 실제적인 것이기 때문이다 - 을 섬기는 어떠한 일도 피해야만 한다. 이것은 장난삼아 마술이나 점성술을 하는 것을 배제하는 것이다. 그러나 테르툴리아누스는 매우 심하게 강조한

---

1. 엘름스리(W.A.L.Elmslie)가 「본문과 연구」(Texts and Studies) VIII, 2(Cambridge, 1911)에서 주석을 달아서 편집했음.

다. 장인과 상인 그리고 무역업자는 우상숭배를 '간접적으로라도' 돕지 않도록 주의해야만 한다. 이것을 극단으로 밀고 간다면, 그들이 팔 수 있는 게 몇 개 남지 않을 것이다. 기독교인이 목수나 농부가 되는 것은 사실상 불가능할 것이다. 테르툴리아누스는, 상당수의 저술가들이 너무도 그럴싸하게 그에 대하여 주장하는 것처럼, 사실상 그의 견해를 극단적인 논리로 주장하지는 않았다. 종종 그는 변명들을 조롱하면서, 반 놀림투로 말한다. 최후의 수단으로는 자신의 믿음을 위하여 모든 것의 상실을 감당할 준비가 되어 있어야만 한다고 그는 주장한다. 순교의 종류에는 한 가지 이상이 있으며, 순교의 피는 교회의 씨앗이다.

이 책은 충분히 스스로 말하고 있다. 이 책의 윤리와 훈련의 실용성에 대하여는 한 가지 이상의 견해가 있을 수 있다. 그 저자(테르툴리아누스)는, 비록 여전히 이교적이지만 기독교의 어려움들을 참작할 준비가 되어 있는 사회를 예견하지 못했다. 그러나 3세기가 진행됨에 따라서, 이러한 일이 일어났다. 한 가지 예로, 이미 기독교적 양심을 존중하고자 노력했으면서도 그러나 확실한 계약(23장)을 원했던 이교도들을 들 수 있다. 공직과 군복무에 대한 토론들은 우상숭배를 피할 가능성을 주제로 하였고, 분명히 일부는 이것이 행해질 수 있다고 생각했다. 교회가 성장함에 따라서, 간헐적인 박해의 상황을 제외하고, 사회는 기독교인들이 공적이고 사회적인 사회에 좀 더 충분하게 참여할 길을 찾지 않으면 안 되게 되었다. 그것과 함께, 테르툴리아누스가 감수할 준비가 되지 않은 위험들이 다가왔다. 다른 한편, 만일 기독교적 표준을 낮추는 위험을 극복할 수 있다면, 점점 더 많이 세상 속으로 들어가는 것(involvement)은 세상을 바꿀 수 있는 가능성을 높이는 것일 것이다. 그러나 테르툴리아누스는 로마 세계의 관습들과 제도들을 세례주는 소망을 가지고 있지 않았다. 테르툴리아누스가 그의 동시대인들에게 억지로 부과한 그 문제들은, 비교적 온건하게 다루어질 수는 있을지라도, 회피할 수는 없는 문제이다. 그 문제들은, 기독교인들이 공공연히 비기독교적 사회 속에서 살아가는 곳에서는 날마다 일어나며, 또한 명목상으로 기독교적 환경일지라도, 비록 깨닫지 못한 채로 일어나지만, 그런 문제들이 더 적게 일어나는 것은 아니다. 우상숭배의 문제가 깨닫지 못한 채로 일어난다는 것이 테르툴리아누스가 관심가지고자 하는 것 중의 하나이다. 얼마나 많은 기독교인들이, 심지어 지금도 그들이 무엇을 하고 있는지 생각하지 못한 채로, 이교적 제사에 쓸 물건들을 만드는가? 종교의 문제에 관하여, 우리는 무슨 방법으로 "다른 사람들의 견해들을 존중"해야만 하나? 그리고 무엇이 종교문제가 아닌가? 이것이 테르툴리아누스의 근본적인 요지이다. 그는 기독교인들이 행하는 모든 것의 종교적 함축성을 찾기를 원했다. 아마도 대부분의 우리들은, 테르툴리아누스가 세부적으로 너무나 꼼꼼했다고 말하겠지만, 그러나 그 도전은 원칙적으로 건전한 것이다. 일반적으로 우리는 자율을 암시하는 몇 가지 말들 – 예술을 위한 예술, 사업은 사업이다, 정치적인 필요성, 국가에 대한 도리 – 을 고려하지 하지 않을 수가 없다.

Ⅱ

어떤 이들은 「우상에 관하여」 소책자를, 이것을 언급하고 있는 「구경거리들에 관하여」(De Spectaculis) 소책자와 같이 묶어서, 그 소책자의 연대를 주후 약 200년경에 두고 있다. 다른 이들은 이 소책자를 주후 211년으로 연대를 추정할 수 있는 「군인의 명예에 대하여」(De Corona Militis)와 연결시키기도 한다. 몽쇼(Monceaux)는, 19장에서 「군인의 명예에 대하여」(De Corona)를 언급하는 사실에 의해서, 후자의 주장이 증명되었다고 생각했다. "이제 그 문제는 토론 중에 있다."(참고 「군인의 명예에 대하여」(De Corona, 11)) 그리고 그는 15장의 공적인 기쁨이 211년에 카라칼라(Caracalla)의 즉위에 대한 것이라고 제안했다. 비록 19장의 단어들이 「군인의 명예에 대하여」가 실제로 쓰였었는지를 증명하지는 못한다 할지라도, 이것은 충분히 가능한 말이다. 만일 그 책이 그렇게 연대가 추정된다면, 그 책은 테르툴리아누스가 점점 몬타니즘으로 가까워지는 도중에 쓰인 것이다. 이 책을 후대의 연대라고 증명할만한 철저한 몬타노스적인 용어들(몬타노스주의자가 아닌 기독교인들을 가리키는 '심령의'와 같은 그러한 용어)을 하나도 포함하고 있지 않다. 그렇지만, 분명히 주후 211년으로 추정되는 「군인의 명예에 대하여」도 그런 용어들을 포함하고 있지 않다. 다만 성령에 대한 몇 가지 언급들은 있지만, 그 어느 것도 몬타니즘이라는 증거는 없으며, 몬타노스적 경향을 보여준다고 주장할 수 있는 두 세 구절들(참고, 19, 63 주해)이 있기는 하지만, 그것들도 명시적이지는 않다.

설령, 이 소책자가 테르툴리아누스의 몬타니즘 시절에 쓰였다고 할지라도, 우리는 그 책의 엄격성이 단지 몬타니즘의 부산물이라 너무 빨리 단정해서는 안 된다. 예를 들어, 「구경거리들에 관하여」는 초기의 작품이다. 오히려 교회의 치리제도가 테르툴리아누스의 비타협적인 견해들을 거부하고 그것들을 실행하는 것을 거절하였기 때문이며, 그 사건은 테르툴리아누스를 교회와 최종적인 단절로 몰고 가게 했다고 보는 편이 옳다. 이 최종적 단절은 거절 받은 이후 곧바로 발생했음에 틀림없기 때문이다. 이 소책자 자체는 테르툴리아누스가 교회 안에 있을 때에 쓰였다.

Ⅲ

「우상에 관하여」(De Idololatria)의 유일하게 알려진 원고는 9세기 아고바르디누스 사본이며, 이것조차도 18장이 끝나는 직전까지만 남아 있다. 1521년에 바젤에서 레나누스(Beatus Rhenanus)가 편집한 최초의 테르툴리아누스의 전집에는 포함되지 않았던 것이, 1545년 파리의 각뇨스(Gagnaeus)의 전집판에서 – 실제로는 메스나르트(Mesnart)가 편집했음 – 처음으로 출판되어 등장하였고, 그리고 1550년에 바젤의 겔레니우스(Gelenius)판에서 또 다시 출판되었다. 메스나르트와 겔레니우스는 각자 아고바르디누스 사본과 다른 원고를 가지고 있었는데, 지금은 둘 다 분실되었다. 19장 이후의 본문은 그 두 원고에 의존한 것이다. 현대의 비평적 본문은 비엔나 사본 20권(1890년)에 라이페르쉐이드(Reifferscheid)와 비소와(Wissowa)의 것이며, 현재의 번역은 이것을 거의 정확하게 따르고 있다. 다른 판(版)을 참고하려면 책 마지막의 참고문헌을 보라.

본문

1. 인간의 으뜸 되는 죄책, 세상의 가장 깊은 죄악, 정죄의 모든 내재적 원인은 우상숭배이다. 비록 각각의 개별적 잘못은 그 고유한 독자적인 특색이 있고 분명히 그 죄목 하에서 정죄 받아야 할 것이지만, 이들 개별적인 잘못들은 우상숭배의 문제로 상정되게 된다. 고발장에 담겨있는 용어들은 잊어버리고, 그들이 행한 일이 무엇인가를 보라. 우상숭배자는 또한 살인자이기도 하다. 그가 누구를 죽였단 말인가라고 당신은 질문한다. 낯선 자도 아니고, 원수도 아니고, (그것을 고소의 범주에 추가할 수만 있다면) 바로 자신을 죽

인 것이다. 무슨 동기에 의해서? 자기 자신의 잘못으로. 어떤 무기로? 하나님의 진노하심으로. 몇 번이나? 우상숭배의 매 행위마다 한 번씩. 그들이 파멸에 치달았다는 사실을 부인할 수 있을 때에만 오직 한 사람의 우상숭배자가 살인을 저질렀다는 것 또한 부인할 수 있을 것이다. 또 다시, 우상숭배 속에서 당신은 간통과 간음을 보게 될 것이다. 거짓 신을 신봉하는 모든 자는 진리를 거슬러서 간통을 행하는 것이다. 왜냐하면 모든 거짓은 간통행위(adulteration)이기 때문이다. 마찬가지로, 그는 간음에 빠지게 된다. 더러운 영들과 협력하지 않고 어떻게 추잡한 간음으로 자신을 오염시킬 수 있겠는가? 거룩한 성서는 우상숭배를 공격할 때에 간음이라는 단어를 사용한다. 그 다음은 사기이다. 사기는 본질적으로 다른 사람의 소유물을 탈취하거나, 그 사람이 소유한 그것을 부정하는 행위라고 나는 생각하며, 동료 인간을 사취하는 것은 확실히 중대한 범죄임에 틀림없다. 그러나 우상숭배는 하나님을 사취하는 것이다. 하나님께 합당한 그 분의 명예를 부인하고, 그 명예들을 다른 것들에게 부여하기 때문이다. 그것은 부상당함에다 모욕을 추가하는 것이다. 만일 간통과 간음에 못지않게 사기가 죽음을 수반한다면, 그렇다면, 세 가지 모두와 관련이 있는 우상숭배는 살인의 정죄를 면할 수가 없다.

구원에 그토록 치명적이며 파괴적인 범죄들을 범한 후에, 어느 누구든지 우리가 그 명단을 훑어 내려가면, 이런 저런 면에서 그 본질에 있어서 우상숭배가 나타나는 것으로 보인다. 세상에 대한 정욕들이 그 목록에 들어간다. 우상숭배 예식에서 의복과 장식을 과시하지 않는 게 어디 있겠는가? 방탕과 술 취함도 거기에 들어간다. 왜냐하면 이방 축제들은 주로 음식과 술과 정욕을 위해서 모이기 마련이다. 불의가 거기에 속한다. 왜냐하면 우상숭배는 정의의 하나님 아버지를 인정하지 않는 것인데, 우상숭배보다 더 불의한 것이 어디 있단 말인가? 허영이 거기에 속한다. 왜냐하면 허영의 원리는 헛된 것이 전부이기 때문이다. 거짓말이 거기에 속한다. 왜냐하면, 전부가 거짓말이기 때문이다. 따라서 모든 죄들은 우상숭배 속에서 찾을 수 있고, 우상숭배는 모든 죄들 속에서 찾을 수 있다. 다른 방식으로 동일한 요점을 주장할 수 있다. 모든 범죄들은 하나님을 거스르는 행위이며, 하나님을 거스르는 모든 행위는 우상들을 소유하고 있는 귀신들과 더러운 영들에게 책임이 있음에 틀림없다.[1] 모든 범죄자는

---

1. 귀신들과 신들에 관한 테르툴리아누스의 견해를 위해서는 「변증」, 22–23을 보라.

우상숭배를 저지르는 것인데, 왜냐하면, 그가 행한 것은 우상들의 주인들에게 귀속되기 때문이다.

2. 그러나 우리가 거명할 수 있는 각기 특별한 내용을 가지고 있는 모든 범죄들을 차치하고, 여기서 우리는 우상숭배의 주제에 완전히 집중하고자 한다. 충분하게도 우상숭배는 그 나름의 이름을 가지는데, 그것은 하나님을 적대하는 것인 바, 범죄에 대해 그 자신의 충분한 자원을 가지면서 그 여파들과 확산들이 너무도 방대하기 때문에 우리는 다양한 예방책을 취해야만 할 분명한 이유를 가지고 있다. 우상숭배의 범위는 이처럼 너무도 광범위한 것이다. 그들이 우상숭배를 의식하지 못하는 때와 그들이 우상숭배에 눈을 감고 있을 때에, 우상숭배는 셀 수 없는 형태로 하나님의 종들을 무너뜨린다. 대부분의 사람들은 우상숭배를 아주 단순한 형태들(예를 들면, 향을 태우거나, 희생제물을 바치거나, 종교적 연회를 열거나, 제사장직이나 다른 종교적 의무를 수락하는 것과 같은 형태들)로만 제한한다. 어떤 이는 간음을 입맞춤, 포옹, 그리고 육체적 성교에 제한하거나, 살인을 피 흘리거나 생명을 앗아가는 것에 제한한다. 분명코 우리 기독교인들은 주님께서 간음과 살인의 범위를 얼마나 확장했는지를 알고 있어야만 한다. 주님께서는, 부끄럼 없는 영혼의 충동이나 눈에 음욕의 눈길이 있을 때마다 욕망 속에서 간음한 것까지도 지적하셨으며, 그리고 형제를 향하여 자비를 베풀기를 태만한 모든 순간, 분노한 모든 순간 속에, 심지어 저주나 욕설 속에까지도 살인이 존재한다고 책망하셨다. 마찬가지로, 요한도 형제를 미워하는 자마다 살인자라고 가르쳤다.[2] 만일 그렇지 않다면, 그리고 만일, 심지어 이교 세계조차도 처벌을 내리고자 결정할 그러한 죄목들 때문만으로 우리가 정죄 받는 자리에 있게 된다면, 악마의 악의적 창작품은 단지 작은 범위에 머무르고 말 것이다. 그리고 하나님의 도덕적 규범, (그것에 의해서 하나님이 "악마의 심오함"[3]에 대항하여 우리를 강화시켜줄 그것)도 그러하다. 서기관과 바리새인들보다[4] 우리 의가 더 낫지 못하면 안 된다고 주님께서 명령하셨는데, 만일 의(義)의 반대인, 엄청난 불의를 우리가 감지하지 못한다면 이것이 어떻게 가능할 수 있는가? 그러나 만일 불의를 우상숭배로 요약해

---

2. 마 5:28, 22; 요일 3:15.

3. 아고바르디누스 사본에 있는 *Altitudines*(depths). 참고 계 2:24. 추정하건데, 대부분의 편집자들은 본 장의 좀 앞부분에서 나온 *idololatriae latitudo*와 맞추기 위하여 *latitudines*로 바꾼다. 테르툴리아누스가 다른 곳에서 계 2:24를 인용한 적이 없으며, 8장에서 *latitudines*이 등장하기 때문에 이 말이 맞는 것 같다.

4. 마 5:20, *abundabit super*. 테르툴리아누스는 다른 곳에서, *redundare*라고 쓰고 있다.

서 말한다면, 우리는 우상숭배가 비록 현저한 것 같지 않은 곳에서까지도 우상숭배를 인지함으로써 불의가 충만해지는 것에 미리 스스로 조심하는 것이 중요하다.

3. 한때 잠시 우상들이 없었던 때가 있었다. 이런 괴기스런 것들을 만드는 사람들이 급속히 많아지기 전에, 당신이 오늘날 고대의 흔적들이 남아 있는 곳에서 보는 바와 같이,[5] 신전들은 적막했고 사당(祠堂)들은 텅 비었다. 실제로 우상숭배라는 이름으로 행해진 것은 아닐지라도, 당연히 우상숭배는 행해졌다. 심지어 오늘날도 우상숭배는 신전이나 우상 없이도 이루어질 수 있다. 그러나 악마가 이 세상에 우상들과 초상들 그리고 각종 형상을 만드는 자들을 세상에 보냈을 때, 가르침을 받지 않았지만, 그럼에도 불구하고 그 행태는 인류에게 재난을 가져다주는 그 이름을 우상들로부터 차용하였고 또한 발전하게 되었다. 그 순간부터 어쨌든 동상을 만드는 모형제작자이든, 조각하는 조각가이든, 아니면 바느질로 수놓는 사람이든 상관없이, 우상을 만드는 모든 장인은 우상숭배의 근원이 되었다. 분말석고, 도료, 돌, 청동, 은, 무명실 등 우상모양을 구성하는데 사용되는 재료들은 중요한 것이 아니다. 심지어 우상들이 없어도 우상숭배가 이루어지는 판에, 우상이 있다 해도 그것에 무엇을 닮았는지, 무슨 재료로 만들어졌는지, 또는 무슨 형태인지는 분명코 중요한 문제가 될 수는 없다. 사람형태로 성별된 인형(effigies)들만이 우상들로 간주되어서는 안 된다.[6] 내 요점을 말하기 위해서, 단어를 번역해야만 하겠다. 헬라어 '에이도스'(εἶδος)는 형태(form)를 의미한다. '형태'(form)의 축소형이 '식'(formula)이듯이, 그 단어의 축소형은 εἴδωλον이다. 따라서 "형태"나 "식"을 가진 모든 것은 "우상"으로 부를 수 있다고 주장할 수 있다. 그러므로 어떤 우상을 모시거나, 그 우상에게 숭배하는 모든 것은 우상숭배이다. 하나님의 백성들이 사람의 이미지가 아니라 송아지[7]의 이미지를 만들어서 그것을 성별했던 것이 우상숭배의 죄가 되지 않았던가! 따라서 그와 동일하게 우상을 만드는 모든 사람은 똑같은 우상숭배의 범죄를 저지르는 것이 된다.

4. 하나님은 우상들을 숭배하는 것을 금하신 것 못지않게 우상을 만드는 것을 금

---

5. 참고 로즈(H.J. Rose)의 「고대 로마 종교」, 26쪽. "신들은 거룩한 곳에 살았고, 시간이 지남에 따라서, (원래 그랬던 것은 아닌데) 그 장소들에 집을 짓는 것이 관습이 되었다... 보통 표적들과 표상들(emblems)에 의해서 신적 현현이 숭배자들에게 알려지게 되었다."

6. 위의 책, 27. "이후에는 또 다시, 신전들 안에 사람의 형태로 된 이국적인 형태의 이미지들을 들어왔다. 그러나 보편적으로 입증된 것은 아니다."

7. 출 32장.

한다. 어떤 숭배의 대상이 먼저 만들어져야 하는 것과 똑같이, 숭배하지 말아야 할 것은 만들어지지 말아야 한다. 그것은 중요한 의무이다. 이러한 이유 때문에, 우상숭배의 재료들을 뿌리 뽑기 위해서, "너는 우상을 만들지 말지니라"라고 하나님의 법은 선포한다. 그리고 "하늘에 있는 것이나 땅에 있는 것이나 바다에 있는 것의 아무 형상이든지 만들지 말라"고 덧붙임으로써, 하나님의 종들에게 그러한 수공업(crafts)을 금지하셨다.[8] 에녹이 악마들과 반항적인 천사의 영들이 우주의 모든 요소들과 자산들, 하늘과 바다와 땅을 포함하는 모든 것들을 우상숭배로 바꾸어 하나님을 거스르는 신으로 성별하고자 한다는 것을 예언했을 때, 그는 이 하나님의 법을 이미 예견했던 것이다.[9] 따라서 만물의 창조주 그 분을 제외한 채로 모든 만물을 예배하다니, 이것이 바로 인간의 잘못이다. 그들의 형상들은 우상이며, 형상들을 성별하는 것이 우상숭배이다. 우상숭배가 무슨 죄를 저지르든지 간에 그 책임은 모든 우상들을 만든 모든 사람에게로 돌아가게 된다.

예를 들어, 에녹은 우상 숭배자들과 우상을 만드는 자들을 똑같이 위협하면서 그들의 멸망을 미리 예견한다. 그리고 또 다시 "너희 죄인들아, 너희에게 맹세컨대, 멸망의 검은 그림자가 피의 날을 위하여 준비되었다. 돌들을 섬기며 금과 은과 나무와 돌과 흙의 형상들을 만드는 너희들아, 그리고 유령과 악령들과 더러운 영들을 섬기며 지식을 따르지 않고 모든 잘못을 범하는 너희들아, 너희들은 그것들로부터 아무 도움도 찾지 못할 것이다."[10] 이사야는 말한다. "너희는 증인들이라, 나 외에 참 신(a God)이 있겠느냐 과연 어떤 신도 없느니라. 우상을 만들고 조각하는 자는 다 허망하고, 그들의 기뻐하는 우상은 무익하도다." 전체 구절은 계속해서 숭배자들과 마찬가지로 우상을 만드는 자들에 대하여 증언하면서, 다음과 같이 말을 마친다. "그들의 마음은 재이며, 그들은 미혹되어서 스스로 그 영혼을 구원할 수 없음을 알라." 다윗도 역시 우상 만드는 자를 포함하면서, 말하고 있다. "그것들을 만드는 자들은 그것들을

---

8. 레 26:1; 출 20:3-4; 신 5:7-8.

9. 테르툴리아누스는 *Cult. Fem.*, I. 3에서 에녹서를 성경이라고 주장하면서, *Apol.*, 22; *Cult. Fem.*, I, 2; II, 10; Idol 4, 9, 15; *Res. Carn* 32; *Virg. Vel.*, 7에서 에녹을 인용하거나 암시했다. 여기 첫 번째 문단은 에녹서 19:1이다.

10. 에녹서 99:6, 7. 본문을 위하여 찰스(R.H. Charles)의 「구약의 묵시록과 위경」(옥스포드, 1913), II, 270과 「에녹서」(옥스퍼트, 1912)를 보라. "만드는 자(makers)라는 단어는 테르툴리아누스 자신이 소개한 것 같다.

의지하는 자와 같이 되리라."[11] 좋지 않은 기억력을 가진 내가, 더 이상의 무슨 증거를 더 제시할 필요가 있을까? 성서에서 더 인용할 필요가 있을까? 성령께서 말씀하셨을 때,[12] 그것으로 분명히 충분하다. 주께서 우상숭배자들을 저주하고 유죄판결하기 전에 먼저 우상 만드는 자들을 정죄했고 유죄판결 했는지 여부를, 우리는 더 이상 토론할 필요가 없게 되었다.

5. 물론 나는 삶에 대한 기독교적 규범을 아는 사람이라면 장인들을 결코 하나님의 집에 들여서는 안 되는 그런 장인(匠人)들의 변명들에 대하여 신중하게 대답할 것이다. 그들은 종종 "먹고 살 것이 없습니다"라는 말을 하는데, 나는 그런 말을 즉시 호되게 반박할 수 있다. "그러면 네가 살 수 있단 말인가? 만일 네가 네 방식대로 살아가고자 한다면, 네가 하나님께 올 이유가 뭐가 있단 말이냐?" 그러면 그들은 뻔뻔스럽게 성경에 나오는 구절을 들이대며 주장한다. "각 사람이 부르심을 받은 그 부르심 그대로 지내라"[13]고 사도 바울은 말했다(그처럼 그들은 주장한다). 그런 해석대로라면, 우리 모두는 우리 죄 속에서 계속 거할 수 있다. 우리는 모두 예외 없이, 우리가 부르심을 받았을 때 죄인들이었다. 그리스도가 내려오신 이유는 다름 아닌 죄인들을 자유롭게 풀어놓기 위해서 오셨다. 또다시, 그들은, 사도 바울은 자신의 본을 따라서, 각 사람은 생계를 위하여 자기 손으로 일하기를 힘써야한다[14]고 가르쳤다고 말한다. 만일 '모든' 손들이 이 가르침을 구실로 주장한다면, 판토마임 연극을 하는 배우들은 생계를 위하여 그들의 두 손과 몸에 붙어 있는 사지를 다 사용하여 수고하는 반면에, 목욕탕에 있는 도둑들은 그들의 손으로 살 것이고, 강도들도 그들의 손으로 생계를 이을 것이고, 위조자는 (그들의 발이 아닌) 손으로 거짓 문서를 만들어 낼 것이 아닌가! 만일 하나님의 규율이 허락하지 않는 직업들(crafts)을 우리가 배제하지 않는다면, 우리는 자신의 손과 자신의 일로 생계를 유지하는 모든 사람들에게 개방하지 않으면 안 될 것이다.[15]

---

11. 사 44:8-9, 20; 시 115:8.

12. 성서를 말하며, 그러므로 몬타니즘의 증거는 아니다.

13. 고전 7:20.

14. 살전 4:11.

15. 「이집트 교회 질서」에 따르면, 배우들은, 그들의 직업을 포기하지 않는 한, 기독교인으로 받아들여지지 않았다. 엘비라(C. Elvira)의 정경에 보면, '판토마임'도 그러하다. 추가로 세부사항은 스웨테(Swete)의 브라이트만(Brightman), 「교회와 목회의 초기 역사에 관한 에세이」, 320-330쪽을 보라.

형상들(likenesses)을 금지했다는 주장에 대하여 하나의 반론이 제기된다. 그러면 모세는 왜 사막에서 놋뱀을 만들었는가?[16] 내 답변은, 율법을 제쳐놓기 위해서가 아니라 모형들(types)[17]을 삼으려고 어떤 비밀 목적으로 고안된 표상들(figures)은 별개의 범주에 속한다. 그렇지 않고, 만일 우리가 그것들(표상들)이 율법을 거스르는 것이라고 이해한다면, 하나님이 한 곳에서는 금한 것을 또 다른 곳에서는 명령한다는 이유로 하나님을 변덕쟁이로 만들어서 신성을 파괴하는 마르키온파와 같이, 우리가 하나님을 일관성이 없다고 비난한단 말인가?[18] 만일 어느 누가 주님의 십자가의 표상으로서 매달려 있는 사람의 모양과 같이 보이는 놋뱀의 상 – 우리를 뱀들, 즉 악마의 천사들로부터 자유롭게 하기 위한 그 방법으로 악마(그 뱀)를 달려 죽게 하는 점에서 – 을 보기를 거부했다면, 또는 나보다 더 훌륭한 사람에게 계시된 형상에[19] 관한 다른 설명을 받아들인다면 당시의 하나님의 백성들에게 일어났던 그 어떤 일이든 형상에 의한 것이었다는 사도 바울의 선언을 기억하게 될 것이다.[20] 다행히도, 율법서에서 형상을 만드는 것을 금지했고, 또한 특별 명령으로 뱀의 형상을 만들라고 명령했던 분은 한 분의 동일하신 하나님이었다. 만일 당신이 이 동일하신 하나님께 유의한다면, "너는 형상을 만들지 말지니라"는 그분의 명령을 받아들이게 된다. 만일 당신이 한 형상을 만들라는 후속적인 명령을 생각하고 있다면, 모세를 당신의 모델로 삼아서 하나님께서 당신에게 직접 명령하시지 않았다면 율법에 거스르는 어떤 형상도 만들지 말아야 한다.

6. 우리에게 우상을 만드는 것을 금지하는 하나님의 법이 없다고 가정한다면, 우상숭배자들에 못지않게 우상 만드는 자들을 위협하시는 성령님의[21] 어떠한 말씀이 없었다고 가정한다고 할지라도, 세례의 신앙고백(baptismal profession)[22]을 이해하고 있는

16. 이 주장은 「마르키온 반박문」, III. 18; *Adv. Fud.*, 10, 그리고「마르키온 반박문」, II, 22 에서도 나타난다. 놋뱀은 십자가의 한 예표로서 「바나바 서신」 12장에서 이미 나온다.

17. *Ad exemplarium causae suae.* 이 본문에서 표상(figure)은 라틴어로 *figura*이다.

18. 마르키온은 구약의 하나님이 예수의 아버지와 다르다며, 뿐만 아니라 구약 안에서도 하나님은 스스로 모순된다며 구약의 하나님을 거부했다. 참된 신성은 감정이 없고 불변하다. 마르키온은 본문을 문자적으로 받아들였으며, 점진적 계시에 대한 이해가 없었다. 교회는 필요하다면 그것을 알레고리적으로 해석했고, 그리스도로 향해서 나아가는 역사로 해석하였다.

19. 몬타니즘에 대한 언급인가? 반드시 그런 것은 아니다.

20. 고전 10:11.

21. 참고 12장. 다시 말하지만, 율법(*lex*)과 성령(*spiritus*)은 서로 대조되는 것이 아니다.

22. *Sacramentum nostrum.* 세례 성사에 충실하겠다는 서약. 뒤따라 오는 고대 공식에 주목하라. 테르툴리아누스가 몇 차례 언급한 바 있다.

기독교인이라면 그러한 기술자들이 신앙과 배치되고 있음을 스스로도 판단할 수 있을 것이다. 우리가 우상들을 만들어 낸다면, 어떻게 우리가 악마와 그의 천사들을 비난할 수 있겠는가? 우리가 우상들과 더불어 살지는 않는다 할지라도, 우상들로 먹고 산다면, 이렇게 계속해서 살아가는데 도대체 (우상과) 이혼했다고 선언했던 것은 뭐가 되는가? 우상과 결별했다고 주장하는데, 만일 우상을 만들어 생계유지를 하는 것에 감사하면서 그것들에 여전히 묶여있다면, 실제로 우리가 우상들로부터 결별한 것인가? 당신의 손이 자인하고 있는 것을 당신의 입으로 부인할 수 있단 말인가, 당신의 수고로 세운 것을 당신의 말로 허물수가 있겠는가? 당신이 많은 신들을 제조하고 있는데 유일하신 하나님을, 당신이 거짓 신들을 만들고 있는데 참되신 하나님을 선포할 수 있겠는가? "나는 우상들을 만들기는 하지만, 나는 그것들을 숭배하지는 않습니다." (라고 어떤 사람은 말한다.) 마치 우상 숭배를 하지 못하도록 우리에게 경고하는 것과 우상 만드는 것을 피하도록 하는 것이 다르다고 본단 말인가! 아니다. 하나님의 진노에 대한 두려움을 가진 자는 두 경우 모두를 피하게 되어 있다. 숭배할 수 있는 그러한 우상들을 만드는 것이 네가 숭배하는 것이다. 당신은, 값싼 연기를 들이마심으로써가 아니라 당신 자신의 영의 호흡으로, 어떤 짐승의 영혼이 아닌 당신 자신의 영혼을 댓가로, 우상들을 숭배하는 것이다. 당신은 우상들에게 당신의 재능을 희생제사로 바치는 것이며, 당신의 땀을 우상들에게 바치는 것이다. 당신은 그들을 위한 제사장 이상이다. 왜냐하면 바로 당신 자신을 통하여 그들은 제사장을 확보하기 때문이다. 당신의 부지런함이 바로 그들의 신성이 된다. 만일 당신 자신이, 당신이 만드는 것을 숭배하기를 거부할지라도, 당신은 더 살찌고 더 크고 더욱 황금의[23] 희생물 − 즉, 당신 자신의 구원 − 을 날마다 잡아서 바치는 것이다. 우상들이 그것을 거부할 리가 만무하다.

7. 이 문제에 관하여, 열렬한 신앙인이라면 탄식하면서 목소리를 높일 것이다. 기독교인이 우상들로부터 교회에 들어오다니, 원수의 작업장에서 하나님의 전으로 들어오다니, 우상들을 돌본 손을 하나님 아버지께 들어 올리다니, 밖에서 하나님을 거스르는 일에 존경을 받던 그 손으로 경배를 하다니, 악마들에게 전력하던 손으로 주

---

23. *Autratiorem*, 참고 Pliny, *Nat. Hist.*, XXXIII, 3; *Verg., Aen.*, V, 366; IX, 627.

님의 몸을 만지다니 비탄하도다! 더욱 심각한 게 있다. 무엇인가로부터 오염된 다른 손으로부터 받는다면 아마도 그것은 작은 일일 것이다. 그러나 그들은 다른 사람에게 그들을 오염시켰던 것을 전해준다. 왜냐하면 우상숭배자들은 성직자의 반열로 받아들여졌기 때문이다. 수치스럽지 않은가! 유대인들은 그들의 손을 그리스도에게 단 한 번 대었는데, 이 사람들은 그리스도의 몸을 매일 학대한다. 그 더러운 손들을 치워라! 성서의 말이 그들에게 얼마나 합당한지 주목해 보라. "만일 네 손이 그대를 범죄하게 하거든 잘라 버리라."[24] 주님의 몸을 범하는 그 손들이 차라리 잘려지는 것이 더 낫지 않겠는가?

8. 우상 제조에 관여하지 않는다 할지라도, 다른 일을 하는 기술자들도, 긴요한 그들의 기술력을 우상들에게 제공한다면 동등하게 비난받을 만하다. 만일 당신이 신전, 제단, 신당을 설비한다면, 장식하는 것은 건물 짓는 것만큼 나쁜 것이다. 만일 당신이 도금을 하고, 표장을 만들거나 심지어 조각품을 놓는 벽감 하나를 만들더라도, 그런 것들은 건물 짓는 것과 동일하게 잘못된 것이다. 그런 식으로 권위를 부여하는 것은 형상을 만드는 것보다 더 큰 숭배이다.

만일 생계를 유지할 필요가 그럴 정도로 다급하다면, 우상을 만들면서 기독교 치리에서 벗어나지 않고도 생활비를 벌 수공업 일들이 있다. 석고기술자는 우상들 말고도, 지붕을 고치고, 치장벽토를 바르고, 수조를 광택내고, 몰딩을 만들고 그리고 여러 가지 장식들로 벽을 도안하는 법을 안다. 페인트공, 대리석기술자, 청동기술자, 어떤 조각가도 어렵지 않게 그 범위를 확장할 수 있다. 그림을 그릴 수 있는 사람은 벽면 그리기도 할 수 있다. 두꺼운 판자로 마르스군신을 조각할 수 있는 사람이라면 누구나 찬장쯤은 쉽게 만들어낸다. 모든 장인은 또 다른 기술의 어머니이거나 사촌지간이다. 즉 기술과 기술 간에 서로 연결되어 있어서 쉽게 응용할 수 있다. 인간의 욕망이 다양한 것만큼이나 미술의 분야도 다양하다. 일에 대한 이윤과 대가가 다르다고 당신은 반대하는가? 그렇다. 하지만 노동에 부응하는 차이가 있다. 이윤이 더 작을수록 계속적인 고용을 보장받아서 균형이 맞추어진다. 그림 그리는 것을 필요로 하는 벽들이 몇 개인가? 우상들을 위해서 건축되어야 할 신전들과 사당들은 몇 개인

---

24. 마 18:8.

가? 그러나 주택과 맨션과 욕조와 여러 블록의 방들은 언제나 수요가 있다. 신발과 실내화는 매일 꾸며야 하지만, 머큐리와 세라피스는 어디 그런가? 그런 것들이 수공업자에게 틀림없이 큰 이익을 가져다준다. 소비와 과시가 모든 종교보다 더 일상적이다. 과시는 종교보다 더 많은 접시와 컵들을 필요로 할 것이며, 소비는 제사 의식보다 더 많은 화관들을 소비한다.

따라서 사람들이 우상을 만지지 않거나, 우상에 속하지 않는 그런 종류의 기술을 연마하도록 우리는 격려하는 바이다. 그러나 누군가가, 우리 자신도 모르게 우리의 손으로 우상의 용도를 위한 어떤 것을 요청하지 않도록 우리는 또한 주의해야만 한다. 왜냐하면 사람들을 위한 용도와 우상들을 위한 용도가 많은 부분에서 공통적이기 때문이다. 우리가 그런 것을 허용하고 정상적인 주의를 기울이지 않는다면, 내 생각에는, 우리의 손이 자신도 모르게 귀신들을 섬기거나 귀신들의 영광과 필요들을 위해 사역하는 데 사로잡혀서 우리가 우상숭배의 감염에서 깨끗하지 않게 될 것이다.

9. 예술과 기술 가운데 어떤 직업들은 본질적으로 우상숭배적인 것임을 우리는 주목한다. 점성술에 대하여 내가 말하지 말았어야 했다. 그러나 최근에 어떤 사람이 점성술 직업을 끝내 고집하고 유지하고자 호소를 해왔기에, 점성술에 대하여 한 두 마디만 하고자 한다. 그가 우상들의 이름을 하늘 위에다 쓰거나, 하나님의 모든 능력을 우상들에게 돌리면서, 우리는 별들의 불변하는 의지에 따라 강제되어 있다는 가정 위에서, 사람들로 하여금 그들이 하나님이 필요 없다고 생각하도록 인도한다는 면에서, 나는 그가 우상들을 영예롭게 하고 있다고 주장하고 있는 것이 아니다.

나는 단지 한 가지 제안을 하고자 한다. 여인들을 사랑하여 하나님을 떠난 천사들도 또한 이러한 호기심어린 예술의 창안자들이었으며, 하나님도 그 이유 때문에 그들을 힐난했다. 하나님의 집요한 선고가 땅에까지 달하여, 자신들이 행하고 있는 바를 알지 못한 채로 사람들은 그것에 대한 증인이 된다. 점성술사들도 그들의 천사들처럼 추방되고 있다. 그들의 천사들이 하늘에서 금지된 것처럼, 점성술사들은 로마와 이탈리아에서 금지된다. 제자와 스승이 동일한 추방의 형벌을 당한다.[25]

---

25. 「이집트 교회 질서」는 마술사들과 별을 전망하는 사람들(star-gazers)이 그것들을 버리지 않는다면 예비신자로 받아들이지 않았다. 창세기 6장에 타락한 천사들이 점성술을 창안했다는 생각이 교부들에게 통용된 것이었다. 아마도 창세기 6장과 더불어 에녹서 6장에 대한 언급이 있고, "하나님의 선고"는 에녹서 14:5, "너를 묶으라는 칙령이 내려졌다"는 것을 언급한다. 로마로부터 추방은

그러나 동방에서 온 박사들에 대하여 당신은 말할 것이다.[26] 동방박사와 점성술은 연결되어있음을 우리는 알고 있다. 동방박사들은 그리스도의 탄생을 선포하기 위하여 별들을 해석한 사람들이었으며 그리스도에게 최초로 선물들을 가져온 사람들이었다. 그 점에서 그리스도가 그들에게 신세를 지고 있다고 생각한다! 글쎄, 그렇다고 동방박사들의 종교가 점성술사들을 이제 보호할 것이라고 생각하는가? 의심의 여지없이, 오늘날 동방박사들의 민간전승은 그리스도에 대한 것이다. 그들이 관찰하고 예측한 것은 그리스도의 별들이었지, 토성이나 화성과 같은 별들이 아니다. 아니다. 일단 그리스도가 태어났으면, 그 이후로 누구도 하늘에서 어떠한 탄생의 성위(星位)를 읽어서는 안 된다는 의도 하에서, 그들의 과학은 복음이 오기까지만 허락되었던 것이다. 유향, 몰약과 황금을 아기 예수께 바친 것은, 그리스도께서 제거하고자 했던 희생제사와 세상적 영광의 끝을 표시하는 것이다. 동방박사들이 (확실히 하나님께로부터 온) 꿈 속에서 그들이 왔던 길이 아닌 다른 길로 귀국하라는 경고를 받았던 것은 헤롯이 그들을 추격하지 못하도록 막고자 한 것이 아니었다. 그 참된 의미는, 그들이 이전의 생활방식 속에서 행해서는 안 된다는 것이었다. 왜냐하면 헤롯은 그들을 추격하지 않았기 때문이다. 헤롯은 그들이 어떤 길로 왔었는지 알지도 못했기 때문에, 다른 길로 떠났던 것도 알아채지 못했다. 우리는 '길'을 생활과 사고의 길(방식)로 해석해야 한다. 따라서 동방박사들은 다른 길로 행하도록 명령받은 것이다.[27]

마찬가지로 하나님께서도 인내 가운데, (심지어 모세를 필적할 만한)[28] 기적을 행하는 다른 형태의 마술을 복음의 때까지 끌고 가도록 허락하셨다. 일단 복음이 도래하였기 때문에, 사도들은 새로이 세례 받은 시몬 마구스를 저주하고 출교했다. 왜냐하면, 그의 사고가 여전히 돌팔이 생활방식에 머물러서, 직업적으로 기적을 행하여, 성령 안에서 안수함으로써 거래를 하려고 계획했기 때문이다.[29] 서기오 바울과 함께 있던 다른 마술사는 사도들에게 대적했기 때문에 시력을 잃는 처벌을 받았다.[30] 만일 어떤 점성

예를 들어 타키투스의 「연대기」, II, 31을 보라.

26. 마 2:1–12.

27. 이러한 영적 해석은 후대에 보편적이었다. 예를 들어, 힐라리우스, 암브로시우스, 아우구스티누스, 레오.

28. 출 7:11.

29. 행 8:18–19.

30. 행 13:6–11.

가들이 사도들과 우연히 만난다고 가정한다면, 그들도 의심 없이 동일한 운명에 처하게 될 것이다. 점성술은 일종의 마술이며, 마술이 처벌을 받았다면 그 류(類)에 해당하는 종(種)도 저주를 받게 된다. 당신은 복음서 어디에서나 궤변가, 점성가, 예언자, 점쟁이 또는 마술사들이 당연히 처벌을 받는데 예외가 아님을 발견할 것이다. "지혜 있는 자가 어디 있느뇨? 선비가 어디 있느뇨? 이 세대의 탐구자[31]가 어디 있느뇨? 하나님께서 이 세상의 지혜를 미련하게 만들지 않았는가?" 당신이 그리스도인이 될 줄을 알지 못했다니, 당신은 참 예리하기도 한 점성가[32]이구려! 만일 당신이 그것을 알았다면, 당신이 당신의 그 직업과 더 이상 관계가 없게 되었을 것이라는 것도 미리 알았어야만 했다. 점성술이 다른 사람들의 액운을 예견해준다면, 또한 당신에게 이 직업을 위협하는 위험에 대하여 알려주어야만 했다. "이 일에는 네가 부분적으로나 혹 많은 부분에나 어떤 것도 관여될 것이 없느니라."[33] 손가락이나 막대기로 하늘을 능욕했다면, 그는 하늘나라에 대하여 소망을 가질 수 없다.

10. 또한 교직과 다른 문학 선생들이 모든 형태의 우상숭배와 관계가 있다는 사실이 불문가지임에도 불구하고, 우리는 또한 그들에 대하여 질문을 해야겠다.[34] 우선 먼저, 그들은 이교의 신들을 칭송하지 않으면 안 되게 속박되어 있으며, 신들의 이름, 계보, 이야기 그리고 그들의 장식들과 속성들을 되풀이해서 말하지 않으면 안 되게 되어 있다. 다음으로, 그들은 축제와 경축일을 지켜야만 한다. 왜냐하면 그것에 의해서 그들의 수입이 계산되기 때문이다.[35] 어떤 교사가 일곱 우상들의 목록을 가지지

---

31. 고전 1:20. 어떤 번역자는 *conquisitor*를 "연구과학자"로 번역하고 싶어 한다.

32. *Mathematice*.

33. 행 8:21에서 시몬에게 말했다. 영지주의의 창시자로서의 시몬을 보려면, *Praescr. Haer.*, 33을 보라.

34. 여기서 테르툴리아누스는 난처한 상황에 직면한다. 왜냐하면 기독교 학교가 하나도 없기 때문이다. 이교적 고전들(그 당시에 사람들은 신들을 믿었다)이 가르침의 내용 속에 포함되어 있다는 부분적인 이유와 교사들이 그의 직업과 연관되어 이교적 축제들에 참석하지 않으면 안 된다는 부분적인 이유 때문에, 어떤 기독교인들은 기독교인들이 가르치는 일을 해서는 안 된다고 주장하는데, 테르툴리아누스는 그것보다 더 엄격한 입장을 취한다. 그러나 「이집트 교회 질서」에는, 만일 교사가 먹고 살만한 다른 직업을 가지고 있지 않다면, — 비록 "그가 그만 두는 것이 좋지만," — 그 교사가 가르치는 것을 허락하고 있다. 이후의 「히폴리투스의 경전」에는, 교사는 신들을 경멸하여야 하며 그 신들은 악마라고 설명해야만 한다고 추가했다. 어린이에 대한 테르툴리아누스의 용인은 아마도 그 자신도 기대치 않은 것이며, 그리고 대부분의 기독교 부모들은 자녀들을 아주 멀리까지 데려갈 수 없었다는 것을 암시하고 있다. 테르툴리아누스는 아이들이 성경을 스스로 읽을 수 있기를 원했으며, 성경을 읽는 것이 지금까지 일종의 기독교 교육에 대한 한 동기가 된다.

35. 로즈(Rose)의 앞의 책 63–64쪽에 나오는 다음의 구절들로 많은 암시들을 설명해준다. "로마식 년도는 마르스(Mars)의 달에 의해 선도된다... 다음의 행운의 날, Quinquartrus로 알려진, 19일은 예를 들어, 이데스(Ides) 후로 (포함해서 셀 때) 다섯 번째 날은 또 다시 그에게 헌정된다. 대부분의 우리 저자들이 쓸 때에, 두 개의 기묘한 실수는 이 축제의 속성을 바꾸었다. 그러한 일이 벌어져서,

않은 채 행운의 날(Quinquatria)에 참석하겠는가? 그가 미네르바의 이름과 명예에 한 명의 새 학생의 첫 번째 등록금을 바치는 바, 그럼으로써 "우상들에게 바쳐진 희생제물을 먹는 것을" 명목상으로는 하지 않는다 할지라도 (어떤 우상에게도 바쳐지지 않았다 할지라도), 그는 우상숭배자로 기피대상이 되어야 한다. 그가 조금이라도 덜 더럽혀진 것인가? 어떠한 유익이 명시적으로 평범한 우상숭배보다도 우상의 명예에 바쳐졌는가? 심지어 노예소년들까지도 토성의 축제의 경우에 봉헌해야만 하는 토성이 토성의 날에 대해 주장하는 것만큼이나 미네르바가 미네르바의 선물들에 대한 주장을 가질 수 있다. 당신의 교사는 새해 선물과 일곱 언덕 축제에서 받는 것을 위하여 그의 손을 내밀어야만 한다. 그는 동지(冬至)의 지급금과 기념 축제의 봉헌들을 거두어들여야만 한다. 학교들은 플로라(Flora, 꽃의 여신)를 위하여 화환으로 장식되어져야만 하고, 제사장들의 아내들과 새로 임명된 조영관(造營官)들은 희생 제물들을 가져와야만 하고, 그 학교는 휴일을 위하여 장식으로 꾸며야 한다. 그것은 우상의 생일날과 똑 같다. 악마의 모든 화려함을 경축한다. (만일 당신이 교직자가 아닌 그리스도인에게 그것이 적합하다고 생각할 준비가 되어 있지 않다면) 이것이 기독교인에게 합당하다고 할 수 있는가?

"만일 하나님의 종들이 문학을 가르칠 수 있도록 허락되지 않는다면, 그들 또한 문학(letters)을 배우는 것이 허락되어서는 안 된다" 그리고 "문학이 삶의 모든 부분을 위한 도구인데, 어찌 모든 인간의 지혜를 교육받지 않을 수 있으며, 어찌 생각하고 행동하는 법을 배우지 않을 수 있는가? 세속 공부가 없이는 신적인 공부도 불가능한데 어찌 세속 공부를 우리가 거부할 수 있는가?"라고 당신이 말할 수 있다는 것을 나는 안다.

문학 교육의 필요성을 살펴보자. 문학 교육을 부분적으로는 허락해야 하고, 부분적으로는 피해야 한다는 것을 우리가 인식하도록 하자. 기독교인들은 문학을 가르치는 것보다는 문학을 배우는 것이 더욱 허용할 만한 일이다. 배움과 가르침과 관련된 원칙들은 다르다. 기독교인이 문학을 '가르칠' 때, 종종 우상들을 칭송해야 하는

아벤틴(Aventine)에 있는 미네르바 신전이 그 날 봉헌되었고, 또한 오래된 그 단어의 참된 의미는 잊어지게 되었다. 그것은 축제 마지막 오 일을 가리키는 것으로 추측된다. 따라서 마르스 달(Mar's month)의 중간에 오 일 동안, 주전 2 세기로부터 줄곧 로마에 밀고 들어오는 여신, 그녀의 부하, 학예(liberal arts)를 실습하는 자들을 포함하는 모든 종류의 장인들을 경축했으며, 특히 휴일을 지키면서 제자들로부터 수업료를 받는 교직을 칭송했다." 일곱 우상들은 일곱 행성들이다. 축제들과 다른 세부사항들을 알기 원하는 독자들은 고전 사전들을 참고하고, 여기서는 일곱 행성의 라틴어를 열거하고자 한다. *Minervalia, Saturnalia, Brumae, Carae Cognationis*(=Caristia), *strenuae, Septimontium, flaminicae.*

경우들이 있다. 우상들을 가르치는 속에는, 그것들을 칭송하는 것이며, 우상들을 전수하는 데는, 그것들을 확증하는 것이며, 그것들을 언급하는 데는, 그가 우상들의 증인이 되는 것이다. 내가 말했듯이, 비록 율법이 우리에게 우상들을 신이라고 부르는 것을 금하고, 그 이름을 헛되이 부르는 것을 금할지라도, 가르치는 자는 바로 그 이름 하에서 신들을 인치는 것이 된다.[36] 따라서, 아동교육 초기부터, 아이의 믿음이 악마를 믿도록 부추겨지게 된다. [우상들에 대하여 문답식 신앙교육을 하는 사람은 우상숭배를 범한 것인지 여부에 대한 질문.][37]

그러나 기독교인이 이미 우상숭배가 무엇인지 이해하면서 이런 것들을 배울 때에는, 우상들을 받아들이거나 인정하지 않으며, 만일 그가 언젠가 그것(우상숭배)을 이해했다면 더욱이 그러하다. 대신에, 그가 이해하기 시작할 때에, 그는 먼저 그가 최초로 배운 것, 즉 하나님과 믿음을 이해해야만 한다. 그리하여 우상들을 거부하고 논박할 것이며, 의식하지 못하는 자들로부터 독을 의식적으로 빼내어 그것을 마시지 않는 사람만큼 안전하게 될 것이다.

배울 수 있는 다른 길이 없다는 구실로써 그 배움의 필요성을 호소할 수 있다. 문학을 배우지 않는 것보다 문학을 가르치지 않는 것이 더 쉬운 것과 마찬가지로, 기독교인 스승이 공적이고 학문적인 축제들에 자주 참석하지 않는 것이 기독교인 제자가 공적이고 학문적인 축제들에서 일어날 수 있는 학교생활의 다른 불결한 것들과 접촉하지 않는 것이 더 쉬운 것이다.

11. 죄악의 가족들에 따라 다른 범죄들을 살펴본다면, 첫 번째는 만악의 근원인 탐욕이다. 탐욕의 덫에 걸린 어떤 이들은 믿음에 관하여 파선하였다(동일한 사도는 탐욕이 우상숭배라고 두 번이나 언급하였다.) 두 번째로 탐욕의 종인 거짓말이 하나님의 종에게 합당한 짓이라고 할 수 있는가?[38] 맹세만 해도 불법이기 때문에, 나는 위증에 대한 어떤 것도 말하지 않는다. 탐욕이 없는 곳에 이윤을 추구할 무슨 동기가 남아 있겠는가, 그리고 이윤에 대한 동기가 없는 곳에 사업에 착수할 필요성이 없을 것이다. 그렇지만 탐욕

---

36. 출 23:13. 이어서 나오는 단어들은 출 20:7에 나오지만, 테르툴리아누스는 하나님의 이름을 '아무것도 아닌 것'에 적용하는 것을 포함하기 위해서 그 의미를 확대한다. 예를 들어, 이사야의 '헛됨'을 우상으로. 따라서 *Prax. 7*에서는 다소 다르게 되었다. 참고 20장.

37. 나는 이 문장을 첨가로 여겨 빼고 싶다. 23장의 *Quaere*도 마찬가지이다. 후자는 테르툴리아누스가 그의 문장이라고 생각하기에는 불가능하게 지루한 것으로 내게 비쳐진다. 현재 문장은 다른 것과 잘 어울리지 않는다.

38. 딤전 6:10; 1:19; 골 3:5; 엡 5:5; 마 5:34-37; 약 5:12.

과 동냥에 반대하여 계속 감시할 필요가 없는 단지 어떤 형태의 이윤이 있다고 가정하자. 그것이 바로 우상들의 목숨과 호흡에 속한 사업으로 모든 귀신들을 살찌우는 것은 우상숭배의 죄목에 해당되는 것이라고 나는 보고 있다. 그것은 중대한 우상숭배가 아니던가? 어떤 기물, 향,[39] 그리고 우상들에게 바치는 희생제물을 위해서 수입한 다른 외국 물품들은, 사람들이 약으로 사용하거나, 우리 기독교인들이 장례 보조 기구들로도 사용한다는 것이, 변명이 될 수 없다. 당신의 계획들과 질풍들과 사업운영에 의해서 당신의 위험과 손실과 손해를 감수하고 행렬들, 제사장직 그리고 우상의 제물들이 공급될 때에, 당신은 명백하게 다름 아닌 우상들의 대리인인 것이다. 이런 방식으로 모든 형태의 사업이 문젯거리가 된다고 주장해도 소용이 없다. 위험의 크기에 비례하여 더 심각한 범죄들이 부단한 주의의 영역을 확장한다. 우리는 범죄 못지 않게 범죄인들을 피해야만 한다. 만일 범죄가 내 대리인에 의해서 저질러진다면, 다른 사람에 의해서 범죄가 저질러진다는 사실이 나의 죄책감을 감소해주지 않는다. 내 스스로는 행하지는 않았을 일을 단 한 번이라도 다른 사람이 그 짓을 하게 하는 필연적인 도구가 되어서는 안 된다. 그것을 행하는 것이 나에게 금지되었다는 단순한 사실은, 나의 수단으로 그것을 행해서는 안 된다는 것을 염두에 둘 것을 나에게 가르쳐주고 있다. 하나의 예를 들어서 죄책이 결코 가볍지 않다는 가정을 확증하고자 한다. 간음이 나에게 금지되었기 때문에, 나는 다른 사람들의 간음에 협조하거나, 그것을 묵인하지 않는다. 매춘부들로부터 내 몸을 멀리 유지함으로써 다른 누군가를 대신하여 뚜쟁이 질을 할 수 없고 또한 그런 이윤을 얻을 수 없다는 것을 나는 인정한다. 또한, 살인을 금지하라는 명령은 검투사 훈련인[40]은 교회에 발을 들여 놓아서는 안 된다는 것을 나에게 보여준다. 그가 다른 사람을 행하도록 도운 것에 대한 책임을 회피할 수는 없다. 여기에 좀 더 요점에 가까운 가정 하나가 있다. 공적인 희생제에 쓸 제물들[41] 조달상인이 갑자기 믿음을 가지게 되었다면, 당신은 그 사람이 그 직업을 계속하도록 허락할 것인가? 아니면 만일 이미 세례 받은 기독교인이 그러한 직업을 가

---

39. 참고 *Abodah Zara*, I, 5. "다음의 품목들은 이교도들에게 팔아서는 안 된다. 전나무 열매, 무화과 줄기에 있는 흰 열매들, 유향 (frankincense) 그리고 흰 수탉(white cock)."

40. Lanista. 「이집트 교회 질서」의 한 견본은 검투사들과 그들을 가르치는 사람들을 사절하고 있다.

41. 참고 *Abodah Zara*, I, 6: "어느 곳에서도, 우리는 큰 동물들, 송아지와 말 새끼, 흠이 없는 불구이든 간에 무엇이라도, 그들(이교도인들)에게 팔지 않는다."

지게 된다면, 당신은 그 사람이 교회에 남아 있는 것이 옳다고 생각하는가? 만일 당신이 향 장수에게 눈짓을 하지 않을 것이라면 확실히 그렇지 않다. 조달되는 피와 향기는 다른 존재들에게로 가는 것을 나는 기대한다! 형상이 없을지라도,[42] 세상에 있는 어떤 우상들의 면전에서 이러한 물품들을 사용하여 우상숭배가 수행된다면, 그리고 심지어 오늘날도 우상숭배의 제사가 어떤 우상 없이 향을 태움으로써 통상적으로 행해진다면, 향 장수는 우상 제조인보다도 악마에게 더 큰 봉사를 하는 것이 아닌가? 우상숭배는 우상이 없이는 할 수 있어도 물품이 없이는 행할 수 없다.(우상숭배는 물품 없이 행하는 것보다는 우상 없이 더 쉽게 행할 수가 있다.) 기독교적 양심에게 물어보자. 만일 기독교인 향 장수가 신전을 걸어지나간다면, 그 자신이 물품을 제공하는 그 연기 나는 제단에 침을 뱉고 주먹을 내지를 수[43] 있겠는가? 식료품 창고를 위하여 자신의 집을 제공하는 마당에서 그의 입양 자녀들로부터 지속적으로 귀신을 쫓아낼 수 있겠는가? 비록 그가 귀신을 쫓아낸다 할지라도, 그의 마음에 대하여 흐뭇해하지 않는 편이 낫다. 그가 쫓아 낸 것은 대적이 아니다. 그가 매일 먹여 살리는 아이로부터 그가 요청하는 것을 얻어내기는 어렵지 않았을 것이다. 따라서 만일 우리가 말하는 우상숭배가 우상-예배에 참석하는 것과 완전히 다른 어떤 것이 아니라면, 우상들을 만들고 설비하는 어떤 장인이나 직업이나 사업도 우상숭배의 죄목으로부터 벗어날 수 없다.

12. (우리의 믿음을 인친 후에) "나는 생계를 유지할 것이 없다"고 말함으로써 생활을 유지할 필요성으로 우리 자신을 속이는 것은 잘못된 것이다. 그 경솔한 제안에 즉각적으로 나는 완벽한 답변을 제공할 것이다. 그것은 너무 늦었다. 건축가가 시작한 후에 그의 실수에 대하여 부끄럽지 않기 위하여, 그는 먼저 자신의 재산과 더불어 그 일의 비용을 고려했다는 비유 속의 매우 신중한 건축가처럼,[44] 사전에 생각을 했었어야만 한다. 이제 주님의 말씀과 본보기를 보았으므로, 당신에게는 변명의 여지가 없다. "나는 가난할 것이다"고 당신이 말하겠는가? 주님은 가난한 자를 복되다고 부르신다. "나는 음식이 없을 것이다." "음식을 염려하지 말라."고 주님은 말씀하신다. 의복에 관하여

---

42. *Informis*, 참고 nn. 5, 6.
43. *Despuet et exsufflabit*, 불을 끄기 위해서 부는 것이 아니라, 그 영을 쫓아내려고 부는 것이다. 참고 *ad Uxor.*, II 5, *immundum flatu exspuis*.
44. 눅 14:28-30.

는, 백합화가 우리의 본보기이다. "나는 자본이 필요했다." 그러나 모든 것을 나누어 주어서 가난한 자들에게 나누어주어야만 한다. "그러나 나는 우리의 아들들과 자손들에게 제공해야만 한다." "손에 쟁기를 들고서 뒤를 돌아보는 자는 그 일에 합당하지 않다." "그러나 나는 계약을 했다." "아무도 두 주인을 섬길 수 없다." 주님의 제자가 되기를 원한다면, 당신의 십자가를 지고 주님을 따라야만 한다. 즉, 당신의 십자가인 궁핍과 고문들 또는 적어도 당신의 몸을 짊어져야 한다. 부모, 아내, 자녀들 모두를 하나님을 위하여 떠나야만 한다. 당신은 자녀나 부모를 위하여 장인과 사업과 직업들에 대하여 망설이고 있는가? 장인들이나 사업만큼이나 가족도 주님을 위하여 떠나야만 한다는 증거들은 다음과 같다. 주님께서 야고보와 요한을 불렀을 때 그들이 아버지와 배를 버렸고, 주님께서 마태를 불렀을 때 그는 세관 자리에서 일어났고, 신앙은 아버지를 장례 치루는 시간조차 허락하지 않았다. 주님께서 선택하신 어느 누구도 "나는 먹고 살 것이 없다."고 말하지 않았다. 신앙은 굶주림을 두려워하지 않는다. 신앙은, 하나님을 위하여 죽음의 다른 형태와도 다름없는 굶주림을 경멸해야만 한다는 것을 알고 있다. 신앙은 생명을 위하여 염려하지 않도록 배웠다. 하물며 생계를 염려하랴?[45]

얼마나 많은 이들이 이 조건들을 성취했는가? 사람에게 어려운 것이 하나님께는 쉽다. 우상숭배의 경계에 서서 우리의 필요들을 충족시키는 것에 관한 한 하나님의 친절하심과 자비로 봐주시겠지 하고 자위해서는 안 된다. 우리는 전염병과도 같은 그러한 생각으로부터 거리를 두어야만 한다. 그리고 이미 언급한 경우들뿐만 아니라, 인간의 미신의 모든 범주에 대하여 우리는 그렇게 해야만 한다. 그 미신의 신들이나 죽은 자들이나 왕들에게 그것이 적합한 것일지라도.[46] 왜냐하면, 때때로 희생 제물과 제사장직을 통하여, 때로는 공개적인 볼거리들과 같은 것들을 통하여, 때로는 축제들을 통하여, 그것은 언제나 동일한 더러운 영들에게 속하기 때문이다.

13. 왜 희생 제물들과 제사장직에 대하여 말하는가? 그리고 나는 이미 그런 종류

---

45. 눅 6:20; 마 6:25 이하; 눅 9:62; 마 16:24; 눅 14:26; 마 4:21-22; 9:9; 눅 9:59-60과 평행구들. 이 구절은 히에로니무스의 『서신』, 14에서 온 것임.

46. 기독교 변증가들은 모든 이교적 권리로부터 신들은 신성시된 영웅들이라는 유헤머리즘(Euhemerism)에로 점프한다. cf. 테르툴리아누스, 『변명』, 10. "당신은 당신들의 모든 신들이 한 때는 사람이었다는 것을 부인할 수 없습니다." 아래의 c. 15를 참고할 것.

의 볼거리들과 쾌락에 관한 책을 썼다.[47] 여기서 나는, 우리의 신앙과 훈련에 위배되어 우상숭배적인 문제에 있어서 이교도와 연합하면서 우리가 때로는 방탕함과 때로는 비겁함을 용인해야하는 그러한 축제들과 범상치 않은 축전들을 논의해야만 한다. 먼저 그 문제를 채택할 것이다. 그러한 경우에, 하나님의 종이 옷이나 음식 또는 다른 종류의 축제인 행동 면에서 이교도들과 어울릴 것인가? "기뻐하는 자들과 함께 기뻐하고, 우는 자들과 함께 울라."고 사도께서 말씀하셨을 때, 그는 형제들에게 같은 마음을 가지라고 말하고 있는 것이다. 그러나 이 경우에 빛과 어둠, 생명과 죽음 사이의 어떤 교제도 없다. 그렇지 않으면 우리는 "세상은 기뻐하나, 우리는 슬프도다"라고 적힌 부분을 찢어내야 한다.[48] 만일 우리가 세상과 더불어 기뻐하면, 우리는 또한 세상과 더불어 슬퍼할까 두려워할 일이다. 그리하여 나사로는 황천에서 아브라함의 품안에서 원기회복을 발견했지만, 반면 다이브(Dive)는 불속의 고통 속에 떨어졌다. 그들의 대조적인 보상과 처벌을 통하여, 그들은 행운과 악운이 서로 교체되어 균형을 이루게 된다.[49]

선물을 위한 확실한 날들이 있는데, 어떤 경우는 지위에서 물러나게 되거나, 또 다른 경우는 노임의 빚이 그 경우이다.[50] 당신은 말하겠지, 오늘 나에게 합당한 것을 내가 받을 것이고 아니면 내가 빚진 것을 갚겠다. 날들을 성별하는 이러한 관습은 미신에 뿌리를 두고 있다. 만일 당신이 이교주의의 허무함으로부터 일체 자유롭다면, 마치 날들에 대한 규칙들이 당신까지도 속박하여서 오직 바른 날에만 당신의 빚을 갚거나 당신의 보수를 받아야만 하는 것처럼, 왜 우상들에게 바쳐진 축전들에 참석하는가? 당신이 다루고자 하는 것은 무슨 형태인지 나에게 말해 달라. 왜 당신은 다른 사람의 무지로 인하여 당신 자신을 더럽히면서, 몸을 숨겨야만 하는가? 당신이 사실상 기독교인으로 알려지게 된다면, 당신은 재판을 받고, 당신이 마치 기독교인이 아니었던 것처럼 행동했을 때 다른 사람의 양심을 거스르게 한 것이다. 만일 당신이 기독교인 됨을 숨긴다면, 당신은 재판을 받아 정죄를 받는다. 이랬든 저랬든 당신은 하나

---

47. 「구경거리들에 관하여」(De Spectaculis).
48. 롬 12:15; 고후 6:14; 요 16:20.
49. 눅 16:19 이하. 황천(Hades, 죽은 자들의 영이 있는 곳)은 apud inferos을 번역한 것이다.
50. Mercedis debitum. 참고 Mercedonios (dies) dixerunt a mercede solvenda. 용어설명 참고.

님을 부끄러워한 죄가 있다. "누구든지 사람들 앞에서 나를 부끄러워하는 자는, 나도 또한 하늘 아버지 앞에서 그를 부끄러워하리라"고 주님은 말씀하신다.[51]

14. 오늘날 많은 기독교인들이 "그 이름을 모독하지 말라"는 것을 세상이 행하는 것만큼 그것을 행하는 것을 용납할 수 있는 것으로 생각하게 되었다. 우리가 철저히 피해야만 하는 불경죄 하나가 실제로 있다. 즉, 우리 중 누군가가, 기만이나 상해나 모욕이나 그 이름이 비난받아 마땅하다는 불평을 정당화시킴으로써 주님을 당연히 화나게 하는 불경의 좋은 빌미를 이방인에게 제공하는 것이다. "너 때문에 내 이름이 모독당한다"[52]는 말이 모든 불경함을 커버한다면, 우리 모두는 잃은 자가 되는 바, 우리 자신의 잘못 때문이 아니라, 그 사악한 고함소리로 모든[53] 서커스는 그 이름을 공격하고 있는 것이다. 더 이상 기독교인이 되기를 중단하자, 그러면 더 이상의 불경함이 없을 것 아닌가! 아니다. 우리의 훈련을 포기하지 않고 계속하는 한, 우리가 배척되지 않고 추인을 받는 한, 불경함이 계속되게 하자. 불경함 때문에 나 자신을 혐오함으로써 나의 기독교 신앙을 확증해주는 불경함은 순교에 가까운 것이다. 우리의 훈련을 지속하는 것을 저주하는 것은 우리 이름을 축복하는 것이다. "만일 내가 사람을 기쁘게 하고자 한다면, 나는 그리스도의 종이 아니다"라고 사도는 말한다.

그러나 사도바울이 다른 곳에서는 모든 사람을 즐겁게 하도록 돌보라고 우리에게 명령한 것을 말할 것이다. "심지어 나도 모든 일에 모든 사람을 기쁘게 한다." 사도 바울이 농신제(Saturnalia)나 새해를 경축함으로써 다른 사람을 기쁘게 했는가? 아니면 겸양과 인내, 신중함과 겸손함과 온전함으로써 다른 사람을 기쁘게 했는가? 다시 "나는 모든 사람을 얻고자, 모든 사람에게 모든 것이 되고자 한다."고 사도 바울이 말했는데, 그가 우상숭배자들에게 우상숭배자가 되었는가? 이교도인에게 이교도인이 되었고, 세상적인 사람에게 세상적인 사람이 되었는가? 비록 사도 바울은, "그렇다면 세상 밖으로 나가야만 할 것이다"고 말하면서, 우리 모두에게 우상숭배자들이나 간음하는 사람들이나 다른 범죄자들과 대화하지 말라고 금하지는 않았을지라도, 그 말의 뜻은 우리의 선한 행동의 고삐를 느슨하게 하여서 단지 우리가 죄인들과 살고 그

---

51. 마 10:33; 눅 9:26.

52. 사 52:5; 롬 2:24, 참고 벧전 4:14-16. 또한 테르툴리아누스의 *Cult. Fem.*, II, 11을 보라.

53. *Totus*는 아마도 "모든"이라는 뜻.

들과 섞여 있다는 이유 때문에 우리가 죄인들과 더불어 죄를 지을 수 있다는 말은 아니다. 그것은 (사도가 인정한 바) 생활 속에서 교섭하는 것이 죄 안에서 나눌 수 있음(아무도 그것을 허락하지 않는다)을 뜻하는 것이 아니다. 우리가 이교도인과 더불어 살 수는 있으나 그들과 함께 죽을 수는 없다. 모든 사람과 더불어 살자. 공통의 미신을 나누지 말고, 공통의 인간애를 바탕으로 그들의 기쁨을 우리와 나누도록 하자. 인간의 영혼을 소유하고 있다는 점에서 우리는 그들과 마찬가지이지만, 우리가 살아가는 방식은 다르다. 우리가 그들과 세상을 공유하지만, 그들의 잘못을 공유하지는 않는다.[54]

그러나 우리가 그러한 문제들에 있어서 외인들과 연합할 권리가 없다면, 형제들 가운데서 그것들을 지키는 것은 훨씬 더 사악한 짓이다. 누가 이것을 주장하거나 변화할 수 있는가? "내 마음이 너희의 안식일과 월삭과 축제들을 싫어한다."[55]는 말씀을 보면, 성령님께서 유대인들의 축제일들을 엄중히 책망하고 있다. 한 때 하나님에 의해 사랑을 받았던 안식일과 월삭과 거룩한 날들에 대하여 우리는 외인들이 아닌가? 우리가 농신제, 신년, 동지 축제들, 마트론 축제(the Feast of Matrons)에 자주 참석하는가?[56] 선물들과 새해 선물들이 우리를 위해 오고 가고, 우리를 위해서 놀이들이 시끄럽게 펼쳐지고 잔치들이 떠들썩하게 벌어지는가? 이교도들은 그들 자신의 설득에 더욱 충실하다. 그들은 그들을 위하여 기독교 축제를 주장하지 않는다. 그들이 주일이나 오순절을 알았더라도, 우리와 함께 주일과 오순절을 함께 공유하지는 않으려고 했을 것이다. 그들은 그들이 기독교인으로 여겨지기를 두려워한다. 우리는 이교도로 선포되고 있음을 두려워하지 않는다. 만일 육체가 전적으로 관여하게 된다면, 당신은 그들이 가진 것보다 더 많이 당신 자신의 날들을 소유하고 있는 것이다. 이교도는 한 해에 오직 하루만 각 신을 위한 축제를 가지고 있고 당신은 매주 한 번 가지고 있다. 그들은 오순절을 만들려고 하지 않을 것이다.

15. 그러나 "당신의 일들이 빛나게 하라"고 성경은 말한다.[57] 이제 우리의 가게들과 문들이 빛난다. 당신은 기독교인들의 문들보다는 이교도들의 문들에 더 많이 등

---

54. 갈 1:10; 고전 10:33; 9:22; 5:10.

55. 사 1:14.

56. *Saturnalia, Ianuariae, Brumae, Matronales.*

57. 마 5:16.

불들과 월계관이 걸려 있음을 발견할 것이다.[58] 그런 종류에 대하여 당신의 의견은 무엇인가? 그것이 우상들을 영예롭게 한다면, 우상들을 영예롭게 하는 것은 의심할 여지없이 우상숭배이다. 만일 그것이 사람을 위한 것이라면, 모든 우상숭배는 사람을 위한 것임을 기억하라. 모든 우상숭배는 사람에게 예배를 제공한다는 것을 기억하라. 왜냐하면 신들 자신도 한 때는 인간이었다는 것은 이교도조차도 동의하는 것이기 때문이다. 미신적인 예배가 과거의 사람들에게 드려지는 것이든지 아니면 오늘의 사람들에게 드려지는 것이든지 그것은 별로 중요하지 않다. 우상숭배는 사람이 예배의 대상으로 세워지기 때문에 정죄함을 받는 것이 아니라, 귀신들에게 주목을 기울이는 것에 대하여 정죄를 받는 것이다. "가이사에게 속한 것은 가이사에게 돌려야만" 하고, 또한 주님은 행복하게 덧붙이기를, "하나님의 것은 하나님께"라고 말씀하신다.[59] 그러면 가이사의 것은 무엇인가? 원래 토론의 주제는 가이사에게 세금을 바쳐야 하느냐 말아야 하느냐의 문제였다. 그 때문에 주님께서 동전 하나를 보이라고 하시면서 거기에 누구의 형상이 새겨져 있느냐고 질문하셨다. 가이사의 형상이 새겨져 있다는 말을 들으시자, "가이사의 것은 가이사에게, 하나님의 것은 하나님에게 바치라"고 말씀하셨다. 즉 동전 위에 새겨진 가이사의 형상은 가이사에게 돌리고, 사람에게 새겨진 하나님의 형상은 하나님께 돌리라는 것이다. 그렇다면, 가이사에게는 당신의 돈을 바쳐야 하고, 하나님께는 당신 자신을 드려야 하는 것이다. 만일 모든 것이 가이사에게 속한 것이라면, 하나님의 것은 무엇이란 말인가?

문 앞에 등불을 두고 기둥에 월계관을 걸어두는 것이 신(a god)을 영예롭게 하는 것인가? 그건 아니다. 그것들은 신을 영예롭게 하기 위해서 거기에 있는 것이 아니고, 그러한 주목을 받으면서 신처럼 영예롭게 되려는 사람을 위한 것이다.[60] 표면상으로는 적어도 그렇게 보인다. 비밀리에 일어나는 일이 귀신들에게까지 미친다. 왜냐하면 우리는 로마인들은 출입구의 신들(gods)을 가지고 있기까지 했다는 사실을 잘 의식해야만 한다. (세속 문학에 전문적이지 않은 사람들이 간과하는 세부적인 예를 들고자 한다.)[61] 가르데아(Cardea)는

---

58. 참고 *Abodah Zara*, I, 4: "우상숭배들이 진행되고 있는 도시에... 현인들은 가게들이 화환들을 가지는 것을 금지하기로 결정했다."

59. 마 22:21.

60. 황제.

61. 변증가들은 종종 조롱하기를, 로마 다신교가 모든 것에 정령(numen)이 있었던 원시적 단계로 거슬러 올라간다고 하였다. 그 자료는 주로 바로(Varro)로부터 온 것이며, 그것의 상당 부분은 테르툴리아누스와 아우구스티누스의 「신의 도성」에 있는 것이다. 현재

경첩으로부터 유래한 여신이고, 포르쿨루스(Forculus)는 문의 여신, 리멘티누스(Limentinus)는 문지방의 여신, 야누스(Janus)는 대문의 여신이다. 비록 그 이름들은 근거 없는 허구일지라도, 그 이름들을 미신적으로 사용할 때에 그 이름들은 귀신들과 모든 형태의 더러운 영들에게로 다가간다는 것을 우리는 확신한다. 드려짐은 하나의 연대를 형성한다. 그렇지 않으면 그들 자신의 아무런 개인적인 이름들을 가지지 않았을 귀신들이 무엇인가가 그들에게 맹세된 것을 발견하는 곳에서 그들의 이름을 발견한다. 똑같은 것이 희랍인에게도 적용된다. 우리는 아폴로 티래우스(Apollo Thyraeus)와 문간을 관장하는 귀신들인 안텔리(the Antelii)를 읽는다. 처음부터 이것을 예견하면서, 성령은 가장 오래된 예언자인 에녹을 통하여 문간들조차도 미신적인 용도가 될 수 있다고 예견했다.[62] 우리는 다른 문간들이 목욕탕에서 숭배 받는 것을 본다. 따라서 호롱등과 월계관들은 문간들에서 숭배 받는 그러한 것들에 속할 것이다. 당신이 문을 위해서 무엇을 하든지 간에, 당신은 우상을 위해서 하는 것이다. 이 시점에서 나는 하나님의 권능에 대한 증인을 또한 요청한다. 모든 사람을 위하여 한 사람에게 보였던 것을[63] 억압하는 것은 위험하기 때문이다. 어떤 축제가 예기치 않게 공표된 날, 그의 노예들이 그의 문을 화관으로 장식한 바로 그 날 밤, 꿈속에서 심하게 거세당했던 한 형제를 나는 알고 있다. (그는 자신이 화환들을 보내지도 않았고, 그것들을 명령하지도 않았다.) 그것이 일어나기 전에 그는 나갔고 그가 돌아왔을 때 그것을 책망했다. 이것은 그러한 책벌의 일로 하나님께서 우리 식솔들에 의해 우리를 심판하시는 것을 보여준다.

왕이나 황제에게 드려지는 명예에 관하여, 우리는 사도 바울의 명령을 따라서, 모든 복종함으로 행정장관들과 군주들과 권위자들에게 순복하라는 분명한 원칙을 가지고 있으되,[64] 그러나 기독교적 교훈의 한계 안에서, 즉 우리 자신이 우상숭배를 하지 않는 범위 안에서 순복하여야 한다. 바로 이러한 이유 때문에 우리 시대 이전에 친

본문을 위해서는 참고 로즈(Rose), 같은 책, 30-32. "문을 통과하는 것은 무엇인가를 시작하는 것이며, 시작들은 마술적인 중요성을 맡고 있다… 출입문은 너무도 중요해서 문의 부품들조차도 그들 자신의 정령(numen)이 있는 것처럼 생각하는 경향이 있었다.

62. 참고 nn. 9-10.

63. *Ostensum...per visionem*, 몬타니즘의 기미가 엿보이는 또 다른 구절. 그러나 키프리아누스는 꿈을 미신적인 경고들로 취하며, 그리고 참고로 암브로시우스의 「서신」, 51:14.

64. 롬 13:7; 벧전 2:13.

근한 본보기가 되어준 세 명의 형제들이 떠오른다.[65] 그들은 느부갓네살 왕에게 다른 점에서는 복종하였으나, 그의 금신상(金神像)에 절하는 것을 단호하게 거절하였다. 이로 인해서 인간에게 합당한 영광의 한계를 넘어서 하나님의 장엄함과 닮을 정도로 인간을 영예롭게 하는 것은 우상숭배임을 그들은 보여주었다. 다니엘도 이와 같이 다리오(Darius) 왕에게 모든 면에서 복종하였고 자신의 신앙을 위협하지 않는 한에서 그의 의무를 수행하였다.[66] 자신의 종교를 거스르는 것을 피하기 위하여, 세 친구들이 왕의 풀무불을 두려워하지 않았던 것과 똑같이 다니엘도 왕의 사자들을 두려워하지 않았다.

따라서 빛이 없는 자들은 그들의 등불을 날마다 비추게 하라. 불의 위협에 직면한 자들은 그들의 문기둥에 곧 불타서 없어질 월계관을 달아두게 하라. 그들의 어두움을 보여줄 적절한 증거들이 아닌가! 그들의 징벌에 합당한 전조가 아닌가! 그러나 너희는 세상의 빛, 상록수이다.[67] 만일 당신이 신전들과 관계를 단절해 버렸다면, 당신의 대문을 신전으로 만들지 말라. 더 나아가서, 만일 당신이 매춘부들을 단념했다면, 당신의 집을 새로 개업한 매춘굴의 모습으로 만들지 말라.

16. 하얀 토가를 입고[68] 약혼이나 결혼을 축하하거나 이름을 수여하는 그러한 사적인 가정의 축제에서의 예식[69]에 관하여, 우리는 그러한 예식들에서 우상숭배의 바람의 위험이 없다고 나는 생각하고 싶다. 우리는 그 예식의 원인들을 고려해야만 한다. 내 생각에 이것들은 그 자체로는 무결한 것이다. 왜냐하면 남자의 옷이나 반지 또는 결혼계약 그 어느 것도 우상에게 영광을 돌리려는 목적에서 유래한 것이 아니기 때문이다. 예를 들어, 남자가 여성의 옷을 입는 것을 제외하고는, 하나님께서 어떤 옷을 저주했다는 것을 나는 발견하지 못한다. "여자의 옷을 입는 남자마다 저주를 받

---

65. 단 3장.

66. 단 6장.

67. 마 5:14; 시 1:3.

68. *Toga pura*, 그리고 아래에 나오는 *vestitus virilis, toga virilis*는 흰 가운으로서 보라색 줄무늬가 있는 *toga praetexta*를 대신하여 남자가 되었다고 여겨질 때 입었다. 그리고 또한 행정관들도 이 옷을 입었다(참고 18장).

69. *Officia*는 테르툴리아누스가 16-18장에서 미묘한 차이가 있는 다양한 의미로 사용하고 있다. 그는 신들이나 개인의 가족을 위한 사랑과 존경의 의무로서의 piesas를 말하는 것이 아니라, 신들과 가정 둘 다에 대한 좀 더 구체적인 "관심"을 말하고 있다. 16장에 집중적으로 등장하는 '~에 참여하는 예식들'의 의미도 역시 중요하다. '직분', '봉사'를 참고할 것.

을지어다"라고 성경은 말한다.[70] 그러나, 토가는 특별히 "남자답다"고 불려진다. 또다시, 하나님께서는 이름을 수여하는 것을 금지하시지 않는 것처럼 결혼을 축하하는 것을 금지하지 않으신다.

적절한 제사들이 행하여지는 것이 거부되었다. 그러나 만일 내가 초대받아서 그 예식이 "제사를 지원하는 것"으로 묘사되지 않는다면, 나는 그들의 충만한 만족에 조력할 것이다. 진실로, 나는 우리가 하지 말아야 할 것을 결코 보지 않는 것이 가능하기를 원한다. 그러나 악한 것이 우상숭배로 세상을 둘러싸고 있기에, 우리는 우상이 아니라 사람을 섬기는 그러한 경우에 참석하는 것이 합당하다. 물론, 내가 제사장 역할로 초대를 받아서 희생 제사를 수행한다면, 나는 그것이 엄격히 우상을 섬기는 것이기 때문에 가지 않을 것이다. 그러한 경우에 나는 어떤 조언이나 헌금이나 어떤 조력도 전혀 건네지 않을 것이다. 만일 내가 희생 제사 때문에 초대받았을 때 내가 참석한다면, 나는 우상숭배에 참석하고 있는 것이 된다. 만일 나를 희생 제물을 바치는 사람과 밀착하게 하는 어떤 무엇인가가 있다면, 나는 그것에 오직 방관자가 될 것이다.[71]

17. 만일 그렇지 않으면, 기독교 노예와 자유인들과 행정기관의 공무원들의 주인이나 후견인이나 상관들이 희생 제물을 바치고 있는데 그들이 함께 참석하고 있다면, 그들은 무엇을 해야 할까? 희생을 바치고 있는 그들 중 어떤 이에게 술을 건넨다면, 참으로, 당신이 희생 제사에 필요한 어떤 말을 단순히 공표함으로써 그를 돕는다면, 당신은 우상숭배에 참여한 자로 여겨질 것이다. 이 규칙을 마음에 염두에 두면서, 우리는 우상숭배의 한계 밖에 머무는 오직 그 경우에만, 우상숭배적인 왕들을 시중들었던 족장들과 다른 나이든 어른들처럼, 우리도 행정장관들과 권세장들에게 우리의 의무를 행할 수 있다. 최근에 이 점에서 하나의 반론이 일어났다. 요셉과 다니엘이 왕실의 의복인 짙푸른 자줏빛 의복을 입고서 우상숭배의 오점이 없이 행정 직무나 기능을 수행하면서 이집트나 바빌론 전역을 통치한 것처럼, 호의로든 교묘한 재간으로

---

70. 신 22:5.

71. 테르툴리아누스가 양보를 하는 경우는 이례적이다. 그는 기독교인이 서커스의 완전한 구경꾼(*tantum spectator*)로 참가하는 것을 허락하지 않는다. 왜냐하면 기독교인이 가야할 어떤 의무도 없기 때문이다. 이런 양보는 *Cult. Fem.*, II, 11에서도 되풀이되어 나타난다.

든 간에, 만일 하나님의 종이 우상숭배의 모든 형태로부터 스스로 깨끗할 수 있다면, 그는 행정 직무나 행정기능을 수행해도 좋은 것인가? 가령 어떤 사람이 그 직무가 어떤 것이든 간에, 명목상으로 결코 희생 제물을 바치지 않고, 결코 희생 제물을 정당하다고 인정하지 않으며, 희생적 제물을 위한 계약을 하지 않으며, 결코 신전의 관리를 위임하지 않으며, 그들의 세금을 결코 처리하지 않으며, 그 자신이나 국가의 비용으로 쇼를 결코 제공하지 않으며, 결코 그것들을 주재하지 않으며, 결코 한 번의 축제도 공포하거나 명령하지 않으며, 결코 맹세조차 하지 않으며, 이 모든 것 위에 그의 행정적 권위를 행사함에 있어서, 중대한 죄과이든지 시민 자격을 박탈할 정도의 죄과에 대하여 누군가를 결코 재판하지 않고(벌금을 부과하는 정도는 당신이 참아 주리라고 본다), 결코 판결이나 입법에 의한 사형 판결을 하지 않고, 결코 한 사람에게 수갑을 채우거나 감옥에 보내지 않고, 그의 직무를 성공적으로 수행했다고 가정해 보자. 글쎄, 당신이 이런 것들이 가능하다고 생각한다면, 그가 그 직무를 맡아도 무방할 것이다!

18. 이제 우리는 직무의 단순한 장식기구들과 복장들을 고려해야만 한다. 각 직무는 매일의 용도와 예식의 용도로 적합한 의복을 가지고 있다. 이집트와 바빌론에서는 자줏빛 의상과 금목걸이가 계급의 표시였다. 이것은 마치 대교구의 제사장들이 금빛 화관과 신분의 예복 – 어떤 이는 자줏빛 테두리를 한 예복을, 어떤 이는 종려나무로 수놓은 것을 – 을 입은 것과 유사하다.[72] 그러나 의무에 있어서는 차이가 있었다. 그것들은 단순히 명예의 표지로서, 왕의 우정을 얻은 사람들에게 수여되는 것이었다. 그러므로 우리가 흰색의 토가 칸디다(toga candida)를 따라서 캔디데이트(candidates)[73]라고 부르듯이, 자줏빛 의복을 따라서 그들을 "로얄 퍼플의 동료들"이라고 불렀다. 장식들에는 어떠한 제사직이나 우상숭배적인 기능이 부착되지 않았다. 만일 그랬었더라면, 거룩함과 정조가 있는 그러한 사람들은 그 의복이 더럽혀진 것이라고 즉각 거절했을 것이다. 다니엘은 우상들을 섬기지 않았고 또한 벨이나 다곤에게 예배하지 않았다는 것을 한 눈에 알 수 있다 (이후에 그 점을 훨씬 더 잘 볼 수 있다).[74]

---

72. *Praetextae vel trabeae vel palmatae.* 이것들과 함께 의복에 대한 다른 세부사항에 관하여는 윌슨(L. Wilson)의 *The Roman Toga*(1924)와 같은 저자의 *The Clothing of the Ancient Romans*(1938)를 보라. 화관(*corona*)의 종교적인 연합과 기원들에 대하여는 테르툴리아누스의 *De Corona*, 12장을, 행정장관의 금관에 대하여는 13장을 보라.

73. 다시 말해서, 로마에서 행정장관을 말한다.

74. 묵시적 책인 「벨과 다곤」은 불가타역 다니엘서 14장이다. 추측컨대, 테르툴리아누스는 그것을 다니엘서의 연장으로 알고 '이후에'

그러한 자줏빛 옷은 야만인 가운데 고위직에 오른 사람의 표시는 아니고, 자유인의 가문을 말한다. 한때 노예였던 요셉과 포로가 되어 신분을 바꾼 다니엘은 야만인 가운데 자유인의 가문을 가리키는 의복에 의해서 이집트와 바빌론 시민권을 획득하였듯이,[75] 우리 기독교인들은 필요하다면 테가 둘러진 *toga praetexta*를 소년들에게 입히고 여성용 겉옷(stole)을 소녀들에게 입히는 것을 허락할 수 있는데, 그것은 권위가 아닌 출생의 표시이며, 직무가 아닌 가족의 표시이며, 종교가 아닌 계층의 표시이다.

그러나 자줏빛 옷과 원래 계급과 권위에 따라붙는 우상숭배에 바쳐진 계급과 권위의 다른 표시들,[76] 이것들은 그들의 독신의 오점을 지니고 있는 바, 우상들은 여전히 신분의 의복들, 즉 테두리가 있는 의복, 자줏빛 줄무늬가 있는 의복들로 입혀져 있으며, 그리고 그들 앞 에 지팡이와 막대기가 놓여 있다.[77] 그리고 바로. 결국, 악마들은 이 세상의 행정장관들이다. 그들은 지팡이들을 지니고 있으며 그들 모두가 같은 행정 대학에 소속되어 있음을 보여주는 자주색 옷을 입는다. 그 기능을 수행함이 없이 그 옷을 입는다는 것이 당신에게 무슨 이득이 있겠는가? 더러운 옷을 입고서 깨끗해 보일 수 있는 사람은 아무도 없다. 만일 당신이 더러운 셔츠를 입고 있다면, 당신이 그 셔츠를 더럽히지는 않을지라도, 그러나 당신은 그 더러운 옷을 입고 있는 동안은 당신 자신을 깨끗하게 할 수는 없다. 요셉과 다니엘에 관한 당신의 주장에 대하여, 옛 것과 새 것, 야만적인 것과 문명화된 것, 시작들과 발전들, 노예와 자유인을 사람이 항상 비교할 수는 없다는 것을 당신이 인식해야만 한다. 지위 상으로 그들은 노예들이다. 당신은 당신을 이 세상의 속박에서 풀어주신 그리스도에게만 노예가 되므로 사람의 노예가 아니다. 그러므로 당신의 주인의 규칙과 방식을 따라서 살아야만 한다. 주님이시오 주인이신 그분은 집에 대한 보장도 없이 겸손하며 초라하게 걸어가셨다. 왜냐하면 "인자는 머리 둘 곳이 없다"고 말하셨기 때문이다. 그 분은 복장이 단정하지 못하셨다. 그렇지 않았다면 그가 "부드러운 옷을 입은 자들은 왕궁에 있느니

라는 말을 썼던 것 같다.

75. 창 41:42; 단 5:16.

76. "한 행정장관은 보통 그의 사무적 기능의 일부로서 제사장이었다. 이 때문에, 그리스의 도시들에서, 종교적 직무를 수행하는 사람의 매우 일반적인 표시인 화관을 그들이 종종 썼던 이유이다. 그리고 로마에서는 모든 최고위직들은 *praetexta*를 입었다." (옥스포드 고전 사전, 제사장 항목). 또한 로즈(Rose), 같은 책, p. 42를 보라.

77. *Praetextae, trabeae, laticlavi, fasces, virgae.*

라"[78]고 말씀하시지 않았었을 것이다. 이사야가 예언했듯이,[79] 얼굴이나 외모로나 그분은 아름다운 것이 없었다. 만일 그분이 심지어 그들을 위하여 그분께서 머슴 같은 사역을 수행하셨던 그러한 자기 사람들에게 대하여 조차 정당한 권위를 행사하지 않았다면, 만일 자신의 왕국을 의식함에도 불구하고 그가 왕이 되기를 거절하셨다면, 그는 그를 따르는 자들에게 계급이든 권위이든, 모든 퍼레이드와 쇼를 거절하는 최대한의 가능한 본보기를 제시하셨던 것이다. 하나님의 아들보다도 더 나은 권리를 가지고 그들을 고용할 수 있는 사람이 누가 있었겠는가? 만일 그 분이 세상적인 영광을 자신과 그의 제자들에게는 낯선 것으로 취급하지 않았었다면, 어떤 직분의 막대기가 그를 호위하였을 것이며, 어떤 보랏빛 꽃들이 그의 어깨를 둘렀을 것이며, 또한 그의 머리는 어떠한 금빛 섬광으로 빛났겠는가? 따라서 그분은 바라지 않았던 그 영광을 거절하셨고, 그것을 거절하실 때에 그것을 정죄하였으며, 그것을 정죄할 때에 그것을 악마의 허식으로 보셨다. 그것이 그분의 것이 아니라는 사실이 없었다면, 그 분은 그것을 정죄하지 않았을 것이다. 하나님께 속하지 않았다는 것은 다름 아닌 마귀에게 속한 것이라고 할 수 있다. 만일 당신이 마귀의 허식을 맹세코 그만 두기로 한다면, 그것을 어느 부위라도 만지기만 해도 우상숭배라는 것을 알아야만 한다. 이 세상의 모든 권위들과 계급들이 하나님께 단지 낯선 것일 뿐만 아니라, 하나님께 적대적인 것이라는 사실을 당신이 확신했다면, 바로 그것들을 통해서 하나님의 종들에 대하여 처벌이 결정되었었다는 사실과, 그것들을 통하여 불경건한 자들에게 예비된 형벌이 알려지지 않은 채로 남아 있다는 사실을 마음에 새겨 두어야 한다. 당신은 당신의 출생과 재산이 당신으로 하여금 우상숭배를 멀리하는 것을 어렵게 한다고 말하고 있는가?[80] 그것에 대한 치유책은 부족하지 않다. 모든 것을 잃게 되더라도, 당신이 보다 더 행복한 행정관이 되도록 하는 한 가지 치유책이 남아 있는 바, 그것은 땅에서가 아니라 바로 하늘에서다.

---

78. 눅 9:58; 마 11:8.

79. *Inglorius*. 참고 사 53:2. 오래된 라틴어 *MSS*는 *indecorus*로 되어 있다. 테르툴리아누스는 이것을 육체적으로 받아들이고, 다른 교부들은 부정적으로(아름답지 않은), 다른 이들은 그리스도의 낮아짐을 언급하는 것으로 받아들인다.

80. 당신이 유산을 상속받고, 행정장관직을 차지할 것으로 기대되기 때문이다. 큰 직분이 아니더라도 많은 직분들이 마을의 공동회의를 섬기도록 되어 있다. 아고바르디누스 사본은 이후의 세 단어로 끝난다.

19. 마지막 장에서 (일정한) 지위와 권위 가운데 있는 군복무[81]의 사례를 결정하는 문제를 생각하게 될 것이다. 그러나 지금은 세례 받은 기독교인이 군복무를 시작할 수 있는지 여부와 병사가 (적어도 희생 제사를 드리거나 주요 판정을 부과하도록 강요당하지 않는 사병과 하사관) 신앙에로 용납되어질 수 있는지 여부에 대한 물음이 제기되고 있다.

하나님을 섬기겠다는 맹세[82]와 사람을 섬기는 맹세, 그리스도의 기준과 악마의 기준, 빛의 진영과 어두움의 진영 사이에서 양립은 불가능하다. 한 생명이 두 주인, 즉 하나님과 가이사에 의해서 소유될 수는 없다. 물론 (만일 당신이 그 주제를 조롱하고 싶다면) 모세는 지팡이를 가졌으며, 아론은 혁대를 찼고, 요한은 가죽 띠를 띠었고, 여호수아는 군대를 이끌었고, 베드로는 전쟁을 했다. 그렇다. 그러나 어떻게 그가 전쟁을 할 것이며, 참으로 그가 어떻게 평화 시에 (주님께서 거두어 가신) 칼 없이 복무할 수 있을 것인가? 심지어 병사들이 요한에게로 와서 지켜야 하는 지침을 받았더라도, 심지어 백부장이 믿었을지라도, 이후에 주님께서 베드로를 무장해제 시켰을 때, 주님은 모든 군사들의 벨트를 푸셨다. 우리 가운데 어떤 옷도 불법적인 활동을 위해 씌어지는 것은 합당하지 않다.

20. 하나님의 도덕법을 따라서 걷는 것이 말들뿐 아니라 행위로써 위험에 처해있다. 성경은 말하길, "보라 그 사람과 그 행위를 보라. 그대의 입에서 나오는 것으로 그대가 심판을 받을 것이다"라고 하신다.[83] 그러므로 우리는 습관의 잘못이나 소심함 때문에 무심코 흘리는 말 속에서도 또한 우상숭배의 침입에 대하여 경계하는 것을 기억해야만 한다. 율법은 우리에게 이교도의 신들의 이름을 부르는 것을 실제로 금하지는 않았다. 매일의 삶이 우리를 그들의 이름들을 언급하도록 강요할 때에 그 신들의 이름을 우리가 발음할 수가 있다. 우리는 종종 "당신은 에스쿨라피우스(Aesculapius)의 신전에서 그를 볼 수 있을 것이네," 라든지 "이시스(Isis) 거리에서," 또는 "그는 쥬피터의 제사장이 되었네" 등과 같은 종류의 말을 많이 하곤 한다. 왜냐하면 이러한 유형의 이름들은 사람에게도 주어지기 때문이다. 만일 내가 새투르누스(Saturnus)를 그 자신의 이름으로 부른다면, 나는 그를 숭배하고 있는 것이 아니며, 내가 마르쿠스(Marcus)

---

81. 이 장의 주제를 위해서는 서론과 테르툴리아누스의 *De Corona Militis*를 보라.

82. *Sacramentum.*

83. 마 12:37.

의 이름으로 그를 부를 때에도 나는 마르쿠스를 영예롭게 하는 것은 아니다.

진실로 성서는 말한다. "다른 신들의 이름을 부르지도 말며, 그것이 네 입에서 들리게도 말지니라." 성서가 규정하는 바는 우리가 그들을 신들로 불러서는 안 된다는 것이다. 왜냐하면 율법의 첫 부분에서 "그대는 하나님의 이름을 망령되이 일컫지 말라" 즉, 그것을 우상에게 적용하는 것을 말한다. 따라서 하나님의 이름을 가지고 우상을 높이는 자는 우상숭배에 빠진 것이다. 만일 내가 신들을 언급하지 않으면 안 된다면, 그들을 신들로 부르지 않는다는 것을 보여줄 무엇인가를 추가해야만 한다. 성서는 "신들"이라는 말을 사용하지만 "그들의", "이교도의"라는 말을 덧붙이고 있다. 예를 들어, 다윗은 신들의 이름을 사용하면서 말하기를 "이교도의 신들은 귀신일 뿐이다."[84]라고 말한다.

이어서 나오는 것을 준비하기 위해서 비교적 그렇게 많은 것을 나는 말했다. 메허쿨레 케디우스 피디우스(Mehercule, Medius Fidius)[85]라고 말하는 것은 나쁜 습관이다! 어떤 이들은 심지어 그것이 헤라클레스에 의한 맹세임을 알지도 못한다. 그것들에 의해 한 맹세가, 도대체 믿음과 우상숭배 사이의 공모가 아니고 무엇인가? 우리는 우리가 맹세한 자들에 의한 것에 경의를 표하는 것이다.

21. 다른 누군가가 맹세나 그들의 신들에 의한 선서로 당신을 결속시키려고 할 때에, 그리스도인으로서 인정되는 것을 피하기 위하여 조용히 있는 것은 비겁한 일이다. 외관상으로 당신은 그 신들에게 매이게 될 것이며, 침묵을 지킴으로써 뿐만 아니라 말로써도 그 신들의 위험을 당신이 확증하는 것이다. 그들을 신들이라고 부르거나 그들이 신들로 그렇게 불려지는 것을 듣는 것에 의해서 이교의 신들을 당신이 확증하거나 말거나, 당신이 우상으로 맹세하든 아니면 당신이 다른 누군가에 의해서 맹세를 받았을 때 묵인하거나간에, 그게 별 차이가 있는가? 왜 우리는 사탄이 자신의 입술로 그것을 할 수 없을 때, 그의 종들의 입술로 우리의 귀를 통하여 우상숭배가 우리에게 들어오도록 획책하는 사탄의 궤계를 인식하지 못하는가? 모든 사건에서, 당신을 이 맹세로 묶고 있는 자가 누구이든 간에, 당신은 친절한 언사로든 불친절한 언사로든 그와 조우한다. 만일 불친절한 언사라면, 당신은 즉시 싸우기 위하여 전장으로 소환

---

84. 출 23:13; 20:7, 참고 n. 36; 시 96:5.
85. 쥬피터와 연결된 이탈리아의 신 디우스 피디우스(Dius Fidius)에 의한 고대의 맹세.

되고 그래서 당신이 싸워야만 한다는 것을 알게 된다. 만일 친절한 언사라면, 당신을 우상에게 경의를 표하는 우상숭배에 연루되도록 시도하고 있는 그 악한 사람에 대한 당신의 의무를 취소하면서, 당신이 당신의 서약을 주님께로 옮긴다면, 당신은 훨씬 더 안전할 것이 아닌가?

그러한 모든 묵인은 우상숭배이다. 그들이 당신에게 떠맡겨졌을 때 당신이 존경을 보였던 자들을 당신은 영예롭게 하는 것이다. 들으시오. 공적으로 어떤 분쟁의 과정에서 한 사람이 내가 잘 아는 사람에게 "쥬피터가 당신에게 천벌을 내리기를"이라고 말했다. 그는 (하나님 그를 용서하소서!) 대답하길, "아니, 내가 아니라 당신이나 천벌을 받아라"라면서 마치 쥬피터를 믿는 이교도와 똑같이 응수했다. 만일 저주가 쥬피터나 쥬피터와 같은 신들에 의해서 일어나는 일이 아님에도 불구하고 그 저주에 대하여 그가 응수하려 했다면, 그는 오히려 쥬피터의 신성을 확증하고 있는 것이 된다. 만일 당신이 쥬피터가 존재하지 않는다고 알고 있었다면, 왜 그에게 화를 내는가? 만일 당신이 갑자기 화를 낸다면, 당신은 즉시 그 신의 존재를 인정하는 것이다. 두려움을 당신이 인정했다는 자체가 우상숭배가 될 것이다. 당신이 쥬피터의 이름으로 응수하여 되돌려 저주할 때에, 당신은 더 크게 잘못된 것이다. 왜냐하면 그렇다면 당신을 화나게 했던 그 사람과 똑같이 당신도 쥬피터에게 명예를 돌리는 것이기 때문이다. 그러한 종류의 일에 있어서, 그리스도인은 화를 낼 것이 아니라 웃어야만 한다. 그 명령에 따르면, 참으로 하나님으로 저주하지도 말아야 하며, 또한 당연히 하나님으로 그를 축복해야만 한다. 그리하여 기독교인으로서 당신은 우상숭배를 타파하고, 하나님을 선포하고 당신의 의무를 이행하는 것이다.

22. 동일하게, 그리스도께로 입문한 우리는 이교도의 신들에 의해서 축복받는 것을 관용해서는 안 된다. 우리는 항상 더러운 축복을 반박하고 축복을 하나님께 돌림으로써 스스로 더러운 축복을 정결케 해야만 한다. 이교도의 신들로 축복받는 것은 하나님에 의해서 저주받는 것을 의미한다. 만일 내가 누군가에게 구제품을 주거나 그에게 어떤 친절을 베풀어 주어서, 그 수혜자가 나에게 호의를 베풀어달라고 그의 신들이나 그 지역 수호신에게 기도한다면, 그 즉시로 나의 구제 헌금이나 지원은 우상들에게 영예를 돌리는 것이 되고, 그 우상들의 수단들로 그 수혜자는 나에게 축복의 호의를 되돌려주는 것이 된다. 그러나 내가 하나님을 위하여 행하는 것임을 그 사

람이 인식하도록 하지 못하는가? 그렇게 된다면, 하나님께서 영광을 받으실 것이고, 하나님을 위하여 내가 행한 일들로 말미암아 마귀들이 영예롭게 되지 않을 것이 아닌가? 하나님은 참으로 내가 하나님을 위하여 행한 것을 보실 것이지만, 그러나 하나님은 확실히 내가 하나님을 위하여 행동한 것을 보여주기를 꺼려했음을 알고 계시며, 그래서 어떤 면에서 나는 하나님의 명령을 우상에게 드리는 봉헌으로 변질시킨 것을 하나님은 알고 계신다. 자신이 기독교인임을 선언할 의무는 없다고 많은 이들이 말한다. 내 생각에는, 그가 기독교인임을 부인할 필요도 없다. 왜냐하면, 만일 당신이 당신의 어떤 이유에서든 이방인으로 여겨졌을 때 당신이 당신의 기독교인임을 시치미 뗀다면, 당신은 기독교인 됨을 '부인하고 있기' 때문이다. 그리고 모든 우상숭배가 말로서나 행위로서나 부인한 것 과 마찬가지로 모든 부인은 분명히 우상숭배다.

23. 그러나 하나의 특별한 사례가 있다. 그 사례는 마치 말과 행위에서 이중으로 날카로우며 양쪽에 모두 위험하지만 그것은 마치 둘 모두에게 해가 없는 것처럼 당신을 속인다. 어떤 말도 없었기 때문에 (그 사례는 계속되는데) 아무런 일도 행해지지 않은 것처럼 보인다.[86] 기독교인들이 이교도들로부터 돈을 빌린다. 그들은 맹세 하에 서약, 보증금과 계약증서를 주지만, 그런 다음에 그것을 부정한다. 그들은 박해의 날과 심판자리, 그리고 심판자 스스로 그들의 양심에 관심을 가진다는 것을 기대하는가?[87] 그리스도는 우리에게 맹세하는 것을 금하셨다. "나는 그것을 썼지만 나는 아무 것도 말하지 않았다"고 그는 말한다. 죽이는 것은 문자가 아니라 혀이다.[88] 여기서 나는 자연과 양심이 증거하기를 요청한다. 자연이라 함은, 마음이 명령하는 동안에 혀가 가만히 움직이지 않고 남아 있다고 하더라도 명령하지 않은 그 아무 것도 손이 기록할 수 없기 때문이다. 비록 혀에 의해서 기만된 무엇, 또는 다른 것에 의해서 그것에 주어진

---

86. 사업에 종사하고 법적인 수단들을 요구하는 모든 종류의 경우들에서 기독교인의 매우 실재적인 어려움이 여기에 있다. 자명하게도 그들은 이교도의 도움을 받아 맹세를 하지 않고 '구두로' 계약을 하면서, 타협하려고 노력했었다. 본문이 아고바르디누스 사본이 없이 비교적 불확실하며, 여러 저기에서 테르툴리아누스는 말을 에두르고 있다.

87. 나는 Reifferscheid-Wissowa의 본문을 지켰다. − se scire volunt scilicet tempus persecutionis et locus tribunalis et persona praesidis − 그것을 질문이나 감탄으로 바꾸어서 그것으로부터 내가 할 수 있는 것을 만든다. 만일 그들이 이 땅의 법정으로 데리고 온다면, 그들은 곧 마치 그들이 결의론적인 근거들 위에서 그들의 계약증서들을 거부하는 것으로 드러날 것이며, 하늘의 심판관 앞에서도 그러할 것이다. 켈러(Keller)는 그 구절을 생략하여서 많은 억측들이 있다.

88. 이것은 보통 공격자가 말하는 것의 부분으로 취급되지만, 풍자적인 대꾸로 보는 것이 더 적절하다. 이것이 당신이 고후 3:6 말씀을 취급하는 방식인가?

무엇을 마음이 혀에게 명령했을지 모르지만. 그리고 이제 다른 누군가가 명령했다고 항변된 경우에, 여기서 나는 양심에 호소한다. 혀가 일제히 움직였던 가만히 있었건 간에, 다른 이가 명령했던 것을 받아서 손으로 전달한 것이 마음이 아니던가? 다행히 주님께서 마음과 양심의 죄를 말씀하셨다. "(그가 말씀하셨다) 만일 육욕과 악의가 사람의 마음에 일어나면, 그대는 행함의 죄를 지은 것이다."[89] 그때 당신은 당신의 결속을 주었다. 분명코 그것이 당신의 마음 속에서 일어났다. 당신은 그것이 당신의 무지로, 혹은 당신의 의지에 반하는 일이었다고 주장할 수 없다. 당신이 결속되었을 때, 당신이 그것을 행하고 있었다는 것을 알았으며, 그것을 알 때에, 당신은 그것을 의지(will)하였던 것이다. 그것은 생각 속에서 만큼이나 행동 속에서 행해진 것이다. 당신이 행하였던 결속을 수행하지 않았다고 당신이 속임수를 자행하면서 더 가벼운 죄과로써 더 무거운 죄과를 막을 수는 없다. "그러나 나는 맹세를 하지 않았기 때문에 나는 하나님을 부인하지 않은 것이다." 아니다. 당신이 그러한 것을 행하지 않았을지라도, 만일 당신이 그 행동에 동의했다면 당신이 맹세했다고들 할 것이다. 만일 당신이 펜을 취한다면, 침묵의 목소리는 타당한 변명이 아니다. 만일 당신이 쓰고 있다면, 아무 소리도 들리지 않는다는 것이 방어가 아니다. 반대로, 사가랴가 그의 목소리를 상실함으로써 일시적으로 징벌을 받았을 때, 그는 그의 혀의 무용함을 무시하고 그의 마음과 대화했다. 그의 손의 도움으로 그는 그의 마음으로부터 받아썼고, 그의 입을 사용하지 않고 그는 그의 아들의 이름을 공표했다.[90] 그의 펜으로 말하고, 어떤 소리보다 더 분명한 손, 어떤 입보다 더 명확한 소리가 나는 문자로, 그의 서판 위에 들려졌다. [그가 이해할 수 있는 말로 말했는지는 의문.][91]

우리가 그러한 어떤 계약의 필요성에 빠지지 않도록 주님께 기도하자. 만일 그런 일이 일어나도, 형제들이 우리를 도울 능력을 주님께서 주시도록 기도하거나, 아니면 모든 필요를 끊는 지속성을 우리 자신에게 주시도록 주님께 기도하자. 그리하여 우리 입을 대신하여 말하는 저 부인(denial)의 문서들이 심판 날에 우리를 대항하여 제시되지 못하도록, 천사들이 아닌 변호인들의 봉인으로 더 이상 인쳐지지 않도록.

---

89. 마 5:28.
90. 눅 1장.
91. n. 37을 보라.

24. 이러한 암초들과 작은 만들, 우상숭배의 여울과 해협들 중에 믿음은 조심하고 집중한다면 하나님의 숨결에까지 퍼지는 항해에 그 코스를 안전함과 건전함으로 견지한다. 그러나 일단 배 밖으로 나가면 아무도 그 깊이로부터 헤엄쳐 나올 수 없고, 일단 그 바위에 좌초하면 어떤 배도 부서지지 않을 배가 없고, 우상숭배의 소용돌이 속으로 빨려 들어가면 어느 누구도 다시 숨을 쉴 수가 없다. 그 소용돌이의 모든 파도마다, 우상숭배의 모든 회오리마다 지옥으로 빨려 들어간다.

아무도 "누가 안전을 위하여 충분히 조심할 수 있는가? 그러자면 우리는 세상을 떠나야 하리라."[92]라고 말하지 말게 하자. 마치 세상에 한 사람의 우상숭배자로 남는 것보다 세상을 떠나는 것이 더 나은 거래가 아닌 것처럼. 우상숭배를 두려워하는 것이 첫 번째 우선순위를 차지한다면, 우상숭배에 대항하여 미리 조심하는 것보다 더 쉬운 것은 없다. 그처럼 큰 위험과 비교할 때 어떤 필요도 작다. 사도들이 공의회에 있을 때에 성령께서 우리 자신이 우상숭배를 피하는데 헌신하도록 하기 위하여 우리에게 정확히 멍에와 구속을 느슨하게 하셨다.[93] 이것이 우리의 법, 부담스러운 것이 아니기에 더 분명하게 지켜야 할 우리 소유의 그리스도인의 법이며, 이 법을 통하여 우리가 인정을 받으며 또한 이교도에 의한 시험에 놓여진다. 이 법은 신앙으로 다가가는 사람들 앞에 세워져야만 하며, 신앙으로 들어오는 자들에게 되풀이하여 가르쳐야 하는 바, 그들이 다가감에 따라 그들이 생각을 하게 되고, 그것의 준수를 견지하며, 그리고 만일 그것을 지키는데 실패한다면, 그들 스스로를 부인하게 될 것이다. 노아 방주의 본을 따라서 까마귀와 솔개, 늑대와 개, 그리고 뱀이 교회 안에서 발견되더라도 우리는 동요하지 않아야만 한다.[94] 만일 노아의 방주가 하나의 유형이라면, 여

---

92. 참고 고전 5:10.

93. 행 15:28-9.

94. (1) 노아의 방주는 교회의 전형적 유형이다. 예, 테르툴리아누스, *Bapt.*, 8, 키푸리아누스, *Epp.*, 69:2; 74:11, 75:15; *De Unitate*, 6. (2) 정결한 동물과 부정한 동물이 노아의 방주 안에 있는 것은 엄격주의자들을 반박하는 논증으로 사용된다. 예. 칼리스투스 (Callistus) (ap. Hipp. Phil., IX)에 의해서, 그리고 알려지지 않은 제 삼의 *cent. Auctor ad Novatianum*, 2, 그리고 도나투스주의자들에 반박한 아우구스티누스에 의해서. 키프리아누스는 노아 방주를 사용하지 않았지만, 알곡과 쭉정이를 칼리스투스가 하듯이 똑같은 방식(*Ep.* 54)으로 적용한다. (3) 테르툴리아누스는 *Apol.*, 41에서 말하기를 하나님께서는 서둘러 분리하지 않으신다. 예를 들어, 세상 끝나기 전에 심판 때. *Prax.*, I에서 테르툴리아누스는 프락세아스의 가락지가 단순히 종말 때가 아니라 지금 곧 뽑히기를 희망했다. 그러나 이것은 특별한 경우이다. *De Fuga*, I에서 박해는 현재 교회 안의 배교자들의 쭉정이로부터 순교자의 알곡들을 구분하고 있는 주님의 탈곡장이라고 한다. 그러나 이것은 다시 말해서 특별한 경우이며 사람들에게 적용될 훈련 원칙은 아니다. (4) 여기서 테르툴리아누스는 신중하다. 테르툴리아누스는 *Viderit*는 종종 하나의 사실이나 가능성을 염두에 두지 않지만, 또한 "나는 만약이라는 말을 좋아하지 않는다"는 것을 의미할 수도 있다. 여기서 *viderimus*는 후자의 의미를 지닌 것 같다. 교회에는 부정한 사람들

하튼 우상숭배는 그 안에서 발견되어지지 않는다. 어떤 동물도 우상숭배자의 형상이 아니다. 방주에서 발견되지 않았던 것이 어찌 교회에 자리할 수 있겠는가.

이 있을지도 모르지만, 그러나 적어도 우상숭배자는 없다. 이것은 테르툴리아누스에게 알려졌듯이, 보편적 훈련과 꽤 일치한 것이며, 이 논문에 대한 몬타니즘의 증거는 아니다. (5) 여기서 우상숭배는, 그가 책에서 우상숭배적이라고 이름붙인 모든 행동들이 아니라, 실제적인 것을 의미하는 것으로 나는 믿고 있다. 적어도, 그는 모든 그러한 범법자들을 출교하지는 않았다. 의심의 여지없이 그들 모두는 이 사진에 의해서 경고를 받았다. 그러나 어떤 동물도 우상숭배의 유형이 아니라는 것을 그가 어떻게 아는가? 단지 그것은 교회에, *a petitio principii*, 자리가 없기 때문이다. (6) *Auct. ad Nov.*는 까마귀가 교회를 떠나서 돌아오지 않은 부정한 자들의 유형으로 취급하고 있다. 즉 까마귀는 배교자의 유형일 수 있다. 비록 이 저자는 회개한 자들이 돌아오는 것은 비둘기의 형상 아래서 실수를 범한 것으로 여지를 발견한다. 그 비둘기의 형상은 밖에서는 쉴만한 곳을 찾지 못하고 교회로 돌아오는 것을 상징한다.

키프리아누스

일반적 개요

|

교회 역사의 결정적인 기간, 즉 데키우스와 발레리안 치하의 박해 시대에, 서방의 가장 큰 도시들 가운데 한 도시의 감독이 되는 것이 키프리아누스의 운명이었다. 그의 감독직에 대하여 우리는 그의 저술에서 많은 증거를 찾을 수 있다. 특히 81편의 현존하는 편지들 속에서 찾을 수 있는데, 그 가운데 59편은 키프리아누스가 썼으며, 6편은 그의 권위로 발행된 6편의 종교회의 편지이며, 그리고 16편은 그에게 온 편지들이거나 그의 파일에 포함된 것들이다. 이것들 중 그와 함께 살았던 폰티우스(Pontius) 집사가 저술한 짧은 전기문과 키프리아누스의 순교의 공식기록인 「키프리아누스의 활동」(Acta Cypriani)은 이 자료들을 보충하고 있다. 그가 감독이 되기 이전의 생애는 알려진 것이 별로 없다.

　　그와 같은 나라 사람인 테르툴리아누스와 마찬가지로, "타스키우스(Thascius)로도 알려진" 카실리우스 키푸리아누스(Caecilius Cyprianus)는 이교도로 자라났고, 수사학 교육을 잘 받았으며, 아마도 법률 공부도 한 것 같다. 중년까지 그는 수사학을 직업적으로 가르쳤었고, 때로는 법정에서 변호사로 일했다. 그가 기독교로 개종한 것은 약 245-246년의 일인데, 그 당시 그는 부유한 사람이었다. 키프리아누스는 카르타고의 장로인 카실리아누스(Caecilianus)를 자신의 영적 아버지로 여겼다. 그는 세례를 받고 얼마 지나지 않아 장로로 안수를 받았고, 또 다시 얼마 지나지 않아 도나투스(Donatus)가 죽었을 때, 카르타고의 감독으로 선출되고 임직 받았다. 이것은 249년(아마도 248년)의 일이며, 새로운 감독은 세례받은 지가 아직도 얼마 지나지 않았기 때문에 신개종자 그리고 신출내기(novellus)로 불리기에 충분했다. 그는 이로 인해 질투심 많고 당파심이 강한 원로 장로들 때문에 고생을 했다.

아프리카의 교회는 국가적으로는 테르툴리아누스의 시대 이래로 평화를 누렸다. 그러나 데키우스(Decius)가 그들의 충성도를 검증하려고 로마제국의 신들에게 희생 제사를 드리도록 명령했을 때, 교회는 새로 시작된 박해의 충격을 직면할 준비가 잘 되어 있지 않았다.

그의 칙령은 250년 1월 1일부터 효력을 발생했다. 아프리카에서는 많은 기독교인들이 희생 제사를 드리거나 희생을 드렸다는 것을 보여주는 증명서를 구입함으로써 소위 "타락(lapsed)"이라는 말 그대로 넘어졌다. 많은 신실한 기독교인들이 감옥에 갇혀서 판결을 기다렸고, 일부는 처형되었다. 특히 고의적인 정책으로 지도자들이 타격을 받았다. 예를 들어, 교황 파비안(Fabian)이 1월 20일에 순교를 당한 뒤 251년 3월까지 감독의 지위를 채우는 것이 안정되지 않았다. 그의 양떼들을 함께 모을 필요성에 동감하고 꿈 속에서 인도함을 받았다고 느꼈던 키프리아누스는 피신 중에 편지로 그의 교구를 계속 지도하였으며, 최종적으로는 이웃의 감독들과 장로들에게 이들을 조금씩 위임하였다. 왜냐하면 카르타고의 감독(키프리아누스)은 라틴적 아프리카에서 가장 표적이 되는 사람이었기 때문이었다. 불행하게도 질투심 많은 장로들이 자기들 감독의 "유기"를 대부분 조작하였다는 것은 쉽게 이해되는 사실이다.

키프리아누스의 첫 번째 중요한 교회사적 논쟁은 용서받고 성찬에 참여하기를 원하는 타락한(lapsed) 기독교인들을 다루는 문제였다. 이전의 규율은 타락한 자들을 용납하고 성찬에 참여하는 것에 반대했다. 키프리아누스 자신도 훈련교사(disciplinarian)였으며 용납조치를 취하는데 신중했다. 그는 만일 그토록 중요한 문제에 대해 전통적 규율을 바꾸어야한다면 반드시 교회의 승인을 얻어서 바꾸어야만 한다는 생각을 강하게 가지고 있었다. 따라서 키프리아누스는 박해가 누그러져서 아프리카 공의회가 251년 부활절 후에 열리는 것이 가능해질 때까지 최종 결정을 연기했는데, 이 때 (공의회) 일부의 양보가 이루어졌다. 한편 키프리아누스는 장로 노바티아누스(Novatianus)가 가장 두드러진 인물로 있던, 교황을 상실한 로마 교회와 지속적인 접촉을 가졌다. 아프리카에서는 타락한 자들에 대해 좀 더 수월하고 느슨한 정책을 요구하고 있었다. 참회자들을 왜 즉시 성찬에 받아들이지 않는가? 개인적인 이유로 키프리아누스에 반대한 다섯 명의 장로는 노바투스(Novatus)를 따랐던 자들로서 이 느슨한 정책을 채택하여 많은 고백자들의 지지를 확보하였다. 이 고백자들은 고백자로서 자신들의 영적 권위로 그들의 배교까지도 용서받을 수 있다고 설득을 받았다. 그 다섯 장로들은 참회자들에게 감독에게 보내는 추천서를 수여하는 것부터 시작하여 감독은 이들 참회자들을 성찬에 허락해야만 한다고 요구하기까지 했다. 일부 장로들은 부재중인 감독을 무시하였고 그들 자신의 권위로 이처럼 행동하였다. 그리하여, 적절한 치리조치를 취해야한다는 원래의 문제와 함께, 이들 첫번째 위기는 장로의 권위와 안수 받지 않은 영적인 사람들(우리는 테르툴리아누스의 spiritales를 기억한다)의 권위와 상충되는 감독의 권위에 대한 문제와, 또한 치리 권한에 있어서 감독 개개인과 더 넓은 교회와의 관계 등의 문제와 관련된다. 이 모든 문제들로 말미암아 키프리아누스는 251년 초에「교회의 일치성」을 저술하게 된 것이다. 내분(faction)에 대한 그의 경험에 비춰 키프리아누스가 감독의 권위를 강조하는 입장을 견지하는 것은 놀라운 일이 아니다.

두 번째 위기는 첫 번째 위기로부터 야기되었다. 251년 3월에 코르넬리우스(Cornelius)가 로마의 감독이 되었을 때, 노바티아누스 장로는 비통하게 실망했던 것 같다. 즉시로 노바티아누스는 표면상 로마의 감독으로 자신의 감독 즉위(consecration)를 획책하였고, 느슨한 치리 정책과는 아주 달리 배교자들은 영원히 출교되어야만 한다는 옛 정책에서 조금이라도 벗어나는 것을 반대하는 당(party)의 수장이 되었다. 신실한 사람에게 이러한 완화조치는 교회의 거룩성을 너무도 침해하므로 교회가 더 이상 교회가 될 수 없도록 하는 것이었다. 그러므로 코르넬리우스는 로마의 주교가 아니며 노바티아누스 자신의 당파만이 참으로 "거룩한 교회"이며 자신만이 합당한 감독이라고 하였다. 그러나 키프리아누스는 선거와 감독 즉위의 진상들을 조사한 후에 코르넬리우스를 인정해주었다. 노비티아누스주의자들은 곧 아프리카로 퍼졌고 카르타고에

"또 다른" 감독을 임명하였다. 그리고 그들은 키프리아누스에 대한 공통의 반대에 기초하여 오래 전에 그들 자신들의 "감독" 포르투나투스(Fortunatus)를 임명했던 카르타고에 있는 완화주의자 그룹과 동맹했다. 키프리아누스는 이제 아프리카 내의 공공연한 감독의 분열을 처리해야만 했다.

세 번째 위기는 두 번째 위기에서 부상했다. 논쟁과 분열의 초기 단계의 열기가 가라앉자 많은 기독교인들이 키프리아누스 측의 성찬으로 돌아오거나 들어오기를 원했다. 분열 이전에 세례를 받은 사람들은 성직자의 경우를 제외하고는 아무런 문제가 되지 않는 치리의 문제만이 있었다. 그러나 그들 가운데 일부 사람들은 분열된 상태에서 노바티아누스파에게 세례를 받았기에 이것이 신학적 문제를 야기하게 되었다. 그들은 실제로 세례를 받았다고 할 수 있는가? 세례는 교회 밖에서도 집행될 수 있는 것인가? 노바티아누스파들은 자기들만이 참된 교회라고 주장하였다. 회고컨대 우리가 가톨릭교회라고 부를 수 있는 카르타고에 있는 키프리아누스나 로마에 있는 코르넬리우스와 그의 계승자들과 교제하는 사람들도 같은 주장을 했다. 그렇다면 첫 번째 문제는 어느 측이 참된 교회인가를 결정하는 것이다. 키프리아누스는 양측에서 정통으로 인정하는 사도적 계승의 원리에 따라 이것을 결정한다. 노비티아누스는 자리가 비어있는 감독좌를 계승한 것이 아니기 때문에 결코 로마의 감독이 (혹은 그 어떤 감독도) 된 적이 없다. 키프리아누스나 254년부터 감독이 된 로마의 스데반 모두는 노바티아누스파들을 유일한 교회이거나 하나의 교회 또는 교회의 일부분이라고 인정한 적이 없다고 이해된다. 그들은 밖에 있었다. 그러나 스데반과 키프리아누스는 교회 밖에서 무슨 일이 일어났는가에 대해서는 달랐다. 키프리아누스는 교회 밖에서는 목회도, 성례전도, 구원도 없는 등 어떤 영적인 생활도 없다고 보았다. 스데반 역시 교회 밖에서 세례를 통한 성령의 구원과 은사는 없다고 믿었다. 그러나 그는 어떤 의미에서는 교회 밖에서도 세례가 베풀어 질 수 있으며, 세례 받은 기독교인의 '성품'은 삼위일체의 기원과 물을 통하여 부여받을 수 있다고 생각했다. 그렇게 밖에서 세례를 받은 사람이 보편 교회로 들어왔을 때 이것은 효력이 있을 수 있기에 그 사람은 "재세례"를 받을 필요가 없다고 보았다. 실용적으로 이 견해는 분열파들로 하여금 그들의 이전 세례를 거부할 필요가 없기 때문에 교회로 돌아오기가 더 쉽게 만들어 주었다. 신학적으로 그것은 교회, 목회, 성례전의 통일성에 대한 첨예한 난점을 야기시켰다.

만일 우리가 그렇게 한다면 교회에 대한 다른 개념으로 인도되겠지만 이들 요소들을 함께 묶어보려 했던 키프리아누스의 시도에 대하여는 할 말이 많다. 그러나 로마의 관점이 결과적으로 우세했다. 키프리아누스의 주장은 그의 편지 속에 충분히 잘 표현되었다. 스데반의 주장은 간접적으로 그리고 그의 반대자들로부터 받아들여져야만 했으며, 익명이 아니었다면 동시대의 논문인 *De Rebaptismate*가 그의 입장을 잘 제시하고 있다.

키프리아누스는 조금도 견해를 바꾸지 않았다. 그는 실제적으로 아프리카의 주교단 전체의 지지를 받고 있었다. 아프리카 주교단은 256년 공의회에서 이단적이고 분열적인 세례를 인정하기를 거부하였고 로마 감독에게 굴복하려 하지 않았다. 이처럼 스데반과 키프리아누스의 관계는 로마의 수위권의 속성에 대한 논쟁에 있어서 결정적인 것이 되었다. 키프리아누스가 로마를 존중했고 사도적 주교직의 괄목할만한 정도의 권위를 인정하고 있다는 사실은 이의를 제기할 수 없는 사실이지만, 그는 로마 교회가 다른 감독들 위에서 사법권을 행사하는 것을 허용하기를 중단했으며 오히려 논쟁을 결정함에 있어서 절충적 방법과 교회 통치의 집합적 이상을 선호하는 입장을 견지했다. 로마와 카르타고 간에 즉각적인 긴장이 어떻게 끝났는지는 우리가 말할 수가 없다. 왜냐하면 257년 8월 스데반의 죽음과 동시에 박해가 새롭게 시작되어 상황이 바뀌었다. 직위들은 폐쇄되었다.

257년 8월에 발표된 발레리안의 첫 번째 칙령은 감독들, 장로들과 집사들은 잡신들에게 절해야만 하고, 위반하면 추방을 명령하고 있으며, 기독교인들의 예배를 위한 모임을 금지시켰다. 키프리아누스는 체포되어 8월 30일 카르타고에 있는 아프리카 지방 총독 앞에 끌려갔으며 카르타고에서 멀지 않은 쿠루비스(Curubis)로 추방돼 거기서 1년 동안 머물러야만 했다. 다른 것들도 다루고 있지만 두 번째 칙령은 감독들을 죽음에 처하도록 명령했다. 키프리아누스는 258년 9월 14일 새로운 지방 총독 앞에 세워졌으며, 절하기를 거부한 끝에 "발레리안과 갈리에누스 황제들의 치하에, 그러나 주 예수 그리스도의 통치 안에서" 사형에 처해졌다.

II

개종 시에 키프리아누스는 성경을 선호하여 세속 문학을 포기했다. 키프리아누스는 히에로니무스보다 훨씬 더 일관성 있게 성경에 대한 사랑을 실행하였다. 편지들 외에도, 만일 저자가 확실하지 않은 'Quod Idola Dii non sint'까지 포함한다면, 13편의 논문이 현존한다. 만일 그것이 키프리아누스의 저술이라면, 그것은 아마도 그가 쓴 최초의 기독교 작품이 될 것이며, 자신의 이전 명목상의 또는 실제의 신앙에 반박하는 새 회심자의 변증서이다. 소재들은 주로 테르툴리아누스에게서 가져왔으며, 미누시우스 펠릭스(Minucius Felix)에게서 가져왔을 가능성도 있다. 다른 초기 작품들은 카이실리안(Caecilian) 문하에서 연구한 결실일 가능성이 있는데 세 권의 책으로 구성된 성경적 간증집이다. 첫 번째 책은 교회가 어떻게 유대인들을 대신하여 하나님의 백성이 되었는지를 보여주고 있으며, 두 번째 책은 기독론을, 세 번째 것은 도덕과 치리를 다루고 있다. 아마도 249년에 쓰여진 Ad Donatum은 세례의 축복들을 세상의 비참함과 대조하고 있으며, De Habitu Virginum은 문체는 아니지만 내용은 테르툴리아누스를 모방했다. 251년에 가장 중요한 두 개의 논문인 「교회 일치에 대하여」와 「타락한 자들에 관하여」가 나왔다. 후자의 책은 박해의 결과들을 묘사하면서 타락한 자들에게 회개를 권고했다. 키프리아누스의 치리 정책은 관련 편지 속에 좀 더 정확하게 나와 있다.

폰티우스(Pontius)가 논문들(Vita, c. 7은 연대순서인 것 같다)을 언급한 순서를 받아들일 때, De Dominica Oratione는 테르툴리아누스를 모방한 것으로 252년에 나왔고, 이어서 252년의 재앙을 환기시켜주는 두 개의 소논문인 De Mortalitate와 Ad Demetrianum은 재난의 발생을 기독교인들 탓으로 돌리는 이교도에 대하여 답변하고 있다. De Bono Patientiae는 테르툴리아누스의 De Patientia를 많이 의지했는데, 분명히 256년에 쓰여졌고, 이어서 질투의 악에 대한 작은 소책자인 De Zelo et Livore에서 그를 둘러싸고 있는 당파와 분열을 약간 언급하고 있다. Ad Fortunatum은 쿠루비스에서 257년 가을에 쓰여진 책으로 임박한 순교에 대한 격려를 담고 있다. 이 책들에 덧붙여서 256년 카르타고 공의회에서 87명의 주교들의 Sententiae를 추가할 수 있는데, 이 책은 의장으로서 키프리아누스의 짧은 선언으로 개회되고 폐회되고 있다. 이 논문들의 대부분은 별로 중요하지 않다. 윤리적인 권고들이 이후 세대들이 읽기에는 커다란 감명을 주지는 못할지라도, 그럼에도 불구하고 그 글들은 당시에 상당히 실천적인 중요성을 가질 수 있으며, 이런 점에서 키프리아누스는 훌륭한 감독이다. 기독교 사상과 실천에 끼친 키프리아누스의 진짜 중요한 공헌들은 교회와 목회에 대한 교리들 속에 있으며, 「교회의 일치에 대하여」와 본서에서 본보기로 제시될 관련 편지들 속에서 이것들을 발견할 수 있다.

보편 교회의 일치

서론

ㅣ

주후 251년 부활절 주일은 3월 23일이었다. 부활절이 얼마나 지나지 않은 4월이나 아마도 5월경에 타락한 자들에 대한 아프리카 교회의 방침을 결정하기 위하여 카르타고에서 공의회로 모였다. 키프리아누스는 이 공의회의 의장으로서 그가 쓴 두 개의 소논문(tract), 「타락한 자들에 대하여」(On the Lapsed)와 「보편 교회의 일치」(On the Unity of the Catholic Church)를 낭독하였고, 후속적으로 두 편의 글을 로마에 보냈다(「서신」 54:4). 로마에 보낼 때에는 아마도 두 편의 글, 적어도 「보편 교회의 일치」를 개정하여 보냈다. 카르타고에서의 내분은, 그 치리 정책에 있어서 아프리카 감독단을 함께 결속하고자 하는 바램을 가지고, 「일치에 대하여」(De Unitate)와 같은 작품을 쓸 만한 충분한 이유가 되었다. 그러나 그 작품의 현재 형태 속에는, 로마에서 일어났던 걱정스러운 상황에 대하여 그가 알고 있다는 것을 보여주고 있다. 250년 1월 20일 이후로 오랫동안 공석이 된 이후로, 마침내 새로운 감독을 임명하는 것이 가능하게 되었다.

이 사람이 코르넬리우스(Cornelius)였는데, 그의 성직 수임의 날짜는 정확하게 알려지지 않았지만, 가능하다고 추정되는 때는 부활절 즈음이었을 것 같다. 곧바로 직후에 (다시 말하지만, 얼마나 이후였는지 우리는 모른다), 노비티아누스(Novatian)이 코르넬리우스에 반대하여 성직 수임을 얻었다.

이러한 사건들은 두 단계로 카르타고에 있는 공의회에 보고되었던 것처럼 보인다. 코르넬리우스의 선출을 먼저 듣고 어떤 반대가 일어나고 있다는 소식을 들은 카르타고 공의회는 진상을 조사하기 위하여 두 명의 감독을 파송했다. 머지 않아 노비티아누스의 성직 수임 소식을 듣고서 두 명의 감독을 더 파송했다. 공의회는 코르넬리우스를 공식적인 인정하지 않고 산회되었던 것 같다. 그 점에 대한 키프리아누스의 후속적인 교신이 있었다. 이 모든 점을 미뤄보아서, 키프리아누스가 현재의 형식과 같은 「일치에 대하여」(De Unitate)를 노비티아누스에 대한 명백한 반대를 포함한 현재의 형태로 공의회 앞에서 실제로 낭독할 수 있었을까 하는 의구심을 우리는 가지게 된다. 만약 키프리아누스가 「일치」를 낭독했다면, 그것은 「타락한 자들에 대하여」를 낭독하였던 바로 그 동시에 그렇게 할 필요가 없었을 것이다. 그것은 비록 공의회에서 아무런 공식적인 발표가 이뤄지지는 않았을지라도 키프리아누스가 노비티아누스에 대한 마음을 결정하였던, 상당한 시간동안 앉아 있은 후에 공의회의 후반부에 이루어졌을 것이다. 어째든, 키프리아누스가 그것을(「일치」) 로마에 보냈을 때, 그는 카르타고에서 일어나는 자신의 고민들뿐만 아니라 로마에서 일어나는 상황들을 마음에 두고 있었다.

II

키프리아누스의 보편 교회의 개념은 테르툴리아누스의 「이단 반박 논설」의 보편 교회 개념과 유사하며, 추정하건데 부분적으로는 거기서 유래한 것 같다. 교회는, 구약성경에 사도적 성경들을 덧붙여서 사용하면서, 전통적인 사도적 신앙을 유지하고 있으며, 사도 시대로부터 전해 내려오는 제도들 아래에 있는 하나의 가시적 몸이었다. 그리고 교회는 더 나아가 각 교구에서 감독들의 승계에 의해서 사도들과 연결되어 있었다. 그러나 테르툴리아누스가 집필한 이래 분위기가 바뀌면서 그 분위기와 함께 강조점도 변했다. 테르툴리아누스가 교리의 순수성을 염려했던 것에 비하면, 키프리아누스는 그럴 필요가 줄게 되었다. 키프리아누스의 주된 관심사는 일치(unity)를 위한 것이며, 일치를 목표로 하면서 그는 감독들의 권위와 집단으로서 그들의 응집력을 훨씬 더 강조했다. 키프리아누스에게 있어서 감독단(episcopate)이 물론 참된 신앙의 수호자인 것은 여전하지만, 그의 당면한 상황들 속에서 감독단은 훨씬 더 중대한 일치의 수호자이다. 그러므로 사도적 승계는, 부분적으로는 참된 교회를 경쟁자들 사이에 구별하기 위한 수단으로서 그리고 부분적으로는 순종에 대한 감독의 권위의 원천으로서 전면에 부각된다.

신학적으로, 키프리아누스는 교회의 일치는 자명한 것이며, 더 나아가 성서적으로 신적으로 보증되었다는 지론을 가지고 있다. 이것은 단순히 모든 기독교인들이 내적으로 그리고 영적으로 연합되었음을(연합되지 않을 수도 있다) 의미하는 것이 아니라, 유일한 하나의 구체적이고 가시적인 몸, 유일한 하나의 연합인 교회, 주님께서 사도들을 세우신 참되고 유일한 교회임을 의미한다. 키프리아누스에게 이러한 일치는 이상적인 것이 아니라 실제적이어서, 그 일치는 깨어질 수 없는 것이었다. 그것은 사도적 승계안에 있는 감독[주교]단, 각 지역 교회에서 감독들의 승계라는 구조와의 일치, 또는 그 구조를 둘러싸고 있는 일치였다. 승계 밖에서 교회란 있을 수 없었다. 비어있는 감독직을 승계하지 않고는 아무도 감독이 될 수가 없었다. 따라서, 다른 감독들에 의한 그의 감독 즉위에도 불구하고 노비티아누스는 감독이 아니었다. 그것은 단순히 노비티아누스가 관할권을 결여하고 있는 것이 아니었다. 그는 감독의 신분과 성직을 결여하고 있었다. 더 나아가 이 하나의 가시적인 연합 밖에는 어떠한 영적인 타당성과 구원도 없었다. 왜냐하면 성령과 성령의 은사들은 유일하게 교회 위에만 부여되었고 지금도 부여되고 있기 때문이었다. 이미 「일치」에서 자명하게 드러난 이 교리가 함축하는 바들은 세례 논쟁에서 한층 더 충분히 논의될 것이다. 그 함축성들은 그의 전제들로부터 연역될 정도로 충분히 논리적이다.

키프리아누스의 가르침은 투명성과 일관성의 장점을 가지고 있다. 그 가르침은 교회, 목회, 그리고 성례전을 하나의 명료하고 유익한 방식으로 결합시키고 있다. 그러나 그것이 사실이라면 그 결과는 참으로 끔찍하다. 수 백만 수 천만의 진실한 신앙을 가진 기독교인들이 교회 밖에 있다는 이유로 구원을 받지 못하기 때문이다. 만일 이 결론을 받아들일 수 없다면 키프리아누스는 어디에서 잘못된 것인가? 몇 가지 가능성들이 있다. 어떤 이는 성령께서 교회 밖에서 활동하시며, 하나님께서 원하시면 교회 밖에 있는 사람들을 구원하실 수 있다고 주장할 것이다. 또 어떤 이는 교회의 가시성(可視性)에 대한 키프리아누스의 견해를 반박하면서, 진정한 교회인 그리스도의 몸은 정확하게 믿음으로 구원받은 자들로 구성되었으며 택함을 받은 자의 숫자는 하나님만 홀로 아시며 진정한 교회는 사람에게 보이지 않는다고 주장할 것이다. 교회, 목회 그리고 성례전에 대한 키프리아누스의 연결논리는 또 다시 도전을 받을지도 모른다. 세례, 적어도 그리고 아마도 목회와 성만찬은, 키프리아누스가 정의한 것처럼 교회 밖에서 어떤 의미에서는 존재하며 "행하고" 있는 것이 허용될 수도 있다. 이단적이거나 종파분리적인 세례가 지금까지 교회 밖에서도 타당하므로 교회 안에서 세례를 다시 받을 필요가 없다는 이러한 흐름의 사상은, 로마가 아프리카와 아시아를 점령하고 있을 때인 주후 255-256년의 세례 논쟁 동안에, 교회 자체에 대한 키프리아누스의 정의를 공유했던 몇몇 이들이 부분적으로 탐구했다. 그러나 그 당시에 그러한 세례가 무슨 유효성(efficacy)을 발생시키는지에 대한 것이 아주 불분명했다. 아우구스티누스는 이 주제를 발전시켜서, 교회밖에 있는 감독들과 세례들은 타당하지만(valid) 유효하지 않으며(not efficacious), 교회밖에 있는 유사 교회(pseudo-church) 자체는 영속할 수는 있지만 그 안에서는 아무도 구원받지는 못한다는 이상한 구조를 지니는 훈령(orders)으로까지 그 주제를 확장시켰다. 그의 가르침은 많은 현대적 혼란의 기초가 되고 있다. 또 다른 가능성은 감독직의 승계 면에서, '가시적' 교회 자체에 대한 키프리아누스의 견해에 의문을 제기하는 것인데, 이것은 결국 각자가 보편 교회를 대표하고 있는 참된 기독교인들의 지역적이고 가시적인 모임들인 회중주의의 형태들이 되든지, 아니면 보편 교회 내의 분열을 인정하는 결과가 된다. 그 경우에 불일치(disunity)는 죄악된 것으로 인식되지만, 사도적 승계에 대한 키프리아누스의 기준은 그가 그것을 사용하는 그 목적을 위하여 부적절하다는 점이 개진된다. 그리고 또 다른 그리고 더 중대한, 즉 사도적 시대의 참된 교회와의 연속성의 수단, 신앙과 삶의 연속성, 하나의 거룩하고 보편적이며 사도적인 것 안에서, 불완전할지라도 실제적인 교제들(communions), 교단들에 대한 보편성(catholicity)을 보증해주는 목회와 성례전의 연속성들, 그러나 가시적으로는 나눠진 교회가 개진된다. 이것이 건전한 것이라면, 교회, 목회와 성례는 파기할 수 없는 통일성을 가지고 있다는 키프리아누스의 견해는, 교회 밖에 있는 목회와 성례들에 대해 피상적으로 좀 더 관용적인 인정보다도, 더 진리에 가까운 것으로 지지받을 수도 있다. 어떤 경우이든, 「일치에 대하여」(De Unitate)는 역사적이고 내재적으로, 전반적인 토론에 주요한 영향력을 끼쳤다.

Ⅲ

251년 봄에 카르타고 공의회 앞에서 키프리아누스가 그의 논문을 낭독한 후에, 그 논문을 개정했을 가능성이 있다는 것을 위에서 서술하였다. 그 경우가 사실이라면 낭독되었던 최초의 원본은 전혀 남아있지 않는 것 같다. 더 나아가 복잡한 것은 지금 남아 있는 논문도 두 개의 형태로 존재하여서, 4장과 5장, 그리고 19장에서 일부가 중요한 차이를 가지고 있다는 사실이다. 두 개의 현존하는 판본은 노비티아누스를 고려하고 있는 것이다. 언뜻 보면, 한 판본은 다른 판본보다 훨씬 더 교황주의적으로 보이는데, 통상적으로 전자는 지금 「수위권 텍스트」(Primacy Text)라고 불리는 것이고, 감독주의적인 후자는 「공인 텍스트」(Tesxtus Receptus)로 불리는 것이다. 이 책에서는 공인 텍스트를 본문에 위치시켰고, 수위권 텍스트는 부록으로 추가했으며, 융합한 판본들(conflated versions)은 무시하였다. 어떻게 그렇게 만들었는가? 첫째로, 251년의 상황에 의해서 생겨난 「일치에 대하여」는 로마의 수위권에 대한 어떠한 질문들에도 관심이 없고 오직 감독들을 함께 결속하는 데만 관심이 있었던, 감독주의의 본문(episcopalian text)으로서, 그것은 의심의 여지없이 보다 좋은 원고의 증거를 가지고 있기에, 진짜 원본이라고 주장하는 것이 명료한 견해이다. 그리고 수위권 구절은 로마를 위하여 후대에 삽입(interpolation)된 것으로 보는 것이 명료한 견해이다. 그러나 벤슨(Benson) 대주교가 이 견해를 충분하게 주장한 이래로, 그 문제에 대하여 많은 헌신적 수고를 드렸고, 비록 삽입했다는 가설이 폐기된 것으로 여길 수 없으며 아직도 옳은 것일 수 있다고 할지라도, 이제는 두 본문이 진짜이며 두 판(editions) 다 내놓자는데 상당한 의견의 일치를 보게 되었다. 적어도 수위권 텍스트(primacy text)에서 사용하는 말들이 키프리아누스의 것일 수 없다고 할 만한 것이 아무 것도 없다. 두 개의 판본 모두 진짜라는 가정 하에서 무슨 일이 일어났었는가에 대한 두 가지 주요 이론이 있다. 첫째 이론은 키프리아누스기 251년에 두 개의 조금 다른 판본을 작성했는데, 첫 번째 판본은 아프리카의 상황에 대처하기 위한 감독적인 것(the episcopalian)이고, 다른 판본은 로마에서 사용하기 위한 것이었다는 이론이다. 이 견해에 따르면, 소위 수위권 구절들은 로마에서의 분열만을 언급하는 것 같다. 로마교회에서 노비티아누스 측의 편을 들어서, 베드로의 직위를 버리고 그 직위의 승계자인 코르넬리우스를 버린다는 것은, 보편 교회, 즉 합법적 승계의 교회 밖으로 스스로 나가겠다는 결과가 될 것이다. 이 이론은 주목할 만한 지지, 예를 들어 카스파르(Caspar)의 지지를 받았다. 다른 이론은 현재에 가장 선호되고 있는 이론인데, 수위권 텍스트가 원본이라고 가정하는 것이며, 특정한 표현들이 로마의 스데반과 논쟁할 때에 자신에게 불리하게 사용될 수 있기 때문에 키프리아누스가 그것을 256년에 개정했다는 이론이다. 이 이론은 최근 몇 년간 모리스 베베노트(Maurice Bévenot)가 훌륭해왔다. 이 가설 위에서, 키프리아누스가 개정한 것이 함축하는 바들과 그의 독창적인 단어들의 정확한 의미를 이 책에서 논증하기에는 너무도 큰 부제가 될 것이다. 그러나 수위권 텍스트의 진정성과 우선권을 주장해오고 있는 몇 몇 로마 가톨릭 학자들은 그것이 엄격하게 교황주의적이라는 것을 고려하지 않고 있다고 말할 수 있겠다.

IV

키프리아누스의 논문들의 표준 본문은 비엔나 사본 Ⅲ(1868)권에 있는 하르텔(W.Hartel)의 본문이며 현재의 번역은 그것을 번역한 것이다. 다른 영어 번역본들을 위해서는 이 책 끝에 있는 참고문헌을 보라.

본문

1. "너희는 땅의 소금이다."[1] 주님의 이 말씀은 경고를 시사한다. 주님께서는 우리에게 단순하고 순결하지만 그러나 우리의 단순성[2]에 있어서 신중하라고 명령하고 계시

---

1. 마 5:13.
2. 마 10:16.

기 때문에, 나의 사랑하는 형제들이여, 우리의 교활한 원수들의 함정을 들추어내면서 우리의 불안한 생각과 방심하지 않는 경계로 원수들에 대항하여 예방책을 강구하는, 선견지명을 우리가 보여주어야만 한다는 것이 적절하지 않겠는가? 하나님 아버지의 지혜이신 그리스도로 옷 입은 우리는 우리의 구원을 보호할 지혜가 결여되지 말아야 한다. 우리가 두려워해야 할 것은 단지 박해만이 아니라, 하나님의 종들을 전복시키고 넘어뜨리려고 공개적으로 가해오는 공격이다. 위험이 자명한 곳에서 조심하는 것은 어렵지 않다. 적이 자신을 드러낼 때, 우리 마음은 직면할 준비가 되어 있다. 은밀하게 우리에게로 기어들어와, 평화의 모습으로 우리를 속이고, 그리고 뱀이라는 그의 이름에 걸맞게 교활한 일탈로 그의 접근을 숨기는 원수는 더욱 두려워하고 더욱 경계해야 할 것이다. 그런 류와 같이 친절하고, 음침하게 잠복하는 속임수의 영특함은 항상 그가 우리를 함정에 빠뜨리려는 수작이다. 원수가 거짓말로 미숙한 영혼을 감언이설로 속여서 무모한 자신감에 빠지게 하는 것이 그것이 세상이 시작될 때부터 원수가 우리를 속이고 기만해왔던 방법이다. 그것은 마치 원수가 주님께 또다시 몰래 다가가서 그를 속이려는 듯이, 몰래 그에게 접근하여 주님까지도 유혹하려고 시도했던 방법이다. 그러나, 원수는 드러났고 저지당했으며 자신을 숨겨야 했다. 왜냐하면 그는 알려졌고 정체가 드러났기 때문이다.

2. 따라서 우리는 옛 사람의 길을 피하고 승리하신 그리스도의 발자취를 따라가도록 본보기를 통하여 배우게 되었다. 그러므로 우리는 또 다시 우리의 부주의함으로 사망의 덫에 걸리지 않도록 하고, 점점 더 우리의 위험에 깨어 있어서 우리가 받은 바 불멸성(immortality)을 소유해야하겠다. 그러면 만일 주님께서 사망을 이기시고 승리하신 방법인 그 계명의 말씀들을 우리가 지키지 않는다면 우리가 어떻게 불멸성을 소유할 수 있겠는가? 주님께서는 우리에게 말씀으로 경고하신다. "네가 생명에 들어가려면, 그 계명들을 지키라."[3], 그리고 또 다시 "내가 명하는 대로 행하면, 이제부터는 너희를 종이라 하지 않고 친구라 하리라."[4]고 명령하신다. 주님께서 강하고 견고하다고 부르시는 자들, 강하고 견고한 사람들은 바위위에 안전하게 기초를 두었으며, 어떠한 폭풍이나 세상의 풍파 속에도 움직이지 않고 흔들리지 않는 견고함 속에 확립된 자

---

3. 마 19:17.

4. 요 15:14-15.

들이 어떤 사람들인가를 주목하라. 주님께서는 말씀하신다. "그러므로 누구든지 나의 이 말을 듣고 행하는 자는 그 집을 반석 위에 지은 지혜로운 사람 같으리니 비가 내리고 창수가 나고 바람이 불어 그 집에 부딪치되 무너지지 아니하나니 이는 주초를 반석 위에 놓은 까닭이요."[5]

그의 말씀 위에 서서, 그분이 가르치고 행하셨던 모든 것을 배우고 실행하는 것이 우리의 의무이다. 그리스도께서 명하신 바들을 행하지 않고서 어떻게 그리스도를 신앙한다고 공언할 수 있겠는가? 계명들을 지키는 신앙이 아니라면 신앙의 상급을 어떻게 받는다고 할 수 있겠는가? 그는 미혹의 영에 사로잡혀 바람에 흩날리는 먼지처럼 빙빙 돌면서 비틀거리며 방황할 수밖에 없다. 구원의 참된 길을 떠난 자는 결코 자기 자신의 수단으로 구원에 이르는 길을 찾을 수 없을 것이다.

3. 우리는 열려 있고 자명한 위협들뿐만 아니라 교활한 간계와 음흉한 속임수에 대항하여 경계해야만 한다. 이것보다 더 음흉하고 교활한 꾀를 고안해 낼 수 있었겠는가? 그리스도의 오심으로 원수는 노출되었고 몸을 웅크리게 되었다. 그리스도는 만방에 오신 빛이시며, 인류를 구원하기 위하여 비추신 구원의 태양이므로, 귀먹은 자는 영적인 은혜를 들을 수 있는 청각을 회복하였고, 눈 먼 자는 주님을 볼 수 있는 눈이 열리게 되었고, 약한 자는 영원한 건강의 힘을 회복하였고, 절뚝거리는 자는 교회로 달려갔으며, 벙어리는 큰 소리로 기도했다. 그러나 원수가 수많은 기독교인들에 의해서 버려진 우상들과 방치된 그의 자리들과 신전들을 보았을 때, 그는 기독교인이라는 이름을 빙자해 부주의한 자들을 속일 새로운 속임수를 생각해냈다. 그는 신앙을 손상시키고 진리를 왜곡하며 일치를 깨트리기 위하여 이단들과 분파들을 창안해냈다. 우리를 이전의 오류들의 어두운 길에 가둘 수 없게 되자, 원수는 우리를 새로운 속임수의 미로 속으로 끌고 들어간다. 그는 사람들을 교회 자체로부터 멀리 낚아채서, 그 사람들이 스스로 생각하기에 자신들이 빛의 근처에 가까이 와서 세상의 밤으로부터 도피했다고 생각할 바로 그 때에, 원수는 그들이 의식하지 못한 채로 그들을 새로운 어둠 속으로 던진 것이다. 그 사람들이 어둠 속을 걷고 있음에도 불구하고, 대적자들의 거짓된 아첨을 통하여, 그들은 자신들이 빛 속에 있다

---

5. 마 7:24-25.

156

고 생각한다. 사도 바울이 말한 바와 같이, 대적자는 자신을 광명의 천사로 가장하여 사탄의 일꾼들을 의의 일꾼들로 가장하여[6] 밤을 낮이라고 부르고, 사망을 구원이라고, 절망을 소망이라고, 배신(perfidy)을 신앙이라고, 적그리스도를 그리스도라고 부르고, 진리를 허위로 나타냄으로써 진리를 교묘하게 좌절시키고자 한다. 나의 형제들이여, 그것은 우리가 진리의 원천으로 돌아오지 않을 때, 우리가 머리를 바라보고 있지 않고서 하늘로부터 가르침을 받은 교리를 보존하고 있지 않을 때에, 일어나는 일이다.

4. 이런 점들을 마땅히 고려하다보니 토론이 길어지게 되었고 불필요한 논증(argument)을 하게 되었다. 진리가 간명하게 진술될 때에 믿음은 잘 준비된 증명을 발견하게 된다. 주님께서는 베드로에게 말씀하셨다. "또 내가 네게 이르노니 너는 베드로라 내가 이 반석 위에 내 교회를 세우리니 음부의 권세가 이기지 못하리라. 내가 천국 열쇠를 네게 주리니 음부의 권세가 이기지 못하리라. 내가 천국 열쇠를 네게 주리니 네가 땅에서 무엇이든지 매면 하늘에서도 매일 것이요, 네가 땅에서 무엇이든지 풀면 하늘에서도 풀리리라."[7] 주님은 한 사람 위에 교회를 세우셨다. 진실로, 부활 후에 주님은 그와 같은 능력을 모든 사도들에게 위임하시면서 말씀하신다. "예수께서 또 가라사대 너희에게 평강이 있을지어다. 아버지께서 나를 보내신 것 같이 나도 너희를 보내노라. 이 말씀을 하시고 저희를 향하사 숨을 내쉬며 가라사대 성령을 받으라. 너희가 뉘 죄든지 사하면 사하여질 것이요, 뉘 죄든지 그대로 두면 그대로 있으리라 하시니라."[8] 그것에서 시작하도록 그 분 자신의 권위로 계획하셨다. 분명히 나머지 사도들도 정확히 베드로와 같은 사람들이다. 그들도 똑같은 직분과 능력을 부여받았다.[9] 그러나 그리스도의 교회가 하나임을 밖으로 드러내기 위하여, 교회가 발전되기 전에 처음부터 일치가 있었다. 이 하나의 교회는 또한 아가서에서 성령께서 말씀하실 때에도 의도되어졌던 것이다. "나의 비둘기 나의 완전한 자는 하나 뿐이로구나. 그는 그 어미의 외딸이요, 그 낳은 자의 귀중히 여기는 자로구나."[10] 이러한 교회의 일치를 유지하

---

6. 고후 11:14-15.

7. 마 16:18-19.

8. 요 20:21-23.

9. *Parem*, 동등한. 베드로의 직분과 동등한 것으로; *honoris*는 아마도 명예와 비슷한 것으로.

10. 솔로몬의 아가서 6:9, 참고 「서신」 69:2.

지 않는 자가 신앙을 지킨다고 할 수 있는가? 교회에 대항하여 저항하고 싸우는 자가 교회 안에 있다고 할 수 있는가? 왜냐하면 복되신 사도 바울이 "몸이 하나요 성령이 하나이니 이와 같이 너희가 부르심의 한 소망 안에서 부르심을 입었느니라. 주도 하나요 믿음도 하나요 세례도 하나요 하나님도 하나이시니"[11] 라고 말할 때, 그는 똑같은 가르침을 제공하면서 동일한 일치의 신비(mystery of unity)를 선언하고 있다.

5. 감독들로서 교회를 관장하는 우리들에게 특별히 부여된 의무는 이 일치를 확고히 지지하며, 일치의 옹호자가 되는 것이므로, 그 결과 우리들은 또한 감독단 자체가 하나이며 나뉘어지지 않았음을 증명해야할 것이다. 아무도 거짓말로 형제애를 속이거나 신앙이 없는 배반으로써 참된 신앙을 더럽히지 않도록 해야만 한다. 감독단(episcopate)은 하나로 전체(a single whole)이며, 그 안에서 각 감독들은 전체에 대하여 권리와 책임을 가진다.[12] 비록 교회의 생산력이 증가함에 따라서 교회가 멀고 넓게 퍼져서 수 많은 교회들로 퍼졌으나, 교회는 그처럼 하나로 전체이다. 수많은 광선들이 있으나 하나의 빛으로 나타나는 태양에 비유해도 좋고, 또는 수많은 가지들이 있지만 굳게 뿌리내린 하나의 줄기가 있는 나무에 비유해도 좋다. 많은 냇가들이 하나의 샘물로부터 흘러나올 때, 솟아나오는 물의 풍부한 공급은 다양한 모양을 가졌을지라도 단일성의 원천 안에 보존되었다. 태양의 몸체에서 하나의 광선을 뽑아내 보라, 그러면 태양의 단일성은 어떠한 빛의 분열도 허락하지 않는다. 나무에서 가지 하나를 꺾어 보아라, 그러면 나무에서 꺾인 가지는 싹을 틔우지 못할 것이다. 시냇물 한 줄기를 그 샘물로부터 잘라내 보아라, 그러면 잘라져 나온 시냇물은 마르게 된다. 이와 마찬가지로 주님의 빛을 받은 교회는 온 세상에 걸쳐서 그 광선들을 퍼트린다. 그러나 사

---

11. 엡 4:4-6.

12. *Episcopatus unus est cuius a singulis in solidum pars tenetur.* 이 유명한 문장은 번역하기 난해하다. 키프리아누스는 *in solidum*이라는 법적인 표현을 사용하지만 정확하게 사용하고 있다. 이 용어의 주요한 법적인 용례는 연대적 의무를 표현하는 것이다. 두 사람 각각이 전체의 채무에 대하여 책임을 질 수 있다. 이것이 여기서 키프리아누스가 의미하는 바의 한 부분이다. 각 감독은 전체의 감독 동료들에 대한 책임감을 가지고 자신의 감독직 권한을 행사해야만 한다. 다른 의미는 나누어질 수 없는 전체인 전체성(totality)에 대한 보유권이지만, 다양한 사람들이 전체(the whole)에 대한 권리를 가지고 있는 것을 말한다. 각 감독은 충분한 감독의 권한을 가졌기 때문에. 이 의미도 나타나 있는 것이다. 더욱이, *episcopatus*라는 단어는 이중의 의미를 가진다. 구체적으로 각 감독은 전체 감독 동료단의 일원이다. 추상적으로, 각 감독은 감독단의 완전한 권력(full power)을 소유하고 있다. 그리고 각 감독이 전체 감독단의 사용에 대하여 구체적이고 전체적인 감독권에 대하여 책임을 진다. 251년에 우선적으로 법적인 의미로서 의무(obligation)의 개념이 우세했다. 256년에는 개인 감독들의 완전한 권한을 마음에 두고 있다고 해도 좋겠다. 그 점은 후대의 편지들과 *Sententiae*에서 나온다.

방에 퍼져있는 그 빛은 하나의 빛이며 몸의 단일성은 깨지지 않는다. 교회는 그 다량의 풍성함 속에서 교회의 가지들을 전세계에 걸쳐서 뻗치고, 교회는 광범위하게 그 시냇물을 흘려 보낸다. 그러나 무한하게 열매 맺는 하나의 머리, 하나의 근원, 하나의 어머니가 있다. 교회의 자궁으로부터 우리는 태어났고, 교회의 젖을 먹고 양육되며, 교회의 숨결을 호흡하며 소생한다.

6. 그리스도의 신부는 간음자가 될 수 없다. 그 신부는 더럽혀지지 않으며 순결하다. 그 신부는 하나의 집밖에는 알지 못하며, 덕스러운 순결로써 하나의 침실의 거룩함을 보호한다. 하나님을 위하여 우리를 지키고 그녀가 낳은 아들들을 왕국(하나님의 나라)을 위하여 보증하는 것도 바로 그 신부이다. 만일 당신이 교회를 버리고 간음에 가담한다면, 당신은 교회의 약속들로부터 끊어지게 된다. 만일 당신이 그리스도의 교회를 떠나서 그리스도의 상급을 받지 못한다면, 당신은 이방인, 추방자, 원수가 될 것이다. 만일 당신이 교회를 당신의 어머니로 가지지 못한다면, 당신은 하나님을 아버지로 가질 수 없다. 만일 당신이 노아의 방주 밖으로 탈출할 수 있다면, 당신은 교회 밖으로 탈출할 수 있을 것이다.[13] 주님은 우리에게 경고로 말씀하신다. "나와 함께 아니하는 자는 나를 반대하는 자요, 나와 함께 모으지 아니하는 자는 나를 해치는 자니라."[14] 그리스도의 평화와 화합(concord)를 해치는 자는 그리스를 대항하는 것이다. 교회 밖에서 모이는 것은 그리스도의 교회를 흩뜨리는 것이다. 주님은 말씀하신다. "나와 아버지는 하나이니라." 그리고 기록된 바, 아버지, 아들, 성령은 "하나이니라."[15] 당신은 하나님의 불변성에서 유래하여 하늘의 신비들과 일치되는 이 일치성이 교회 안에서 깨어질 수 있으며, 충돌하는 의지들의 분열에 의해서 쪼개질 수 있다고 믿는가? 이 일치성을 보존하지 않는 자는 하나님의 법칙을 지키지 않는 자요, 성부와 성자에 대한 신앙을 지키지 않는 자요, 생명과 구원을 지키지 않는 자이다.[16]

7. 복음서에서 주 예수 그리스도가 입으신 옷이 전혀 잘리거나 찢어지지 않았을

---

13. 어머니이면서 처녀인 교회에 대하여는 메이슨(A. J. Mason)의 「초기 교회의 역사와 목회에 대한 에세이」(*Essays on the Early History of the Church and the Ministry*), 13-16, 36-38쪽을 보라. 방주에 대하여는 테르툴리아누스의 「우상에 관하여」24 그리고 n.94을 참조하라.

14. 마 12:30. *Colligit*(모으다)는 예전적인 연상(overtone)을 가진다. 예배를 위해 모인다. 분파를 형성하다.

15. 요 10:30; 요일 5:7a, the *comma Johanneum*. 테르툴리아누스는 삼위일체를 교회와 연결하기를 좋아한다. 참고 *Bapt.*, 6; *Orat.*, 2; *Pudic.*, 21.

16. "교회밖에는 구원이 없다"(*extra ecclesiam nulla salus*)라는 격언의 간접적인 형태임. 참고 「서신」 73:21.

때, 이것은 일치의 신비에 대한 증거가 되며, 분리할 수 없는 조화의 연대(bond of harmony)의 증거이다. 그 의류는 통째로 된 것이며, 군병들이 누가 그리스도에게 입혀야만 하는가를 질문하면서, 그 옷을 차지하려고 제비뽑아 그것을 차지했을 때 그 옷은 더럽혀지지 않고 찢기지도 않은 채로 있었다. 성서는 이것을 말하기를 "이 옷은 호지 아니하고 위에서부터 통으로 짠 것이라. 군병들이 서로 말하되, 이것을 찢지 말고 누가 얻나 제비뽑자."[17] 주님은 위로부터, 즉 하늘과 아버지로부터 오는 일치성을 보여주었다. 그 일치성은 그것을 받아서 소유했던 자들에 의해서 결코 찢겨지지 않았다. 그것의 전체성과 일치성은 영원히 확고하게 흔들림 없이 남아 있게 되었다. 교회를 찢어서 나누는 자는 그리스도의 옷을 소유할 수가 없다. 대조적으로, 솔로몬이 죽자 그의 왕국과 백성은 찢겨지게 되었고, 예언자 아히야는 들판에서 여로보암 왕을 만나서 그의 옷을 열 두 조각으로 찢으면서 말한다. "너는 열 조각을 취하라. 이스라엘 하나님 여호와의 말씀이 내가 이 나라를 솔로몬의 손에서 찢어 빼앗아 열지파를 네게 주고 오직 내 종 다윗을 위하고 이스라엘 지파 중에서 뺀 성 예루살렘을 위하여 한 지파를 솔로몬에게 주리니 그것은 내가 내 이름을 두고자 한 성 예루살렘이라."[18] 이스라엘의 열 두 지파들이 찢겨졌을 때, 선지자 아히야는 그의 옷을 찢었다. 그러나 그리스도의 백성들이 찢겨졌을 때, 하나의 통으로 짠 그리스도의 옷은 그 소유주들에 의해서 찢겨지지 않았다. 나눠지지 않고, 연결되어 있으며, 통일성 있는 그 옷은 그리스도로 옷 입은 우리 백성들의 깨어지지 않은 화합(harmony)의 증거이다. 그의 옷의 유형과 상징으로[19] 주님은 교회의 일치성을 명시하셨다.

8. 그렇다면, 하나님의 일치성이며 주님의 옷인 그리스도의 교회를 찢을 수 있다고 믿는 것에 관하여 – 감히 교회를 찢으려는 것에 관하여 – 누가 그토록 사악하며 배교적이며, 그토록 불화의 격정을 가지고 앞뒤를 헤아리지 못하는가? 주님께서 복음서에서 경고의 말씀으로 우리에게 가르치신다. "한 무리가 되어 한 목자에게 있으리라."[20] 한 장소에 다수의 목자들이나 다수의 무리들은 상상할 수도 없는 일이다. 똑

---

17. 요 19:23-24.
18. 왕상 11:31-32, 36.
19. *Sacramento vestis et signo*.
20. 요 10:16.

같은 일치성을 우리에게 가르치면서 사도 바울은 우리에게 권면한다. "형제들아 내가 우리 주 예수 그리스도의 이름으로 너희를 권하노니, 다 같은 말을 하고 너희 가운데 분쟁이 없이 같은 마음과 같은 뜻으로 온전히 합하라." 그리고 "오래 참음으로 사랑 가운데서 서로 용납하고 평안의 매는 줄로 성령의 하나되신 것을 힘써 지키라."[21] "우리가 이 땅에 들어 올 때에 우리를 달아 내리운 창에 이 붉은 줄을 매고 네 부모와 형제와 네 아비의 가족을 다 네 집에 모으라. 누구든지 네 집 문을 나가서 거리로 가면 그 피가 그의 머리로 돌아갈 것이요"[22]라고 교회의 유형이 되는 라합에게 말씀하셨음에도 불구하고, 그리고 "한 집에서 먹되 그 고기를 조금도 집 밖으로 내지 말라"[23]라고 양을 한 집안에서 먹어야만 한다고 유월절 의식을 언급하는 출애굽의 율법의 명시된 요구에도 불구하고, 사람이 교회를 버리고, 스스로 다른 주택과 가정을 세우고도 여전히 살아남을 수 있다고 생각하는가? 그리스도의 육체와 주님의 거룩한 것[24]은 밖으로 나갈 수 없다. 신실한 자들은 하나의 교회 외에는 집이 없다. 성령께서 오해의 우려가 없도록 시편에서 "인간을 지으신 하나님께서는 그가 한 집에서 한 마음으로 함께 거하도록 하셨다"[25]라고 선언하듯이, 이 집은 합의(unanimity)의 집[26]이다. 하나님의 집안에는, 그리스도의 교회 안에는, 사람들이 한 마음으로 살며, 진실로 화합과 마음의 하나됨(singleness)을 지속한다.

9. 따라서 성령님도 순결하고 행복한 피조물인 비둘기처럼 오셨는데, 비둘기는 쓸개처럼 쓰지 않으며, 야만적으로 무는 입이나 찢어발기는 발톱을 가지고 있지 않다. 비둘기는 인간적인 사귐을 사랑하고 한 집(a single home)의 교제를 알고 있다. 그들이 새끼를 낳을 때면 그들은 함께 어린 새끼들을 키우며, 그들이 밖으로 나갈 때면 서로 가까이서 날아간다. 그들은, 그들의 평화와 화합을 입맞춤으로 나타내고 모든 면에서 만장일치(unanimity)의 법칙을 성취하면서, 상호접촉 속에서 살아간다. 교회는 그들의 순결을 보여주어야만 하며 그들의 애정을 실천해야만 한다. 우리는 형제간의 사랑에

---

21. 고전 1:10; 엡 4:2.
22. 수 2:18-19. 라합을 교회의 유형으로 보는 것에 대하여는 히에로니무스의 「서신」 52:3을 참조하라.
23. 출 12:46.
24. *Sanctum Domini*, 히에로니무스의 「서신」 15에 있는 대로 성찬식(Eucharist)이다.
25. 시 68:6.
26. *Hospitium*, 호스피스(수용소)일수도 있으나 보통은 집(house)으로 번역한다.

있어서는 비둘기와 같아야하며, 친절과 온순함에 있어서는 어린 양들과 같아야 한다. 기독교인의 가슴속에, 늑대의 사나움, 개의 광기(狂氣), 뱀의 치명적인 독, 짐승들의 피 흘리는 야만성을 위한 자리가 어디 있는가? 만일 그와 같은 사람들이 교회로부터 제거되어서 그리스도의 비둘기들과 양들이 더 이상 그들의 야만성과 치명적인 접촉 전염의 희생물이 되지 않는다면, 우리 자신은 경축해도 좋으리라. 단 것과 쓴 것, 빛과 어두움, 비와 태양빛 사이, 전쟁과 평화, 기근과 풍년, 가뭄과 물, 고요함과 폭풍 사이에는 어떤 교제가 있을 수 없다. 내 말을 믿어도 좋다, 좋은 사람은 교회를 떠날 수가 없다.[27] 바람은 알곡을 날려버릴 수 없고, 폭풍은 튼튼한 뿌리를 가진 나무를 넘어뜨리지 못한다. 폭풍에 의해서 날리는 것은 텅 빈 쭉정이들이고, 태풍에 의해서 넘어지는 것은 약한 나무들이다. 그리고 사도 요한이 "저희가 우리에게서 나갔으나 우리에게 속하지 아니하였나니, 만일 우리에게 속하였다면 우리와 함께 거하였으려니와 저희가 나간 것은 다 우리에게 속하지 아니함을 나타내려 함이니라"[28]라고 말할 때, 그가 책망하고 질책한 것은 바로 쭉정이 같고 약한 나무 같은 사람들이다.

10. 그와 같은 사람들로부터 종종 이단들이 나왔었고, 여전히 나온다. 뒤틀린 마음은 평화를 알지 못하고 서로 싸우는 배신(perfidy)은 일치를 알지 못한다. 그러나 주님은 의지의 자유를 존중하여서 그러한 것들을 허락하시므로, 우리의 마음과 지성이 진리의 시험으로 면밀한 검증을 받을 때, 그 시험 속에서 손상 받지 않는 것으로 검증된 신앙은 명백한 빛 속에서 빛날 것이다. 성령님은 사도를 통하여 우리에게 경고하신다. "너희 중에 이단들이 있어야 너희 중에 옳다 인정함을 받은 자들이 나타나게 되리라."[29] 이와 같이 신실한 자들은 인정함을 받고 불성실한 자들은 검출되게 된다. 심지어 심판의 날 이전인 지금 여기에서, 의로운 자들과 불의한 자들의 영혼들은 떠나서 쭉정이는 알곡으로부터 나눠지게 된다.[30]

그러한 사람들로부터, 신적인 임명이 없이, 스스로 그들의 경솔한 동료들을 감독하고, 어떤 합법적 안수 없이 스스로 고위성직자가 되고, 누구도 그들에게 감독직

---

27. 참고 테르툴리아누스 「이단 반박 논설」, 3.
28. 요일 2:19.
29. 고전 11:19.
30. 테르툴리아누스, 「우상에 관하여」, n.94참조.

(bishopric)을 주지 않았음에도 불구하고 자신들을 감독들이라고 부르는 자들이 나오는 것이다.[31] 성령은 시편에서 "오만한 자리(seat of pestilence)에 앉지 아니하며"[32]라는 시편에서 그들을 보여주고 있는데, 그들은 신앙에 대하여 역병과 해치는 것이요, 뱀의 입을 가진 반역자들로서, 진리를 왜곡할 것을 고안하면서 그들의 유독한 혀로 치명적인 독들을 토해내고 있다. "암과 같이 퍼져가는"[33] 그들의 말과 그들의 가르침은 인간의 마음과 가슴 속으로 치명적인 독을 쏟아낸다.

11. 그런 자들에 대항하여 주님께서는 그의 방황하는 백성들을 그들에게 가지 못하도록 울타리를 치시고 그들로부터 소환하시면서 외친다. "거짓 선지자들의 말에 귀 기울지 말라." 그리고 말씀하시기를, "그들의 말한 묵시는 별 효과가 없다. 그들은 말하지만, 주님의 입에서 나온 것이 아니니라. 그들은 하나님의 말씀을 멸시하는 자들에게 이르기를 자기 마음의 강퍅한 뜻대로 행하는 모든 사람에게 이르기를, 너희가 평안하리라 하고, 자기의 마음의 잘못을 쫓아 행하는 모든 자들에게 이르기를, 재앙이 너희에게 임하지 아니하리라 하였느니라. 나는 그들에게 말하지 아니하였어도 그들은 자기 스스로 예언했다. 만일 그들이 나의 본질에 참여하여서 내 말을 들었다면, 그리고 만일 내 백성을 가르쳤다면, 나는 그들의 사악한 생각들로부터 그들을 돌이켜 주었을 것이다." 또 다시 주님은 그들을 묘사한다. "그들은 생수의 근원되는 나를 버렸으며, 깨어진 물탱크를 깎아 만들었는데 그것은 물을 저장할 수 없는 것이다."[34] 비록 하나의 세례밖에 있을 수 없음에도 불구하고, 그들이 세례를 준다고 착각한다.[35] 생명의 근원을 저버리고서도, 그들은 생명을 주고 구원하는 물의 은총을 약속한다. 인간은 거기서 씻겨지지 않으며 오히려 더럽게 되며, 그들의 죄악은 정결케 되는 것이 아니라 높이 쌓여 간다. 그 출생은, 하나님의 자녀가 아닌 악마의 자식들이

---

31. 이것은 노비티아누스를 언급하는 것이 틀림없어 보인다. 카르타고의 키프리아누스의 라이벌 감독인 포투나투스(Fortunatus)는 252년까지는 감독으로 즉위되지 않았으며, 카르타고의 노비티아누스파의 감독인 막시무스(Maximus)도 그보다 일찍 감독으로 즉위되지 않았다. 키프리아누스의 말을 그 자체로 받아들인다면 아무도 노비티아누스에게 감독즉위를 해주지 않았으며, 그리고 아마도 키프리아누스가 아직 환경을 몰랐던 것 같다. 그러나 노비티아누스는 감독 즉위를 했는데 – 그러나 노비티아누스에게 감독직을 부여할 권한이 없는 감독들에 의해서 이루어졌다. 「서신」 69:3에서, 키프리아누스는 현실의 논점(real point)을 제시한다. 노비티아누스는 어느 누구의 자리를 승계한 것이 아니다(He succeeded to nobody).

32. 시 1:1. 자리는 *cathedra*이다.

33. 딤전 2:17, 종종 이것과 관련하여 그렇게 인용된다.

34. 렘 23:16-17, 21-22; 2:13.

35. 논쟁의 암시가 나온다. 참고 「서신」 69, 73. 이 부분이 256년의 본문에 처음으로 소개되었다고 가정하는 것은 근거가 없다.

되게 한다. 거짓으로 태어난 그들은 진리의 약속들을 받을 수가 없고, 배교로 태어난 그들은 신앙의 은총을 상실한다. 격렬한 내분(furious discord)으로 주님의 평화를 깨트린 자들은 아무도 평화의 상급에 이를 수가 없다.

12. 어떤 이들은 주님의 말씀에 대한 헛된 해석으로 자신들을 속인다. "두 세 사람이 내 이름으로 모인 곳에는 나도 그들 중에 있느니라." 복음서의 훼손자들이요 거짓 해석자들인 그들은, 한 부분을 기억하고 다른 부분을 교묘하게 감추면서(suppress) 마지막 말을 생략한다. 자신들이 교회로부터 잘려 나간 그들은, 전체로서 다루어져야만 할 하나의 구절에 대한 의미를 잘라버렸다. 주님은 평화와 일치(unanimity)를 제자들에게 촉구하시고 계셨다. "진실로 다시 너희에게 이르노니 너희 중에 두 사람이 땅에서 합심하여 무엇이든지 구하면 하늘에 계신 내 아버지께서 저희를 위하여 이르게 하시리라. 두 세 사람이 내 이름으로 모인 곳에는 나도 그들 중에 있느니라."[36] 이 말씀은 단순히 숫자가 아니라 기도하는 자들의 일치(unanimity)속에 많은 것이 주어졌다는 것을 입증한다. "만일 두 사람이 땅에서 '동의하면'(agree)"이라는 말씀 속에서, 주님은 일치와 평화로운 의견일치(concord)를 최우선에 두시며, 우리에게 확고하고 충성스럽게 동의할(agree) 것을 가르치고 계신다. 그러나 어떤 사람이 교회 자체의 몸, 전체의 형제애에 동의하지 않을 때, 어떻게 다른 사람과 동의할 수 있겠는가? 어떻게 두 세 사람이 그리스도와 그의 복음과 분리된 것으로 알려졌다면, 어떻게 그들이 그리스도의 이름으로 모일 수 있겠는가? 왜냐하면 우리가 그들에게서 나간 것이 아니라, 그들이 우리에게서 나간 것이다. 인간들은 자신들에게 맞추기 위해서 분리된 비밀집회소를 설치함에 따라서 생겨난 이단들과 분파들은 교회 이후에 태어난 것이다.[37] 진리의 머리와 근원을 저버린 것은 그들이다.

주님의 말씀은 그 자신의 교회에 대하여 선포된 것이며 교회의 교인들에게 말씀하신 것이다. 만일 그 말씀들에 동의한다면, 만일 주님께서 명하셨던 것처럼, 단지 두 세 사람이 함께 보여서 한 마음으로 기도한다면, 그렇다면, 비록 둘이나 셋 사람일지라도 그들은 신적인 주권과 함께 그들이 구하는 바를 얻을 수가 있다. "두 세 사람이 모인 곳에 나도(주님께서 말씀하셨음) 그들 중에 있느니라." 물론, 그것은 한 마음으로 평화

---

36. 마 18:19-20.

37. 참고 테르툴리아누스, 「이단 반박 논설」 도처에 나타나지만, 특히 c. 31 참고.

롭게, 하나님을 경외하여 그의 계명들을 지키는 자들과 함께하는 것을 의미한다. 이 것들과 함께, 주님은 또한 맹렬히 타는 풀무불 속에서 세 명의 젊은이들(Three Children)과 함께 하셨고, 화염이 그들을 둘러쌈에 따라서, 그들이 계속하여 같은 마음으로 한 뜻을 가지고 있었기 때문에, 이슬의 숨결(breath of dew)[38]로 그들에게 생기를 주셨던 것처럼, 또는 옥중에 있는 두 제자가 같은 마음으로 한 뜻을 가지고 있었기 때문에 그들에게 임재하셔서, 친히 옥문을 여시고 다시금 그들이 시장 거리로 나가서 그들이 신실하게 전파해왔던 말씀을 무리들에게 전달하게 하셨던 것처럼,[39] 비록 두 세 사람밖에 없을지라도, 주님은 자신의 임재를 분명히 하셨다.

따라서 주님께서 "두 세 사람이 모인 곳에 나도 그들 중에 있느니라"라고 권세 있게 주장하실 때, 주님은 주님께서 설립하시고 창조하신 교회로부터 사람들을 분리하지 않으신다. 신앙 없는 자들의 불화를 질책하시고 친히 자신의 목소리로 평화를 신실한 자들에게 명하시면서, 다수의 불일치하는 자들(dissidents)과 함께 하시기 보다는 한 마음을 가지고 기도하고 있는 두 세 사람에게 임재하신다는 것과 또한, 다수의 불협화음의 탄원보다도 소수의 일치된 기도로 더 많은 것을 얻을 수 있다는 것을 주님은 보여주셨다.

13. 따라서 주님께서 기도의 규범[40]을 주실 때에, "서서 기도할 때에 아무에게나 혐의가 있거든 용서하라. 그리하여야 하늘에 계신 너희 아버지도 너희 허물을 사하여 주시리라"[41]는 말씀을 추가하셨다. 주님은 화난 감정을 가지고 예물을 제단에 드리려고 하는 사람을 부르셔서 먼저 그의 형제와 화해하고 나서 그런 다음에 다시 와서 하나님께 예물을 드리라고 말씀하신다.[42] 왜냐하면 하나님은 가인의 예물에 관심이 없으셨으며, 가인이 시기하는 마음으로 동생과 화평하지 못할 때 하나님은 그런 가인과 화평하실 수도 없었다. 자신의 동생들의 원수인 사람들 자신이 무슨 화평을 기대할 수 있겠는가? 제사장의 대적자들이[43] 무슨 제사를 거행한다고 생각하는가?

---

38. LXX 단 3:50 (세 명의 청년의 노래, 27절). *Spiritu roris*, 그러나 "축축한 마음"(moist mind)라는 것은 현대적 번역이다.

39. 행 5:17 이하. 행 5:29에도 불구하고, 행 3장과 4장으로부터 추정하건데, 베드로와 요한 두 사람과 함께.

40. *Lex orandi*.

41. 막 11:25.

42. 마 5:24.

43. *Sacerdotum*, 감독들 그러나 여기서는 제사장의 자격을 뜻한다.

교회 밖에서 자기들끼리 모이는 자들은 그들이 함께 모일 때 그리스도가 그들과 함께 한다고 생각하는가?

14. 주님의 이름(the Name)[44]을 고백하면서 처형되는 사람들을 상상해보라. 그들의 피는 그런 흠을 씻어낼 수가 없고, 그들의 고난은 비통하고 억누를 수 없는 불일치의 죄책을 깨끗이 할 수가 없다. 만일 당신이 교회 안에 있지 않다면 당신은 순교자가 될 수 없다. 만일 당신이 거기서 다스리게 될 교회를 버린다면 당신은 천국(kingdom)에 들어갈 수 없다. 그리스도는 우리에게 평화를 주시면서, 한 마음과 한 뜻을 가지라고 우리에게 명하셨고, 사랑의 띠와 무고하고 더럽혀지지 않은 자비를 유지하라고 우리에게 분부하셨다. 만일 당신이 형제의 자비를 품지 않았다면 당신은 스스로 순교자임을 증명할 수 없다. 사도 바울의 말씀은 다음과 같이 증거한다. "내가 산을 옮길만한 믿음이 있을지라도 사랑이 없으면 내가 아무 것도 아니요, 내가 내게 있는 모든 것으로 구제하고 또 내 몸을 불사르게 내어줄지라도 사랑이 없으면 내게 아무 유익이 없느니라. 사랑은 오래참고, 사랑은 친절하며, 사랑은 투기하는 자가 되지 아니하며, 사랑은 성내지 아니하며, 무례히 행치 아니하며, 자기의 유익을 구치 아니하며, 악한 것을 생각지 아니하며 불의를 기뻐하지 아니하며 진리와 함께 기뻐하고 모든 것을 참으며 모든 것을 믿으며 모든 것을 바라며 모든 것을 견디느니라."[45] 사도 바울은, 자비는 결코 실패하지 않는다고 말한다. 하나님 나라에는 자비가 영원히 있을 것이며, 자비는 조화로운 형제애의 일치 속에서 영원히 있을 것이다. 불일치는 하늘 나라에 들어갈 수가 없다. 신앙 없는 알력(dissension)으로 그리스도의 사랑을 거역한 자는 "내 계명은 내가 너희를 사랑한 것 같이 너희도 서로 사랑하라는 이것이니라"[46]라고 말씀하신 그리스도의 상급에 이를 수가 없다. 자비를 가지지 못한 자는 하나님을 가지지 못한 것이다. 축복받은 사도 요한은 다음과 같이 말한다. "하나님은 사랑이시라. 사랑 안에 거하는 자는 하나님 안에 거하고, 하나님도 그 안에 거하느니라."[47] 하나님의 교회 안에서 한 뜻을 가지기를 거부하는 자들은 하나님과 함께 거할 수가 없다. 비록 그들의

---

44. 「서신」 73:21과 비교하라.
45. 고전 13:2-8.
46. 요 15:12.
47. 요일 4:16.

몸을 화염과 불속에 태우도록 내어준다고 할지라도, 비록 자신들이 사나운 짐승에게 노출되어 생명을 바친다고 해도, 그들은 믿음의 면류관을 받지 못할 것이며, 다만 불신의 형벌을 받을 것이고, 거룩한 덕의 영광스러운 목적에 도달하지 못하고, 절망의 죽음에 이르게 될 것이다. 그러한 자는 죽임을 당하나, 면류관을 받지는 못할 것이다. 마귀가 왕왕 스스로를 그리스도라고 가장하듯이, 한 뜻을 가지기를 거부하는 자는 다만 자신을 그리스도인이라고 공언할 뿐이다. 이것에 대하여 주님께서는 친히 우리에게 경고로 말씀하신다. "많은 사람이 내 이름으로 와서 이르되 내가 그로라 하여 많은 사람을 미혹케 하리라."[48] 비록 마귀가 그의 이름으로 속인다고 할지라도 그리스도가 아닌 것처럼, 그리스도의 복음과 신실한 신앙에 굳게 서지 않는 자는 그리스도인이라고 할 수 없다.

15. 이 땅에서 예언을 하고 귀신을 쫓아내고 놀라운 기사를 행하는 것이 굉장하고 놀랍다고 할지라도, 만일 그가 옳고 바른 길을 엄격하게 유지하지 않는다면, 그 사람이 이 모든 것을 행할지라도 그러나 하늘 나라에 도달하지 못할지도 모른다. 주님께서 예고하셨다. "그날에 많은 사람이 나더러 주여 주여 우리가 주의 이름으로 예언하지 않았습니까? 그리고 주의 이름으로 귀신을 쫓아내지 않았습니까? 그리고 주의 이름으로 많은 권능을 행치 아니하였나이까? 그 때에 내가 저희에게 밝히 말하되 내가 너희를 도무지 알지 못하니 불법을 행하는 자들아 내게서 떠나가라 하리라."[49] 하나님께서 우리를 심판하실 때에 우리는 하나님의 호의를 얻기에 합당한 행동을 필요로 한다. 우리의 공로의 보상을 얻기 위하여 우리는 하나님의 계명들과 훈계들에 순종해야만 한다.[50] 복음서에서, 소망과 믿음의 길에 대한 간결한 방향을 가르쳐주시면서 말씀하셨다: "주 곧 우리 하나님은 유일한 주시라. 네 마음을 다하고 목숨을 다하고 뜻을 다하고 힘을 다하여 주 너의 하나님을 사랑하라 하신 것이요. 둘째는 이것이니 네 이웃을 네 몸과 같이 사랑하라 하신 것이라. 이 두 계명이 온 율법과 선지자의 강령이니라."[51] 주님의 가르침은 일치와 사랑을 둘 다 요구하셨으며, 두 가지 계명들

---

48. 막 13:6.

49. 마 7:22-23.

50. 테르툴리아누스와 키프리아누스에게 특징으로 나타나는, 공로에 대한 가르침에 주목하라.

51. 막 12:29-31; 마 22:40.

속에 모든 선지자들과 율법을 포함하셨다. 그러나 교회를 찢고, 신앙을 파괴하며, 평화를 저해하며, 자비를 사라지게 하며, 종교를 세속화시키는, 불일치의 미친 난폭꾼 (mad fury of discord)에 의해서 무슨 일치며, 무슨 사랑이 지켜지며 숙고된단 말인가?[52]

16. 믿음 안에 있는 형제들이여, 이 악은 오래 전에 시작되었다. 이제 악의 잔인한 대파괴가 증가하였으며, 이제 이단적인 왜곡과 분파(schism)의 독한 전염병이 자라기 시작하고 있고 새싹들을 짓누르고 있다. 따라서 사도 바울을 통하여 성령께서 미리 말씀하시고 미리 경고하신 대로 세상의 종말임에 틀림없다. "말세에 고통하는 때가 이르리니 사람들은 자기를 사랑하며 돈을 사랑하며 자긍하며 교만하며 훼방하며 부모를 거역하며 감사치 아니하며 거룩하지 아니하며 무정하며 원통함을 풀지 아니하며 참소하며 절제하지 못하며 사나우며 선한 것을 좋아하지 아니하며 배반하여 팔며 조급하며 자고하며 쾌락을 사랑하기를 하나님 사랑하는 것보다 더하며 경건의 모양은 있으나 경건의 능력은 부인하는 자니 이같은 자들에게서 네가 돌아서라. 저희 중에 남의 집에 가만히 들어가 어리석은 여자를 유인하는 자들이 있으니 그 여자는 죄를 중히 지고 여러 가지 욕심에 끌린 바 되어 항상 배우나 마침내 진리의 지식에 이를 수 없느니라. 얀네와 얌브레가 모세를 대적한 것 같이 저희도 진리를 대적하니 이 사람들은 그 마음이 부패한 자요 믿음에 관하여는 버리운 자들이라. 그러나 저희가 더 나가지 못할 것은 저 두 사람의 된 것과 같이 저희 어리석음이 드러날 것임이니라."[53]

예언되어진 모든 것들이 성취되고 있는 중이다. 이제 시대의 끝이 가까워짐에 따라서, 사람과 시간을 똑같이 시험하는 때가 되었다. 점점 더, 대적자의 격노함에 의해서, 잘못된 생각이 현혹하고, 우둔함이 높임을 받고, 시기가 불타오르고, 탐욕이 눈멀게 하고, 불경건이 부패시키고, 교만이 뽐내게 하고, 불화가 격분하게 하고, 분노가 거꾸로 곤두박질쳐 떨어지게 한다.

17. 우리는 그렇게도 많은 극단적이고 갑작스런 배신(perfidy)에 의해서 괴로워하거나 요동할 필요가 없다. 반대로, 이 예언이 검증됨으로 우리의 신앙을 확고히 할 수 있게 되었다.[54] 어떤 사람들이 이것에 걸맞게 나타나고 있는 것이 예언의 성취 속에

---

52. *Sacramentum*, 포괄적인 의미에서. 참고 테르툴리아누스, 「이단 반박 논설」, cc. 20, 32, *ad fin*. 여기서는 "성찬"이란 뜻일 리는 없다.
53. 딤후 3:1-9.
54. 테르툴리아누스의 「이단 반박 논설」 여는 말 부분과 비교해보라.

있으며, 나머지 형제들은 주님께서 우리에게 교훈하신 다른 예언을 기억하면서 그러한 어울림(company)을 조심하는 것이 좋겠다. "너희는 삼가라. 내가 모든 일을 너희에게 미리 말하였노라."[55] 내가 너희에게 부탁하노니, 그러한 사람들을 피하라. 그리고 그들과의 치명적인 대화를 죽음의 전염병처럼 너희 마음과 귀로부터 멀리 하도록 하여라. 성경에 기록된 바, "너희 귀를 가시로 두르고, 악한 자의 말을 듣지 말라." 다시 말하기를 "속지 말라 악한 동무들은 선한 행실을 더럽히나니" 하나라. 주님은 그러한 자들을 떠나라고 우리에게 경고하신다. "그냥 두어라 저희는 소경이 되어 소경을 인도하는 자로다. 만일 소경이 소경을 인도하면 둘이 다 구덩이에 빠지리라."[56] 교회로부터 스스로 분리된 자를 피하고 도망쳐야만 한다. 그 사람은 왜곡되어, 죄악되고, 스스로 정죄함을 받은 자이다.[57] 그가 그리스도의 제사장들[58]을 대적하여 일하며 그의 성직자들과 교우들의 교제로부터 스스로 물러가는데, 누가 그 사람을 그리스도와 함께 있다고 믿을 수 있는가? 그는 하나님의 섭리에 대항하여 싸우면서, 교회를 배반하고 있다. 제단의 원수, 그리스도의 희생에 대항하는 반역자(rebel), 그의 신앙의 역적(traitor), 불경스러운 배신자(renegade), 불순종하는 종, 불효하는 아들, 적개심 있는 형제인 그 사람은 감독들을 경멸하며, 하나님의 제사장들에게 등을 돌리고 감히 다른 제단을 쌓고, 감히 불법의 말로 다른 기도를 드리며, 감히 거짓된 예물로 주님의 참된 번제를 속되게 한다. 하나님의 법령(ordinance)에 맞서서 싸우는 주제넘는 짓은 하나님의 연단에 의해서 징벌을 받는다는 것을 그는 모른단 말인가?

18. 이 가운데 고라, 다단과 아비람이 하나의 사례이다.[59] 그들이 모세와 아론을 거슬려서 그들 자신도 희생을 드릴 권리를 요구하려고 시도했을 때, 그들은 당장 그 시도에 대한 형벌을 받았다. 땅의 결속력이 파열되면서, 땅은 깊은 입을 벌리고, 땅이 갈라짐에 따라서, 구덩이는 그들이 서있던 곳에서 그들을 산 채로 삼켜 버렸다. 하나님의 분개의 진노에 의해서 내리침을 당한 사람들은 이런 정신없는 모험을 감행한 창

---

55. 막 13:23.

56. 전 28:24; 고전 15:33; 마 15:14.

57. 참고 딛 3:11.

58. *Sacerdotibus*, 장로가 아니라, *episcopis*, 감독들의 변형으로, 희생적 맥락에서 적절한 감독을 말함. 전체 구절은 노비티아누스를 공격하고 있는 중이다.

59. 민 16장. 분파의 저주에 대한 중요한 구절. 참고 「서신」 73:8.

시자들만이 아니었다. 빠른 복수로 주님으로부터 온 불이 그곳에 가담했던 250명의 대담무쌍한 한 무리들을 추가로 살라버렸는데, 이것은 인간의 의지로 하나님의 법령을 파괴하려는 모든 사악한 노력들은 바로 하나님을 거스르는 반역이라는 명백한 증거이다. 이와 비슷하게, 웃시야왕이 하나님의 법을 어겨서 향로 하나를 가져가서 억지로 분향을 드리려했고, 아사랴 제사장의 반대에도 불구하고 양보하거나 자리를 비켜주기를 거절하였을 때, 웃시야는 하나님의 분개하심으로 혼비백산이 되었고 그의 이마에 나병으로 더럽혀지게 되었으며, 주님의 은총을 받은 사람들이 인침을 받을 바로 그 몸의 부분(이마)에 주님의 진노에 의해서 낙인을 찍히게 되었다.[60] 아론의 자손들도 주님께서 명하지 않은 다른 불을 제단에 놓음으로써, 복수하시는 하나님의 면전에서 당장 불타서 진멸되었다.[61]

19. 당신이 앞으로 보게 되듯이, 하나님으로부터 온 전통을 이상한 교리를 애호하는 자들이 멸시하고, 그 전통을 단순히 인간의 권위의 가르침으로 대체하는 곳마다, 이러한 본보기들이 따라다니고 있다. 주님께서는 그들을 복음서 안에서 질책하시면서 책망하셨다: "또 가라사대 너희가 너희 유전을 지키려고 하나님의 계명을 잘 버리는도다."[62] 이것은 박해 전에 있었던 타락한 것보다 더한 범죄이다. 왜냐하면 타락한 자들은 적어도 그들의 범죄에 대하여 참회하고 충분히 만족스런 공로를 가지고 하나님의 자비를 구하기 때문이다. 타락한 자들은 교회를 찾아서 교회에 간청하지만, 분파주의자들은 교회를 대항하여 싸운다. 전자의 경우는 억제될 수 있는 것이지만, 후자의 경우는 그 의지(will)가 유죄이다. 타락한 자들은 자기 자신만을 해롭게 한 것이지만, 이단이나 분파의 창시자는 많은 사람들을 그들과 함께 이끌어가면서 그 많은 사람들을 미혹해왔다. 전자는 한 영혼만 잃은 것에 반하여, 후자는 많은 영혼들을 위험에 빠트린다. 전자는 자기 죄를 알고 눈물로 그것을 통회하지만, 후자는 자기 죄를 뽐내며 그 범죄를 재미있어 하면서 그들의 어머니(교회)로부터 온 자손(성도)들을 분리시키고, 목자로부터 양들을 감언이설로 속이고, 하나님의 신비들을 망쳐버린다. 타락한 자들은 단 한번만 죄를 범한 반면에, 그는(이단이나 분파의 창시자) 매일 범죄를 한다. 마침

---

60. 대하 26장.
61. 레 10장. 참고 「서신」 73:8.
62. 막 7:9.

내 타락한 자는 나중에 순교를 당함으로써 하늘 나라의 약속을 받는 것이 가능하지만, 분파주의자는 교회 밖에서 처형됨으로써, 교회에게 속한 보상들을 받을 수가 없게 된다.[63]

20. 사랑하는 형제들아, 심지어 어떤 고백자들까지도 서슴치 않고 죄를 범하여, 몇몇 고백자들은 사악하고 통탄스럽게도 그렇게 하는 것에 놀라지 말라. 고백을 했다고 해서 악의 올무로부터 벗어나는 면제권을 보장받은 것도 아니며, 당신이 이 세상에 사는 동안에 겪는 세상의 유혹들, 위험들, 공격들과 침공들에 대항하는 영속적인 안정감을 제공해 주는 것도 아니다. 그렇지 않다면, 그들이 고백한 후에 고백자들 안에서 우리가 사기와 간음과 간통을 결코 보지 않았어야만 하는데, 비통하고 가슴아프게도 지금 우리는 몇몇 고백자들의 죄악을 보고 있다. 그가 누구이든지 간에, 고백자는 솔로몬보다 더 하나님에게 위대하거나 더 낫거나 더 사랑스러운 것이 아니다. 그리고 솔로몬이 그의 길을 걸어가는 동안 주님께서 그에게 주신 은혜를 그는 간직했으나, 그는 주님의 길을 떠난 후에 주님의 은혜를 잃어버렸다. 그러므로 성경에 기록되기를 "내가 속히 임하리니 네가 가진 것을 굳게 잡아 아무나 네 면류관을 빼앗지 못하게 하라."[64] 진실로 정의가 사라지면 면류관도 또한 사라진다는 사실을 밝힐 필요가 있기 때문에, 하나님께서는 의의 면류관이 빼앗기리라고 경고하신 것이다.

21. 신앙고백은 영광의 시작이지만, 당장 면류관을 얻게 하는 것은 아니다. 그것은 칭송의 완성이 아니라, 단지 영예의 시작일 뿐이다. 성경에 이르기를 "또 너희가 내 이름을 인하여 모든 사람에게 미움을 받을 것이나 나중까지 견디는 자는 구원을 얻으리라"[65]고 하셨다. 그러므로 종말 전에 있는 어떤 것도, 우리가 구원의 정상까지 올라가기 위한 계단에 불과하며, 산 정상에 이미 도달한 목적지는 아니다. 어떤 이가 고백자이지만, 고백한 후에 위험이 더 커지는데, 그 이유는 선동자들이 더욱 거세지기 때문이다. 그는 고백자인데, 고백자는 복음서를 통하여 주님의 영광을 성취하면

---

63. 이 장 전반에 걸쳐서 타락한 자와 분파주의자가 전자-후자(*hic-ille* 혹은 *illic*)이라는 도식 – 나는 그것을 다양하게 번역하였는데 – 으로 대조된다. 4장의 "서로 병합된" 본문을 가진 MSS에서는, 전자-후자(*hic-illic*)가 거꾸로 되었으며, '타락한 자들'(*lapsi*)에 대하여는 '희생을 드렸던 자들'(*hi qui sacrificaverunt*)로 나온다. 판본들의 연대기의 중요성에 대하여는 베베노(Bévenot)의 F. T. S., 1954년 4월, 68–72쪽을 참고하라.

64. 계 3:11.

65. 마 10:22.

서 더욱 확고하게 주님의 복음에 서 있어야 한다. "무릇 많이 받은 자에게는 많이 찾을 것이요 많이 맡은 자들에게는 많이 달라 할 것이니라."[66] 아무도 고백자의 본보기를 통해서 멸망하지 않도록 하자. 고백자의 행동으로부터 불의나 태만이나 배교를 배우지 말자. 그는 고백자이다. 그렇다면 행동에 있어서 겸손하며 화평하며 예의 바르며 훈련되도록 하자. 그리스도의 고백자로 불리는 사람은 그가 고백하는 그리스도를 본받아야만 한다. 주님은 말씀하신다. "무릇 자기를 높이는 자는 낮아지고 자기를 낮추는 자는 높아지리라."[67] 따라서 그리스도는 자신이 하나님의 말씀이요 권능이요, 지혜이신 그리스도께서 땅에서 자신을 낮추셨기 때문에, 그리스도께서는 성부 하나님에 의해 높임을 받으셨다. 그런데, 그리스도 자신의 법을 겸손으로 우리에게 요구하셨음에도 불구하고, 그리고 그리스도 자신이 겸손에 대한 보상으로써 모든 이름 위에 뛰어난 이름을 성부 하나님으로부터 친히 받으셨음에도 불구하고, 어떻게 그리스도께서 자기 높임(self-exaltation)을 사랑하실 수 있겠는가? 그는 그리스도의 고백자이다 – 그러나 후일에 그리스도의 권위와 위엄이 그를 통하여 훼손되지 않았을 경우에만 진정한 그리스도의 고백자이다. 그리스도를 고백하는 혀가 악을 말하거나 소동을 일으키거나, 시끄럽게 욕하거나 싸움을 좋아하거나, 칭송의 말을 바꾸어 형제들과 하나님의 제사장들을 대항하는 신랄한 말을 독하게 내뿜어서는 안 되겠다. 만일 한 고백자가 후일에, 사악한 생활로 자신의 고백을 약화시키거나 자신의 삶을 천박한 추악함으로 더럽히면서 과실이 있어 미움을 받게 된다면, 그래서 만일 마지막으로는 그가 고백자가 되었던 그 교회를 저버리고, 일치의 유대를 찢어버리고 그리고 그의 처음 신앙을 불신으로 바꾸어버린다면, 그는 영광의 상급을 위하여 택함 받은 자라고 자신의 신앙고백의 힘에 의지하여 의기양양하게 말할 수가 없을 것이다. 아니 바로 그가 신앙고백을 했던 자이기 때문에 형벌이 더욱 클 것이다.

22. 주님께서는 유다를 사도들 가운데 뽑았으나, 유다는 후일에 주님을 배반했다. 그렇다할지라도, 반역자 유다가 제자 그룹에서 이탈한 것이 사도들을 자신들의 강한 신앙으로부터 타락하게 만들지는 못했다. 마찬가지로, 현재의 경우에 있어서, 고백자들의 거룩성과 가치는 몇몇 고백자의 신앙이 깨어졌다고 해서 즉시 산산조각

---

66. 눅 12:48.
67. 눅 18:14.

이 나는 것은 아니다. 축복받은 그 사도는 서신서에서 말한다. "어떤 자들이 신앙에서 타락하면 어찌하리요? 그 믿지 아니함이 하나님의 미쁘심을 폐하겠느뇨? 그럴 수 없느니라. 사람은 다 거짓되되 오직 하나님은 참되시다 할지어다."[68] 고백자들 가운데 더 많은 숫자와 더 훌륭한 사람들이 그들의 신앙의 능력과 주님의 법과 훈련에 대한 진리 가운데 굳건하게 서 있다. 하나님의 호의를 힘입어, 그들은 교회 안에서 은혜를 입었다는 사실을 마음에 새기면서, 그들은 교회의 평화로부터 이탈하지 않는다. 그들은 동료 고백자들의 배교로부터 자신을 분리시켰으며 배교자들의 범죄의 전염을 피했다는 점에서 그들의 신앙은 더 광대한 칭찬을 얻는다.[69] 복음서의 참된 빛에 의해 조명을 받았고 주님의 순결하고 밝은 광채 속에서 둘러싸였던 그들은, 마귀와 직면하여 승리함으로써 그리스도의 평화를 지켰다는 점에서 칭송받을 만하다.

23. 참으로 사랑하는 형제들이여,[70] 가능하다면 형제 가운데 한 사람도 멸망하지 않으며, 우리의 어머니(교회)가 기쁘게 하나님의 백성된 한 몸(one body of the People of God)을 완전한 일치 속에서 그 가슴 속으로 모으시는 것, 이것이 당신들을 향한 나의 바램, 나의 충고, 나의 권면이다. 그러나 만일 분파의 몇몇 지도자들, 분당의 몇몇 주동자들이 그들의 눈멀고 완고한 미친 짓을 고집하여서 구원의 길에 이르는 유익한 충고에 귀 기울이지 않는다면, 당신의 단순함에 사로잡혔거나 실수로 이끌렸거나 어떤 교묘한 책략에 속은 나머지 당신들은 속임수의 덫으로부터 빠져나와야만 한다. 당신의 변덕스러운 발길을 방황으로부터 자유롭게 하고, 하늘로 직행하는 길에 주목하라. 사도 바울은 증언하고 있다. "형제들아 우리 주 예수 그리스도의 이름으로 너희를 명하노니 규모 없이 행하고 우리에게 받은 유전대로 행하지 아니하는 모든 형제에게서 떠나라." 그리고 다시 말한다. "누구든지 헛된 말로 너희를 속이지 못하게 하라. 이를 인하여 하나님의 진노가 불순종의 아들들에게 임하나니 그러므로 저희와 함께 참예하는 자 되지 말라."[71] 당신들은 죄인들로부터 떠나야 하며, 도망쳐 달아나야 한다. 사악하

---

68. 롬 3:3, 4.

69. 여기서 키프리아누스는 20장에서 처럼 어떤 고백자들의 도덕적인 범죄에 대하여 생각하고 있는 것이 아니라, 그들의 불순종(insurbordination)을 생각하는 것이다. 「서신」 33에 대한 서론을 보라.

70. 키프리아누스는 언제나 문학적인 청중이 아니라, 그의 말을 듣는 수사학적인 대상에 대하여 말하는 경향이 있다. 참고 「서신」 73:19. 나는 어떤 사람이 시도하는 것처럼, 이것으로부터 연대나 판본들(editions)에 대한 증거를 뽑아내려는 것을 성급한 것이라고 생각한다.

71. 살후 3:6; 엡 5:6-7.

게 행하는 자들과 연합하는 것은, 참된 길에서 벗어나서 잘못된 범죄의 길들을 그들과 함께 여행하는 것은, 당신을 똑같은 범죄에 연루시키는 것이다. 화합의 접착제[72]에 의해서 견고한 공동의 일치로 함께 묶인 하나의 백성(one people), 하나의 믿음, 하나의 교회, 한 분 그리스도, 그리고 유일하신 하나님만이 있을 뿐이다. 그 일치는 쪼개질 수 없으며, 하나의 몸은 그 구조를 나눔으로써 나뉘어지지 않는다. 육체를 찢거나 난도질한다고 해도 그 일치를 조각들로 깨트릴 수 없는 것과 같다. 자궁을 떠나서는 무엇이든지 살 수가 없으며 따로 호흡할 수가 없다. 그렇게 되면 건강의 실체를 잃어버린다.[73]

24. 성령께서 우리에게 경고하신다. "생명을 사모하고 장수하여 복 받기를 원하는 사람이 누구뇨? 네 혀를 악에서 금하며 네 입술을 궤사한 말에서 금할지어다. 악을 버리고 선을 행하며 화평을 찾아 따를지어다." 평화의 아들은 평화를 찾고 따라야만 한다. 만일 그가 자비의 연대(bond of charity)를 알고 사랑한다면 그는 자기 혀를 분당의 악(evil of faction)으로부터 지켜야만 한다. 고난당하시기 전날 밤 주님께서는 그의 신적 명령과 구원하는 가르침에 이것을 추가하셨다. "평안을 너희에게 끼치노니 곧 나의 평안을 너희에게 주노라. 내가 너희에게 주는 것은 세상이 주는 것 같지 아니하니라." 이것은 주님께서 우리에게 주신 유산이다. 주님께서 약속하신 모든 은사와 상급을 주님은 평화를 지키는 자들에게 보증하셨다. 만일 우리가 그리스도의 상속자들이라면, 우리는 그리스도의 평화안에 거하도록 하자. 만일 우리가 하나님의 아들들이거든, 우리는 화평케 하는 자들이 되어야만 한다. "화평케 하는 자는 복이 있나니 저희가 하나님의 아들이라 일컬음을 받을 것임이요."[74] 하나님의 아들들은 화평케 하는 자들이어야만 한다. 화평케 하는 자는 마음이 온유하고, 말이 진솔하며,애정으로 연합되었고, 만장일치의 연대 속에서 서로에게 충성되게 꼭 붙어있는 자들이다.

25. 이 만장일치가 한 때 사도들의 시대에는 널리 보급되었다. 주님의 계명들을

---

72. *Glutino*, 참고 유사한 본문인 *Ep.* 68:3과 교회의 접착제인 감독들에 관한 66:8.

73. *Salutis*는 육체적인 은유 때문에 "건강"으로 번역되는데, 그러나 구원을 암시하고 있다. 이 문장들은 키프리아누스의 원리들의 노골적인 요약이다. 일치는 찢어질 수 없다는 것이 키프리아누스가 진실로 의미하고자 하는 것이다. 그러나 키프리아누스가 자궁을 떠나는 것들마다 따로는 살 수 없다고 말한 곳에서, 그에게 약점이 있다. 그는 분파들은 즉시로 시들어버릴 것으로 기대했다. 만일 그렇지 않다면, 그의 신학이 잘못되었다는 증거인가? 아마도 그 분파들이 교회 내에 속한다는 말인가?

74. 시 34:12-14; 요 14:27; 마 5:9.

지키는, 믿음의 새로운 교제들이 그 자비를 보전하였다. 다음의 말씀에서 이것에 대한 성서적 근거가 있다. "믿는 무리가 한 마음과 한 뜻이 되어 모든 물건을 서로 통용하고, 제 재물을 조금이라도 제 것이라 하는 이가 하나도 없더라." 다시 말하기를 "여자들과 예수의 모친 마리아와 예수의 아우들도 더불어 마음을 같이 하여 전혀 기도에 힘쓰니라."[75] 그것의 기도가 효과적인 이유가 바로 이 때문이다. 하나님의 자비로 무엇을 구하든지 그들이 얻으리라고 확신할 수 있는 이유가 바로 이 때문이다.

26. 그러나 우리 안에는, 선행에 있어서의 관대함이 감소하는 것과 비례하여 만장일치가 줄어들게 되었다. 그 당시에, 그들은 자기 소유의 집과 농장들을 팔곤 하였다. 스스로 보물을 하늘에 쌓아두려고, 그들은 가난한 자들에게 나누어줄 비용을 사도들에게 제공하곤 하였다. 이제 우리는 인색해서 십일조를 내는 것조차도 하지 않으며, 그리고 비록 주님께서 우리에게 팔라고 하셨음에도 불구하고, 우리는 부동산을 매입해서 늘리기를 좋아한다. 우리에게 신앙의 활기는 시들어짐에 따라서, 믿음의 능력은 점점 더 희미해지게 되었다. 따라서 우리의 시대를 살펴보면서, 주님은 복음서에서 말씀하신다. "그러나 인자가 세상에 올 때에 참 믿는 자를 보겠느냐 하시니라."[76] 우리는 그의 예견이 성취되고 있는 것을 보고 있는 중이다. 하나님을 경외하는 것에 있어서, 의의 법에 있어서, 사랑에 있어서, 선행에 있어서, 우리의 신앙은 아무 것도 아니다. 아무도 다가올 두려운 일들에 대하여 묵상하지 않으며, 아무도 주님의 날과 하나님의 진노, 불신자들에게 쌓이는 심판, 배교자들에게 지정된 영원한 고통을 진지하게 생각하지 않는다. 만일 우리의 양심이 믿는다면, 우리 양심은 얼마나 두려울 것인가? 그러나 우리 양심이 전혀 두려워하지 않는 것은 믿고 있지 않기 때문이다. 만일 믿는다면, 주의할 것이고, 만일 주의한다면, 빠져나올 수 있을 텐데.

27. 가장 사랑하는 형제들이여, 완전히 분발합시다. 이전의 나태함의 잠에서 깨어나 주님의 계명을 깨어 지키며 성취합시다. 주님께서 우리에게 행동하라고 말씀하신 대로 행동합시다. 주님은 말씀하십니다. "허리에 띠를 띠고 등불을 켜고 서 있으라. 너희는 마치 그 주인이 혼인집에서 돌아와 문을 두드리면 곧 열어주려고 기다리는

75. 행 4:32; 1:14.
76. 눅 18:8.

사람과 같이 되라. 주인이 와서 깨어 있는 것을 보면 그 종들은 복이 있으리로다."77

　　다시 오실 때(the day of expedition)가 이를 때, 주님께서 보시기에 우리가 훼방하고 방해하는 존재로 발견되지 않도록 우리는 긴장해야만 합니다. 선행 안에서 우리의 빛을 밝게 비추어서, 그 빛으로 말미암아 이 세상의 어두움으로부터 영원한 날의 빛으로 우리를 인도하도록 합시다. 항상 깨어 주의하여서, 주님의 갑작스러운 도래를 기다리도록 합시다. 그리하여 주님께서 두드리실 때, 우리의 신앙이 깨어있는 것으로 발견되어 깨어있음(vigilance)에 대한 상급을 주님께로부터 받도록 합시다. 만일 우리가 이러한 계명들을 지키면, 만일 우리가 이러한 계율들과 훈계들을 굳게 지키면, 마귀의 계략에 졸면서 유혹되지는 않을 수 있습니다. 깨어있는 종들처럼, 우리는 그의 왕국에서 그리스도와 함께 통치하게 될 것입니다.

부록: 「일치에 대하여」 4장의 우선권 본문

예를 들면, 157쪽에 번역된 텍스트는, 하르텔(Hartel) 212-213쪽에 의해서 인쇄된 바와 같이 「공인 텍스트」이다. 다음은 베베노에 의해서 제시된 우선권 본문의 번역이다.

　　[마 16:18-19를 따라서] 그리고 부활하신 후에 주님은 또한 그에게 "내 양을 먹이라"고 말씀하신다. 그 사람 위에다 주님은 교회를 세우시며, 그에게 주님은 먹일 양을 위탁하신다. 그리고 주님께서 모든 사도들에게도 동일한 권능을 주셨음에도 불구하고, 그러나 주님은 하나의 권좌(cathedram)을 확립했으며 그 자신의 권위로 일치의 기원과 원리(rationem)를 마련하셨다. 확실히 나머지 사도들은 베드로와 똑같은 자들이었으나, 우선권은 베드로에게 주어졌으며(primatus Petro datur), 하나의 교회와 하나의 권좌(chair)를 보여주신다. 그리고 그들 모두는 목자들이지만, 양무리는 하나가 되도록 보여진다. 양무리는 만장일치적 동의 속에서 모든 사도들에 의해서 먹여진다. 베드로의 이

---

77. 눅 12:35-37.

러한 일치를 고수하지 않는 자, 그가 신앙을 붙들었다고 믿는가? 교회가 설립된 기초인 베드로의 권좌(chair)를 버리는 자, 그가 교회 안에 있다고 믿는가?

　　[그런 다음 곧바로 "감독단은 하나의 전체"(the epscopate is a single whole)등의 내용으로 감]

서신 33: 타락한 자들의 문제

서론

이 편지는 주후 250년에 후반에 쓰인 편지로써 일단의 집단(25-40명)이 소유한 편지이다. 가장 좋은 필사본 속에 주소는 나타나지 않지만, 이 편지는 일단의 타락한 기독교인들에게 보내진 것이다. 비록 키프리아누스가 배교자들을 영구 출교에 처하는 고대의 치리에 있어서 변경할 준비가 되었을지라도, 공의회가 모여서 공동의 결정을 취하기 전까지는 변경하려고 하지 않았다. 편지의 두 번째 문단의 겸손한 타락자들은 그들이 기다려야만 한다는 것을 알고 있다. 다른 타락자들은 고백자들로부터 나온 문서인 「평화의 책」(libelli pacis)에 따라서 복원(restoration)을 요청하고 있는 중이다. 키프리아누스는 그들의 요구를 거절하면서, 그들이 누구인지를 묻고 있으며, 그리고 정확한 세부사항을 주장하고 있다. "그들과 함께 교제하다"(Communicet ille cum suis, Ep. 15)라고 나타나는 고백자들의 정칙(formula)에서, '그의 사람들'을 의미하는 suis는 아무나 다를 의미하는데, 이점에서 고백자들은 참으로 무분별하다. 그리고 고백자들이 때때로 얼마나 고지식하게도 순종하지 않고 있는지를, 전부 인용할 수 있을 정도로 짧은 「서신」

23에서 보여주고 있다. "모든 고백자들이 키프리아누스 교황께 문안드립니다. 우리 모두는 범죄한 자들이 범법한 이후에 그들의 근신하는 태도에 관하여 당신에게 참회의 의무를 이행한 모든 자들을 평안으로 받아들였습니다. 우리는 교황께서 다른 감독들에게도 이러한 지도방침(formam)을 공지하시기를 바랍니다. 교황께서 거룩한 순교자들과 화평한 분이시기를 바랍니다. 루시안(Lucian)이 두 명의 성직자 - 한 사람은 축사자이고, 한 사람은 강사(lector)임 - 가 동석한 가운데 이 편지를 썼습니다."

키프리아누스는, 251년 부활절 이후에 모인 공의회가 끝나기까지 타락한 자들을 아무도 성찬 교제에 받아들이지 않았다. 이 공의회는 참회한 타락자들에게 적어도 임종시의 성찬 교제를 허용할 것을 결정하였고, 개별적인 상황들을 참작하여 참회기간을 단축시켜줄 것을 허락하기로 결정하였다. 252년에 더욱 위협적인 박해가 발생하자, 또 한 번의 공의회를 열어서, 새로운 위험들에 맞서서 교회의 연합을 강화하기 위하여 참으로 참회한 타락자들을 모두 받아들이기로 결정하였다.

교회의 교리에 따르면, 타락한 자들은 영적으로 죽은 것이며 교회 밖에 있다는 사실, 감독단은 신적으로 수여된 것이며 교회에 필요하다는 사실, 그리고 베드로는 여기서 로마교회의 특권의 본보기이자 기원이 아니라, 그러한 감독단의 본보기이자 기원이라는 사실을 주목하게 될 것이다.

키프리아누스의 편지들의 필사본들은 많으며, 초기의 것도 있고, 어떤 사본들은 7세기로부터 거슬러 올라가며, 6세기의 것은 단편적이다. 가장 자주 인용되는 판본(edition)은 비엔나 사본 3권 2책(1871)에 있는 하르텔(W. Hartel)의 것이다. 하르텔은 많은 비평을 받고 있으나, 그의 결점들이 키프리아누스의 친서들에 미치는 영향은 다른 서신들보다는 더 적다. Collection Budé 2권(Paris, 1925)에 있는 바이얄(L. Bayard)의 것이 더 좋은 판본이다. 이 책에서 사용하고 있는 것이 바로 그것이다.

본문

우리는 주님의 계명들을 받들어 지켜야만 하는데, 우리 주님께서 주님의 교회의 감독직과 제도를 세우실 때에, 복음서에서 베드로에게 말씀하셨다. "또 내가 네게 이르노니 너는 베드로라 내가 이 반석 위에 내 교회를 세우리니 음부의 권세가 이기지 못하리라. 내가 천국열쇠를 네게 주리니 네가 땅에서 무엇이든지 매면 하늘에서도 매일 것이요 네가 무엇이든지 풀면 하늘에서도 풀리리라."[1] 그때로부터, 감독들의 임명과 교회의 제도가 수년간의 변화들과 계승들을 따라서 이어져 내려왔는데, 따라서 교회는 감독들 위에 기초하고 있으며 교회의 모든 행위는 이 동일한 최고 성직자들에 의해서 다스려지게 된다.

이렇게 신성한 법에 의해서 설립되어졌으며, 교회가 감독들과 성직자 그리고 굳게 선 모든 자들로 구성되었음에도 불구하고, 어떤 사람들은 대담하고 주제넘게도 자신들이 교회의 이름으로 나에게 편지를 썼다는 사실에 나는 놀라지 않을 수 없다. 주님의 자비와 정복되지 않는 능력 안에서 주님께서 타락한 자들의 모임을 결코 교회라고 부를 수 없음을 성경은 이렇게 기록하고 있다. "하나님은 죽은 자의 하나님이 아니라, 산 자의 하나님이시니라."[2] 우리는 타락한 자들 모두가 참으로 생명으로 돌아오기를 원하며, 간구와 탄식으로 그들이 이전의 상태로 회복되기를 우리는 기도한다. 그러나 만일 그들 가운데 어떤 자들이 그들이 교회라고 한다면, 그리고 만일 교회가 그들과 함께 그들 안에 있다고 한다면, 부디 친절을 베풀어서 우리를 교회로 받아들여 달라고 그들에게 우리가 요구할 수밖에 없지 않은가? 그들은 순종적이며 조용하며 예의바르지 않으면 안된다. 그들의 범법함을 기억하면서, 그들은 하나님께 참회의 고행(satisfaction)을 보여주어야 하며, 교회에게 편지를 써야만 한다는 것을 알면서도 교회의 이름으로 편지를 쓴다는 것은 말이 안 되는 일이다.

2. 그러나 타락한 자들 가운데 어떤 이들은 나에게 편지하였으며, 그들은 겸손하

---

1. 마 16:18-19.

2. 마 22:32.

고 온유하며, 하나님 앞에서 두려워 떠는 자들이며, 주님께서 "이와 같이 너희도 명령 받은 것을 다 행한 후에 이르기를 우리는 무익한 종이라 우리가 하여야 할 일을 한 것뿐이라 할지니라"[3] 라고 말씀하신 것을 알고서, 그들에게 보상을 달라고 주님께 요구한 적도 없이 교회 안에서 훌륭하고 고귀한 일들을 항상 행한 자들이다. 이것을 마음에 간직하면서, 그들이 순교자들로부터 받은 증명서를 이용하지 않으면서, 그들의 참회의 고행이 하나님께 용납될 수 있기를 기도하면서 나에게 편지를 썼다. 그 편지는, 그들의 죄를 인정하며 참으로 통회하고 있다는 내용과, 그들은 너무 서둘러 성급하거나 귀찮게 조르는 방법으로 화해를 이루고 싶지는 않지만, 그러나 내가 참석해주기를 기다리고 있는 중이라는 내용을 담고 있었다. 그들이 말하기를, 내가 참석함으로써 그들이 받게 될 화해는 그들에게 이루 말할 수 없이 달콤할 것이라고 한다. 내가 얼마나 따뜻하게 그들을 축하했는지는 주님께서 증인이 되신다. 주님은 황송하게도 그러한 종들에게 합당한 주님의 선하심을 보여주신다.

그들의 편지를 받고서 그리고 당신들의 매우 다른 편지를 받고서, 나는 당신들에게 당신들의 다양한 바램들을 분별하라고 요구해야하겠다. 이 편지를 보내는 당신들이 누구인지, 당신들의 이름들을 증명서[4]에 첨부하여서 그것을 당신들의 이름 전부와 함께 나에게 보내도록 당신들에게 요구하는 바이다. 그러면 나는 부족하나마 나의 신분과 활동범위에 알맞게 당신들의 각각의 요점들에 대하여 답변할 것이다. 형제들이여, 당신들이 안녕하며, 주님의 치리를 따라서 평화스럽고 조용하게 살기를 나는 소망한다. 그럼 이만.

---

3. 눅 17:10.
4. *Libellus*는 아마도 단지 "종이"라는 뜻이리라.

서신 69과 73: 세례 논쟁

서론

마그누스(Magnus)라는 알려지지 않은 평신도에게 쓰인 편지 69는 카르타고와 로마교회 사이에 벌어진 세례논쟁에 관한 최초의 문서이며 연대는 주후 255년이 틀림없다. 그 해 동안에 총독 관할 지역의 31명의 감독들이 카르타고에서 만나서, 그들에게 자문을 구해온 18명의 누미디아의(Numidian) 감독들에게, 이단적이거나 분파적인 세례를 무시하고, 최초로 이단이나 분파에서 교회로 전향한 자들에게 세례를 주는 아프리카의 관습이 유효함을 확증한다고 통지하였다. 이 결정은 「서신」 70에서 시사되어 있다. 대략 동일한 시간에, 마우레타니안(Mauretanian)의 감독인 퀸투스(Quintus)는 직접 카르타고 감독인 키프리아누스에게 자문을 구했으며, 키프리아누스는 그에게 「서신」 71을 보내면서, 약간의 설명을 덧붙여서 「서신」 70의 사본을 동봉하였다. 또한 카르타고의 아그립피누스(Agrippinus)에 의해 소집되고 아프리카의 총독 관할 지역들(Proconsularis)과 누미디아에서 온 감독들이 참석한 공의회(Council)에도 회부하였는데, 그 공의회도 동일한 결론에 도달했었다. 「서신」 73:3에도 언급되고 있는 이 공의회는 정확하게 날짜를 알 수는 없다. 추정연대는 200년부터 220년에 이른다.

　쟁점은 결국 그들이 참된 교회라고 생각하게 된 교회에 들어오기 위하여 노비티아누스파에 의해서 세례받았던 기독교인들의 바램에 의해서 강제되고 있었다. 아프리카뿐만 아니라 로마에서도 이 일이 일어나고 있었다. 로마에서는 새로 선출된 감독인 스테판(254-257)는 다음과 같이 주장하였다. 비록 교회 밖에서 받은 세례라 할지라도, 물과 함께 "타당한" 세례를 보장해주는 그리스도의 명령을 따라서 성삼위의 이름으로 베풀어진 세례, 즉 정식으로 베풀어진 세례는 다시 받을 필요가 없으며 다시 받아서도 안되며, 세례는 성령의 은사를 위하여 안수받음으로써 완결되어야만 한다고 스테판은 주장하였다. 우리가 이미 보았듯이, 키프리아누스는 교회 밖에서의 세례는 무의미하고 불가능하다고 주장하였다. 각각의 감독은 자신이 배경으로 있는 전통을 유지할 것을 주장했고 의심의 여지없이 각 감독은 지역의 관습에 의해 지지를 받았다. 만일 키프리아누스가 아프리카 관례(custom)가 보편적으로 그의 편에 있다고 주장할 수 없다면, 결국 그는 카파도키아의 대도시인 퍼밀리언(Firmilian)의 편지(「서신」 75)에 의해서 그를 안심시켜주는, 아시아(Asia)의 지지를 인용할 수 있었다. 스테판은 아프리카 교회들이 로마 교회를 따라오지 않으려고 하면 출교시키겠다고 위협까지 하면서, (세례) 실행의 통일성(uniformity)를 확고히 하고 싶어 한 반면, 키프리아누스는 자신의 신학과 교회 원리들을 고수하였다. 그 사안은 공의회에 의해서 아프리카 내에서 아프리카를 위하여 결정되어야만 했다. 그 경우에라도, 비록 감독들이 마땅히 공의회의 도덕적인 권위와 일제히 행동하는 의무를 고려하지 않으면 안됨에도 불구하고, 각 감독은 결국은 하나님에 대하여 각자의 양무리들에 대한 책임을 졌고, 자기의 양심을 따라야만 했다. 그 종교회의 「서신」 72이 스테반에게 보내졌다.

　따라서 71명 감독들의 공의회가 256년 봄 카르타고에서 만났다. 여기서도 역시 모든 감독은, 하나님께 대한 자신의 궁극적인 책임을 가정하면서, 그의 교회를 관할하는 완전한 자유를 가졌다고 선언되었다. 그 공의회는 그 쟁점 사안을 치리적인 문제로 다룬 경향이 있어보이는데, 그러나 키프리아누스에게 있어서 그 사안은 의심의 여지없이 주로 교리적인 문제이기도 하였다. 그 종교회의 편지는 스테판이 완고한 사람(§3)이라는 암시를 포함하며, 그리고 평화가 유지되기를 소망하고 있다. 또 한 번 키프리아누스는 동료 감독인 유바이아누스(Jubaianus)의 자문 요청을 받았다. 키프리아누스는 그에게 그의 장문의 「서신」73과 함께, 「서신」71과 72의 사본을 동봉하여 보냈다. 「서신」73은 여러 면에서 중요한데, 특히 아우구스티누스가 그의 저서 「세례에 관하여」(De Baptismo)에서, 키프리아누스에 대한 아우구스티누스의 엄청난 존경심을 부정하지 않으면서 그 편지를 반박하려고 시도하였기 때문이다. 그러나 키프리아누스가 정통파 분파(orthodox schism)의 좀 더 어려운 문제에 직면하던 「서신」69와는 대조적으로, 「서신」73에서는 유바이아누스가 논평을 요청하려고 보낸 편지에서 마르키온에 대한 언급으로 뛰어들면서 이단적 세례를 비난하는 쉬운 노선을 택하고 있다는 점에서 실망스럽다.

스테판은 종교회의 「서신」72에 답했다. 그의 답변은 현재 남아 있지 않지만, 키프리아누스는 트리폴리탄의 감독 폼페이우스(Pompeius)에게 보낸 그의 편지(74)에서 그 답변에 대한 논평을 한다. 로마에 의한 출교의 위협 아래에서(그리고 그것이 보편 교회로부터의 축출이나 교제의 단절을 의미할지 여부는 부분적으로는 스테판이 위협했던 것에 달려 있었고, 부분적으로는 로마의 수위권에 대한 진실에 달려 있었다), 키프리아누스는 256년 9월 1일 카르타고에서 또 한 번의 공의회를 소집했으며, 그 때 87명의 감독들이 교회 밖의 세례는 완전 무효임을 만장일치로 결의하였다. 그들의 Sententiae는 키프리아누스의 저작들 가운데 현존하여 있다. 로마와 카르타고는, 스테판이 죽고 새로운 박해가 발생했던 257년 8월에도 여전히 논쟁 중이었다. 그 해의 중간에 무슨 일이 일어났는지는 불분명하지만, 아우구스티누스와 공식적인 교제의 단절은 일어나지 않았다고 말한다.

아프리카의 전통과 신학은 적어도 이러한 초기 몇 세기에, 아프리카 기독교의 진수 속에서 분명한 엄격성과 조화를 이루었다. 스테판이 신학적으로 옳든지 아니든지 간에, 그는 좀 더 정치적이었고, 의도적으로 좀 더 자비로웠다(그의 대적자들에게는 예외임). 4세기에 도나투스 분파가 키프리아누스의 신학을 최대한 이용하여 아우구스티누스를 놀라게 하였다. 반면, 서방의 보편 교회는, 아를레스 공의회(Council of Arles, 314)이후 줄곧, 비록 그전에는 아닐지라도, 로마의 관행을 채택하여 발전시켰다.

본문: 서신 69

1. 키프리아누스가 그의 아들 마그누스에게 문안하노라. 사랑하는 아들이여, 종교의 의무들에 관한 너의 관심사가 있어서, 너는 (보잘것없는 자문위원인) 나에게, 세속적인 씻음을 받은 이후에 노비티아누스로부터 이쪽으로 온 자들이 보편 교회 내에서, 모든 다른 이단들과 마찬가지로, 유일하게 합법적이고 진실된 세례, 즉 교회의 세례를 다시받고서 세례 받고 거룩하게 되어야만 하는지 여부를 문의하였다. 이 점에 있어서 나는 너에게 나 자신의 신앙이 나로 하여금 이해하도록 한 것과 신적인 성서의 거룩함과 진리가 나에게 가르치는 것을 말할 것인데, 다시 말해서 어떤 이단들이나 분파주의자들이 어떤 능력이나 권리도 가지고 있지 않다는 것을 말하려고 한다. 그러므로 노비티아누스도 당연히 예외가 될 수는 없다. 그는 교회 밖에 머물고 있고, 그는 그리스도의 평화와 사랑에 대적하여 일하고 있다. 그러므로 그는 대적자들과 적그리스도들 가운데 있는 것으로 간주되어야 한다. 우리 주 예수 그리스도께서 복음서에서 증거하시기를 그와 함께 하지 않은 모든 자는 그의 원수들이고, 그는 어떤 특정한 이단을 지칭하지는 않으셨다. "나와 함께 하지 아니하는 자는 나를 반대하는 자요 나와 함께 모으지 아니하는 자는 흩는 자니라"[1]라고 말씀하시면서, 주님은 그와 함께 하지 않고 또 그와 함께 하지 않음으로써 그의 양떼를 흩는 모든 자들이 그의 대적자들임을 보여주셨다. 마찬가지로, 복된 사도 요한은 한 형태의 이단이나 분파와 다른 것 사이를 구분하지 않았고, 어떤 특별한 계층의 분리주의자들을 뽑아내지도 않았다. 그는 교회 밖으로 나가서 교회에 대항하여 일하는 모든 자들을 적그리스도들이라고 불렀다. 다음은 사도 요한의 말이다. "아이들아 지금은 마지막 때라 적그리스도가 오리라는 말을 너희가 들은 것과 같이 지금도 많은 적그리스도가 일어났으니 그러므로 우리가 마지막 때인 줄 아노라 그들이 우리에게서 나갔으나 우리에게 속하지 아니하였나니 만일 우리에게 속하였더라면 우리와 함께 거하였으려니와 그들이 나간 것은 다

---

1. 눅 11:23.

우리에게 속하지 아니함을 나타내려 함이니라"[2] 이 말씀은 보편 교회의 자비와 일치로부터 떨어져나간 것으로 알려진 모든 자는 주님의 대적자들이며 적그리스도들임을 명백히 밝혀주고 있다. 추가로, 주님께서는 복음서에 다음과 같이 규정하셨다. "만일 그들의 말도 듣지 않거든 교회에 말하고 교회의 말도 듣지 않거든 이방인과 세리와 같이 여기라."[3] 만일 교회를 멸시하는 자들이 이방인과 세리들로 여겨진다면, 덜 중한 죄인들도 단순히 교회를 멸시하여 주님께서 친히 내린 판결에 의하여 이방인과 세리로 판결되었던 것을 우리가 볼 때에, 거짓 제단들, 불법의 제사장들,[4] 신성모독하는 희생 제사들과 가짜 이름들[5]을 만들어내는 반역적인 원수들을 교회를 멸시하는 자들 가운데 있다고 간주하는 것은 훨씬 더 필수적일 것이다.

2. 교회는 하나라는 사실은 성령님에 의해서 선언되어졌다. 성령님께서 아가서에서 그리스도의 인성을 말씀하실 때, 그것을 선언하신다. "내 비둘기, 내 완전한 자는 하나뿐이로구나 그는 그의 어머니의 외딸이요 그 낳은 자가 귀중하게 여기는 자로구나" 또 다시 말씀하길, "내 누이, 내 신부는 잠근 동산이요 덮은 우물이요 봉한 샘이로구나"[6] 만일 그렇다면 그리스도의 신부인 교회가 잠근 동산이어서, 외부인이나 세속인들에게 열려질 수 없다. 만일 교회가 덮은 우물이라면, 밖에 있는 자는 그 우물에 접근하지 못하고 우물에서 물을 마실 수 없거나 견진성사를(be sealed) 받지 못할 것이다. 만일 그곳에 하나의 생수의 샘만 있다면, ‒ 그것은 안에 있는 것인데 ‒ 그렇다면 밖에 있는 자는 안에 있는 사람들만 사용하고 마시도록 허용된 그 물로부터 생명과 은혜를 얻을 수 없을 것이다. 베드로도 교회는 하나라는 똑같은 진리를 확립하였고 교회 안에 있는 자들만이 세례받을 수 있다고 확립하였다. "방주에서 물로 말미암아 구원을 얻은 자가 몇 명뿐이니 겨우 여덟 명이라, 물은 또한 너희를 구원하는 표니 곧 세례라."[7] 이렇게 말하는 것 속에는, 노아의 방주 하나는 하나의 교회를 상징하는 유형이라고 베드로는 그의 고백(testimony)으로 증명하고 있다. 그 때에, 방주 안에 있지

---

2. 요일 2:18‒19.

3. 마 18:17.

4. *Inlicita sacerdotia*, 계승권 밖에서 감독이 되는 것을 주장하고 있다.

5. *Nomina adulterata*, 이중적인 의미인데, 노비티아누스파들은 자신들을 "정결하다"(*cathari*)라고 불렀다.

6. 아 6:9; 4:12.

7. 벧전 3:20‒21. 노아방주에 관하여는, 참고 「일치에 관하여」6과 테르툴리아누스의 「우상에 관하여」24를 주해와 함께 보라.

않았던 자는 누구라도 세상을 깨끗하고 청결하게 하는 물세례에 의해서 구원받는 것이 불가능했다. 만일 그것이 가능했더라면 (오직 교회에만 세례가 허용되는 데) 교회 안에 있지 않는 자, 아마도 그도 오늘날 세례를 통해서 생명이 주어질 수 있을 것이다! 바울은 에베소 교회에 보내는 서신에서 그 점을 한 층 더 분명하고 명백하게 하고 있다. "그리스도께서 교회를 사랑하셔서 그 교회를 위하여 자신을 주셔서, 물로 씻음으로 교회를 깨끗하게 하시면서, 교회를 거룩하게 하셨다."[8] 만일 그리스도께서 사랑하신 그 교회가 하나의 교회이며 그 교회만이 그의 씻음으로 깨끗케 된다면, 어떻게 교회 안에 있지 않는 자들이 그리스도에 의해서 사랑을 받거나, 그의 씻음으로 씻겨져 정결케 될 수 있단 말인가?

3. 그러므로 교회만이 세례를 주고 정결케 하는 생명의 물과 능력을 소유하기 때문에, 노비티아누스가 교회 안에 있다거나 그가 교회를 주관한다는 것을 먼저 증명하지 않고서는, 노비티아누스파의 세례와 성화의 효험성을 주장할 수 있는 사람은 아무도 없다. 왜냐하면 교회는 하나이며, 하나인 것은 안쪽과 바깥쪽이 동시에 있을 수는 없기 때문이다. 만일 교회가 노비티아누스과 함께 있다면, 코넬료는 교회가 아니다. 그러나 코넬료는 합법적인 안수에 의해서 파비안(Fabian) 감독을 승계했기에, 그의 감독의 지위 외에도 그에게 주님께서 순교의 영예를 주셨는데, 만일 교회가 코넬료와 함께 있다면, 그렇다면 노비티아누스는 교회 안에 있지 않는 것이며 감독으로 간주될 수도 없다. 그는 복음서와 서신서의 전통을 경멸했으며, 어떤 이의 승계를 받지 않았으며 그리고 자기부터 기원을 둔 사람이었다(originated from himself)![9] 왜냐하면 교회 안에서 안수받지 않은 자는 결코 교회를 소유하거나 다스릴 수가 없기 때문이다.

4. 교회는 밖에 있는 것이 아니다. 교회는 자신을 거슬려 찢겨지거나 나누어질 수 없고, 교회는 하나의 나누어질 수 없는 집의 일치성을 유지한다. 유월절 의식과 그리스도를 예표하는 양에 관한 자세한 이야기 속에서 거룩한 성서는 권위 있게 너무나도 명백하게 다음과 같이 보여준다. "한 집에서 먹되 그 고기를 조금도 집 밖으로 내지 말라."[10] 또한 교회의 유형 중에 하나인 라합도 동일한 진리를 표현한다. 라합에게 주

---

8. 엡 5:25-26.
9. '아무의 승계를 받지 않은'(Nenini succedens), 왜냐하면 코르넬리우스가 이미 로마의 감독자리(cathedra)를 차지하고 있었기 때문이다.
10. 출 12:46, 참고 「일치」 8.

어진 명령은 다음과 같다. "네 부모와 형제와 네 아버지의 가족을 다 네 집에 모으라 누구든지 네 집 문을 나가서 거리로 가면 그의 피가 그의 머리로 돌아갈 것이요."[11] 이 유형(figure)은[12] 살아서 세상의 멸망을 피하게 되는 모든 자는 단지 하나의 집, 즉 교회 안으로 모여야만 한다는 것을 선포하고 있는 반면에, 모인 자들 가운데 누구라도 밖으로 나간다면, 즉 한 때 교회 안에서 은혜를 얻었음에도 불구하고 교회를 버리는 자는 누구라도 그의 피가 그의 머리로 돌아갈 것인데, 즉 자신의 멸망에 대한 비난에 스스로가 책임을 져야할 것이다. 사도 바울은 이것을 설명하면서, 이단은 부패하고 죄악되며 스스로 정죄한 자[13]로 피해야할 것을 우리에게 지도하고 있다. 왜냐하면 자신의 피가 그의 머리위에 있게 될 자는 다름 아닌 이단이다. 이단은 감독에 의해서 추방된 것이 아니라, 자발적으로 교회로부터 달아나서, 자기의 이단적인 주제넘음에 의해서 자신을 정죄하는 것이다.

5. 그러므로 일치성이 신적인 권위로부터 온 것임을 우리에게 가르치시기 위해서, 주님은 확증하신다. "나와 아버지는 하나이니라." 그리고 그의 교회를 이러한 일치성으로 이끌어오도록 주님은 말씀하신다. "한 무리가 되어 한 목자에게 있으리라."[14] 만일 하나의 양무리만 있다면, 양무리의 숫자 안에 있지 않는 자를 어떻게 양떼 속에 숫자로 포함시킬 수 있겠는가? 또한 참된 목자가 살아 있어 정규적인 승계로 받은 안수에 의거하여 하나님의 교회를 주관하는데, 어떻게 그가 아무에게도 승계받지 않았고 자기 스스로 기원하여서 낯선 자요 이방인이 되었으며, 하나님의 일치와 주님의 평화의 원수가 되어서, 한 마음과 한 뜻으로 된 사람들만이 거하는 하나님의 집, 즉 교회 안에 거하지도 않으면서, 어떻게 그가 한 목자로 간주될 수가 있겠는가? 시편에서, 성령께서 하나님에 대하여 "사람들을 한 집안에서 한 뜻으로 함께 살게 하시는 분"[15]으로 말하고 있다.

또 다시, 주님의 희생은 기독교의 일치성(unanimity)이 강력하고 분해될 수 없는 자비의 연대에 의해서 어떻게 보존되는지를 보여주신다. 주님께서 그의 몸을 빵이라고,

---

11. 수 2:18-19, 「일치」 8.

12. *Sacramentum*.

13. 딛 3:10-11, 참고 테르툴리아누스, 「이단 반박 논설」, 6.

14. 요 10:30, 16.

15. 시 68:6.

즉 밀의 많은 알곡들의 연합으로 이루어진 빵이라고 부르실 때, 주님은 우리 백성들 가운데 상징(figure)이 되셔서[16] 백성들의 연대(union)를 가리키고 계신다. 주님께서 그의 피를 술(wine), 즉 많은 다발과 송이를 짜내어 함께 모은 술이라고 부르실 때, 이와 마찬가지로 주님은 한 떼들이 한 데 섞여 일치를 이룸으로써 함께 모인 한 양무리(flock)를 묘사하고 계신다. 만일 노비티아누스가 주님의 이 빵과 연합한다면, 만일 그가 그리스도의 잔과 섞인다면(be commingled with), 다시 말해서, 만일 그가 그리스도의 일치를 확실히 지킨다면, 그렇다면, 그가 그리스도의 하나됨의 은혜와 교회의 유일한 세례를 소유할 수 있다고 믿는 것이 가능하게 될 것이다.

6. 일치성의 거룩한 연대[17]는 파기될 수 없으며, 분파를 야기하고, 그들의 감독을 버리고 교회 밖에서 스스로 가짜 감독(pseudo-bishop)[18]을 세우는 자들은 소망이 없게 되고 하나님의 진노로부터 스스로 철저히 몰락하게 될 것이다. 거룩한 성서는 열 지파가 유다와 베냐민 지파로부터 스스로 떨어져 나와서, 그들의 왕을 버리고 스스로 밖에서 다른 왕을 세웠던 열왕기서에서 이것을 증명하고 있다. "여호와께서 이스라엘의 온 족속을 버리사 괴롭게 하시며 노략꾼의 손에 넘기시고 마침내 그의 앞에서 쫓아내시니라 이스라엘을 다윗의 집에서 찢어 나누시매 그들이 느밧의 아들 여로보암을 왕으로 삼았더라."[19] 이 말씀은, 열 지파들이 일치로부터 흩어져 나가서 자기들끼리 다른 왕을 세웠기 때문에 주님께서 노하셔서 그들을 파멸에 처하도록 포기하셨다는 것을 말하고 있다. 분열을 일으킨 자들에 대한 주님의 진노하심이 너무도 컸기 때문에, 여로보암의 죄들을 꾸짖고 다가올 주님의 심판을 예견하기 위해서 보내진 하나님의 사람이 그들 가운데서 떡을 먹고 물을 마시는 것까지도 금지되었다. 그 선지자가 하나님의 명령을 불순종하여 음식을 취했을 때, 그는 그 자리에서 신적인 심판의 위엄에 의해서 즉사하였다. 집으로 오는 그의 여행길에서 그는 사자 한 마리의 공격을 받아서 물어 뜯겼다. 이 땅의 세속적인 음료도 그들과 함께 공유될 수 없는데,

---

16. 상징이 되셔서(Quem portabat), 키프리아누스는 여러번 이런 의미로 portare라는 단어를 사용한다. 많은 알곡들에 관하여는 「디다케」, 9를 참조하라.

17. Sacramentum., 아마도 여기서는 신비일 것이다.

18. Pseudepiscopus., 키프리아누스는 비록 노비티아누스가 감독들에 의해서 즉위했다 할지라도, 어떤 의미로도 그가 감독이 된 것을 인정하지 않았다. 가짜 감독이라는 단어는, 「서신」 55:24에서 노비티아누스의 감독들을 지칭하고, 「서신」 59:9에서 포투나투스(Fortunatus)를 지칭하는데 사용된 말이다.

19. 왕하 17:20–21.

여러분 가운데 어느 누가 감히 세례의 구원하는 물과 하늘의 은혜를 분파주의자들과 공유할 수 있다고 하겠는가? 복음서에서 주님께서는 우리를 완전하게 만족시키시면서 우리의 이해를 아주 분명하게 하시기를, 그 당시 유다와 벤자민 지파로부터 스스로 떨어져 나가서, 예루살렘을 버리고 사마리아로 분리해나간 자들은 속된 자들과 이교도들 가운데 있는 것으로 간주되어야만 한다고 하셨다. 왜냐하면 주님께서 제자들을 구원의 사역을 감당하도록 최초로 파송하셨을 때, 주님은 그들에게 명하셨다. "이방인의 길로도 가지 말고 사마리아인의 고을에도 들어가지 말라."[20] 먼저 그들을 유대인들에게 보내면서, 주님은 그들에게 당분간 이방인들을 지나가고, 그리고 사마리아인들의 분파주의자의 도시도 들어가지 말라고 추가로 말씀하실 때, 주님은 분파주의자들은 이방인들과 똑같은 자들임을 보여주신다.

7. 노비티아누스가 보편 교회와 동일한 법을 받아들이고, 동일한 신조를 가지고 세례를 베풀며,[21] 동일하신 성부 하나님, 동일하신 성자 그리스도, 동일하신 성령을 인정한다는 것에는 이의를 제기할 수 있다. 또한 명백하게도 그의 세례 문답은 우리의 것과 다르지 않다는 이유 때문에, 노비티아누스가 세례를 베풀 권한을 행사할 수 있다는 주장에도 이의를 제기할 수 있다. 그러나 우리들과 분파주의자들은 사실상 공통의 신조법(credal law)과 공통의 세례 질문을 공유하고 있지 않다는 사실을 우리는 우선적으로 분명히 인식해야만 한다. "당신은 교회를 통한 죄의 사면과 영원한 생명을 믿는가?"라고 그들이 말할 때에, 그들의 질문 속에는 함축적인 거짓말이 있다. 그리고 그들은 교회를 소유하고 있지 않기 때문에, 그들은 그들 가운데 죄들이 사면될 수 없음을 보여주고 있다.

8. 그들이 동일한 성부 하나님, 동일한 성자 그리스도 그리고 동일한 성령님을 인

---

20. 마 10:5.

21. *Symbolum*, 나는 이것을 "신조"라고 번역하였는데, 여기서 이것은 고정된 선언적인 신조보다는 오히려 질문들(interrogations)을 가리킨다. 이것은 그 단어를 그런 의미로 사용했던 첫 번째 서구적인 용례이다. 테르툴리아누스는 그것을 「마르키온 반박문」, V. 1.에서 기술적이고, 세속적인 의미로 한 번 사용하였다. 켈리(J. N. D. Kelly)의 「초대 기독교 신조」(*Early Christian Creeds*), 46–47, 52–53, 56–57쪽을 보라. 또한 「서신」 70:2에서 교회를 통한 사면을 주목하라. 그러나 다른 어떤 곳에서도 없다. 그러나 보통의 동방적인 "죄의 사면에 대한 세례"는 동일한 의견을 말하는 것이다. 7장에서의 키프리아누스의 논리는 그렇게 설득력이 있지 않으나, 8장에서 그는 실질적인 의견을 말하고 있는데, 정통이든 아니든, 그들이 교회밖에 있으면, 그 이유 하나만으로도 목회도, 성례전도, 성령도 없다는 것이다.

정한다는 주장도 그들에게는 소용이 없다. 고라, 다단과 아비람[22]도 제사장 아론과 모세와 같은 동일한 하나님을 인정했었다. 그들은 온전하게 경배를 받으시고 기원의 대상이 되셔야만 하는 유일하신 참된 하나님의 가호를 빌면서, 동일한 율법과 동일한 종교적 관습들에 따라서 살았다. 그럼에도 불구하고, 그들이 자신들의 사역의 범위를 넘어서, 하나님의 은총과 주님의 안수에 의해서 합법적인 제사장직을 받았던 제사장 아론을 반대하여 제사를 집행하는 권세를 스스로 주장했을 때, 그들은 하늘에서부터 천벌을 받아 즉시로 그들의 불법적인 시도에 대한 형벌을 받게 되었다. 하나님의 뜻과 법력을 거슬러 그들이 불경건하게 불법적으로 바친 제사는 타당할 수도 없으며 효력이 있을 수도 없다.[23] 그들의 불법적인 제사가 드려졌던 바로 그 향로는 더 이상 제사장들에 의해서 사용되지 않았다. 그 향로들은 후손의 교정을 위하여 하나님의 복수하시는 진노에 대한 기념으로 생생하게 보존되어야만 했다. 주님의 명령에 의해서 불로 녹여지고 정화되었던 그 향로는, 거룩한 성서가 말하듯이, 쳐서 철판이 되어 제단에 고정되게 싸게 했다. "이스라엘 자손의 기념물이 되게 하였으니 이는 아론 자손이 아닌 다른 사람은 여호와 앞에 분향하러 가까이 오지 못하게 함이며 또 고라와 같이 되지 않게 하기 위함이라."[24] 그러나 그들은 분파를 만들지는 않았다. 그들은 그리스도의 평화와 일치를 거슬러 반항하면서, 스스로 권좌를 설치하여 우선권[25]을 취하여 세례하고 제사를 드릴 권위를 주장하고자 하면서, 지금 교회를 찢고 있는 이 사람들처럼, 하나님의 제사장들을 거슬러 염치없고 적대적인 반항으로 막 나가지는 않았다. 하나님을 거슬러 불법으로 애쓰는 자들이 어떻게 그들의 시도들을 성공적으로 할 수 있고, 또한 그들의 불법적인 노력들에 의해서 어떻게 무엇을 얻을 수 있겠는가? 노비티아누스의 옹호자들이나, 그와 같은 다른 어떤 분파주의자들이 세례의 목사(minister)가 세례할 권위를 가지고 있지 않다고 동의된 곳[26]에서 구원하는 세례를 가

---

22. 민 16장. 참고 「일치에 관하여」 18.

23. Nec...rata esse et proficere.

24. 민 16:40.

25. Cathedram...primatum. Primatus는 여기서는 전체 교회에 대한 우선권이 아니라, 그의 교구에서 감독의 지위를 말한다. 고라와 그 무리는 여기서 공식적인 분파가 아니라 하나의 파당으로 말해지고 있으나, 일반적으로 그들은 분파의 한 유형이다.

26. Constet non habere는 키프리아누스에게 있어서 손쉽게 non habeant라는 완곡의미가 될 수 있다. 그러나 이 경우 그것은 키프리아누스와 스테판 사이에 노비티아누스들은 세례를 베풀 권위가 없음에 대한 공통기반이 되는데 키프리아누스는 이 동의를 전제로 사용하고 있다. 성령에 대한 cc.10-11 아래도 유사한 경우다.

지고 누구나 세례를 받거나 거룩하게 될 수 있다고 주장하는 것은 소용없는 일이다.

9. 그러한 뻔뻔스러움에 대한 하나님의 판결에 대하여 우리가 이해해야할 것은, 이런 류의 범죄에서 범죄의 주모자들과 창시자들뿐만 아니라, 그 범죄에 가담한 모든 자들도, 만일 그들이 악한 자들과의 교제로부터 분리되지 않는다면, 징벌을 받도록 예정된다는 것이다. 주님께서는 모세를 통하여 명령하신다. "이 악인들의 장막에서 떠나고 그들의 물건은 아무 것도 만지지 말라 그들의 모든 죄 중에서 너희도 멸망할까 두려워하노라"[27] 주님께서 모세를 통하여 위협하셨던 것을 실행하셨다. 고라, 다단과 아비람에서 분리하지 않은 모든 자들은 그 무리들과 함께 불경스러운 교제를 한 것에 대한 형벌을 즉각적으로 받았다. 이 본보기는, 사악한 만용으로 그들 위에 세워진 감독들에 대항하는 분파주의자들의 무리에 가담한 자들 모두는 유죄판결을 받으며 형벌을 면할 수 없을 것임을 확실하게 증명해 주고 있다. 거룩한 영께서 예언자 호세아에 의해서 증거하는 것처럼 "그들의 제물은 애곡하는 자의 떡과 같아서 그것을 먹는 자는 더러워지나니"[28] 여기서 분파의 창설자들에게 가해진 형벌이 그들의 죄로 인하여 오염된 모든 자들에게 예외 없이 공유되었음을 호세아는 명백하게 가르쳐주고 있다.

10. 사람들이 하나님께 친히 벌을 받는 곳에서, 하나님의 보시기에 무슨 공로를 그들이 가질 수 있는가? 또는 어떻게 세례받은 자를 누가 정당화할 수 있으며 성화할 수 있으며, 세례받은 자가 감독들의 적이 되어 그에게 금지된 역할들(functions), 즉 그가 조금의 권리도 가지고 있지 않은 역할들을 침해할 수 있는가? 그들이 자신들의 사악한 행동을 변호하여 주장하는 것은 놀라운 일이 아니다. 당연히 모든 자들은 자기 자신들의 행동을 변호한다. 비록 자기 자신이 행하고 있는 일이 불법임을 알지라도, 그가 두들겨 맞을 때 쉽게 굴복하는 것을 좋아하는 자는 한 사람도 없다. 놀라운 것은, 그리고 놀라움보다도 분개와 슬픔을 더 불러 일으키는 것은, 기독교인들이 적그리스도들 지원하고 있다는 사실과 교회 자체 내부에서 신앙의 배반자들과 교회에 대한 반역자들이 교회를 반대하고 있다는 사실이다. 여전히 그들이 다른 방식으로 완고하고 배우기를 싫어할지라도, 적어도 그들도 어떤 이단이나 분파주의가 조금이라도 거룩

---

27. 민 16:26.
28. 호 9:4.

한 영을 소유하고 있지 않다는 것을 인정한다. 그래서 결과적으로 그들이 세례를 줄 수는 있어도 성령을 줄 수는 없다. 이렇게 인정하기 때문에, 거룩한 영을 소유하지 않은 자는 전혀 세례를 받을 수 없다는 것을 우리가 그들에게 증명하기가 쉽게 되었다.

11. 우리 모두가 죄의 사면을 받은 것은 세례 안에서다. 이제 주님께서는 그의 복음서에서, 죄는 오직 거룩한 영을 소유한 자들을 통해서 사면될 수가 있다고 밝히 증명하신다. 주님께서 부활 후에 제자들을 파송하시면서 그들에게 말씀하셨다. "아버지께서 나를 보내신 것 같이 나도 너희를 보내노라 이 말씀을 하시고 그들을 향하사 숨을 내쉬며 이르시되 성령을 받으라 너희가 누구의 죄든지 사하면 사하여질 것이요 누구의 죄든지 그대로 두면 그대로 있으리라 하시니라."[29] 이 구절은 오직 성령을 소유한 자만 세례할 수 있고 죄의 사면을 베풀 수가 있음을 보여준다. 그 사안을 결말짓기 위하여, 그리스도 우리 주님을 세례주었던 요한은 사전에, 그가 아직 어머니 모태에 있을 때 이미 성령을 받았다. 이 일은, 오직 성령을 소유한 자만이 세례를 줄 수 있다는 것을 좀 더 확실히 명백하게 하려고 행해진 것이다. 따라서 이단들과 분파주의자들의 옹호자들은 그들이 성령을 소유했는지 아닌지를 우리에게 말할 것인가? 만일 그들이 그렇게 한다면, 그들이 우리 편으로 넘어올 때에, 이단이나 분파 안에서 세례받았던 자들이 성령을 받기 위하여 왜 그들 위에 손을 얹는가? 그 사람이, 만일 거기에 있었다면 그가 받을 수 있었던 그 곳에 이미 받았기 때문인가? 그러나 교회 밖에서는 어떠한 이단이나 분파주의자도 성령이 없다면, 그리고 만일 그것이 우리가 그들에게 안수한 이유라면, 그래서 분파에서 존재하지도 않고 주어질 수도 없는 것을 그들이 교회 안에서 받았다면, 그러면 명백히 성령을 소유하지 않은 것으로 인정한 자들은 죄의 사면도 역시 줄 수 없다는 것은 명백하다. 그러므로 하나님의 법령과 복음서의 진리를 따라서 그들이 죄의 사면을 받게 되고 성화되어 하나님의 성전들이 되기 위하여, 대적자들과 적그리스도들로부터 그리스도의 교회로 넘어온 모든 자들은 예외 없이 교회의 세례로 세례를 받아야만 한다.

[이 편지의 나머지 부분(12-17)은 완전히 다른 사안을 다루고 있다. 마그누스는 관수식(affusion)에 의한 세례가 "합법적인" 기독교인이 되게 하는지를 질문하였다. 그 방법

---

29. 요 20:21-23.

이 씻음(*lavacrum, loti*)이든 관수식(*perfust*)이든 뿌림(*asparsio*)이든지간에, 성직자와 세례받는 자의 신앙이 충만하고 완전한 곳에서는 신적인 은사들을 받게 된다고 키프리아누스는 대답한다.]

본문: 서신 73

키프리아누스가 그의 형제 유바이아누스(Jubaianus)에게 문안하노라.

1. 사랑하는 형제여, 그대는 이단들의 세례에 대하여 내가 어떻게 느끼고 있는지 그대에게 말해주기를 희망하는 편지를 나에게 썼다. 그 이단들은 비록 울타리 밖에 교회 밖에 있음에도 불구하고, 그들의 권리나 능력 안에 있지 않은 무엇인가를 스스로 요구하고 있다. 나는 이것을 타당하거나 합법적이라고 생각할 수 없다. 왜냐하면 그 이단들이 그것을 합법적으로 소유할 수 없다는 것을 우리 모두가 알고 있기 때문이다. 내 편지들 속에서 이 사안에 대하여 내 견해들을 이미 표현했기 때문에, 시간을 절약하기 위하여 나는 그대에게 그 편지들의 사본을 동봉하는 바이다. 그 편지들은 그대에게 우리 가운데 많은 이들이 참석했던 공의회에서 내려진 결정과 함께 그 이후에 내 동료 퀸투스(Quintus)에게 그 문제에 대한 그의 질문에 대한 답변으로 썼던 것 둘 다를 보여주고 있다. 그리고 이제 아프리카와 누미디안 지역의 71명의 감독들이 다시 만나서 우리의 이전 결정의 유효함을 확증함으로써, 하나의 세례, 즉 보편 교회의 세례가 있음과, 그 결과 부정하고 더럽혀진 물로 세례 받고 와서 참된 구원의 물로 씻김을 받아 거룩하게 되어야만 하는 모든 자들에게 우리가 "재세례"를 베푸는 것이 아니라 세례를 베푸는 것임을 강력히 주장하고 있다.

2. 사랑하는 형제여, 그대의 편지에서 그대가 언급한 사실, 즉 노비티아누스주의자들이 우리로부터 꾀어낸 사람들에게 재세례를 베풀고 있다는 사실에 우리는 방해받지 않고 있다. 우리 자신이 우리의 지위에 대한 마땅한 관심을 유지하고 이성과 진리를 확고히 붙들기만 한다면, 교회의 원수들이 하는 짓에 조금도 개의치 않는다. 마

치 원숭이가 사람이 아니기에 사람을 흉내내는 것처럼, 노비티아누스는 비록 교회 안에 있지도 않으며 참으로 교회에 대항하여 반역자로 자처하고 교회의 원수로 자처함에도 불구하고, 그는 스스로 보편 교회의 권위와 진리를 주장하기를 원한다. 노비티아누스는 하나의 세례가 있다는 것을 알기에, 스스로가 하나의 세례에 대한 권리를 가지고 있다고 주장하여서, 그 결과 교회가 그와 함께 있다고 말할 수 있게 하려고 하며, 우리를 이단들로 만들고자 한다. 그러나 하나의 교회의 원천이자 뿌리를 소유하고 있는 우리는, 그가 교회 밖에 있으며 아무런 권리가 없다는 것과, 하나의 세례는 우리와 함께 있다는 것에 대한 확실한 지식과 충만한 확신을 가지고 있다. 노비티아누스가 신적인 일치성의 참된 원리를 여전히 고수하고 있을 때, 원래는 그 자신도 우리 가운데서 세례를 받았었다. 만일 노비티아누스가 교회 안에서 세례받았던 자들이 교회 밖에서 재세례를 받을 필요가 있다고 가정했다면, 그는 자신부터 시작했어야만 했으나 그렇게 하지 않았다. 그들이 교회 이후에, 참으로 교회를 대항하여, 세례가 필요하다고 생각하는 그 사람은, 외부적이고 이단적인 세례를 우선 그 자신부터 받았어야만 했는데 그러지 않았다. 확실히 우리는, 노비티아누스가 감히 이것을 하기 때문에, 우리는 그것을 하지 말아야만 한다고 생각할 필요는 없다. 노비티아누스가 감독의 성좌(throne)의 영예를 찬탈하기 때문에, 내가 나의 감독 자리(throne)를 단념해야만 한단 말인가? 노비티아누스가 모든 예법을 어김에도 불구하고 제단을 세우고 제사를 드리기를 감행하기 때문에, 그의 의식을 모방하고 닮을 것에 대한 두려움으로 우리가 제단과 희생 제사를 포기해야만 하는가? 노비티아누스가 교회 밖에서 진리를 모방하면서 그것을 자기 공로로 사칭하기 때문에 교회가 진리를 포기한다는 것은 아주 바보같고 어리석은 일일 것이다.

3. 이단으로부터 교회로 오는 자들은 세례를 받아야만 한다는 것은 우리에게 전혀 새롭거나 갑작스러운 발견이 아니다. 수 년 전 지금, 고(故) 아그립피누스(Agrippinus)가 소집한 회의에서, 훌륭한 많은 감독들이 함께 모여 이것을 결정했다. 그리고 그 날부터 우리 지역들에 있는 이 수 천명의 이단들[1]이 교회로 전향해왔으며, 조금도 그 결정을 무가치하게 여기거나 방해하지 않고서 기쁨으로 채택하였으며, 생명을 주는 물두

---

1. 라틴 아프리카로부터 예기치 않았던 진술이다. 테르툴리아누스의 저술에서 암시하고 있듯이, 그 이단들은 대부분 마르키온주의자들이나 영지주의자들의 일종이었나?

멍과 구원을 가져오는 세례를 얻을 수 있는 기회로 알고 채택하였다. 왜냐하면 이단들의 비행을 이미 정죄했으며 교회의 진리를 발견했으며 배우기 위해서 오고 살기 위해서 배우는 자에게, 무엇이 참되며 합법적인지를 어떤 선생이 설명하는 것은 어렵지지 않기 때문이다. 만일 우리가 이단들에게 우리의 후원과 허가를 제공함으로써 그들을 놀라게 하는 것을 자제한다면, 그들은 기꺼이 기쁘게 진리에 굴복할 것이다.

4. 그대가 내게 보냈던 사본의 편지에서[2] 세례받은 사람이 자신의 믿음에 따라서 죄의 사면을 받을 수 있다고 믿기 때문에, 누가 세례를 집례했는지를[3] 우리가 조사할 필요가 없다고 한 대목을 발견하였다. 나는 그 문장을 그냥 통과시킬 수가 없다. 왜냐하면, 특히 그 편지에서 실제로 마르키온을 언급하면서, 심지어 마르키온으로부터 전향한 자들까지도 그들이 이미 예수 그리스도의 이름으로 세례 받았기 때문에 (다시) 세례 받아서는 안된다고 단언하는 것을 내가 보았기 때문이다. 그러므로 우리는 외부에 있는 믿는 자들의 신앙을 고려해야만 하며, 그들이 가지고 있는 이 신앙에 따라서 그들이 어느 정도 은혜를 획득할 수 있는지 여부를 질문해야만 한다. 왜냐하면 만일 우리들과 이단들이 하나의 신앙을 가졌다고 한다면, 우리도 또한 한 은혜를 가질 수 있을지도 모르기 때문이다. 만일 동일하신 성부, 동일하신 성자, 동일하신 성령, 동일한 교회를, 성부수난론자들(the Patripassians), 안트로피안들(the Anthropians), 발렌티누스와 아펠레스의 제자들, 오파이트들(the Ophites), 마르키온주의자들, 그리고 이단들이 진리를 전복하는데 사용하는 다른 모든 골칫거리들과 검과 위해요소들이 우리와 함께 고백한다면, 그렇다면 아마도 그들이 한 신앙을 공유하고 있다는 것으로 알고 그들이 우리와 같이 한 세례를 공유하고 있을 것이다.[4]

5. 이단들의 목록 전체를 다 훑어보고 그들 모두의 어리석은 생각들과 부적절함들을 재검토하는 것은 지루한 일이 될 것이다. 알게 되면 충격이 되거나 부끄럽게 되

---

2. 현존하지 않는다. 그 편지의 기원은 알려져 있지 않다. 키프리아누스는 신중하게 그의 직접적인 대적자들에 대하여 말한다. 어떤 부분들, 특히 끝부분은 로마를 암시하지만, 키프리아누스는 아프리카에도 몇몇의 대적자들을 가졌음을 암시한다. 참고 「서신」 71:1, *Quidam de collegis nostris.*

3. 개인의 믿음이나 집례성직자의 도덕성은 성사의 효과를 파괴할 수 없다는 원리는 건전하다. 그러나 성직자의 권위 부족의 여부는 별개의 문제이다. 영국 교회의 26조항에 따르면, 성직자들은 그리스도의 위임과 권위를 가지고 있기 때문에 도덕적인 부족함(unworthiness)은 "방해하지 않는다."

4. 성부수난설=양태론자들. 그들은 성부를 인간이 되신 성자와 동일시하여, 성자와 함께 성부를 십자가에 못박았다는 근거로 이렇게 부르고 있다(테르툴리아누스, 「이단 반박 논설」). 나머지들은 영지주의 분파들이다.

는 것을 말하는 것은 유쾌한 일이 아니다. 따라서 나는 그대가 보낸 편지에 언급되어 있는 마르키온에 대하여 잠깐 동안만을 할애하여 그의 세례가 원칙적으로 건전한 것인지 여부를 심의하려고 한다. 주님께서 부활 후에 그의 제자들을 밖으로 보내셨을 때, 제자들에게 어떻게 세례를 주어야할지를 지도하시면서 말씀하신다. "하늘과 땅의 모든 권세를 내게 주셨으니 그러므로 너희는 가서 모든 민족을 제자로 삼아 아버지와 아들과 성령의 이름으로 세례를 베풀어."[5] 주님은 그들에게 삼위일체를 가르치셨고, 삼위일체의 이름 속에서 모든 민족이 세례를 받아야만 할 것을 가르치셨다. 마르키온이 그 삼위일체를 지키고 있는가?[6] 마르키온은, 그리스도이시며, 동정녀로 탄생하셨고, 말씀이 육신이 되셔서, 우리의 죄짐을 지시고, 죽음으로 사망을 정복하셨고, 육체의 부활로 스스로 새시대를 열어서(inaugurated) 그가 동일한 육체로 부활하셨음을 제자들에게 보이신 그 동일한 성자를 인정하는가? 마르키온과 다른 이단들의 신앙은 매우 다른 것이다. 아니, 그들에게는 건강과 진리에 유해한 불신과 불경스러움과 논쟁밖에 없다. 어떻게 이단들 가운데서 세례받은 자가 그의 신앙이 진실된 신앙이 아닌데도 불구하고 그의 신앙으로 죄사함과 신적인 사면의 은총을 얻었다고 우리가 생각할 수 있겠는가? 왜냐하면, 어떤 사람이 생각하듯이, 만일 어떤 사람의 신앙이 그로 하여금 교회 밖에서 무엇인가를 받을 수 있도록 해준다면, 확실히 그는 그가 믿고 있는 바를 받았기 때문이다. 그러나 만일 그가 거짓된 것을 믿는다면, 그는 참된 것을 받을 수가 없다. 그는 그의 믿음에 상응하는, 부정하고 더러운(adulterous and unhallowed) 것들을 받은 것이다.

6. 선지자 예레미아는 다음과 같이 말하면서 더럽고 부정한 세례의 주제에 대하여 간접적으로 언급했다. "어찌하여 저의 고통은 그치지 않습니까? 어찌하여 저의 상처는 낫지 않습니까? 주께서는, 흐르다가도 마르고 마르다가도 흐르는 여름철의 시냇물처럼, 도무지 믿을 수 없는 분이 되셨습니다."[7] 그 선지자를 통하여 성령께서 믿을 수 없는 거짓된 물을 언급하고 있다. 이 거짓되고 믿을 수 없는 물이 무엇인가? 세

---

5. 마 28:18-19.
6. 마르키온의 성부 하나님은 구약의 하나님도 아니고 물질적인 우주의 창조자도 아니다. 그리고 마르키온의 성자 하나님은 하나님의 아들이자 구약의 하나님의 메시야도 아니다. 성자는 실제로 육체가 되거나 육체로 부활하지 않았다. 예. 마르키온의 기독론은 가현설이다.
7. 렘 15:18.

례를 흉내내어서 그 허영된 거짓 구실로 신앙의 은총을 좌절시키는 것임에 틀림이 없다. 만일 그의 왜곡된 신앙을 따라서 어느 누군가가 교회밖에서 세례를 받아서 죄사함을 얻는다면, 그러면, 그 동일한 신앙에 의해서 그 사람은 성령도 또한 받을 수 있다. 그런 경우라면 그 사람이 성령을 받고 인침을 받도록(be sealed) 그에게 안수하여 교회로 받아들일 필요가 없다. 그의 신앙을 통하여 그가 교회 밖에서 둘 다를 받았든지, 둘 다 받지 않았든지 둘 중의 하나이다.[8]

7. 세례를 통하여 주어지는 죄사함을 어디서, 누구를 통해서 받을 수 있는지가 충분히 명백하다. 주님은 베드로 위에 교회를 세우셨고 일치성이 베드로 안에서 시작되었음을 가르치셨고 보여주셨다.[9] 최초로 베드로에게 주님께서는 그가 무엇이든지 풀면 땅에서도 푸는 권세를 주셨다. 부활 후에 주님은 또한 제자들에게 말씀하셨다. "너희에게 평강이 있을지어다 아버지께서 나를 보내신 것 같이 나도 너희를 보내노라 이 말씀을 하시고 그들을 향하사 숨을 내쉬며 이르시되 성령을 받으라 너희가 누구의 죄든지 사하면 사하여질 것이요 누구의 죄든지 그대로 두면 그대로 있으리라 하시니라."[10] 이 구절로부터 우리는, 교회 안에서 관장하며(preside) 복음서의 법과 주님의 법령에 의해서 확립된 자들만이 세례를 베풀고 죄의 사면을 줄 수 있는 권리를 가지고 있음을 인지한다. 반면에 밖에서는, 즉 매거나 풀 수 있는 능력을 가지고 있지 않는 자들이 있는 곳에서는 아무 것도 매거나 풀 수가 없다.

8. 사랑하는 형제여, 하나님께서 그 명백한 법과 특정한 법령에 따라서 모든 것을 배분하셨다고 내가 감히 말하는 것은 신적인 성서의 권위 없이 말하는 것이 아니다. 따라서 아무도 감독들이나 성직자들에 대항하여, 자신의 권리나 능력 안에 있지 않은 어떤 것을 독점하여 사취할 수 없도록 하셨다. 고라, 다단과 아비람이 모세와 제

---

8. 요컨대 키프리아누스는 타당성과 유효성 사이의 구분을 부정하거나, 아니면 적어도 그 상관성을 부정한다. 그의 대적자들의 신학에 약점이 있다. 대적자들은 그들의 경우(case)를, 그리스도가 성사들의 참된 집례자이며, 올바른 형식과 물체를 사용하였을 때, 그리고 명백하게 수혜자가 신앙을 가지고 있는 곳에서 성사(여기서는 세례)의 집례자들이 누구든지 간에 그리스도께서 응답하실 것이라는 사실에 의존하고 있다. 그러나 그들은 그리스도 자신이 행하시는 것에 대한 완전한 효과를 부정한다. 키프리아누스의 "인치심"에 대한 이해에 있어서, 키프리아누스는 성령의 은사를 손을 얹음(안수례, Confirmation)과 연합시키는 정도에 따르고 있다. '람페 (G.W.H. Lampe)의 「성령의 인치심」(The Seal of the Spirit), 특히 170-178쪽을 보라.

9. 요점은 일치성이며, 강조점은 "최초에(first)에 있기「일치에 관하여」4에서처럼 교회의 머리됨(headship)에 있지 않다. 여기서 나온 추론은 모든 감독들에게 확장된다.

10. 요 20:21-23.

사장 아론에 대항하여 제사드릴 권리를 독점하여 사취하였을 때, 그들은 그들의 불법한 행동에 대한 처벌을 피하지 못했다.[11] 따라서 제단에 다른 불을 드렸던 아론의 자손들 또한 분노하신 주님의 면전에서 즉시 진멸되었다.[12] 동일한 형벌이 다른 물을 거짓 세례에 가져오는 자들을 기다리고 있다. 하나님의 책망과 복수가 교회를 대항하여 오직 교회만이 하도록 허락된 것을 행하는 이단들에게 닥칠 것이다.

9. 혹자는 사마리아에서 세례받았던 자들의 경우를 제시한다.[13] 베드로와 요한 두 사도가 도착했을 때 그들이 성령을 받도록 사마리아인들에게 안수만을 집행하였다. 그들은 재세례를 받지는 않았다. 그러나 사랑하는 형제여, 편지의 이 대목은 우리가 당면한 사안과는 전혀 무관한 것으로 나는 여긴다. 사마리아의 믿는 자들은 참된 신앙에 도달했으며, 이 사도들에 의해서 파송되었으며 성령의 은총과 죄를 풀 수 있도록 유일하게 인정된 하나의 교회 안에 있었던 빌립 집사에게 세례를 받았었다. 왜냐하면 사마리아의 믿는 자들은 이미 교회의 합법적인 세례를 받았었기 때문에, 더 이상의 세례를 그들에게 주는 것은 옳지가 않았을 것이다. 베드로와 요한은 단지 그들이 부족했던 것만을 공급했다. 기도와 손을 얹음으로써 성령을 요청하였고 성령이 그들에게 부어지게 되었다. 우리는 지금 그 동일한 집례(the same practice)를 지키고 있다. 교회 안에서 세례받은 자들은 교회의 감독들 앞에 데려오게 되며, 우리의 기도와 우리의 손을 얹음으로써, 그들이 성령을 받고 주님의 인치심으로 온전하게 된다.[14]

10. 가장 사랑하는 형제여, 결과적으로 우리가 이단들에게 양보하여서 하나이며 유일한 교회에게 주어졌으며 다른 누구에게도 주어지지 않은 세례를 이단들에게 넘겨주어야만 한다고 생각할 필요가 없다. 황제의 주둔지를 반역자들과 원수들로부터 방어하는 것이 훌륭한 사병의 의무이다. 황제를 안전하게 하도록 위임받은 표준들을 지키는 것이 유명한 장군의 의무이다. "네 하나님 여호와는 질투하시는 하나님이시니

---

11. 민 16장. 참고 「일치」 18; 「서신」 69:8.

12. 레 10장.

13. 행 8장.

14. 인치심(Signaculo). "인치심이 안수함으로 인한 성령의 은총과 동일할 가능성이 있다. 즉 '성령의 인치심'을 나타내고 있다. 만일 그렇다면, 키프리아누스는 그 용어에 대한 완전히 신약적인 의미로 인침(the seal)을 안수 예식과 직접적으로 연결시킨 최초의 저술가이다. 그러나 그것은 「사도적 전승」(Apostolic Tradition)에 있듯이, 회심자의 입문을 완성시키는 십자가와의 성호를 긋는 것인 consignatio를 의미할 가능성이 더 높아 보인다." (Lampe, op. cit., 174)

라"[15]고 성경은 기록한다. 하나님의 영을 받은 우리는 하나님의 신앙을 위하여 질투해야만 한다. 비느하스[16]는 하나님의 질투심으로 질투하여, 사람들이 멸망의 길을 가고 있을 때, 하나님을 기쁘시게 했으며 하나님의 은총을 얻어서 하나님의 분개함의 진노를 누그러뜨렸다. 우리가 유일하게 한 분 그리스도와 하나의 그분의 교회만을 인정하면서, 왜 우리가 신적인 일치성에 대하여 적대적이며 외래적이고 가짜인 어떤 것을 신뢰해야만 하겠는가? 천국처럼, 교회는 열매 맺는 나무들을 교회의 경내 안에 봉하면서, 만일 그 나무들이 좋은 열매를 맺지 않으면 잘라서 불에 던져야한다. 이 나무들에게 교회는 네 개의 강물 – 사복음서[17] – 로 물을 주었는데, 구원하는 하늘의 홍수인 사복음서에 의해서 교회는 세례의 은총을 베푸는 것이다. 교회 안에 있지 않는 자가 교회의 샘에서 물을 줄 수 있는가? 왜곡되었으며 스스로 정죄당하며, 천국의 샘에서 추방되어서, 결코 누그러트릴 수 없는 목마름으로 타들어가 실신할 것 같은 자들로부터, 어떤 사람이 구원하며 건강을 주는 천국의 밑그림(draughts)을 받을 수 있겠는가?

11. 주님께서는 외치신다. "누구든지 목마르거든, 와서 마시게 하라." 그의 배에서부터 솟아나는 생수의 강물을.[18] 만일 누가 목마르거든, 그는 어디로 갈 것인가? 샘도 없고 생명을 주는 강물도 없는 이단들에게 가겠는가? 아니면 주님의 열쇠를 받아 한 사람 위에 주님의 말씀으로 확립된 하나의 교회(the one Church)인 교회로 가겠는가? 교회의 주님되신 분의 전권(the whole of power)을 유지하며 소유한 것은 교회뿐이다. 이 교회 안에서 우리는, 우리가 힘쓰는 교회의 명예와 일치를 위하여, 마찬가지로 신실한 헌신을 가지고 우리가 수호하는 교회의 은총과 영광을 위하여 일한다. 신적인 허락을 받아서 목마른 하나님의 백성들에게 물을 주는 것은 바로 우리다. 생명의 샘들의 울타리들을 지키는 사람들도 바로 우리들이다. 만일 그 생명의 샘들에 대한 소유권이 우리의 권리라면, 만일 우리가 일치의 성사(sacrament)를 인식한다면, 왜 우리 자신을 일치의 반역자들인 진리의 배교자들로 만들겠는가? 교회의 신실하고 거룩한 물, 즉

---

15. 신 4:24.

16. 민 25장.

17. 이레나이우스는 한 장(III. xi)을 할애하여 정확하게 네 개의 복음서가 있어야만 하는 다양하고 자연적이며 성경적인 비유들을 보여주고 있다.

18. 요 7:37-38.

구원의 물은, 마치 교회 자체가 오염되지 않았고 순결하며 순수한 것처럼, 오염되고 더럽혀질 수 없다. 만일 이단들이 교회에 헌신하여서 교회의 회원들이 된다면, 그들은 교회의 세례를 활용할 수 있으며 교회의 구원하는 유익들을 모두 누릴 수가 있다. 만일 이단들이 교회 안에 있지 않고 오히려 교회를 거슬러 일한다면, 어떻게 그들이 교회의 세례를 가지고 세례를 베풀 수 있겠는가?

12. 이단들의 세례를 인정하는 것은 이단들에 대한 결코 작지 않고 가볍지 않은 용인이 될 것이다. 왜냐하면 세례는 우리의 신앙 전부의 출발점이며, 영원한 생명의 소망으로 들어가는 구원하는 출입문이며, 하나님께서 그 선하심으로 그분의 종들을 정결케 하고 생명을 주는 방법이기 때문이다. 만일 누구든지 이단들 가운데서 세례를 받을 수 있다면, 그렇다면 그는 죄사함을 받을 수 있다. 만일 죄사함을 받았다면, 그는 거룩하게 되었고, 그리고 만일 그가 거룩하게 되었다면, 그는 하나님의 성전이 된 것이다. 그러나 어떤 하나님에 의한 것인가? 나는 묻겠다. 창조주? 불가능하다, 그는 창조주를 믿지 않기 때문이다. 그리스도? 그러나 그는 그리스도의 신성을 부인하기 때문에 그리스도의 성전이 될 수 없다. 성령? 삼위로 하나이시기 때문에, 성령께서 성부와 성자의 원수에게서 무슨 즐거움을 취하시겠는가?

13. 이성에 의해서 우리에게 패배하자, 마치 풍습(custom)이 진리보다 더 중요한 것처럼, 또는 영적인 문제에 있어서 성령께서 우리에게 계시하시는 진보(improvement)가 무엇이든간에 그것을 우리가 받아들이지 않으려고 하는 것처럼,[19] 우리에게 대항하는 반박으로서 풍습을 들고 나오는 어떤 이들이 있다. 이것은 소용이 없을 것이다. 훌륭한 신앙 안에서 저질러진 실수 한 가지는 용서될 수 있다. 복된 사도 바울은 자신에 대하여 말한다. "내가 전에는 비방자요 박해자요 폭행자였으나 도리어 긍휼을 입은 것은 내가 믿지 아니할 때에 알지 못하고 행하였음이라."[20] 그러나 영감과 계시를 내려주셨을 때에도, 알면서도 일부러 자신의 잘못을 지속하는 것은 무지로 인하여 받는 용서를 받지 못하고 죄를 짓는 것이다. 왜냐하면 그것은 어떤 이가 이성에 의해 패배당할 때 편견과 고집을 계속 붙드는 것을 의미하기 때문이다. "우리는 사도들로부

---

19. 이 말은 거의 몬타누스주의자처럼 들린다. 참고 테르툴리아누스, *Virg. Vel.*, I: "우리 주 그리스도는 자신을 풍습이 아니라 진리라고 부르셨다."

20. 딤전 1:13.

터 전수된 것을 준수한다"[21]고 말해봤자 소용이 없다. 사도들은 유일하게 하나의 교회, 그리고 동일한 교회 안에서만 존재하는 하나의 세례를 전해주었다. 이단들로부터 받은 세례의 능력에 근거하여 사도들이 어떤 사람을 성만찬 교제(communion)에 받아들인 적이 없다는 것을 우리는 발견한다. 사도들이 이단적 세례를 승인하였다는 그러한 증거는 어디에도 없다.

14. 어떤 이들은 사도 바울이 "여하튼 참으로 하든지 거짓으로 하든지, 무슨 방법으로 하든지 그리스도가 전파되고 있다"[22]고 말한 것을 이단들을 지지하는 것으로 본다. 나는 여기에서, 이단들의 후원자들과 옹호자들이 이단의 방어를 위해 호소할 만한 어떤 것도 볼 수 없었다. 바울은 그의 편지에서 이단들이나 이단들의 세례를 말하고 있는 것이 아니며, 바울이 이 문제와 관련된 어떤 것을 주장하고 있다고 볼 수가 없다. 무질서한 방식으로 행하면서 교회의 훈련에 거스르고 있든지, 또는 하나님을 경외하여 복음의 진리를 수호하고 있든지 간에, 바울이 말하고 있는 사람들은 형제들이다. 형제들 가운데 일부는 주님의 말씀을 확고부동하게 두려움 없이 증거하는 반면, 어떤 이들은 시기와 다툼 속에서 행하고 있다고 바울은 말하고 있으며, 또한 전자는 바울을 향한 애정과 선의를 가지고 있는 반면, 다른 이들은 악의와 파벌심을 품고 있다고 말하고 있다. 그럼에도 불구하고, 참으로든 거짓으로든 바울이 전하는 그리스도의 이름이 많은 이들에게 알려지기만 한다면, 그리고 만일 여전히 새롭고 가르쳐지지 않은 말씀의 전파가 그 말씀을 전하는 자들의 설교에 의해서 이루어 질수 있다면, 바울은 모든 것을 인내함으로 참을 수 있다고 말했다. 다시 말하거니와, 교회 내부에 있는 자들이 그리스도의 이름에 대하여 말하는 것과 교회 외부에 있는 자들이 교회에 반대하여 그리스도의 이름으로 세례를 주는 것은 완전히 별개의 것이다. 그러므로 누구라도 바울이 형제들에게 말한 것을 제출하는 대신 이단들을 보호하고 있는 중이라면, 그는 어떤 입장에서 이단자에게 어떤 양보라도 하는 것을 적절하다고 여겼으며, 또한 어떤 입장에서 그는 그들의 신앙이나 그들의 세례를 승인했으며, 또한 어떤 입장에서 신실하지 않은 자들과 불경스러운 자들이 교회 밖에서 죄사함을 받을

---

21. 아마도 로마를 언급하는 듯하다. 참고 퍼밀리안(Firmilian)이 키프리아누스에게 (「서신」 75:6), "로마에서 처음부터 전해 내려오는 것을 준수하지 않고서 헛되게 사도들의 권위를 주장하는 자들." 스데반은 "베드로와 바울의 명예를 훼손한다."
22. 빌 1:18. 키프리아누스는 이어지는 글에서 그 본문을 매우 자유롭게 취급하고 있다.

수 있다고 결정했는지를 밝혀야 한다.

15. 그러나 만일 우리가, 사도들이 이단들에 대하여 무슨 생각을 했는지를 발견하고자 노력한다면, 우리는 사도들의 모든 편지들 속에서 사도들이 이단들의 불경스러운 비행들을 통렬히 비난하고 혐오하는 것을 발견할 수 있을 것이다. 사도들이 "그들의 말은 악성 종양이 퍼져나감과 같다"[23]고 말했는데, 듣는 사람들의 귀에 들어간 악성종양처럼 퍼져가는 그 말이 어떻게 듣는 자들에게 죄사함을 줄 수 있겠는가? 의와 불법이 교제할 수 없고, 빛과 어두움이 교제할 수 없다고 사도들이 말할 때, 어두움이 어떻게 조명해줄 수 있으며, 불법이 어떻게 의롭게 해 줄 수 있겠는가? 사도들이 그들은 하나님께 속한 자들이 아니라 적그리스도의 영에 속하였다고 말할 때, 하나님의 원수들, 즉 적그리스도의 영에 의해서 마음이 사로잡힌 자들이 어떻게 영적이고 신적인 것들을 집행할 수 있는가? 만일 우리가 인간적 논쟁의 실수들을 뒤로 하고 신실하고 경건한 신앙을 가지고 복음서의 권위와 사도들의 전통으로 돌아온다면, 우리는 흩어져서 그리스도의 교회를 공격하는 자들은 교회의 구원하는 은총에 대하여 어떠한 권리를 가지고 있지 않다는 것을 감지하게 될 것이다. 왜냐하면 그리스도는 친히 그들을 자신의 대적자들이라고 부르셨고, 사도들은 그들을 적그리스도들이라고 불렀다.

16. 그리스도의 이름을 거론하면서 기독교의 진리를 교묘히 함정에 빠뜨리려는 또 다른 시도를 우리는 거절해야만 한다. "어디서 어떻게든지 예수 그리스도의 이름으로 세례받은 자들은, 세례의 은총을 받았다"라고 그들은 말한다. 그러나 그리스도는 친히 "나더러 주여 주여 하는 자마다 다 천국에 들어갈 것이 아니다"라고 말씀하셨다. 그리고 또다시 주님은 우리에게 주님의 이름을 사용하는 거짓 선지자들과 거짓 그리스도들에 의해서 쉽게 속지 말 것을 경고하시면서 가르쳐주셨다. "많은 사람이 내 이름으로 와서 이르되 내가 그리스도라고 말하면서, 많은 사람을 미혹하리라." 그리고 나중에 주님은 덧붙이셨다. "너희는 삼가라 내가 모든 일을 너희에게 미리 말하였노라."[24] 이 구절로부터 명백해 진 것은, 그리스도의 이름으로 하는 모든 허풍을 즉시 인정하고 받아들이지 말아야 하며, 오직 그리스도의 진리안에서 행해진 것을 인

---

23. 딤후 2:17, 그리고 이어지는 말은 고후 6:14; 요일 4:3을 참고하라.
24. 마 7:21-22; 막 13:6, 23.

정하고 받아들여야 한다는 것이다.

17. 복음서들과 사도들의 서신들 속에서 예수 그리스도의 이름이 죄의 사면을 위하여 사용된 것은 사실이다. 그러나 이것은 성자만이 홀로, 성부 없이 또는 성부의 반대에도 불구하고 누군가에게 이익을 줄 수 있다는 의미는 아니다. 유대인들은 그들이 성부 하나님을 가지고 있다고 늘 자랑하고 있는데, 이것은 만일 유대인들이 성부께서 보내신 성자를 믿지 않는다면, 성부께서는 유대인들에게 아무런 유익도 주지 않으실 것임을 그들에게 보여주기 위해서 된 일이다. 창조주이신 성부 하나님을 아는 자는 또한 반드시 그리스도이신 성자를 알아야만 한다. 그것은, 성자를 인정하지 않고서 홀로 성부에 대해서만 스스로 아첨하고 박수치고 있는 그들을 중단시키기 위해서 행해진 것이다. 실제로 성자는 "나로 말미암지 않고는 아무도 아버지께로 갈 수가 없다"고 말씀하셨다. 성부와 성자 둘 다를 아는 지식만이 구원하는 능력이 있음을, "이것이 영생이니 곧 유일하신 참 하나님과 그가 보내신 자 예수 그리스도를 아는 것이니이다"[25]라고 주님께서 말씀하실 때 친히 명백하게 하셨다. 여기서 우리는 보내신 성부를 먼저 알아야만 하고 그 다음으로 보냄을 받은 성자를 알아야만 하며, 만일 둘 다 함께 알지 않는다면 구원의 소망이 있을 수 없다고 말씀하시는 그리스도의 선언과 증언을 가지고 있다. 그렇다면 그리스도의 이름으로 이단들 – 참으로 성부 하나님을 알지 못하며 성부를 모독한 이단들 – 가운데서 세례를 받았다고 주장하는 자들이, 어떻게 죄사함을 얻었다고 인정받을 수 있겠는가? 사도들의 시대에는 유대인과 이방인들의 경우들이 전혀 달랐다. 유대인들은 이미 율법과 모세의 가장 오래된 세례를 받았다.[26] 베드로가 사도행전에서 그들에게 "너희가 회개하여 각각 예수 그리스도의 이름으로 세례를 받고 죄 사함을 받으라 그리하면 성령의 선물을 받으리니 이 약속은 너희와 너희 자녀와 모든 먼 데 사람 곧 주 우리 하나님이 얼마든지 부르시는 자들에게 하신 것이라"[27] 하고 말했듯이, 유대인들은 예수 그리스도의 이름으로 세례 받을 필요가 있었다. 베드로는 성부를 무시할 의도를 가지고 예수 그리스도를 언급한 것이 아니라, 성부에게 성자가 덧붙여져야 한다는 의도로 말한 것이다.

---

25. 요 14:6; 17:3.
26. 참고 고전 10:1-4.
27. 행 2:38-39.

18. 최종적으로, 주님께서 부활 후에 사도들을 열방으로 파송하셨을 때, 주님은 그들에게 성부와 성자와 성령의 이름으로 이방인들에게 세례를 주라고 명령하셨다. 열방이 완전히 연합된 삼위일체 안에서 세례받아야만 한다고 그리스도께서 친히 말씀하셨는데도 불구하고, "만일 그것이 예수 그리스도의 이름으로 한다면," 어떻게 교회 밖에서, 교회를 대적하여서 "어디서든 어떤 방식으로든" 이방인이 세례를 받고서 죄사함을 받을 수 있다고 말할 수 있겠는가? 그리스도를 부인하는 자는 그리스도에 의해 부인을 당한다고 하면서도, 그리스도가 친히 고백하는 성부 하나님을 부인하는 자는 하나님에 의해 부인을 당하지 않는다고 믿는단 말인가? 그리스도가 친히 여호와 하나님이라고 부르는 분을 모독하는 자가 그리스도에 의해서 상급을 받으며 세례 안에서 죄사함과 거룩하게 됨(sanctification)을 얻을 수 있다고 믿겠는가? 우리가 세례를 받고서 그 동일하신 성부로부터 거룩하게 된 바로 그 능력을 그리스도께서 받으셨는데, 그리스도께서 성부를 자기보다 더 크다고 부르셨으며, 그 동일하신 성부에 의해서 영광을 받도록 주님은 기도했으며, 그 동일하신 성부의 뜻을 성취하도록 주님은 그 잔을 마심으로 죽음에 내어주기까지 순종하셨는데, 만일 어떤 사람이 하나님이 그리스도의 창조주이심(Christ's Creator)[28]을 부인한다면, 무슨 능력으로 세례에서 죄의 사면을 얻을 수 있단 말인가? 성부이자 여호와이며 그리스도의 하나님을 중대하게 모독하고 거슬러 죄를 지은 자가 그리스도의 이름으로 죄의 사면을 받을 수 있다고 주장하기를 소망하는 것은 결국 이단들의 신성모독에 가담하는 것이나 매한가지이다. 더욱이, 성자를 부인하는 자가 성부를 가지고 있지 않다는 것과, 또한 성부를 부인하는 자가 성자를 가지고 있다는 두 가지가 어떻게 동시에 사실일 수가 있겠는가? 왜냐하면 성자께서 친히 증거를 가지고 계시면서 말씀하시기 때문이다. "아버지께서 허락하여 주신 사람이 아니고는 아무도 나에게로 올 수 없다."[29] 그러므로 만일 성부께서 성자에게 주시지 않는 자는 아무도 성자로부터 세례에서 죄의 사면을 받을 수 없다는 것이 명백하다. 특히 그리스도께서 "심은 것마다 내 하늘 아버지께서 심으시지 않은

---

28. *Negans Deum Creatorem Christi.* 이 구절이 너무나도 비정통적임을 발견하고서, 일부 번역가들은 "그리스도의 아버지"라고 번역한다. 그러나 1) 키프리아누스는 그리스도를 그의 인성면에서 생각하고 있으며, 2) 마르키온은 참된 하나님이 구약의 창조자이심을 부인하고, 메시야는 구약의 창조주에게 "속한다"는 사실을 부인했다.

29. 요 6:65.

것은 뽑힐 것이니라"[30] 라고 거듭 말씀하신다.

19. 만일 그리스도의 제자들이, 숭배와 경의가 얼마나 성부의 이름에 합당한가를 그리스도로부터 배우지 않았다면, 적어도 제자들을 이 세상의 본보기들로부터 배우게 하며, 그리스도가 "이 세대의 아들들이 빛의 아들들보다 더 지혜롭다"[31]고 말했던 것이 중대한 근거가 있다는 것을 이해하게 하자. 이 세상에서는, 만일 아버지가 모욕을 받고 그의 훌륭한 이름과 명예가 터무니없는 중상자의 어떤 말로 인해 손상을 입는다면, 그 아들은 화를 분개하고 화가 나서, 있는 힘을 다하여 상처입은 아버지에게 행해진 잘못을 복수하려고 할 것이다. 심지어 세례받은 후에라도, 그들의 불경건한 혀로 쉴새 없이 죄를 지으면서, 성부의 위격(the Father's person)에 대한 그들의 저주를 계속해서 쌓고 있다는 사실이 잘 알려졌음에도 불구하고, 당신은 그리스도께서 그의 성부의 불경건한 모독자들을 무사히 놔두며, 세례에서 그들의 죄들을 사면해 줄 줄로 생각하는가? 하나님의 종인 어떤 기독교인이 그런 것들을 조금이라도 생각하거나 믿거나 말할 수 있겠는가? "네 부모를 공경하라"[32]고 하는 율법의 신적인 계명들이 무엇이 되겠는가? 사람에게 공경하도록 명해진 "아버지"라는 단어가 하나님 안에서 처벌받지 않고 더럽혀지리라고 나는 추측한다! "아버지나 어머니를 비방하는 자는 반드시 죽임을 당하리라"[33]고 복음서에서 친히 하신 그리스도의 말씀들은 무엇이 되겠는가? 자기 부모를 저주하는 자는 그 육체가 사형으로 처벌되리라고 명하신 바로 그분 자신이, 하늘의 신령한 성부를 저주하고 어머니인 교회를 증오한 자들에게 생명을 주리라고 생각할 수 있겠는가![34] "누구든지 성령을 모독하는 자는 영원한 죄가 되느니라"고 주님은 말씀하셨다.[35] 그러나 그러한 위협 후에 주님은 성부 하나님의 모독자들을 구원하는 세례로 거룩하게 한다고 하는 가증스럽고 완전히 혐오스러운 제안을 할 각오를 한 사람들이 있다. 그와 같은 자들이 교회로 넘어왔을 때, 먼저 그들에게 세례를 베풀지 않고서 그들을 성찬교제에 받아들여야만 한다고 주장하는 사람들은

---

30. 마 15:13.
31. 눅 16:8.
32. 출 20:12.
33. 마 15:4.
34. *Ecclesiae matris*. 참고 §24.
35. 막 3:29.

스스로 다른 사람들의 죄[36] – 확실히 영원한 죄 – 와 연합하는 자리로 들어가고 있는 중이라는 사실을 도대체 곰곰이 생각하고 있기나 한 것인가? 왜냐하면, 그것은 만일 당신이 세례 외에는 그들의 불경죄들을 제거할 수 없는 그런 자들을 세례를 주지 않고서 받아들이게 된다면 일어나는 일이기 때문이다.

20. 이단들이 스스로 자신들의 이전 잘못이나 범죄를 단절하여 버리고 교회의 진리를 인정할 때, 만일 그들이 이미 죄의 사면을 받은 참회 속에서 우리에게로 온 자들에게 말하고 있는, 바로 그 진리의 법들과 성사들을 우리 스스로가 훼손한다면, 그리고 그들이 스스로 명시적으로 범죄하였다고 고백한 것에 대하여 교회의 사면을 받아들이게 되었을 때, 그것은 얼마나 불합리하고 왜곡된 것인가! 내 사랑하는 형제여, 그러므로 보편 교회의 신앙과 진리를 확고히 지키며, 그것을 가르치며, 복음서들과 사도들의 모든 강령의 방법으로써 신적인 질서와 일치의 성격을 보여주는 것이 우리의 의무이다.

21. 세례의 능력이 사람들 앞에서 그리스도를 고백하는 고백보다도, 그리고 그 자신의 피로 세례를 받은 자의 고난보다도 더 위대하고 강력할 수 있는가? 그러나 이 세례조차도, 비록 한 이단자가 그리스도를 고백했을지라도 교회 밖에서 처형된 이단자에게는 소용이 없다.[37] 만일 이단들의 후원자들과 보호자들이 그리스도를 잘못 고백하다가 처형되었을 때 그들을 순교자라고 선언하지 않는다면, 만일 (비록 그들이 불타서 죽게 될지라도 그들에게 소용이 없다고 말했던) 사도의 증언에 반하면서 그들에게 순교자의 면류관과 영광을 돌리지 않는다면! 그러나 만일 공개적인 고백과 피의 세례조차도, 교회 밖에서는 구원이 없기 때문에,[38] 구원을 위하여 이단들에게 유익을 주지 못한다면, 오염된 물로 전염된 강도의 소굴에서 세례를 받는 것이 확실히 그에게 이득을 줄 수가 없다. 강도의 소굴에서는 그의 옛 죄악들을 제거하기는 커녕, 여전히 자신에게 새롭고 가중한 죄들을 가득 싣는 것이기 때문이다.

세례는 우리와 이단들에게 공통적인 것이 될 수가 없다. 왜냐하면 우리는 성부 하나님을 공통으로 가지고 있지 않으며, 성자 그리스도도, 성령도, 신앙도, 교회 자체

---

36. 이 전염의 원리는 도나투스파에 의해서 취득된 것이다.

37. 참고 『일치에 대하여』, 14.

38. 교회밖에서는 구원이 없다(*Salus extra ecclesiam non est*), 키프리아누스의 원래 형태의 격언이다.

도 공통으로 가지고 있지 않기 때문이다. 그러므로 이단에서 교회로 들어오는 자들은 반드시 세례를 받아야만 하며, 따라서 교회의 합법적이고 참되며 유일한 세례 안에서 거룩한 중생(regeneration)에 의해서 하나님의 나라에 준비된 그들은, 성경에 쓰인 바와 같이 두 가지 성사에 의해서 태어나게 된다. "사람이 물과 성령으로 나지 아니하면 하나님의 나라에 들어갈 수 없느니라."[39]

22. 이 구절을 언급하면서 그리고 인간적인 논쟁들로써 복음서의 가르침의 진리를 무효화할 수 있다고 생각하는 일부 사람들은 우리를 대항하여 예비신자들(catecumens)의 경우를 들고 나온다. 만일 어떤 예비 신자가 주님의 이름을 고백한 이유로 체포되어 교회 안에서 세례받기 전에 처형되었다면, 그 사람은 먼저 물로 거듭나지 않았다는 단순한 이유 때문에, 구원의 소망과 고백의 보상을 상실하는가? 그러한 이단의 옹호자들과 지지자들은 첫째로 그러한 예비신자들은 교회의 신앙과 진리를 완벽하게 견지하며, 성부 하나님과 그리스도와 성령에 대한 충분하고 신실한 지식을 가지고 마귀를 대적하여 싸우기 위하여 하나님의 진영에서 나갔다는 사실을 알아야만 한다. 둘째로, 그러한 예비 신자들이 사실상 세례의 성사가 결핍되지 않았다는 사실이다. 왜냐하면 그들은, 주님께서 친히 "내가 받을 다른 세례가 있다"[40]고 말씀하신, 가장 영광스럽고 가장 보배로운 보혈의 세례로 세례 받았기 때문이다. 그들 자신의 피로 세례받고 고난으로 거룩하게 된 자들은, 온전하게 되었고, 하나님께서 약속하셨고 주님께서 그의 고난 가운데에서도 주님을 믿고 고백한 그 강도에게 말씀하시며 그가 주님과 함께 낙원에 있으리라고 약속하시면서 복음서에서 친히 명백하게 하신, 바로 그 은혜를 얻게 된다. 결과적으로, 신앙과 진리를 주관하고 있는 우리는, 신앙과 진리로 와서 참회하고 죄의 사면을 요청하는 자들을 속이거나 기만하지 말아야만 한다. 우리는 그들을 교정하며 그들을 개심시키며 그들에게 하늘 나라를 위한 하늘의 가르침으로 훈련시켜야만 한다.

23. "그렇다면, 과거 당시에 이단에서 교회로 와서 세례 없이 받아들여진 자들에게는 무슨 일이 일어날 것인가?" 하는 반론이 일어난다. 주님께서는 그의 자비로 그들에게 관대함(indulgence)를 베푸시어, 훌륭한 신앙 안에서 교회 안으로 받아들여졌으

---

39. 요 3:5, *utroque sacramento*, 물과 성령, 세례의 두 가지 부분, 세례와 성만찬이 아님.
40. 눅 12:50, *aliud*, '다른'이란 뜻인데, 보통의 헬라어 본문에는 있지 않은 것이다.

며 교회 안에서 잠든 자들을 주님의 교회의 특권들로부터 분리시키지 않으신다. 그럼에도 불구하고, 그것이 한번 행해졌다는 이유 때문에 계속해서 잘못을 행해서는 안 된다. 이단의 편을 들어서 형제들과 감독들에 대항하여 고집스럽고 완고하게 싸우기보다는, 오히려 진리가 밝히 드러나고 하나님을 경외하는 지혜로운 사람들에게 가시적으로 드러났을 때 기쁨으로 즉시 순종하는 것이 지혜롭고 하나님을 경외하는 자들에게 합당한 일이다.

24. 만일 이단들이 세례에 직면한다면, 그들이 마치 두 번째 세례를 말하고 있는 것처럼 그것에 걸려 넘어져서 그래서 교회로 오는 것을 보류하게 된다고는 생각하지 말자. 반대로, 진리가 나타나서 그들에게 설득력 있게 제시될 때, 그들은 들어올 필요성을 한층 더 통감하게 된다. 만일 그들이 이단에서 받은 그 세례가 옳고 합법적인 것으로 여겨지게 된다는 우리의 판결이 내려져 결정된 것을 본다면, 그들은 정당하고 합법적으로 교회의 모든 특권들뿐 아니라 또한 교회까지도 소유하고 있다고 생각하게 될 것이다. 그러면 세례를 받은 그들은 나머지 모든 것을 가지기로 되어 있다고 생각하기 때문에, 그들이 우리에게 올 이유가 없게 될 것이다. 그러나 교회 밖에는 세례가 없으며, 교회 밖에는 죄의 사면이 주어질 수 없다는 것을 그들이 알게 될 때, 그들은 한층 더 간절하고 신속하게 서둘러서 우리에게로 올 것이며, 만일 그들이 먼저 참된 교회로 오지 않는다면 신적인 약속들의 참된 은총을 결코 얻을 수 없다고 확신하면서, 어머니인 교회의 은사들과 특권들을 간청하게 된다. 요한의 세례를 이미 받았던 자들도 바울로부터 어떻게 세례를 받았는지를 우리가 사도행전을 읽어주면서[41] 이단자들이 우리로부터 배우게 될 때, 그들은 교회의 참되고 합법적인 세례로 우리가운데서 세례받기를 거부하지 않을 것이다.

25. 지금 우리 사람들 가운데 몇몇 사람은 이단의 세례를 지지하고 있는 중에 있다. 그들은 재세례처럼 보이는 것에 대한 혐오로 인해서 꺼려한다. 그들은 하나님의 원수들을 세례하는 것을 범죄로 여긴다. 그러나 우리는 요한이 이미 세례를 주었던 자들이 세례를 받았던 사실을 발견한다. 요한은 모든 선지자들보다도 더 큰 것으로 알려졌으며, 요한이 모친의 태속에 있을 동안에 신적인 은총으로 충만하여, 엘리야[42]

---

41. 행 19:1-7.
42. 눅 1:15, 17.

의 심령과 능력을 가졌다고 선언되었으며, 요한은 단순히 주님이 오시기 전에 말씀으로 주님을 전파하였을 뿐 아니라, 사람들이 주님을 볼 수 있도록 가리켜주었고, 요한은 다른 모든 자들이 세례를 받을 바로 그 그리스도에게 세례를 주었다.

만일 어떤 이단자가 먼저 세례를 줌으로써 세례할 권한을 획득할 수 있다고 주장한다면, 그러면 세례는 그것을 합법적으로 소유한 사람들에게 속한 것이 아니라, 그것을 탈취한 자들에게 속하게 된다. 그렇다면 세례와 교회는 절대적으로 분리할 수 없기 때문에, 세례를 먼저 탈취한 자들이 교회도 또한 탈취하게 될 것이며, 그리고 기선이 제압되어 뒤쳐진 자신을 발견하게 된 당신, 양보하고 단념함으로써 당신이 이전에 받았던 그 권리를 양도하게 된 당신, 바로 당신이 그 이단자에게 이단자가 되기 시작한다. 하나님의 것들 속에 있는 자신의 권리와 능력을 포기한다는 것이 얼마나 위태로운가 하는 것은 성서로부터 명백하게 나타난다. 창세기에서 에서는 자신의 장자권을 잃고서 나중에 한번 그가 양보했던 것을 되찾을 수가 없었다.[43]

26. 나의 사랑하는 형제여, 내가 그대에게 간단히 답변했으며, 보잘 것 없지만 나의 최선을 그대에게 주었다. 나는 누구에게 율법을 지우는 것이 아니다. 나는 전부터 어떤 감독이 그가 옳다고 생각하는 것을 행하는 것에 대하여 정죄하지 않았다. 그 감독은 자유롭게 자신의 판단을 사용할 권리를 가지고 있다.[44] 나에게 거짓이 있는 한, 나는 나의 동료들과 친구 감독들에게 이단자들에 대해 주장할 수가 없다.[45] "이 문제를 두고 논쟁을 벌이려고 생각하는 사람이 있을지는 모르나, 그런 풍습은 우리에게도 없고, 하나님의 교회에도 없다"[46]라고 쓴 사도 바울의 말을 기억하면서, 나는 이단들과 하나님의 화합과 주님의 평화를 지키고자 한다. 마음의 자비, 우리 동료들의 명예, 신앙의 연대, 감독단의 조화, 나는 인내와 관대함으로 이것들을 주장한다. 따라

---

43. 창 27장. 참고 히 12:16-17에서는 영적인 위험을 분명히 밝힌다. 장자상속권이 우선권(*primatus*)이며, 심지어 베드로에게도 적용되듯이, 이 단어에 시간적 우선권(priority)의 요소를 보여주고 있다.

44. 이 구절은 키프리아누스의 감독의 권한들에 대하여 매우 중요한 구절이다. 참고 *Sententiae*, 키프리아누스의 여는 말: "만일 어떤 감독이 다르게 생각할지라도 누구도 판단하거나 누구를 출교하지 않으면서도, 여전히 우리는 각자 자신의 의견을 표현해야만 한다. 왜냐하면 우리 가운데 아무도 감독들의 감독으로 자신을 위에 두거나(참고 테르툴리아누스 「정절에 대하여」, 1), 억지로 폭군같이 위협함으로써 그의 동료들을 그에게 복종하도록 강요할 수가 없기 때문이다. 왜냐하면, 모든 감독은 자신의 판단을 사용할 자유와 권한 을 가지고 있어서, 다른 감독에게 판단받을 수 없기 때문이다."

45. 스데반에게 한 방 먹이는 것?

46. 고후 11:16.

서, 나의 부족한 재능이 허락하는 대로 최선을 다하여, 주님의 허락과 영감으로써 방금 내가 쓴 작은 책자, 「인내의 유익」(The Benefit of Patience)[47]을 그대에게 우리의 상호 애정의 표시로서 보내고자 한다. 안녕, 가장 사랑하는 형제여.

---

47. 「인내의 유익」(De Bono Patientiae)는 현존하며, 테르툴리아누스의 「인내에 관하여」(De Patientia)를 따라 지은 것이다.

암브로시우스

PART III
AMBROSE

일반적 개요

주후 339년 혹은 그 무렵 암브로시우스는 고올의 지방관 아우렐리우스 암브로시우스의 아들로 아우구스타 트레레로룸(현재 트리에르)에서 태어났다. 그의 부친 사망 후 암브로시우스는 로마에서 교육을 받았다. 365년경에 그와 그의 형제 사티루스는 이태리 지방관의 참모로서 시르미온에서 법적인 지위를 획득했으며 몇 년 후(370-372년) 암브로시우스는 북이태리의 아이미니움−리구리아 지방의 지사로 임명 되었다. 이 같은 지위로서 암브로시우스는 밀란의 아리우스주의 감독이었던 아욱센티우스의 후임을 선택하는 생생한 선거를 지휘하는 일을 맡게 된다. 본인의 대경실색에도 불구하고 암브로시우스는 어린이로부터 시작하여 하늘의 지시라고 이어지면서 일반의 갈채를 받는 가운데 그는 자신이 감독으로 선임되었음을 발견한다. 암브로시우스는 그 자신이 그리스도인의 아들이었고 또한 그리스도인으로 양육되었지만 당시의 일반적인 관행처럼 세례는 연기한 채로 있었다. 그의 사양에도 불구하고 주변의 감독들과 발렌티누스 황제의 추인으로 그는 11월 24일에 세례를 받으면서 다양한 성직을 수행하는 일과 373년 12월 1일에 감독직을 수임하는 일련의 일들을 겪는다. 그는 397년에 사망하였다.

집필가요 교회의 박사로 알려지기도 했지만 암브로시우스는 기본적으로 행동의 사람이었다. 자신이 맡은 교구에서 충실한 목회자요 열정적인 행정가이기도 했던 암브로시우스는 대도시의 감독으로서 서부 일리리콘을 포함한 이태리 전체의 세속 교구들의 교회적 사무들을 관장하기도 하였다. 새로운 교구들을 설립하고 감독들을 세우며 또한 아킬레이아 교회 회의(381년), 카푸아 교회 회의(391-392년)등의 중요한 회의를 주관하고 아울러 독립적이면서 중요한 지역의 대감독직을 수행하기도 하였다. 로마 교구에 대한 그의 존경에도 불구하고 그 자신의 지역에까지 그 관할권을 행사하는 것을 용인하지 않았다. 실제로 고올의 감독들은 당시 밀란의 감독과 그의 회의에 자신들의 많은 문제들을 호소하는 편이었다.

밀란의 감독으로서 암브로시우스는 그곳에 종종 거주하던 황제들과 가까이 지냈다. 암브로시우스가 밀란의 감독이었던 시절의 대부분, 서로마의 행정 수도와 대법정좌는 로마가 아닌 밀란이었다. 대법정과 관련된 몇 가지 괄목할만한 사건들, 즉 승리의 제단에 대한 갈등, 교회를 밀란의 아리우스주의자에게 넘기는 일에 대한 거부, 막시무스 황제에로의 대사직, 프리스킬리아누스 사건, 칼리니콘과 테살로니케에 관련된 사건으로 인한 테오도시우스 황제의 파문 등에 대한 일화 등이 이 책에 예시되어있다. 제국에서 처음으로 발렌티누스 1세의 정책으로 인해, 그리고 다음으로 그의 아들 그라티아누스로 인해 종교의 관용을 채택했던 것이 이후 제국의 종교로 기독교를 정통으로 세우고 동시에 이교도 예식들을 타개하고 이단을 책벌하는 등의 대전환을 이루었던 한 복판에 암브로시우스가 있었다는 평가는 그리 과장된듯이 보이지 않는다. 비록 테오도시우스 황제와 같이 강력하고 유능했던 황제가 단지 위대한 교회의 한 도구에 지나지 않았다고 상상하는 것은 합당하지 않겠지만….

집필가로서 암브로시우스는 교화의 일에 무엇보다 관심이 많았다. 그는 아우구스티누스를 잇는 원천적인 사상가도 아니었고 히에로니무스(제롬)와 같은 학자도 아니었다. 집필의 많은 부분은 실제로 설교나 그가 말했던 짧은 보고서들로부터 서둘러 편집된 교리 지도와 같은 것들이다. 설교가와 교사로서 암브로시우스의 매력에 대하여는 아우구스투스의 예증을 우리는 가지고 있다. 그의 설교는 주로 필론와 오리게네스에서 유래한 도덕적이면서 우의적인 해석에 근거한 성경에 대해 많은 친밀한 지식을 가지고 있음을 보여주고 있다. 암브로시우스가 자신의 교리적 작품들을 위해

의지했던 인물들은 주로 희랍의 신학자들, 즉 아타나시오스, 디디모스, 카이사레이아의 바실레이오스, 예루살렘의 키릴로스, 나지안주스의 그레고리오스 그리고 에피파니오스 등이었다. 이 점에서 그는 동양과 서양의 기독교를 잇는 중요한 가교라고 말할 수 있다.

주석적인 작품들로는 "헥사멜론"(Hexaemeron)이라 불리는 엿새 동안의 창조에 대한 아홉 가지 설교, 즉 낙원의 이야기, 카인과 아벨, 노아, 그리고 아브라함으로부터 요셉에 이르는 교부들과, 시편 119편(그에게는 118편)을 포함하는 몇 편의 시편 설교, 그리고 누가복음 설교에 대한 몇몇 모음들이 있다. 그는 오늘날 관습적으로 '암브로시우스적'이라고 부르는 바울 서신에 대한 중요한 주석들을 집필하지 않았다. 다른 대부분의 저작들은 그의 금욕적 교훈, 즉 처녀와 과부에 대한 가르침, 금식, 인내, 그리고 구제헌금 등에 대한 것들이다. 교리적 작품들은 부분적으로 논란이 되고 있는 바, "믿음에 대하여", "성령에 대하여", "성육신에 대하여" 등과 같은 대부분 아리우스주의에 대항하는 저작들이며 그리고 부분적으로는 지침서로서 "신비에 대하여"와 "성례전에 대하여" 등이 있는데 후자는 다시 한 번 암브로시우스의 저작으로 여겨지고 있다. 그는 또한 극단적 노비티아누스주의자들에 대항하는 "책벌에 대하여"를 집필하였다. 91가지의 "서신들"에는 다양한 역사적 이해들을 포함하고 있는 바, 발렌티누스와 테오도시우스 황제의 장례식 설교, 그리고 그의 형제 사티루스에 대한 개인적인 애도 등이 포함되어 있다. 주요 작품들 속에는 "사역의 책무에 대하여"가 전해지는데 자신의 사목을 위한 설교문과 목회적 생활에 관한 단편들로 구성되어 있지만 실제로는 기독교인의 윤리에 관한 첫 번째 주된 저작물이라고 할 수 있다. 그 틀은 키케로의 "책무에 관하여"를 본떴는데 도덕적 교훈에 있어서는 스토익 철학의 형태를 갖추고 있기도 하지만 전체로는 기독교적 신앙의 관점으로 집필되었다.

암브로시우스는 원숙한 '가톨릭' 기독교를 가르쳤던 바(fides를 자주 '그 믿음'이라고 번역하였음), 그의 작품 전체는 서방의 중세 가톨릭주의에 크게 공헌하였다. 그에게 성경은 삶과 사상에 대한 근본적인 권위였다. 하지만 텍스트에 의미를 부여하여 읽는 이른 바 '영적' 주석의 방법을 감안할 때 성경의 권위는 전통과 교회에 의해 수용되어진 교리 다음의 순번을 차지하는 경향이 있다. "교회는 가르치며 성경은 증명한다." 정통 삼위일체론과 기독론은 이미 정립되었고 교회와 그 사역에 관한 성격과 권위에 대하여는 어떠한 문제도 제기되지 않았으며 세례와 성만찬은 표현할 수 없는 신비요 은총의 기적이다. 타락과 원죄에 관한 암브로시우스의 교리는 아우구스티누스에게 잘 이어졌으며 성만찬에 대한 가르침은 정교한 철학에 근거하지는 않았지만 화체설을 크게 넘어서지 않는다. 그는 연옥의 불을 가르쳤으며 죽은 자들과 성인에게 호소하는 기도를 가르쳤다. 행위와 그 보상에 대한 개념에 호소하는 상당한 율법주의도 보이는 바 훈계와 교훈이 용인되는 도덕적 이중 잣대도 엿보인다. 실제로 종교적 행위에 대한 심각한 위험이 보이기도 한다. 하지만 이론적으로는 지속적이지는 않지만 신의 은총에 관한 심오한 이해가 있었으며 종교의 본질을 신실한 영혼과 그것의 구주와의 개인적인 합일로 보는 신비주의적 기질도 가지고 있다.

예전의 역사에서 암브로시우스의 이름은 그에게로 안전하게 귀속시킬 수 있는 것 이상으로 연관되어 있다. 그는 동방에서 회중들에 의해서 불려진 회중찬송의 전통을 서방에 소개한 사람처럼 보인다. 아울러 그의 작품이라고 알려진 후대의 것들 중 아마도 십여 개 혹은 그 정도의 숫자만큼의 찬송가를 짓기도 하였다. 분명한 그의 작품들은 모두 아우구스티누스에의 해서 언급된 *Aeterne rerum conditor, Deus creator omnium, Jam surgit hora tertia,* 그리고 *Veni redemptor gentium*들이다. 후대의 암브로시우스적 예전은 그의 것이라기보다는 동방, 로마, 그리고 고울 지방적 요소들의 혼합적 결과물이다. 그것들의 동방적 성격들은 카파도키아 감독들, 아욱센티우스, 암브로시우스의 아리우스 전임자들에 의해 밀란으로 소개된 것들이었다. 이 경우 암브로시우스는 이들을 서방 기독교에 수용하였거나 아니면 단지 아리우스적 요소들만 제거하였을 것이다. 어떤 한 전래에서 이야기 하듯이 그가 *Te Deum*을 작곡하지는 않았지만 몇몇 현대 학자들은 그가 아타나시오스 신조를 작성하였다고 주장한다. 의심할 여지없이 순교자를 숭앙하는 일과 또한 유골들을 찾고 교환하는 일 등을 격려함으로써 교회의 일상적 삶과 예전적 관습에 깊은 영향을 남겼다.

그는 자신의 권리 안에서 교회의 위대한 군주였다. 위대한 사람으로 진리의 길로 들어서도록 도왔던 것 또한 그의 일이었다. 아우구스티누스가 그와 개인적으로 친근해서가 아니었다. 아우구스티누스로 하여금 구약을 바로 이해하고 마니교의 난제들로부터 그를 자유롭게 하며 세례를 주었던 사람, "그리스도 안에서 나를 복음으로 낳았으며 그의 사역으로 내가 중생의 씻음을 얻었던 – 내가 주저함 없이 선언하며 전체

로마 세계가 직접 경험하였던 그의 은혜와 꾸준함, 수고, 말과 행함에서 보여준 가톨릭 신앙에 대한 땀 등, 내가 아버지로 숭앙했던 위대한 하나님의 청지기"[1] 그가 바로 암브로시우스였다.

교회와 국가의 관계에 대한 암브로시우스의 가르침

교회와 국가의 관계에 대한 암브로시우스의 가르침은 읽기에 매우 흥미로운 바, 그의 제국 군주들에 대한 친밀한 생각과 일기 등을 포함하고 있다. 이것들 중 무엇을 얻지 못할 때 우리는 정치적 상황 속에서 그로부터 유래하는 몇몇 언급들과 몇몇 그의 성경 주석의 부분들을 통해서 나타나는 언급들을 종합해 보아야 한다.

먼저, 국가는 선한 것이며 하나님의 뜻 안에 있다. 원칙적으로 그것은 타락 이전에 존재했고 자연적이다. 아담과 이브의 사귐에 대한 신적 인침은 곧 국가의 원천이다. 왜냐하면 사귐이라는 것은 상호간의 도움을 내포하는 것이기에 정의와 선한 의지 이 두 가지가 공동체와 사회의 원리인 것이다. 죄가 없을 때가 그렇게 되었을 때보다 사회가 보다 자유롭고 보다 동등한 것은 사실이다. 노예제도와 개인의 소유 등은 타락의 결과인 것이다. 그래서 왕국은 실재한다. 국가 그 자체는 자연적인 것인 한편 강제하는 힘은 죄의 열매인 바, 악마의 발명으로서가 아닌 죄의 치유를 위한 신적 인증인 것이다. 이같이 왕권이 존재하는 것은 신적인 인증을 통한 권력으로서 그와 그의 책무를 받아들여야만 한다.

그러나 그의 책무란 무엇인가? 그에게 용인된 신적 권세는 어느 범위까지 인가? 3세기까지 로마제국의 전제주의는 황제의 통제를 벗어나는 것은 어떤 것도 없다고 간주했다. 그가 *Pontifex Maximus*가 되어야 하는 것은 아주 자연스러운 것이었다. 정부는 종교 예식이나 자신의 정치적, 도덕적 이해관계와 관련된 일에서 언제나 그것들

1. 아우구스티누스, 「펠라기우스주의자 율리아누스에 대항하여」, I. 10.

을 자유롭게 통제하며 억압할 수 있다고 생각했다. 바로 이 전통을 콘스탄티누스 황제는 계승했으며 더 나아가 스스로가 교회와 국가 모두의 안녕을 위해 신에게 책임이 있는 신의 충복이라는 의식 속에 자랐다. 뜻하지 않게 교회 생활 안에 처하게 된 기독교도 황제의 위상 문제에 접하면서 많은 그리스도인들은 가장 훌륭한 모델이 구약성경 안에서 발견되는 바, 기름부음을 받은 왕이 우리가 흔히 일컫는 세속적 정치 뿐 아니라 무엇보다 먼저 그의 백성들의 신앙과 예배 그리고 도덕 등에도 신에 의해 그 책임이 주어진다고 보았다. 이와 같이 비록 콘스탄티누스 자신은 감독들의 판단이 곧 신의 결정이라고 생각했기에 감독들이 자신에게 호소하는 것에 대하여 반대했지만, 그의 시대에 교회는 황제가 교회의 일에도 적극적으로 나서주기를 기대하면서 교회회의의 결정과 감독들의 추방을 위해 국가가 강제력을 행사해 주도록 요구하였다.

이 같은 모습에서 유래하는 위험들은 시간이 지날수록, 그리고 황제가 계승될수록 점차 더 나타나고 있는 바, 종종 진지하게 일치와 평화를 갈망하면서 그들의 권위를 자신의 관점을 강요하는 일에, 혹은 자신이 지지하기에 유리함을 발견한 쪽의 교리를 강요하는 데 사용하였다. 여기에서부터 종교의 자유와 교회의 독립에 대한 이론을 호소하기에 이른다. "황제가 교회와 무슨 관계가 있는가?"라고 주후 347년 도나투스는 물었다. 콘스탄스 황제가 자신의 관리들로 아프리카에서 도나투스주의자들을 징치하고자 했을 때. "당신 자신을 교회의 일에 관여케 하지 마시오. 그리고 교회 일에 관해서 감독들에게 이래라 저래라 명령하지 마시오"라고 코르도바의 호시우스는 콘스탄티우스 황제에게 주후 355년 밀란교회협의회 이후에 편지를 보냈다. "하나님께서는 당신에게 왕국을 허락하셨습니다. 그리고 그 분은 우리에게 교회와 관련된 업무를 맡기셨습니다… 가이사의 것은 가이사에게 그리고 하나님의 것은 하나님께 돌리십시오"

암브로시우스는 이 같은 교회와 국가의 분리라는 이분법 이론으로부터 시작하고 있다. 그리고 결코 그것을 부인하고 있지 않았다. 다만 그는 좀 더 다른 형태의 번성함을 후대에 남기고 있다. 황제는 자신의 힘을 하나님으로부터 부여받는다. 그리고 그의 적합한 영역 내에서 그는 복종함을 얻는다. 그러나 교회에 관한 한 그렇지 않다. "왕궁은 황제에게 속하며, 교회는 감독에게 속한다." 하나님의 이유(*causa Dei, causa fidei, causa religionis*) 내에서 감독들은 재판관들이며 직접 하나님께 책임을 진다. 물론 어려움은 교회와 국가의 영역에 대한 정의이다. 실제로 암브로시우스가 이론으로서가 아닌 실천적으로 이 같은 생각을 행함으로 옮길 때 그는 국가는 종교적인 일에 있어서 무관심하고 전적으로 중립이며, 반면 교회는 국가에 대하여 전혀 책임이 없다는 식의 급진적인 이분법에 대하여 분명하게 지지하지 않았다. 그가 생각하고 있던 것은 기독교 국가였다. 한편으로는 국가가 교회에 대하여 훨씬 더 많은 책무를 가지고 있다. 기독교 황제는 신앙과 교회의 도덕에 관하여 자신의 결정을 교회에 강요할 수 없는 반면 자신은 교회의(실제로는 감독들의) 결정을 때로는 무력으로라도 실행하여야 한다. 동시에 그는 참다운 종교와 참된 교회를 그들의 라이벌로부터 보호해야 한다. 이로써 황제는 이단적 예배와 이교적 의식들을 금지시켜야만 하는 것이다. 반면, 교회는 도덕법의 수호자로서 어떤 황제의 정치적인 결정이나 행동이 이루어질 때 만일 비기독교적인 요인이 있을 때 필요하다면 감독들을 통하여 그에게 영적 제재나 파문 그리고 저주의 위협 등 자신들의 권한을 선언할 수 있다. 이렇듯 암브로시우스는 실제로 테오도시우스, 막시무스 그리고 에우게니우스 황제를 파문하였다. 평신도로서 황제는 교회에 속해 있기에 그는 감독의 권한 밑에 있는 것이다. 감독은 구약의 선지자들, 즉 나단 선지자가 다윗 왕을 꾸짖으며 엘리야 선지자가 아합 왕을 책망했던 기능을 계속한다. "선지자와 감독들은 만일 왕들에게 꾸짖음을 당할 만큼 합당한 어떤 중대한 범죄가 없을 때 그들을 경솔하게 모욕해서는 안 된다. 하지만 중대한 범죄의 혐의가 있을 때는 그가 정의를 회복하기 위하여 그들을 교정하는 수고를 아껴서는 안 된다."[1] 다시금 "비록 왕들이 인간의 법 위에 있지만, 그들은 자신들의 범죄에 대하여 하나님의 심판 아래 있는 것이다."[2]

Ubi peccata graviora sunt, pro peccatis suis - 이것은 왕들과 황제들이 교회의 지시 즉 *ratione peccati*에 따라야한다는 중세적 논점이다. 왜냐하면 교회가 궁극적으로 그들의 자녀들의 양심과 영혼에 대하여 하나님께 책임을 가지기 때문이다. 이것은 더 이상 단순히 신앙의 정의를 위한 감독의 배타적인 권리를 수호하기 위함이나 혹 교회 생활의 내적인 문제로 그들의 양떼를 돌보는 교회적인 업무가 아니다. 이것이 상호적으로 배타적인 영역에 대한 어떤 교리는 아니지만 교회와 국가 중 궁극적

---

1. 「설교집」, 시 37:43.
2. 「설교집」, 시 40:14.

권위는 교회의 손에 있다는 해석이라고 할 수 있다. 암브로시우스 자신이 이에 대하여 구체적으로 작업을 하였거나 혹 그의 주장을 완벽하게 펼친 것은 아니었다. 그러나 원리적으로 바로 신약성서가 국가를 지지하고 있다고 보여지는 바로 그곳, 즉 정치적 정의의 실현, 공공질서의 보존, 암브로시우스 자신의 국가에 대한 이론이기도한 정부가 위임받은 강제력의 행사 등 가장 핵심적인 부분에서 국가의 권위에 대한 교회의 지배가 이루어지고 있다. 이로 인해 이제 자신의 검의 사용에 대한 통치가 직접 하나님 앞에서가 아닌 교회에 책임을 지는 것이 되어 버린바, 충복들로 국가에 충성할지 말지를 결정하는 것은 교회에 달려있게 된 것이다.

여기에 소개되는 서신들은 암브로시우스의 행함을 보여준다. 어느 누구도 그의 용기와 신중함, 그리고 후대에 그의 전범이 끼친 영향을 부인하지 못할 것이다. 후대인들은 암브로시우스가 어디까지 옳았으며 그가 적합하게 소원했던 것들이 교회적 폭압 없이 얼마나 견고할 수 있었는지를 숙고해야만 했다.

서신 10: 아킬레이아 종교회의, 주후 381

서론

주후 378년, 일리리쿰에 두 명의 아리우스주의 감독들은 점증하는 니케아 정통주의로의 회귀 움직임으로 인해 자신들의 직위가 상실될 위협에 빠지자 그라티안 황제에게 교리의 불일치 문제를 논의하기 위한 새로운 대종교회의를 소집해 줄 것을 요청하였다. 요청에 황제는 동의하였지만 고틱 전쟁으로 인해 실제 회의가 소집되는 것이 좌절되었다. 감독들 중 하나였던 라티아리아(Ratiaria)의 팔라디우스(Palladius)는 암브로시우스가 먼저 출판했던 「신앙에 대하여」(On the Faith)라는 제목에 대항하여 같은 제목으로 책을 출판하면서 그에게 검을 겨누었다. 380년 가을에 그는 그라티안 황제와 대담을 나눌 기회를 잡고 아킬레이아에서 대종교회의를 주재할 것에 대한 동의를 얻어냈다. 이 일로 다른 많은 동방의 감독들이 아직 비정통적이며 아마도 팔라디우스를 지지하고 있다고 생각했던 암브로시우스를 자극했다. 암브로시우스는 몇몇 서방의 감독들이라면 문제를 진정시키기에 충분하다는 점으로 그라티안 황제를 설득하려고 계획하였다 그렇게 하여 32명의 감독들과 2명의 대표 장로들이 각기 북부 이탈리아, 서부 일리리쿰, 아프리카, 그리고 고울을 대표하여, 그리고 팔라디우스와 세쿤디아누스가 더해져 각기 도착하였다. 이들은 동방의 지지자들이 참석하지 않았다는 것을 알고 몹시 괴로워하였다. 종교회의뿐 아니라 그 교리의 타당성에 대하여 많은 갑론을박이 있은 후 팔라디우스와 세쿤디아누스는 아리우스주의자로 정죄되어 파문되었다. 회의 도중 팔라디우스는 중재자 앞에서 필시 평신도였을 방청객 몇몇 사람들에게 토론해 볼 것을 요청하였다. 암브로시우스는 감독들이 평신도에 의해 판단되어질 수 없다는 점을 환기시키면서 바로 그 제안이 팔라디우스가 감독직분을 맡을 자격이 없음을 증명해 준다고 응답했다.

종교회의의 판결문에 의하면 회의는 381년 9월 3일에 이루어졌다. 몇몇 학자들은 판결 문안에 381년 5월부터 6월 사이에 열렸던 콘스탄티노플 종교회의에 대한 언급이 전혀 없다는 사실에 적잖이 당황하여 상기의 아킬레이아 회의의 날짜를 바꿀 것을 제안하기도 하였다. 두덴(Dudden)을 이어 팔랑케(Palanque)도 아킬레이아 회의의 날짜를 5월로 처리하기도 하였지만 곧이어 그의 의구심을 표명하기도 하였다. 콘스탄티노플에 대한 아킬레이아의 침묵은 아마도 외교적 이유에서였을 것이라 추정할 수 있는 바, 몇몇 서방 감독들은 콘스탄티노플의 결정 중 일부를 좋아하지 않았다.

아킬레이아 종교회의는 암브로시우스의 서신들 가운데 그 일부가 포함되어 있는 몇몇 서신들을 발송하였다. 「서신」 9는 대표를 파송한 일에 대하여 고울 교회에 짤막하게 감사하는 내용으로서 그들에게 팔라디우스와 세쿤디아누스의 정죄에 대하여 말하고 있다. 나머지들은 암브로시우스의 작품으로서 3명의 다른 황제들 모두에게 보냈지만 실제로는 그라티안 황제에게 보낸 「서신」 10에는 종교회의의 활동을 요약하고 그 결정을 강제해 달라는 요청을 담고 있다. 암브로시우스는 세속의 무력을 요청하는 일을 주저하지 않았다. 그리고 교회가 황제로 하여금 종교회의들을 주재하게 하고 감독의 축출과 같은 행동을 확인하는 것이 적합하다고 생각했던 것이 명백하다. 종교회의는 심지어 그라티안 황제가 충분히 자신의 권위를 사용하지 못할지에 대해 염려하는 자세를 보여주고 있으며 황제의 지침이 뒤따라야 한다는 것을 강조하고 있다. 반면에 황제는 감독의 이름을 존중해 줄 것과, 감독들로 팔라디우스와 세쿤디아누스를 승계할 감독들을 지명하는 일을 허용해 주는 것, 그리고 첫 번째로는 교회 그리고 두 번째로는 법에 대한 존경을 확고히 하기 위하여 포티니우스 회의에 대항하는 법을 제정할 것을 강제해 줄 것 등에 대한 압박을 받고 있다. 이런 일들을 수락하면 그에게 신의 후의가 함께 하리라는 것을 약속받고 있다. 감독은 평신도에 의해서 판단되어질 수 없다는 종교회의 중에 다루어졌던 주제들을 확약하는 것과 더불어 암브로시우스의 후기 사상과 행동들의 전조들을 볼 수 있다.

그라티안 황제에게 보내진 「서신」 11에서는 황제가 다마수스 교황에 대항하는 분열적 반대(우르시니아주의)를 중단해 줄 것을 걱정스러워하며 요구하고 있다. 「서신」 12는 기본적으로 테오도시우스 황제에게 보내진 것으로 황제로 하여금 알렉산드리아 회의에 소환함으로써 안디옥에서의 분열을 종식시킬 행보를 취해줄 것을 요청하고 있다. 「서신」 13과 14는 아마도 일년 후에 작성된 것으로서 서방의 기대와 다르게 결정되었던 동일한 주제에 대해 다루고 있다.

본문

아킬레이아에 회집된 거룩한 회의가 가장 은혜로운 그리스도인 황제이며 가장 복된 군주들이신 그라티안, 발렌티니안, 그리고 테오도시우스 황제에게.[1]

1. 로마의 제국을 황제께 허락하신 우리 주 예수 그리스도의 아버지 하나님의 축복과 가장 은혜로운 군주들이신 당신들께 그 분의 존전 앞에서 감사를 드리는 바, 그의 선하심으로 당신들의 권좌를 보호하시는 하나님의 독생자 우리 주 예수 그리스도의 축복이 폐하들께 함께 하시길 축원합니다. 우리는 당신께서 논쟁을 종식시킬 감독들의 회의를 주재해 주심을 통해 보여주신 신실한 믿음의 확증과 또한 참여해야만

---

1. 이 서신이 3명의 황제들 모두에게 보내진 것으로 되어 있지만 실제로는 제2항에서 직접적으로 거명된 그라티안 황제를 염두에 둔 것이다. 당대의 관례대로 암브로시우스는 우리 시대의 "폐하"(Your Highness) 혹은 "각하"(Your Grace)와 같은 황제의 칭호에 추상적인 명사들을 사용하고 있다. 이들은 단지 "당신"이라는 의미 이상이 아니며 종종 "폐하"로 번역된다. 그러나 채택되는 호칭은 종종 일어나는 사건과 관련이 있다. 이를테면 "경건한"(Piety)라는 명칭은 종교적 일과 관련이 있다. 본인은 여기에서 그것이 비록 좀 이상하게 들리더라도 "Your Tranquility"와 같은 단어와는 구별하기로 한다. 본인은 Clementia Vestra를 "각하"로 번역한 바 이것이 그 칭호와 아주 유사하기 때문이다. 암브로시우스가 황제의 은총과 자비를 구하기를 원하는 때에 즐겨 그 호칭을 사용하고 있다는 점을 발견하게 될 것이다. 그러나 이들 호칭은 다분히 관용적인 것이다. 초격, Imperator를 나는 "Sir" 혹은 때로 "Your Majesty"로 번역한다.

하는 이들이 불참하지 않으며, 또한 어느 누구도 강제로 그의 의지에 반하여 회의에 참여하지 않도록 사려 깊은 결정을 감독들에게 보여주시는 영예로움에 대하여 감사 드립니다.[2]

2. 우리는 당신의 은혜로운 명령에 따라 회집되었으며 지나친 숫자에 의해 방해받지 않은 가운데 토론을 위해 준비되었나이다. 참석한 감독들 중 그들의 오랜 불신으로 악명이 높아 그로 인해 로마 세계의 끝에서부터 종교 회의가 개최되어야 한다고 요청되었던 팔라디우스와 세쿤디아누스를 제외한 그 어떤 감독들에게서도 이단성을 발견하지 못하였나이다. 나이 들어 등이 굽은 어느 누구도 가장 먼 대양의 해변으로부터 오도록 강제되지 아니하였나이다. 하지만 회의는 아무런 결핍도 없었습니다. 어느 누구도 금식의 봉사로 소진되어 연약해진 육체를 이끌고 있지 않았으며, 자신의 기력을 상실하는 악전고투 위에 여행의 고통으로 내몰리지 않았으며, 무엇보다 그 어느 누구도 올수 있는 방법 없이 남겨진 채 감독의 영광인 가난으로 신음해야 하는 자 없었나이다. 그러므로 가장 은혜로운 군주이신 그라티안 황제여, 성경의 찬송이 당신에게 이루어질 것이나이다. "가난하고 궁핍한 자를 돌보는 이들은 복이 있을지어다."[3]

3. 만일 두 명의 불충으로 찌든 감독들이라는 이유만으로 세상에 있는 교회들이 그들의 감독이 없이 남겨졌다면 그것은 매우 심각한 문제였을 것입니다. 여행의 긴 기간으로 인해 그들이 올 수 없다고 하더라도 대리자들을 파견함으로써 거의 모든 서방의 지역들이 함께 참석하였나이다. 또한 그들이 성명서를 발표함으로써 별도로 첨부하는 문서와 같이 우리가 주장하는 바를 믿으며 니케아 종교회의의 공식과 일치한다

---

2. 종교회의의 판결문(*Gesta Concilii, Aquileiensis*)은 암브로시우스의 서신들 중에 포함되어 있으며 팔라디우스의 견해들은 그라티안의 칙령 *Disserlatio Maximini*로부터 수집되었을 것인데, 그 3–4항에는 암브로시우스가 종교회의의 범위를 제한하자고 암브로시우스가 그를 설득하는 모습을 보여준다. 암브로시우스는 종교회의가 칙령의 조항에 따라 모이고 있다는 점을 강조하여야 할 필요가 있었던 바, 팔라디우스는 전에 대종교회의가 약속이 되었으며 동방의 감독들이 불참하고 있는 사실에 대하여 불만을 제기하고 있는 동시에 자신은 오직 전체 종교회의에서만 답할 것을 천명하고 있었다. 암브로시우스는 동방의 감독들에게 그들이 참석할 수 있음을 고지했지만 그들 스스로가 서방의 회의는 서방의 감독들만을 위한 것임을 인지하였노라고 말하고 있다. 당시 팔라디우스와 세쿤디아누스는 교회적으로 그리고 정치적으로 서방의 감독에 귀속되어 있었다. 이 예민한 문제에 대하여는 본인의 *Journal of Theological Studies*, XLVI (1945), 23을 참조할 것. 실제로 암브로시우스는 359년에 발렌스(valens)와 우르자시우스(Ursacius)에 의해 꾸며진 술책, 즉 그들이 콘스탄티누스 황제를 설득하여 원래 계획되었던 일반적 대종교회의 대신에 동방과 서방으로 나뉘어져 각기 셀루시아(Selucia)와 아리미눔(Ariminum)에서 종교회의를 개최하였던 아리우스주의자들의 술책에 대하여 되갚음을 하고 있다. 팔라디우스와 세쿤두스는 바로 우르자시우스와 발렌스의 추종자들이 아니었던가! 팔라디우스는 라티아리아(불가리아에 있는 아르쳐, Artcher)의 감독이며, 세쿤디아누스는 우르자시우스의 교구였던 싱기두눔(Singidunum, 밸그라데)의 감독이었다.

3. 시 41:1.

고 하는 사실을 알리었나이다. 따라서 이제 당신의 제국을 대표하여 모든 이들이 어디에서나 함께 기도하고 있으나 신앙의 수호자들은 당신의 결정의 결과로서 아직 요청되고 있지 않나이다. 우리 전임자들의 통치가 비록 극히 평이한 것이었지만 우리는 토론의 기회를 베풀었나이다.

4. 시작하면서 우리는 그 근본의 형태에 관한 문제를 끄집어내었고 그의 이름으로부터 유래하는 아리우스주의 이단의 원저자인 아리우스의 편지를 읽어보는 것이 좋겠다는 생각을 하였나이다.[4] 우리의 의도는 자신이 아리우스주의자라는 사실을 공통적으로 부인하는 이들 두 사람에게 아리우스의 독신(瀆神)을 공격 혹은 정죄하거나, 혹은 방어 혹은 지지 또는 적어도 그들이 따르는 불경과 불충의 사람의 이름을 논박하지 않던지를 택해야만 하도록 하기 위함이었습니다. 그들은 시간과 장소를 그들 스스로 확정했으며 소환을 기다림 없이 그들이 출두함으로서 사흘 전에 토론에 나오도록 우리에게 도전하였나이다. 그러나 그들은 조우를 갑자기 멈추고 모든 토론을 거절하는 시점에서 아주 민첩하게 자신들이 그리스도인임을 주장하였음에도 (이것은 우리가 즐겁게 들었으며 또한 그들이 그것을 입증하기를 소망하였던 일이었습니다) 그들은 그들의 주인을 용인하기를 꺼려했던 만큼이나 그를 정죄할 수도 없었나이다.

5. 그럼에도 많은 말들이 우리 사이에 오고 갔습니다. 거룩한 성서가 펼쳐졌으며 우리의 인내를 발휘하여 그들에게 새벽부터 7시까지 토론할 수 있는 기회를 갖도록 하였나이다. 하나님께 그들이 말을 많이 하지 않았으며 또한 적어도 우리가 들은 것을 지울 수 있었다면! 독신적 언사로 아리우스는 오직 성부만이 영원하시며 홀로 선하시고, 홀로 바로 하나님이시며, 홀로 불멸하시고, 홀로 지혜로우시며, 홀로 전능하시어 불경건하게 아들은 그러한 속성이 없다고 주장하였나이다. 팔라디우스와 세쿤디아누스는 하나님의 아들은 영원한 하나님이시며, 바로 하나님이시며, 선하신 하나님이시며, 지혜롭고, 전능하며, 불멸하신 분이라는 고백을 하기보다 아리우스를 따랐나이다. 헛되게 많은 시간을 우리는 허비하였나이다. 그들의 불경건은 점차 자랐고,

---

4. 니케아 회의 이전에 알렉산드리아의 감독이었던 알렉산더에게 보낸 아리우스의 서신. 아타나시오스의 *De Synodis*, 16을 보라. 여기에서 그리스도를 피조물로 부르고 있다. 팔라디우스는 그렇게까지 나아가지 않았기에 자신은 아리우스주의자가 아니라고 주장하였다. 그는 아들은 거룩하신 독생자이시지만 그는 신성에 있어서 아버지에게 종속되어 있기에 그를 바로 하나님이라고 부를 수 없다고 생각하고 있었다. 그는 유사본질(homoean)파에 속해있었다. 그들의 표제어는 아들은 "하나님과 유사하다"였다. 이것은 그가 아들이 하나님이시라는 것은 결코 아버지가 하나님이라는 것과 동일할 수 없다는 점을 명확히 하고 있는 것이다.

그것을 바로잡을 방도가 없었나이다.

6. 마침내 그들이 아리우스의 서신의 (폐하께서도 그것을 혐오하실 것 같아 우리가 덧붙이나이다) 독신성에 의해 무겁게 짓눌리고 있음을 보았을 때 서신의 낭독이 반쯤 더 남아 있는 상태에서 그것을 중단시키면서 그들의 입장에 대한 답변을 요구하였나이다. 이 같은 행위는 순서를 이탈하고 이유 없이 우리가 채택한 절차를 방해하는 것이었나이다. 그리고 또한 우리는 그들이 아리우스의 불경건을 정죄한다면 순서와 장소에 따라 그들이 어떠한 이의를 제기하든 그것에 대하여 응답하겠노라고 이미 답변한 바 있나이다. 하지만 우리는 그들의 소망은 일을 잘못된 길로 들어서게 하려는 것이라는 것을 알아차렸나이다. 그리한 후 성경의 본문을 잘못 인용하면서 그들은 주님께서 "나를 보내신 분이 나보다 크다"라는 대목을 우리에게 제시하였나이다. 그러나 그와 관련된 성경 구절에서는 상당히 다른 것이 기록되어 있음을 보여줍니다.[5]

7. 비록 그들의 잘못된 설명이 확인이 되고 또한 그것이 인정되었지만 그들은 이성에 둔감했습니다. 우리가 아들이 육신을 입었다는 점에서 아버지보다 못하다고 묘사되어 있지만, 그 반면 성경의 입증으로 그분이 신성에 있어서는 아버지와 동일함이 증명되었으며 그 어떤 차이의 정도가 있을 수 없으며 또한 권능의 일치가 있는 곳에는 위대함의 차이가 있을 수 없는바, 그들은 자신들의 잘못을 고치려하지 않은 것은 물론 그들의 정신 나간 생각들을 더욱 강조하기 시작하였나이다. 그들은 마치 그의 신성과 권능에서 하나님의 종속이 있을 수 있기라도 하듯이 아들이 그 신성에서 종속되어 있다고[6] 말하였나이다. 간단히 말해서 그들은 아들의 죽음이 우리의 구원을 위한 신비가 아니라 그의 신성의 연약함이라고 간주하였나이다.

8.은혜로운 군주시여, 우리는 그렇게 황망한 신성모독과 타락한 교사들에 대하여 놀라움을 금치 못하였나이다. 그리하여 그들의 백성들이 더 이상 미혹되지 않기 위하여 그들이 첨부된 서신의 불경에 동의한 이상 그들의 사제직으로부터 추방되어야 마땅하다는 결론에 이르게 되었나이다. 그들이 자신들이 부인한 분의 제사장을

---

5. 이 부분은 *Gesta* 35-36에 설명이 되어 있다. 회의에 대답하는 대신 팔라디우스는 암브로시우스에게 질문하기 시작했다. 이것이 그의 "잘못된 길"(*praepostera voluntas*)이다. 그는 그의 강력한 성경 카드, 즉 "아버지는 나보다 크시다"를 제시하였다. 그것은 요한복음 14:28을 아버지께서 아들을 보내셨다는 다른 여러 관주들과 융합한 잘못된 인용이었다.

6. *subjectim secundum divinitatem*.

자처하는 것은 적합하지 않나이다. 폐하의 믿음과 영예로 우리가 폐하에게 청하는 것은 당신 제국의 창시자에게 당신의 존경을 보여주시고 적합한 권위자들에게 폐하의 서신을 띄워 이들 불경과 진리로부터 타락한 자들이 교회의 문지방으로부터 추방되었음과 거룩한 감독들이 자신들의 겸허한[7] 대표자들에 의해 정죄함의 자리에 처하게 되었음을 알리는 칙령을 내려주십사 하는 것이나이다.

9. 팔라디우스의 불경에 경도되어 자신의 잘못을 숨기지 않았던 아탈루스(Attalus) 장로는 유사한 결정에 처해졌나이다. 그의 주인인 줄리아누스 발렌스(Julianus Valens)[8]에 대하여는 우리가 무슨 말을 할 수 있겠나이까? 그는 왜 자신의 나라를 황폐케 하며 그의 동료 시민들을 배반하는 지에 대하여 감독들 앞에서 그것을 해명하도록 강제되는 것이 두려워 교회의 회의로부터 바로 옆에 있었지만 멀리 달아났나이다. 고트족들의 불경건에 오염이 되어 그 자신이 옷깃과 그의 팔찌로 이교도와 같이 장식하고 감히 로마의 군대 면전에 그와 같은 행색으로 나타났나이다. 그것은 로마의 관습에 반하는 것이므로[9] 의심할 나위 없이 명백히 감독들에게 만이 아니라 모든 그리스도인들에 대한 모독입니다. 의심의 여지없이 고트족의 우상숭배적 사제들이 그의 모델이었나이다!

10. 우리는 폐하의 경건함이 자신의 모독으로 더럽혀진 감독의 이름에 의하여 발동되리라 믿나이다. 그는 심지어 자신들의 백성의 외침에 의하여 (만일 그들 중 아직까지 살아남을 수 있다면) 끔찍한 범죄자로 낙인 되었나이다. 적어도 그로 하여금 집으로 돌아가게 하사 번성하는 이태리의 도시들을 오염시키지 않도록 하십시오. 왜냐하면 그는 지금 불법적인 안수례와 노력으로 자신과 같은 생각을 가진 자들과 교류하면서 몇몇 방기된

---

7. 라틴어로 *sacradotio*. 초기의 용례에서 *sacerdos*는 언제나 거의 감독을 의미하였으며 이것이 암브로시우스 때에도 통용되었다. 이와 같이 암브로시우스는 제사장에 관한 구약의 구절들을 감독들에게 적용하였다. 「서신」 63을 참조할 것. 그리스도의 제사장 직분으로 인해서 여기에서처럼 제사장이라고 번역되어야 한다. 또 한편 종종 그것을 감독이라고 번역하여야 한다. 그렇지 않으면 포인트를 잃게 된다. 그러므로 나의 감독(bishop)은 모두 유사한 형용사와 함께, 종종 *Sacerdos*이며 또한 종종 *episcopus*이다.

8. 노리쿰(Noricum)의 장로인 줄리아누스 발렌스(Julianus Valens)는 밀란에서 아리우스파에 합류하였으며 수년 전에 암브로시우스를 괴롭혔다. 이후 그는 마르크(Mark)의 자리에 있던 포에토비오(Pettau)의 아리우스주의 감독으로 밀어 넣어졌다. 그러나 가톨릭교회에 의해 감독으로 용인되지 않았다. 그의 반역은 379년, 아드리아노플(Adrianople)에서 그가 자신의 도시를 그들의 손에서 건져내었던 고트족의 승리 이후에 감행되었다. 이후에 그는 시민들에 의해 추방되었으며 밀란으로 갔고 거기에서 그는 우르시누스와 밀통하였다(「서신」 11:3). 교회회의는 그의 축출을 요청하지 않았는데, 이유는 그들이 그를 한 번도 감독으로 생각하지 않았기 때문이었다. 단지 그의 제명만을 언급하였다. 아탈루스(Attalus)는 그의 추종자 중 한명이었다.

9. *etenim*을 '그리고 진실로'라고 번역할지에 대하여 고심했지만 암브로시우스는 그것을 '왜냐하면'이라는 전체적 의미로 사용한 듯 하다. 만일 그렇다면 그의 기독교와 로마 시민의 정체성이 드러나게 된다.

비열한 수단으로써 그의 뒤에서 지속적으로 그의 불경건과 불충을 후원하도록 남겨 놓았나이다. 그리고 그는 감독으로서 시작조차 하지 못하였던 바, 처음에 포에토비오 (Poetovio)에서 훌륭한 명성으로 기억되는 감독이었던 거룩한 마르쿠스(Marcus)를 밀쳐내 었나이다. 이후 그는 백성들에 의해 비열한 자로 판명되었으며 포에토비오(Poetovio)는 그에게 불가능하다는 것이 발견되었고 이렇듯 자신의 나라를 황폐케 한 이후에 (통명스 럽게 말한다면 '배반한 이후에') 이제 밀란에서 의기양양하게 활보하고 있나이다.

11. 폐하시여, 이들 모든 관점들이 우리가 기꺼이 고려하였던 점들입니다. 우리는 폐하의 평화(Tranquility) 원칙을 따라 어떠한 목적 없이 회집되었다는 인상을 남기기를 원 하지 않나이다. 우리보다 더욱 폐하의 결정이 불명예스럽지 않도록 유념되어야 할 것 입니다. 하여 속히 폐하께서 기꺼이 경건한 회의의 대표자들과 참관자들을 기쁘게 하여주시어 그들이 우리의 요청을 폐하께서 기꺼이 유효하게 해 주셨다는 기쁜 소식 을 가지고 급히 돌아갈 수 있도록 지시해 주시기를 청하옵나이다. 그의 교회를 모독 의 더럽힘으로부터 청결하게 하신 폐하께 우리 주 하나님이신 그리스도의 보상이 함 께 하실 것입니다.

12. 포테이누스주의자들에[10] 관한 문제도 있나이다. 폐하께서 선포하셨던 그들이 함께 회집될 수 없다는 앞선 법률과 교회회의를 주재하는 법에 의해서 폐하는 그들 이 우리와 함께하는 것을 금지하였나이다. 우리는 지금 그들이 시르미움(Sirmium) 도시 내에서 만나려는 시도를 하고 있음을 알고 있나이다. 그리하여 폐하시여 다시 한번 그들의 회합을 금지하며 가톨릭교회에게 먼저 존경을 보여줄 것과 다음으로 당신의 법에 존경을 보여줄 것을 명하실 것을 요청하나이다. 그리하여 하나님의 보호하심 아 래 교회의 평화와 고요함을 위한 폐하의 돌보심으로 폐하의 통치가 승리케 되기를 앙 망하나이다.

---

10. 시르미움(Sirmium)의 감독이었던 포테이누스는 앙카라의 마르셀루스의 양태론에다 그리스도의 양자설을 결합시킨 이유로 여러 차 례 동방과 서방 교회회의의 정죄를 받은 바 있다. 그라티안 황제는 유노미우스주의자들과 마니교도들과 함께 포티아누스주의자들 을 그의 378년의 관용 칙령에서 배제하였다. 본문이 전해지지 않는 이 칙령으로써 이들 이단들이 도시 내에서 모임을 갖는 것이 금 지되었을 것이다. 여기에 언급된 다른 "법"은 명시적으로 이단들을 금지한다는 표현이 없이 다만 '감독들'을 초대한다는, 아킬레이 아 교회회의를 소집하는 칙령이다.

서신 17: 승리의 제단

서론

악티움 전쟁 이후 아우구스투스 황제로 등극한 옥타비안은 로마 원로원 의사당에 타렌툼(Tarentum)에서 발견된 희랍의 승리의 여신상을 세워 놓았다. 그곳을 출입할 때 의원들은 그 동상 앞에서 분향하며 매번 새로운 황제에게 자신들의 동맹을 언약하고 제국의 안녕을 위해 매년 기원을 드리는 서약을 하였다. 그래서 그 행습이 주후 357년 콘스탄티누스가 로마를 방문하여 승리의 여신상을 제거하도록 명령을 내릴 때까지 계속되었다. 그런데 그것이 그가 물러나자마자, 혹은 율리아누스에 의해서 다시금 복원되었다. 조비안(Jovian)과 발렌티누스 1세는 비록 그들이 기독교인이었지만 그것이 그냥 그곳에 서 있도록 방치했다. 그러나 382년에 그라티안은 다분히 암브로시우스의 영향으로 이교주의에 대항하는 캠페인을 시작하였다. 비록 382년에 다시금 행하여지기는 했지만 아마도 그의 즉위 시에는 폰티펙스 막시무스라는 타이틀을 포기하였다. 그 해에 그라티안은 성처녀상(Vestal Virgin)을 포함하여 의회로부터 승리의 제단을 제거하도록 하였으며 공식적인 예전과 사제직을 박탈하였다. 바로 그때 로마의 원로원은 심마쿠스, 프라이텍타투스 그리고 니코마쿠스 플라비아누스와 같은 보수적인 이교주의 지도자들의 강력한 영향 아래 있었다. 절대적인 다수는 아니었을지라도 바로 심마쿠스와 암브로시우스는 서로 상반된 입장에서 만나게 되었다. 그러나 바로 이 충돌 시 이교도들은 효과적으로 다수를 점하게 되었으며 황제에게 항의를 위한 대표를 보내게 되었다. 기독교도 의원들도 이에 대항하여 청원서를 제출하게 되었던 바, 교황 다마수스를 거쳐 암브로시우스에게 그리고 다시금 암브로시우스에 의해 그라티안에게 제출되었다. 우리가 심마쿠스로부터 배우는 바와 같이 그라티안은 심지어 공식적인 대표를 영접하는 것도 거절하였다. 잠시 패퇴하는 듯 했지만 세속 집단은 383년의 그라티안의 암살의 틈을 탔다. 이것이 하늘의 응답이었을까?

소년 발렌티누스 2세의 통치 초기에 세속 집단은 제국의 몇몇 가장 높은 관직을 차지하였다. 프라이텍스타투스(Praetextatus)는 이태리의 집정관이 되었고, 심마쿠스는 로마의 집정관이 되었다. 강력한 바바리안 장군이었던 바우토(Bauto) 백작은 아마도 이교도였으며 또한 루모리두스(Rumoridus) 백작도 분명 이교도였다. 이렇듯 고무되어 원로원은 다시금 황제에게 대표단을 보내 종교적 보조금과 하사금을 다시 부활할 것과 승리의 제단의 복구를 요청했다. 이것이 384년 여름이었다. 심마쿠스는 종교의 자유에 대한 기념비적인 청원을 제출했다. 모든 이들이 예배하기 위하여 찾아 나선 바로 그 대상이 같은 방식 안에서 모든 이들에게 발견될 수 없다. 특정한 종교에 대한 약탈은 신성모독이다. 발렌티누스는 무슨 선물을 내려 주실 것을 요청받는 것이 아닌, 단지 권리를 돌려받게 해 달라는 것이다. 신들은 이미 로마에게 기근을 내려 벌하셨다. 발렌티누스 주위에는 이들 요구가 합리적이라고 생각하는 의회에 포진한 기독교인들이 있었다. 그러므로 위협에 대한 소문을 듣자 암브로시우스는 발렌티누스에게 황급하게 편지를 썼다(「서신」 17). 여기에서 그는 종교적인 일에 대하여 감독으로서 중재할 권리를 주장하면서 기독교인 황제나 국가는 결코 우상을 장려할 수 없다고 주장하였다. 기념비적 청원의 사본을 입수하였을 때 그는 다시금 보다 자세히 그 논리를 논박하는 서신을 보낸다(「서신」 18). 그의 영향력은 지대했고 어떤 장려금이나 제단도 다시 복구되지 않았다. 그것은 날카로운 충돌이었다. 당장의 논쟁점이나, 장려금, 혹은 지원금 그리고 제단 등(기독교인의 관점에서 조차 그에 반대하는 케이스들이 있을 것이다)의 옳고 그름을 떠나 암브로시우스는 기독교와 이교도 사이의 힘을 시험하는 의도가 있음을 간파했던 것이다.

이 싸움에서 그는 이겼고 이후의 사건들이 보여 주듯이 밀란은 당대에 로마 보다 더욱 견고한 기독교 센터가 되었다. 이교주의는 384년의 프라이텍스타투스의 죽음으로 더욱 약화되었다. 남자요 문필가라고 암브로시우스가 칭송했던 그의 친족 심마쿠스와 암브로시우스는 개인적으로 좋은 관계로 남았다.

때때로 이교도 의원들은 승리의 제단보다는 장려금과 예식의 국가적 지원 등을 더 강조하는 방법으로 자신들의 노력을 새롭게 했다. 이러한 접근이 389년 혹은 390년에 암브로시우스에 의해서 테오도시우스 황제가 칼리니콘 사건으로 인한 굴욕으로 애태우고 있다고 생각되는 시점에 시도되었다. 대표단이 도착했다. 암브로시우스는 그것에 대항하여 황제를 설득하려고 왕궁으로 갔다. 그리고 그 자신의 설명으로(『서신』 57) 테오도시우스는 그의 충고를 받아들였다. 하지만 그 때 황제가 감독의 참견하는 자세에 대하여 다분히 불쾌하게 생각하고 있는 것처럼 보인다. 그는 대표단의 요청을 거절하지만 그의 참모들에게 암브로시우스와 그 비밀을 나누지 말 것을 명령한다. 반면 데살로니카의 대학살 시에 암브로시우스는 자신이 비겁한 위치에 있었음을 발견한다(『서신』 51). 이교주의를 물리치고자 하는 테오도시우스 자신의 결심은 391년 2월의 *Nemo se hostiis* 법에 의해서 나타나는 바, 이 법에서 이교도 희생을 금지하고 있다. 또한 6월에 이집트에 내린 유사한 법은 알렉산드리아에 있는 *Serapeum*의 파괴를 야기했으며 392년 11월의 *Nullus omnino* 법은 모든 이교 숭배의 형태를 금지하고 있다.

늦은 391년 발렌티우스 2세가 고울에 있고 암브로시우스가 밀란에 있었을 때 다른 의회 대표들이 그를 찾아와 기부금을 복구시켜줄 것을 청원하였다. 이 일에 대하여 그의 참모들은 호의적이었지만 이번에는 암브로시우스의 어떤 압력이 없이 테오도시우스 스스로 그 요청을 거부했다. 이후 곧 그는 아르보가스트(Arbogast) 백작과 논쟁하게 되며 392년 5월 15일에 자살 혹은 암살을 당하게 된다. 8월에 명목뿐인 기독교인 "찬탈자" 유게니우스가 황제를 칭한다. 머지않아 의회로부터 기부금의 복귀를 호소하는 두가지의 청원이 그에게 도착한다. 테오도시우스의 인정을 획득하기 소망하는 동안 그것이 유게니우스에게는 동의할 수 없는 매우 부당한 것이었다. 그래서 그는 그들을 친절한 말로써 돌려보냈다. 그러나 테오도시우스가 393년에 그의 손을 보여주었을 때 유게니우스는 세속 집단에 추파를 던지도록 강제되었다. 그는 다른 대표단을 영접하였고 이번에 그는 아마도 희생과 승리의 제단을 복원하는 것을 허락하였다. (비록 이것에 대한 직접적 증거는 없지만) 그리고 그는 교묘하게 교부금을 약속하였다. 그것들이 개인적으로 이교 의원들에게 전달되었으며 그것은 의심의 여지없이 예식에 적용되는 것으로 이해되었다. 이 모든 것의 결과 암브로시우스는 유게니우스가 밀란에 왔을 때 그를 피했다. 그리고 실제로 그를 파문했다(「서신」 57). 그러나 유게니우스는 이태리를 평정했다. 프리지우스(Frigijus) 강 전투의 승리로 인해 테오도시우스의 입장이 견고해질 때까지, 그리고 그로 인해 기독교가 제국의 종교로 세워질 때까지 잠깐 동안 로마에서 이교주의가 부흥했다. 승리의 제단은 물론 제거되었다. 동상 자체는 399년에 다시 세워진 듯 하다. 만일 그렇다면 408년에 이교 동상들을 금하는 입법 아래에서 영구히 추방되었다.

본문

암브로시우스 감독이 가장 복된 군주이시며 기독교인이신 발렌티누스 황제께

1. 로마의 통치 아래 살고 있는 모든 이들이 세상의 황제와 군주이신 폐하를 섬기듯, 폐하께서는 전능자 하나님과 그 거룩한 신앙을 섬기시나이다. 그 분에 의해서 만물이 통치되는 기독교 하나님이신 참 진리의 하나님을 보편적으로 그리고 진지하게 섬기는 일보다 더 확실한 번영을 이룰 수 있는 길은 없나이다. 마음 깊이 예배를 받으실 하나님은 오직 한 분 하나님이시며 참 하나님이시기 때문입니다. "이방의 신들은 헛된 것일 뿐이요"[1] 라고 성경은 말씀하십니다.

2. 마음을 다해 하나님을 예배하는 참 하나님의 종은 자신의 원칙을 소홀히 하거나 약화시키지 아니하고 분명한 신앙과 헌신을 베푸나이다. 그리 아니하더라도 매사

---

1. 시편 96(5):3.

에 있어서 그는 어떠한 우상을 섬기거나 황망한 예식의 준수를 지지할 수 없나이다. 하나님은 만홀히 여김을 받지 않으시니 그에게 모든 마음의 비밀들이 열려집니다.

3. 그러므로 폐하시여, 기독인 황제에게 하나님께서는 단지 믿음만을 요구하시는 것이 아니라 열정과 돌봄, 그리고 신앙의 연단 안에 있는 헌신을 요구하신다고 할 때, 어떤 이들이 폐하께서 이교의 제단을 복구시키며 독신적인 희생 제사의 필요를 위해 기부금을 제공하시는 것이 폐하의 의무라고 느끼실 것이라는 희망을 가질 수 있는지 의아합니다. 기부금이 그렇게 오랫동안 내밀한 지갑이나 금고[2]에 충당된다고 할 때, 그것은 그들 자신의 어떤 것으로 인한 복구가 아닌 폐하 자신의 재산으로부터 기부가 이루어졌다고 생각하게 될 것입니다.

4. 그들의 손실에 대하여 불평하는 자는 어떤 자들입니까? 우리의 피를 결코 아끼지 아니한 자, 우리의 교회를 황폐케 한 자들이나이다. 그들은 일전에 율리아누스의 법에[3] 의한 특권을 폐하에게 호소하는 바, 그들은 우리의 말과 가르침의 일반적 권리도 부정하였나이다. 특권이란 것 또한 그리스도인들조차 거의 속지 않는 것일 뿐이나이다. 그 특권이란 것으로 종종 그들은 그리스도인들에게 덫을 놓고자 시도했던 바, 때로는 그들의 잘못으로, 또 때로는 그들이 공공 책무의 부담에서[4] 벗어나고자 하는 노심초사로 그리하였나이다. 또한 모든 이가 확고하지 못하기에 심지어 기독교 황제 아래에서도 많은 이들이 넘어졌나이다.

5. 이들 특권들이 진작 제거되지 않았더라면 폐하께 그것의 폐지를 건의했을 것입니다. 그러나 이들이 여러 전임 황제들에 의해서 제국의 대부분 많은 지역에서 수거되거나 무산되었던 반면[5], 로마에서는 폐하의 형제 그라티안께서 참된 믿음에 대

---

2. *Fisco vel arcae.*

3. 362년 6월 17일의 율리아누스의 법 *Magistros* (C. Thold, XIII,iii,5), 13-E.L.T.는 모든 교사들은 도덕적 모범이어야만 하는데 이들은 지방 집정관에 의해서 검사되고 지명되며 황제 자신에 의한 관료에 의해 확인되어야만 한다고 선포하였다. 율리아누스 자신의 「서신」, 61과 역사가들의 관주에 의하면 이 법은 그리스도인들을 문법이나 수사학 그리고 철학을 가르치는 것으로부터 배제하고자 선포된 것으로 해석되어졌는데 그 이유는 그리스도인들이 정직하게 이교적 고전들을 사용할 수 없다는 논리 때문이었다.

4. 어떤 이교 제사장들은 국가(*Munera*)에 대한 특정한 의무, 즉 군역에 나아가는 일 혹은 도시의 조정관으로 복무하는 일 등으로부터 면제되었다. 그리스도인들은 자신들의 양심을 정직하게 지키어 이 같은 일들을 금하는 386년의 법(C. theod. XII, I,112)에 의해 자신들의(아마도 승계에 의해 자신들에게 주어졌을) 제사장직을 수행하고 있음을 보여준다. 그라티안의 382년의 법은 그 같은 특권을 제거하는 것을 포함하고 있는데 그것에 대한 회귀는 의회 대표자들의 목표 중 하나였다. 4세기 법에는 그리스도인 성직자들을 위한 유사한 특권이 다분히 포함되어 있다. Fliche와 Martin의 *Histoire de l'Eglise*, III, 519-525에 요약되어 있다.

5. 콘스탄티누스, 콘스탄스, 그리고 콘스탄티우스는 모두 엄격하게 밀어붙이지는 않았어도 모두 이교 예식의 부분들을 금하는 법을 통과시켰다. 로마에서의 공식적인 숭배와 제사장 직분은 그라티안의 시대까지 용인되고 있었다.

한 충성의 관점에서 칙령으로서 그것들을 제거하고 또한 무효화시켰나이다. 이제 청컨대 신앙에 의해서 이루어진 이들 결정들을 폐기치 마시고 폐하의 형제의 칙령을 되돌리지 마옵소서. 그 어느 누구도 그의 시민법이 가볍게 취급되어야 한다고 생각하지 않습니다. 그의 종교적 규약들이 발에 밟혀 유린될 수 있나이까?

6. 그 누구도 폐하의 연소함을 이용하지 않게 하옵소서. 이 같은 주장을 하는 이가 이교도라면 그가 폐하의 마음을 그 자신의 미신의 차꼬로 잡아 채우지 못하게 하옵소서. 아니되옵니다. 만일 그가 어떤 진리를 향한 열정을 가지고 그 같은 잘못을 방어하려 든다면 이제 그의 열정은 폐하께서 참된 믿음에 어떻게 열정적일 수 있는지를 가르치고 교훈해야 할 것이나이다. 그러한 경의는 구별된 사람들의 덕목으로부터 기인된다는 점에 전적으로 동의하나이다.[6] 그러나 물론 하나님은 모든 이들로부터 더욱 선호 받으실 분이십니다.

7. 만일 군사적인 문제로 인하여 어떤 자문이 필요하다면 전쟁에 경험이 있는 사람의 의견을 살피며 그의 충고를 들어야 합니다.[7] 종교 문제가 숙고의 대상이라면 하나님께 폐하의 마음을 드리십시오. 그를 먼저 구하는 자를 전능하신 하나님께서는 결코 해하시지 않으십니다. 이교도는 자기 자신의 생각을 가지고 있습니다. 폐하께서는 그의 뜻에 반하여 무엇을 예배하도록 그를 강제하지 마십시오. 폐하께서도 같은 자유를 허락받으셔야만 합니다. 만일 그 누군가 황제께 자신이 싫어하는 것을 황제께서 그에게 강요하도록 하는 것을 황제께 강요할 수 없다면 그 누구도 그것이 나쁘다고 여겨서는 안 될 것입니다. 이교도들에게조차 배교하는 마음은 매력을 얻지 못합니다. 사람은 자신의 확신을 정직하게 방어해야하며 또한 그의 목적을 고수해야 합니다.

8. 만일 어떤 명목뿐인 기독교인이 그런 칙령이 있어야만 한다고 생각한다면 저는 폐하의 마음이 그 같은 단순한 말에 의해 사로잡히지 않을 것을 소망합니다. 공허한 이름들이 폐하를 속일 수 없을 것이라고 믿습니다. 이것을 강요하는 것은 (그것을 명하는 이상으로) 희생을 드리는 것과 동일합니다. 의심의 여지없이 하나를 희생하는 것이 모든 것을 상실하는 것보다 더 낫습니다. 이 제안에 의하여 의회의 모든 기독교인들이 위험에 처해 있나이다.

---

6. 심마쿠스를 암시함.

7. 아마도 바우토 백작을 암시함.

9. 만일 오늘 어떤 이교 황제가 (하나님께서 금하시는!) 우상의 단을 세우고 기독교인들로 그곳에서 만나도록, 희생이 진행되는 동안 그곳에 있도록, 제단으로부터 나오는 향내에 목이 메도록, 신성모독의 재들을, 늦 세공사의 냄새를 강요한다면 그리고 의회에서 투표 시에 우상의 제단 앞에서 자신들이 투표를 하기 전에 맹세하도록 (그들이 그것을 이해하고 있듯이 제단을 그곳에 세워놓고 모든 회집 시 그 아래에서 맹세를 진행하도록 놓여있습니다) 강요한다고 상상해 보십시오. 이 모두를 현재 의회에서 다수를 점하는 기독교인들에게 강요한다고 상상해 보십시오. 자신들 앞에서 그같은 선택으로 의회에 참여하도록 강요받는다면 그것이 그리스도인들을 박해하는 것으로 여겨지지 않겠나이까? 이렇듯 강제가 종종 시행되고 있습니다. 그들을 참석시킬 것을 강제하기 위해 잘못된 방법들이 채택되었습니다. 폐하시여, 그렇다면 폐하와 더불어 기독교인들이 제단으로 맹세할 것을 강요당하도록 할 것입니까? 맹세는 폐하께서 그의 선한 믿음을 보장하도록 일깨운 이 안에 있는 신적 권능들에게 신성모독적 희생을 드리도록 기금을 제공해 줄 것에 대한 것이나이까?

10. 그 같은 칙령은 신성모독 없이 결코 이루어 질 수 없나이다. 그러므로 청컨대 폐하께서는 그 어떤 칙령도 명령도 내리지 마시옵소서. 그리고 그같은 종류의 칙령에 그 어떤 폐하의 서명도 행하지 마소서. 그리스도의 감독으로서 나는 폐하의 신앙에 호소하나이다. 우리 감독들 모두는 폐하께 청원하는 일에 함께 동참해야 했나이다. 만일 폐하의 집행관들에게 이 같은 종류의 것들이 전달되었다는 뉴스가 아니었다면, 그리고 또한 그렇게 급작스러우며 또한 믿기 어려운 일이 요청되지 않았다면…. 그러나 저는 의회가 그것을 요청했다고 말씀드릴 수 없나이다. 그것은 공공의 이름을 사용하는 오직 몇몇 이교도들에 의한 것일 뿐이나이다. 그들이 2년여 전 이것을 획득하려고 노력하였을 때, 신적 임명에 의한 로마의 감독이신 거룩한 다마수스(Damasus)께서는 본인에게 의회의 다수를 점하는 기독교인들의 서명을 보내주시어 그들이 그 같은 권리를 갖고 있지 않으며, 그들은 그같은 이교적 청원에 동의하지 않으며, 그것에 동의하지 않는다는 점을 거론하며 항의하였나이다. 그들은 공적으로 그리고 사적으로 만일 그 같은 칙령이 만들어진다면 자신들은 의회당에 나올 수 없다는 점을 분명하게 밝혔나이다. 폐하의 시대, 즉 기독교 시대에 기독교인 의원들이 무신적 이교 의원

들의 소망에 효력을 넘겨줌으로써 그들의 지위를 박탈당해야 하겠나이까?[8] 저는 이 청원을 폐하의 형제께 보내었나이다. 그리고 이로써 의회가 미신의 비용에 대한 지침을 위해 어떤 대표자도 보내지 않도록 하였나이다.

11. 이번 청원이 이루어졌을 때, 그들이 왜 의회에 출석하지 않았는지에 대한 이유를 물을 수 있겠나이다. 그러나 그들의 불참은 분명하고 충분하게 그들의 소망을 말해주고 있나이다. 그리고 그들이 황제께 말씀드리는 것으로 충분하나이다. 폐하께서 인정하지 않은 것을 명령하지 않으실 자유가 있다는 사실과 폐하께서 옳다고 생각하는 것을 준수할 자유가 있다는 사실을 기꺼이 인정하고 싶지 않은 사람들에 의해서 로마의 개인 시민들의 자유가 박탈되는 사실에 대하여 놀랄 수 있나이까.

12. 그러므로 최근에 제게 주어진 사명에 대하여 기억하여 주소서[9] 다시 한 번 폐하의 신앙과 양심에 호소하나이다. 이들 이교도의 청원에 호의적으로 응답하지 마시고 그 같은 종류의 답을 위해 불경한 서명을 하지 마소서. 적어도 질문들을 폐하의 거룩한 친척이신[10] 테오도시우스께 남기소서. 폐하께서는 그 분께 거의 모든 중요한 문제들에 대하여 자문을 구하여 오셨나이다. 종교보다 더 중요한 것은 없으며 신앙보다 더 높은 것은 없나이다.

13. 만일 이것이 시민과 관련된 일이라면 답변의 권리가 반대하는 당파를 위해 남겨졌을 것이나이다. 그러나 이것은 종교의 일이나이다. 저는 감독으로서 폐하께 청원하나이다. 폐하에게 보내진 메모리얼(Memorial)의 사본을 얻을 수 있게 하사 저로 그것에 대하여 자세히 대답할 수 있게 하옵소서. 그리한 후 폐하의 친척으로 하여금 전체 일에 대하여 자문하게 하시고 그의 대답을 주시도록 허락하게 하여 주소서. 만일 어떤 다른 것이 결정된다면 우리 감독들은 확실히 침착하게 그것을 용인하지 않을 수 있으며 그것을 주지하지 않을 것이나이다. 폐하께서는 기뻐하시는 대로 교회에 오실 수는 있으나 그곳에서 감독을 발견하실 수는 없을 것이며 아니면 폐하를 저항하는

---

8. 문자적으로가 아닌 실효적으로. 왜냐하면 그들이 의회당에 들어오지 못하게 될 것이므로.

9. 382년 다마수스에 의한 10항의 "이 년 전에."

10. 제 13항. 테오도시우스는 발렌티니안과 혈통으로 연관되어 있지는 않다. 그러나 이 표현은 당시 제국의 "가족"들의 관계 안에서 일반적 용례였다. 테오도시우스는 그의 어린 동료에게 *loco parentis* 역을 하였기에 아래의 그의 진짜 아버지(*pater*)에 대한 언급을 제외하면 그것은 "아버지"라고 번역될 수 있다. 테오도시우스가 발렌티니안의 누이인 갈라와 혼인하였던 것은 사실이다. 그러나 이 일은 아직 이루어지지 않았다.

한 사람을 만나실 수 있을 것입니다.

14. 폐하께 이렇게 말하는 감독에게 폐하께서는 어떻게 대답하시겠나이까? "교회는 폐하의 헌금을 원치 않습니다. 왜냐하면 폐하께서는 자신의 헌금으로 이교 사원을 고무했기 때문입니다. 그리스도의 제단은 폐하의 선물을 거절합니다. 왜냐하면 폐하께서는 우상의 단을 세우셨기 때문입니다. 그것이 폐하의 말, 폐하의 손, 그리고 폐하의 서명이며 폐하의 행함이었습니다. 주 예수께서는 폐하의 예배를 거절하시고 꾸짖으십니다. 왜냐하면 폐하께서는 우상을 섬겼기 때문입니다. 폐하에게 그리스도께서 이렇게 말씀하십니다. '그대는 두 주인을 섬길 수 없노라'[11] 하나님께 드려진 처녀들은 폐하에 대하여 그 어떤 특권도 줄 수 없나이다. 처녀들이 그것들을 주장합니까? 폐하께서는 이교도의 미신적 요청으로 그들을 더 선호하시면서 하나님의 제사장들을 원하십니까? 우리는 우리 자신들을 다른 이의 죄와 연관되도록 할 수 없습니까?"

15. 폐하께서는 이 같은 말들에 어떻게 대답하시겠나이까? 폐하께서는 아직 소년일 뿐이고 그래서 나는 그렇게 넘어갔노라고? 그러나 그리스도 안에서 모든 연령은 온전합니다. 모든 연령은 하나님 안에서 충만합니다.[12] 신앙 안에 있는 유년은 하나님께 핑계치 않습니다. 어린이일지라도 그들의 박해자 앞에서 두려움 없이 그리스도를 고백하였나이다.

16. 폐하의 형제께 어떻게 대답하시겠나이까?[13] 그분께서 폐하에게 이렇게 말씀하시지 않으시겠습니까? "나는 자신이 정복당했다고 간주하지 않는다, 왜냐하면 내가 그대에게 황제를 넘겨주었기 때문이다. 나는 죽음을 슬퍼하지 않는다. 왜냐하면 나의 상속인을 남겨 두었기 때문이다. 나는 나의 잃어버린 통치를 슬퍼하지 않는다. 왜냐하면 나는 나의 통치, 특히 참된 종교에 관한 통치가 그 모든 시대에 굳게 세워질 것임을 믿기에…. 그것들이 나의 경건과 덕목의 기록이다. 그것들이 세상에 대한, 악마의 책략에 대한 승리의 트로피들인 바, 우리의 공동 적에서 탈취한 노획물이 나의 예물, 곧 영원한 승리이다. 나의 대적들이 나에게 그 무엇을 더 이상 탈취할 수 있으랴? 그대가 나의 칙령을 무효화하였노라. (나를 대적하여 궐기하는 일이 아직은 일어나지 않았노라.) 이제

---

11. 마 6:24, 약간 잘못된 인용.
12. 아마도 그리스도를 위하여, 하나님을 위하여.
13. 그의 이복형제인 그라티안.

나의 육체는 치명적인 무기로 찔렸으니 이는 나의 형제에 의해 나의 규범들이 정죄되었기 때문이라. 그대는 나의 더 나은 부분을 위태롭게 하고 있으니 저것은 나의 육체의 죽음이지만 이것은 나의 덕목의 죽음이라. 오직 이제야 나의 통치가 (타격을 더 무겁게 하는) 그대의 비준에 의해, 내 자신의 비준에 의해 종식되었으니, 종식이 가져다 준 것은 심지어 나의 적들이 나를 칭송하는 것일진저. 만일 그대가 기꺼이 제안을 따른다면 그것은 나의 신앙을 정죄함이라. 만일 그대가 그대의 의지에 반하여 항복한다면 그대는 그대 자신을 배신하는 것이라. 그러므로 (그리고 이것이 더 무거운 타격인 바) 나의 위험은 그대에게 있노라."

17. 폐하께서는 폐하에게 큰 슬픔으로 이렇게 말씀하실 폐하의 아버지께[14] 어떻게 대답하시겠나이까? "만일 네 생각에 내가 우상을 묵인해 주었노라고 여기면 그대는 나에 대하여 대단히 잘못된 판단을 하고 있는 것이다. 나의 아들아, 그 누구도 로마의 의회 의사당 안에 제단이 있다는 사실을 내게 제보해주지 않았다. 나는 기독교인들과 이교도들이 함께 있는 공동의 협의체 안에서 이교도가 자신들의 제사를 드리면서 함께하는 기독교인들 위에 군림하고 기독교인들은 자신들의 뜻에 반하여 그 희생 제사에 참여하도록 강요받고 있다는 사실을 전혀 상상조차 하지 못했다. 나의 통치 기간 중에 다른 많은 범죄들이 저질러졌다. 밝혀진 모든 것들에 대하여 벌을 주었다. 만일 나의 눈을 피한 어떤 범죄자가 '그 누구도 황제의 주목을 끌도록 하지 않았기에 자신을 용인해 주었다'라고 주장할 수 있겠느냐? 만일 네가 내 자신의 신앙이 아닌 다른 이들의 미신으로 나의 제국을 안전하게 지켰다고 생각한다면 그대는 나에 대하여 아주 잘못된 생각을 하고 있노라."

18. 폐하시여, 폐하께서 만일 그 같은 칙령을 내리신다면 먼저는 하나님께 잘못을 범하는 것이고, 다음으로 당신의 아버지와 형제에게 잘못하는 것이나이다. 청컨대 폐하께서 하나님의 목전에서 폐하의 구원을 위해 유익하다고 생각하실 그것을 행하시옵소서.

---

14. 대부분 트리어(Trier)에서 서방 제국을 통치하였던 바렌티니안 1세. 그리하여 로마에서 제단 등에 대한 관용이 그리스도인들에 어떠한 영향을 끼쳤는지에 대한 이해가 없었던 이로 소개된다. 심마쿠스는 발렌티니안이 어떻게 맹인의 눈(dissimulatio proximorum)으로 돌아섰는지에 대하여 잘 언급하고 있다. 암브로시우스가 아직 전체 텍스트를 손에 넣고 있지는 못했지만 여기에서 심마쿠스의 Relatio에 대하여 답하고 있다는 것은 의미가 있다.

서신 20 그리고 서신 21: 성전 쟁탈전

서론

암브로시우스가 384년 승리의 재단을 두고서 벌인 쟁론에서 승리한 것은 그가 황제 발렌티니안 2세에게 영향력을 행사했다는 증거이다. 그러나 그가 황실 가족과 지속적으로 좋은 관계를 가졌다고는 확실하게 말할 수 없다. 황후 유스티나는 아리안주의자였고 아주 과격한 사람으로 이미 암브로시우스에 대해서 앙심을 품고 있었는데 왜냐하면 그가 그녀가 거주하고 있는 시루미움에 아리안 감독을 세우려고 하는 그녀의 시도를 차단하였기 때문이었다. 밀란에서 그녀는 자연스럽게 아리안주의자들의 핵심이 되었으며 이 아리안주의자들은 종교법정의 관료들과 로마 군대에서 복무하고 있는 아리안주의 기독교에 회심했던 고트족 병사들로 주로 이루어져 있었다. 만일 우리가 이러한 점에서 암브로시우스를 신뢰할 수 있다면, 밀란의 시민들 가운데는 아리안주의자들이 하나도 없었다. 비록 아주 소수의 아욱센티우스의 추종자들이 남아 있다고 할지라도 말이다. 일리꿈으로부터 온 피난민들이 있는데 이 지역은 한때 아리안주의가 득세했던 곳이었다. 이 아리안주의자들은 383년 테오도시우스 황제에 의해 실각한 모에시아에 있는 드로스토룸의 감독 아욱센티우스와 같은 제2의 아욱센티우스를 감독으로 찾았다.

밀란의 아리우스주의자들이 그들 자신의 예배장소를 가졌었는가? 사람들이 시도하려고 하는 것 같지 않은 건물에 대한 아주 쉬운 해결책이 있었다. 즉 가톨릭교회로부터 그들의 교회들 중의 하나를 얻는 것에 의해서 가톨릭을 이기는 것이 훨씬 더 효과적이었다. 379년 아리안주의자들은 실재하는 성전들 중의 하나를 얻었다. 그러나 황제 그라티안이 일단 그것을 몰수한 후에 나중에 암브로시우스에게 그것을 회복하게 했다(*De Spritu Sancto*, I. 1 19–21). 385년까지 더 이상의 요청이 없었다. 암브로시우스가 그의 관구 안에 아리우스주의자들이 그들을 위해서 지은 교회에 대해서 무엇을 생각했든지, 그는 가톨릭교회를 이단들에게 넘겨주려고 하지는 않았다. 법의 핵심은 논쟁의 여지가 있을 수 있었다. 한편 최종적 방책 안에서 모든 소유는 황제에게 속한다고 결정되었다. 그래서 그라티안 황제는 한 교회를 몰수하였다. 테오도시우스는 아리안 감독들로부터 교회를 취했으며, 이것은 정통교회를 기쁘게 했다. 그리고 암브로시우스는 법에 의해 이교 신전들을 폐쇄하는 것을 지지하였다. 다른 한편, 그는 심마쿠스가 했던 것처럼 고대 로마의 법과 관습에 의해서 신전과 그들에 속해 있는 것들이 그들이 봉헌한 신의 소유물이 되었다고 주장함으로, 심지어 법의 형태로 국가에 의해서 행해졌을 때에도 강탈은 항상 신성모독이라고 주장할 수 있었다. 그러나 암브로시우스는 합법적인 쟁점들에 대해서 그렇게 관심을 가지고 있지 않았다. 이것은 그에게 있어서 하나님 때문인 종교적인 쟁점이었다. 오직 감독이 무엇이 옳은지를 판단할 수 있으며 그리고 그는 그가 어떤 대가를 치루더라도 행해야만 하는 하나님께 대한 명백한 의무를 가지고 있었다. 성전 탈환에 대한 쟁론들은 국가에 대한 이론과 그리고 실제에 있어서 암브로시우스의 태도를 매우 잘 드러내준다. 다시 한 번 그는 승리하였다.

아주 극적인 사건의 과정이 세 가지 문서 속에, 즉 「서신」20, 21 그리고 「아욱센티우스에 대항하여 한 설교」에 잘 드러나 있다. 비록 이러한 것들이 거의 현재의 목적을 위해서 서신의 가치에 영향을 미치지 않을지라도, 불행히도 이 서신들의 심각한 연대기적이고 지형적인 어려움이 있다. 비록 그 이야기 안에서 아주 주변적인 변화들이 가능할지라도, 이 이야기들은 일상적인 것으로 다음과 같이 전개되었다. 첫째로 385년 사순절 기간 동안 암브로시우스는 종교법정에 소환되었고, 그리고 '폴티아나 성전'을 아리안주의자들에게 주도록 통보받았다. 그는 거절하였다. 대중들이 그를 지지하기 위해서 궁전 바깥에 모여 있었고 암브로시우스는 장군의 요청으로 이들을 해산시켰다. 이 사건은 「설교」 c. 29에 잘 나타나 있는데 이 설교에 의하면 "지난 해"에 일어났던 것으로 기록되어 있다. 두 번째, 385년 4월 4일에 암브로시우스는 '노바 성전'을 포기하도록 통보받았고 다시 그는 거절하였다. 그런 다음에 정부는 다시 한번 '폴티아나 성전'을 취하려고 시도하였다. 그러나 목요일 세족식 때 그 시도를 포기하였다. 암브로시우스는 그의 누이에게 보낸 「서신」 20에서 이러한 나날들에 대해 이야기하였다. 이 서신은 385년 4월에 쓰였다. 세 번째로, 여러 달이 지난 다음에 유스티나와 아욱센티우스는 복수를 감행하였다. 발렌티니안 황제로부터 386년 1월 23일에 한 법을 공포하게 했는데 이 법은 359년 아리미눔 회의의 신앙을 받아들인 모든 사람에게 공적 예배를 위한 모임의 자유를 허락하게 하는 것이었다. 반면에 이러한 법을 반대하고 공적 예배를 독점화하려고 시도하는 사람들을 폭동에 대비해 사형 선고로 위협하였다. 암브로시우스는 그때 성전을 포기하도록 통보받았다. 그러나 거절하고 그 자신을 이 징벌에 저촉되도록 하였다. 그는 종교법정에 소환되었지만 출석을 거부하고 「서신」 21에서 발렌티니안 황제에게 호소하였고 그리고 아욱센티우스에 대항해서 설교하였다. (아마 종려주일이었던 것 같다.) 그리고 분명하게 암브로시우스는 시민들의 지지를 얻고 있었으며 심지어 고트족 군인들 가운데서도 지지를 얻었고 그래서 종교법정은 그것의 요청을 다시 포기하였다. 아욱센티우스는 역사로부터 사라지고 암브로시우스의 위엄은 그가 386년 6월에 게르바시우스와 프로타시우스에서 유골을 발견하는 것으로 인해서 더욱 확장되었다.

위의 연대기는 더든(Dudden)에 의해서 보존되었는데 더든은 종려주일 「설교」라고 생각하고 있지는 않다. 그러나 팔랑꿰(Palanque)는 세크(Seeck)와 같은 이전의 학자들의 암시에 관련해서 작업을 하면서 386년의 「서신」 20을 「서신」 21과 「설교」 후에 두는데, 부분적으로는 다른 연대기에 대해서 호감을 갖는 것에서 그 이유들은 확신할 수 없기 때문이며 부분적으로는 낡은 관점 위에서 두 개의 주요한 사건에 대한 묘사들이 오직 하나의 주요한 위기를 지적하는 것에 있어서 비슷하기 때문이다. 그러한 경우에 첫 번째 에피소드는 「설교」 c. 29에 언급되어 있는데, 이것은 385년에 일어났으며 그리고 유스티나의 음모와 386년 1월에 법이 공포되었으며 「서신」 21이 언급하고 있는

386년 사순절에 또 다른 공격으로 이끌었으며 「서신」20에서 묘사된 것으로서 거룩한 주간에 그것의 결론에 이르렀다.

이렇게 새롭게 조성된 것에 대해 많은 의견들이 있다. 「서신」21과 「아욱센티우스에 대항하는 설교」는 함께 속해 있고 그리고 이 둘은 386년 1월에 공표된 법령 뒤에 바로 나온 것이 확실하다. 「서신」20이 종려주일에 행해졌던 것은 확실하다. 「설교」가 종려주일에 선포되었다는 것이 일련의 학자들에 의해서 추론되고 있는데 왜냐하면 그것이 하나의 성서일과로서 승리의 입장에 대해서 읽고 있기 때문이다. 그리고 이것이 「서신」20의 종려주일일 수 없는데 그것은 그 공격들이 두 고난주간 385년(「서신」20)과 386년(「서신」21과 「설교」)에 일어났다. 그러나 성서일과는 우연히 읽혔고 과정 중에 있지 않아서 「설교」는 종려주일에 설교되어져야 할(사람들은 분명히 설교되지 않았다고 말할 수 있다.) 필요가 없었다. 더든은 이것을 받아들이고 그 사건들과 「설교」를 386년 사순절에서 조금 더 이른 것으로 추정한다. 그러나 이것은 정말로 「서신」20을 385년에 쓰인 것으로 추정하는 대부분의 경우들을 약화시키는 것이다. 그리고 그것을 386년 안에 놓는 것에 있어서 확고한 이점이 있다. 한 예를 취하면 「서신」20은 성전을 에워싼 일련의 고트족 군인들이 어떻게 정통 교회 편으로 넘어왔는지를 말해주고 있다. 아우구스티누스가 그의 「고백록」에서 그가 세례를 받기 한해 전인 387년 부활절에 응답송과 찬송(그는 거기에 있었다)을 소개한다. 폴리누스는 암브로시우스에 대한 생애에서 고트족의 탈영을 찬양 안에서 일어난 변화의 경우와 연관시키고 있으며 그리고 여러 해 동안 지속적으로 비슷한 탈영들이 있었던 것 같지는 않다. 비록 논쟁이 결정적인 것은 아닐지라도, 왜냐하면 폴리누스의 연대기적인 묘사를 아주 신뢰할 수 없으며 그리고 그곳에는 두 개의 교회가 포위되었었는데 우리가 채택한 연대기가 어떤 교회의 것인지의 문제도 있고, 개연성을 팔랑꿰의 견해에 놓으면 따라서 여기에서는 21, 20의 순서로 서신들을 인쇄하였다. 그 「서신」20이 아욱센티우스나 혹은 386년 1월의 법령에 대해서 언급하고 있지 않은 것을 우리가 염려할 필요는 없는데 왜냐하면 마르셀리나가 분명하게 서신이 시작하는 시점에 일어났던 것이 무엇인지를 알고 있기 때문이다.

그래서 물체의 표면을 정밀하게 사진찍듯 묘사하는 어려움은 두 가지 면이 있는데 암브로시우스가 각각의 상황에서 말하고 있는 성전이 무엇인지를 발견하는 것과 그리고 그들을 후대의 교회들과 동일시하는 것이다. *Basilica Vetus*는 틀림없이 밀란의 고대 교회이다. 그것은 항상 담 밖에 있었던 것으로 공중묘지들 근처에 있었던 것으로 추정된다. 사비오는 그것을 *SS. Naebore e Felice*로, 추기경 휴스터는 S. Lorenzo와 동일시한다. *Basilica Nova*는 담 안에 있는 것이며 현재 성당의 장소 위에 있는 후기 S. Tecla인 것이 확실하다. 암브로시우스의 시대에 *Basilica Vetus*를 사실상의 성전으로서 대처하기 시작했다. 사비오와 많은 다른 학자들은 담 밖에 있는 *Portiana*를 확실하게 S. Vittore ad Corpus와 동일시했다. 그러나 휴스터는 S. Eustorgio와 동일시한다.

만일 「서신」 21이 「서신」 20을 앞서 있다면, 그것은 *Portiana*를 위해서 요청되는 경우이며 「아욱센티우스에 대항하는 설교」(*Sermon against Auxentius*)는 그 교회가 군대에 의해서 포위되어 있는 가운데 설교되었을 것이다. 만일 「서신」 20이 「서신」 21을 앞섰다면 이 「설교」의 성전은 *Nova*일 수 있다. 「서신」 20 안에서 암브로시우스가 그의 성전, *Vetus*에서 수요일까지 고난주간 예배를 진행하고 있는 것은 분명하다. 그러나 그는 성 목요일의 세족식에서 그는 *Portiana*에 있었다. 동시에 *Nova*역시 포위되어 있었다. 국가에 귀속된 것을 표시하는 데 사용된 현수막에 관한 언급들이 오직 *Portiana*에 해당하는 것인지 혹은 *Nova*에도 해당하는지는 확실하지 않다.

본문 : 서신 21

암브로시우스 감독이 은혜로우며 축복받은 황제 아우구스티누스 발렌티니안에게 보낸 것임

1. 호민관이며 장군인 달마티우스가, 아욱센티우스가 했던 것처럼, 저에게 재판관을 선택하도록 요청하면서, 폐하의 명령에 의해 저에게 출두를 명하셨습니다.[1] 그

---

1. *Judices*, 여기서는 중재인을 나타내는 것으로서 마치 이것이 "하나님을 위해서"라기보다는 암브로시우스와 아욱센티우스 간의 개인적인 논쟁 같다.

는 요청해야 되는 사람들의 이름을 언급하지 않고 그 논쟁이 최종적인 중개인으로서 폐하가 참석한 가운데 주교회의에서 일어날 것을 부언하였습니다.

2. 제가 믿는 바로는 이것에 저는 충분한 대답을 갖고 있습니다. 폐하의 아버님께서 신앙의 문제나 혹은 교회의 계율에 관한 문제에서 재판관은 직무에 있어서 열등하거나 혹은 직위 안에서 별개의 것이 되어서는 안 된다는 것을 직접 대답했을뿐만 아니라 법에 의해서 허락하셨다는 것을 제가 주장할 때, 어떠한 사람도 저를 불손하기 짝이 없는 자로서 생각해서는 안 됩니다. 이러한 것들은 칙령의 명령들이고 그리고 그들은 황제의 아버님이 감독은 감독들에 의해서 재판되기를 바라셨다는 것을 의미합니다. 만일 한 감독이 어떤 혐의로 고소를 당해야 하고 그리고 행위의 문제가 심사되어야 한다면, 황제의 아버님께서는 이것 역시 감독들의 법정에서 행해지기를 바라셨습니다.[2]

3. 그러면 누가 폐하께 불손하기 짝이 없게 대답하는 것입니까? 폐하를 폐하의 아버지처럼 보기를 바라는 사람입니까? 혹은 폐하를 폐하의 아버지와는 다른 분으로 보기를 바라는 사람입니까? 혹은 그의 믿음이 그의 공언[3]의 지속성과 그리고 국가의 상황 안의 진보에 의해 선포된 그의 지혜에 의해 입증됨에도 불구하고, 거기에는 아마 그 위대한 황제의 의견을 중히 여기지 않는 일련의 사람들이 있지 않았겠습니까?

4. 폐하께서 신앙의 문제에 관해 평신도가 감독을 재판했다는 것에 대해서 들으신 적이 있으십니까? 우리가 감독의 권리를 잊을 만큼 아첨하면서 굴복하겠습니까? 그래서 저는 하나님이 저에게 주신 것을 다른 사람에게 위임하는 것을 묵상해야 하지 않겠습니까? 만일 감독이 평신도에 의해 훈계를 받아야 한다면, 그 다음에 무슨 일이 일어나겠습니까? 평신도가 제시하고, 감독이 듣고, 감독은 평신도로부터 배우게 됩니다. 성서와 고대의 선례의 관점에서 – 반복하건대 신앙의 문제 안에서 – 감독들이 기독교 황제를 재판하는 것은 관례이지만 그러나 황제가 감독을 재판하는 것은 관례가 아닙니다.

---

2. 감독들은 신앙과 교회적 규범뿐만 아니라 행동의 문제에 있어서 그들의 동료들에 의해 판단받아야 한다는 법은 다가오는 많은 것들의 전조이다. 예를 들면 베케트와 헨리 2세 사이의 논쟁이 있다. 그것은 분명히 367년에 있었던 것이다. 그러나 그것은 이 구절과 오직 378년 로마 공의회에 의해서 그것에 언급된 것으로부터 알려진다.

3. 소크라테스에 따르면 H.E., III. 13, 조비안, 발렌티니안, 그리고 발렌스는 희생제물 보다는 율리아누스 밑에서 그들의 군사적 업무를 사임했다. 소조먼은, H.E. VI. 6,에서 상세한 이야기를 전개하고 있다.

5. 별일이 없으면, 폐하는 언젠가는 노년기에 접어들 것이며, 그리고 그때 폐하는 평신도에게 그의 감독의 권한을 짓밟도록 허락하는 한 감독에 대해서 무엇을 생각해야 하는지를 알 것입니다. 하나님의 은혜로 장수한 폐하의 아버지는 "감독들 사이를 판단하는 것은 나의 일이 아니다"라고 말씀하곤 하셨습니다.[4] 지금 폐하는 "나는 재판관이어야 한다"고 말씀하고 있습니다. 그리스도 안에서 세례를 받은 그는 그 자신이 이와 같은 재판에 대한 책임에 대해 동등하지 않다고 생각하고 있습니다. 세례 예식[5]을 받은 폐하께서 신앙의 예전을 알지 못할 때, 폐하 스스로 신앙에 관련된 재판을 공언하도록 할 수 있습니까?

6. 그가 그들의 이름들이 알려지는 것을 두려워할 때, 그가 어떤 종류의 재판관들을 선택하는지는 상상에 맡길 수 있습니다. 만일 그가 어떤 사람들을 발견했다면, 그들로 하여금 교회에 와서 사람들과 함께 듣도록 하십시오. 재판관으로서 앉아있는 것이 아니라 개인들로서 그들이 그들 자신의 감정들을 고려했을 때 어떤 쪽을 선택하는지를 결정하도록 하는 것입니다. 우리 앞에 놓여있는 관심사는 밀란의 감독에 대한 것입니다. 만일 사람들이 아욱센티우스에게서 듣는다면 그리고 그가 더 낫다고 결정한다면, 그들로 하여금 그의 신앙을 따르도록 하십시오. 저는 질투하지 않을 것입니다.

7. 저는 사람들 자신이 이미 결정했다는 사실을 무시합니다. 저는 그들의 현재 감독들에 대해서 폐하의 아버지께 요청해야 한다는 것을 언급하지 않을 것입니다. 만일 폐하의 아버지가 주교좌를 인정하셨다면, 그가 난동으로부터 선택된 후보자에게 자유를 보장했다는 것을 언급하지 않을 것입니다. 그것은 제가 행한 약속 위에 달려있습니다.[6]

8. 그러나 만일 그가 감독의 직책을 가져야 한다고 생각하는 외국인 지지자들에 대해 자랑스러워한다면, 그는 그들의 출신지역의 감독이 되는 것이 좋을 것입니다.

---

4. 발렌티니안 1세는 "교회의 문제는 그의 사법권의 범주를 넘어선다고 생각했다."(Sozomen, H.E., VI, 21). 그의 종교정책에 대한 요약은 더든의 *St. Ambrose*, I, 84–86을 참고하라.

5. 발렌티니안 2세는 결코 세례를 받지 않았는데, 왜냐하면 그는 암브로시우스가 그에게 세례를 주기 위해서 고울에 가는 동안에 죽었기 때문이다. 암브로시우스는 그의 장례식 연설에서 발렌티니안은 그의 경건과 세례를 향한 소망에 의해서 죄씻음을 받았다고 이야기했다.

6. 사람들은 암브로시우스가 감독으로 인정받을 때를 결정했다. 발렌티니안은 이러한 임명을 확증하면서 "그가 임명한 재판관들이 감독으로서 요청받는다는 것을 알고 아주 만족스러워 하였다." (Paulinus, *Vita Ambrosii*, 8).

저는 그를 감독으로서 받아들이지 않으며 그가 어디로부터 왔는지도 알지 못합니다.

9. 폐하가 이미 어떤 문제에 대해 폐하 자신의 결정을 알게 했다면, 즉 진정으로 어떤 문제에 대해 폐하가 이미 어떤 다른 결정에 도달한 것을 불법적인 것으로 만들었다면, 어떻게 우리가 그 문제를 결정할 수 있겠습니까? 이러한 규칙에 의해 다른 것들을 묶는 것으로 인해서 폐하는 폐하 자신도 묶어버렸습니다. 황제는 그 자신의 법들을 지키는데 솔선수범해야 합니다. 선택된 재판관들이 폐하의 법령에 반대하든지 혹은 그들이 황제가 그렇게 엄중하고 단호하게 명령한 것에 대항할 수 없다는 근거 위에서 그들 자신에게 변명할 것인지를 보는 것은 저로 하여금 하나의 시도를 하게 하는 것이 아니겠습니까?

10. 예의바르기보다는 불손하기 짝이 없는 오직 한 감독이 그러한 일을 하는 것입니다. 제가 감히 폐하가 부분적으로 폐하 자신의 법을 폐지하고 있다는 것을 지적하겠습니다.[7] 그것을 전체적으로 취소해야 합니다! 왜냐하면 저는 하나님의 법 위에 폐하의 법을 가지고 있지 않기 때문입니다. 하나님의 법은 우리에게 인간의 법들이 할 수 없는 일을 따르는 것을 가르쳐 줍니다. 인간의 법들은 자주 소심함 안에서 변화를 강요하지만 그러나 그들은 신앙을 고무시킬 수는 없습니다.

11. 많은 지역에서 그 명령이 동시에 공포되었습니다. "황제를 거역하는 것은 사형에 처해질 것이다. 즉 하나님의 성전을 양도하지 않는 모든 사람들은 단번에 사형에 처해질 것이다." 그것을 읽는 어떤 사람이 홀로 혹은 조그만 무리 중의 하나로서 "저는 폐하의 법에 찬성하지 않습니다"라고 황제께 말할 용기를 가질 수 있을 것 같습니까? 만일 감독들이 이것을 말할 수 없다면 평신도는 어떻겠습니까? 믿음에 관련된 재판이 은총을 소망하거나 혹은 실족케 되는 것을 두려워하는 사람에 의해서 주어질 것입니까?

12. 게다가 만약 평신도들이 그들의 신앙에 대해 진실하다면, "신앙에 관련된" 법의 조항 아래서 처벌되거나 혹은 죽음을 선고받을 그들을 재판관으로 선택하는 것에

---

7. 386년 1월 23일의 칙령은 그것을 반대하는 사람들을 사형에 처한다고 위협하였다. 그러므로 (1) 만일 어떤 평신도들이 암브로시우스과 아욱센티우스 사이에 중재자들로서 행동하는 것을 찬성한다면, 그들은 사실상 그 법에 문제를 제기하는 것이며 그리고 그들은 처벌을 받는 것이다. (§§9, 12) 그리고 감독이 그들을 위험으로 몰아가는 것은 잘못된 것이다. (2) 발렌티니안이 이것을 위해 암브로시우스와 아욱센티우스 사이의 논쟁을 명령했을 때, 그는 그 자신의 법을 배신하는 것이다. (§16 참고).

의해서 제가 죄를 범하는 것이 아닙니까? 제가 그들을 배교와 징벌 사이에서 선택하도록 만들어야겠습니까?

13. 암브로시우스는 자신의 이익을 위해서 감독의 직책을 격하시키는 것을 정당화할 만큼 중요한 사람은 아닙니다. 한 사람의 생애는 전체 감독단의 위엄만큼 존귀하지 않습니다. 전체 감독단들의 권고 위에서 이 서신을 씁니다.[8] 그들이 제시한 것으로 아욱센티우스는 이교도든지 혹은 유대인을 선택할 수 있습니다. 그리고 만일 우리가 그들에게 그리스도에 관련된 심판을 공언하도록 허락한다면, 우리는 그들에게 그리스도를 넘어선 승리를 주고 있는 것입니다. 그들이 그리스도를 모욕했다는 소리를 듣는 것보다 더 바랄 것이 무엇이 있겠습니까? 그리스도의 신성을 거절하는 것―하나님이 금하신―보다 무엇이 그들을 더 기쁘게 할 것입니까? 자연스럽게 그들은 그리스도는 피조물이라고 말하는 아리우스주의자들과 전체적으로 같은 의견에 있는 것입니다. 이교도나 혹은 유대인은 그러한 고백을 하는데 주저하지 않을 것입니다.

14. "피조물"이라는 이 말은 제가 혐오할 수밖에 없는 교회 회의인 아리미눔의 시노드에서 받아들여진 것으로, 제가 니케아 회의의 신조를 받아들인 이래 죽음도, 검도 저를 그 신조로부터 분리하지 못했습니다.[9] 이것은 폐하의 아버지인 테오도시우스 황제가 찬성했으며 따른 신앙입니다.[10] 이것은 고울과 스페인의 신앙이며 하나님의 영에 대한 경건한 고백도 함께 그들에 의해서 지지되었습니다.[11]

---

8. 암브로시우스는 다소의 근처에 있는 감독들을 모아서 그에게 권면하고 그를 지지하도록 하였다. (§17 참고) 그러나 팔랑꿰는 이것을 밀란 공의회로서 평가를 내리기를 바라는 것에서 너무 멀리 갔다.

9. 359년에 아리미눔 공의회는 약 400명의 서방 감독들이 모였는데 니케아 신조를 재천명하는 것으로 시작하였다. (§16 참고) 그러나 공의회가 콘스탄티노플에 있는 콘스탄티우스에게 보낸 사절들은 359년 5월 22일의 *homoean Dated Creed*에 서명하도록 권유받았다. 이 *Dated Creed*는 그때 비록 셀루시아 공의회에서 *homoeans*를 제압하고 짧은 기간이었지만, 앙킬라의 바실레이오스의 *homoeousian* 무리가 승리하였을지라도, 동방교회에서처럼 전 공의회에 의해서 받아들여졌다. 히에로니무스가 다음과 같이 말했다. "전 세계는 그것 자체가 아리우스주의자가 된 것을 발견하고 신음했으며 놀랐다." 그러나 심지어 *Dated Creed*는 "피조물"이라는 단어를 사용하지 않았다. 다른 곳에서 아리미눔에 대해서 동일한 비난을 한 암브로시우스는 발렌스와 울사키우스의 애매함에 대해서 생각할 수 있었는데, 그들은 공의회가 시작되었을 때 그들의 견해를 철회하는 것에 의해서 그들이 "그가 한 피조물이라는 것을 거절한 것이 아니라, 그러나 그가 다른 피조물과 같다는 것을 거절했다"고 말했다. (Jerome, *Dial. adv. Luciferianos*, 19). 359년으로 시계를 돌려 놓으려는 유스티나의 시도는 표면적으로 독창적인 것은 아니다. 그러나 전적으로 그 이후의 사상의 동향에 반하는 것이었다.

10. 테오도시우스는 니케아신조에 서있는 데살로니가의 감독 아콜리우스에 의해서 세례를 받았다. 그리고 정통주의 신앙을 "확립했으며" 그리고 380년과 382년에 이단에 대항하는 법률을 제정했다.

11. 서방은 콘스탄티누스가 그릇된 길로 가자마자 니케아 정통주의 신앙을 재천명하였다. 고울과 스페인의 언급은 발렌티니안에게 막시무스가 그 자신을 정통주의 신앙의 수호자라고 선포했던 것을 생각나게 하였으며 그리고 심지어 가톨릭 기독교인들이 만일 발렌티니안이 신앙을 배신한다면 그에 대한 그들의 충성을 돌릴 수 있다는 암시를 주었다.

15. 만일 토론이 있었어야만 한다면, 저는 저의 선배들처럼 교회 안에서 토론하는 것으로 압니다. 만일 신앙에 대한 회의가 필연적이라면, 그것은 콘스탄티누스 황제 통치 때처럼 감독들의 회의여야 합니다. 그는 사전에 법을 통과하지 않았으며 감독들에게 자유롭게 결정하도록 하였습니다. 그의 아버지의 가치 있는 계승자인 콘스탄티우스 황제 치하에서도 역시 동일하였습니다.[12] 비록 잘 시작된 것이 다르게 끝이 났을지라도 말입니다. 왜냐하면 처음에 감독들은 순수한 신앙에 서명하였지만 황제가 신앙에 대해서 결정하도록 하기를 원한 일련의 감독들은 속임수에 의해서 감독들의 첫 번째 결정을 변질되도록 하였습니다.[13] 그러나 그들은 일단 그들의 왜곡된 결정을 취소하였습니다. 아리미눔의 대다수의 감독들이 니케아 회의의 신앙을 찬성하였고 그리고 아리우스주의자들의 교리를 비난했다는 것에 대해서는 의심할 여지가 없습니다.

16. 아마 아욱센티우스는 신앙에 대해 논쟁하기위해 교회 회의에 호소할 것입니다. 교회의 평화를 원하지 않는 한 사람 때문에 많은 감독들을 그렇게 지치게 할 필요성은 없습니다. 심지어 그가 천사라 할지라도 말입니다. 그러나 제가 교회 회의에 대해서 들었을 때 저는 출석할 것입니다. 만일 폐하께서 우리가 회의를 개최하는 것을 원한다면 법을 폐지하십시오.

17. 만일 감독들이나 혹은 사람들이 저로 하여금 오도록 허락한다면, 저는 폐하 앞에 이러한 생각을 말씀드리기 위해서 폐하의 종교법정에 갈 것입니다. 그들은 신앙에 대한 토의가 사람들의 면전에서 교회 안에서 일어나야만 한다고 이야기합니다.

18. 저는 폐하의 메시지가 제가 기쁠 수 있는 곳은 어디든지 은둔처로 갈 수 있다고 말하시지 않을 것을 바랄 수 있습니다. 저는 어떠한 보호자도 없이 날마다 밖으로 나갑니다. 폐하는 저를 폐하께서 원하는 어느 곳이든 보내셔야만 합니다. 왜냐하면 저는 모든 것에 순종할 준비가 되어 있기 때문입니다. 그러나 지금 감독들은 저에게

---

12. *Paternae dignitatis herede.* 암브로시우스가 콘스탄티누스를 심지어 다음과 같은 조건에도 콘스탄티누스의 가치에 대한 상속자라고 부르는 것은 뜻밖의 일이다. 왜냐하면 그는 시종 니케아 정통주의 무리들을 공격하였기 때문이었다. 대안적인 해석으로 "그의 아버지의 보좌에 대한 상속자"가 어떤가? 물론 콘스탄티우스는 이교주의를 공격했으며 이것이 암브로시우스의 마음 안에 있을 수 있다. 보다 특별하게 아리미눔 공의회는 감독들 위에 어떤 제국적인 압력 없이 '시작되었다'.

13. 본래 발렌스와 울사키우스는 실미움에서 콘스탄티우스를 가까이에서 보좌했던 자들이며 심지어 353년 아르레로 향하는 그의 여행에도 동반하였다. 그들은 *Dated Creed*를 채택한 것에 책임이 있었다.

다음과 같이 이야기하고 있습니다. "즉 당신이 자발적으로 그리스도의 제단을 떠나는 것이든 혹은 그 제단을 포기하는 것이든 다를 바가 없다. 만일 당신이 제단을 떠난다면 당신은 그것을 포기하는 것이다."

19. 저에게 교회가 아리우스주의자들의 손에 넘겨지지 않는다는 것만 분명하다면, 저는 기쁘게 폐하의 의지에 복종할 것입니다. 그러나 만일 제가 유일한 분란을 일으키는 자라면, 하나의 명령이 왜 모든 다른 교회들을 침범하기 위해서 주어져야 합니까? 어떠한 사람도 교회를 방해하지 않는다는 것만 확실해진다면 저는 기쁘게 제 위에 부과된 어떠한 판결도 받아들일 것입니다.

20. 황제의 종교법정에 가지 않는 것에 대한 저의 변명을 받아주시기 바랍니다. 저는 폐하를 대신하는 것 외에 궁전에 어떻게 서 있어야 하는지를 배우지 않았습니다.[14] 그리고 저는 종교법정 안에서 토론할 수 없습니다. 왜냐하면 저는 종교법정의 비밀을 알지도 못하며 알려고 하지도 않기 때문입니다.

21. 저 감독 암브로시우스는 이 진정서를 경외하는 황제 발렌티니안에게 제출하는 바입니다.

---

14. 막시무스에게 보낸 그의 사절들에 대한 언급, 「서신」, 24 § 3.

본문: 서신 20

암브로시우스가 그의 누이 말셀리나에게[1]

1. 누님께서 서신들을 통하여 교회에 대해서 염려하면서 질문하고 계신 것에 대해 무엇이 일어났는지를 말씀드리려고 합니다. 누님이 누님의 꿈에 대해서 얼마나 염려하는지에 대해서 저에게 말했던 그 편지를 받은 후에 저는 무거운 염려가 저를 짓누르는 느낌을 받기 시작했습니다. 그것은 더 이상 요구되어졌던 담 바깥에 있는 폴티아나 바실리카는 아니고 그것보다는 더 큰 담 안에 있는 뉴 바실리카입니다.

2. 첫날 일련의 "우락부락한 사람들", 종교법정의 귀족들이 저를 방문해서 성전을 포기하고 사람들로 하여금 소란을 일으키지 않도록 해 달라고 요청했습니다. 저는 물론 감독은 하나님의 성전을 포기할 수 없다고 대답하였습니다.

3. 다음날, 이 일은 교회[2] 안에서 박수갈채를 받았습니다. 장관이 교회에 와서 우리에게 적어도 폴티안 바실리카는 포기해야 한다고 주장했습니다. 사람들은 고함을 치면서 반대하였고 그는 황제에게 이 일을 보고하겠다고 말하며 자리를 떴습니다.

4. 그 다음날인 주일날, 성경을 읽고 설교를 마친 후에 교리교육을 받는 예비신자들이 흩어졌을 때, 저는 성전의 세례실에서 일련의 후보자들에게 신조를 가르치고 있었습니다. 제가 그들이 궁궐로부터 폴티아나 바실리카에 관료들을 보냈고 그들이 현수막을 게시했고, 일련의 사람들이 그곳으로 가고 있다는 것을 들었을 때, 저는 거기에 있었습니다. 그러나 저는 저의 직무를 진행시켰고 미사[3]를 진행하기 시작했습니다.

---

1. 이 서신의 수취인인 암브로시우스의 누이 말셀리나는 그의 손위 누이이다. 그의 아버지가 죽은 후에 그녀는 로마에서 그녀의 어머니와 함께 살았다. 353년에 그녀는 독신으로 서원을 했으며 4세기에 로마의 많은 지체 높은 귀족 여성들이 그랬던 것처럼 집에서 금욕주의적인 삶을 실천하며 살았다. (도처에 있는 히에로니무스의 서신들을 보아라.) 그녀는 그녀의 동생보다 오래 살았다. 그녀에게 보내진 다른 현존하는 서신들로는 22번이 있으며 이 서신에서 게르바시우스과 프로타시우스의 시신들을 발견한 것을 묘사하고 있다. 그리고 「서신」 41이 있다.

2. *Ecclesia*는 여기서 *basilica*는 아니다. 아마 교회(cathedral)를 의미하고 있다. *Basilica Vetus*, §10 참고 .

3. *Missam facere*, 이것이 사용된 가장 초기의 예이다. 어떤 학자들은 여기에서 그것이 세례 지원자들의 해산을 언급하는 것으로 취

5. 제가 제물을 바치고 있는 동안, 저는 사람들이 아리우스주의자들로 추정되는 한 장로인 카스툴루스를 끌고 갔다는 것을 들었습니다. 그들은 지나가는 도중에 거리에서 그를 만났습니다. 저는 울음을 터트리고 성찬식을 거행하면서 하나님께 교회에서 어떠한 살육도 일어나지 않도록 막아주시기를 기도했으며 혹은 저의 사람들을 위해서 뿐만 아니라 또한 아리우스주의자들을 위해서 적어도 뿌려져야 되는 것은 제 자신의 피여야 한다고 기도했습니다. 즉시 저는 장로들과 집사들을 보내서 폭력으로부터 그 사람을 구했습니다.

6. 바로 아주 무거운 형벌이 일차적으로 전 상인집단 위에 부여되었습니다. 그래서 빚진 자들을 그들의 족쇄로부터 해방시켜주는 수난주간(Holy Week)에, 우리는 순결한 사람들의 목에 쇠사슬이 감겼다는 것을 들었습니다. 그리고 200파운드의 금을 3일 안에 벌금으로 내도록 선고받았습니다. 상인들은 만일 그들이 그들의 신앙을 지키는 것을 허락한다면 그만큼이 아니라 두 배의 금도 낼 수 있다고 대답했습니다. 감옥은 상인들로 가득 찼습니다.

7. 종교법정의 모든 관료들—장관들, 대리인들, 다양한 행정부의 하급 관리들—은 그들이 폭동에 연루되는 것으로부터 금해지도록 하는 구실 위에서 성전 내부에 머물도록 명령을 받았습니다. 높은 직위에 있는 사람들은 만일 그들이 성전을 포기하지 않으면 더 가혹한 고난으로 위협을 받았습니다. 박해가 격화되었고 성전의 문이 열렸고 그들은 격렬한 폭력으로 휩쓸리는 것처럼 보였습니다.

8. 장관들과 호민관들이 저를 방문해서 지체하지 말고 성전을 포기하라고 요청했습니다. 그들은 모든 만물이 그의 권한 아래에 있기 때문에 황제는 그 자신의 권리를 소유하고 있다고 말했습니다. 저는 만일 폐하께서 저에게 저 자신, 저의 영지, 저의 자산, 그와 같은 저의 어떠한 것들에 대해서 요청한다면 비록 저에게 속해 있는 모든 것이 가난한 자에게 속해있다 할지라도 저는 그것을 거절해서는 안 된다고 대답했습니다. "그러나, 하나님의 것들은 황제의 권한에 속해있지 않습니다. 만일 폐하께서 저의 재산을 원하신다면 그것을 취하십시오. 만일 저의 육신을 원한다면 저는 즉시로 가겠습니다. 당신은 저를 감옥에 끌고 가거나 혹은 죽음으로 몰아가는 것을 의미

급한다. 그러나 위에 *dimissis catechumenis*후에 "시작하다"(*coepi*)는 그러한 해석에 반하는 것이다.

하십니까? 저는 기쁘게 받을 것입니다. 저는 군중 뒤에서 제 자신을 숨기지 않을 것입니다. 저는 성전의 은신처에 누워서 저의 생명을 위해서 구걸하지 않을 것입니다. 저는 기꺼이 성전을 위해서 제 자신을 희생할 것입니다"라고 저는 말했습니다.

9. 사실 저는 무장한 사람들이 교회의 바실리카를 점유하도록 파견되었다는 것을 들었을 때 몸서리가 쳐졌습니다. 저는 바실리카를 방어하면서 전 도시를 파괴로 몰아갈 일련의 유혈극이 있을 수 있다는 것이 두려웠습니다. 저는 그렇게 거대한 한 도시나 혹은 전 이탈리아가 파괴되면 살아남을 수 없다고 기도했습니다. 저는 피가 뿌려지는 것에 대한 증오가 너무 싫어서 몸이 오그라들었습니다. 저는 쉰 소리로 말했습니다. 고트족의 관료들이 거기에 있었습니다. 그리고 저는 그들에게 말했습니다. "로마는 당신에게 집을 주었는데 당신은 당신 자신을 공공의 질서의 교란자로 보이게 할 수 있는 것인가? 만일 이 도시들이 파괴된다면 당신은 다음에 어디로 갈 것인가?"

10. 저는 사람을 말리도록 압력을 받았습니다. 답례로 저는 제가 그들을 자극하지 않는 능력을 가지고 있다면, 그들을 평화롭게 하는 것은 하나님의 손에 있다고 말했습니다. 결론적으로 만일 그가 제가 그들을 부추기고 있다고 생각한다면 저는 마땅히 즉시 처벌을 받아야 하며 혹은 그가 선택하는 이 세상의 어떤 곳이든지 격리된 곳으로 유배당해야 합니다. 이러한 말들에 그들은 자리를 떴고 저는 올드 바실리카 (Old Basilica)에서 하루 종일 머물렀습니다. 그 다음 저는 잠자기 위해서 집에 돌아왔으며 그래서 만일 어떤 사람이 저를 체포하기 원한다면 그는 저를 바로 발견할 것이었습니다.

11. 아침이 오기 전에 제가 바깥에 나갔을 때, 성전은 군인들에 의해 포위당했으며 점령당했습니다. 한 소문이 있었는데 군인들이 황제에게 만일 황제가 거기에 가기를 원한다면 그 길을 깨끗하게 할 것이라고 보고했다는 것입니다. 만일 그들이 그가 교회에 입회하는 것을 보았다면, 그들은 그를 따를 것입니다. 만일 그렇지 않다면 그들은 암브로시우스 휘하에 있는 회중들 편에 넘어갈 것입니다.

12. 아리우스주의자들 중에 어떤 사람도 거기에 감히 가지 않았는데, 왜냐하면 시민들 가운데는 아리우스주의자들은 한 사람도 없었으며 바로 왕실에 일련의 사람이 있었고, 고트족들 가운데 일련의 사람이 있었기 때문입니다. 집을 위해서 사륜마

차를 사용하면서 그들은 지금 그들의 마차를 교회로 만들고 있습니다.[4] 그 여성이 가는 곳은 어디에나 그녀는 그녀의 무리들을 수송하였습니다.

13. 저는 성전이 포위되었다는 것을 사람들의 슬픔으로부터 말할 수 있습니다. 그러나 성경을 읽는 동안 저는 뉴 바실리카(New Basilica) 역시 사람으로 가득 찼다는 것을 알게 되었고 군중들은 그들이 자유로울 때보다 더 숫자가 많아진 것처럼 보이며 그리고 그들은 성서 낭독자를 요구하고 있다는 것을 알았습니다. 즉시 성전을 점령한 군인들이 제가 그들을 제명시키도록 명령했다는 것을 알았을 때, 그들은 우리의 청중 쪽으로 넘어오기 시작했습니다. 그들을 볼 때, 그 여자들은 깜짝 놀랐고 여자들 중의 하나는 갑자기 달려들었습니다. 그러나 군인들은 그들이 기도하러 왔으며 싸우러 온 것이 아니라고 설명하였습니다. 사람들은 아주 조금 소리를 질렀습니다. 억제하면서 그러나 지속적으로 신실하게 그들은 제가 그 성전에 가야한다고 요청했습니다. 그 성전에 있는 사람들 역시 제가 그곳에 와주기를 요청했다고 들었습니다.

14. 그때, 저는 이 설교를 시작했습니다. "나의 아들들이여, 당신은 욥기로부터 교훈을 들었습니다. 욥기는 이 기간에 읽도록 지정된 책입니다. 악마 역시 우리의 규칙적인 실천으로부터 우리가 그의 유혹[5]의 전 능력이 드러나는 이 책을 읽어야 한다는 것을 압니다. 그래서 오늘날 그는 보다 큰 힘을 가지고 격발하였습니다. 그러나 믿음과 인내 안에서 당신을 강건케 하시는 우리의 하나님께 감사드립니다. 저는 한 사람 욥을 찬양하기 위해 설교단에 왔습니다. 그리고 저는 당신들 모두가 제가 찬양해야 할 욥들인 것을 알았습니다. 당신들 각각 한 사람 안에서 욥은 다시 생명에 이르렀습니다. 당신들 각각 한 사람 안에서 거룩한 사람의 인내와 용기가 다시 빛났습니다. 보다 확고한 말들이 오늘날 당신 안에서 성령이 말씀하시는 그 말씀들보다 그리스도인들에 의해 말씀되어질 수 있습니다. 즉 "우리는 황제인 당신에게 우리가 싸우지 않

---

4. *Quibus ut olim plaustra sedes erat, ita nunc plaustrum ecclesia est.* 이것은 교회가 그들의 사륜마차 즉 그들의 운송의 수단이었다는 것을 의미하는데 왜냐하면 그 여인은(유스티나) 그녀 주변에 있는 추종자들을 수행하고 다녔기 때문이다. 그러나 나의 해석은 *ecclesia plaustrum*이 아니라 *plaustrum ecclesia*이라는 단어의 순서를 관찰하려 한다. 그들은 그때까지 돌아다녔으며 야외에서 냉소적인 경멸을 예배하였다. 나는 두 번역본들 사이에서 주저하였으며 그러나 나의 해석은 다소 제롬의 지지를 얻었다. 「서신」 107 §2.

5. 욥기에 대한 그의 주해를 통해서 암브로시우스는 tentare라는 한 단어와 "tempt"와 "test" 로부터 "try"="annoy"로 변화하는 점에서 그것의 같은 어원을 사용할 수 있다. "tempt"의 의미가 그의 전 쟁점의 기초가 될 때 나는 §18에서 단 한번을 제외하고는 그것을 처음부터 끝까지 유지하려고 하는데 나는 *tentamina*를 "trials"로 번역한다.

을 것이라고 탄원합니다. 우리는 두려워하지 않습니다. 우리가 탄원하고 있지 않습니까?" 평화와 안정을 위해 그리스도인들은 기도하고 있습니다. 그러나 심지어 죽음의 위험에서조차도 굳건한 신앙과 진리를 포기하지는 않습니다. 왜냐하면 주님은 우리의 지도자이신데 "그는 그들을 그 안에 그들의 소망을 두도록 구원하실 것입니다."[6]

15. 우리로 하여금 성무일과에 이르도록 하십시오. 당신은 악마가 우리를 유혹하도록 보내졌다는 것을 압니다. 이것은 선한 것임을 입증하는 것입니다. 악한 자는 마지못해 선을 행하고 다양한 방법 안에서 유혹합니다. 그는 거룩한 욥을 그의 소유물들과, 그의 자녀들과 그리고 그의 육신적인 고통 안에서 시험했습니다. 그 자신의 육체 안에서 시험이 강해질수록 다른 것 안에서는 더 약해집니다. 저로부터도 그랬는데 그는 제가 당신 안에서 가지고 있는 부를 취하기 원했습니다. 그는 당신의 평화인 저의 소유물을 낭비하기를 원했습니다. 그는 저로부터 저의 선한 자녀인 당신을 잡아채기를 갈망했습니다. 당신은 제가 날마다 위해서 성찬을 새롭게 하는 사람입니다. 그는 당신을 공공의 무질서의 파괴 속으로 끌어들이려고 시도했습니다. 그때 이미 저는 두 가지 시험을 견디고 있었습니다. 왜냐하면 주 하나님이 제가 너무 약해서 그가 그에게 저의 육신 위에 권능을 아직 주지 않도록 했다는 것을 알았기 때문입니다. 비록 제가 그것을 바랐을지라도, 비록 제가 제 자신을 주었을지라도, 아마 그는 저를 분쟁에 어울리지 않는 것으로 판단할 것이며 그리고 저를 여러 가지 힘든 일로 괴롭힐 것입니다. 욥은 그러한 분쟁으로 시작하지 않았습니다. 그러나 그것으로 끝났습니다.

16. 욥은 악마의 한 심부름꾼에 의해서 시험을 받았고, 그는 역시 그의 아내에 의해서 시험을 받았는데 그의 아내는 "하나님을 저주하고 죽어라"라고 말했습니다.[7] 당신은 다수의 일들이 갑작스럽게 우리를 향해서 움직이는 것을 보았습니다. 고트족들, 군대들, 이교도들, 상인들의 벌금들, 의인들의 형벌들을 보았습니다. 당신은 무엇이 명령되는지를 관찰했습니다. "성전을 포위하라." 즉 다른 말로 한다면 "하나님을 저주하고 죽어라"라는 말입니다. 그러나 그것은 하나님에 대항해서 하는 말일 뿐만 아니라 또한 하나님에 대항해서 행동하는 것입니다. 명령은 하나님의 성전을 포위하라는 것입니다.

---

6. 시 17(16):7.
7. 욥 2:9.

17. 그래서 우리는 황제의 명령에 의해서 억압을 받았으며, 그러나 성경말씀에 의해서 강해집니다. 성경의 말씀은 다음과 같이 대답합니다. "그가 이르되 그대의 말이 한 어리석은 여자의 말 같도다."[8] 이것은 적지 않은 시험입니다. 우리는 여자들에 의해서 야기되는 시험들이 얼마나 신랄한지를 압니다. 예를 들면 아담은 이브에 의해서 타락하였고, 그래서 그는 하늘의 명령으로부터 떠나게 되었습니다. 그가 그의 실책을 발견했을 때, 그의 죄지은 양심은 그를 고발하였는데 그는 숨기를 갈망했지만 그럴 수 없었습니다. 그래서 하나님은 그에게 말했습니다. "아담아, 네가 어디 있느냐?"[9] 그것은 다음과 같은 것을 의미합니다. 우리가 이전에 무엇이었습니까? 당신은 지금 어디로 가십니까? 저는 당신을 어디에 두었습니까? 당신은 당신 자신을 위해서 어디로 헤매고 있습니까? 당신은 당신이 벌거벗었는데 왜냐하면 당신이 선한 믿음의 옷을 잃어버렸기 때문인 것을 압니다. 지금 당신은 잎사귀로 당신을 감추려고 시도하고 있습니다. 당신은 당신의 열매를 던져버렸습니다. 당신은 율법의 잎사귀 아래에서 숨기를 원합니다. 그러나 당신은 숨을 수 없습니다. 한 여성을 위해서 당신은 주 당신의 하나님을 떠나는 선택을 했습니다. 그래서 당신은 당신이 찾곤 했던 그로부터 도망치고 있습니다. 당신은 한 여성으로부터 떨어져서 당신 자신을 숨기기를 좋아했는데 세계의 거울을, 낙원의 거처를, 그리스도의 은혜를 떠났습니다.

18. 이세벨이 얼마나 잔혹하게 엘리야를 박해했는지를, 어떻게 헤로디아가 세례 요한을 죽였는지를 제가 언급할 필요가 있습니까? 모든 남자들은 어떤 여성이나 혹은 다른 여성들로부터 고통을 받습니다. 저에 대해서 말한다면, 저의 열악한 황무지들이 작을수록 저의 시련은 더 커집니다. 저의 힘이 약할수록 위험은 더 커집니다. 여성은 여성을 따르고, 미움은 미움을 낳고, 그들의 거짓에는 끝이 없고, 연장자들이 요청되고, 왕이 모든 것에 진노했다는 구실 위에 있습니다. 만약 그들이 제가 아니고 교회를 박해하는 것이 아니라면, 무슨 이유로 벌레 같은 저에 대해 이러한 슬픈 시련을 주는 것입니까?

19. 명령이 내려졌습니다, 성전을 포기하라. 저는 다음과 같이 대답했습니다. "제가 성전을 포기하는 것은 옳지 않습니다. 폐하께서 성전을 받는 것도 좋은 것이 아닙

---

8. 욥 2:10.
9. 창 3:9.

256

니다. 폐하께서 시민 개인의 집을 침범할 권리를 가지고 있지 않을 때, 하물며 폐하께서 하나님의 집을 사유할 수 있다고 생각하십니까?" 모든 것이 황제에게 속해 있어서 어떠한 것도 할 권리가 있다고 주장됩니다. 저는 대답합니다. "폐하, 하나님의 소유물 위에 황제로서 어떠한 권리를 가지고 있다는 생각으로 자신을 찬미하지 마십시오. 만일 폐하가 황제로 있기를 원하신다면 폐하 자신을 하나님께 복종시키십시오. '가이사의 것은 가이사에게, 하나님의 것은 하나님께 바치라'[10]고 성경에 쓰여 있습니다. 궁궐은 왕에게 속해 있고, 교회는 감독에게 속해 있습니다. 폐하는 공적 건물 위에 권한을 위탁했습니다. 그러나 교회의 것 위에 위탁한 것은 아닙니다." 다시 저는 황제가 말한 것들을 들었습니다. "저는 또한 하나의 성전을 마땅히 가져야 합니다." 저는 대답했습니다. "폐하가 교회를 가져야 한다는 것은 합법적인 것이 아닙니다.[11] 무엇이 폐하를 간통을 하는 사람으로 만들었습니까? 왜냐하면 법적인 결혼 상태에서 그리스도에게 연합하지 않는 그녀는 간통을 한 여자이기 때문입니다."

20. 제가 설교하는 동안에 제국의 현수막이 내려지고 그리고 성전에는 제가 나타나기를 요청하는 사람들로 가득 채워져 있다는 것을 들었습니다. 즉시 저는 그러한 방향 안에서 저의 설교를 하였습니다. 그리고 다음과 같이 말했습니다. "성령의 권위 있는 말씀은 얼마나 깊고 심오합니까! 형제들이여 당신들은 아침기도회에서 읽었던 시편을 기억하십시오. (얼마나 우리가 무거운 심정으로 대답했는지를.) '하나님이여 이방 나라들이 주의 기업의 땅에 들어왔습니다.'[12] 사실대로 이야기하면, 이방인들이 왔는데, 이방인들보다 더 나쁜 자들이었습니다." 고트족들이 왔고, 다양한 민족들이 왔습니다. 그들은 무장하여 왔고, 그들은 성전을 포위하고 점령하였습니다. 당신의 깊은 방법을 깨닫지 못한 채 우리는 이것에 슬퍼하고 있습니다. 그러나 우리는 어리석고 실수하였습니다.

21. 이방 나라들이 왔습니다. 그렇습니다. 진실로 그들은 당신의 기업의 땅에 왔습니다. 이방인들로서 온 사람들은 그리스도인들이 되었습니다. 즉 당신의 기업의 땅을 침범하러 온 사람들이 하나님의 공동 상속자가 되었습니다. 제가 적들이라고 생각했던 사람들이 방어자들이 되었습니다. 제가 적대자라고 생각했던 사람이 동맹자들

---

10. 마 22:21.

11. 마 14:4. 만일 성전을 아리우스주의자들에게 양도한다면, 성전은 간통하는 것이다.

12. 시 79(78):1.

이 되었습니다. 그것은 예언자 다윗이 주 예수에 대해서 노래한 것이 성취된 것입니다. '그의 장막은 평화 안에 있다.' 그리고 '거기에서 그가 화살과 방패와 칼과 전쟁을 없이하셨도다.'[13] 이 업적이 누구의 것입니까? 당신 주 예수 그리스도의 것이지 않습니까? 당신은 당신의 성전으로 오고 있는 무장한 사람들을 보셨습니다. 한편으로 하나님의 성전에 신음하면서 밀어 닥치는 사람들은 그들이 그것을 포위하고 있다고 생각되지 않을 수 있습니다. 다른 한편으로 군인들은 무력을 사용하도록 명령했습니다. 죽음이 저의 눈앞에 있었습니다. 저는 광기가 자유롭게 확산되는 것이 두려웠습니다. 그러나 오, 주님 당신은 이 가운데 당신 자신을 두시고, 둘을 하나로 만들어 주셨습니다. 당신은 무장한 사람들을 제지하면서 다음과 같이 말하십니다. '그런데 확실하게 만일 당신이 무력의 의지를 갖고 있다면, 만일 성전에 갇혀 있는 사람들이 곤경에 처한다면, 내가 흘린 피 안에 무슨 유익이 있는가?' 오, 주여 당신께 감사합니다. 대사도, 전령도 아니고 오직 주께서 당신의 사람을 구하십니다. '나의 베옷을 벗기고 기쁨으로 띠 띠우셨나이다.[14]

22. 황제의 마음이 군인들의 열정, 고위 관원들의 탄원 그리고 백성들의 기도에 의해서 부드러워질 수 있는지를 의심하면서 저는 그렇게 말했습니다.[15] 그러는 동안 저는 한 관리가 저에게 메시지를 가지고 왔다는 것을 알았습니다. 저는 잠시 물러섰고, 그는 저에게 메시지를 주었습니다. 메시지의 내용은 다음과 같았습니다. "나의 기쁨에 대항해서 행하는 것에서 당신 마음 안에는 무엇이 있는가?" 저는 다음과 같이 대답했습니다. "저는 황제의 즐거움을 알지 못합니다. 제가 신중치 못하게 행동한다고 말하셨을 때, 저는 무엇을 의미하는 것인지 이해하지 못했습니다." "왜 당신은 성전에 장로들을 보냈는가? 만일 당신이 강탈자라면 나에게 말하라. 그래서 내가 당신에 대항해서 나 자신을 어떻게 준비해야 하는지를 알 수 있을 것이다"라고 메시지는 말했습니다. 저는 다음과 같이 대답했습니다. 저는 교회를 잘못된 것 안에 두려고 하지 않습니다. 그러나 제가 교회가 군인들에 의해서 점령당했다는 것을 들었을 때, 저는 오직 저의 슬픔을 좀 더 자유롭게 표현했습니다. 많은 사람들이 성전에 가도록 저

---

13. 시 76(75):2, 3.
14. 시 30(29):11.
15. 현수막이 제거된 것은 황제가 적어도 성전 가운데 하나를 양보한 것으로 보인다.

258

를 권고했을 때, 저는 다음과 같이 말했습니다. "저는 성전을 포기할 수 없습니다. 그러나 저는 싸우지는 않습니다." 제국의 현수막이 성전으로부터 내려졌다는 것을 들은 후에, 사람들이 제가 거기에 가야만 한다고 요구했을 때, "저는 황제 그 자신이 우리와 함께 한다는 것을 그리스도 안에서 믿습니다"라고 말하면서, 저는 그곳에 장로들을 보냈고 제 자신이 가는 것을 거절했습니다.

23. 만일 이것이 강탈처럼 보인다면, 정말 저는 군사를 가지는데 그러나 이 경우는 오직 그리스도의 이름에 의해서입니다. 저는 제 자신의 몸을 바치기 위해 권력을 가졌습니다. 만일 그가 저를 강탈자라고 생각한다면 왜 그는 치는 것을 늦추고 있습니까? 고대 권리에 의해 사제들은 주권을 수여했지, 주권을 강탈하지는 않았습니다. 성직자가 군주권을 탐내는 것보다 군주들이 성직을 탐냈다고 말하는 것이 보편적입니다. 그리스도는 도망가셔서, 그래서 그는 왕이 되지 않을 수 있었습니다.[16] 우리는 우리 자신의 권력을 갖고 있습니다. 성직자의 권력은 그의 연약함입니다. "이는 내가 약한 그 때에 강함이라."[17] 하나님은 그에게 대항해서 어떤 적도 세우지 않으셨습니다. 그로 하여금 그 자신을 스스로 강탈자로 만드는 것을 주의하도록 하십시오. 비록 막시무스가 저의 대사가 그가 이탈리아로 건너가는 것을 금했다는 것을 불평했을지라도, 그는 제가 발렌티니안의 권위를 강탈하고 있다고 말하지 않았습니다.[18] 저는 비록 성직자들이 자주 강탈자들로부터 고통을 당할지라도, 결코 그들은 강탈자들이 아니라는 것을 부언합니다.

24. 비록 아이들이 제국의 현수막을 찢으면서 즐거워하고 있을지라도, 저는 그날 하루 종일 곤고했습니다. 성전을 지키고 있는 군인들이 둘러싸고 있었기 때문에 저는 집으로 갈 수 없었습니다. 우리는 교회보다 작은 바실리카에서 형제들과 함께 시편을 이야기했습니다.

25. 다음날 마침 요나서를 읽었습니다. 그것을 읽은 후에 저는 설교를 시작했습니다. "나의 형제들이여 오늘 읽은 책에서 예언자는 죄인들에게 회개하고 돌아올 것을 말하고 있습니다. 그들은 그들의 현재 상태가 미래의 증표라는 것을 희망 안으로 받

---

16. 요 6:15.
17. 고후 12:10.
18. 「서신」 24 참고.

아들였습니다. 그 의로운 사람은 (제가 부언하건대) 도시의 파괴를 보고 알리기보다는 하나님의 진노를 자초할 준비가 되어 있습니다. 그리고 하나님의 말씀이 마음을 답답하게 하기 때문에 그는 역시 박넝쿨이 시든 것을 슬퍼했습니다. 하나님이 예언자에게 말했습니다. '네가 이 박넝쿨로 말미암아 성내는 것이 어찌 옳으냐' 요나가 대답했습니다. '네 내가 성이 납니다.'[19] 주님은 다음과 같이 말했습니다. 만일 요나가 박넝쿨이 시든 것 때문에 슬퍼했다면, 얼마나 더 하나님은 그렇게 많은 사람들을 구원하기 위해 얼마나 많은 것을 더 해야만 하는가? 그리고 그럼으로 그는 전체 도시를 위해 준비된 파괴를 정리해야 하는가?"라고 말씀하셨습니다.

26. 제가 이 이야기를 하고 나서 바로, 황제가 군대들이 성전으로부터 철수해야 하며 그리고 상인들이 지불한 것으로 비난받고 있는 돈을 돌려주어야 한다고 명령했다는 것을 들었습니다. 얼마나 모든 사람들이 기쁨과 감사함으로 소리 질렀겠습니까! 주님께서 우리를 위해 그 자신을 포기한 날입니다. 그날은 교회가 속죄를 끝내는 날입니다.[20] 군인들은 서로 앞 다투어 그 소식을 퍼트렸습니다. 성전에 달려가서 평화의 입맞춤을 하였습니다. 그때 저는 하나님이 "아침이 왔을 때, 벌레를"[21] 강타해서 전 도시가 구원받을 수 있었다고 이해합니다.

27. 그것이 여기까지의 이야기입니다. 그리고 저는 그것이 문제의 끝이기를 바랍니다. 그러나 황제는 보다 더 악화된 분쟁을 암시하는 자극적인 방법 안에서 이야기하고 있습니다. 그는 저를 강탈자라고 불렀습니다. 그리고 강탈자보다 더한 자라고 했습니다. 고급 관료들이 그에게 교회에 가라고 했을 때, 그리고 그에게 그들이 군인들의 요청에 의해 이것을 청하고 있다는 것을 말했을 때, 그는 다음과 같이 대답했다. "만일 암브로시우스가 그것을 명령한다면 당신은 나를 쇠사슬로 묶어서 그에게 양도하라." 이러한 말 뒤에 폐하께서는 다음에 무엇이 올지 당신 스스로 판단할 수 있습니다. 모든 사람들은 그것을 듣고 두려워했습니다. 그러나 그를 격화시킨 그에 대해 사람을 가졌습니다.

---

19. 욘 4:9.

20. 세족식 목요일, 참고 Ambrose, *Hexaemeron*, V, 90, 닷새째 날에 그리고 그 목요일에 설교하였다. "지금은 죄를 용서받은 것을 축하할 때이며… 지금 주 예수의 고난을 재촉합시다."

21. 욘 4:7.

28. 한 가지 예를 누님에게 드리겠는데 최고의 고위 관료인 칼리고노스[22]는 아주 격한 언어로 저에게 감히 연설을 하였습니다. "당신이 내가 살아있는데 발렌티니안을 비웃어? 나는 당신의 머리를 벨 것이다." 저는 다음과 같이 대답했습니다. "저는 하나님이 당신에게 당신의 공갈 협박을 실행하시기를 바랍니다. 저는 감독들이 고통 받을 때 고통 받을 것입니다. 당신은 환관이 행한 것처럼 행할 것입니다." 하나님이 그들을 교회로부터 끌어내시기를 기도하며 그들이 그들의 모든 무기를 저에게 돌려주기를 기도하며 그들의 갈망이 나의 피 안에서 만족함을 받기를 기도합니다.

---

22. 깔리고누스는 2년 후에 *gladio*에 의해 참수형에 처해졌다. 참고. 암브로시우스, *De Josephm*, 33; 아우구스티누스, *Contra Julianum Pelagianum*, vi, 41.

서신 24 : 암브로시우스와 막시무스

서론

383년 영국에 있는 군대가 마그누스 막시무스의 지도 안에서 그라티안에 대항해서 반란을 일으켰다. 그라티안은 8월 25일에 암살당했고 막시무스는 그가 뜨리에르로 부터 통치하였던 영국과 고올 지역의 통치권을 얻었다. 그는 합법적인 아우구스투스 로 인정받기를 갈망했으며 소년 발렌티니안 2세를 초대해서 뜨리에르에서 그의 보호 아래 그를 두었다. 뜨리에르는 그를 전 서방의 통치자로 만들었다. 당시 발렌티니안 과 그의 어머니 유스티나의 거주지인 밀란은 이탈리아의 침공을 두려워했다. 그래서 고위 관리 바우토가 알프스 산길을 점령했을 때, 암브로시우스에게 막시무스와 함께 평화 조약을 맺도록 청하였다. — 알려진 한에서 이것은 세속의 외교적인 사명을 감독 에게 부여한 첫 번째 경우이다. 그것에 대한 이야기는 「서신」 24에서 회고하면서 이야 기된다. 한 점에서 그것은 양쪽을 다 만족시켰다. 왜냐하면 평화가 확보되고 잠시 후 에 테오도시우스에게 양도되지만 막시무스는 아우구스투로서 인정받았기 때문이다. 그러나 막시무스는 후에 그가 발렌티니안이 방문하기로 약속한 것에 대한 애매한 말에 의해 속았다고 주장했다. 그리고 그가 이탈리아를 침략하려는 의도가 추켜세워졌다고 주장했다.

386년[1]에 밀란은 일단 고울로부터 침공이 예상되었고 한 번 더 암브로시우스는 뜨리에르의 평화를 유지하기 위해 보내졌다. 「서신」 24에 기록되어 있는 이때의 그의 사명은 완전히 실패였다. 정말로 그의 행동은 외교적이지 못해서 사람들은 오직 그가 화해의 어떠한 가능성도 결코 보지 않았다고 주장할 수 있었다. 그것은 심지어 유스티나가 그것을 계획했다고 제시되었다. 만일 그녀가 평화를 가질 수 없다면 그녀는 적어도 그녀의 성공적이지 않은 대사를 의심할 수 있어야 했다. 암브로시우스는, 그의 역할을 위해서, 그 자신이 막시무스와 연합하는 것에 의해서 그 자신을 타협하려고 하지 않았다. 그의 서신의 마지막 말은 발렌티니안 황제에게 전쟁을 기대하라고 경고하고 있다. 387년 가을이 왔을 때 발렌티니안은 유스티나와 함께 테살로니케로 도망을 갔고 막시무스는 쉽게 이탈리아를 차지하였다. 결국은 테오도시우스가 행동으로 옮겨서 막시무스에 대항해서 진군하였다. 막시무스는 패배하였고 388년 8월 아퀴레이아 근처에서 죽었다. 발렌티니안은 고울을 통치하러 갔고 테오도시우스는 동방과 이탈리아를 차지하였고 그래서 밀란에 있는 암브로시우스와 더 가까이 접촉하였다.

서신의 한 구절은 보다 더 설명이 필요하다. 370년경 스페인 교회는 프리스길라에 의해서 일어난 금욕주의 운동에 의해 선 혹은 악에 대해 곤경에 처해 있었다. 일련의 감독들은 그것을 찬성하였고 다른 감독들은 그것을 이원론적인(영지주의나 혹은 마니교) 실책이라고 의심하였다. 비록 그것의 일련의 변칙적인 것들이 380년 사라고사의 조그만 회의에서 정죄 받았을지라도 그 운동은 이단으로서 명백하게 정죄 받지 않았다. 그리고 얼마 후에 프리스길라는 아빌라의 감독이 되었다. 이때에 메리다의 감독 이다키우스는 프리스길라에 의해 직권남용으로 고발되었는데 그는 국가를 그 일에 개입시켰다. 루시타니아의 대주교로서 그라티안으로부터 그들의 관구로부터 "사이비 감독들과 마니교도들"을 퇴치하라는 칙령을 확보하였다. 비록 프리스길라와 그의 동료들이 로마의 다마수스나 암브로시우스로부터 동정심을 얻을 수 없다 할지라도, 뇌

---

1. 낡은 연대는 387년이다. (예를 들면 틸레먼트가 주장했다.) 라우센은 이 두 번째 사절을 384년에 두고 있으며 세크와 폰 캄펜하우젠이 라우센의 견해를 따르고 있다. 팔랑꿰는 그의 저서 *Saint Ambrose*, 516-518쪽에서 386년을 주장하고 있다. 더튼은 팔랑꿰에 동의한다.

물수수는 칙령을 무효로 할 수 있었다. 그러나 그라티안의 죽음 위에서 오소노바의 감독 이타키우스는 막시무스의 관심을 얻었는데, 막시무스는 384년 보르독스(384년)의 교회 회의에서 프리스길라 추종자들을 심의해야 한다고 명령하였다. 이 법정으로부터 프리스길라는 황제에게 다시 호소하였다. 간략하게 말해서 뚜르의 마르틴은 막시무스가 이 경우에 감독권을 갖지 못하게 하는 것으로부터 실패하였다. 프리스길라는 이타키우스에 의해서 으뜸가는 범죄인 마술로 그가 고발된 것을 알았다. 그는 유죄로 판명 받고 처형되었다. 그 이후에 마르틴은 세속적인 재판을 조장하고 사형 제도를 찬성한 "이타키우스에 속해 있는 감독들"과 성찬을 나누지 않았다. 그는 심지어 뜨리에르의 새로운 감독인 펠릭스와도 성찬을 나누지 않았는데 비록 펠릭스가 좋은 사람이었을지라도 그가 이타키우스에 속해 있는 감독들에 의해 성직에 임용되었고 그들과 계속해서 교류를 하고 있었기 때문이었다. 비록 암브로시우스는 프리스길라의 이단성에 대해서 질문하지 않았을지라도 마르틴처럼 그는 이러한 세속적 무력의 남용에 대해서 두려워하였다.[2] 이러한 이타키우스 감독들이 §12에 언급되어 있다. 펠릭스의 경우는 390년 밀란의 회의에 의해서 생각된다.(『서신』 51, §6) 그러나 암브로시우스와 그의 부주교들은 펠릭스에게 성만찬을 시행할 수 없었다. 이 사건을 통해서 암브로시우스는 교회와 국가에 대한 그의 근본적인 이원론에 서있었다.

본문

암브로시우스가 황제 발렌티니안께

1. 폐하께서는 저로 하여금 그것에 대해서 해명하도록 부르지 않는 것에 의해서 저의 이전 임무에 대한 폐하의 확신을 보여주셨습니다. 진정으로 제가 고울에서 여러

---

2. 프리스킬라가 그 당시 사형을 당했는지에 대한 질문에 대해서 §12를 보라.

날 지체했던 사실은 제가 막시무스를 기쁘게 하는 어떤 것을 받아들이거나 혹은 평화를 확보하는 것보다 그를 만족시키는 어떠한 제한도 찬성하지 않았다는 것을 충분히 명백하게 합니다. 만일 폐하께서 제가 수행했던 첫 번째 임무에 대해 찬성하지 않았다면 두 번째 임무를 위탁하지 않았을 것입니다. 그러나 저의 두 번째 방문에서 저는 막시무스와의 충돌을 피할 수 없었습니다. 저는 폐하께 이 서신을 통하여 어떻게 제가 저의 임무를 진척시켰는지 말하는 것이 최선이라고 생각합니다. 이러한 방법에 의해서 저는 제가 돌아가 진실하게 모든 이야기를 할 수 있기 이전에 사실보다는 조작된 소식이 유포되는 것에 대해 미리 조치를 취하고자 합니다.

2. 제가 뜨리에르에 도착한 날, 저는 궁성으로 갔습니다. 황제의 내시들 중 한 사람인 최고 궁중 고관인 갈리카누스가 저를 만나러 왔습니다. 저는 폐하와의 알현을 요청했습니다. 그는 제가 폐하에게 어떤 답변을 가져왔는지 요청했습니다.[1] 저는 그렇다고 말했습니다. 그는 접견이 오직 종교법정에서 있을 수 있다고 대답했습니다. 저는 이것은 감독에게 일상적인 것이 아니고 어떤 경우에 일의 중요성으로 인해 저는 마땅히 주인과 이야기해야 한다고 대답하였습니다. 간략하게 말해서, 그는 그와 협의하기 위해서 갔고 그러나 같은 답변을 가지고 돌아왔습니다. 그의 첫 번째 진술은 막시무스 그 자신에 의해서 진척된 것임이 분명했습니다. 저는 비록 이것이 저의 직무와 일치되지 않는 것일지라도, 저는 제가 시행해야 하는 임무를 포기하지 않았으며, 특별히 폐하의 업무 안에서 그리고 깊은 경건의 업무 안에서 저는 기꺼이 겸손하게 수행했다고 말했습니다.

3. 그가 종교법정에서 좌정했을 때, 저는 그 안으로 들어갔습니다. 그는 일어서서 저에게 입맞춤을 하였습니다. 저는 평의원들 사이에서 서 있었습니다. 일련의 사람들이 저에게 보좌에까지 가도록 하였습니다. 그리고 그는 저를 불렀습니다. "왜 당신이 인정하지 않는 사람에게 입맞춤을 하는가? 만일 당신이 저를 인정한다면 당신은 이 장소에서 저를 받아들이고 있지 않을 것입니다"라고 대답했습니다. "감독, 당신은 당황하고 있소이다." 그가 말했습니다. "저는 무례함에 화난 것은 아닙니다. 그러나 저는 제 자신이 낯선 곳에 서 있다는 것을 알게 되어 부끄럽습니다."[2] "당신의 첫 직무

---

1. 즉, 막시무스가 발렌티니안에게 그에게 와서 그와 함께 머물라고 했다. §7 참고.
2. *Verecundia quod alieno consisto loco.* 만일 *verecundia*가 "수줍음"을 의미한다면 암브로시우스는 빈정대는 것이다. 보다 아

때 당신은 종교법정으로 왔다"고 그는 말했습니다. "그것은 저의 잘못이 아닙니다. 책임은 이곳에 온 저에게 있는 것이 아니고 저를 부른 사람에게 있습니다"라고 저는 말했습니다. "왜 당신은 왔는가?"라고 그는 말했습니다. "왜냐하면 그때, 저는 낮은 지위에 있는 사람들을 대신해서 평화를 요청하고 있었고 반면에 지금 저는 동등한 사람을 위해서 평화를 요청하고 있습니다"라고 말했습니다. "평등! 누가 그에게 그것을 그렇게 되도록 했는가?"라고 그는 말했습니다. "전능하신 하나님이십니다. 그는 발렌티니안에게 준 왕국 안에서 그를 세우셨습니다."

4. 제가 그렇게 말했을 때, 그는 화가 나서 펄펄 뛰면서 말했습니다. "너는 나를 속였다. 너와 그 자신을 위해서 왕국을 요구하기를 원하면서, 마치 소년을 위한 것처럼 바우토가 나를 속였다. 그렇다. 그리고 그는 야만인들을 나에 대항해서 풀어주었다. 마치 내가 가져와야 하는 나 자신의 것이 아무것도 없는 것처럼! 수천 명의 야만인들이 나의 군대에 있고 나는 그들에게 지불해야 한다. 만일 내가 당신이 왔던 그때에 저지당하지 않았다면, 어떠한 사람도 나와 나의 권력에 저항할 수 없었다."

5. 저는 부드럽게 말했습니다. "당신은 화낼 명분이 없습니다. 인내심을 가지고 제가 당신의 비난에 대해서 대답하는 동안 들으십시오. 저는 여기에 정확하게 말해서 저의 첫 번째 임무에 대한 당신의 탄원 때문에 왔고 그리고 저는 당신을 속였습니다. 저는 고아 황제를 위해서 그렇게 한 것에 대해서 자랑스럽습니다. 성경은 다음과 같이 말합니다. 아비를 모르는 자를 위하여 심판하라 과부를 위하여 선한 일을 하여라. 그리고 눌린 자를 풀어주어라. "고아의 아버지시며 과부의 재판장이시라"라고 말합니다."[3]

6. 그러나 저는 저의 예배시간에 발렌티니안을 비난하지 않을 것입니다.[4] 사실을 말하자면, 언제 제가 폐하의 군대에 반대했으며 폐하가 이탈리아에 들어오는 것을 금

마 그는 비록 그가 분노로부터 참았을지라도 그가 감독으로서(qua) 남의 자존심을 상하게 하고 있다는 것이 사실인 것을 의미한다. Alieno는 "개인적으로 나에게 이상한 것"이라기 보다는 "한 감독을 위한 옳지 않은 자리"를 의미한다. 그러나 이 부분을 통해서 단어들에 대한 다소의 익살이 있다. Consisto(서다)는 consistorium과 함께 어울리는 것으로 선택되었다. 그러나 굴욕의 주석에 첨부된다. 감독은 공적 청중 안에 서 있었다.

3. 사 1:17, 시 68(67):5.

4. exprobrabo를 읽어라. "당신의 비난들이 거짓이기 때문에, 나는 당신이 나에 대해서 내린 비난들이 사실이고 나의 곤경이 발렌티니안에 대한 나의 임무로부터 일어났다는 것을 제안하기를 원하지 않는다." 「교부 총서」(Library of the Fathers)는 의미를 축소시키거나 혹은 가능하게 (ex)probabo라고 읽으면서 "자랑하다"로 번역한다.

지했습니까? 제가 무슨 재물을 사용했습니까? 어떤 힘을, 어떤 군대를 사용했습니까? 제가 저의 몸으로 폐하에게 알프스를 금했습니까? 제가 할 수만 있었다면! 저는 폐하의 비난도 고소도 두려워서는 안 됩니다. 무슨 약속에 의해서 제가 폐하를 속여 평화롭게 찬성하도록 하겠습니까? 고위 관료 빅터가 마인쯔 근처에 있는 고울에서 저를 만나러 왔을 때, 폐하께서 평화를 요청하기위해 그를 보낸 것이 아닙니까?[5] 그가 폐하께 청하기 전에 폐하가 그에게 평화를 요청했는데, 어떻게 발렌티니안이 폐하를 속였겠습니까? 어떻게 바우터가 그의 황제에게 헌신한 것이 폐하를 속인 것입니까? 그가 그의 주인을 배신한 것은 아니지 않습니까?

7. 그리고 제가 어떻게 폐하를 속이겠습니까? 제가 맨 처음 도착했을 때, 폐하는 발렌티니안이 폐하에게 아버지에게 아들로서 와야 한다고 말했습니다. 저는 그것이 소년과 그의 과부 어머니가 한겨울에 알프스를 건너는 것이나 혹은 주의를 요하는 상황 안에서 그가 어머니 없이 그렇게 긴 여행을 하도록 하는 것은 합당하지 않다고 대답했습니다. 그가 온다는 약속은 없이 저는 평화에 대한 임무를 위임을 받지 않았습니까? 저는 저의 지식을 넘어선 어떤 것에 서약할 권력을 갖고 있지 않으며 제가 그러한 서약을 주지 않았다는 사실은 명백합니다. 왜냐하면 폐하 자신이 "빅토가 무슨 대답을 가져오는지를 기다려 보자"라고 말했기 때문입니다. 제가 지체하는 동안 그는 밀란에 도착했고 그가 청했던 것이 거절되었다는 것은 잘 알려져 있습니다. 우리의 협정은 평화에 미치지 못했습니다. 즉 우리는 황제가 오는 것에 대해서 동의하지 않았는데 그가 오는 것은 결코 제시되지 않았어야 합니다. 빅토가 돌아왔을 때 저는 있었습니다. 그러면 어떻게 제가 발렌티니안이 오지 않도록 권면할 수 있었겠습니까? 사절단들이 지속적으로 고울에 보내져서 그는 오지 않을 것이라고 말을 했으며 제가 그때까지 고울에 있는 발렌스에 있는 것을 발견했습니다. 제가 돌아오는 길에 산길을 지키도록 배치된 양 진영의 군인들을 통과했습니다. 제가 폐하의 어떤 군사들을 돌려 보냈습니까? 이탈리아로부터 제가 어떠한 로마제국의 군기를 돌려보냈습니까? 바우터가 어떤 야만족들을 풀어주었습니까?

---

5. 빅터는 막시무스의 아들이었으며 평화를 제안하는 동안에 – 막시무스는 그러한 조건에서 말했다 – 밀란에 발렌티니안을 뜨리에르에 초대하기 위해 밀란에 보내졌다. 그의 임무는 마인쯔 근처에 있는 암브로시우스의 임무를 가로지르는 것이었다. 암브로시우스는 이것을 그가 막시무스에게 평화를 제시하도록 부추기지 않았다는 증거로 제시하였다.

8. 만일 폐하가 지역의 세금에 의해 유지되는 국경을 건너서 온 야만족의 외인부대와 군대로 로마 제국을 위협할 때 혈통으로 프랑크족인 바우터가 그렇게 했다면 그것은 놀랍지 않을 것입니다. 폐하의 협박과 젊은 황제 발렌티니안의 회유적인 행동 사이의 차이점을 주목하십시오. 폐하는 폐하 주변에 있는 유목민인 야만족들과 함께 이탈리아에 입장할 것을 요구하고 있습니다. 발렌티니안은 독일 영토를 통해 고울 지방을 침략한 훈족과 알란족을 되돌아가게 했습니다. 왜 야만족을 야만족에게 맞서도록 하는 것에서 바우터를 괴롭게 하십니까? 폐하가 로마 군대를 보유하는 동안에 그는 양쪽에서 폐하에게 맞서고 있습니다. 로마 제국의 최중심부 안에서 Juthungi[6]는 라에티아 황무지에 머물고 있습니다. 훈족을 불러들인 것은 Juthungi에 대항하는 것이었습니다. 그러나 그들이 폐하의 국경에 있는 독일을 쳐부수고 이미 절박한 재앙으로 고울을 위협했을 때, 그들은 폐하를 구하기 위해 그들의 승리를 포기하도록 강요받았습니다. 그의 행동을 폐하의 행동과 비교해 보십시오. 폐하는 라에티아의 침략에 책임이 있고 발렌티니안은 그 자신의 황금으로 폐하를 위해 평화를 샀습니다.

9. 지금 폐하 오른편에 서있는 사람을 보십시오.[7] 발렌티니안이 그의 슬픔을 보복할 수 있었을 때, 그는 명예와 함께 그를 폐하에게 돌려보냈습니다. 그는 그 자신의 영토 안에 그를 가지고 있었습니다. 그리고 심지어 그의 형제의 피살 소식이 전해졌을 때에도 그는 그의 분노를 억제하였습니다. 같은 계층이 아닐지라도 그들은 같은 관계입니다. 그러나 그는 폐하에게 보복하지 않았습니다. 그의 행동을 폐하의 행동과 비교하고 폐하 자신을 판단하십시오. 그는 폐하에게 폐하의 형제를 살려서 돌려보냈습니다. 적어도 죽은 그의 형제를 돌려보내십시오. 그는 그 자신에 대항하는 폐하의 도움을 거절하지 않았습니다. 왜 폐하는 그의 형제의 유해를 그에게 주는 것을 거절하십니까?[8]

10. 폐하는 시체를 돌려보내면 그 군대로 하여금 다시 슬픔에 빠지게 할 수 있다

---

6. 알레마니 부족으로 라에티아를 침략했었다. 그 때, 바우터(혹은 테오도시우스)는 훈족과 알란족을 초대했는데 그들은 이미 알레마니의 영토를 공격하기 위해서 고울 근처로 접근하고 있었다. 그래서 바우터는 Juthungi를 본국으로 돌아가도록 권유하기를 소망하였다. 훈족이 그 자신의 국경에 왔을 때 막시무스는 항의하였고 발렌티니안은 막시무스와 평화를 유지하게 위해서 그들을 매수하였다. 막시무스가 라에티아로의 습격을 선동했다는 증거는 없다.

7. 마르셀리누스는 막시무스의 남동생이다.

8. 그라티안의 시신에 대한 요청이 임무의 부수적인 목적이었으며, 그리고 오랫동안 그것에 대한 단순한 구실이었다.

는 것을 두려워하고 또 그렇게 말씀하십니다. 만일 그들이 그를 삶 안에서 포기했다면 그들이 죽음 안에 있는 그를 방어하겠습니까? 폐하는 그를 구할 수 있었습니다. 그러나 폐하는 그를 죽였습니다. 왜 폐하는 지금 죽은 그를 두려워하십니까? "나는 나의 적을 멸하였다"라고 폐하는 말했습니다. 아닙니다. 그는 폐하의 적이 아닙니다. 폐하가 그의 적입니다. 확실히 지금 어떠한 방어도 그에게 효과적이지 않습니다. 폐하 스스로 상황을 생각하십시오. 만일 어떤 사람이 오늘 이러한 부분에서 폐하의 통치를 강탈한다면 폐하는 폐하 자신을 그의 적으로 부를 것입니까? 혹은 그를 폐하의 적이라고 부를 것입니까? 말씀하십시오. 만일 제가 실수한 것이 아니라면 강탈자는 전쟁을 일으킵니다. 황제는 그 자신의 권리를 방어합니다. 폐하께서 그를 죽인 것은 잘못된 것입니다. 폐하가 그의 시체를 거절해야만 합니까? 황제 발렌티니안으로 하여금 적어도 전쟁을 위한 폐하의 담보로서 그의 형제의 유품을 갖도록 하십시오. 폐하께서 그를 매장하는 것을 거절했을 때, 어떻게 그의 죽음을 명령하지 않았다고 주장할 수 있습니까? 만일 심지어 폐하께서 그를 매장하는 것을 꺼려했다면 폐하가 그를 살려두는 것을 꺼리지 않았다고 믿지 않겠습니까?

11. 그러나 저는 원래의 제자리로 돌아갈 것입니다. 저는 폐하께서 발렌티니안 황제의 추종자들이 폐하께 오기보다는 테오도시우스 황제에게 향한다는 것을 불평하신다고 들었습니다. 테오도시우스가 난민들에게 아낌없이 나누어주고 그들 위에 명예를 부여하는 동안에 폐하께서는 그들을 벌주겠다고 위협하고 폐하께서 사로잡은 사람들을 사형에 처하겠다고 위협하실 때, 폐하께서는 무슨 일이 일어나기를 기대하고 계십니까?[9] "내가 누구를 죽였는가?" 그는 말하셨습니다. "발리오입니다"라고 저는 대답했습니다. "그 사람이, 그 군인이! 그의 황제에 대한 충성심이 그의 운명을 정당화하였는가?" "나는 그의 죽음을 명하지 않았다"라고 그는 대답했습니다. "그를 사형에 처하라는 명령이 떨어졌다고 저는 들었습니다."라고 저는 대답했습니다. "아니, 만일 그가 그 자신 위에 서명했다면, 저는 그가 칼론에게 취해져서 거기서 살아있는

9. 그라티안은 리용 근처에서 포로가 되어서 383년 8월 25일에 막시무스의 장군 안드라가티우스에 의해 처형당했다. 상세한 설명은 소크라테스의 *H.E.*, V, 11과 소조먼의 *H.E.*, VII, 13 그리고 암브로시우스 자신의 *In ps.* 61 *enarr.*, 23-25에 나와 있다. 그라티안의 추종자들이 대거 추방되지는 않았다. 그러나 몇몇의 심복들은 그들의 생명을 잃었다. 발리온은 그 자신의 집에서 목을 메었으며 메로바우데스와 그라티안의 장군들 그리고 정권의 최고 대신 마케도니우스는 목숨을 잃었다.

채로 화형에 처해지도록 명령했다"[10]고 그는 말했습니다. "그것이 당신이 그에게 사형을 언도했다는 것을 믿게 하는 이유입니다. 그 자신의 생명이 그렇게 용감한 전사나, 신실한 군인이나, 선한 고문관이 사형에 처해졌을 때, 어떤 사람이 그 자신의 생명이 살아날 것이라고 생각할 수 있습니까?"라고 저는 대답했습니다. 그런 다음 저는 그가 그것을 잘 생각할 것이라는 이해 속에서 떠났었습니다.

12. 이후에 제가 그와 함께 성찬을 나누거나 혹은 어떤 이교도들에게 죽음의 징벌을 가하도록 요구하는 감독들을 멀리 하는 것을 그가 보았을 때, 그는 이것에 화가 나서 저에게 지체 없이 떠나라고 명령하였습니다. 비록 많은 사람들이 제가 함정 속으로 가야 한다고 생각할지라도 저는 저의 여정을 기쁘게 시작하였습니다. 저의 유일한 유감은 지금 거의 숨이 넘어가는 연로한 감독 히비누스가 유배되었다는 것입니다. 제가 그의 호위병들에게 덮개나 깃털 침대 없이 그를 너무 서두르도록 하지 말라고 말하면서, 저 자신은 서두르고 있었습니다.[11]

13. 그것이 저의 임무에 대한 이야기입니다. 잘 가십시오 폐하. 평화를 구실로 전쟁을 숨기고 있는 한 사람을 조심하십시오.

---

10. *Cabillonum*, Chalon-sur-Saône. 소실된 *exuri*,를 읽는다면, 대답은 터무니없다. 우리는 지금까지 현존하는 *exhiberi (exhri)*를 읽어야 하지 않겠는가?

11. 히기누스는 코르도바의 감독이었다. 그는 메리다의 이다끼우스를 프리스길라주의자라고 비난하였다. 그러나 나중에 그는 프리스길라와 성찬을 나누었다. 이 장의 정황 위에서 이 서신의 서문을 보아라. 그러나 거기에서는 논의되지 않은 특별한 문제가 있다. 암브로시우스가 뜨리에르에 있었던 것은 프리스길라의 사형집행 이전인가? 혹은 후인가? 그 임무가 387년에 있었던 것으로 추정하면서 연로한 학자들이 프리스길라는 이미 죽었다고 말했다. 라우센은 *ad necen petebant*를 강조했다 ― 암브로시우스는 프리스길라가 사형선고를 받도록 압력을 가한 이타키안 집단들과 교제하기를 거절했다. 그래서 프리스길라의 사형집행일을 385년으로 추정할 때 그는 384년에 임무를 담당하였다. (다른 것들 가운데 이러한 이유 때문에) 팔랑퀘는 이러한 추론을 받아들였다. 그러나 그는 임무를 386년에 수행한 것으로 생각하고 같은 해의 조금 뒤에 사형 집행일을 잡았다. 더든은 이 관점에 대해서 논의하는 것 없이 386년에 임무를 수행한 것으로 하고 그러나 385년에 사형 집행을 두었다. D'Alès는 196에 쓴 *Priscillien,*에서 팔랑퀘의 결론을 받아들였다. 만일 그들이 받아들여지지 않았다면 *petebant*는 *communicabant*와 보조를 맞추거나 혹은 "요구하는 일련의 감독들"을 의미하려면 과거완료로 사용되었음이 틀림없다.

서신 40과 41 : 칼리니콘에 있는 회당

서론

388년 여름에 유프라테스 강에 있는 마을이면서 군대 주둔지인 칼리니콘의 기독교인들은 그들의 감독의 교사를 받아서 유대 회당을 불 지르고 일련의 수도승들은 영지주의 유사 종교집단이 인접한 발렌티니안주의자들의 예배 처소를 파괴하였다. 동방의 백작이 테오도시우스 황제에게 이 사건들을 보고하였다. 그는 침략자 막시무스를 무찌른 후에 10월 밀란에 도착한 직후였다. 테오도시우스는 백작을 통하여 감독은 회당을 복원시키고 수도승들을 징벌하라는 명령을 전달하였다. 영지주의자들은 불법적인 유사종교집단이었고 도시에서 합법적인 예배 장소를 가질 수 없었다. 그러나 이 예배 처소가 그 도시 안에서 추방된 것으로 보인다. 어쨌든 유대인들은 합법적으로 예배를 위한 모임이 허락되었고 이전 수십 년 동안 자주 그들에게 허용되지 않았던 보호를 받을 권리를 가지고 있었다. 이 사건 이후에 5년 동안 그들의 위치가 악화된 것은 무리가 아닐 수 있는데, 새로운 법이 회당을 공격하는 사람들을 벌주도록 제정되었다.

암브로시우스는 황제가 결정한 것에 대해서 들었을 때, 아킬레이아에 있었다. 바로 그는 테오도시우스 황제에게 「서신」 40을 보냈다. 「서신」 40에서 그는 기독교 감독이 회당을 짓는 것은 가능할 수 없으며 심지어 회당은 기독교 국가의 돈을 포함해서 어떤 기독교인의 돈으로도 지어져서는 안 된다는 것을 주장했다. 그는 황제와의 면담을 요청했고 파문의 위협을 거의 드러내지 않은 채 그의 서신을 끝냈다. 「서신」 41에서 암브로시우스는 그의 누이에게 일어났던 것을 이야기했다. 테오도시우스는 면담을 허용하지 않은 것으로 보인다. 그래서 그가 교회에 갔을 때, 암브로시우스는 그에게 한 설교를 하였는데 그 설교는 성서일과에 기초되어 있었고 용서하는 영을 찬양하는 것과 교회와 회당을 비교하는 것을 통해서 감독의 의무로부터 말해져야 하는 것을 기술적으로 돌려서 하였다. 그리고 이 설교는 유대인들은 황제의 선한 직무 위에 요구를 하면 안 된다는 것을 제시하였는데, 이것은 테오도시우스가 하나님께서 보여주신 은혜에 대해서 배은망덕한 행동을 하는 것이기 때문이다. 설교의 끝에서 암브로시우스는 황제가 첫 번째 명령(사실 그는 이미 명령하였고, 그래서 그는 암브로시우스에게 일련의 통보를 하였다)을 철회할 뿐만 아니라 심지어 전체 사건에서 손을 뗀다는 확고한 약속을 할 때까지 성만찬을 거절한다는 것으로 설교를 마쳤다. 비록 국가의 사건에 파문의 예가 거의 없었을지라도 암브로시우스는 영적인 제재를 적용하였다.

　　이 두 서신들은 아주 흥미가 있다. 암브로시우스는 분명하게 오류를 범하였다. 지역의 통치자였던 사람이 정의와 공공질서에 대해 조금도 생각을 하지 않았다는 것은 참 이상한 일이다. 문제의 한 가지 측면에 몰두한 것이 그의 판단을 편협하게 휘게 하였다. 왜냐하면 우리는 그가 고의적으로 테오도시우스에 대항해서 그의 힘을, 국가의 권력에 대항해서 교회의 권위를 움켜쥐려고 했다고 추론할 필요는 없기 때문이다. 그는 원칙적으로 어떤 기독교인들 감독이건 혹은 황제건 비기독교 예배를 위해 건물을 짓는 것은 잘못된 것이라고 확신하고 있었다. 그러므로 이 경우는 그에게 있어서 세속적 행정의 하나가 아니고, "하나님 때문"이었다. 「서신」 40의 근간은 교회와 국가의 영역에 대한 이원론에 있다. 하나님의 목적 안에서 감독은 결정해야만 하고 황제에 의해서 강요당할 수 없다. 이것이 암브로시우스의 전형적인 관점이었다. 그러나 그가 공공질서의 요구가 종교의 요구에 양보해야 한다고 말할 때, 보다 더 어떤 것이 퍼져 나간다.

일련의 사람들은 설교가 장황하다고 생각할 수 있다. 그러나 그것은 성경에 대한 그의 영적 주석의 예로서 부수적으로 공헌하고 있으며, 그가 교회에 대해서 말한 것이 이 책의 일반적인 목적이다. 그러나 만약 우리가 장면에 직면한다면 설교는 드라마가 되는 것이다. 암브로시우스가 용서에 대해서 말하고 유대인들을 헐뜯고 심지어 그가 그의 서신에서 사용한 다윗과 황제 사이의 일치점을 되풀이할 때, 테오도시우스는 앞으로 무엇이 일어날지를 알았다. 그때 청중들은 오직 그 모든 것이 의미하는 것이 무엇인지를 알았고 사람들은 설교자가 황제의 이름을 들어서 설교했을 때 충격을 상상할 수 있었다. 오늘날 그것이 일어났다고 생각해 보아라—한 감독이 교회에서 국가의 수장에게 맞서며 교회가 요구하는 것이 받아들여질 때까지 성만찬 주는 것을 거절하는 것을 생각해 보아라! 적어도 우리는 암브로시우스의 용기와 테오도시우스 황제의 자제력을 칭송할 수 있다. 다행히 암브로시우스는 2년 뒤에 더 나은 경우에서 그의 권위를 사용했다.

「서신」 40의 날짜에 대한 노트

연대기는 아주 확실하지 않다. 발렌티니안 영지주의자들의 예배처소는 388년 8월 1일 마카비안 순교자들의 기념제일 때 공격받았다. 테오도시우스는 10월 초에 막시무스를 격퇴하고 밀란에 도착했다. 암브로시우스는 12월에 감독 발레리안(11월 26일 사망)의 장례식과 그의 계승자 클로마티우스의 취임식을 위해서 아킬레이아에 있었을 것이었다. 그러나 그가 이 때 「서신」 40을 보낸 것인지에 대해서 증거는 없다. 어쨌든 이 서신은 「서신」 40:9(내가 청했다 등), 41:1(내가 취했다 등)이 나타내는 것처럼 그 사건에 대한 첫 번째 행동은 아니다. 「서신」 41에서 묘사된 사건의 때에 테오도시우스는 「서신」 40에서 공격받은 감독이 회당을 다시 지어줘야 한다는 원래의 결정을 바꾸었다. 그러나 암브로시우스가 테오도시우스가 본래의 칙령을 공포했다는 것을 들었을 때는 그가 아킬레이라를 방문했던 12월이었을 것 같다. 어떤 정반대의 명령이 보내졌든지 그가 알지 못했거나 외교적으로 알지 못하는 척 하는 것이다.

본문: 서신 40

암브로시우스 감독이 가장 은혜로운 주시며 복된 군주이신 테오도시우스 황제께

1. 저의 주 되신 황제여, 제가 제 자신을 반역하는 것으로 비쳐지지 않아야 한다는 것에 얼마나 주의를 기울였는지를 볼 때, 비록 제가 지속적으로 끊임없는 번민으로 시달릴지라도 저는 결코 지금처럼 이와 같은 염려에 있지 않았습니다. 폐하께 제가 말씀드리는 것을 인내심을 가지고 경청해 주실 것을 간곡히 부탁드립니다. 만일 폐하께서 제게 귀를 기울이지 않으시면 그때 저는 폐하를 위해서 예물을 드리거나 혹은 저에게 위탁하신 기도나 간구를 드리기에 적합하지 않습니다. 폐하께서는 제가 폐하를 위해서 기도할 때 듣기를 원하셨습니다. 폐하께서는 저로부터 듣지 않으실 것입니까? 폐하는 저로 하여금 다른 사람을 위해서 탄원하도록 하셨습니다. 폐하께서는 제가 제 자신을 위해 탄원하는 것을 듣지 않으실 것입니까? 폐하께서는 당신의 결정에 놀라지 않으십니까? 만일 폐하께서 제가 폐하의 말을 듣는 것에 적합하지 않다고 생각하신다면 폐하는 저를 폐하의 말을 경청하는데 적합하지 않도록 만드시는 것입니다.

2. 황제는 말하는 자유를 거절해서는 안되며, 감독은 그의 의견을 마땅히 감춰서는 안 됩니다. 황제가 그의 백성을 사랑하는 것으로 칭송받기 보다는 공적 직무의 책임에 의해 그에게 속해있는 사람들 안에 자유를 격려하는 것이 더 칭송받을 것입니다. 한 감독에게 있어서 그의 생각을 자유롭게 말하지 않는 것보다 하나님 앞에서 그렇게 위험하고 혹은 사람 앞에서 그렇게 부끄러운 일도 없는 반면, 진정으로 자유나 혹은 노예제도에 대한 사랑은 선한 황제를 악한 황제로부터 구별하는 것입니다. 왜냐하면 그것은 다음과 같이 기록되어 있기 때문입니다. "또 왕들 앞에서 주의 교훈들을 말할 때에 수치를 당하지 아니하겠사오며."[1] 그리고 다른 곳에서는 "인자야 내가 너

---

1. 시 119(118):46.

를 이스라엘 족속의 파수꾼으로 세웠으니 또 의인이 그의 공의에서 돌이켜 악을 행할 때를 의도한 것으로 만일 네가 그에게 경고하지 않았기 때문에, (즉 그에게 지켜야하는 것을 말하지 않았기 때문에) 이미 행한 그의 공의는 기억할 바 아니며 그리고 그의 피 값은 내가 네 손에서 찾으리라 그러나 네가 그 의인을 깨우쳐 범죄하지 아니하게 함으로 그가 범죄하지 아니하면 정녕 살리니 왜냐하면 네가 그에게 충고했기 때문이요 그래서 너도 네 영혼을 보존하리라"[2]

3. 저는 폐하와 함께 악보다는 선을 나누기를 원합니다. 그래서 폐하의 은총이 감독의 침묵을 거부하고 그의 자유를 찬송하셔야 합니다. 폐하는 저의 침묵에 의해서 위태로워지시며 폐하는 저의 자유함에 의해서 유익함을 얻게 되십니다. 저는 다른 관구의 사건에 개입함으로 저의 관구 바깥의 일에 주제넘게 참견하는 자는 아닙니다. 저는 저의 의무를 이행하고 있습니다. 저는 우리 하나님의 명령에 복종하고 있습니다. 저는 우선 폐하를 사랑하기 때문에 행동하고 있습니다. 저는 우선 폐하를 위한 사랑으로부터 폐하의 관심을 주목하면서 폐하의 복리를 위한 열정으로부터 행동하고 있습니다. 그러나 폐하가 이것을 믿지 않으시거나 혹은 저로 하여금 이러한 동기 위해서 행동하는 것을 금하신다면 그 때 저는 하나님의 진노의 공포 안에서 말합니다. 만일 저의 위험이 폐하를 자유롭게 한다면, 저는 폐하를 위해서 인내하면서 제 자신을 드릴 것입니다—인내하면서 그러나 기꺼이는 아닙니다. 폐하께서 하나님께 받아들여지고 그리고 저에게 위험 없이 영광스럽다면 더 좋습니다. 그러나 만일 제가 폐하께 전달하지 않고 저의 침묵과 모른척 하는 죄짐을 진다면, 저는 폐하가 저를 무용지물이고 비열한 것으로보다는 귀찮은 것으로 생각해 주시기를 원합니다. 폐하께서 거절할 수 없는 훈계를 준 거룩한 사도 바울이 다음과 같이 말씀하셨습니다. "때를 얻든지 못 얻든지 항상 힘쓰라 범사에 오래 참음과 가르침으로 경책하며 경계하며 권하라"[3]

4. 저희 감독들은 저희의 위험을 무릅쓰고 불쾌함을 주어야 하는 사람이 있습니다. 황제들은 모든 사람이 그 자신의 기능을 내려놓아야 한다는 것을 불쾌해 하지 않습니다. 그리고 폐하께서는 인내하시면서 그 자신의 분야 안에서 제안을 하는 어떤

---

2. 겔 3:17, 20, 21.

3. 딤후 4:2.

사람에게 경청하십니다. 진정으로 폐하께서는 지정된 그들의 직무를 행하지 않는 자들을 꾸짖으셨습니다. 만일 폐하께서 폐하 자신의 관료들 안에 이것을 환영하신다면, 폐하께서는 감독들의 경우에 그것을 불쾌한 것으로 취할 수 있습니까? 왜냐하면 우리는 우리 의지대로 말하는 것이 아니고 우리가 명령받은 것으로 말하기 때문입니다. 폐하께서는 다음과 같은 구절들을 아십니다. "네가 왕과 관원들 앞에 섰을 때, 무엇을 말할까 염려하지 말라. 네가 말을 해야 할 때에 너희에게 할 말을 주시리라. 왜냐하면 말하는 이는 너희가 아니라 너희 속에서 말씀하시는 이 곧 너희 아버지의 성령이시니라"[4] 비록 그 사건들 안에 정의가 유지되었음이 틀림없다 할지라도 만일 제가 정치적인 사건에 대해서 말한다면 저는 청취를 거절하는 것에 대해 덜 인지해야합니다. 그러나 폐하가 경청해야하는 분이 감독이 아니고 하나님이기 때문에, 만일 죄를 범하면 위험이 증대되지 않겠습니까?

5. 저는 폐하께서 마음의 중심에 하나님에 대한 신앙과 두려움을 가지고 계시는 경건하고 자비심이 많으시고 친절하고 평화로우신 분이라는 것을 알고 있습니다. 그러나 우리가 자주 상황들을 인식하지 못할 때가 있습니다. 일련의 사람들은 "하나님께 열심이 있으나 올바른 지식을 따른 것이 아닙니다."[5] 저는 이것이 심지어 신실한 영혼 안으로 몰래 들어가지 않게 주의해야 한다고 생각합니다. 저는 하나님을 향한 폐하의 경건함과 사람을 향한 폐하의 관대함을 알고 있습니다. 저는 폐하께 친절한 호의에 대해 책임이 있습니다. 그것이 제가 더 두려워하고 더 염려하는 이유입니다. 만일 나중에 폐하께서 제가 폐하에게 모른 척하고 입에 발린 말만 해서 폐하가 타락하도록 만드는 것으로 인해서 저를 비난하지 않도록 하기 위해서입니다. 만일 제가 폐하가 죄를 행하고 있는 것을 본다면, 저는 마땅히 침묵해서는 안됩니다. 왜냐하면 다음과 같이 하나님의 말씀에 쓰여 있기 때문입니다. "네 형제가 죄를 범하거든 가서 너와 그 사람과만 상대하여 권고하라. 만일 듣지 않거든 한두 사람을 데리고 가서 두세 증인의 입으로 말마다 확증하게 하라 만일 그들의 말도 듣지 않거든 교회에 말하고."[6] 그 이유가 하나님에 관해서일 때, 제가 침묵을 지켜야 합니까? 제가 두려워하는 것이

---

4. 마 10:19, 20.

5. 롬 10:2.

6. 마 18:15-17.

무엇인지를 생각하십시오.

6. 동방 교구들[7]의 백작이 감독의 교사로 회당이 불탔다는 것을 보고하였습니다. 폐하께서 거기에 가담한 사람들은 처벌해야 하며 회당은 감독 그 자신에 의해서 새로 복원되어야 한다고 명령하셨습니다. 저는 폐하가 감독 자신의 진술을 기다려야 한다는 점에서 압박하지는 않습니다. 감독들은 하나님께 잘못 행해지거나 혹은 교회를 모욕하는 것에 의해 흥분되는 것을 제외하고는 대중들을 저지하고 평화를 위해서 일합니다. 그러나 감독이 회당에 불을 지르는 것만큼 광적이라고 합시다. 그리고 보고하도록 호출되었을 때, 그가 또 너무 소심하다고 합시다. 폐하께서는 폐하의 평결에서 그의 묵인에 대해서 놀라지 않으실 것이며 그의 몰락에 대해서 이해하지 않을 것입니까?

7. 게다가 폐하께서는—일어날 것으로—그가 폐하의 평가를 거절할 수 있다는 것이 두렵지 않으십니까? 그러면 그를 배교자나 혹은 순교자로 만드는 것이 필연적일 것입니다. 배교자나 순교자는 폐하의 시대에 낯선 것입니다. 그가 배교나 혹은 순교에 이끌리든지 둘 다 박해의 특징입니다. 폐하께서는 어떻게 이런 사례가 밝혀지는지 보고 계십니다. 만일 폐하께서 감독이 단호하다고 생각하시면 단호한 사람을 순교로 몰아가지 않도록 주의하십시오. 만일 폐하께서 그가 우유부단하다고 생각하신다면 연약한 사람을 타락으로 빠지지 않도록 억제해 주십시오. 무거운 책임이 약한 자를 타락하도록 강요하는 사람들 위에 있습니다.

8. 이러한 조항들이 그에게 부여되었을 때, 저는 감독이 무리들을 모이게 하고 사람들을 한 지점에 인도한 후에, 그 스스로가 빛을 퍼지게 하겠다고 말하는 것을 상상했습니다. 그는 순교의 기회를 잃지 않을 것입니다. 그리고 그는 약한 자가 아니라 시험에 더 강하게 될 것입니다. 그릇된 생각을 축복하십시오. 그를 위해서 다른 사람의 용서를 얻으며 그리고 그 자신을 위해 은혜를 얻습니다. 폐하 이것은 저 자신의 요청입니다. 폐하께서 저에게 폐하의 복수를 돌리십시오. 그리고 만일 폐하께서 이것이 죄라고 생각하신다면 그것을 저에게 돌리십시오. 왜 폐하께서는 부재자에게 심판을

---

7. *Comes Orientis militarium partium*. 그래서 오리엔스(시리아, 메소포타미아 등등) 관구의 우두머리인 동방의 백작에 대한 언급으로 당연한 것은 아니다. 그럼에도 불구하고 암브로시우스가 그를 의도했던 것으로 추측된다. 다수의 학자들은 순수하게 군대의 장교, 예를 들면 오스루호에네의 *Dux*가 아닐까 제안한다.

강행하십니까? 폐하는 폐하 앞에 범죄자를 가지고 계십니다. 그는 그의 죄를 고백하고 있습니다. 저는 제가 회당에 불을 질렀다는 것을 고백합니다. 적어도 저는 그들에게 그것을 하라고 가르쳤습니다. 그리스도가 거절되는 장소는 있을 수 없습니다. 만일 제가 왜 여기에 있는 회당을 불태우지 않았는지를 질문 받는다면[8] 대답은 화염이 이미 하나님 자신의 심판에 의해서 그것을 공격하기 시작했기 때문이라는 것입니다. 제가 했던 것은 아무것도 없습니다. 사실대로 말하면, 저는 아주 느슨했는데 왜냐하면 저는 그것이 처벌받지 않을 것이라고 생각했기 때문입니다. 왜 처벌받지 않고 있는 어떤 것이 보상되지 않는 것입니까? 만약 제가 말씀드린 것이 겸손하지 않은 것이라면 존귀하신 하나님에 대항하는 범죄를 방지하는 것에 의해 감사를 드립니다.

9. 그러나 어떠한 사람도 이러한 의무를 행한 감독을 입에 올리지 않는다는 것을 생각하십시오. 제가 폐하의 은혜에 이것을 청하며 그리고 비록 제가 폐지된 명령을 아직 읽지 않았을지라도 지금까지 그 명령이 있었다는 것을 생각해 봅시다. 죽음을 두려워하는 보다 소심한 사람들이 그들을 희생하여 성전을 회복시키는 것을 제공해야 한다면 어떻게 됩니까? 백작이 이전의 결정을 알았다면 그는 그 자신이 모든 교인들의 자금으로 회당이 재건축되어야한다고 명령한다면 어떻게 됩니까? 그러면 폐하, 폐하께서는 한 배교자 백작을 데리고 있는 것입니다. 폐하께서는 그에게 승리의 규범, 그리스도의 이름으로 신성하게 된 라바룸[9]을 위탁하지 않으셨습니까?—그리스도를 알지 못하는 회당을 회복시키고 있는 그에게. 그에게 라바룸을 회당 안으로 운반하도록 말씀하십시오. 그리고 그들이 저항하지 않을 것인지를 보십시오.

10. 그래서 믿지 않고 있는 유대인들은 교회의 전리품들로 세워진 하나의 장소를 가지고 있어야 합니까? 기독교인들을 위해 그리스도의 은혜에 의해 얻어진 유산이 불신의 기금에 양도된 것이 아닙니까? 저희들은 낡은 신전들이 킴브리의 약탈품과 다른 적들의 전리품으로부터 우상을 위해서 세워졌다는 것을 읽었습니다. 유대인

---

8. *Hic*, 즉 밀란. 이것은 다수의 사람들에게 이 서신이 아킬레이아가 아니라 밀란으로부터 쓰여졌다고 주장하도록 야기하였다. 그러나 온종일 그의 마음이 밀란에 있던 저자에 의해서 이 말은 쉽게 사용될 수 있다. 하나님의 행위. 밀란에 있는 회당을 불 지른 그 빛에 대해 알려진 것은 아무것도 없다.

9. 신성한 기둥. 그것은 금으로 도금된 빛쟁이 달려있는 기둥이다. 꼭대기에 있는 금으로 된 화환은 *Chi Rho*라는 모노그램을 가지고 있으며 그리스도를 향해서 서 있었다. 반면에 빛장으로부터 왕실의 초상화가 있는 깃발이 걸려 있었다. 콘스탄티우스는 막센티우스 (312) 그리고 니키니우스(322)와의 전쟁에서 회심한 이후에 그것을 사용하였다.

들은 그들 성전의 전면에 이러한 비문을 새길 것입니다: "불경건의 성전이 기독교인들의 전리품으로부터 세워졌다!"

11. 그러나 폐하, 폐하께서는 규율의 보존에 관심을 갖고 계십니다. 규율의 과시 혹은 종교의 근거 가운데 어느 것이 보다 중요합니까? 처벌은 경건에게 자리를 물려주어야 합니다.

12. 폐하께서는 율리아누스가 예루살렘에 있는 신전에 복원을 명령했을 때, 그곳을 청소하던 사람들이 위로부터 내린 불로 타버렸다는 것을 듣지 않으셨습니까? 같은 일이 다시 일어나지 않도록 조심하십시오. 율리아누스 황제가 그것을 명령했다는 것은 당신이 그것을 명령하지 않을 충분한 이유입니다.[10]

13. 폐하의 진정한 관심은 무엇입니까? 어떤 종류의 공공건물이 불에 탄 것입니까? 혹은 특별히 회당이 타버린 것에 있습니까? 만일 폐하께서 가장 싼 종류의(그렇게 벽촌에 무엇이 있을 수 있나?) 건물이 불타는 것에 관심을 가지신다면 폐하는 얼마나 많은 집정관들의 집들이 어떠한 처벌 없이 로마에서 불탔었는지를 회상하셔야 하지 않습니까?[11] 진정으로 만일 어떤 황제가 그 행위를 엄격하게 처벌하도록 결정한다면, 그는 오직 그러한 상실로 고통받고 있는 사람들의 정황을 악화시키는 것입니다. 만일 저희들이 처벌의 의무에 대해서 말해야 한다면 이 처벌은 폐하께서는 칼리니콘[12]의 마을에 있는 몇 개의 건물들이 소실되는 것이나 혹은 로마시가 불타는 것 중에 어떤 것이 더 값어치가 있다고 생각하십니까? 최근에 콘스탄티노플에서 감독의 집이 불탔습니다. 폐하의 아들이 폐하께 탄원을 하여서 그에게 한 잘못과 그리고 감독의 관저를 불태운 것을 처벌하지 말라고 요청했습니다.[13] 폐하, 만약 폐하께서 현재의 잘못에 대해서 처벌을 명령하신다면 그가 다시 그것에 대해서 중재를 할 수 있을 것인지 폐하는 생각해 보았습니까? 아들이 그의 아버지로부터 그러한 은혜를 얻는다는 것은 선한 것인데, 왜냐하면 그가 그 아들이 그 자신에게 행해진 악을 맨 처음 용서해야 하기

---

10. 율리아누스는 그 장소위에 제우스의 신전이 아니라 유대인들의 회당을 재건축하려고 했다. 암미아누스 마르셀리누스는 교회 사가들과 암브로시우스(XXIII, I, 2-3)가 언급한 이야기를 말했다., e.g., Socrates, *H.E.*, III, 20.

11. 로마의 집정관인 아버지 심마쿠스의 집이 공격을 받았고 오스티아에서는 역시 로마의 집정관인 아들 심마쿠스의 영지가 공격을 받았었다.

12. 칼리니꿈은 암브로시우스가 추측한 것보다 더 번영한 곳이었다. 암미아누스는 그곳을 빈번한 무역으로 확고해진 곳이라고 불렀다. (*munimentum robustum et commercandi opimitate gratissumum*, XXIII, iii, 7).

13. 388년 여름에 넥타리우스의 집이 아리우스주의자들이 폭동을 일으켰을 때 불타버렸다(Socrates, *H.E.*, V, 13).

때문입니다. 아들이 그 자신의 손해를 위해서 탄원해야 하고 아버지가 그 아들을 위해서 탄원하는 것은 은혜가 선하게 나누어지는 것입니다. 그래서 폐하께서 폐하의 아들에게 제재해야 하는 것은 아무것도 없습니다. 폐하께서 하나님으로부터 아무 것도 허락하지 않는 것을 보십시오.

14. 제 생각에는 한 단순한 건물이 소실된 것이 모든 사람을 엄하게 처벌할 만큼 그렇게 커다란 소란을 피울만한 가치는 없다고 생각합니다. 불탄 것이 회당일 때, 회당은 믿지 않는 자들의 장소이고, 불경건의 집이고, 광기의 피난처이고 하나님 그 자신에 의해서 저주받은 곳일진대 더욱이 소란을 피울 필요가 없습니다. 왜냐하면 예레미야의 입을 통해서 주 하나님의 말씀을 우리가 읽을 때, 그렇기 때문입니다. "그러므로 내가 실로에 행함 같이 너희가 신뢰하는 바 내 이름으로 일컬음을 받는 이 집 곧 너희와 너희 조상들에게 준 이 곳에 행하겠고 내가 너희 모든 형제 곧 에브라임 온 자손을 쫓아낸 것 같이 내 앞에서 너희를 쫓아내리라 하셨다 할지니라. 그런즉 너는 이 백성을 위하여 기도하지 말라. 그들을 위하여 부르짖어 구하지 말라. 내게 간구하지 말라. 내가 네게서 듣지 아니하리라. 너는 그들이 유다 성읍들과 예루살렘 거리에서 행하는 일을 보지 못하느냐."[14] 하나님은 그에게 폐하께서 보복할 권리가 있다고 생각하는 바로 그 사람들을 위한 탄원을 금하셨습니다.

15. 만일 제가 열방의 법에 따라 탄원한다면 저는 의심할 것 없이 얼마나 많은 교회의 건물들이 율리아누스가 통치할 때 유대인들에 의해서 소실되었는지를 진술해야 합니다—다마스커스의 두 교회. 그 가운데 하나는 지금 가까스로 복원되고 회당의 비용으로 한 것이 아니고 교회의 비용으로 한 것이며 반면에 다른 교회는 형체가 없이 파괴되어 있습니다. 교회들은 또한 가자, 아스칼론, 베리투스 그리고 그 주변의 모든 도시에서 소실되었으며 그리고 아무도 처벌되지 않았습니다. 알렉산드리아에서 모든 것 가운데 가장 훌륭한 교회가 이도교와 유대인들에 의해서 불탔습니다. 교회는 보상받지 않았습니다. 그런데 회당이 보상되어야 합니까?

16. 그리고 발렌티니안 영지주의자들의 "예배 처소"를 소실한 것이 처벌되어야 합니까? 이교도들이 거기 모여 있다는 것을 볼 때, 그것은 단지 사원이 아니고 무엇입

---

14. 렘 7:14-17.

니까? 비록 이교도들이 열 두 명의 신들을 가지고 있을지라도 오직 발렌티니안 영지주의자들은 그들이 신이라고 부르는 서른 두 개의 에이온들을 예배합니다.[15] 한 보고서에 그들에 대해서 그리고 특정한 수도승들을 처벌하라는 명령이 기록되어 있는 것을 발견했습니다. 발렌티니안 영지주의자들은 수도승들이 시편을 부르면서 그들의 일상의 관습으로서 마카비안 순교자들의 축일을 축하하기 위해 가고 있을 때 길을 막아 버렸습니다. 수도승들은 이와 같은 오만에 자극받아서 어떤 마을에 급작스럽게 세워진 그들의 사원에 불을 질렀습니다.

17. 어떻게 율리아누스의 시대에 제단을 뒤엎고 제물을 어지럽혔던 한 사람이 재판관에 의해 유죄로 판결 받고 순교자가 되었던 것을 그들이 기억할 때, 많은 사람들은 그들 자신이 같은 선택에 직면해 있는 것을 보지 않겠습니까! 그 사건을 심문한 재판관은 항상 박해자로서 생각됩니다. 아무도 그를 만나거나 혹은 그에게 경의를 표할 생각은 없습니다. 만일 그가 이미 죽지 않았다면, 저는 폐하께서 그를 벌주고 계시는 것을 두려워해야 합니다. 왜냐하면 비록 그가 하늘의 징벌을 벗어나지 못할지라도, 그는 그의 상속자인 아들이 그보다 먼저 죽는 것을 보기위해 사는 것입니다.[16]

18. 재판관이 조사를 멈추도록 지시했다고 보고되었으며 그리고 그는 그 사건을 언급해서는 안 되며 그러나 처벌을 가해야 한다는 것을 알려주었습니다. 그리고 취해진 헌금들은 돌려줘야 한다고 알려주었습니다. 저는 다른 것들은 지나가겠습니다. 그러나 교회들은 유대인들에 의해서 불탔으며 아무 것도 돌아오지 않았고, 아무 것도 요청되지 않았고, 조사도 이루어지지 않았습니다. 회당이 국경지역에서 무엇을 소유할 수 있었습니까? 도시에 있는 모든 것들은 매우 적은 것에 달합니다. 거기에는 어떠한 가치나 어떤 부도 있을 수 없습니다. 불이 그러한 음모를 꾸미는 유대인들로부터 무엇을 사를 수 있었겠습니까? 이러한 것들은 유대인들의 술책이었고 거짓 음모를 가져오려는 시도였습니다. 그들은 그들의 불평의 결과로서 특별한 군사 법정이 세워질

---

15. 발렌티누스는 가장 중요한 영지주의 교사들 중의 한 사람이다. 그는 2세기 중반 알렉산드리아로부터 로마에 왔다. 그는 신성의 이론을 에이온들, 8+10+12의 플레로마로서 발전시켰다. 그에게 물론 각각의 에이온들은 분리되어 있는 신들은 아니었다. 그에게는 애매한 일원론이 있다. Tertullian, *Praescr. Haer.*, 30을 더 참고하라.

16. 더튼은 이 부분이 아레투사의 마가의 순교에 대해서 이야기하고 있다고 말한다. 그러나 소조먼과 테오드레트의 설명은 매우 다르다. *Judex*는 일반적으로 지역의 통치자와 예를 들면 §18에 있는 백부같이 다른 높은 관료들을 위해서 사용되는 것이다. 그리고 아마 "행정관"으로 번역되어야 한다. 마지막 문장에서 "보복을 하다"는 "벌을 주다"보다 더 적합하다. 그러나 *vindicare in eum*은 벌을 주다를 의미해야 한다. 비판적인 텍스트의 부재 안에서, 나는 *in*을 삭제하기 위해 어떤 경우가 있었는지를 말할 수 없다.

수 있고 그리고 아마 당신의 승락에 앞서서 일단 여기에서 말해지는 것을 말하는 관료가 보내질 것을 바라고 있습니다. "우리가 그리스도에 대항해서 유대인을 위해 싸울 때, 우리가 유대인들에게 복수하도록 보냄을 받았을 때 어떻게 그리스도가 우리를 도울 수 있겠습니까? 그들은 그들 자신의 군대를 잃었으며 그리고 지금 그들은 우리의 것을 파괴하기를 원하고 있습니다."

19. 그들이 심지어 그리스도를 거짓 증언 위에서 고발했을 때, 사람들은 그들이 그들의 거짓 고발로 어떻게 할지를 상상할 수 있습니다. 만일 그들이 하나님에 관해서 거짓말을 할 수 있다면, 그들의 비방에는 끝이 없을 것입니다. 그들은 폭동을 야기한 것에 대해 그들이 바라는 어떤 사람을 고소할 것입니다. 그들은 심지어 그들이 알지 못하는 사람을 겨냥하고 있습니다. 그들이 원하는 것은 기독교인들이 사슬에 줄줄이 묶여있고 목에는 멍에가 매여 있고 하나님의 종들은 어두운 감옥에 구금되어 있고 도끼로 목이 잘리고 화염 속에 던져지고 혹은 광산으로 보내져서 오랫동안 고통을 당하는 것을 보는 것입니다.

20. 폐하께서는 하나님의 교회를 넘어서서 이 승리를, 그리스도의 백성을 넘어서서 이 승리를 유대인들에게 주실 것입니까? 폐하께서는 믿지 않는 자들에게 이 기쁨을, 회당에 이 축일을, 교회에 이러한 슬픔을 주실 것입니까? 유대인들은 그들의 축일들 가운데 이날을 또 하나의 축일로 정할 것이며 아모리 족속과 가나안 족속들을 넘어서 그들이 승리한 날들과 혹은 그들이 이집트 황제 파라오와 혹은 바벨론 왕 느부갓네살의 손으로부터 구원을 받은 날들과 함께 그것을 계수할 것입니다. 지금 그들은 이 축일을 그리스도의 백성을 넘어선 그들의 승리로 기념할 것입니다.

21. 그들은 심지어 법들을 범죄로서 간주하면서, 그들이 로마의 법들에 의해서 매이지 않았다고 말합니다. 그러나 지금 그들은 로마의 법에 의해 복수해달라고 요청하고 있지 않습니까! 그들이 거룩한 교회의 지붕을 태웠을 때 이러한 법들은 어디에 있었습니까? 만일 율리아누스가 배교자이기 때문에 그가 교회의 원수를 갚지 않았다면, 폐하 당신은 당신이 기독교인이기 때문에 회당의 사악함의 원수를 갚으시는 것입니까?

22. 그리고 그리스도께서 앞으로 폐하께 무엇을 말해야만 할 것입니까? 폐하께서는 그가 예언자 나단을 통해서 거룩한 다윗에게 말씀하신 것을 상기하시지 않겠습

니까?[17] "너의 형제들 가운데 가장 젊은 너를 선택한 것은 나다. 그리고 너를 평범한 사람으로부터 황제로 만든 것도 나다. 나는 너의 허리의 열매를 황실의 보좌에 세웠다. 나는 야만족들을 너에게 복종시켰다. 나는 너에게 평화를 주었다. 나는 너의 적들을 너의 힘 안으로 포로가 되게 하였다. 너는 너의 군대를 먹일 옥수수를 갖고 있지 않았다. 적 그 자신의 손에 의해 나는 너에게 문을 열어주었다. 나는 창고의 문을 열었다. 너의 적이 너에게 그 자신을 위해서 준비한 식량을 주었다. 나는 너의 적의 의도를 뒤엎어서 그의 의도는 완전히 드러났다. 내가 그렇게 마음에서 결박하고 굳게 잡아맨 제국의 침략자가 비록 그가 지금까지 날기 위한 수단을 가지고 있었을지라도 그는 모든 힘을 동원하여 마치 어떤 사람이 너로부터 벗어나는 것이 두려운 것처럼 그의 온 힘을 다하여 그 자신을 차단시켰다. 내가 이전에 쫓아 버려서 전쟁에 참여하지 못했던 그의 지휘관과 군대를 내가 너의 승리를 완성하기 위해서 모았다. 너 자신의 군대는 훈련받지 못한 여러 부족들로 모아졌는데 나는 그들이 마치 한 국가인 것처럼 믿음과 평화와 일치를 가질 것을 권했다. 최고의 위험이 몰아쳤을 때, 야만족의 음모가 알프스를 관통했을 때, 나는 너에게 알프스의 바로 그 벽 안에서 승리를 주었는데 너는 잃어버린 것 없이 그 날을 얻을 수 있었다. 나는 너에게 당신의 적을 이기고 승리하도록 하였다. 그리고 너는 나의 적들이 나의 백성을 넘어서 승리하도록 하였다."

23. 왜 막시무스는 버림받았습니까? 그것은 그가 출정을 나아가기 전 며칠 어간에 회당이 로마에서 불탔다는 것을 들었을 때, 그는 로마에 칙령을 보내서 공적 질서의 지도자로서 태도를 취했기 때문이 아니겠습니까? 결과적으로 기독교인은 말합니다. "그를 위해 아무 것도 좋은 것이 준비되어 있지 않았다. 이 왕은 유대인으로 돌아섰다. 우리는 그를 질서의 방어자로서 들었다. 그러나 죄인을 위해 돌아가신 그리스도는 곧 그를 시험에 두었다." 만일 이것이 오직 말들에 대해서 말해진 것이라면, 처벌에 대해서는 무엇이 말해질 것입니까? 그래서 막시무스는 일단 프랑크족에 의해서 색슨족에 의해서 시스키아, 포에토비아, 시실리 어느 곳에서나 패배하였다.[18] 경건한

---

17. 여기 이 설교는 「서신」 41에서 다시 반복되어 말해지고 있는데 암브로시우스는 다윗과 테오도시우스가 유사하다는 것을 제시하였다. 다윗처럼 그는 왕족이 아니었다. 테오도시우스의 죽음 전에 황제가 된 알카디우스는 다윗의 죽음 전에 선포된 솔로몬이었다. 고트족은 블레셋들이었다. 테오도시우스에게 항복한 원수 아사나릭은 아마 다윗의 손 안으로 인도된 사울을 생각나게 한다. 그리고 약탈자 막시무스는 압살롬과 닮았다. 안드라가티우스는 함대의 사령관이었다.

18. 막시무스와 로마의 회당에 대해서 다른 암시는 없다. "우리는 들었다… 시험" 이 이상한 문장은 적어도 하나의 MS로부터는 삭제되

사람이 불경건한 사람과 일치하는 것은 무엇입니까? 불경건의 증거는 불경건한 자 그 자신처럼 동시에 틀림없이 폐지되는 것입니다. 그의 몰락을 야기시킨 것을, 피정복자가 범죄를 준 것을 정복자는 모방해서는 안 되며 유죄로 선고해야 합니다.

24. 저는 마치 폐하가 은혜를 모르는 사람인 것처럼 폐하를 위해서 이러한 사실들을 고려하지 않았습니다. 저는 이러한 사실들을 정확하게 폐하에게 주어진 것으로서 설명을 하고 있으며 그래서 이러한 사실을 염두에 두고 폐하께서는 더 많은 것을 받은 자로서 더 많은 것을 사랑하실 수 있습니다. 시몬이 이런 대답을 했을 때, 주 예수께서 말씀하셨습니다. "네 판단이 옳다." 그리고 그의 발에 기름을 부은 그 여인에게 일단 돌아서서 (그녀는 교회의 유형이다.) 그는 시몬에게 말씀하셨습니다. "이러므로 내가 네게 말하노니 그의 많은 죄가 사하여졌도다. 이는 그의 사랑함이 많음이라. 사함을 받은 일이 적은 자는 적게 사랑하느니라."[19] 여기에 한 여인이 있는데, 그 여인은 바리새인의 집으로 들어와서 유대인을 버리고 그리스도를 얻었습니다. 왜냐하면 교회는 회당을 폐쇄했기 때문입니다. 왜 제가 회당으로 하여금 그리스도의 시녀인 교회를 폐쇄하게 하는 이러한 새로운 시도를 기독교인들의 마음으로부터 그리고 그리스도의 거주지로부터 의미하겠습니까?

25. 제가 드린 말씀들은 폐하를 위한 저의 애정과 관심으로부터 나온 것입니다. 저의 간청에 폐하께서 추방으로부터, 감옥으로부터, 사형이라는 극형으로부터 많은 사람을 자유케 해 주셨습니다. 저는 이러한 친절에 은혜를 입었습니다. 그래서 제가 그렇게 긴 시간 동안 즐거워했던 감독의 특권을 단숨에 상실하는 지경에 이를지라도 폐하 자신의 구원을 위해서 폐하를 화나게 하는 위험을 선택했습니다.[20] 저는 이것을 말할 수 있는데 왜냐하면 진심에서 우러러난 사랑은 완전한 신뢰를 주기 때문입니다. 적어도 어떤 사람도 그의 관심을 고려하는 사람을 다치게 해서는 안 됩니다. 그러나

었으며. 그리고 베네딕토 편집자들은 그것을 뺄 것을 제안했다. 막시무스는 이탈리아를 통과해서 일리끼움으로 진입할 때, 테오도시우스에 대항해서 주도권을 쥐었다. 테오도시우스는 388년 6월에 데살로니가를 떠났다. 프랑코족과 색슨족에 의한 고울의 침략은 막시무스의 원군을 돌려보내게 했다. 그의 함대는 시실리에서 대패했으며 그의 군대는 시스키아와 포에토비오에서 대패했다. 그는 마침내 패배하였고 388년 8월 28일에 아킬레이아 근처에서 처형당했다.

19. 눅 7:43ff*, 그리고 「서신」 41에서 보다 충분하게 다루어짐.

20. 그 특권은 죄인들을 위해 탄원하는 것으로 이 탄원은 이 당시에 용서를 얻는 하나의 권리였다. 그래서 감독들은 그것을 자유재량으로 사용하였다. 중재자로서 암브로시우스에 대해서, Dudden, 120-121. 참고 「서신」 57 §12.

* 원문은 눅 7:43ff로 되어 있지만 그러나 이 본문은 7:47이다.

제가 옳지 않다고 역설하는 것은 특권의 상실이 아니라 구원에 대한 위험입니다.

26. 폐하, 이것은 굉장히 중요한 것인데 폐하께서는 오늘날에 어떠한 사람도 조사하지 않으며 혹은 처벌하지 않는 것을 조사하거나 혹은 처벌하는 것에 대해서 생각하셔서는 안 됩니다. 유대인들을 위하여 폐하의 신앙을 위태롭게 하는 것은 심각한 일입니다. 기드온이 신성하게 된 송아지를 죽였을 때, 이교도들은 말했습니다. "신들 그 자신들이 그들의 죄를 보복하게 하라."[21] 누가 회당의 원수를 갚아야 합니까? 그들이 살해한, 그들이 거절한 그리스도입니까? 아버지 하나님이 심지어 하나님을 받아들이지 않은, 그 안에서 아들을 받아들이지 않은 사람들의 원수를 갚겠습니까? 누가 발렌티니안의 이단들의 원수를 갚습니까? 폐하께서 그들의 추방을 명령하고 그들이 함께 만나 떠나는 것을 거절하셨을 때, 어떻게 폐하께서 그들의 원수를 갚겠습니까? 만일 제가 폐하께 요시야를 하나님에 의해 인정된 왕으로제시한다면, 폐하께서는 그 안에서 승인된 행동을 그들의 경우에서 비난하시겠습니까?[22]

27. 만일 폐하께서 저를 신뢰하시지 않으신다면, 폐하께서 기뻐하시는 감독들을 소집하시고 신앙을 훼손시킴 없이 마땅히 되어져야 하는 것을 의논해 주십시오. 만약 폐하께서 재정의 문제에 대해서 폐하의 관료들과 의논하신다면, 폐하께서는 종교의 문제에 대해서는 주님의 감독들과 함께 의논하셔야 하시는 것이 순리입니다.

28. 폐하께 교회에 대해서 얼마나 많은 사람들이 음모를 꾸미며 염탐하고 있는지를 생각해주시기를 간절히 부탁드립니다. 그들이 균열을 발견하는 곳에서는 어느 곳에서든지 그들은 하나의 창을 심을 것입니다. 저는 사람들의 방식에 따라 말합니다. 그러나 하나님은 사람들보다 더 두려우신 분이며 하나님은 심지어 황제보다 마땅히 우선되어야 하는 분이십니다. 만일 친구나 혹은 부모나 혹은 친지에게 미루는 것이 때때로 적당한 것이라고 생각된다면, 저는 하나님에게 미루고 무엇보다 그를 선택하는 것을 결정하는 것에 있어서 옳은 것이 아니겠습니까? 폐하께서 폐하 자신의 관심을 고려하십시오. 혹은 저에게 저의 것을 고려하도록 허락하여 주십시오.

29. 만일 기독교인들이 이곳에서 보내진 권위 위에서 검이나 곤봉이나 혹은 납이 섞인 채찍에 의해 죽음에 처해졌다는 것이 알려진다면 제가 앞으로 무엇을 대답하겠

---

21. 참고 삿 6:31.
22. 왜냐하면 그는 우상과 산당들을 파괴하였기 때문이다. (왕하 23장).

습니까? 제가 어떻게 그것을 설명하겠습니까? 어떻게 제가 30년 동안 장로들이었고 잘 직책을 감당했거나 혹은 교회의 집사들이었던 사람들이 그들의 신성한 직분으로부터 쫓겨나고 지방자치 업무에 할당되었다는 것을 분노하고 있는 감독들 앞에서 변명하겠습니까?[23] 폐하의 종들은 일정한 기간 동안 폐하의 직무 안에 고용됩니다. 폐하께서는 하나님의 종들을 얼마나 많이 생각하십니까! 제가 다시 말씀드리지만 어떻게 제가 이것을 그들의 성직자에 대해 불평하는 감독들에게 변명하겠으며 어떻게 제가 그들의 교회들이 성가신 압박에 의해 파괴되고 있다고 쓰겠습니까?

30. 저는 폐하께서 이것을 주목하시기를 원합니다. 폐하께서는 폐하 자신의 판단에 따라 폐하가 기뻐하시는 것으로서 그것을 권하시고 규제하도록 허락하시기 바랍니다. 그러나 마땅히 저를 괴롭히는, 너무도 괴롭히는 것에 대해서 그것을 제거하시고 몰아내 주십시오. 폐하 자신께서는 폐하가 명령한 것은 되도록 무엇이든지 하십니다. 만일 백작이 그것을 하려고 하지 않는다면 그가 하도록 명령받은 것을 하고 있지 않은 것을 보기보다는 폐하께서 관대하시기를 바랍니다.

31. 폐하께서는 로마 제국을 향해서 지금까지 하나님의 자비를 구해야만 하고 구할 가치가 있는 그러한 사람들을 가지고 계십니다.[24] 폐하께서는 폐하 자신을 위해서 보다 소망하는 그러한 사람들을 가지고 계십니다. 그들의 관심과 그들의 행복을 제가 말씀드린 것처럼 폐하께 호소하도록 하십시오. 저는 폐하께서 다른 사람들의 판단에 폐하의 상황을 위임하실 수 있는 것이 두렵습니다. 모든 것은 지금까지 폐하 자신의 손안에 있습니다. 이러한 점에서 저는 우리 주님께 폐하를 위해서 서약하며 그리고 폐하께서는 폐하의 맹세로 인해 두려워할 필요가 없습니다. 하나님께서 그의 명예를 위해 만들어진 수정안을 기뻐하지 않으실 수 있겠습니까? 폐하께서는 첫 번째 서신에서 그것이 전달되든 혹은 그렇지 않든 아무 것도 바꾸실 필요가 없으셨습니다. 풍성한 신앙과 경건으로 또 다른 서신을 쓰십시오. 폐하께는 수정하는 것이 허용되었

---

23. 콘스탄티우스의 한 칙령 안에서 지방자치 업무를 지탱해야 할 의무가 있는 가문에 속해 있는 사람들이 감독이 되기 위해서 그들의 책임을 회피할 수 있었다. 다른 성직자들은 시 당국의 찬성에 의해서 그들의 자산을 거절해야만 하거나 혹은 그것을 그 의무를 취할 그들의 가족의 다른 구성원에게 주어야 했다. 만일 그 구성원이 사망하면, 성직자는 의무를 다시 시작하도록 부름을 받을 수 있었다. 참고 암브로시우스, *Ep.* 18:14. 일련의 번역가들은 「서신」 40에 있는 문장을 감독들 그 자신에게 일임하는 것으로 했다. 나에게는 별로 필요하지 않고 있을 법 하지도 않다.

24. 그의 아들들, 호노리우스와 아르카디우스.

지만, 진리를 숨기는 것이 저에게는 허용되어 있지 않습니다.

32. 폐하께서는 안디옥의 사람들이 폐하께 했던 잘못을 용서해 주셨습니다. 폐하께서는 폐하의 적들의 딸들을 보내셨고 그리고 그들을 친척들에게 주셔서 양육하게 하셨습니다. 폐하께서는 폐하 자신의 기금으로부터 폐하의 적의 모친께 기금을 보내셨습니다.[25] 이것과 같은 그러한 경건, 하나님을 향한 그러한 믿음은 현재의 행동에 의해서 가리어질 것입니다. 폐하는 무장한 적들을 살려주시고 폐하의 적들을 보호해 주셨습니다. 제가 간청드리건대 그렇게 열정적으로 기독교인들을 벌주라고 주장하지 마십시오.

33. 폐하, 지금 저는 폐하께 폐하와 저 자신을 위해서 저의 두려움을 일축하시지 마시기를 부탁드립니다. 한 거룩한 사람이 이렇게 말했습니다. 하나님의 진노를 자초하면서 "나는 왜 태어나서 내 민족이 망하는 것을 보아야 하는가."[26] 저는 폐하께 모든 경의를 표하면서 행동하고 있습니다. 만일 긴급한 일이 일어난다면, 폐하께서는 교회보다는 종교법정에서 저의 말을 청취하시는 것이 나을 것입니다.

본문: 서신 41

동생으로부터 누이에게

1. 나의 사랑하고 거룩하신 누님, 누님께서 저에게 편지를 보내셔서 제가 누님에게 제 자신의 염려를 말씀드렸기 때문에 누님이 지금까지 염려하고 계셨다는 것을 말해주신 것은 다행스런 일입니다. 제가 누님께 마음의 평정을 회복했다고 말씀드린 저의 편지를 누님이 받지 못하셨다는 것을 알았을 때 놀랐습니다. 한 유대교 회당이 기독교인들에 의해 감독의 교사 속에서 불타버렸고, 또한 발렌티니안 이교도 예배당이

---

25. 안디옥―387년 반란들; 적과 반대자―막시무스.
26. 마카베오 상. 2:7.

불탔다는 것을 말씀드렸습니다. 제가 아킬레이아에 있는 동안에 감독은 회당을 복원시켜야만 하고 발렌티니안 이교 건물을 불태운 수도승들은 처벌받아야 한다는 명령이 내려졌습니다. 저는 그 문제에 열정적으로 관여했습니다. 그러나 아무 것도 얻지 못했습니다. 그래서 저는 황제께 한 통의 서신을 써서 일단 그것을 보냈습니다. 그가 교회에 갔을 때, 제가 이 설교를 했습니다.

2. 예언서에 다음과 같이 쓰여 있습니다. "살구나무 가지를 잡아라."[1] 우리는 왜 주님이 예언자에게 이것을 말씀하셨는지 생각해야 합니다. 그것은 목적 없이 쓰이지 않았습니다. 모세오경에서 우리는 역시 제사장 아론의 살구나무 지팡이가 오랫동안 놓아둔 후에 꽃이 피었다는 것을 읽었습니다.[2] 무엇이 즐거운 것인가가 아니라 무엇이 이로운 것인가를 칭찬하면서, 지팡이는 예언이나 혹은 제사장의 권위가 결정적인 것이어야 한다는 것을 의미하는 것으로 나타납니다.

3. 예언자는 살구나무 지팡이를 취하도록 명령을 받았습니다. 왜냐하면 이 나무의 열매는 껍질은 쓰고 딱딱하지만 그러나 안은 달콤하기 때문입니다. 이처럼 예언자는 역시 딱딱하고 쓴 것들을 제공하며 고통스러운 것을 선포하는 것으로부터 물러서지 않습니다. 그것은 성직자[3]와도 같은데, 성직자들의 명령은 때로 어떤 사람들에게는 쓴 것일 수 있고 그리고 아론의 지팡이처럼 오랫동안 위선자의 귀 속에 놓여질 수 있는 것인데 사람들이 그들이 시들었다고 생각할 때 그러나 꽃피울 수 있습니다.

4. 따라서 사도는 말했습니다. "너희가 무엇을 원하느냐 내가 매를 가지고 너희에게 나아가랴 사랑과 온유한 마음으로 나아가랴?"[4] 그는 먼저 매를 언급했는데 잘못된 길을 간 사람들을 살구나무 지팡이로 치고 그리고 후에 그들을 온유한 마음으로 위로할 수 있었습니다. 그래서 매가 하늘의 성만찬을 박탈당한 사람들을 온유함에 의해서 회복할 수 있습니다.[5] 주님은 비슷한 교훈을 그의 제자들에게 주셨습니다. "경책하며 경계하며 권하라"[6] 두 단어는 준엄한 언어이고 하나는 부드러운 언어입니

---

1. 렘 1:11.
2. 민 17:8.
3. Sacerdos는 이중의 의미를 갖고 있는데, 구약성서에서는 제사장으로 그리고 기독교 감독을 나타낸다.
4. 고전 4:21.
5. 고후 2:10.
6. 딤후 4:2.

다. 그러나 준엄함은 그가 그들을 부드럽게 할 수 있는 것입니다. 쓸개를 과잉으로 섭취한 것으로 인해 병든 육체에 대해서 쓴 음식과 음료는 달콤한 맛입니다. 다른 한편, 달콤한 음식은 쓴 맛이 납니다. 그래서 마음이 상처를 입었을 때, 그것은 겉으로만 감동적인 아첨하는 말에 의해서는 아프며, 징계의 쓰라림에 의해서 완화됩니다.

5. 우리가 예언서를 읽는 것을 통해 배운 것을 이제 마치려고 합니다. 복음서의 교훈이 우리들에게 말해 주는 것이 무엇인지 또한 생각해 봅시다. "바리새인 중의 한 사람은 주 예수 그리스도에게 그가 예수와 함께 먹기를 소원했다. 그리고 그는 바리새인의 집으로 들어가서 식사 자리에 앉았다. 그리고 한 여성을 쳐다보았다. 그녀는 도시에 있었으며 죄인이었으며 그녀가 예수가 바리새인의 집에서 식사자리에 앉아있다는 것을 알았을 때, 석고로 만든 향료 항아리를 가져와서 그의 발 뒤에 서서 그의 발을 눈물로 적시기를 시작하였다."[7] 예수는 그곳에서 다 들리도록 말씀하셨습니다. "너의 믿음이 너를 구원하였다. 평화로이 가라." 말에 있어서는 얼마나 단순합니까? 그러나 복음의 교훈이 권고하는 것은 얼마나 심오합니까! 그러므로 "위대한 조언자"[8] 의 말이기 때문에 우리는 그것의 의미를 깊이 생각해 봅시다.

6. 우리 주 예수 그리스도께서는 인간은 옳은 것을 행하는데 있어서 두려움에 의해서보다는 친절함에 의해서 더욱 도전받을 수 있다고 판단하셨습니다. 교정을 위해서 사랑은 두려움보다 더 유용한 것이라는 것을 알았습니다. 그래서 그가 동정녀로부터 태어났을 때, 그는 우선 은혜를 보냈습니다. 세례 안에서 우리의 죄를 용서해 주셨는데, 이 세례는 우리를 그에게 보다 은혜를 받은 자로 만듭니다.[9] 그런 다음에 그는 이 여인에게 선언하였습니다. 만일 우리가 고맙게 생각하는 사람들에게 적합한 봉사로 되돌려준다면 우리 모두는 감사를 위한 보상을 갖게 됩니다. 만일 그가 단순하게 우리를 우리의 본래 빚으로부터 용서해준다면, 그는 자비롭기보다는 보다 신중하며, 보상을 후하게 받는 것보다는 교정을 더욱 소중히 하는 것입니다. 단순하게 유혹하는 것은 좁

---

7. 눅 7:36–38. "주 예수"에 대한 본문의 예배학적 변경을 주시하라.

8. 사 9:6.

9. 이 부분에서 암브로시우스는 *gratia, gratus*의 다양한 기능들에 대해서 많은 것을 만들었다. 성육신과 세례안에서 하나님의 은혜는 앞서 온다. 그것을 받는 것은 우리를 (1) 보다 하나님께 용납되게 하며, (2) 은혜롭기 한다. (§9 참고) 만일 우리가 행동 안에서 우리의 감사를 표현하면 그것은 이어서 보상을 얻는데 미래의 은총의 보상이다. 특별히 매력, 미, 총애, 특권과 같은 특별히 복잡하게 만든 요소들이 왔을 때 어떻게 암브로시우스가 이러한 말을 사용했는지를 확신하는 것은 항상 쉽지 않다. (§28 그리고 「서신」 63, §56 참고).

은 마음의 교활함입니다. 하나님께서 증가된 은혜로 은혜에 의해서 초대한 사람들을 향상시키는데 이것이 그에게 적합합니다. 그러므로 그는 우선 세례를 통해 우리를 용서해 주시고 그 후에 그를 잘 섬겨준 사람들 위에 풍성한 선물을 수여하는 것입니다. 그래서 그리스도의 친절함은 미덕과 그리고 또한 그것의 보상에 자극이 됩니다.

7. 어떠한 사람도 고리대금업자라는 단어에 전율할 필요는 없습니다. 이전에 우리는 가혹한 고리대금업자의 손아귀에 있었습니다. 고리대금업자는 오직 빚진 자들의 죽음에 의해서 지불받고 만족할 수 있었습니다. 주 예수께서 오시고 무거운 융자금에 의해 우리가 묶여있는 것을 보았습니다. 어떤 사람도 그 자신의 결백한 자산으로부터 융자금을 면제받을 수 없습니다. 저는 저 자신을 자유롭게 하는 것과 저 자신에 대해서 아무 것도 할 수 없었습니다. 그는 저에게 채권자를 바꾸는 새로운 형태의 해제를 제공했는데, 왜냐하면 저는 융자금을 지불할 어떤 것도 갖고 있지 않기 때문입니다. 우리를 빚쟁이로 만든 것은 본질이 아니고 죄의식입니다. 우리 자신의 죄에 의해서 우리는 무거운 빚을 지고 있으며 그래서 우리가 자유로운 반면에 우리는 결박당합니다. 빚진 자는 고리대금업자의 돈의 일부를 취한 사람입니다. 지금 마치 이것은 악한 사람이 그의 재산을 위해서 갖고 있는 재물인 것처럼, 죄가 악마로부터 왔습니다. 그리스도의 부가 미덕이라면 악마의 부는 범죄입니다. 그는 인류를 부채의 영원한 포로로 가져왔으며, 이 부채는 우리의 빚을 짊어진 조상이 그의 후손들에게 전달해준 무거운 융자금에 의해서 물려받은 것입니다.[10] 예수께서 오셔서 모두의 죽음을 위해 죽으셨고 모두의 피를 위해서 그의 피를 흘리셨습니다.

8. 그래서 우리는 우리의 채권자를 바꿨으며 그러나 우리는 벗어나지는 않았습니다. 혹은 벗어나기도 했는데 비록 빚이 남아있을지라도, 융자금은 취소되었습니다. 주 예수 그리스도가 말씀하셨습니다. "사슬에 매여 있는 그들에게, 나와라. 감옥에 있는 그들에게, 밖으로 나와라."[11] 그러므로 당신의 죄는 용서받았으며 그가 그의 멍에로부터 해방하지 않은 사람은 없었습니다. 왜냐하면 그것은 "그가 모든 죄진 자들

---

10. 암브로시우스는 타락, 원죄 그리고 본래적인 죄의식에 대한 완전한 교리를 가르쳤다. 테르툴리아누스처럼 그는 아담의 죄가 때때로 합법적으로, 때때로 신체적이거나 혹은 의학적인 용어 안에서 그의 후손에게 영향을 미쳤다고 묘사한다. 현재의 구절들을 *In ps. 48 enarr. 8: Adam ... obnoxiam haereditatem successionis humanae suo vulnere dereliquit*와 비교하라. 이 문장에는 언어가 섞여서 나타난다. 일반적으로 타락에 대한 그의 교리에 대해서 더든을 참고하라. 612~624쪽.

11. 사 49:9.

을 용서하셔서 우리를 대항하는 규정 안에 쓰여진 멍에를 소멸시켰다"[12]고 기록되어 있기 때문입니다. 왜 그러면 우리는 다른 사람의 멍에를 붙잡고 있어야 합니까? 왜 우리는 우리에게 수여된 용서를 즐기고 있을 때, 다른 사람이 우리에게 진 빚을 요구하기를 원합니까? 언제 우리는 우리 자신에게 부여된 죄의 용서를 누리겠습니까? 모든 것을 용서한 그는 모든 것에 대해서 그들이 각각 용서받은 것을 기억하면서 다른 사람을 용서할 것을 요구하십니다.

9. 누님은 복음서에[13] 나오는 사람처럼 빚쟁이보다 빌려준 사람으로서 하나의 최악의 경우 안에서 누님 자신이 발견되지 않도록 주의하십시오. 그의 주가 그의 모든 빚을 용서하여 주셨는데, 후에 그는 그의 동료 종에게 그에게 진 빚을 지불할 것을 요청하기 시작했습니다. 이것은 그의 주를 진노하게 했으며 냉엄한 질책과 함께 그는 그에게 이전에 탕감해 주었던 것을 요청하였습니다. 그래서 우리는 우리에게 진 빚을 용서하지 않는 것으로 인해 우리가 이전에 용서받은 것을 지불해야 하는 상황에서 우리 자신을 발견하지 않도록 주의해야 합니다. 왜냐하면 그것은 우리 주님의 말씀 안에서 쓰였기 때문입니다. "너희가 각각 마음으로부터 형제를 용서하지 아니하면 나의 하늘 아버지께서도 너희에게 이와 같이 하시리라" 많은 것을 용서받았으면서 적게 용서한 사람들에게, 그리고 우리가 더 많이 용서할수록 우리가 더 많이 하나님께 받아들여진다는 것을 이해합시다. 왜냐하면 우리가 더 많이 용서받을수록 우리는 더 많이 하나님께 은혜를 받은 자이기 때문입니다.

10. 주께서 그에게 물으셨습니다. "누가 그를 더 사랑하겠느냐" 바리새인이 대답했습니다. "많이 탕감함을 받은 자니이다." 그리고 주님께서 그에게 말씀하셨습니다. "네 판단이 옳다"[14] 바리새인의 판단은 칭찬을 받았습니다. 그러나 그의 감정들은 비난을 받았습니다. 다른 사람들에 대해서 그는 잘 판단하였습니다. 그러나 그가 다른 사람에 대해서 생각하는 것을 그 자신의 경우 안에서 진실한 것으로 믿지 않았습니다. 누님은 한 유대인이 교회의 훈련을 찬양하고 진정한 은혜를 선포하고 교회의 감독들을 명예롭게 하는 것을 들었습니다. 누님은 그에게 믿으라고 거듭 간청하였습니

---

12. 골 2:13, 14.
13. 마 18:23-35.
14. 눅 7:42, 43.

다. 그러나 그는 거절하였습니다. 그가 우리 안에서 찬양한 것을 그는 추구하지는 않았습니다. 그래서 시몬의 찬양은 완벽하지 않은데, 왜냐하면 그는 그리스도가 말씀하는 것을 들었기 때문입니다. "네 판단이 옳다." 가인 역시 정확하게 바쳤습니다. 그러나 정확하게 나누지 않았습니다. 그래서 하나님은 그에게 말씀하셨습니다. "만일 당신이 정확하게 갖췄다면 그러나 정확하게 나누지 않았다면 당신은 죄를 범한 것이다. 조용히 하여라."[15] 시몬 역시 정확하게 바쳤습니다. 그것 안에서 그는 그리스도가 기독교인들에 의해 더욱 사랑받는 분일 것이라고 판단했는데, 왜냐하면 그는 우리의 많은 죄들을 용서하셨기 때문입니다. 그러나 그는 바르게 나누지 않았습니다. 그 안에서 그는 사람들의 죄를 용서하신 그가 그들에 대해서 모를 수 있을 것이라고 생각했습니다.

11. 그래서 그는 시몬에게 말했습니다. "이 여자를 보느냐? 내가 네 집에 들어올 때 너는 내게 발 씻을 물도 주지 아니하였으되 이 여자는 눈물로 내 발을 적시고."[16] 우리는 모두 그리스도의 하나의 몸이고 하나님은 머리시고 우리는 그 지체입니다. 어떤 사람은 눈일 수 있는데 예언자들 같은 사람들입니다. 어떤 사람은 치아일 수 있는데 우리의 가슴에 복음을, 설교를 들어가게 하는 사도들과 같은 사람들입니다. 성경은 잘 말하고 있습니다. "그의 눈은 포도주로 인하여 붉겠고 그의 이는 우유로 말미암아 희리로다"[17] 선한 일을 행하는 사람들은 그의 손들입니다. 가난한 자에게 음식물을 주는 사람들은 그의 위장입니다. 그리고 어떤 사람들은 그의 발입니다. 저는 그의 발꿈치에 적합한 자입니다! 가장 천한 자에게 그들의 죄를 용서하신 그가 물을 그리스도의 발 위에 부으셨습니다. 그리고 낮은 자를 자유롭게 하시는 것에 의해 그는 그리스도의 발바닥을 씻으셨습니다.

12. 게다가 죄의 부정한 것으로부터 그의 양심을 씻으신 그가 그리스도의 발 위에 물을 부으셨습니다. 왜냐하면 그리스도는 우리 모두의 마음을 거닐고 계시기 때문입니다. 그 다음에 깨끗지 않은 양심을 갖지 않도록 주의해야 하며 그리스도의 발을 더럽히지 않도록 주의하십시오. 당신 안에 있는 악의 가시에 대항해서 공격하지 않도

---

15. 창 4:7 (LXX).

16. 눅 7:44.

17. 창 49:12.

록 주의하십시오. 그래서 그가 당신 안에서 걸을 때, 그의 발꿈치가 부상당하지 않도록 주의하십시오. 그것은 왜냐하면 바리새인은 그리스도에게 그의 발을 위해서 물을 주지 않은 불신의 부정한 것으로부터 마음을 깨끗하게 하지 않았기 때문입니다. 그가 그리스도의 물을 받지 않을 때, 어떻게 그의 양심을 깨끗케 할 수 있겠습니까? 그러나 교회는 물과 눈물, 즉 세례의 물과 회개의 눈물을 갖고 있습니다. 왜냐하면 옛 사람의 죄를 위해서 눈물 흘렸던 믿음이 새 사람을 지키는 것을 배워줍니다. 그래서 바리새인 시몬은 물을 갖고 있지 않았는데, 그는 눈물도 갖고 있지 않았습니다. 그가 회개를 보여주지 않을 때, 어떻게 그가 눈물을 가질 수 있겠습니까?[18] 그는 그리스도를 믿지 않았기 때문에 눈물을 가지고 있지 않았습니다. 만일 그가 눈물을 가지고 있었다면 비록 그가 그리스도와 함께 만찬자리에 있었을지라도 아직 그가 보지 못한 그리스도를 보기 위해 그의 눈을 씻었을 것입니다. 만일 그가 그를 보았다면 그는 그의 능력을 의심하지 않았을 것입니다.

13. 바리새인은 머리카락을 갖고 있지 않았는데, 왜냐하면 그는 나사렛 사람을 인정할 수 없었기 때문입니다. 나사렛 사람을 찾고 있는 교회는 머리카락을 갖고 있습니다. 머리카락은 몸의 본질적인 것이 아니라고 생각됩니다. 그러나 만일 머리카락에 기름을 바르면, 그것은 좋은 향기를 주고 머리의 장신구가 됩니다. 비록 그것에 기름을 바르지 않았다면, 그것은 하찮은 것입니다. 만일 누님이 부를 어떻게 사용하는지를 알지 못한다면, 만일 누님이 그리스도의 향기와 함께 부를 뿌리지 않는다면 부는 어김없이 짐이 될 것입니다. 그러나 만일 누님이 가난한 사람을 먹이고 그들의 상처를 씻겨주고 그들의 불결함을 씻어 준다면 누님은 그리스도의 발을 씻기는 것입니다.

14. "너는 내게 입맞추지 아니하였으되 그는 내가 들어올 때로부터 내 발에 입맞추기를 그치지 아니하였으며."[19] 입맞춤은 사랑의 표시입니다. 그가 평화를 알지 못하고 그리스도로부터 평화를 받지 않은 것을 볼 때, 유대인은 어떤 입맞춤을 가질 수 있겠습니까? 그리스도는 이렇게 말씀하셨습니다. "평안을 너희에게 끼치노니 곧 나

---

18. *Paenitentiam non gerebat.* 암브로시우스의 저술 가운데 많은 경우에 있어서 정황은 그가 회개에 대해서 생각하는지 혹은 참회에 대해서 생각하는지 명확하게 나타나지 않는다. 여기에서는 적어도 "참회하는 것"에 대한 언급을 "그리스도가 가지신" 성례전으로서 언급한다. 「서신」 51 §11 참고.

19. 눅 7:45.

의 평안을 너희에게 주노라."**20** 회당은 입맞춤을 가지고 있지 않습니다. 교회는 입맞춤을 갖고 있습니다. 그리스도를 기다리는 교회는 그를 사랑하며 말합니다. "그로 하여금 내게 입맞추기를 원하니."**21** 교회의 길고 열정적인 소망은 주님의 오심을 기다리는 것으로 자라났습니다. 교회는 그것을 만족시키는 것을 찾았습니다. 조금씩 조금씩 그의 입맞춤과 함께 은혜를 위한 교회의 갈증을 만족시키는 것을 찾았습니다. 그러므로 거룩한 예언자가 말했습니다. "주여 내 입술을 열어 주소서. 내 입이 주를 찬송하여 전파하리이다."**22** 주 예수를 찬양하는 그는 그에게 입맞춤을 합니다. 그리고 그에게 입맞춤을 한 그는 확실하게 그를 믿습니다. 다윗이 다음과 같이 말했습니다. "나는 믿고 그러므로 나는 말하였다."**23** 그리고 좀 더 이전에 그는 말하였습니다. "주를 찬송함과 주께 영광 돌림이 종일토록 내 입에 가득하리이다."**24**

15. 우리 위에 특별한**25** 은총이 부어지는 것에 관련해서, 예언자가 다음과 같이 말했을 때, 같은 성경이 당신에게 성령을 받은 그는 그리스도에게 입맞춘다는 것을 가르치고 있습니다. "내가 주의 계명들을 사모하므로 내가 입을 열고 헐떡였나이다."**26** 그리스도를 고백하는 그는 그에게 입맞춤을 합니다. "사람이 마음으로 믿어 의에 이르고 입으로 시인하여 구원에 이르느니라."**27** 그는 그리스도의 발에 입맞춤을 합니다. 그가 복음서를 읽었을 때 주 예수의 행한 일을 알게 되고 경건한 마음으로 그리고 그와 같이 종교의 입맞춤으로 그가 걸었던 것으로서 주님의 발자국을 사랑함으로 놀랍니다. 그래서 우리는 영적 교감의 입맞춤으로 그리스도에게 입맞춤을 합니다. "읽는 자는 깨달을지저."**28**

16. 어떻게 유대인이 이러한 입맞춤을 가질 수 있습니까? 주의 오심을 믿지 않는다면 그는 주님의 수난을 믿지 않는 것입니다. 그가 오신다는 것을 믿지 않을 때, 어

---

20. 요 14:27.

21. 아 1:2.

22. 시 51:15(50:17).

23. 시 116(115):10.

24. 시 71(70):8.

25. *specialem*을 베네딕투스의 본문으로 읽어라 그러나 *spiritualem*?

26. 시 119(118):131. 성령, *spiritum* 역시 = 호흡.

27. 롬 10:10.

28. 마 24:15. 이것은 *Disciplina Arcani*의 하나의 예이다. 성례전들에 대해서 말하는 것 안에서 유보되어 있는데 초기 것보다 이 날짜에 대해서 더욱 강력하다.

떻게 그가 고통을 받았다는 것을 믿을 수 있겠습니까? 그래서 바리새인은 아마 배신자 유다의 입맞춤을 제외하고는 입맞춤을 가지고 있지 않습니다. 그러나 유다 역시 입맞춤을 갖고 있지 않았습니다. 유다가 유대인들에게 보여준 입맞춤은 그가 배신의 징표로서 그들에게 약속한 것이었습니다. 주님은 그에게 말씀하셨습니다. "유다야 네가 입맞춤으로 인자를 파느냐."[29] 그는 당신이 입맞춤과 함께 따라오는 사랑을 가지고 있지 않을 때, 당신이 한 입맞춤을 의미합니까? 당신이 입맞춤의 신비를 알지 못할 때, 당신이 한 입맞춤을 의미하십니까? 요청되는 것은 입술의 입맞춤이 아니라 마음으로부터의 입맞춤입니다.

17. 그러나 누님은 말합니다. "그는 주님께 입맞추었다."[30] 그렇습니다. 그러나 오직 그의 입술로 입맞추었습니다. 유대인들은 그러한 입맞춤을 가지고 있습니다. 그러므로 그것은 다음과 같이 말해질 수 있습니다. "이 백성이 입으로는 나를 가까이 하며 입술로는 나를 공경하나 그들의 마음은 내게서 멀리 떠났나니."[31] 믿음과 자선을 가지고 있지 않은 그는 입맞춤을 가지고 있지 않습니다. 입맞춤은 사랑의 힘을 전달합니다. 그리고 사랑과 믿음과 애정이 없는 곳에 거기에 입맞춤 안에 어떤 달콤함이 있을 수 있겠습니까?

18. 그러나 교회는 그리스도의 발에 입맞춤하는것을 멈추지 않았습니다. 그래서 아가서에서 교회는 하나의 입맞춤이 아니라 많은 입맞춤을 요청하고 있습니다.[32] 거룩한 마리아처럼 교회는 그리스도의 모든 말에 집중하고 있으며 복음서를 읽을 때 혹은 예언서를 읽을 때 모든 그의 말씀을 붙들고 있으며 그리고 교회의 가슴 안에 그의 모든 말씀을 간직하고 있습니다.[33] 교회는 홀로 신부처럼 입맞춤들을 가지고 있습니다. 왜냐하면 입맞춤은 그것이 과거에 그랬던 것처럼 결혼의 서약이며 결혼생활의 특권이기 때문입니다. 어떻게 유대인들이 신랑을 믿지 않을 때, 어떻게 그들이 입맞춤을 가질 수 있습니까? 유대인들이 신랑이 이미 왔다는 것을 알지 못할 때, 어떻게 입맞춤을 가질 수 있습니까?

---

29. 눅 22:48.

30. *Sacramentum*, 강화된 의미; 그러나 또한 충성의 맹세에 대한 본래적 의미에 대한 언급.

31. 사 29:13; 마 15:8.

32. 아 1:2.

33. 눅 2:51.

19. 그는 입맞춤을 가지고 있지 않을 뿐 아니라 그리스도의 발에 바를 기름도 가지고 있지 않습니다. 만일 그가 어떤 기름을 갖고 있다면 그는 확실하게 지금 그 자신의 목을 부드럽게 할 것입니다. 모세는 이렇게 말했습니다. "이는 목이 뻣뻣한 백성이니이다."[34] 그리고 주님은 레위인과 제사장이 강도를 만나서 부상당한 사람을 그냥 지나치며 그의 상처에 기름도 포도주도 발라주지 않은 것을 말씀하십니다.[35] 그들은 부어줄 아무것도 갖고 있지 않았습니다. 만일 그들이 어떤 기름을 갖고 있었다면 그들은 그것을 그들 자신의 상처 위에 부었을 것입니다. 이사야는 외칩니다. "그것을 짜며 싸매며 기름으로 부드럽게 함을 받지 못하였도다"[36]

20. 그러나 교회는 기름을 갖고 있었습니다. 이 기름과 함께 교회는 교회 자녀들의 상처를 돌보아 주었으며 그 상처는 더 딱딱해지고 더 깊게 번지지 않을 수 있었습니다. 교회는 기름을 갖고 있었는데, 이 기름은 교회가 비밀스럽게 받은 것입니다. 이 기름과 함께 아셀은 그의 발을 기록된 대로 씻었습니다. "아셀은 아들들 중에 더 복을 받으며 그의 형제에게 기쁨이 되며 그의 발이 기름에 잠길지로다."[37] 그 다음에 이 기름과 함께 교회는 교회의 자녀들의 목에 기름을 발라 주어서 그들은 그리스도의 멍에를 멜 수 있었습니다. 이 기름과 함께 교회는 순교자들에게 기름 발라 주어서 그래서 교회는 순교자들로부터 이 세상의 먼지를 씻어낼 수 있었습니다. 이 기름과 함께 교회는 고백자들에게 기름을 발라 주어서 그들은 그들의 노역이나 혹은 피로에 지치는 것에 굴복하지 않을 수 있었고 그들은 이 세상의 비난에 의해 정복되지 않을 수 있었습니다. 교회는 그들에게 기름을 발라 주어서 그들은 성령의 기름과 함께 회복되었습니다.

21. 이 기름은 회당을 위한 것이 아닌데 왜냐하면 회당은 올리브 나무를 가지고 있지 않았으며 노아의 홍수 후에 올리브 가지를 가지고 돌아온 비둘기를 이해하지 않았기 때문입니다.[38] 왜냐하면 그 비둘기는 후에 강림하였는데 그리스도가 세례를 받을 때, 그 위에 머물렀습니다. 요한이 복음서에서 진정한 증언을 하고 있습니다. "내

---

34. 출 34:9.
35. 눅 10:31, 32.
36. 사 1:6.
37. 신 33:24.
38. 창 8:11.

가 보매 성령이 비둘기 같이 하늘로부터 내려와서 그의 위에 머물렀더라."³⁹ 어떻게 성령이 비둘기로 내려온 그를 보지 못한 그가 비둘기를 볼 수 있겠습니까?

22. 그리고 교회는 그리스도의 발을 씻기고 그것의 머리카락으로 그들을 닦고 그리고 기름으로 그들을 발라주었으며 그들 위에 향을 부어 주었고, 그 안에서 교회는 상처받은 자들을 돌보며 지친 자들을 회복시켜줄 뿐만 아니라 은혜의 달콤한 향기를 가지고 그들에게 뿌려서 깨끗게 하여 주었습니다. 교회는 같은 은혜를 부자와 힘 있는 자 뿐만 아니라 천한 신분의 사람들 위에도 부어 주어서 그들 모두를 공평하게 평가하며 그들 모두를 같은 가슴 안으로 모으며 그들을 같은 무릎 안에서 양육하였습니다.

23. 그리스도는 일단 죽으시고 그리고 매장되셨습니다. 그러나 그는 날마다 기름 부어진 발을 가지고 있습니다. 우리가 기름을 부은 것은 그리스도의 어떤 발입니까? 그가 말한 발은 다음과 같은 사람들의 발입니다. "지극히 작은 자 하나에게 한 것이 곧 내게 한 것이니라."⁴⁰ 이것들은 복음서 안에서 한 여성이 회복시킨 발들입니다. 이것들은 그녀의 눈물과 함께 그녀가 적셨던 것으로 죄가 가장 낮은 것으로 경감될 때 죄는 씻기고 용서가 수여됩니다. 그가 입맞춘 이러한 발들은 거룩한 백성의 가장 비천한 자를 사랑하신 분의 발입니다. 그가 기름 바른 이러한 발들은 심지어 가난한 자에게까지 그의 부드러움을 주신 그분의 발입니다. 이러한 것 안에서 주 예수님이 우리에게, 순교자에게, 사도들에게 그리고 주님 그 자신에게 말씀하신 이것들은 영화롭게 됩니다.

24. 누님은 어떻게 주님이 누님께 한 가지 교훈을 가르치고 계신지 아십니다. 그 자신의 예에 의해서 선함에 누님을 도전받게 하시며 심지어 그가 비난할 때에도 누님에게 가르치고 있는 것을 봅니다. 예를 들면 유대인을 비난할 때 그는 말했습니다. "이르시기를 내 백성아 내가 무엇을 네게 행하였으며 무슨 일로 너를 괴롭게 하였느냐. 너는 내게 증언하라. 내가 너를 애굽 땅에서 인도해 내어 종노릇 하는 집에서 속량하였고 모세와 아론과 미리암을 네 앞에 보냈느니라."⁴¹ 발락⁴²이 너에 대해서 꾀한

---

39. 요 1:32.
40. 마 25:40.
41. 미 6:3, 4.
42. 미 6:5; 신 23.

것을 기억하라.(즉 마술로부터 도움을 찾았다.) 그러나 나는 그가 당신을 상하게 하도록 하지 않았다. 당신은 진정으로 억압받으며 이방의 땅에 유배되며 무거운 짐이 지워졌다. 나는 너의 면전에서 모세와 아론과 미리암을 보냈고 유배를 갈망한 그는 첫 번째로 그 자신을 망쳤다. 당신 자신을 잃어버린 당신은 또 다른 것을 얻었다. 당신은 당신을 둘러싸고 있는 적으로부터 자유로워졌으며 물 가운데서 안전하며 당신은 당신 적들이 파괴되는 것을 보았으며 당신을 둘러싸고 있는 그리고 당신을 지탱하고 있는 같은 물결이 적에게 부어지고 적을 익사시켰다.[43] 당신이 광야를 통과할 때, 그래서 음식이 부족했을 때, 내가 너에게 음식을 비같이 내리며 그리고 내가 어디로 가든지 모든 면에서 너에게 공급하지 않았느냐?[44] 내가 당신의 모든 적들을 진압하며 그리고 당신을 포도송이의 장소로 데리고 가지 않았느냐?[45] 내가 "너를 화나게 하는 그들"의 왕자, "거만한 자" 그리고 아모리의 왕 시혼에게서 너를 구원하지 않았는가?[46] 내가 너에게 아이 왕을 살아서 인도하지 않았느냐? 너는 고대의 저주로 그를 비난하고 그리고 그를 나무에 못박고 십자가에 그를 매달지 않았느냐?[47] 왜냐하면 그들이 당신들에게 정당한 땅들을 주지 않으려고 했기 때문에 내가 다섯 명의 왕들을 살육했다는 것을 말하지 않았는가?[48] 그리고 지금 이 모든 것들을 위한 대가로 당신들에게 요청되는 것은, 사람아 주께서 선한 것이 무엇임을 네게 보이셨나니 여호와께서 네게 구하시는 것은 오직 정의를 행하며 인자를 사랑하며 겸손하게 네 하나님과 함께 행하는 것이 아니냐?[49]

25. 어떻게 그는 예언자 나단을 통하여 경건하고 온유한 사람인 다윗 왕에게 충고를 했는가?[50] "나는 너의 형제들 가운데 가장 어린 너를 선택하였다. 나는 너를 온유한 영으로 채워 주었다. 내가 머물고 나의 이름이 머문 사무엘의 손에 의해서 나는

---

43. 출 14:29.
44. 출 16:4.
45. 민 13:24, 에스골.
46. 민 21:21ff 시온은 "담대함"을 의미한다. 그러나 아모리에 대한 암브로시우스의 해석은 아닐 것이다.
47. 수 8:23, 29; 참고 신 21:23; 갈 3:13.
48. 수 10:26.
49. 미 6:8.
50. 암브로시우스는 테오도시우스 주변에서 일하였다. 이것은 「서신」 40:22에 일치하는 §25에서 분명해진다. 주석을 보아라. 여기에서 암브로시우스는 이전의 왕 발렌에게 하나의 언급을 덧붙인다. 그는 아리우스주의자였고 정통주의를 박해했으며 378년 아드리아노플의 전투에서 그의 죽음은 테오도시우스를 위한 기회를 남겨 주었다.

너를 왕으로 기름부었다. 나는 이전의 왕을 제거했는데 그는 악한 영에 의해서 휘둘리며 하나님의 제사장들을 박해하였다. 그리고 국외로 추방되었던 너를 정복자로 만들었다. 나는 너의 보좌 위에 너의 자손 중에 하나를 그가 너의 후계자가 되기 전에 너의 동료가 되도록 세울 것이다. 나는 심지어 국외자들을 너에게 복종하도록 하여서 너에 대항해서 전쟁을 했던 그들이, 너의 종들이 될 수 있도록 하였다. 너는 나의 종들을 나의 적들의 권력으로 인도하는가? 일단 너 자신을 죄로 낙인찍히고 그리고 나의 적들에게 내 위에서 승리하는 기회를 주면서, 너는 나의 종들에게 속해있는 것을 없애겠는가?"

26. 그러므로 누님 – 누님에 대해서 더 이상 말하지는 않고, 그러나 누님께 말하겠습니다 – 누님께서 얼마나 엄격하게 주께서 비난하시는지를 알기 때문에, 누님이 영광스럽게 되면 될수록, 누님은 누님 자신을 만드신 분께 더 완전하게 복종해야만 한다는 것을 확실하게 생각하십시오. 왜냐하면 성경에 다음과 같이 쓰여 있습니다. "네 하나님 여호와께서 그들을 네 앞에서 쫓아내신 후에 네가 심중에 이르기를 내 공의로움으로 말미암아 여호와께서 나를 이 땅으로 인도하여 들여서 그것을 차지하게 하셨다 하지 말라"[51] 그러나 "주 하나님이 그것을 주셔서 그의 긍휼 안에 그리스도가 그것을 수여하였다." 그러므로 교회이신 그리스도의 몸을 사랑하십시오. 그의 발을 위해서 물을 주고 그의 발에 입맞춤을 하십시오. 죄안에 있는 사람들을 용서할 뿐만 아니라 당신의 관용에 의해 그들을 회복시켜서 그들을 평화 안에 풀어주십시오. 그의 발에 기름을 바르십시오. 그리스도가 앉아있는 집 전체가 당신의 화장용 크림으로 가득 찰 것입니다. 그리고 그와 함께 만찬에 앉았던 모든 사람들이 그것의 향기로 즐거울 수 있습니다. 누님 저는 죄인 한 사람이 회개했을 때, 천사들이 그들의 관용에 기쁠 수 있으며 사도들이 환호하며 예언자들이 기꺼이 기뻐했다는 것은 참 명예로운 일입니다.[52] "눈이 손더러 내가 너를 쓸 데가 없다 하거나 또한 머리가 발더러 내가 너를 쓸 데가 없다 하지 못하리라."[53] 그러므로 모든 것들이 필연적인 것이기 때문에 당신은 주 예수의 몸 전체를 보호하며 그 역시 당신의 왕국을 그의 천상의 호의를 가지

---

51. 신 8:17; 9:4.

52. 눅 15:10.

53. 고전 12:21.

고 보호하실 것입니다.

27. 제가 내려갔을 때, 그는 저에게 말했습니다. "당신이 나에 대해서 설교하고 있습니다." 저는 대답했습니다. "설교는 당신 자신의 선을 위한 것입니다." 그 다음에 그는 말했습니다. "내가 감독에게 회당을 보상하라고 명령하는 것은 어느 정도 무자비한 것입니다. 그러나 바로잡았습니다. 수도승들이 많은 잘못된 일을 했습니다."[54] 이것에 있어서 티마시우스[55] 장군이 수도승들을 폭력적으로 학대하기를 시작했습니다. 저는 그에게 대답했습니다. "제가 황제와 함께 엄밀하게 논의하겠습니다. 왜냐하면 저는 그가 하나님을 두려워하는 것을 알기 때문입니다. 만일 당신이 그렇게 무례하다면 저는 당신을 다르게 취급할 것입니다."

28. 그 다음 잠시 동안 서서 저는 황제께 말씀드렸습니다. "저로 하여금 깨끗한 양심을 가지고 당신께 말하게 해주십시오. 저의 마음은 정해졌습니다." 그는 거기에 앉았습니다. 그리고 허락하였습니다. 그러나 공적으로 약속하지는 않았습니다. 제가 계속 서있었을 때, 그는 그가 황제의 회칙을 바꿀 것이라고 말했습니다. 곧 저는 그에게 백작이 기독교인들에게 상처를 주기 위해 그것을 이용하려는 경우에 전체 조사[56]를 멈추도록 요청했습니다. 그는 그렇게 하겠다고 약속했습니다. 저는 그에게 말했습니다. "저는 당신의 명예 위에서 행동합니다." 그리고 저는 되풀이했습니다. "저는 당신의 명예 위에서 행동합니다." "나의 명예 위에서 행하라."[57] 그가 말했습니다. 오직 그런 다음에 저는 제단에 갔습니다. 그리고 저는 만일 그가 분명하게 약속하지 않는다면 가지 않을 것입니다. 그리고 진실로 봉헌은 은혜로 가득차서 저 자신은 그가 수여한 호의를 하나님께서 받으셨다는 것을 느낄 수 있었습니다. 그리고 신적 현현이 나타났습니다. 제가 바라는 대로 모든 것이 되었습니다.

---

54. 이 점에서 테오도시우스의 입장은 회당은 새로 지어져야 하는 것이며 그러나 감독의 비용이 아니고 즉 국가가 지불하는 것이다 수도승들은 영지주의자 발렌티안의 예배 처소를 파괴한 자들이다. 다음 세기의 기독론적인 논쟁들 안에서 심지어 더 많은 것을 보여줄 때, 그의 언급은 오직 너무 사실이다.

55. 티마시우스는 *Magister Militum*이며 그리고 389년에 집정관이었다.

56. 즉 아무 것도 되어지지 않았을 것이며, 아무도 처벌받지 않았을 것이다.

57. *Ago*, 여기에서는 기술적으로 "축하하다"의 의미를 가지고 있다. 비록 되풀이되는 것을 고려할지라도 그것은 그렇게 번역하기에는 어색하다.

PART III
AMBROSE

서신 51: 데살로니가에서의 살육

서론

387년 안디옥의 사람들이 과중한 세금에 대항해서 황제의 성상을 부숴 버리는 등 격렬한 시위를 하였다. 테오도시우스는 처음에 엄격한 처벌을 명령하였지만, 그러나 마침내 비록 그 행동이 법적으로 대역죄에 속한다 할지라도 도시를 용서하였다. 390년 여름에 데살로니가의 시민들이 야만인 수비대에 대항해서 반역을 일으키고 장군을 살해했을 때, 그가 모진 교훈으로 그들을 가르치기로 결정했을 때에도 그의 마음에는 관대함이 있었을 수 있다.

그의 계획이 암브로시우스에게 알려지게 되었다. 암브로시우스는 테오도시우스에게 그것은 아주 극악한 것이라고 말하면서 그가 그것을 포기하도록 생각하게 하였다. 그러나 다른 세력들이 그의 급한 성질을 자극하였다. 그래서 그는 명령을 내렸고 그것을 철회했을 때는 너무 늦었다. 데살로니가 사람들은 서커스를 관람하도록 초대를 받았고 거기에서 무려 7천명이 살육당했다. 이것은 8월에 일어났다. 암브로시우스가 그것에 대해서 들었을 때 그는 이태리와 고울로부터 온 감독들과 회의를 주재하고 있었다. 그들 모두는 충격을 받고 그들은 어떤 명백한 행동을 암브로시우스에게 위탁하였다. 암브로시우스는 심사숙고하여 테오도시우스가 베로나를 방문하고 밀란에 돌아오기 전에 밀란으로부터 철수하였다. 9월 중순경 며칠 후에 그는 사적으로 황제에게 편지를 썼다. 그는 만일 테오도시우스가 참회하지 않고 교회에 온다면, 그는 그에게 "성찬을 제공할" 수 없다고 말하였다. 관료 중의 대표인 루피누스를 통해 타협을 시도하였지만 실패한 이후에 황제는 그의 위대한 명예에 공적 참회의 굴욕을 받아들였다. 그는 여러 주일 동안 추방된 참회자로서 교회에 왔으며 크리스마스에 이르러서야 성찬을 다시 받을 수 있었다.

이 이야기는 어느 정도 전설의 형태로 예술과 문학 속으로 녹아들어갔다. 5세기 중반에 콘스탄티노플에서 저술활동을 한 소조먼은 황제가 교회에 갔을 때, 암브로시우스에 의해서 문전 박대를 당하고 돌아왔다고 믿었다. 소조먼보다 조금 더 늦게 쓴 테오드레트는 테오도시우스가 암브로시우스에 의해서 어떻게 복종했는지를 조금 다르게 그리고 보다 정교하게 설명하였다. 이 이야기는 암브로시우스나 혹은 그의 전기 작가 폴리누스에 의해서는 전혀 이야기되고 있지 않았다. 참으로 드러난 사실은 좀 더 상세한 설명이 필요 없었다. 암브로시우스의 사적인 서신은 이러한 정황 안에서 좀 더 친절하고 그러나 견고하게 공적 참회에 대한 황제의 복종은 충분한 것이었다고 한다. 후기 역문들에 나타나는 드라마틱한 요소들은 다음 세대들의 마음속에 교회의 승리를 강화시켰음이 틀림없었다.

그러나 그것은 어떤 종류의 승리였는가? 테오도시우스에 의해서 명해진 행동은 그가 인정하는 것으로서 변호의 여지가 없는 것이었다. 암브로시우스가 행복하게 교회의 권위를 과시하기 위한 기회를 잡았다고 생각하는 것은 좋은 판단은 아니다. 감독으로서, 죄를 슬퍼하면서 그는 참회를 그리고 교회의 규범에 의해서 공적 참회를 요청해야 했다. 그러나 동시에 이 죄는 국가의 행위였다. 하나님에 의해 국가 권력에 위탁된 강제적 사법권의 시행이었다. 국가 권력에 대해 교회와 국가의 두 영역에 대한 엄격한 이분법적 관점 위에서, 통치자는 직접적으로 하나님께 그리고 오직 하나님께 책임이 있는 것으로 생각할 수 있다. 암브로시우스는 악한 행위에 대해서 단순하게 방어하고 있지 않다. 그는 원칙 안에서 교회의 평신도로서 그의 사적인 지위를 통해서 교회의 통제의 한계 안에서 황제의 정치적이고 행정적인 행동을 복종시키고 있다.

Imperator intra ecclesiam est. 사건을 단독으로 취급할 때, 사람들은 암브로시우스가 한 것을 인정하고 동의할 수밖에 없다. 그러나 전례로써, 국가의 행동에 영적 제재를 적용하는 것은 그것 자신의 영적인 위험을 갖게 되며 역사 안에서 분명해진다. 왜냐하면 황제들처럼 감독들은 실수할 수 있고 혹은 탐욕스럽거나 혹은 야심에 찰 수 있기 때문이다. 그러나 암브로시우스가 그렇게 자주 말한 것처럼, 무언가 방법에 의해서 하나님은 모든 사람위에 계신 것이 틀림없고 그리고 교회는 하나님의 근거를 정당화하여야 한다.

본문

감독 암브로시우스로부터 존경하는 황제 테오도시우스께

1. 폐하, 우리의 긴 우정을 회상하는 것은 참 즐거운 일입니다. 그리고 저는 감사함으로 폐하께서 제가 탄원한 사람들 위에 은혜를 베풀어 주신 것을 기억하고 있습니다. 이것으로부터 폐하는 제가 폐하가 도착했을 때, 폐하를 만나는 것을 피했던 것이 은혜를 모르는 그런 감정이 아니었음을 확신하실 것입니다.[1] 저는 이전에 폐하가 도착하시기를 얼마나 기다렸는지 모릅니다. 왜 제가 이렇게 했는지를 간략하게 설명하려고 합니다.

2. 당신의 종교법정 안에서 저는 홀로 증언할 자연스러운 권리를 거절당했으며 또한 연설할 권한도 빼앗겼다는 것을 알았습니다. 왜냐하면 폐하께서 폐하의 궁전 안에서 취해진 결정들이 저에게 알려졌다는 것에 대해서 자주 언짢아하셨기 때문입니다.[2]

---

1. 테오도시우스는 8월 18일부터 9월 8일까지 베로나에 있었다. 암브로시우스는 그가 돌아오기 전에 밀란을 떠나 그곳으로 향했다.
2. 칼리니쿰 사건 이후에 암브로시우스는 테오도시우스와 편안한 관계를 유지하지 못했는데 테오도시우스는 389년에서 390년 사이에 원로원 임명 예식에서 짜증을 내었다. (「서신」 57:4 참고) 그는 그의 궁전 회의에서 잠시동안 국가를 떠나 있는 암브로시우스에게 국가의 기밀을 누설하지 말라고 명령했다. 390년에 다소의 입법 조치들은 분명하게 반–성직자적이었다.

이어서 저는 인간의 평범한 방법 안에서 어떤 부분도 허락되지 않았습니다! "숨은 것이 장차 드러나지 아니할 것이 없고"[3]라고 주님께서 말씀하셨습니다. 모든 존경과 함께 저는 폐하의 제국의 의지를 제가 할 수 있는 한 최선을 다해서 따랐습니다. 폐하를 위해서 저는 제국의 결정들에 대해 어떤 말도 저에게 전달되지 않았다고 말하여서, 폐하가 곤혹스러울 근거를 가지지 않도록 하였습니다. 그리고 저 자신을 위해서 저는 출석하는 것에 의해서 강요받지 않을 것입니다. 모든 사람의 공포를 위해서 듣지 않을 것이며 그리고 저 자신으로 하여금 결정된 것을 묵인하는 것으로서 듣게 할 것이며, 혹은 저의 귀를 열어서 들을 것이며 그러나 제가 들은 것을 말할 수 없어서 비밀을 배신한다는 의혹 아래 있는 사람들을 상처주고 위험으로 가져올 것에 대한 두려움 때문에 저의 목소리는 멈춥니다.

3. 제가 무엇을 하여야 합니까? 듣지 말라구요? 저는 옛날 이야기에서처럼 밀랍으로 저의 귀를 멈출 수 없습니다.[4] 제가 들은 것을 제가 말해야만 합니까? 그러나 저는 제가 폐하의 명령으로부터 이해한 것이 저 자신의 말—살육—들로부터 기인해서는 안 된다는 것을 조심하고 있습니다. 아무 것도 말하지 말라구요? 사람의 양심을 결박하고 사람의 입을 막는 것이야말로 모든 것 가운데 가장 참혹한 것일 겁니다. 그 경우에 적합한 다음과 같은 성경 구절이 있습니다. "만일 제사장이 고집불통의 사람에게 말하지 않으면, 고집불통의 사람은 그의 죄악으로 죽을 것이고 제사장은 처벌을 자초할 것인데, 왜냐하면 그는 고집불통의 사람을 경고하지 않았기 때문이다."[5]

4. 폐하, 제발 들어주십시오. 폐하께서 열정적인 신앙을 가지셨다는 것을 저는 부인할 수 없습니다. 저는 폐하께서 하나님을 두려워하는 분이라는 것을 알고 있습니다. 그러나 폐하는 격한 성품을 가지고 계십니다. 만일 그것이 가라앉으면 폐하는 빠르게 자비로 바꿉니다. 그러나 그것이 가라앉지 않으면 폐하는 너무 흥분해서 거의 그것을 조절할 수 없습니다. 만일 아무도 그것을 누그러뜨리지 않는다면, 아무도 그것을 자극하지 않습니다![6] 저는 기꺼이 그것을 폐하 자신께 맡겼는데, 왜냐하면 폐하

---

3. 눅 8:17.

4. 울리세스는 그의 선원들이 시렌의 노래에 유혹을 받지 않도록 그들의 귀를 밀랍으로 막았다. (Homer, *Odyssey*, XII, 173ff).

5. 겔 3:18, 또 다시 *sacerdos*는 사제와 감독을 연결하였다.

6. 아마 특별히 각료중의 고참인 루피누스일 것이다. 파울리누스는 가신들이 비밀스럽게 황제를 설득했을 거라고 말했다. (*Vita Amb.*, 24).

는 폐하 자신의 신앙적인 열정에 의해서 폐하 자신이 회복되어야 하고 폐하 자신의 성질을 극복해야하기 때문입니다.

5. 저는 폐하 자신이 폐하의 이러한 성질을 생각하시도록 하겠습니다. 제가 그것을 공공연하게 자극하는 것보다는 나을 것입니다. 저는 얼마간 겸손함보다는 의무에 있어서 부족하려고 합니다. 그리고 폐하께서 폐하의 헌신적인 친구 안에 존경심이 부족하다는 것을 느끼기보다는 다른 사람이 제 안에 감독의 권위가 없어서 유감스럽다고 생각하기를 바랍니다. 저는 폐하가 성질을 잘 조절하셔서 채택된 어떤 과정을 선택하는 강한 힘을 가지시기를 원합니다. 저는 정말 맹렬하여서 보다 부드러운 동반자에 의하지 않고는 거의 경감되지 않는 질병을 빌미로 사양을 하겠습니다.[7] 그러나 저는 당신이 도착하는 것을 위해 2~3일 기다리지 않으니 차라리 죽겠습니다. 그러나 저는 그렇게 할 수 없었습니다.

6. 데살로니가에서 전대미문의 일이 일어났습니다. 제가 막으려고 했지만 무위로 끝났습니다. 진정으로 그것이 일어나기 전에 제가 그것에 대해서 강력하게 탄원했을 때, 저는 그것은 아주 잔혹한 것이라고 말했습니다. 그리고 그것이 일어났을 때, 폐하께서 하신 일로 비난받는 것을 저는 완화할 수 없었습니다. 그것에 대한 소식이 처음 전해졌을 때, 고울 지방으로부터 온 감독들과 회의가 진행 중에 있었습니다.[8] 모든 사람은 그것을 슬퍼했고 모두 그것을 심각하게 생각했습니다. 암브로시우스와 함께 성만찬을 했다는 단순한 사실이 폐하를 용서하지 않을 것입니다. 만일 아무도 폐하께서 우리 하나님과 화해해야 한다고 말하지 않는다면, 폐하의 행위에 대한 혐오는 저의 머리 위보다 높게 쌓여있는 것입니다.

7. 폐하, 폐하께서는 다윗-왕이며, 예언자이며, 육신으로는 그리스도의 조상인 다윗-이 했던 것처럼 행한 것을 부끄럽게 여기십니까? 그는 많은 가축을 가지고 있는 한 부자에 대해서 들었습니다. 그러나 그 부자에게 한 손님이 왔을 때, 그는 가난한 사람의 암양을 취해서 그것을 잡았습니다. 그가 그 이야기에 의해 그 자신이 비난

---

7. MSS는 *viris*를 갖고 있는데 기후나 혹은 공기와 관계되어 있는 어떤 것이 요청된 것처럼 보인다. *Auris*(산들바람)인 것으로 추측된다.

8. 밀란 공의회는 뜨리에르의 펠릭스와 교류를 하는 문제를 검토하였다. 「서신」 24의 서문과 그것의 §12의 각주를 참고하라.

받고 있다는 것을 깨달았을 때, "내가 여호와께 죄를 범하였노라"[9]라고 말했습니다. 그러므로 폐하, 만일 다윗에게 말해졌던 것이 당신에게 말해진다면, 그것을 악하게 취하지 마십시오. "당신이 그 사람이라."[10] 왜냐하면 만일 당신이 주의를 가지고 듣는 다면 그리고 "내가 여호와께 죄를 범하였노라"라고 말한다면, 만일 당신이 충성스러운 예언자의 말씀 안에서 "오라 우리가 굽혀 경배하며 우리를 지으신 여호와 앞에 무릎을 꿇자"[11]라고 말한다면, 그 다음에 폐하께 역시 다음과 같이 말해질 것입니다. "왜냐하면 당신이 회개하였고, 여호와께서도 당신의 죄를 사하셨나니 당신이 죽지 아니하려니와."[12]

8. 다른 예로 다윗이 백성을 계수하도록 명령했을 때, 그의 심장은 그를 세게 쳤고 그리고 그는 주님께 말했습니다. "내가 이 일을 행함으로 큰 죄를 범하였나이다. 여호와여 이제 간구하옵나니 종의 죄를 사하여 주옵소서. 내가 심히 미련하게 행하였나이다 하니라."[13] 그리고 다시 예언자 나단이 그에게로 와서 세 가지 일 가운데 선택하도록 하였습니다. 즉 3년 동안 그 땅에 가뭄이 들거나, 세달 동안 그의 적들의 면전에서 도망다니는 것이나 혹은 3일 동안 이 땅에 죽음이 임하는 것 가운데 선택하도록 했습니다. 그리고 다윗은 대답했습니다. "내가 고통 중에 있도다. 청하건대 여호와께서는 긍휼이 크시니 우리가 여호와의 손에 빠지고 내가 사람의 손에 빠지지 아니하기를 원하노라 하는지라."[14] 그의 실책은 그가 얼마나 많은 백성을 가지고 있는가를 알기를 원했던 것이었습니다. 그는 마땅히 오직 하나님만이 아시도록 했어야 했습니다.

9. 그리고 죽음이 백성들에게 임했을 때, 바로 그 첫 번째 날 저녁식사 때 다윗은 천사가 백성을 치는 것을 보았습니다. 그때 그는 이렇게 말했습니다. "나는 범죄하였고 악을 행하였거니와 이 양 무리는 무엇을 행하였나이까? 청하건대 주의 손으로 나

---

9. 삼하 12:13.

10. 삼하 12:7.

11. 시 95(94):6.

12. 삼하 12:13.

13. 삼하 24:10.

14. 삼하 24:14. 죽음(death)에 대해서 A.V.는 *pestilence*를, Vulgate는 *pestilentia*를 갖는다. 암브로시우스의 *mors*는 LXX *thantos* 를 따른다. 「서신」 63:51과 각주를 참고하라.

와 내 아버지의 집을 치소서."[15] 그래서 주님은 그를 유감으로 생각했습니다. 그리고 그는 천사에게 백성을 살려주라고 명령했고 다윗에게 희생제물을 드리도록 하였습니다. 그러한 날들 동안에는 죄를 위한 희생제물들이 있었고 반면에 지금은 회개를 위한 희생제물이 있습니다. 그렇게 함으로서 그는 그의 겸손함에 의해서 하나님께 더욱 용납되었습니다. 사람이 죄를 범했다는 것은 놀라운 것은 아닙니다. 비난받을만한 것은 그가 그의 잘못을 깨닫지 못하고 하나님 앞에서 그 자신이 겸손하지 못한 것입니다.

10. 거룩한 사람이며 이 세상에서 권세 있는 사람인 욥이 같은 말을 했습니다. "나는 나의 죄를 숨기지 않았으며 그러나 그것을 모든 사람 앞에서 선포하였다."[16] 사나운 사울 왕에게 그의 아들 요나단이 말했습니다. "원하건대 왕은 신하 다윗에게 범죄하지 마옵소서." 그리고 "어찌 까닭 없이 다윗을 죽여 무죄한 피를 흘려 범죄하려 하시나이까?"[17]

비록 왕일지라도 만일 그가 결백한 사람에게 죽음을 가져왔다면 그는 범죄하고 있는 것입니다. 예를 들면 다윗이 그의 왕국을 소유하게 되었고 그리고 결백한 아브넬이 그의 군대장관 요압에 의해서 살해당했다는 것을 들었을 때, 그는 다음과 같이 말했습니다. "넬의 아들 아브넬의 피에 대하여 나와 내 나라는 여호와 앞에 영원히 무죄하니."[18] 그리고 그는 슬퍼하면서 금식하였습니다.

11. 저는 폐하를 부끄럽게 하려고 이것을 쓰는 것이 아닙니다. 그러나 폐하에게 왕실의 예에 의해서 폐하께서 폐하의 왕국으로부터 이 죄를 떠나게 하시도록 설득하고자 합니다. 폐하는 하나님 앞에서 폐하의 영혼을 겸손하게 하는 것으로 그것을 하십시오. 폐하는 인간입니다. 유혹이 폐하께 왔습니다. 그것을 정복하십시오. 죄는 오직 눈물과 회개에 의해서 사해집니다. 천사도 그것을 할 수 없습니다. 천사장도 할 수 없습니다. 만일 우리가 죄를 범하였다면 "너희와 항상 함께 있으리라"[19]고 홀로 말씀

---

15. 삼하 24:17.
16. 욥 31:33, 34.
17. 삼상 19:4, 5.
18. 삼하 3:28.
19. 마 28:20.

하실 수 있는 주님이 회개를 한 사람에게 오직 죄의 사함을 주십니다.[20]

12. 저는 충고를 드리고, 간청을 드리고, 교훈을 드리고 그리고 권고합니다. 저는 전래 없는 경건의 표본이며, 완전한 관용을 베푸셨으며 범죄자들을 위험에 두어서 고통을 주지 않은 폐하께서, 제가 말씀드리건대, 그렇게 많은 결백한 사람들의 죽음에 고통을 느끼지 않으신다는 것이 슬픕니다. 폐하는 전쟁에서 엄청난 승리를 거두셨습니다. 그리고 여러 가지 것으로도 폐하는 찬양을 받으실만합니다. 그러나 경건이 폐하의 모든 공적들 가운데 극치였습니다. 악마가 폐하가 갖고 계신 중요한 탁월함을 시기하였습니다. 악마를 이기십시오. 폐하께서 이길 수단을 가지셨습니다. 많은 사람에게 상처를 입히는 처신을 하는 것에 의해 죄에 죄를 더하지 마십시오.

13. 저로써는, 비록 제가 다른 모든 것에 있어서 폐하의 그 베풀어주신 선하심을 생각하면 저는 결코 배은망덕할 수 없을 만큼 폐하의 선하심에 큰 빛을 졌습니다. 선함에 있어서 폐하는 많은 왕들을 압도하고 있으며 오직 한분[21]과 동등하다고 저는 확신하고 있습니다. 저로써는 폐하를 향해서 불손하기 짝이 없어야 할 이유를 가지고 있지 않습니다. 그러나 두려움 때문에 일련의 이유를 가지고 있습니다. 그리고 저는 감히 만일 폐하가 참석하려고 하신다면 성찬을 베풀지 않을 것입니다. 오직 한 결백한 사람의 피가 뿌려졌을 때 허락되지 않는 것이 많은 사람의 피가 뿌려졌을 때 허락될 수 있겠습니까? 저는 그렇게 생각하지 않습니다.

14. 마침내 저는 직접 오직 폐하만 읽으시기를 바라면서 편지를 쓰고 있습니다.[22] 저는 모든 환난으로부터 저를 구해주시는 하나님을 신뢰할 때, 제가 이것을 하는 것을 금하는 것은 사람에 의해서나 혹은 사람을 통해서가 아니고 그가 직접적으로 하십니다. 저의 염려 안에서 저는 떠나려고 준비하고 있었습니다. 바로 그날 밤 저는 꿈을 꿨는데 폐하께서 교회에 오셨고, 그러나 저는 성찬을 베풀지 않았습니다. 저는 제가 피할 수 있는 것들을 피해갑니다. 그러나 폐하를 사랑하기 때문에 밀고 나갑니다. 주님께서 모든 것을 평화롭게 끝나도록 허락해 주실 겁니다. 우리 하나님께서 우리에

---

20. *Paenitentiam deferentibus.* 우선 회개인데 그러나 암브로시우스는 테오도시우스를 참회하도록 하였다. 「서신」41:12 그리고 각주를 참고하라.

21. 그라티안.

22. 서신은 정말로 비밀이었고, 파울리누스와 초기 교회 사가들에게 알려지지 않았다.

게 하늘로부터의 징조에 의해서,[23] 예언자의 명령에 의해서 이처럼 많은 다른 방법들 안에서 경고하십니다. 심지어 죄인들에게 환상을 주시는 것에 의해서, 그는 우리의 황제인 폐하를 위해 우리에게 소란을 끝내고 평화를 보존하는 것을 그리고 교회를 지키는 것을 그에게 청하도록 가르치셨습니다. 교회의 선함은 황제들이 믿음과 고요함 안에서 기독교인이며 경건해야만 합니다.

15. 의심할 것 없이, 폐하께서는 하나님에 의해서 인정을 받기를 원하십니다. "범사에 기한이 있고"[24]라고 쓰여 있습니다. "지금은 여호와께서 일하실 때니이다"[25]라고 말합니다. "여호와여 나를 반기시는 때"[26]라고 말합니다. 폐하께서 성찬에 참여하시도록 허락을 받으셨을 때, 폐하의 예물이 하나님께 받아들여졌을 때, 폐하는 폐하의 성찬을 만드실 것입니다. 만일 그 경우가 성찬을 허락한다면, 저는 폐하의 호의를 갖는 것을 즐거워하며 그리고 폐하께서 원하시는 것을 하셔야 하지 않겠습니까? 그러나 기도만이 제물입니다. 제물을 바치는 것은 범죄를 야기하는 반면에 기도는 용서를 얻습니다. 기도는 겸손을 보여줍니다. 다른 것은 경멸을 제시합니다. 그는 그에게 희생제물을 바치기보다는 그의 명령을 순종하는 것을 원하신다고 하나님 그 자신이 말씀하셨습니다. 하나님께서 이것을 선포하시며, 모세는 이것을 이스라엘 백성에게 선포하며, 바울은 이것을 열방에 선포합니다. 당신이 본 것을 하십시오. 그것은 더 좋은 것입니다. 당신이 그것을 하는 것이 지금 더 좋습니다. "나는 인애를 원하고 제사를 원하지 아니하며"[27]라고 말씀하셨습니다. 그들의 죄를 책망하는 사람들이 그것을 방어하려고 생각하는 사람들보다 더 진정한 기독교인들이 아니겠습니까? "의로운 사람은 그의 말의 시작에서 자신의 죄를 고발합니다."[28] 그가 죄인일 때, 그 자신을 고발한 그는 올바른 사람이며 그 자신을 찬양한 그는 올바르지 않습니다.

16. 폐하 저는 제가 이것 앞에서 폐하의 마음씨보다 저 자신을 신뢰하기를 바랍니다. 저는 폐하께서 자주 그러셨던 것처럼 얼마나 빨리 용서하시고 얼마나 빨리 폐

---

23. 혜성이 390년 8월 22일에서 9월 17일에 보였다.
24. 전 3:1.
25. 시 119(118):126.
26. 시 69(68):13.
27. 호 6:6; 마 9:13.
28. 잠 18:17.

하의 명령을 취소하실 지를 생각하고 있습니다. 폐하를 기대하고 있으며 그리고 저는 피하지 않는 것이 저의 의무라고 생각하고 있습니다. 그러나 그의 종들을 징벌하소서. 그들을 멸망시키지 않으시는 주님께 감사드립니다. 저는 이것을 지금 예언자들과 함께 나누고 있습니다. 폐하께서 그것을 어느 날 의인들과 함께 나누실 것입니다.

17. 제가 제 자신의 안목보다 그라티안[29]의 아버지의 가치를 평가하지 않을까요? 폐하의 다른 신성한 자손은 저를 용서해야만 합니다. 저는 제가 똑같이 사랑하는 사람들 앞에서 저에게 달콤하게 이름을 부여했습니다. 저는 폐하를 사랑합니다. 저는 깊은 호의 속에 폐하를 생각합니다. 저의 기도 속에 폐하는 계십니다. 만일 폐하께서 저를 신뢰하신다면, 제가 말한 것처럼 하십시오. 만일 폐하께서 저를 믿으신다면 저의 말의 진실을 깨달으십시오. 만일 폐하께서 저를 믿지 않으신다면 하나님을 우선으로 둔 것에 대해서 저를 용서하십시오. 하나님께서 폐하께 모든 행복과 번영으로 축복해주시며 그리고 폐하의 자손들을 축복해주시고 영원한 평화를 누리시기를 기도드립니다.

---

29. 팔랑께와 더든이 베네딕토 편집자들과 함께 추측하는 것처럼 만일 그라티안이 여기에서 황제라면 "아버지"는 이전 황제에 적용된다. 그러나 만일 우리가 테오도시우스가 그의 두 번째 아내인 갈라라에 의해서 그라티안이라고 불리우는 하나의 아들을 가졌다는 이론을 받아들일 수 있다면 우리는 더 나은 의미를 가질 것이다.그 때 암브로시우스는 첫 번째로(antetuli) 아기를 언급하는 것에 대해서 플라킬라의 아들들인 알카디우스와 호노리우스에게 솔직하게 변명한다.

서신 57: 암브로시우스와 에우게니우스

서론

서방에서 발렌티니안의 입지는 고울에 주둔하는 로마 군대의 사령관 프랑크족의 백작 아르보가스트의 지지와 충성 위에 세워졌다. 그들은 불화하게 되었고 젊은 황제는 백작을 해고하려는 헛된 시도를 하면서 테오도시우스에게 도움을 요청했는데 그 때 그 도움은 주어지지 않았다. 암브로시우스가 황제가 그의 궁전에서 죽은 채로 발견되었다는 것을 들었을 때, 그는 발렌티니안을 세례주기 위해서 고울로 가고 있었다. 그 때는 392년 5월 15일이었다. 황제가 살해되었는지 자살인지 지금 우리는 알지 못한다. 일단 테오도시우스가 그의 정책을 표명하지 않았기 때문에, 암브로시우스는 아르보가스트에 대해서 아무 것도 하지 않았으며, 8월에 이교도로서 황제의 보좌에 대한 희망을 가질 수 없는 장군이 에우게니우스를 권좌에 세웠으며, 테오도시우스가 그를 그의 합법적인 동료로서 인정했는지에 대해서는 역시 확실하지 않다. 그래서 암브로시우스는 에우게니우스가 서방 수도의 감독으로부터 승인을 얻으려고 보낸 두 서신에 대해서 대답하지 않았다.

393년 초에 테오도시우스가 에우게니우스와 결별하고자 했던 것은 명백하였다. 따라서 에우게니우스는 도움을 위해서 이교도 무리들 편에 서게 되었으며 아르보가스트와 함께 그를 반대하지 않은 이탈리아에 들어왔다. 암브로시우스는 밀란을 떠나는 것에 의해서 그를 회피했다. 「서신」 57은 그를 적어도 사실상의 황제로서 취급하고 있으며 그가 이교주의를 허용한 것에 대해서 비난하고 있다. 그리고 말을 하고 있지는 않지만 그를 파문하였다. 다시 한번 조치들을 위한 영적인 제재를 사용하였는데, 조치들을 암브로시우스는 종교의 관점으로부터 보고 있으며 그리고 감독의 원칙적 권위 아래 있는 것으로 취급하였을 뿐 아니라, 국가의 법령 안에서 취급하고 있는데, 이 법령에 의해 하나의 사례가 이루어졌다.

「서신」 17에 대한 서론은 현재의 서신 안에서 많은 세부적인 사항을 설명하는데 도움이 될 것이다. 에우게니우스가 밀란에 있는 동안에 거기에 있는 교회적 상황은 매우 어려웠음이 틀림없는데 왜냐하면 성직자는 그에게 성찬에 참여하도록 허락하지 않았기 때문이다. 암브로시우스는 거의 플로렌스에 있었다. 테오도시우스와 에우게니우스 사이의 결정적인 균열이 394년 9월 5일과 6일 줄리앙 알프스에서 일어났다. 테오도시우스는 홀리기두스 강에서 승리하였고 이교주의의 부활에 종말을 가져왔다. 그 이후에 암브로시우스는 테오도시우스에게 그가 기독교인 황제의 성공을 비관적으로 생각했기 때문에 그가 밀란으로부터 철수하지 않은 것이 아니라 신을 모독하는 에우게니우스를 피하기 위한 것이었다고 확신시킬 필요가 있다는 것을 알았다. 그는 에우게니우스가 도시를 떠나자마자 8월 1일에 돌아왔다.

본문

감독 암브로시우스가 은혜로우신 황제 에우게니우스께

1. 제가 떠난 것은 하나님을 두려워하기 때문이었습니다. 저는 저의 모든 행동을

하나님께서 원하시는 대로 하고자 애쓰고 있습니다. 그리스도로부터 저의 마음을 떠나게 하거나 혹은 그에 대한 호의보다 사람의 호의를 더욱 가치 있는 것으로 생각하는 것은 결코 저의 길이 아닙니다. 저는 제가 모든 것보다 하나님을 선택했을 때, 어떠한 사람에게도 부당하게 하지 않았습니다. 그리고 그를 신뢰하면서 저는 황제들께 저의 능력의 최선에서 제가 옳다고 생각하는 것을 말하기를 두려워하지 않습니다. 그래서 저는 가장 은혜로우신 황제이신 폐하께 제가 폐하 앞에서 황제들에게 말해야 하는 것을 억제하지 않는다는 것을 저는 감히 말합니다. 사건의 순서를 지키기 위해서 저는 간결하게 사건에 관련된 것에 대해서 고찰하고자 합니다.

2. 가장 존경받는 심마쿠스가 로마의 원로원일 때, 그는 황제 발렌티니안 2세에게 *Memorial*을 보내어 신전에 대한 몰수된 예산을 회복시켜줄 것을 요청했습니다. 그는 그 자신의 감정과 종교에 따라서 그의 의무를 행했습니다. 감독으로서 저의 의무를 고려하는 것이 저로서는 마땅한 것입니다. 저는 황제에게 두 통의 탄원서를 제출했습니다. 그 탄원서에서 저는 기독교인은 이교 예배를 위한 예산을 반환할 수 없다고 지적했습니다. 저는 제가 비록 그들이 법령으로 정해져서는 안 된다고 제안한다 할지라도 그들의 몰수된 것에 대한 책임을 질 수는 없다고 말했습니다. 저는 그 사람들이 그가 그들을 우상들에게 주는 것으로 생각하며 그들을 회복시키는 것으로 생각하지 않는다고 덧붙였습니다. 그는 정말로 그가 개인적으로 없애지 않은 것을 회복시킬 수 없습니다. 보다 그는 미신에 비용을 지불하기 위해서 자금을 만들어야 하는 동기를 가지고 있습니다. 마침내 만일 그가 그것을 강행했다면, 그는 교회에 오지 말아야 하며 만일 그가 왔다면 그는 거기에서 감독을 발견하지 못하며, 또 그는 교회에 그가 들어오지 못하도록 제지하는 사람들을 만날 것입니다. 저는 그에게 그가 오직 세례 예비자라는 근거 위에서 변명할 수 없다고 말했습니다. 왜냐하면 심지어 세례 예비자일지라도 우상을 위해서 자금을 제공하는 것은 허락되지 않기 때문입니다.

3. 저의 탄원서는 종교법정에서 읽혀졌습니다. 가장 존경을 받는 백작 바우토는 *Magister Militum* 직무를 갖고 있는데 그 자리에 참석했습니다. 그리고 같은 지위에 있는 루모리두스도 있었는데 그는 그의 유년 시절부터 이교 예배의 추종자입니다. 그때 발렌티니안은 저의 권면을 경청했고 우리 신앙의 필연적인 요구에 반대되는 것을

아무 것도 하지 않았습니다. 백작들 역시 그들의 황제에 찬성했습니다.[1]

4. 후에 저는 테오도시우스 황제께 구두로 저의 생각을 말씀드렸습니다. 얼굴과 얼굴을 맞이하면서 그에게 주저 없이 말씀드렸습니다. 그가 원로원(비록 요청이 전 원로원으로부터 온 것은 아닐지라도)으로부터 온 대표단들에 대해서 알았을 때, 그는 마침내 사건에 대한 저의 설명에 찬성하였고 그 다음에 며칠 동안 저는 그를 보러 가지 않았습니다. 그는 이것을 나쁘게 취급하지 않았는데 왜냐하면 저는 저 자신의 유익을 추구한 것이 아니라 그의 유익과 그리고 저 자신의 영혼의 유익을 추구하였기 때문입니다. "또 왕들 앞에서 주의 교훈들을 말할 때에 수치를 당하지 아니하겠사오며."[2]

5. 원로원으로부터 발렌티니안 왕세자가 고울에 있을 때, 두 번째 대표단이 왔는데, 그들은 그로부터 어떤 것을 얻어내는데 실패했습니다. 저는 거기에 없었습니다. 그리고 그에게 그 상황에 대해서 서신을 보내지 아니하였습니다.

6. 언젠가 폐하께서 통치하신 이래 우리는 국가예산이 지속적으로 공적 생활에서 진정으로 탁월한 사람들이지만 그러나 종교에 의해서 이교도인 사람들에게 지불되고 있다는 것을 알았습니다. 그리고 그것은 폐하께서 그들에게 신전을 회복시키도록 하시는 것이 아니라 폐하에 대해서 매우 가치 있는 사람들에게 수여하신 것이라고 말할 수 있습니다. 그러나 폐하께서는 하나님의 진노가 우리들에게 한결같이 행동하는 것을 요구하신다는 것을 알아야 합니다. 자유에 대한 이유 안에서 감독뿐만 아니라 폐하의 직무에 종사하고 있는 사람들과 그리고 그 지역에 살고 있는 일반적인 거주자들에 의해서 자유에 대한 이유에서 자주 행해졌던 것입니다. 폐하께서 황제가 되셨을 때, 대표단들은 폐하께 신전의 예산을 회복해 주시기를 청했습니다. 폐하는 그렇게 하지 않았습니다. 두 번째 다른 사람들이 같은 요청을 하였습니다. 폐하는 거절하셨습니다. 그리고 후에 폐하는 이전에 탄원을 했었던 바로 그 사람들에게 주는 것이 옳다고 생각하셨습니다!

7. 황제의 권력은 진정으로 위대합니다. 그러나 폐하께서는 하나님이 얼마나 위대

---

1. 베네딕토 본문은 *adquieverunt etiam comiti suo*가지고 있는데 이것은 터무니없는 것이다. 팔랑꿰는 제크의 판독 *comites duo*를 따른다. 위제스는 여기에서 *duo*는 일상적이지 않은 라틴어라고 느끼면서 *dno*, 즉 바꿔 발하면 *domino*를 제시하며 팔랑꿰는 위제스의 책을 검토하고 이 견해를 받아들였다.

2. 시 119(118):46.

하신가를 생각하셔야 합니다. 그는 모든 사람의 마음을 관찰하시고 그는 깊은 내적인 양심에 대해서 질문을 하시며 "만물은 창조되기 전에 그분에게 알려졌습니다."[3] 그리고 그는 폐하의 가슴 속에 있는 비밀도 아십니다. 폐하는 어떤 사람도 폐하를 속이는 것을 허락하지 않으십니다. 그런데 폐하는 하나님으로부터 어떤 것을 숨기시기를 기대하십니까? 그것은 폐하의 마음에 들어갈 수 없습니다. 왜냐하면 그들은 완고하게 탄원으로 졸라댑니다. 그러나 그것은 폐하의 의무가 아닙니다. 폐하는 가장 높으시고 진실하시며 살아계신 하나님을 위한 존경으로부터 더욱 완고하게 그들을 물리쳐야 하며 하나님의 율법에 경멸적인 것은 거절해야 하시지 않겠습니까?

8. 누가 폐하께서 다른 사람에게 폐하가 바라는 것을 주는 것을 시기하겠습니까? 저희들은 폐하의 관용을 엿보지 않습니다. 저희들은 다른 사람들이 그들의 유익을 갖는 것을 시기하지 않습니다. 그러나 저희들은 믿음의 해석자들입니다. 어떻게 폐하께서 그리스도께 폐하의 선물을 드릴 수 있겠습니까? 거의 사람들이 폐하의 행동을 판단하지 않을 것입니다. 모든 사람들은 폐하의 의도를 판단할 것입니다. 그들이 한 것이 무엇이든지 폐하의 탓으로 돌려질 것입니다. 그들이 하지 않은 것이 무엇이든지 그들 자신의 탓으로 돌려질 것입니다. 진정으로 폐하는 황제이십니다. 그래서 오히려 더 폐하는 폐하 자신을 하나님께 순종해야 합니다. 어떻게 그리스도의 감독들이 폐하의 선행을 시행하겠습니까?

9. 옛날에 이러한 종류의 쟁점이 있었습니다. 그러나 심지어 박해도 우리 선조들의 신앙에 굴복했으며 이교 신앙은 포기되었습니다.[4] 왜냐하면 "매 5년마다 오는 어떤 경기들이 띠레에서 진행되었습니다." 그리고 안디옥의 왕이 경기를 보기 위해서 왔습니다. 야손은 예루살렘의 안디옥 사람으로서 신전을 관리하는 자에게 300은화를 취하도록 명령했고 그들에게 헤르쿨레스에게 희생제물을 드리도록 명령하였습니다. 그러나 우리의 선조들은 이교도에게 돈을 주지 않았습니다. 그들은 믿음의 사람들을 신들에게 희생제물을 위해서 돈을 내서는 안된다는 것을 단언하기 위해서 보냈

---

3. 집회서 23:20.

4. 마카베오하 4:18-20, *rex sceleratissimus*를 운율로부터 판단하면서, 암브로시우스는 "비열한" 야손으로부터 안티오커스에게 전달했다. 나는 안티오커스 사람들에게 두 드라크마를 물려주었다고 주장하는 위제스의 견해를 따르지 않는다. 그러나 나는 서투른 라틴어가 본래의 의미를 보존하고 있다고 생각하였다. 9절은 왜 그들이 예루살렘의 안티오커스들인지를 설명한다.

습니다. 이교 신들은 이것에 적합하지 않습니다. 그러나 다른 비용을 위해서는 주어질 수 있다고 하였습니다. 그리고 그가 돈이 헤르쿨레스의 희생제물을 위해서 보내졌다고 말했을 때, 그것은 그것이 보내진 목적을 위해서 사용되어야 한다고 선포되었습니다. 그러나 그것을 가져온 사람들이 그들 자신의 감정과 그들 자신의 종교에 따라서 대답했을 때, 따라서 그것은 희생제물을 위해서 가능하지 않고 그러나 다른 필요한 것들을 위해서 가능하다고 대답했을 때, 돈은 배를 짓는데 양도되었습니다. 비록 그들이 강요에 의해서 돈을 보냈지만 그것은 희생제를 위해서 사용되지 않고 그러나 다른 국가의 경비를 위해서 사용되었습니다.

10. 물론 그것을 가져온 사람들은 아무 것도 말할 수 없었습니다. 그러나 그들의 신앙에 해를 주었는데 왜냐하면 그들은 어떤 목적을 위해서 그것이 주어졌는지 알았기 때문입니다. 그래서 그들은 하나님을 두려워하는 사람들을 보내서 보내주었던 예산이 신전에 할당되어서는 안되며 그러나 배를 위해서 지불되어야 한다는 것을 확실하게 하였습니다. 그들은 거룩한 율법의 근거로 그들에게 돈을 위탁하였습니다. 결과는 심판이었습니다. 그리고 이것은 그들을 결백한 것으로 선언하였습니다. 만일 다른 사람의 권력 안에 있는 사람들이 그와 같은 사전 대책을 간구했다면, 폐하, 거기에는 의심할 것 없이 폐하의 의무가 있습니다. 폐하는 어떤 강요 밑에도 있지 않습니다. 폐하는 어떤 사람의 권력 밑에도 있지 않습니다. 폐하는 감독의 충고를 받아들이셔야 합니다.

11. 저로써는 비록 제가 저항하는 유일한 사람일지라도 저는 저항을 원하며 권유하는 유일한 사람은 아닙니다. 그러므로 저는 하나님 앞에서 그리고 모든 사람 앞에서 저의 말에 의해 결박될 것이며 저는 제가 제 자신의 유익을 고려하기보다는 어떤 다른 선택도 갖고 있지 않고 그리고 다른 의무도 갖고 있지 않다는 것을 보여주기 위해서 왔습니다. 왜냐하면 저는 정직하게 말씀드리면 폐하께 양보할 수 없기 때문입니다. 저는 오랫동안 저의 슬픔을 억제하고 그것을 감추었습니다. 어떤 사람에게 아무 것도 말하지 않는 것이 옳다고 생각했기 때문입니다. 그러나 지금 저는 숨길 수 없으며 한가로이 침묵하고 있을 수 없습니다. 폐하께서 저에게 폐하의 통치 초기에 편지를 쓰셨을 때 저는 대답하지 않았는데 왜냐하면 저는 이와 같은 일이 일어날 것이라는 예감이 있었기 때문입니다. 제가 대답하지 않았을 때, 폐하는 답변을 요청하였습

니다. 저는 다음과 같이 말했습니다. "이것에 대한 이유는 제가 그것이 그로부터 강요될 것이라고 생각한다는 것이었습니다."

12. 그러나 그들의 운명에 대해서 불안해하는 사람들을 대신해서 저의 직무를 행사해야하는 특정한 경우가 일어났을 때, 저는 그들을 위해 편지를 썼으며 중재하였습니다.[5] 저는 하나님을 위해서 제가 적당한 공포를 느끼며 저의 영혼의 선함을 넘어서서 아첨하지 않으며 탄원서가 폐하께 정확하게 제출된 경우에서 저 역시 당신의 권위에 존경을 보이는 것을 보여주려고 합니다. 왜냐하면 다음과 같이 써진 문구가 있습니다. "명예로운 사람에게 명예를, 선물을 주는 자에게 선물을." 제가 진심으로 시민들에게 경의를 표했다면, 어떻게 제가 황제께 경의를 표하지 않을 수 있겠습니까? 그러나 폐하께서 폐하 자신에 대한 경의를 표하기를 바라셨기 때문에, 저에게 폐하께서 폐하의 왕국의 입안자라고 생각되기를 바라는 그에게 경의를 표하게 허락해주십시오.

---

5. 암브로시우스가 감독의 중재(*intercessio*)권을 사용한 것에 대해 「서신」 40:25의 각주를 참고하라.

PART III
AMBROSE

서신 63: 베르켈레에서의 감독 선출

서론

이 서신은 암브로시우스의 가장 긴 서신이며 그의 마지막 서신이기도 한 것으로 396년 대주교 자리가 공석일 때, 베르켈레에 있는 기독교인들에게 쓰여진 것이다. 베르켈레는 밀란의 서쪽 지역으로, 밀란으로부터 45마일 떨어져 있다. 345년에서 350년까지 베르켈레는 밀란의 관구에 속해 있었다. 그런데 북쪽과 서쪽에 정확한 경계선을 가지고 있지 않았다. 그곳의 첫 번째 감독이 사르디니안인 에우세비오스였다. 그가 감독으로 선출되었을 때, 그는 로마에서 성서 낭독자였다. 그런데 새로운 관구의 감독으로 선출되었다. 그는 그 시대의 탁월한 감독들 중 하나였다. 그는 니케아 신조에 신실하였으며, 그는 355년에 밀란 회의에서 콘스탄티우스를 저지하였고 감독이 아리우스주의자인 팔레스틴에 있는 스키소폴리스로 유배당했다. 율리아누스가 선포한 관용의 칙령 아래 그는 유배로부터 돌아올 수 있었으며 362년에 알렉산드리아 회의에서 아타나시우스에 속해있었으며 그들의 분열을 종식시키기 위해서 안디옥에 보내졌다. 그러나 폴리누스를 안디옥의 감독으로 선출하였던 가글리아리의 루시퍼(밀란에 있는 그

318

의 동료 고백자)가 선수를 쳤으며 기선을 제압하였다. 베르켈레에서 그는 수도주의적 규칙 아래서 그의 성직자가 함께 사는 것에 대한 실천을 소개하였다.

유배지로부터 에우세비오스에 의해서 쓰인 한 서신이 우리에게 그의 관구에 대해서 많은 것을 알려주었다. 베르켈레에 앞서서 밀란 관구의 *fortiori*는 그것으로부터 빠졌다. 그것은 네 개의 도시들, 베르켈레, 노바라, 히포 레기아(에포레디아) 그리고 데르토나에 있는 그의 회중들에게 전달되었다. 북이탈리아를 교구화하는 것이 4세기 중반에 활발하게 이루어졌다. 이때 암브로시우스는 「서신」 63을 썼는데 데르토나는 확실하게 그리고 에포레디아는 거의 독립된 관구였다. 암브로시우스는 노바라에 감독을 세우려고 의도했다. 그러나 이것은 사실 그의 후임자에 의해서 이루어졌다.

에우세비오스는 370년경에 죽었고 리메니우스가 후임자가 되었는데, 그는 381년 아킬레이아 회의에 참석했었다. 6세기까지 그는 성인으로서 존경을 받았다. 그러나 현재의 편지 안에서 아낌없이 에우세비오스에 대해서 칭송하면서 그의 후임자에 대해서는 아무 것도 말하고 있지 않은 것에 주목해야 한다.

리메니우스의 죽음 이후에 그 감독직은 오랫동안 비어있었다. 사람들은 후임자를 결정할 수 없었다. 대주교로서 암브로시우스는 현재의 서신과 함께 관여하였다. 관구를 분할하는 것은 비록 이것에 대해서 증거는 없을지라도 일련의 어려움을 야기하였다고 할 수 있다. 리메니우스는 어느 정도 분열을 일으킨 것에 대해서 책임이 있다고 볼 수 있는데, 왜냐하면 그는 암브로시우스에 의해서 추천받은 사람이 아니었기 때문이다. 그러나 논쟁에 가장 중요한 원인은 분명하며 조비니안에 대한 소문들이 있다.

조비니안은 일단 밀란의 담 밖에 있는 암브로시우스의 수도원에 있는 한 수도승이었으며, 그는 금욕주의에 반대하였으며 로마에 가서 그리고 단순하게 독신과 금욕의 실행을 공격한 것이 아니라 이러한 상태들과 그들 자신의 미덕이 천국에서 더 높은 보상을 얻는다는 널리 퍼져있는 개념을 공격하기를 시작하였다. 그는 마리아의 영원한 동정녀성을 거부하는 것에 의해서 그 자신의 위치를 더욱 위태한 것으로 만들었다. 그는 392년에 교황 실키우스에 의해서 파문당하였고 밀란으로 갔는데 실키우스로부터 북쪽에 있는 감독들에게 보내진 한 서신에는 그를 대항하도록 경고하였다. 따라서 그는 묘하게 마니교도로서 밀란 회의에 의해 정죄받았고(암브로시우스는 「서신」 42에서 상세하게 설명하고 있다) 그리고 동시에 히에로니무스의 *Adversis Jovinianum*에서 공격을 받았다. 이 책에 의하면 히에로니무스는 그를 가장 심하게 공격했다. 조비니안은 밀란으로부터 축출되었고 그 이후에는 더 이상 그에 대해서 듣지 못했다. 그러나 그의 두 명의 제자인 사르마티오와 바르바띠아누스 역시 전직 수도승들인데 베르켈레에서 활동했던 것으로 밝혀졌다. 이곳에서 그들은 상당한 지지를 얻었던 것처럼 보인다. 비록 거기에 어떤 증거가 없을지라도 리멘티우스가 그들에게 용기를 준 것으로 추측될 수 있다. 불화를 일으키는 쟁점들 중의 하나가 성직자는 수도주의의 규범 아래 살아야 한다는 것이었든 혹은 아니었든 그것 역시 분열의 쟁점 중의 하나로 추론될 수 있다. 물론 그것은 베르켈레의 게으르며 부유한 평신도들이 항상 그들에게 금식하고 가난하고 독신주의를 권면하는 감독을 원하지 않았다는 것일 수 있다. 반면에 다른 사람들은 이러한 이상을 좋아하였다.

암브로시우스는 하나의 수도원을 세웠고 그리고 다수의 금욕주의적인 저술을 하였는데 그는 자연스럽게 조비니아누스의 흔적들을 열정적으로 지웠다. 그리고 베르켈레의 성직자가 지금까지 혹은 다시 수도주의적 규율 아래 살아야한다고 보았다. 에우세비오스에 대한 그의 찬양은 이러한 의도 안에서 이해되어져야함이 틀림없다. 암브로시우스는 그들에게 단순하게 다음과 같이 말하지 않았다. "당신들은 한때 한 좋은 감독을 가졌다. 다른 감독을 찾을 것을 확신한다." 게다가 비록 서신의 많은 부분들이 첫눈에 어떤 감독이 어떤 회중들에게 줄 수 있는 것과 같은 기본적인 도덕적 가르침을 이루고 있다 할지라도, 그것의 대부분은 직접적으로 사람들을 분열시키고 있는 문제를 가지고 있다. 서신은 이 시기에 평신도가 그들의 감독을 선택하는 것에 있어서 얼마나 큰 역할을 할 수 있는지를 그리고 신적 승인의 징조로서 만장일치나 혹은 실제적인 동의에 의해 얼마나 많은 것이 세워졌는지를 보여주는 것에 또한 흥미가 있다. 후보자는 성직자와 회중에 의해서 선출된 후에, 그는 대주교에 의해서 승인되어져야 하며 지역의 감독들에 의해서 성직에 임명되어야 한다. 그래서 지역에 대한 지식은 보다 넓은 시야와 경험과 어우러져 있다.

서신은 분쟁을 종식시키는데 성공적이지 않았다. 그리고 암브로시우스는 그가 베르켈레로 가야 한다는 것이 필연적인 것을 알았다. 마침내 호노라투스가 임명되었는데 그는 에우세비오스가 유배되었을 때 그와 함께 있던 장로이며 추측컨대 그의 생각을 공유하고 있었다. 그에게 397년 4월 4일 암브로시우스에게 마지막 예식을 베풀어야하는 슬픈 의무가 부여되었다.

본문

하나님의 종이며 감독인 암브로시우스가 베르켈레에 있는 교회와 우리 주 예수 그리스도의 이름을 부르는 사람들에게: 하나님의 은혜가 하나님 아버지와 그리고 성령 안에 있는 그의 독생자 아들로부터 여러분에게 임하기를 기도합니다.

1. 저는 여러분들이 속해 있는 주님의 교회가 지금껏 감독이 부재중이며 그리고 지금 니굴리아, 아이밀리아, 베네티아 그리고 이탈리아의 인근 지역들 안에서 유일하게 성무일과가 없다는 것이 저를 아주 지치게 합니다. 다른 교회들이 그렇게 자주 그것으로부터 얻으려고 애쓰고 있습니다. 그리고 저는 여러분들 사이의 싸움이 그것은 장애물인데 저의 탓으로 돌려진다는 것을 안다는 게 참 염려스럽습니다. 여러분들이 나뉘는 동안에 제가 무엇을 결정할 수 있겠습니까? 어떻게 여러분들이 어떤 사람을 선출할 수 있겠습니까? 심지어 연합되어 있을 때에도 짊어지기 쉽지 않은 그 짐을 분열된 사람들과 함께 그 자신 위에 부과될 때 어떤 사람이 어떻게 받아들일 수 있겠습니까?

2. 고백자의 가르침이 이것에 도달한 것입니까? 그들 자신의 사람들을 접어두고 그들이 그를 보았던 순간 그를 찬성함으로서 비록 에우세비오스가 그들에게 아주 생소할지라도 이 사람들이 첫눈에 거룩한 에우세비오스를 찬성한 의로운 아버지들의 아들들입니까? 전체 교회가 그를 그렇게 위대한 사람이라고 판명한 것은 놀랍지 않습니까! 만장일치를 요청할 때, 분열된 지역에서 신적 섭리에 의해 그가 선출되었다는 것을 믿을 수 없습니다! 여러분은 여러분들 선조들의 예를 따르셔야 합니다. 참으로 여러분은 여러분들을 교육한 스승의 뛰어남에 준해서 마땅히 그들을 능가해야 합

니다. 왜냐하면 여러분들은 거룩한 고백자에 의해서 가르침을 받았기 때문입니다. 여러분은 마땅히 하나의 감독을 선택하는 것에 있어서 여러분들의 동의에 의해 여러분의 온유와 하나됨에 대한 증거를 제시해야 합니다.

3. 주님은 우리들에게 말씀하셨습니다. "만일 두 사람이 땅에서 합심하여 무엇이든지 구하면 하늘에 계신 내 아버지께서 그들을 위하여 이루게 하시리라. 두세 사람이 내 이름으로 모인 곳에는 나도 그들 중에 있느니라."[1] 그러므로 전 회중이 주님의 이름으로 함께 모였을 때, 그리고 모든 사람이 같은 사람을 요청했을 때, 주 예수 그리스도가 그들과 함께 하셔서 그들의 의지를 촉진하고 그들이 청하는 것을 결정하시고 안수를 주재하고 은혜를 수여하셨다는 것을 의심하는 것은 확실히 잘못된 것입니다.

4. 그러므로 여러분들은 여러분들의 중심에 그리스도를 가지소서. 가치 있는 자들이 되십시오.

[암브로시우스는 지금 베르켈레에서 일어난 불화의 원인을 찾고 있다. 그들 가운데 중요 인물은 조비니안의 두 명의 추종자들로, 수도주의와 금욕주의적인 이상에 대한 엄격한 비판자들이다. 암브로시우스는 그러므로 금식과 절제와 그리고 어느 정도 독신주의를 찬양했다. 이 마지막 주제는 그를 "흠이 없는 처녀"인 교회로 돌아가도록 인도했다. 그리고 감독 선출에 관여했다.]

46. 우리의 행동들 모두가 숨겨진 악으로부터 자유로워져야 하는 동안에, 이것은 특별히 감독의 선출의 경우입니다. 왜냐하면 감독의 삶은 모든 그의 회중들의 귀감이 되어야하기 때문입니다. 모든 사람에 의해서 선출되고 모든 불화를 치유하는 사람을 그의 모든 동료들보다 좋아한다면, 조용하고 평화로운 판단이 요청됩니다. "온유한 사람은 마음의 의사이다."[2] 복음서에서 주님은 그 자신을 다음과 같이 말씀하시면서 마음의 의사라고 선포하십니다. "건강한 자에게는 의사가 쓸 데 없고 병든 자에게라야 쓸 데 있느니라."[3]

47. 그는 좋은 의사로 우리의 질환을 떠맡으시고 그리고 우리의 병을 치료해 주심

---

1. 마 18:19, 20.
2. 잠 14:30.*
3. 마 9:12.

---

* 본문과 다름.

니다. 성서에 다음과 같이 써있습니다. "또한 이와 같이 그리스도께서 대제사장 되심도 스스로 영광을 취하심이 아니요 오직 말씀하신 이가 그에게 이르시되 너는 내 아들이니 내가 오늘 너를 낳았다 하셨고 또한 이와 같이 다른 데서 말씀하시되 네가 영원히 멜기세덱의 반차를 따르는 제사장이라 하셨으니."[4] 그는 (왜냐하면 그는 모든 제사장들의 유형이어야 했기 때문이다) 육체를 취하셔서, "그는 육체에 계실 때에 자기를 죽음에서 능히 구원하실 이에게 심한 통곡과 눈물로 간구와 소원을 올렸고 그의 경건하심으로 말미암아 들으심을 얻었느니라. 그가 아들이시면서도 받으신 고난으로 순종함을 배워서 온전하게 되셨은즉 자기에게 순종하는 모든 자에게 영원한 구원의 근원이 되셨다."[5] 그런 다음, 그 자신을 완전하게 한 것으로서 그의 고통을 완성하시고, 그는 모두에게 건강을 주셨고 모두의 죄를 사하셨습니다.

48. 그는 스스로 아론을 대제사장[6]으로 선출하여서 하나님의 은혜가 인간의 야심보다 더 무게를 가질 수 있다는 것을 보여주었습니다. 어떠한 사람도 그 자신을 맨 앞에서 놓아서는 안 됩니다. 어떠한 사람도 그것을 그 자신 위에 부어서는 안 됩니다. 그것은 위로부터의 부르심입니다. "그가 예물과 속죄하는 제사를 드리게 하나니 그가 무식하고 미혹된 자를 능히 용납할 수 있는 것은 자기도 연약에 휩싸여 있음이라."[7] "이 존귀는 아무도 스스로 취하지 못하고 오직 아론과 같이 하나님의 부르심을 받은 자라야 할 것이니라."[8] 그래서 그리스도 역시 제사장직을 요구하지 않으셨으며, 그러나 그것을 받으셨습니다.

49. 아론으로부터의 세습적 계승이 의로움 안에서보다 출생에 의해 상속자를 가질 때, 구약성서에서 우리가 읽은 멜기세덱의 유형 이후에 진정한 멜기세덱, 진정한 평화의 왕, 진정한 의의 왕(즉 이름이 의미하는 것)이 왔습니다. "아버지도 없고 어머니도 없고 족보도 없고 시작한 날도 없고 생명의 끝도 없어."[9] 이것은 하나님의 아들에 대해 말하는 것입니다. 그는 그의 신적 세대 안에서 어머니를 알지 못하며, 동정녀 마리아

---

4. 히 5:5, 6.
5. 히 5:7-9.
6. 참고 민 17:8.
7. 히 5:1, 2.
8. 히 5:4.
9. 창 14:18-20; 히 7:1-3.

로부터 그의 출생 안에서 아버지를 알지 못합니다. 그는 이 세계 이전에 홀로 아버지로부터 태어났으며 이 세상 안에서 홀로 동정녀로부터 비롯되었습니다. 그래서 시작한 날도 없는데, 왜냐하면 그는 시작 안에 있기 때문입니다.[10] 어떻게 모든 것의 생명의 저자이신 그가 생명의 끝을 가질 수 있습니까? 그는 모든 것의 "알파와 오메가"이십니다.[11] 그러나 이 구절은 역시 우리에게 감독이[12] 마땅히 아버지 없이 어머니 없이 있어야 하는 것인데 그가 고귀한 출생을 위해서 선택받았다는 것이 아니라 그가 도덕적인 명성과 뛰어난 덕목의 사람이라는 점에서입니다.

50. 그는 믿음을 가져야만 하며 안정된 성품을 가져야 하고 다른 하나 없이 하나라는 것이 아니라 한 사람 안에 두 가지가 있는 것이며 좋은 행위와 함께하는 것입니다. 사도 바울은 우리가 "믿음과 오래 참음으로 말미암아 아브라함의 약속들을 기업으로 받는 자"[13]를 닮는 자가 되기를 원했습니다. 아브라함은 인내에 의해서 그에게 약속된 축복의 은총을 받고 유업으로 얻을만한 가치가 있는 자로 여겨졌습니다. 예언자 다윗은 아론을 주님의 의인들 가운데 하나의 예로서 우리 앞에 놓고 우리들에게 거룩한 아론을 본받으라고 권고합니다. "그의 제사장들 중에는 모세와 아론이 있고 그의 이름을 부르는 자들 중에는 사무엘이 있도다."[14]

51. 아론은 진실로 본받아야 하는 하나의 모범으로서 모든 사람 앞에 세우기에 적합한 사람입니다. 반역의 결과로 무서운 죽음이 사람들 가운데 퍼지고 있을 때, 그는 죽음을 멈추기 위해 그 자신을 사는 자와 죽어가는 자 사이에 던지는 것으로 인해 더 이상 아무도 멸망하지 않았습니다.[15] 진정으로 그는 선한 목자로서 주님의 무리들을 위해 신실한 사랑 안에서 그 자신을 내어주는 가슴과 마음을 가진 감독[16]이었습니다. 죽음의 줄을 끊고 그것의 공격을 중지시켰으며 그것이 통과하는 것을 거절했습니다. 그의 충성심은 그의 덕을 더욱 증대시켰는데 왜냐하면 그는 그 자신을 그에게 저

---

10. 요 1:1.

11. 계 1:8.

12. *Sacerdos*.

13. 히 6:12-15.

14. 시 99(98):6.

15. 민 16:48. 죽음(*mors*)에 대해 불가타는 *plaga*, A.V는 *plague*를 갖는다. LXX는 *thrausis*,로 깨거나 혹은 부수는 뜻을 가지며 암브로시우스는 이것을 따르지 않았다. 「서신」 51:8과 주석을 참고하라.

16. *Sacerdotalis*.

항했었던 사람들을 위해서 내어주었기 때문입니다.

52. 그러므로 반대자들에게 하나님의 노여움을 두려워하며 그의 성직자들과 평화 안에 있어야 한다는 것을 배우도록 해야 합니다. 다단, 아비람, 그리고 고라가 그들의 반대 때문에 지진에 의해서 삼켜지지 않았습니까?[17] 고라, 다단 그리고 아비람이 이백 오십명의 사람들을 선동하여서 그들을 모세와 아론으로부터 갈라놓았을 때, 그들은 그들에 대항해서 일어났으며 그리고 말하였습니다. "너희가 분수에 지나도다 회중이 다 각각 거룩하고 여호와께서도 그들 중에 계시거늘 너희가 어찌하여 여호와의 총회 위에 스스로 높이느냐"[18]

53. 이 때, 주께서 진노하셨으며 전 회중에게 말씀하셨습니다. 주께서는 누가 그의 편인지 아셨으며 그의 거룩한 백성들을 그에게 가까이 가져오셨습니다. 그가 선택하지 않은 사람들은 그에게 가까이 가져오지 않으셨습니다. 그리고 주께서 하나님의 제사장들인 모세와 아론에 대항해서 고라와 그리고 그와 함께 일어났던 모든 사람들에게 향로를 취하게 하시고 그들 위에 향을 놓아서 주께서 선택하신 그는 주님의 레위 백성들 가운데서 거룩한 자로 세워질 수 있었습니다.

54. 그리고 모세는 고라에게 이야기했습니다. "너희 레위 자손들아 들으라. 이스라엘의 하나님이 이스라엘 회중에서 너희를 구별하여 자기에게 가까이 하게 하사 여호와의 성막에서 봉사하게 하시며 회중 앞에 서서 그들을 대신하여 섬기게 하심이 너희에게 작은 일이겠느냐. 하나님이 너와 네 모든 형제 레위 자손으로 너와 함께 가까이 오게 하셨거늘 너희가 오히려 제사장의 직분을 구하느냐. 이를 위하여 너와 너의 무리가 다 모여서 여호와를 거스르는도다. 아론이 어떠한 사람이기에 너희가 그를 원망하느냐."[19]

55. 그러므로 그들이 범죄의 원인을 생각했을 때, 즉 그것에 대해서 가치 없는 사람이 제사장의 직책을 유지하기 원했으며 그러므로 불화를 야기했습니다. 하나님에 대해서 불평하고 제사장의 선택에 있어서 그의 판단을 책망했을 때, 전 백성이 엄청

---

17. 민수기 16장에 나오는 고라의 이야기는 교부들에 의해서 권위에 대한 분열, 당파, 그리고 불복종에 경고하는 자료로서 생생하게 사용되었다. 키프리아누스는 그것을 자주 이용하였다. 예를 들면 「서신」 73:8.

18. 민 16:3.

19. 민 16:8-11.

난 공포에 휩싸였으며 징벌의 불안이 그들을 압도하였습니다. 그러나 그들 모두가 하나님께 애원해서 거만한 소수 외에는 모두가 죽지 않을 수 있었을 때, 죄가 지워졌으며 250명의 사람들과 그들의 지도자들은 무리로부터 분리되었고 거기에는 포효하는 소리가 들렸으며 땅이 사람들 가운데 산산이 갈라져서 깊은 구멍이 열리고 범죄자들은 그 속으로 떨어졌습니다. 그리고 이 세상의 모든 것으로부터 분리되었습니다. 그들이 그것을 호흡하는 것에 의해 공기를 오염시키는 것이나 혹은 그것을 보는 것에 의해 하늘을 오염시키는 것이나 그들의 접촉으로 인해 바다가 오염되는 것이나 혹은 그들의 무덤으로 지구가 오염되는 것이 아닙니까!

56. 그들의 징벌은 끝났습니다. 그러나 행악은 끝나지 않았습니다. 이것을 보고 그들 가운데는 제사장들에 의해서 백성이 멸망되었다고 불평하는 소리가 있었습니다. 그때 주님께서 분노하시고 그들 모두를 진멸하려 하셨는데, 만약 주께서 처음에 모세와 아론의 기도에 뜻을 굽히지 않으셨다면 그리고 나중에 그의 제사장 아론의 중재로 그들이 거절하고 있는 바로 그 사람들의 호의[20]에 배은망덕한 것으로 주는 것에 의해서 그들에 대한 용서를 수치스럽게 하는 것을 선택했다면, 주께서는 더욱 진노하시고 그들 모두는 멸망했을 것입니다.

57. 심지어 그의 형제들과 걸어서 바다를 건넌 여성 선지자 미리암은 그러나 아직 구스 여인에 대한 신비를 이해하지 못해서 그녀의 형제 모세를 비난하였습니다. 그리고 그녀의 몸은 한센병의 반점이 돋아났습니다. 그녀는 모세의 기도가 없었다면 무서운 전염병으로부터 거의 회복되지 못했을 것입니다.[21] 그러나 그녀의 이러한 불평은 회당의 유형으로서 취급되어야 합니다. 그녀가 구스 여인, 즉 이방 교회의 신비[22]를 이해하지 못할 때, 그녀는 날마다 그녀의 불신의 한센병으로부터 그녀를 자유롭게 한 그 믿음을 갖고 있는 사람에 대항해서 모욕하고 질투하고 불평합니다. 왜냐하면 우리는 다음과 같은 구절을 읽기 때문입니다. "이 신비를 너희가 모르기를 내가 원하지 아

---

20. *Gratia*는 「교부 총서」(*Library of the Fathers*)와 로메스틴에 의해 "특권"으로 번역되었다. 그들이 사제의 권위에 대해서 반역을 했다는 것이 사실이다. 그러나 여기에서 그들은 *ingratos*들이다. 그들은 그들을 위해 중재하며 그들을 구원하는 사람들에게 배은망덕한 자들이다. 만일 이것이 옳다면 그것은 "친절" 혹은 "도움"으로 해석될 수 있다. 만일 필요하다면 "특권"은 하나님과 함께 하는 성직자의 특권을 포함할 수 있다.

21. 민 12:1, 10 A.V.: 에티오피아 사람, R. V.: 모세가 결혼한 구스 여인.

22. *Sacramentum.*

니하노니 이 신비는 이방인의 충만한 수가 들어오기까지 이스라엘의 더러는 우둔하게 된 것이라."[23]

58. 또 다른 예는 그것은 제사장 안에서 역사하고 있는 인간적인 은총보다는 신적인 은총이라는 것을 우리에게 보여줍니다. 모세가 지파들로부터 취해서 놓아둔 모든 지팡이들 중에 오직 아론의 지팡이만이 꽃이 폈습니다.[24] 이러한 방법 안에서 사람들은 한 제사장 안에서 신적 임명에 의해 수여된 직무를 보는 것을 배우며 그리고 비록 그들이 이전에 그들 스스로 동등한 특권을 가졌다고 믿었을지라도, 그들은 인간적인 임명에 의해 동등한 은혜를 소유하기를 요청하는 것을 중단합니다.[25] 지팡이는 단순하게 제사장적 은총이 결코 시들지 않는다는 것과 최대한의 겸손을 가지고 그것의 직무를 시행하는 것에 있어서 그것에 부여된 권위가 꽃피우는 것을 보여주려는 의도입니다. 이것 역시 신비적으로 취해지는 것이 틀림없습니다.[26] 제가 생각하건대 이것이 아론의 생애의 마지막 때에 일어났다는 것은 큰 의미가 있습니다. 그것은 고대의 사람들이 제사장들의 오래 계속되는 믿음 없는 것을 통해서 쇠퇴하면서 마지막 날들 속에서 교회의 예에 의해서 열광적인 믿음과 헌신으로 변화되며 다시 그것의 오랫동안 죽은 꽃이 새로운 은혜와 함께 싹이 나오는 것을 보여주는 것 같습니다.

59. 게다가 아론이 죽은 후에 하나님은 모든 백성들에게 명령하지 않으시고 오직 모세에게 하셨는데 모세는 하나님의 제사장들 가운데 한 사람이었으며 제사장 아론으로부터 그의 옷을 벗기고 그 옷을 그의 아들 엘르아살에게 입혔습니다.[27] 이것의 전체 중요점은 오직 감독만이 감독을 성직에 임명하고, 감독에게 성직자 예복을 – 즉 감독의 미덕들 – 입힌다는 것을 우리에게 보여주는 것입니다. 그리고 감독은 성직자 예복이 부족함이 없다는 것과 그리고 모든 것은 질서 안에 있다는 것을 확신했을 때, 한 감독을 거룩한 제단에 안내 한다는 것을 보여주는 것입니다. 왜냐하면 만일

---

23. 롬 11:25.

24. 민 17:8.

25. *Parem gratiam … parem praeogativam..*

26. *Mysterium.*

27. 민 20:26에서 모세는 엘르아살을 제사장으로 임명하였다. 암브로시우스는 여기에서 아주 신중한 근거 위에 있다. 왜냐하면 모세는 아론과 같은 방법 안에서 제사장으로 말해질 수 없기 때문이다. 그래서 그는 시편 99:6을 §50에서 인용하며 "주님의 제사장"이라는 말들을 그가 §53에서 사용하고 있는 민수기 16장으로부터 인용한 구절 안으로 삽입한다. 만약 모세가 신적 왕자의 유형으로서 취해졌었다면 오늘날은? 그러나 그는 하나의 레위인이었다.

그가 사람들을 위해서 기도해야 한다면 그는 하나님에 의해서 선택된 것이 틀림이 없으며 그리고 감독들에 의해서 승인 받은 것이 틀림이 없습니다. 다른 사람의 범죄를 위해서 중재해야하는 직무를 갖고 있는 사람 안에는 중대한 범죄의 근거가 없는 것이 분명합니다. 감독이 되는 것은 적지 않은 미덕을 위해서 부름 받은 것입니다. 그는 틀림없이 그 자신을 단순히 중대한 죄에서 뿐만 아니라 아주 작은 죄로부터도 멀리해야만 합니다. 그는 동정심을 보여주는 것에 민감해야만 하고, 그의 약속을 지켜야만 하고, 타락한 사람을 일으켜야만 하고, 고통에 대해서 연민을 가져야 하며, 항상 친절해야 하며 경건을 사랑해야 하며, 분노를 억제하거나 버려야 합니다. 그는 그의 백성을 헌신하도록 복돋아 주거나 혹은 그들을 평강으로 가라앉히는 나팔이어야만 합니다.

60. 옛 말이 있습니다. "한 사람이기를 배워라"[28] 그래서 여러분들의 생애는 하나의 초상화와 같을 수 있습니다. 항상 같은 외모를 표현해주고 있는 것입니다. 그러나 여러분은 만약 여러분이 한 순간의 분노로 화를 발하면 다른 사람에 대해서 극단적인 비난을 하면서 당신의 얼굴은 빨개지고, 창백해지고, 매 순간 얼굴색이 변하며, "한 사람"일 수 없습니다. 명백히 화를 내는 것은 자연스러우며 일반적으로 분노에 대한 이유가 있습니다. 지금도 여전히 인간으로서 우리의 분노를 누그러뜨리는 것이 우리의 의무이며, 억제를 알지 못하는 격분에 의해서 휩쓸리지 않는 것이 우리의 의무입니다. 분쟁을 심지 않는 것이 우리의 의무이며 가족들을 분쟁으로 악화시키지 않는 것이 우리의 의무입니다. "분을 쉽게 내는 사람은 죄를 일으킨다."[29] 만약 여러분이 분노했을 때, 자신을 조절할 수 없다면 여러분은 "하나"일 수 없습니다. 다윗이 이것에 대해서 잘 말했습니다. "화를 내지만 죄를 범하지 마십시오."[30] 그는 우리에게 화내라고 명령하지 않습니다. 그러나 인간의 본성을 위해서 허락하는 것입니다. 우리가 느낄 수밖에 없는 분노를 우리는 적어도 부드럽게 할 수 있습니다. 그래서 비록 우리가 화났을지라도 우리의 감정은 우리의 본성을 따라 휘저어질 수 있습니다. 그러나 우리는 본성에 반해서 죄를 지어서는 안 됩니다. 만일 한 사람이 스스로를 통제할 수

---

28. 즉 단순한 마음, 한결같은 마음. 옛날 격언은 단호한 것으로 내가 문자적으로 해석하는 세 가지 말들, *adsusce unus esse*를 넘어서서 확대하여 해석하지 않는다고 생각한다.

29. 잠 15:18.

30. 시 4:4.

없다면, 그가 다른 사람을 통제해야 하는 것은 견딜 수 없는 것입니다.

61. 그래서 사도는 우리에게 하나의 방침을 주었습니다. "감독은 책망할 것이 없어야 한다!" 다른 곳에서 그는 다음과 같이 말했습니다. "감독은 책망할 것이 없고 제고집대로 하지 아니하며 급히 분내지 아니하며 술을 즐기지 아니하며 구타하지 아니하며 더러운 이득을 탐하지 아니하며."[31] 관용을 가진 사람의 연민과 욕심쟁이의 탐욕 사이에 어떤 합일점이 있을 수 있겠습니까?

62. 저는 피하도록 배운 잘못을 내려놓습니다. 그러나 사도는 미덕의 스승이십니다. 그는 감독에게 "인내하면서 반대자를 설득하는 것"을 가르칩니다. 그리고 그에게 "한 아내의 남편"[32]이기를 권면합니다. 그를 결혼으로부터 배제하지 않으며 (율법의 가르침[33]을 넘어서는 것입니다) 그러나 그에게 세례의 은총을 보존하기 위해 결혼 안에서 순결을 지키도록 권면하고 있습니다. 그리고 일단 감독이 되었을 때, 사도는 그에게 사도적 권위에 의해서 아이를 낳으라고 권유하는 것은 아닌데, 왜냐하면 사도는 그에게 "자녀를 가진 것"에 대해 말하고 있기 때문이며 그를 낳은 것이나 혹은 두 번째 결혼을 한 것에 대해서는 말하고 있지 않기 때문입니다.

63. 저는 이 문제를 지나칠 수 없는데 왜냐하면 많은 사람들이 "한 아내의 남편"이라는 것은 세례 후의 결혼에 대해서 말하는 것이라고 주장하고 있기 때문입니다. 그러한 근거 위에서 혼인 제한을 야기하는 죄가 세례 안에서 사해진다고 주장하는 많은 사람이 있기 때문입니다. 물론 모든 잘못과 죄가 사해지며 그래서 합법적인 결혼 생활로 연결된 것이 아닌 많은 여성과 함께 그의 몸을 더럽힌 사람이 용서된다는 것은 물론 사실입니다. 그러나 두 번째 결혼에 대해서는 그것이 해결되지 않습니다. 죄는 세례에 의해서 사해집니다. 그러나 율법은 사해지지 않습니다. 왜냐하면 비록 결혼 안에 죄가 없을지라도 결혼 안에 율법은 있습니다. 그러므로 율법적인 것은 죄로

---

31. 딤전 3:2; 딛 1:7.

32. 딛 1:9, 6.

33. 독신주의는 계율이 아니라 결심이다. 이러한 구분이 용이하다. 마치 "재혼"이 베르셀라이에서 감독직에 임명되는 것에 있어서 쟁점인 것처럼 보인다. 암브로시우스는 함축적으로 재혼한 후보자를 배제시키고 있다. 결혼한 성직자가 아이를 낳는 것을 금하는 성서적인 권위를 발견할 수 없어서 암브로시우스는 바울이 그들에게 그렇게 하도록 적극적으로 인정하지 않았다는 것을 지적하는 것으로 만족해야 했다. 이때까지 (그러나 아마 아주 초기는 아니었을 것이다.) 서방에서는 성직자들이 만일 그들이 독신이 아니라면 그들의 아내와 육체적인 성관계를 갖는 것을 중단하는 것이 관습이었다.

서 용서되지 않습니다. 그러나 율법으로서 보존됩니다.[34] 지금 사도가 한 율법을 제시하는데 "만일 어떤 사람이 결백하다면 그는 한 아내의 남편입니다." 필연적으로 결백하며 한 아내의 남편인 어떤 사람은 감독의 자질을 결정하는 법 안에 이른 것입니다. 반면에 다시 결혼한 사람은 비록 그가 죄를 범하지 않고 죄에 의해서 오염되지 않았다 할지라도 감독 제도의 특권을 위해서 부적격합니다.[35]

64. 저는 율법의 요구에 대해서 말씀드리고 있습니다. 저는 이성이 규정하는 것을 계속 말하려고 합니다. 감독과 장로에 대한 사도의 규정에 덧붙여서 교부들이 니케아 공의회에서 두 번째 결혼을 한 사람은 결코 안수받을 수 없다는 것을 제정했다는 것을 주목하십시오.[36] 왜냐하면 그가 그의 첫 번째 아내와의 신뢰를 지키지 않았을 때 어떻게 그가 과부를 위로할 수 있으며 영예롭게 할 수 있겠습니까? 어떻게 그가 그녀에게 과부로 남아 있으며 그녀의 남편에 대한 신뢰를 지키도록 권유할 수 있겠습니까? 게다가 만일 둘 다 같은 법에 묶여있다면 감독과 일반 사람들 사이의 차이점은 무엇입니까? 감독이 은총 안에서 탁월하다면 그는 미덕 안에서 탁월해야만 합니다. 그가 교훈으로 다른 사람을 훈계할 때, 그는 그 자신의 삶 안에서 율법의 교훈을 준수해야만 합니다.

65. 어떻게 제가 안수를 받는 것에 대항해서 투쟁합니까![37] 그리고 마침내 제가 안수 받도록 강요되었을 때, 얼마나 힘들게 제가 적어도 저의 안수를 연기하려고 애썼는지요! 그러나 압력이 그 규칙에 대해 너무 강했습니다. 그러나 서방의 감독들은 저의 안수를 승인하는 것을 결정하였습니다. 그리고 동방의 감독들은 그것의 예[38]를

---

34. *De Officiis*, I, 247에 아주 가깝게 일치되는 구절이 있다.

35. 동방의 교회들은 세례 이후에 두 번 결혼하지 않은 사람들에게 안수를 허락하였다. (예를 들면, *Apostolic Canons*, 17) 그리고 제롬은 이것을 방어하였다. (『서신』 69) 만일 그것이 이미 그렇지 않았다면 암브로시우스의 견해는 바로 서방에서 표준적인 것이 되었다. (예를 들면 아우구스티누스와 이노센트 1세가 그것을 받아들였다.) 사제의 독신주의에 대한 그의 가르침에 대해서 더든, 124-125쪽을 참고하고, 일반적으로 결혼과 독신생활에 대해서는 144-159쪽을 참고하라.

36. 니케아 공의회는 중혼이 아닌 재혼에 대해서 반대하는 것을 결코 제정하지 않았다. 반대로 니케아 공의회는 노비티아누스 성직자들에게 가톨릭 교회에 돌아와서 두 번 결혼하는 사람을 파문시키는 그들의 엄격한 규율을 포기하도록 요청하였다.

37. 성직임명을 피하거나 혹은 연기하려고 하는 암브로시우스의 책략에 대해 파울리누스의 *Vita Amb* 7-8쪽을 참고하라.

38. 그는 서방의 감독들이 그 후에 그의 성직 임명을 찬성하는 것을 결정했다는 것을 의미하는 것이 아니고 성직을 임명하는 감독들이 일반적인 환경을 신적 선택의 증거인 것으로 채택하면서, 그가 세례를 받지 않았다는 사실을 간과하기로 결정했다는 것을 의미한다. 동방에서 시민의 관리인 암브로시우스처럼 세례받은 넥타리우스가 381년에 콘스탄티노플의 감독이 되었다. 이것은 니케아 정경(2항)에 정말로 위배되는 것이다.

따르는 것에 의해 찬성하였습니다. 비록 새로 입교한 자에게 안수가 급해졌지만 말입니다 "새로 입교한 자도 말지니 교만하여져서 마귀를 정죄하는 그 정죄에 빠질까 함이요."[39] 세례 주는 것을 금했을지라도 그들의 찬성을 보여주었습니다. 만일 저의 안수가 지연되지 않았다면 그것은 압박 아래 있었습니다. 그리고 감독에게 적합한 겸손이 부재하지 않은 곳에서, 그가 책임이 있지 않을 때, 그는 비난받지 않을 것입니다.

66. 만일 다른 교회들에서 한 감독을 안수하는 것에 그렇게 많은 것들이 고려되어야 한다면, 베르켈레의 교회에서 정말로 많은 주의가 요청됩니다. 왜냐하면 베르켈레는 감독들에 대해서 수도주의적인 금욕주의와 교회적인 훈련 두 가지 일이 동등하게 요청하고 있습니다. 에우세비오스는 서방 지역에서 이러한 다른 두 체제를 함께 가져온 최초의 사람입니다. 비록 도시 안에 살았을지라도 그는 수도주의적 규칙을 준수했으며 그리고 그의 교회를 통치하는 동안에 그는 금식과 자기 훈련을 실천했습니다. 만일 그가 젊은 성직자에게 금욕을 실천하도록 강요하고 순결에 대한 규칙을 받아들일 것을 강요한다면, 만일 그들이 도시 안에 사는 동안에 그가 그들에게 도시의 삶의 형태로부터 벗어나라고 한다면, 한 감독의 직무들은 크게 강화될 것입니다.[40]

67. 따라서 엘리야, 엘리사 그리고 엘리자베스의 아들 요한과 같은 걸출한 사람들은 세상이 감당하지 못합니다. 이들은 양과 염소의 가죽을 입고 유리하여 궁핍과 환난과 학대를 받았고 광야와 산과 동굴과 토굴에 유리하였느니라."[41] 따라서 다니엘과 하나냐와 미사엘과 아사랴는 비록 그들이 왕의 궁궐 안에서 양육 받았을지라도 그들은 오직 거친 음식만을 먹었는데, 마시는 것으로는 물만 마시고 마치 그들이 사막에 있는 것처럼 금식하였습니다.[42] 틀림없이 왕의 신하들이 왕궁 곳곳에 있었을 것입니다. "그들은 멍에를 떨쳐 버리고 구속을 경멸하며 권세를 정복하고 불의 세력을 멸하기도 하며 칼날을 피하기도 하며 사자의 입을 막기도 하였습니다."[43] 그들은 연약한 가운데 강하게 되었습니다. 그들은 사람들의 조롱으로부터 움츠러들지 않았습니다. 왜냐하면 그들은 천국의 보상을 바랐기 때문입니다. 그들은 감옥의 흑암을 두려워하

---

39. 딤전 3:6.

40. 수도주의가 도시 안에서 실천될 수 있는가? 히에로니무스, 「서신」 14:6, 7을 참고하라.

41. 히 11:37, 38을 상세하게 설명한 것임.

42. 단 1:16.

43. 히 11:33, 34을 상세하게 설명한 것임.

지 않았습니다. 왜냐하면 영원한 빛의 은총이 그들 위에 비쳤기 때문입니다.

68. 이러한 예를 따라서 거룩한 에우세비오스는 그 자신의 나라와 혈족으로부터 떠나서 집에서 편안하게 사는 것보다 낯선 땅에서 사는 것을 선택했습니다.[44] 그의 신앙을 위해서 그는 유배의 고초를 선택했습니다. 황제의 우정보다는 자발적인 유배를 선택한 디오니시우스가 동반자가 되었습니다.[45] 그래서 이러한 잊혀지지 않는 영웅들은 예배당으로부터 끌어내려지고 무장한 사람들에 의해서 포위당하고 떠밀려졌을 때. 그들은 제국의 힘을 넘어서서 승리했습니다. 그들이 지상의 부끄러움에 의해서 영혼과 충성스러운 힘의 결단을 쟁취하는동안 어떤 무력도 그들로부터 그들의 신앙을 뺏을 수 없었습니다. 그리고 그들은 마음의 야만적 흉폭함을 정복하였습니다. 이 야만적 흉폭함은 성인들을 다치게 하는 어떤 힘도 가지고 있지 않습니다. "왕의 노함은 사자의 부르짖음 같고"[46]라는 잠언의 말씀이 있습니다.

69. 그는 그가 그들에게 그들의 마음을 바꾸라고 했을 때, 매질을 당했다고 고백했습니다. 그들은 그들의 갈대로 만든 펜이 철로 된 무기보다 강하다고 생각했습니다. 그러면 상처받고 낮은 곳으로 가져온 불신은 의인들의 믿음이 아니었습니다. 그들은 그들 자신의 나라에 무덤이 필요 없습니다. 천국의 저택이 그들을 위해서 준비되어 있습니다. 그들은 아무것도 가지지 않은 자로서 그리고 모든 것을 가진 자로서 이 세상을 떠돌아다니고 있었습니다.[47] 그들이 보내진 곳은 어느 곳이나 그들에게는 낙원이었습니다. 그들의 신앙이 풍성함 안에서 풍성할 때, 그들은 아무 것도 부족함이 없었습니다. 재물 안에서 가난했지만 그러나 은총 안에서 부요했고, 그들은 다른 사람을 부요하게 만들었습니다.[48] 그들은 시험을 받았지만 그러나 살해당하지는 않았습니다. 금식 안에서, 노동 안에서 그리고 감옥에 갇혀서 감시 안에 있었습니다.[49] 연약한 가운데서 그들은 강하게 되었습니다.[50] 그들은 연약함을 시험하는 것을 찾지 않

---

44. 아브라함처럼, 창 12:1; 히 11:8.

45. 밀란의 디오니시우스와 유세비우스는 355년 밀란 공의회 이후에 추방되었다. 그들은 이 공의회에서 콘스탄티우스를 거부하였다. 상세한 설명은 힐러리의 *Collectio anti-Ariana* (C,S,E,L., 65)에 있다. 여기와 §69에서 언급된 사람은 콘스탄티우스이다.

46. 잠 19:12.

47. 고후 6:10.

48. 고후 6:10.

49. 고후 6:5.

50. 히 11:34.

았습니다. 배고픔은 그들을 배부르게 했습니다. 여름의 햇빛은 그들을 갈증나게 하지 않았습니다. 영원한 은총의 소망과 함께 그들은 회복되었습니다. 얼음으로 뒤덮인 지역의 서리는 그들을 부수지 못했습니다. 그들 자신의 헌신은 그들에게 봄의 따뜻한 호흡을 가져왔습니다. 그들은 인간의 쇠사슬을 두려워하지 않았습니다. 예수가 그들을 자유롭게 했기 때문이었습니다. 그들은 죽음으로부터 구해달라고 청하지 않았습니다. 왜냐하면 그들은 그리스도가 죽음으로부터 그들을 부활시킬 것을 당연하게 생각하고 있었습니다.

70. 그의 기도의 응답으로 거룩한 디오니시우스는 유배 가운데 그의 생애를 마쳤습니다. 그는 믿지 않는 사람들의 관습과 예전에 의해 혼란에 빠진 그의 헌신적인 성직자와 사람들을 되찾지 않았습니다. 그는 평화로운 마음으로 주님의 평화가운데 죽음에 이르는 은총을 얻었습니다. 그래서 거룩한 에우세비오스가 처음으로 고백자의 반열에 올랐을 때, 축복받은 디오니시우스는 그의 유배지에서 죽음으로 첫 번째 순교자의 이름을 얻었습니다.[51]

71. 거룩한 에우세비오스 안에서 인내는 수도주의적 훈련과 함께 성장하였습니다. 그리고 보다 고된 규칙에 익숙해지면서, 그는 그것으로부터 그의 짐을 운반하는 힘을 얻었습니다. 성직과 수도주의 규율, 이 두 가지가 기독교 헌신의 가장 걸출한 형태[52]라는 것에 대해서는 질문의 여지가 없습니다. 전자는 우리에게 인내와 예의를 교육하며 후자는 절제와 인내로 우리를 단련합니다. 전자는 무대 위에서 사는 것과 같으며 후자는 비밀스럽게 사는 것입니다. 전자는 사람들에 의해 주목받으며 후자는 숨겨져 있습니다. 좋은 경기자는 말합니다. "우리는 세계 곧 천사와 사람에게 구경거리가 되었노라."[53] 그리고 그가 그리스도의 상을 얻기 위하여 애썼을 때, 그가 지상에 천사들의 삶을 세우려고 힘쓰며 그리고 하늘에서 천사들의 사악함을 쳐부수려고 애쓸 때, 그는 참으로 천사에 의해 흠모 받을 가치가 있습니다. 틀림없이 세상이 그의

---

51. 베네딕토 문헌에 있는 *Priori martyrubys titulo*는 편집자들이 유배지에서 그의 긴 고통들이 순교의 짧은 고통을 능가한다는 점에서 순교보다는 *portiori*로서 그것을 설명한다. 영어 번역자들이 그들을 따랐다. 비록 유세비우스가 첫 번째 고백자이며(힐러리가 어떻게, 왜라고 말했다) 디오니시우스가 첫 번째로 순교자로 죽었을지라도(유세비우스는 그렇지 않다) 이 관점은 간단한 것은 아니지 않는가? 그래서 *Martyrii*는 보다 더 순전한 것이다.

52. *Adtentiore*는 보다 전심을 다하는 것이다. 암브로시우스는 수도주의적이고 성직자적인 상태를 본래적으로 평신도 기독교도보다 더 높은 삶의 형태라고 생각한다.

53. 고전 4:9.

예를 따르기 위해 그를 주목하였습니다.

[그리고 암브르시우스는 엘리야의 이야기로부터 금욕적 삶을 설명하며 베르살레이아에게, 만일 그것이 열심히 성경 읽고 열심히 일하며 금식하고 여자를 멀리하는 성직자들을 원한다면, 성직자들은 스승이 필요하다고 권고한다. 그리고 논쟁이 끝나기 전에는 그와 같은 성직자를 얻을 수 없다고 경고한다. 그래서 그는 아주 일반적인 도덕적 교훈으로 글을 마칠 수 있었다.]

히에로니무스

PART IV

JEROME

일반적 개요

I

유세비우스 히에로니무스는 347년 아킬레이아 근처 스트리돈의 한 부유한 집안에서 태어났다. "나는 기독교도인 부모 밑에서, 기독교도로 태어나, 요람에서부터 교회의 젖을 먹고 자랐다"고 그는 말했다. 열두 살이 되던 해, 친구 보노수스와 함께 로마에 가서 수학하였는데, 그는 그곳에서 4년간 "문법(문학)"을 공부했다. 그의 스승은 바로 그 유명한 아에리우스 도나투스로, 중세의 표준서였던 초보 문법을 쓴 테렌스와 비르길리우스에 대한 주해가였다. 이후 히에로니무스는 4년 동안 수사학과 철학을 공부하였다. 그는 열정적인 문학도로, 책을 사랑했으며 책 수집에도 열심이었다. 도덕적인 면에서 그의 삶은 비난받을 만 했지만(물론 말년의 수도자가 자기 자신이 젊은 날에 지은 죄를 과장했을 수도 있다), 그는 결코 기독교로부터 멀리 벗어나지 않았으며, 366년 경 공부를 마칠 즈음의 부활절에는 로마에서 세례를 받았다.

곧이어 히에로니무스와 보노수스는 아우구스타 트레베로룸(뜨리에르)에 있는 발렌티니안 궁전을 방문하였다. 그들은 국가 부처에서 일하기를 소망했던 것 같다. 그러나 결과는 그들의 의도와는 전혀 다른 방향으로 흐르기 시작했다. 멀리 떨어진 그 서방의 도시에서 그들이 우연히 은둔 수도사 생활의 증언들을 접하면서 부터였다. 당시 그곳에 있었던 아타나시오스를 통해 그들은 이집트 사막의 수도자들의 삶에 대해 알게 되었다. 아우구스티누스의 「고백록」에서 볼 수 있듯이, 뜨리에르에서 읽혔던 아타나시오스의 「성 안토니의 생애」의 영향으로 사람들은 은둔자의 표본을 따르기를 시도하였다. 어느 날, 그 두 명의 젊은이들도 그런 삶을 살겠노라 서원하였다. 보노수스는 집으로부터 멀리 떨어져 있을 필요 없이 이것을 바로 할 수 있다고 생각했다. 그러나 히에로니무스는 즉시 결정하지 못했다. 잠시 그는 아킬레이아의 뛰어난 성직자 그룹(그가 축복받은 자들의 무리라고 불렀던)과 교제하였는데, 그들 중에는 후일 감독이 된 크로마티우스와 루피누스도 포함되어 있었고 안디옥의 장로이며 베르셀라이의 유세비우스의 친구인 에바그리우스도 있었다. 그러나 히에로니무스는 마침내 그들과 결별하고 금욕주의 생활의 진정한 고향인 동방으로 갔다. 373년(혹은 374년)에[1] 그는 안디옥에 도착했다. 그는 에바그리우스의 환대를 받고 그의 도움을 받았다. 히에로니무스의 친구 알티눔의 헤리오도루스가 수도자 삶을 위해 군대를 떠나 성지 순례를 하던 중 그를 방문하였고, 함께 사막에서 은둔자의 삶의 살자는 히에로니무스의 설득이 있었지만 소득 없이 끝났다. 374년, 헤리오도루스는 이탈리아로 돌아갔고 그 해(혹은 이듬해)에 히에로니무스는 카리키스의 사막으로 출발하였다.

그가 그 유명한 꿈을 꾸었던 곳은 안디옥이거나 혹은 사막에서였을 것이며, 그가 남긴 서신들 중 한 서신(22:30)에 나와있다. "나는 갑자기 영에 사로잡혀 최후 심판의 보좌 앞에 섰다. 나의 상황에 대한 질문을 받았고, 나는 기독교인이라고 말했다. 심판관은 내가 거짓말을 하고 있다고 말하면서, 내가 기독교인이 아니며 키케로학파라고 했다. 왜냐하면 나의 보물이 있는 곳에 내 마음이 있기 때문이라고 말이다. 나는 그의 이름을 부르면서 맹세했다. 그리고 말했다. '주여 만일 제가 세속적인 책들을 갖거나 읽는다면 그건 당신을 부인하는 일이 될 것입니다.' 이제 나는 예전에 읽었던 책들에 가졌던 열심보다 더 큰 열심을 가지고 하나님의 책을 읽는다." 만일 그가 문자적으로 그의 약속을 지키지 않았다면 그는 그것을 영 안에서 지켰으며 그의 새로운 성서

---

1. 연도에 대해서는 「서신」 15 서문을 보아라.

연구의 첫 번째 열매는 오바댜서에 대한 주해서였고 이 책은 말년의 그에게 침울한 즐거움을 안겨 주었다. 그는 문자적 감각을 이해하기 전에 예언자의 은유적 해석을 설명하려고 시도했다. 그는 믿음에서 모든 일들은 가능하다는 것을 읽었고 재능의 다양함이 있다는 것과 세속적인 서신들에 대한 그의 지식이 봉인된 책의 비밀을 드러내지 못한다는 것을 이해하지 못했다. 그는 그의 젊은 날의 에세이가 서고의 한 구석에 숨겨진 채로 있기를 바랐다. 만일 그것이 그러했다면 어떤 사람도 아직 그것을 발견하지 못했을 것이다. 이 때에 대해서 역시 그는 사막에 대한 그의 첫번째 소설인 「은둔자 바울의 생애」(Life of Paul the Hermit)을 썼다.

안디옥에서 히에로니무스는, 그 도시의 감독이자 명망가였던 폴리누스로 부터 장로 안수를 받았다. 그리고 이후 콘스탄티노플로 가 나지안조스의 그레고리오스 밑에서 신학과 성서를 공부했다. 그레고리오스는 히에로니무스에게 오리게네스의 성서적 주석에 대한 풍부한 이해를 주었다. 히에로니무스가 니사의 그레고리오스를 알게 된 것은 381년 콘스탄티노플 공의회 때였다. 이듬해에는 안디옥의 감독 계승권에 대한 논쟁이 지속적으로 일어나고 있었기 때문에, 폴리누스와 함께 로마로 갔다. 로마에서 3년 간 머무르면서 그는 학자로서, 금욕적 삶을 장려하는 영적 지도자로서 이름을 알렸다. 그는 교황 다마수스의 사무관으로서 라틴어 번역본 성서를 개정하는 일과 표준본문을 만드는 일을 위임받았다. 그는 복음서와 신약의 나머지 부분들, 즉 바울 서신들의 히브리 원문을 번역하였다. 또한 그는 70인역 본문을 가지고 시편을 개정하였는데 이것이 바로 「로마판 시편」(Psalterium Romanum)이다. 히에로니무스는 금욕적 스승이자 영적 지도자로서도 많은 로마 상류층 여성 추종자들을 갖고 있었다. 이러한 사실은 그의 서신에 잘 나타나 있다. 여인들은 집에서 절제와 자선의 삶을 살았고 그들 가운데는 예루살렘과 베들레헴에 있는 수도원으로 가는 사람들도 있었다. 집에서 금욕적인 삶을 실천하는 방식은 아타나시오스의 영향 때문이다. 340년 아타나시오스는 두 명의 수도승을 동반하고 로마에 있었는데, 아벤틴에서 부유한 미망인이었던 알비나의 환대를 받으며 그녀의 집에 머물렀다. 알비나에게는 마르셀라라는 딸이 있었는데, 마르셀라는 아타나시오스와 두 수도승들의 삶에서 강한 인상을 받게 된다. 결혼 한지 몇 달 만에 미망인이 되고 말았던 그녀는, 이후 어머니의 집에 거하며 경건과 자기 부인의 삶의 실천하기 시작했는데, 점점 그녀와 같은 마음을 가진 사람들이 모이면서 그 집이 그녀와 같은 삶을 사는 사람들을 위한 중심지가 되었다. 암브로시우스의 누이 마르셀리나는 어머니가 죽은 후 그들과 합류하였다. 마르셀라는 히에로니무스와 가장 빈번하게 서신을 주고받던 사람 중 하나이다. 파울라라는 여인도 있었는데, 그녀는 베들레헴에 있는 히에로니무스의 수녀원의 지도자였으며 훗날엔 그녀의 딸 유스토키움이 이 직무를 계승하였다. 또 한명의 연장자이자 위대한 여인인 멜라니안은(Melanian the Elder) 올리베스산에 수도원을 설립하고, 루피누스와 함께 사역하였다.

로마에서 히에로니무스는 논쟁으로부터 자유로울 수 없었다. 그는 카그리아리의 루시퍼를 추종하던 루시퍼주의자들을 비판하는 글을 썼다. 루시퍼는 아리오스 논쟁 당시, 특히 359년 아리미눔에서의 논쟁에서 "배교"한 감독들과 성찬을 나누지 않았으며 심지어 그들이 일반적으로 교회와 화해했을 때조차도 성찬을 나누지 않았다. 이 책은 그 어투에 있어서 부드러운데 왜냐하면 히에로니무스가 초기에 썼던 것이기 때문이다. 확실히 이 시기에 그는 금욕주의의 반대자인 헬비디우스를 공격하였다. 헬비디우스의 가르침은 나중에 조비니안에 의해서 채택되었다. 다마수스가 384년 12월에 죽었을 때, 히에로니무스가 그를 계승할 것이라는 소문이 있었다. "대부분의 사람들이 내가 *summum sacerdotium*에 적합하다고 여겼다"라고 히에로니무스는 말했다. 그리고 비록 다른 정황에서 *summum sacerdotium*이 단지 감독직을 의미하는 것이었을지라도 이 정황 안에서 그것은 로마의 감독을 의미하는 것이 분명하다. 우리는 그가 실망한 사람이라고 결론을 내려야 한다. 그의 생소한 성서본에 대해서 반대가 있었다. 그리고 심지어 그의 극단적인 금욕적 가르침에 대해 보다 큰 반대가 있었으며 아마 그의 신랄한 말과 글에 반대가 있었을 것이다. 만일 그가 베드로의 자리를 위한 소망을 가진 것이 사실이라면 그는 새로운 교황인 실키우스에 의해서 환영을 받을 수 없었을 것이다. 그럼에도 불구하고 그는 385년 8월 로마를 떠나 동방으로 갔으며 그의 나머지 생애를 팔레스틴에서 살았다.

‖

히에로니무스는 그의 형제 파울리니안과 로마의 장로였던 빈센트와 함께 키프로스로 향했고, 그곳에서 살라미스의 감독 에피파니우스의 환대를 받았다. 그는 안디옥으로도 갔는데, 그곳에서는 파울누스, 에바그리우스와 같은 인물들과 교제하였다. 그동안 파울라와 유스토키움도 로마를 떠나 살라미스와 안디옥에서 히에로니무스 일행과 합류하였고, 그들은 함께 팔레스틴에 있는 성경의 장소들을 따라 긴 순례의 여정을 시작하였다. 순례를 시작한 해 겨울, 예루살렘에 도착한 그들은 계속하여 베들레헴을 거쳐 갈릴리로 돌아왔다. 그 이후에는 수도주의의 고전적 고향인 이집트로 갔다. 히에로니무스는 알렉산드리아에서 그의 존경하는 스승들 중 한명인 신학자 소경 디디무스를 만났다. 386년 여름, 일행이 베들레헴에 돌아왔을 때 히에로니무스와 파울라는 그곳에 수도원을 세우기 시작하였다. 그들의 순례에 관한 이야기는 그의 서신 108에 담겨있다. 파울라의 돈과 신용에 의해서 착공된 건물들은 389년에 이르러 완공되었다. 남자 수도사와 여자 수도사들, 그리고 순례자들을 위한 숙소가 따로따로 세워졌고, 이들은 각각의 독립된 공동체로서 조직되었다. 남자 수도원은 히에로니무스의 지도 아래 있었고 여자 수도원은 파울라의 지도 아래 있었다. 두 공동체는 네이티비티의 교회에서 주일예배를 함께 드렸다. 이렇듯 남녀 수도사가 함께 있는 수도원들이 이전에도 있었는데, 올리베스 산 위에 아킬레이아와 벨라니가 세운 수도원이 대표적이다. 이런 예루살렘의 수도원들은, 요한이 감독으로 있던 당시, 관구 안에 있던 다른 라틴 공동체들과도 좋은 관계를 유지했다.

수도원을 세운 히에로니무스는 이제 그의 수도원 안에서, 모두를 위해 연구하며 저술활동을 하였다. 마르쿠스와 힐라리온의 생애들은 여전히 유명한 은둔자들의 낭만적인 묘사들이었다. 그는 디디무스의 「성령에 대해서」(On the Holy Spirit)를 번역했고, 많은 성서 주석을 썼다. 히브리어에 대한 해박한 지식으로 구약성서를 번역하는 일에도 매달렸고 405년에 마무리했다. 불행하게도 그의 작업을 위해 최선의 상태로 요청되는 평화가 그의 최악을 자극하는 논쟁에 의해서 깨어졌다. 그가 오리게네스주의에 관한 논쟁에 많이 연루되었다는 것에 대해 살펴 볼 필요가 있다. 히에로니무스는 392년 까지 만해도 그 자신을 나지안조스의 그레고리오스와, 알렉산드리아의 디디무스의 제자라 부르는 것을 자랑스러워했다. 오리게네스의 헌신적인 제자로, 그는 카이사르의 서고에 처박혀 스승의 저술들을 번역하고 그의 성서 주석의 원칙을 받아들임은 물론 그 주석들의 대의를 자신의 것으로 소개하였다. 베들레헴에서 그는 누가에 대한 오리게네스의 설교를 번역하고 392년에 쓴 *De Viris Illustribus*에서는 오리게네스에 대해 찬양조의 논평을 개진하기도 했다. 그러나 393년, 아탈비우스라는 사람이 혹은 이름이 알려지지 않은 한 사람이 팔레스틴의 수도원을 순방하였는데, 그는 오리게네스를 이단으로 비난하면서 공공연하게 수도사들의 여론을 부추기고 있었다. 이 일로 히에로니무스는 혼란스러웠다. 루피누스는 그 침입자에 대해서 완강한 태도를 견지했지만, 혼란스런 상황은 살라미스의 에피파니우스에 의해서 본격화되기 시작했다. 에피파니우스는 경건한 삶을 살던 사람으로, 이단에 대한 편협하고 현학적인 사냥꾼이었다. 루피누스는 오리게네스를 위해 굴하지 않았으며 그리고 예루살렘의 요한은 특별히 그의 동료의 재판권에 상관하지 않는 한 감독에 의해서 그렇게 하도록 주장되었을 때, 그의 가르침을 거절하는 것처럼 보이지 않았다. 그러나 히에로니무스는 엄정한 정통주의자이기를 갈망했고 금욕주의적 삶의 표본으로서의 에피파니우스에 대한 깊은 존경을 가지고 있었다. 그는 에피파니우스의 편에 섰다. 곧 에피파니우스는 히에로니무스의 동생 파울리니안에게 안수를 주었는데 이것은 그의 의지에 반하는 것이었고 다른 감독의 관구 안에서 행해진 모든 정경적 타당성에 반하는 것이었다. 결과적으로 예루살렘과 베들레헴 사이의 관계는 거의 깨어질 지경에 이르렀다. 395년, 훈족의 침입은 팔레스틴을 공황 상태로 몰아갔다. 히에로니무스는 서방으로 돌아가는 것에 대해 심각하게 고려하고 있었고, 그의 무리들 가운데 여럿은 이미 돌아간 상태였다. 히에로니무스는 결정을 내리지 못하고 계속 머물러 있었지만, 얼마 지나지 않아 예루살렘의 감독 요한이 그를 추방하라는 제국의 명령을 받게 되면서 그도 그곳을 떠나게 되었다. 그러나 그것은 효과를 발휘하지 않았다. 아마도 그것은 395년 11월에 위대한 목회자 루피누스의 실각과 죽음으로 실패하였다. 396년 가을에 히에로니무스는 요한에 대해서 신랄한 소책자를 썼다. 그러나 397년에 알렉산드리아의 테오필루스(아직 오리게네스에 대해서 적대감에 이르지 않았다)의 중재에 의해서 히에로니무스와 그의 오랜 친구 루피누스 사이에 화해가 이루어졌으며 중재에 의해서 요한과도 평안한 관계를 갖게 되었다.

루피누스와의 화해는 짤막하게 끝났는데 왜냐하면 그가 모든 적들에 대항하여 오리게네스의 옹호자로서 서방에 돌아갔기 때문이다. 카이사르의 유세비우스의 도움으로 순교자 판필루스에 대해서 쓰여진 오리게네스을 위한 변명(Apologie for Origen)을 그가 번역한 것은 영리한 조치였다. 그가 오리게네스의 *De Principiis* 역본에 이어 – 진보된 – 이것을 번역한 것은 비계가 불속에 있는 격이었다. 히에로니무스는 가차 없이 그를 괴롭혔으며 심지어 루피누스가 더 이상의 어떠한 논쟁을 하기를 거절한 뒤에도 몇 년 동안 그를 괴롭혔다. 테오필루스가 오리게네스을 비난하는 방향으로 선회했을 때, 히에로니무스는 콘스탄티노플의 감독인 요한 크리소스토무스을 적대시하는 그의 선전을 지지하였다. 비록 예루살렘의 요한은 교황 아타나시오스에게 루피누스를 변호하는 서신을 보냈을지라도, 대체로 397년에 화해 이래 직접적인 충돌로부터 떠나 있었다.

히에로니무스가 오직 이 불행한 논쟁에만 전력한 것은 아니었다. 그는 계속해서 405년 완성될 때까지 구약 성서를 번역했으며 더 많은 주석을 썼다. 금욕주의에 대한 반대자들과의 논쟁도 계속하였다. 393년에 헬비디우스에 대항하는 저술에서 그는 조비니안에 대한 신랄한 논박을 덧붙였다. 조비니안에 대한 논박은 406년 *Contra vizilantium*에 의해 덧붙여졌다. 394년이나 혹은 395년부터 그는 아우구스티누스와 서신을 교환하였다.(대개 404년까지) 그는 아우구스티누스과 함께 다른 여러 가지 일들 가운데 히브리어로부터 성서 번역을 하는 것에 대한 타당함을 논의하였는데 이것은 70인역을 사용하는 사람들을 당황시킬 수 있었다. 또한 베드로와 바울이, 갈라디아서에서 말해진 이야기 안에서, 정략적으로 숨기는 것을 조금은 사용할 수 있는 가능성을 논의하였다. 이것은 히에로니무스의 개념으로 아우구스티누스을 두렵게 하였다. 서신은 때때로 우호적이었으며 때때로 아주 냉정하였다. 그러나 히에로니무스가 펠라기우스 논쟁에 연루되었을 때 그는 전적으로 아우구스티누스 편에 있었으며, 이단에 대항해서 글을 썼다. 의심할 것 없이 그는 이것을 충심으로 하였다. 그러나 우리는 예루살렘의 요한이 펠라기우스를 친절하게 받아들였기 때문에 그가 열정적일 수 있지 않았나 라고 추측할 수 있다.

히에로니무스가 노년이 되었을 때 그는 친구들을 잃는 것으로 인해 고통을 받았다. 파울라는 404년에 마르셀라는 고트족에 의해 로마가 포위된 직후인 411년에 죽었으며 유스토키움이 418년에서 419년 어간에 베들레헴에 있는 그녀의 어머니를 계승하였다. 히에로니무스는 419년이나 혹은 420년 가을에 죽었다.[2]

III

히에로니무스의 작품들은 수적으로나 분량으로나 엄청나다. 첫 번째로 그는 히브리어로부터 전 구약성서를 라틴어로 번역했으며 게다가 그리스어로부터 시편에 대해서 두 가지 역본을 만들었으며 그리고 욥에 대해서 한 가지 역본을 만들었다. 그리고 그는 희랍어로부터 신약성경을 번역하였다. 두 번째로 그는 주석서를 썼는데 그들 가운데 몇몇 주석들은 본질적인 것으로 각각의 예언서신과 시편, 역대기, 마태복음, 갈라디아서, 에베소서, 빌레몬서 그리고 디도서가 있다. 이러한 것들은 본질과 가치에서 상당히 변화하는데 후기의 것은 초기의 것보다 보다 문자적이고 역사적인 경향을 갖고 있으며 오리게네스의 영향으로부터 벗어나려는 것을 보여준다. 몇몇 주석들은 주로 희랍 주석가들의 글을 인용한 것으로 이루어져있다. 이러한 것들과 더불어 우리는 이사야서, 예레미야서, 에스겔서, 솔로몬의 아가서 그리고 누가복음에 대한 오리게네스의 설교를 분류할 수 있다. 창세기의 난해한 구절들에 대해 하나의 책을 썼고 이 책은 히브리 이름과 장소 이름에 대한 입문서로 대부분 유세비우스의 저술과 시편과 마가복음에 대한 주석과 설교로부터 취해졌다.

논쟁에 대한 저술들은 금욕주의에 반대하는 자들을 비난하는 저술들을 포함시키며 (즉 헬비디우스, 조비니안 그리고 비질란티우스) 루피누스주의자들과 펠라기우스주의자들에 대항하는 소논문과 반 오리게네스주의자들의 저술이다. 즉 루피누스에 반하는 저술은

---

2. 항상 받아들여진 연도는 420년이다. 카발레라는 419년이라고 주장한다. 그러나 그것은 침묵으로부터의 쟁론이며(서신들의 부재가 확실히 420년으로 지정할 수 있다) 결정적인 것은 아니다.

세 권이 있고 예루살렘의 요한에 반하는 소책자가 있다.

바울과 마르쿠스와 필라리온 같은 은둔자들의 생애들이 역사적인 것으로 알려지고 있는데 그러나 속이려는 의도가 있지는 않았다. 진정으로 역사적인 저술들은 유세비우스의 *Chronicon*의 번역과 378년까지의 그것의 속편과 *De Viris Illustribus*라고 불리우는 기독교 전기 총서로 가치 있는 저서들이다. 불행하게도 히에로니무스는 그 자신의 시대의 역사를 쓰고자 했던 계획을 성취하지 못했다. 물론 154편의 서신들은 아주 중요한 역사적인 자료들로 가득차 있다. 그들 가운데 어떤 것은 정말로 소논문들로서 동정녀에 관해서(*Virginity*) 유스토키움에게 보낸 서신 22나 혹은 성직자의 의무들에 대해서 네포티아누스에게 보낸 서신 52 등이 있다. 히에로니무스는 또한 디디무스의 성령에 관하여(*De Spiritu Sancto*)와 하코미우스의 규율(*Rule*)을 번역하였다. 오리게네스의 *De Principiis*를 포함하여 일련의 그의 번역서들은 존재하지 않는데 *De Principiis*는 그가 어떻게 루피누스가 오리게네스의 정통성에 대한 관심 안에서 그 자신의 역본을 수정했는지를 보여주려고 한 것이다.

IV

히에로니무스의 성격적인 결함은 분명하다. 그는 마음의 폭이 그리 넓지 않았으며 그리고 거의 다른 사람의 관점을 이해하려고 하지 않았다. 그는 적개심과 불만을 마음에 품고 있었으며 그리고 자주 그의 영리하고 빈정대는 펜을 마구 휘둘렀다. 인간적으로 말해서, 그는 억제와 판단의 부족함으로 한 야비한 감독과 한 불가능한 교황을 만들었다. 그의 서신들과 몇몇 다른 작품으로부터 그의 인격에 대한 부정적인 인상을 추출하는 것은 어렵지 않다. 그럼에도 그는 심지어 그의 학자적인 것을 떠나서도 아주 고귀한 자질들을 가지고 있다. 그는 가장 따뜻한 인간의 성격을 가졌으며 그 자신을 고된 것에 인내하도록 훈련시켰고 믿을 수 없을 만큼 근면하게 일했다.

그의 금욕적 가르침에 대한 평가는 판단자에 따라서 다를 것은 의심할 바 없는데 왜냐하면 여기에 기독교 전 역사 과정이 포함되었으며 그리고 균형에 일격을 가하는 어떤 시도는 오직 매우 일시적일 수 있기 때문이다. 우리가 명확히 평가할 수 없는 것들이 있다. 한편으로, 그는 본성적인 감성과 사회적인 의무를 어떤 기독교 사회가 심지어 그것이 특별한 경우에 있어서 적당할지라도 규범적인 것으로써 받아들일 수 없는 방법 안에서 무시하였다. 그리고 그는 보상의 관세표와 함께 도덕성의 이중 잣대를 공언했는데, 그것은 음흉하게 비도덕화하고 있으며 그리고 복음에 거짓된 것이었다. 기억되어져야 하는 것은 그가 이 모든 것을 창안했으며 슬프게도 이 견해를 아타나시오스나 암브로시우스와 같은 위대한 사람들과 나누어진 것이 아니라, 그의 저술들이 중세의 성직자의 연구들 가운데서 높은 위치를 차지하고 있다는 것이다. 다른 한편 그의 자기 희생과 삶의 단순성에 대한 강력한 도전은 교회가 비대중성의 그늘과 박해로부터 매순간 세상과 타협하도록 유혹을 받는 태양 아래 있는 세상으로 나왔을 때, 굉장한 가치가 있다. 히에로니무스의 가르침과 모범은 많은 사람들로 하여금 그들 스스로 그들의 삶을 자선과 경건과 기도로 헌신하도록 이끌었다.

비록 그가 철학자가 아니고 진정으로 조직적이며 확실하게 창의적인 신학자가 아닐지라도, 그는 그 시대의 뛰어난 학자였다. 그리고 그러한 확신으로 한 사람을 선정하는 일은 좀처럼 드문 일이다. 만일 많은 점에 있어서 그의 학문성이 피상적이고 신뢰할 수 없다면 그리고 만일 이것이 때때로 조급하고 인내심 없는 것의 결과라면 그것은 조직적인 학문의 도구의 부재에 기인하는 것이다. 이 조직적인 학문의 도구는 천천히 지속적인 세대 안에서 축적되었으며 그리고 그 자신이 많이 기여하지 못했다. 그는 학자의 직관을 갖고 있었다. 그가 없다면 그 시대에 대한 우리의 그림은 아주 조잡하며 선명하지 않다. 주석가로서 그는 그의 시대 학자들이 본문적이고 역사적인 문제에 대해 가졌던 것보다 더 많은 관심을 가졌고 암브로시우스와 포이티에르스의 힐러리와 함께 라틴 서방의 교회들에게 희랍성서 연구의 풍성함을 나누어주었다.

그래서 교회가 그에게 감사를 표명해야 하는 것이 있는데 그것이 불가타 역본이다. 첫 번째로 그는 라틴어로 성경을 읽기를 원하는 모든 사람들을 위해서 표준적인 본문을 제공하였으며, 이것으로 인해 그것 자체 안에서 여러 다른 번역들이 혼재되어 있어 – 필사본으로서 많은 번역본들 – 기독교 독자들을 혼란시키고 있을 때, 큰 유익을 주었다. 두 번째로 그는 많은 반대에 대항해서 원칙들을 세웠는데 성서는 본래의 언어에서 연구되어져야 하며 그리고 무엇보다도 번역들은 그들이 교회 안에서 공동의 사용을 위해서 의도될 때, 번역들은 원본으로부터 이루어져야 한다는 것이다. 마지막으로 그가 생산한 역본은 그것의 모든 실수와 함께 매우 훌륭한 것으로 그 자신의 시대에 어떤 다른 것보다 더 의지할 만한 것이었고 여러 세기 동안 서방에서 자리를 굳혔다. 그것은 지금까지 성경의 본문에 대해 학생들에게 아주 중요하며 그리고 지금까지 다수의 기독교인들의 공적인 성서이다.

서신 14: 헤리오도루스에게

서론

헤리오도루스는 아킬레아 근처 베네티아에 있는 알티눔 사람이었으며, 히에로니무스와 함께 로마에서 교육을 받은 것으로 추정된다. 그는 군대에서 장교가 되었지만 금욕적 삶을 살기 위해 그의 직업을 포기하였다. 거룩한 땅을 순례하는 중에 그는 안디옥에서 히에로니무스와 함께 지냈다. 히에로니무스는 두 친구들에게 안디옥으로부터 50마일 떨어진 찰시스의 사막으로 가서 은둔자로 살기를 간청하였다. 그러나 헤리오도루스는 이탈리아로 돌아갔다. 히에로니무스는 이 간청의 글을 사막에서 썼는데, 그 시기는 375년, 혹은 376년 경으로 추정된다. 그의 간청은 성공적이지 못했다. 히에로니무스가 수도자적 삶만이 구원을 보장하는 것이라 주장하면서 성직자의 어려운 의무와 다양한 유혹들을 그것과 비교한 것은, 그가 이미 "세상 안에서" 안수를 받고 일하고자 원했던 친구 헤리오도루스의 의향을 알고 있었다는 것을 암시한다.[1] 헤

---

1. 나는 프레멘틀이 헤르오도루스가 이미 장로가 되었다고 결정을 내린 것은 틀렸다고 생각한다.

리오도루스가 알티움의 감독이 된 경우라면, 381년 아킬레이아의 공의회에서 이러한 지위가 나타나며, 이것은 처음 기록된 것이다. 헤리오도루스는 친구의 간청을 거절했지만, 히에로니무스는 그와의 긴밀한 관계를 유지하였다. 아킬레이아의 크로마티우스와 함께 헤리오도루스는 히에로니무스에게 양피지와 필경사에게 지불할 돈을 보냈고, 히에로니무스의 성서에 대한 작업을 격려하고 도왔다. 히에로니무스는 "솔로몬 저작들"(잠언, 아가서, 전도서), 외경 유디트서와 토비트를 해석한 저작을 그들에게 헌정하면서 서문에서 감사의 마음을 표하였다. 헤리오도루스는 네포티아누스(「서신」, 52)의 삼촌이었고 396년에 히에로니무스로부터 그의 조카(「서신」, 60)에 대한 감동적인 애가를 받았다. 그는 405년에 사망했다.

히에로니무스는 이 서신에서 수도승과 세속의 성직자들 각각의 삶과 가능성을 향한 그의 태도를 분명히 밝히고 있으며 그리고 서신 안에 있는 어떤 구절들은 (예를 들면, §2의 끝부분) 가족적 애정과 의무에 대한 그의 비난의 극단적인 예로 심리학자들이 말하기에 좋은 근거를 발견할 수 있는 것이다. 히에로니무스 자신이 그의 초기 저작에 대해서 말한 것은 「서신」 52:1에 나타난다. 그러나 비록 그가 이 서신에서 그의 화려한 언어에 대해서 후회했을지라도 그는 결코 의무로서 가족적 삶의 관계를 충분하게 인식하지는 않았다. 이 서신은 헤리오도루스를 확신시키는 데 실패했지만, 금욕자들에 의해 높이 평가되었다. 화비올라는 그것을 기억으로 알고 있었다(「서신」, 77) 그러므로 이 서신은 단순하게 사적이고 개인적인 문헌으로서 생각될 수 없다.

본문

1. 당신은 당신과 저 사이의 사랑에 대해 알고 있을 것입니다. 우리가 사막에서 함께 지내는 시간을 연장하고자 애쓰는 제 사랑과 열정을 인정하지 않을 수 없을 것입니다. 이 서신은 당신이 보듯 이렇게 눈물로 얼룩져 있습니다. 당신을 떠나보내면서 내가 얼마나 슬퍼하고 눈물을 흘렸는가에 대한 증거입니다. 당신은 귀공자처럼 듣기 좋

은 말로 위로하면서 부드럽게 거절하였습니다. 보호자가 없어지고 나니 저는 무엇을 해야 할지 몰랐습니다. 제가 평화를 유지할 수나 있었겠습니까? 아무리 무관심한 척 해 보아도 제 열망은 감출 수 없었습니다. 제가 더 진심으로 당신에게 간청해야 옳은 걸까요? 당신은 듣기를 거절했습니다. 당신의 사랑이 저의 것과는 같지 않기 때문입니다. 경멸된 사랑은 한 과정을 그곳에 열어 놓았습니다. 당신이 있었을 때는 당신을 가둘 수 없었는데, 당신이 없어지자 당신을 찾고 있었습니다. 당신이 떠날 때, 제게 사막에 거처를 정하게 되면 초대해 달라고 말했었지요. 그리고 저는 그러겠노라 약속하였습니다. 이제 저는 당신을 초대합니다. 빨리 오십시오. 옛날의 관계를 생각하지 마십시오. 사막은 모든 것을 버린 사람들을 위한 곳입니다.[1] 당신이 이전의 여정에서 했던 고생 때문에 주저하지 마십시오. 당신은 그리스도를 믿고 또한 그의 말씀을 믿고 있습니다. "그런즉 너희는 먼저 그의 나라와 그의 의를 구하라 그리하면 이 모든 것을 너희에게 더하시리라."[2] "배낭이나 혹은 지팡이를 가지지 말아라".[3] 그는 가난하신 그리스도와 함께 충분히 부유한 자이십니다.

2. 그러나 이일이 무엇이기에 제가 왜 다시 이렇듯 어리석고 성가시도록 당신을 졸라야 합니까? 이젠 간청을 넘어 감언이설에 이르렀습니다. 감정이 상한 사랑은 분노로 바뀝니다. 당신은 저의 간청을 일축시켜 버렸습니다. 아마 당신은 저의 충고를 들었을 것입니다. 무엇이 당신의 아버지의 집에 있는 포식한 군인인 당신을 붙들고 있습니까?[4] 당신의 성벽들과 참호들은 어디에 있습니까? 언제 당신이 들판에서 겨울을 지냈습니까? 보라, 나팔 소리가 하늘로부터 울려 펴진다! 보라 지도자가 구름을 타고 오신다! 그는 세상을 정복하기 위해 무장 하셨습니다. 그리고 왕의 입에서 좌우에 날선 검이 나오고 그것이 닿는 모든 것은 베어졌습니다.[5] 당신으로서는 무엇을 하려고 합니까? 당신의 방에서 바로 전쟁터로 나아가렵니까? 시원한 그늘에서 불타는 태양 안으로 가려는 것입니까? 아니오, 튜닉에 익숙한 육체는 혁대를 견딜 수 없습니다.

---

1. 문자적으로, "사막은 벌거벗은 자를 사랑한다." 그러나 *necessitates*은 궁핍을 의미할 수 있다.

2. 마 6:33.

3. 마 10:10 참고.

4. 군인에 대한 구절은 테르툴리아누스의 *Ad Martyras 3*을 따라하였다. 헤리오도루스가 군인이었다는 것이 그것에게 특별한 의미를 준다.

5. 계 1:7, 16.

모자를 쓴 머리는 헬멧을 거절합니다. 게으름으로 부드러워진 손은 칼자루 때문에 피부가 벗겨집니다. 당신의 왕의 선포를 들으십시오. "나와 함께 아니하는 자는 저를 반대하는 자요 나와 함께 모으지 아니하는 자는 해치는 자니라"[6] 그날을 기억하십시오. 그날에 당신은 세례를 통해 그리스도와 함께 장사되었고 당신이 그에게 충성[7]을 맹세하면서 참여했습니다. 당신은 주를 위해서 아버지나 혹은 어머니에게 인정을 베풀지 않겠다고 선언했습니다. 보십시오, 적이 당신의 가슴 안에 있는 그리스도를 죽이려고 애쓰고 있습니다. 보십시오, 적의 군대들이 당신이 그의 임무에 입회했을 때 당신이 받았던 상급으로 인해 탄식하고 있습니다. 만일 당신의 어린 조카[8]가 당신의 목에 매달려 있다 해도 그에게 관심을 갖지 마십시오. 빌린 옷을 입고 머리에 재를 뒤집어 쓴 당신의 어머니가 당신을 키운 가슴을 당신에게 보여준다 해도 그녀를 마음에 새기지 마십시오. 만일 당신의 아버지가 문지방에 부복한다면, 그를 발아래 짓밟으십시오.[9] 당신은 당신의 길을 가야 합니다. 마른 눈으로 십자가의 규범 안에서 날아가십시오. 그러한 경우에 잔혹함은 유일하게 진정한 애정입니다.

3. 지금부터 당신이 당신의 진정한 나라에 정복자를 되돌려 보낼 것이며 그리고 용맹의 왕관을 쓴 천상의 예루살렘을 통해서 걸을 날이 이를 것입니다. 그 때 당신은 그런 까닭으로 바울과 함께 시민권을 받을 것입니다.[10] 그 다음 당신은 부모님을 위해서 같은 특권을 구할 것입니다. 그 다음 당신은 당신에게 승리의 길을 향하도록 주장한 저를 위해서 중재할 것입니다.

저는 당신이 방해물로서 탄원할 수 있는 족쇄에 대해서 모르지 않습니다. 저의 가슴은 철로 되어있지도, 돌로 되어있지도 않습니다. 나는 부싯돌로 태어나지 않았으며, 히라카니아 암범의 젖을 먹고 자란 것도 아닙니다.[11] 저도 당신과 같은 역경을 통과했습니다. 지금 당신에게 팔을 두르고 있는 사람은 과부가 된 당신의 누이입니다. "당신

---

6. 마 12:30.

7. *In sacramenti verba*에서 *sacramentum*은 군인의 맹세와 성례의 감각을 결합시킨 것이다.

8. 네포티아누스.

9. 세네카의 한 문학적 회상(*Controv.* I, 8, 15)인 "*patrem calca,*" 비슷한 말들 그리고 그것이 보여지는 것처럼 그렇게 사나운 것은 아니다.

10. 행 22:25-29; 빌 3:20 참고.

11. Vergil, *Aeneid*, IV, 366-367.

은 어떤 주인에게 당신은 우리를 남기려고 하십니까?"**12**라고 외치는 자는 당신의 젖형제들인 노예들입니다. "오직 우리가 죽을 때까지 기다리십시오. 그리고 우리의 무덤으로 따라오십시오"라고 외치는 자는 이제 늙어서 허리가 꼬부라진 유모이며, 아버지다음으로 사랑한 몸종입니다. 아마 쭈그러진 가슴과 주름진 이마를 가진 당신의 유모는 당신에게 옛날의 자장가를 상기시키고 그리고 그것을 다시 불러 줄 것입니다.**13** 만일 학식 있는 자들도 그들이 원한다면 당신을 부를 수 있습니다. "당신 집의 유일한 토대와 기둥"**14** 하나님에 대한 사랑과 지옥에 대한 두려움은 쉽게 그러한 결속을 깰 것입니다.

그렇습니다. 성경은 우리의 부모에게 복종하도록 명령합니다. 그러나 그리스도보다 그들을 더 사랑하는 자는 자신의 영혼을 잃어버립니다. 적은 그를 죽이기 위해 손에 검을 들고 어머니의 눈물을 생각하게 하지 않겠습니까? 혹은 만일 제가 그리스도의 종이라면 제가 장사되는 예식에 빚을 지지 않은 아버지를 위해서 그리스도에 대한 임무를 버리겠습니까? 그럼에도 불구하고 만일 제가 그리스도의 진정한 종이라면 이러한 것들을 모두에게 빚진 것이 아니겠습니까?**15** 주께서 가시는 고난의 여정에서 베드로가 했던 비겁한 충고는 죄입니다. 주께서 예루살렘에 올라가는 것을 필사적으로 제지했던 형제들의 행동도 죄입니다. 바울은 이렇게 말했습니다. "너희가 어찌하여 울어 내 마음을 상하게 하느냐? 나는 주 예수의 이름을 위하여 결박당할 뿐 아니라 예루살렘에서 죽을 것도 각오하였노라"**16** 이렇듯, 신앙을 산산히 부수는 타고난 성질의 공격무기는 복음의 담으로부터 힘없이 후퇴해야 합니다. "누구든지 하늘에 계신 내 아버지의 뜻대로 하는 자가 내 형제요 자매요 어머니이니라"**17** 만일 그들이 그리스도를 믿으면 그들은 저에게 성공을 명령하는데 왜냐하면 저는 그의 이름 안에서 싸우기 위해 나아가기 때문입니다. 그리고 만일 그들이 믿지 않는다면 '죽은 자들로 자

---

12. 위의 책., II, 677–678.

13. Persius, III, 18.

14. Verg., *Aen*, XII, 59.

15. 눅 9:59, 60.

16. 행 21:13.

17. 마 12:50; 눅 8:21.

기의 죽은 자들을 장사하게 하십시오'.[18]

4. 그러나 당신이 주장한 이 모든 것은 오직 순교자들의 경우를 논하고 있습니다. 아아! 나의 형제여, 만일 당신이 기독교인이 박해의 고통을 받지 않았을 때가 있다고 생각한다면 그것은 정말로 실수입니다. 당신이 결코 에워싸였다는 것을 알지 못할 때, 당신은 거의 에워싸이지 않습니다. "너희 대적 마귀가 우는 사자 같이 두루 다니며 삼킬 자를 찾나니"[19] 그리고 당신은 평화에 대해서 생각했습니까? "그가 부자와 함께 매복해있습니다. 그 은밀한 곳에서 무죄한 자를 죽이며 그의 눈은 가련한 자를 엿보나이다. 사자가 자기의 굴에 엎드림 같이 그가 은밀한 곳에 엎드려 가련한 자를 잡으려고 기다리며"[20] 게다가 당신은 쉽게 먹이가 되기 위해서 그늘진 나무[21] 밑에서 선잠을 자겠습니까? 한쪽 측면에서 방종함이 저를 세게 누르고 있습니다. 다른 측면에서 탐심이 저를 침략하려고 하고 있습니다. 저의 탐심은 저에게 그리스도 대신 신이 되기를 바라고 있습니다.[22] 그리고 욕망은 저를 제 안에 거주하시는 성령을 쫓아내고 그의 성전을 더럽히도록 압력을 가하고 있습니다.[23] 저는 말합니다. 저는 적에 의해서 추적당했습니다.

"레기온은 누구의 이름이며 말해지지 않은 그의 책략들은 무엇입니까"[24]

저는 불운한 자로 어떻게 제가 유인당한 한 포로일 때 저 스스로 어떻게 정복자이겠습니까?

5. 나의 사랑하는 형제여, 다양한 형태의 죄를 잘 달아보십시오. 그리고 제가 언급한 죄들이 우상숭배의 죄보다 덜 극악하다고 생각하지 마십시오. 아니, 이 문제들에 대해 사도들의 견해를 들으십시오. "너희도 정녕 이것을 알거니와 음행하는 자나 더러운 자나 탐하는 자 곧 우상 숭배자는 다 그리스도와 하나님의 나라에서 기업을 얻지 못하리니"[25]라고 말하고 있습니다. 일반적인 방법 안에서 악마의 것인 모든 것

---

18. 눅 9:60.

19. 벧전 5:8.

20. 시 10:8, 9. (LXX 9:29,30).

21. Verg., *Georgics*, II, 470 참고.

22. 빌 3:19.

23. 고전 3:16-17.

24. Verg., *Aen.*, VII, 337, *mille nomina*.

25. 엡 5:5. 히에로니무스는 여기서 "욕심많은"을 대신해서 *fraudator*를 사용한다.

은 하나님께 적의를 풍기며 그리고 악마의 것은 우상숭배인데, 왜냐하면 모든 우상들은 그에게 속해있기 때문입니다.[26] 바울은 명백한 말로 율법을 이야기하고 있습니다. "그러므로 땅에 있는 지체를 죽이라 곧 음란과 부정과 사욕과 악한 정욕과 탐심이니 탐심은 우상 숭배니라."[27] 하나님의 진노는 우상숭배에 대해 옵니다.

우상 숭배는 제단 위에 손가락이나 혹은 엄지와 함께 향을 뿌리거나 혹은 잔으로부터 그릇 안으로 포도주를 따르는 것에 제한되지 않습니다. 탐욕은 우상숭배입니다. 만일 그렇지 않다면, 30냥의 은으로 예수님을 파는 것은 의로운 행동입니다. 탐욕은 신성모독을 포함하고 있습니다. 그렇지 않으면 사람들은 창녀들과 함께 "그리스도에게 산 제물로 드려져야 하는"[28] 그리스도의 일원들을 더럽힐 수 있습니다. 사기는 우상숭배입니다. 그렇지 않으면 그들은 사도행전에서 그들의 유산을 팔고, 왜냐하면 그들이 그 가격의 부분을 가져왔기 때문에, 즉각적인 판결에 의해서 멸망한 사람들을 따라할 가치가 있는 것입니다.[29] 나의 형제여, 잘 생각하십시오. 당신이 지켜야 할 것은 아무것도 없습니다. "이와 같이 너희 중의 누구든지 자기의 모든 소유를 버리지 아니하면 능히 내 제자가 되지 못하리라"[30]고 주께서 말씀하십니다.

6. 왜 당신은 그렇듯 냉담한 기독교인입니까? 사도들이 어떻게 그들의 아버지와 그들의 그물을 버렸는가를 보십시오. 세리가 어떻게 세관에서 일어났는지를 보십시오.[31] 그는 바로 사도가 되었습니다. "인자는 머리 둘 곳이 없다."[32] 하셨는데, 당신은 현관을 넓히고 홀을 더 넓히려는 계획을 합니까? 그리스도와 함께 한 상속자인 당신이 세상을 상속받으려고 합니까?[33] 당신이 지녀야 하는 이름인 "수도자"[34]라는 단어를 옮겨보십시오. 무엇이 고독자인 당신을 군중 안으로 이끌고 있습니까? 강풍을 알

---

26. 이것과 이 장의 나머지 부분을 테르툴리아누스의 *On Idolatry*의 전체적인 부분들과 그리고 특별하게 1장과 2장(83–84쪽)을 비교하라. 여섯째 항은 대부분 *On Idolatry*, 12에서 왔다.

27. 골 3:5. 여기에서 *Cupidatem*은 탐욕을 의미한다.

28. 롬 12:1.

29. 아나니아와 삽비라, 행 5. 나는 여기에서 플레만틀의 해석을 지지한다. 그런데 그것은 한 어려운 구절에 대해 어떤 이해를 한다. 그러나 그의 근본적인 본문은 힐베르그의 본문과는 다르다.

30. 눅 14:33.

31. 마 4:22; 9:9.

32. 마 8:20.

33. 롬 8:17.

34. *Monachus*는 희랍어 *monos*로부터 유래하며 혼자서란 뜻으로 고독함을 의미한다.

지 못하는 사람들을 권면하고 있을 때, 저는 결코 배나 혹은 화물을 잃어버리지 않는 숙련된 뱃사람은 아닙니다. 최근에 저 자신처럼 난파되었을 때, 다른 항해자에 대한 저의 경고들은 저 자신의 공포로부터 나왔습니다. 한편 카리 부디스*같은 방종함은 영혼의 구원을 그것의 소용돌이 안으로 집어 삼킵니다. 다른 한편 스킬라**와 같은 정욕이 그녀의 천진난만한 얼굴에 미소를 띄고 그것의 순결을 파선하도록 유혹합니다. 여기 야생의 해안에서 그의 노획물들을 족쇄를 채워 구속하기 위해 철을 운반하면서 그의 선언과 함께 약탈자인 악마가 있습니다. 속지 마십시오. 과신하지 마십시오. 바다는 연못처럼 부드럽고 청명할 수 있습니다. 그것의 조용한 표면은 공기의 호흡에 의해 거의 물결치지 않을 수 있습니다. 그러나 거대한 평원엔 산들이 있고, 그 깊은 산 속에는 위험이 있습니다. 적은 거기에 숨어있습니다. 당신의 도구를 싣고 당신의 돛을 줄이십시오. 당신의 뱃머리 활대 끝에 십자표를 단단히 얽어매십시오. 당신의 고요는 폭풍을 의미합니다.

"그렇다면, 도시에 살고 있는 사람들은 기독교인들이 아니란 말입니까?"[35] 라며 당신은 물어 올 것입니다. 저는 대답합니다. 당신은 다른 사람의 경우와 다릅니다. 주님의 말씀을 들으십시오. "네가 온전하고자 할진대 가서 네 소유를 팔아 가난한 자들에게 주라 그리고 와서 나를 따르라 하시니".[36] 당신은 이미 완전하게 되리라 약속했습니다. 군대를 버리고 스스로 하늘의 왕국을 위해 환관이 되었을 때[37], 당신은 그렇게 해서 완벽한 삶을 따를 수 있었기 때문입니다. 만일 누구든 그리스도 외에 다른 것을 가지고 있다면, 그는 완전하지 않습니다. 만일 하나님께 그렇게 되기로 약속했을 때 완전하지 않으면, 그의 공헌은 거짓입니다. 그러나 "거짓말하는 입은 영혼을 죽입니다."[38] 결론적으로 말해, 당신이 완전하다면, 당신은 당신의 마음을 당신 아버지의 재산에 두지 않을 것입니다. 그리고 만일 당신이 완전하지 않다면 당신은 주님을 속인 것입니다. 복음은 신적 경고를 큰 소리로 말합니다. "한 사람이 두 주인을 섬기

---

35. 암브로시우스, 「서신」 63:66 참고.

36. 마 19:21.

37. 마 19:12. 여기에서는 "독신에 서원하다"를 의미한다.

38. 지혜서 1:11.

* 그리스 신화에서 바다의 소용돌이가 괴물로 의인화된 것

** 그리스 신화에 나오는 것으로 선원들을 잡아먹던 여섯 개의 머리와 열두 개의 팔 다리를 가진 여자 괴물

지 못할 것이니".**39** 그리고 어떤 사람이 감히 하나님과 맘몬을 동시에 섬기는 것에 의해 그리스도를 거짓말쟁이로 만들겠습니까? 반복해서 그는 선포합니다. "누구든지 나를 따라오려거든 자기를 부인하고 자기 십자가를 지고 나를 따를 것이니라."**40** 만일 제가 금을 잔뜩 쌓아놓고 있다면, 진정 그리스도를 따르고 있다고 생각할 수 있겠습니까? 분명히 그렇지 않습니다. "그의 안에 산다고 하는 자는 그가 행하시는 대로 자기도 행할지니라."**41**

7. 저는 당신이 아무것도 소유하지 않을 것을 압니다. 만일 당신이 전쟁을 위해서 그렇게 잘 준비되었다면, 왜 당신은 싸움터를 취하지 않으십니까? 비록 주께서 그의 나라에 신호를 하지 않을 수 있을지라도, 당신은 당신이 자신의 나라에서 전쟁을 할 수 있다고 생각하는 것은 아닙니까? "안될 게 어디있습니까?"라고 당신은 질문합니다. 그의 권위와 함께 당신에게 온 이유를 취하십시오. "선지자가 자기 고향과 자기 집 외에서는 존경을 받지 않음이 없느니라"**42** 그러나 당신은 나는 존경을 추구하지 않는데, 나의 양심에 합당하며 나에겐 충분하기 때문입니다라고 말할 것입니다. 주께서 그것을 찾지 않으셨습니다. 왜냐하면 군중이 그를 왕으로 만들어주려고 했을 때, 그는 그들로부터 도망갔습니다.**43** 그러나 존경이 없는 곳에 경멸이 있습니다. 그리고 경멸이 있는 곳에 빈번한 무례함이 있습니다. 무례함이 있는 곳에 짜증이 있습니다. 짜증이 있는 곳에 안식이 없습니다. 안식이 없는 곳에서는 그것의 목적으로부터 빗나가기 쉽습니다. 안식이 없는 것을 통해서 열심이 그것의 힘을 잃어버리는 곳에서, 열심은 그것이 잃어버린 것에 의해서 감소됩니다. 그리고 감소된 것은 완전한 것으로 불릴 수 없습니다. 모든 것에 대한 결말은 수도자가 그 자신의 나라에서는 완전할 수 없다는 것입니다. 지금 완전해지는 것을 목적으로 갖지 않는다는 것은 죄 그 자체입니다.

8. 당신은 방어적인 태도를 취하면서, 성직자에 대한 예에 대해 말할 것입니다. 당신이 말할 이러한 사람들은 그들 자신의 도시에 남아있습니다. 그러나 확실하게 그

---

39. 마 6:24.
40. 마 16:24.
41. 요일 2:6.
42. 마 13:57-58; 요 4:44.
43. 요 6:15.

들에게 비판이 미치지 않습니다. 저는 거룩한 말들로 그리스도의 몸[44]을 입은 사도들의 계승자들을 비난할 마음은 추호도 없습니다. 사도들을 통해서 우리는 그리스도인들이 됩니다.[45] 그들은 천국의 열쇠를 가지고 심판의 날에 사람들을 심판합니다. 그리고 술 취하지 않은 순결함 속에서 그리스도의 신부를 보호합니다. 그러나 제가 전에 암시했던 것처럼, 수도자들의 경우는 성직자와는 다릅니다. 성직자는 양들을 먹입니다. 그런데 저는 양들이 먹입니다. 성직자들은 제단에서 삽니다. 만일 제가 제단에 어떤 헌물도 가져오지 않는다면 저는 열매 없는 나무에 놓여있는 도끼처럼 저의 뿌리에 헌 도끼를 갖고 있는 것입니다. 가난을 핑계로 변명하려는 것은 아닙니다. 복음서 말씀에, 한 나이 많은 과부가 그의 마지막 두 렙돈을 헌금함에 넣었던 이야기를 알고 있기 때문입니다.[46] 저는 장로의 면전에 앉을 수 없습니다.[47] 만일 제가 범죄했다면 그는 저를 사탄에게 넘길 수 있는데 왜냐하면 "육신은 멸하고 영은 주 예수의 날에 구원을 받게 하려 함이기 때문입니다."[48] 옛 율법 아래에 의하면, 성직자들에게 복종하지 않는 사람은 천막 밖으로 던져졌고, 사람들이 그를 돌로 쳤습니다. 아니면 목을 치거나, 피로 모욕을 주었습니다.[49] 그러나 지금은, 불복종한 사람의 경우, 영의 검으로 베어지거나 교회로부터 쫓겨나, 먹이를 찾아다니는 악마에 의해 갈기갈기 찢겨집니다. 당신 형제가 당신에게 명령을 취하도록 권유한다면 저는 당신이 들어올려지며 당신이 던져지지 않을 수 있도록 두려워 하는 것을 즐거워 할 것입니다. 당신은 말할 것입니다. "만일 한 사람이 감독의 직책을 희망한다면 그는 선한 사역을 희망하는 것입니다." 저는 그것을 알고 있습니다. 그러나 당신은 다음과 같은 것을 포함시켜야 합니다. "그러므로 감독은 책망할 것이 없으며 한 아내의 남편이 되며 절제하며 신중하며 단정하며 나그네를 대접하며 가르치기를 잘하며 술을 즐기지 아니하며 구타하지 아니하며 오직 관용하며 다투지 아니하며 돈을 사랑하지 아니하며 남을 치지 아

---

44. *Christi corpus conficiunt.*
45. 세례 안에서.
46. 고전 9:13-14; 마 3:10; 눅 21:1-4.
47. 히에로니무스는 아직 안수를 받지 않았다. "앉음"(sitting) 「서신」 146:2 참고.
48. 고전 5:5.
49. 신 17:5, 12.

니하며 인내하는 자입니다."[50] 감독의 자격에 대해서 충분하게 설명한 후에 사도는 세 번째 등급의 성직자들에 대해서 말했습니다. "이와 같이 집사들도 정중하고 일구이 언을 하지 아니하고 술에 인박히지 아니하고 더러운 이를 탐하지 아니하고 깨끗한 양심에 믿음의 비밀을 가진 자라야 할지니 이에 이 사람들을 먼저 시험하여 보고 그 후에 책망할 것이 없으면 집사의 직분을 맡게 할 것이요."[51] 결혼 예복을 입지않고 만찬에 온 사람에 대해서 슬퍼하십시오. 그를 위해서는 엄격한 질문 외에는 아무 것도 없습니다. "친구여 어찌하여 예복을 입지 않고 여기 들어왔느냐?" 그가 아무 말도 못했을 때 사환들에게 명령이 떨어졌습니다. "그 손발을 묶어 바깥 어두운 데에 내던지라 거기서 슬피 울며 이를 갈게 되리라 하니라"[52] 한 사람이 한 달란트를 받았을 때, 그것을 손수건 안에 쌓아둔 사람에 대해서 슬퍼하십시오. 다른 사람들이 이익을 얻는 동안 오직 그는 그가 받은 것을 보관하였습니다. 그의 화난 주인은 바로 그를 비난하였습니다. "악한 종아, 당신은 무슨 까닭으로 나의 돈을 은행에 넣지 않는가? 내가 올 때 내가 나의 돈을 이자까지 요구하지 않겠는가?"[53] 다시 말하면, 당신은 제단 앞에 당신이 열매맺지 못한 것을 내려놓아야 합니다. 왜냐하면 게으른 일꾼인 당신이 손에 동전 하나를 쥐고 있을 동안에, 당신은 그 돈을 두배로 만들 수 있는 다른 사람의 자리를 차지하고 있는 것입니다. 그런 까닭으로 잘 봉사한 그가 좋은 지위를 얻게 될 때, 주의 잔을 무가치하게 다룬 자는 주의 살과 피에 대해서 죄를 범한 것입니다.[54]

9. 모든 감독들이 다 진정으로 감독들은 아닙니다. 당신은 베드로를 주목합니다. 또한 가룟 유다를 봅니다. 당신은 스데반을 우러러봅니다. 또한 니골라를 봅니다. 계시록에서 주께서 미워하시는 니골라의 그들의 악하고 부끄러운 상상들이 오피테스

---

50. 딤전 3:1-3. 여기에서 히에로니무스는 희랍어 *kosmion*(그렇지 않다면, "질서있게")을 *ornatum*로 번역하였다. 그리고 지금까지 불가타에서는 그렇게 번역되며, Douai 성서에서는 "선한 행위의"라고 번역되며, 낙스에 의해서는 "예의바른"으로 해석된다. 이러한 것들은 희랍어로 되돌아가는 것처럼 보인다. 라보우르트는 여기에서 *ornatum*을 "cultivé"로 번역하며 "잘 비치된 것"을 의미할 수 있다. *didaktikon*에 대해서는 "가르치기에 적절한"에 대해서 히에로니무스는 *docibilem*을 아마 지금까지 "가르칠 만한 것"으로서 이해했다. 불가타는 *doctoremd*으로 번역한다.

51. 딤전 3:8-10. 여기에서 희랍어 *semnous* "묘소"를 히에로니무스는 *pudicos*, "순결한"으로 해석하며 "를 의미하며 그리고 불가타에서도 동일하다.

52. 마 22:11-13. 여기에서 라틴어는 문자 그대로 "그의 손과 발로 그를 떼어냈다"를 의미한다. "잡아매다"를 의미하지 않는다.

53. 눅 19:22.

54. 딤전 3:13; 고전 11:27.

의 이단을 야기시켰습니다.[55] "사람이 그 스스로를 살피고 그리고 그에게 오도록 했습니다."[56] 왜냐하면 이것은 한 사람을 그리스도인으로 만드는 교회적인 계급은 아닙니다. 백부장 고넬료는 성령의 선물이 그 위에 부어졌을 때까지 이교도였습니다. 다니엘이 연장자들은 재판했을 때, 그는 어린아이였습니다.[57] 아모스는 예언자가 될 때 뽕나무 덤불을 벗기고 있었습니다. 다윗은 왕으로 선택될 때, 오직 목자였습니다. 예수님의 제자들 중에 가장 작은 자가 예수님이 가장 사랑한 자였습니다. 나의 형제여, 아래 방에 앉으십시오. 보잘 것 없는 자가 올 때, 당신은 더 높은 곳으로 가도록 명령받을 수 있습니다. 주께서 신뢰하시는 사람은 겸손하며 회개하는 영의 사람이며 그리고 그의 말에 떨고 있는 사람 아니겠습니까? 하나님이 많은 것을 위탁하신 자에게 그는 더 많은 것을 청할 것입니다. "강한 사람은 강하게 고통받을 것입니다."[58] 어떠한 사람도 심판의 날에 단순히 육체적인 순결에 대해 스스로 자랑할 필요가 없습니다. 왜냐하면 그 때 사람들은 모든 무익한 말들에 대해서 가치를 둘 것이며 그리고 형제에 대해서 비방하는 것은 살인의 죄로서 취급될 것이기 때문입니다. 바울의 위치에 서거나 혹은 그리스도와 함께 이미 통치하는 사람들의 지위를 차지하는 것은 쉽지 않습니다. 천사가 와서 당신 성전의 장막을 둘로 나누며 그리고 그곳으로부터 당신의 촛대를 제거할 수 있습니다. 만일 당신이 탑을 짓기를 의도한다면 먼저 가격을 계산하십시오. 맛을 잃어버린 소금은 던져버리는 것 외에 그리고 맷돼지의 발 아래서 짓밟히는 것 외에 아무데도 유용하지 않을 것입니다. 만일 한 수도승이 타락한다면 한 성직자가[59] 그를 위해 중재할 것입니다. 그러나 타락한 성직자를 위해 누가 중재할 것입니까?

10. 결국 저의 담론은 암초인 것이 분명합니다. 결국 이 연약한 나무껍질은 파괴자에 의해 깊은 물 속으로 던져질 것입니다. 저는 지금 저의 돛을 분쟁에 펼쳐놓았습니다. 제가 뒤쪽에 논쟁의 암석들을 남겨놓았을 때, 저의 결말은 뱃사람의 즐거운 외

---

55. 계 2:6. 니골라는 나태한 도덕을 가지고 있는 하나의 영지주의적 분파인 니골라당의 창설자로서 잘 알려졌다. 짐작컨대, 비슷한 오피테스주의자들이 뱀을 숭배했다고 전해진다.

56. 고전 11:28.

57. 수산나 이야기(다니엘 13장).

58. 지혜서 6:6.

59. 히에로니무스가 사도들의 계승자로 다시 생각을 바꾸었을 때 *Sacerdos*, 아마 감독을 나타낸다. 플레멘틀은 발라르시의 문헌을 사용하며 바울과 더불어 베드로를 언급하고 있다.

침과 같을 것입니다. 오 사막이여, 그리스도의 꽃과 함께 빛나는구나! 오 고독이여, 계시록에 있는 위대한 왕의 도시를 세운 돌들이 어디서 오는가![60] 오 황무지여, 하나님의 특별한 현존과 함께 기쁘구나! 나의 형제여, 세상보다 위에 있는 당신이 세상 안에서 무엇을 가지고 있습니까?[61] 얼마나 오랫동안 어두운 지붕이 당신을 눌렀습니까? 얼마나 오랫동안 흐릿한 도시들이 당신을 가두었습니까? 저를 믿으십시오. 저는 당신보다 더한 빛을 가지고 있습니다. 그것은 몸의 무게를 버리며 그리고 순수한 밝은 창공 속으로 치솟은 것은 달콤합니다. 당신은 가난을 걱정합니까? 그리스도는 가난한 자를 복된 자라고 부르셨습니다. 고생이 당신을 겁먹게 합니까? 운동선수는 그의 이마에 땀을 흘렸기에 왕관을 쓰는 것입니다. 당신은 음식에 관련해서 염려합니까? 믿음은 가뭄을 두려워하지 않습니다.[62] 당신은 금식으로 인해 허약하게 된 다리 때문에 훤히 드러난 바닥을 두려워합니까? 주님은 당신 옆에 거기에 누우셨습니다. 당신은 씻지 않은 머리와 빗지 않은 머리카락으로 인해 주춤하십니까? 그리스도는 당신의 머리입니다. 사막의 끝이 없는 고독이 당신을 두렵게 합니까? 영 안에서 당신은 항상 낙원 안에서 거닐 수 있습니다. 그러나 저쪽으로 당신의 생각을 돌리십시오. 그리고 당신은 더 이상 사막에 있지 않습니다. 왜냐하면 당신은 더 이상 목욕을 하지 않기 때문에 당신의 피부는 거칠고 딱지가 붙어 있습니까? 일단 그리스도 안에서 씻음을 받은 사람은 다시 씻을 필요가 없습니다.[63] 당신의 모든 거부에 대해 사도는 이 하나의 간략한 답변을 주었습니다. "생각하건대 현재의 고난은 장차 우리에게 나타날 영광과 비교할 수 없도다"[64] 사랑하는 형제여 만일 당신이 여기에서 세상과 함께 기뻐하기를 원한다면 그리고 그리스도와 함께 지금부터 통치하기를 원한다면 당신은 진정으로 소중히 여김을 받습니다.

11. 이 썩을 것이 반드시 썩지 아니할 것을 입겠고 이 죽을 것이 죽지 아니함을 입을 그 날이 올 것입니다.[65] 주인이 올 때에 그 종이 이렇게 하는 것을 보면 그 종이

---

60. 계 21:19, 20.

61. Cyprian, *Ad Donatum*, 14, fin. 참고.

62. Tert., *Idol.*, 12. 이 장의 나머지 부분들은 키프리아누스의 *Ep.* 76:2에 기초하고 있다.

63. 요 13:10.

64. 롬 8:18.

65. 고전 15:53.

복이 있으리로다[66] 그 때에 나팔소리에 지구와 그곳의 사람들은 떨 것이지만 그러나 당신은 즐거워할 것입니다. 주께서 세상을 심판하기 위해서 오실 때, 세상은 슬퍼하고 신음합니다. 그리고 지구와 만백성들은 가슴을 칠 것입니다. 한때 강성했던 왕들은 빈곤 속에서 덜덜 떨 것입니다. 그 다음 그의 모든 자손들과 함께 한 주피터*는 그의 불꽃 속에서 보여질 것입니다. 그리고 플라톤은 그의 제자들과 함께 단지 어리석은 자가 될 것입니다. 아리스토텔레스의 논증들은 유용한 것이 아닐 것입니다. 당신은 초라한 사람일 수 있으며 나라는 번성할 수 있습니다. 그러나 그때 당신은 크게 기뻐하고 웃으면서 말할 것입니다. 나의 하나님, 십자가에 달린 자를 보십시오. 나의 심판관을 보십시오. 강보에 싸여서 구유에서 울었던 아기가 이분입니다. 그의 부모들은 일하는 사람이었고 그의 어머니는 임금을 얻기 위해서 일하였습니다. 비록 그가 하나님일지라도, 그는 사람들의 면전 앞에서 그의 어머니의 가슴에 안겨 이집트로 도망간 분입니다. 주홍색 긴 옷을 입고 가시로 관을 씌운 분이 이 분이십니다. 이 분은 마술사라 불리워지고 악마와 함께한 사람이며 사마리아인과 함께한 사람이라고 불리웠던 분입니다. 유대인들이여 보십시오. 당신들이 십자가에서 못을 박았던 그 손을 보십시오. 로마인들이여 당신들이 창으로 찔렀던 그의 양 옆구리를 보십시오. 당신들 모두 당신이 말한 대로 밤에 제자들이 비밀스럽게 훔친 육체인지 보십시오.[67]

오 나의 형제여 만일 당신이 이러한 말을 말해야 한다면, 당신이 이러한 승리를 보아야 한다면 지금 무슨 일이 어려운 것일 수 있습니까?

---

66. 마 24:46.
67. 히에로니무스의 마무리 부분은 테르툴리아누스의 *De Spectaculis*. (§30)에 기초하고 있다.

---

* 로마신화에 나오는 모든 신의 왕으로 천계의 최고신. 그리스신화의 제우에에 해당함.

서신 15: 교황 다마수스에게

서론

I

이 서신은 안디옥의 학파나 혹은 멜레티안 분열과 필연적인 연관성을 가지거나 혹은 적어도 어떠한 형태든지 관련이 있다. 니케아 공의회(325) 이후에 바로 안디옥의 감독이며 니케네 신조의 견고한 승리자였던 유스타티우스는 그의 자리에서 실각되고 추방되었다. 그를 이은 몇몇의 감독들은 그들의 신앙에 있어서 엄격한 니케아 신조의 관점으로부터 어느 정도 불확실했다. 그러나 그들은 비난받지 않았으며 대부분의 안디옥 기독교인들은 그들을 합법적인 감독으로 받아들였다. 유스타티우스에게 충성했던 작은 무리들이 그들로부터 떨어져 나갔으며 그리고 따로 예배를 드렸다. 그들의 지도자는 장로 파울리누스였다. 신학과 용어에 있어서 그들은 지속적으로 니케아 신앙으로 남아 있었다. 비록 사르디카의 서방 공의회가 342년에 안디옥의 스데반을 파문하였고 그래서 아타나시오스가 346년에 안디옥을 방문했을 때, 그가 파울리누스와 함께 성찬을 나누었는데, 359년 공적인 감독들은 일반적으로 동방에서 유독시우스가 공개적으로 극단적인 형태 안에서 아리오스파라는 것을 밝힐 때까지 그리고 셀루키아 공의회에 의해서 파문될 때까지 받아들여졌다. 멜레티우스가 그를 계승하였는데 그는 비록 그가 결코 감독의 자리를 얻지 못했을지라도 명목상 그 때 세바스테의 감독이었다.

멜레티우스는 과거에 아리오스주의자였다. 그는 "homoean"무리에 속해 있었다. 이 무리는 아들이 아버지와 같다고 말하는 것에 만족하고 있었다. 그들이 바라는 것으로서 혹은 아리오스주의자로서 그들은 정통주의일 수 있는 신조 아래 있었다. 그들 중 많은 사람들은 평화를 원했다. 사람들은 추측컨대 멜레티우스가 다소간 아리오스주의를, 대략 유독시우스 전에 안디옥의 감독직의 전통을 유지할 것을 기대하였다. 그러나 일단 그는 콘스탄티우스 앞에서 잠언 8장 22절을 가지고 하나의 방법으로 그의 정통주의를 선포하였다. 그 방법은 황제로 하여금 그를 빨리 추방하도록 하였다. 진정한 아리오스주의자인 유조이우스가 그의 감독직에 임명되었다. 따라서 안디옥에는 세 종류의 기독교 파당들이 있었는데, 즉 유조이우스파, 유배가 있는 멜레티우스파 그리고 장로 파울리누스 지도 아래 있는 유스타티안 파들이었다. 콘스탄티우스는 361년에 죽었으며 멜레티우스가 신앙을 위한 그의 고난으로부터 돌아와서, 그리고 오래지 않아 그가 니케아 "homoousian" 정통주의를 공언했을 때, 그는 유스타티안들의 지지를 당연히 기대하였다.

그러는 동안에, 그러나, 아타나시오스가 유배로부터 돌아와서 알렉산드리아 공의회(362)를 개최할 유리한 고지를 가졌다. 알렉산드리아 공의회에서 소망되어진 것으로 니케아 신조를 주장하는 무리들과 비록 오랫동안 양태론자나 혹은 사벨리우스 주의자들로서 "homoousion"(하나의 본질로 되어지는 것)에 대해서 의심을 받았을지라도, 그리스도의 신성을 생각하는 것으로서 본질적으로 정통주의자들인 동방 기독교인들이 어떻게 연합할 것인가를 계획할 수 있었다. 동방의 용어는 지금은 무시해버리지 않고 조직적으로 고려되어진다. 용어 *hypostasis*는 두 가지 의미로 사용될 수 있으며, 사용되고 있는데, 하나는 *ousia*, 본질에 동등한 것으로 그래서 오직 하나님의 유일한 하나의 *hypostasis*(니케네와 서방에서 사용됨)로 보여졌다. 다른 한편 그것은 *ousia*로부터 구별되며 삼위일체(동방에서 사용됨)의 세 개의 위격들을 명시하는 데 사용되었다. 동방의 술어는 본래부터 삼신론적이나 혹은 아리오스적이지 않다는 것을 지금은 인정한다. 그리고 그것은 서방의 니케아파와 알렉산드리아가 니케아의 *homoousion*을 받아들이는 교제의 조건으로서 세 개의 *hypostaseis*를 포기하고 있는 동방에 대해 더 이상 주장할 필요가 없다는 것에 동의했다. 더욱이 사벨리안 주의에 대한 두려움 때문에 아들이 본질에 있어서 아버지와 같다고 오직 말한 "*homoeousians*"은 니케아 신조와 서방의 교회들이 양태론자 주의자들이 아니라는 주장을 받아들였다. 그리고 세 개의 *hypostasis*를 인정하면서 *homoousion*을 받아들였다. 그리고 특별히 안디옥에서의 소란스러운 상황이 해결되기를 바랐는데, *homoousion*을 받아들였지만 그러나 세 개의 *hypostaseis*를 말하는 멜레티우스는 안디옥의 감독으로서 인정될 수 있었으며 그리고 서방과 성찬을 나눌 수 있었기 때문이었다. 따라서 논쟁은 베르셀라이의 유세비우스 아래에서 안디옥에 보내졌다.

이러한 회유적인 계획들은 카글리아리의 광신적인 루시퍼에 의해서 뒤엎어졌다. 루시퍼는 안디옥에 도착해서 유세비우스가 도착하기 전에 파울리누스를 감독으로 임명하였다. 이것은 유세비우스와 아타나시오스를 위태한 상황에 처하게 했는데 왜냐하면 적어도 아타나시오스는 이전에 파울리누스와 성찬을 나누었기 때문이다. 유세비우스는 그의 판단을 보류하였고 그러나 아타나시오스는 직접 안디옥에 가서 분명하게 멜레티우스와 함께 성찬을 나누려고 하는 의도를 가졌다. 그러나 모든 것이 빗나갔으며 그는 결국 파울리누스를 인정하였다. 서방은 비록 모두가 그런 것은 아니지만 그를 따랐다. 로마의 다마수스는 10년이나 혹은 12년 동안 그의 지위를 선포하지 않았다.

안디옥에서의 분쟁은 단순하게 지역적으로만 그 파장이 미친 것은 아니었다. 그것으로 인해 기독교 세계의 대관구들 사이에 긴장이 감돌았으며 서방에서 아리오스 주의를 격퇴시키는 것이 정지되었다. 그러므로 370년으로부터 379년에 이르기까지 분쟁을 해결하기 위한 용감한 노력이 카파도키아에 있는 카이사르의 감독 바실레이오스에 의해서 이루어졌다. 그는 항상 멜레티우스 쪽에 서있었으며 그는 후자가 아타나시오스를 향한 행동에서 오류를 범하였으며 그리고 서방이 그것을 새로이 그리고 알맞은 정보를 근거로 보아야 한다는 조건아래 전체 문제는 서방의 중재가 필요하다고 보았다. 그가 아타나시오스에게 그리고 그를 통해서 로마와 다른 서방의 도시들에게 보낸 임무들은 그의 서신들 안에서 부분적으로 연구될 수 있다. 그러나 아타나시오스는 373년에 죽었고 바실레이오스의 노력들은 열매를 맺지 못했다. 왜냐하면 서방은 지속적으로 파울리누스를 인정하였으며 그리고 마침내 인정된 연대기에 따르면 375년에 다마수스는 그를 인정하였다. 이것은 바실레이오스에게나 혹은 대다수의 동방의 감독들에게는 받아들여질 수 없었다. 대다수의 동방의 감독들의 지속적인 지지와 함께 멜레티우스는 381년 콘스탄티노플 공의회의 처음 부분에 사회를 맡았으며 콘스탄티노플의 새로운 감독으로 나지안조스의 그레고리오스를 취임시켰다. 히에로니무스는 거기에 있었다. 멜레티우스가 공의회 기간동안 죽었을 때, 그레고리오스는 공적 과정으로 안디옥의 합법적인 감독으로서 서방이 이미 인정한 파울리누스를 받아들이려고 생각하였다. 그는 이것이 평화를 확보하는 것이라고 생각했다. 그러나 일반적으로 동방의 감독들은 멜레티우스에 대한 추억에서 이것을 조금도 허용하지 않았으며(그들은 이 때에 완전하게 파울리누스에게 적대적이 되었음이 틀림없다.) 그래서 그들은 그를 계승하는 자로 그들의 장로들 중에 한 사람인 플라비안을 선출하였다. 그레고리오스는 그 결과 콘스탄티노플의 대주교 자리에서 사임하였다.

382년에 공의회가 로마에서 열렸는데 대체적으로 콘스탄티노플 공의회의 견해와 활동에 대해 서방의 태도를 결정하려는 것이었다. 파울리누스는 거기에 있었으며 히에로니무스가 그를 수행하였다.(「서신」 108:6, 참고 127:7) 파울리누스는 안디옥의 감독으로서 다시한번 인정을 받았으며 그리고 388년 죽을 때까지 지속적으로 로마와 알렉산드리아와 성찬을 나누었다. 파울리누스의 후계자는 히에로니무스의 친구인 에바그리우스였다. 참으로 파울리누스는 그가 죽기 전에 에바그리우스를 성직에 임명하는 것에 의해서 이 계승을 확실하게 하려고 최선을 다했다. 이것은 실수였다. 이것은 분명해졌는데 왜냐하면 교회법을 무시한 절차가 서방에게 충격을 주었고 분란과 부적절한 협약에 대한 적절한 처리 이후에 플라비안은 보편적으로 인정받았다. 동방은 서방에 대해 승리하였다.

II

히에로니무스가 칼키스의 사막으로부터 다마수스에게 서신을 보냈을 때, 그의 지위는 무엇이었는가? 그의 편지는 진실한 것인가? 많은 것들이 연대기에 의존하고 있다. 이 서신을 그의 서신 *Per filium meum*안에서 혹은 그것이 암시하고 있는 이전의 편지 안에서 (정확하지는 않지만) 다마수스에 의해 파울리누스가 인정되기 전인 374년으로 보는 것이 관례였다. 그러면 히에로니무스의 「서신」 15는 아마 그 자신의 선호를 좀 더 명확하게 하려는 것으로 직접적인 지도를 요청하는 것일 수 있다. 카발레라가 했던 것처럼 376~377년 사이에 그것의 연대를 두는 것은 많은 문제를 야기시키는데 왜냐하면 그때가지 만일 우리가 *Per filium*과 바실레이오스의 여러 편의 서신들에 대해 새롭게 연대를 정하지 않으면 히에로니무스는 파울리누스의 변화된 지위에 대해서 알았음이 틀림없다. 그 자신의 초기 서신들은 에바그리우스가 사막에 있는 그를 자주 방문하였으며 그리고 그에게 서신들과 소식들을 가져다 준 것을 보여준다. 그러면 우리는 *Per filium*이 충분히 결정적인 것으로서 간주되지 않으며 혹은 바실레이오스의 특사에 의해서 에워쌓인 다마수스가 흔들리는 것 같은 것으로 추론할 수 있다. 그 경우에 히에로니무스의 서신에는 상당한 핑계가 있다. 우리는 그와 이미 다마수스에 의해서 바실레이오스에 대한 그의 전령으로 고용되었던 에바브리우스 사이의 은밀한 계획을 추측해야 한다. 그러나 히에로니무스의 선한 믿음을 보호하기 위한 한 가지 방법이 있다. 이러한 기간에 대한 카발레라의 연대기는 상당한 정도로 그의 출발점으로 밀란의 감독으로서 암브로시우스가 서품을 받은 것에 의지하고 있다. 그는 이 때를 374년 12월로 둔다. 그러나 팔랑꿰는 이 사건을 373년으로 두는데 이것은 넓게 받아들여지고 있으며 그것은 히에로니무스가 안디옥을 여행한 것을 373년에 두고 374년에 그가 사막으로 떠난 것을 보는 것에 어려움이 없어 보인다. 그러면 그는 다마수스의 결정 이전에 혹은 그 결정에 대해서 알지 못한 채 이 서신을 썼을 수 있다. 이 연대기가 어려움이 없는 것은 아니다. 왜냐하면 1. 거기에는 「서신」 16을 위한 시간이 있어야 하며, 2. 「서신」 15는 비탈리스를 파울리누스와 멜레티우스와 동등하게 놓는데 마치 그는 이미 안디옥의 감독인 것으로 주장되고 있었으며 만일 그 때가 375년이라면 *Per Filium*과 함께 융화하기에는 어려움이 있다. 아마 히에로니무스는 그를 단지 한 무리의 지도자이며 잠재적인 분리주의자로서 생각하고 있었던 듯하다. 다른 어려움은 심각한 것은 아닌데 왜냐하면 우리는 히에로니무스가 다마수스에게 다시 서신을 보내기까지 얼마의 시간이 흘렀는지를 알지 못하기 때문이다.

Ⅲ

심지어 만일 우리가 이 「서신」 15를 374년이나 375년으로 둔다면, 그것을 아주 진실된 것으로서 생각하기에는 어려움이 있다. 동방을 방문한 한 서방의 기독교인인 그는 안디옥에서 성찬을 나누어야 했다. 그는 다마수스가 그에게 말한 것을 기꺼이 하겠다는 것을 공언하였다. 그러나 그는 현실에 있어서 그의 친구 에바브리우스를 통해서 파울리누스에게 깊이 관여되어 있었다. 그리고 심지어 그것을 차치하더라도, 만일 그가 멜레티우스 파와 교제하며 그리고 세 개의 hypostasis를 받아들였다고 말해진다면 그는 몹시 불쾌감을 느낄 것은 분명하다. 그는 멜레티우스 파를 변장한 아리오스 파로서 취급하였다. 비록 그가 거의 희랍의 삼위일체 신학과 언어의 신비를 파악할 시간을 거의 가질 수 없다 할지라도 그는 교황에게 연설을 하였다.

히에로니무스는 다마수스로부터 답장을 받지 못했다. 그러한 사실로부터 사람들은 다마수스는 아직 선언하지 않았다는 가정 위에서 그 서신에 대해서 374년에서 375년으로 주장할 수 있다. 혹은 다마수스는 그의 서신과 엇갈려 그의 결정이 오래전에 히에로니무스에게 도달될 것을 알았다고 추측할 수 있다. 히에로니무스는 사막으로부터 비슷한 어투로 다시 서신을 썼다. 그가 안디옥에 돌아왔을 때 그는 파울리누스에 의해서 장로로 안수를 받았으며 후에 우리가 본 것처럼 그와 동행해서 로마에 갔다. 그의 안수의 시간에 의해 「서신」 15와 16에 대해 어떤 연대를 부여하는 것 위에서 다마수스가 파울리누스를 인정했다는 것이 그에게 알려졌을 것이다.

로마의 감독에 대한 히에로니무스의 충성은 강력한 언어로 이 서신 안에서 표현된다. 그의 생애 말년에 로마와 그의 관계들은 그렇게 진심에서 우러나오는 것은 아니었으며 「서신」 146에서 볼 수 있다. 그러나 그 서신이 그가 「서신」 15의 위치를 포기하는 것을 정말로 입증하지 못할 때 「서신」 15의 암시는 로마의 주장을 선호하는 것에서 과장되어서는 안된다. 히에로니무스는 그가 말한 것처럼 서방인으로서, 진정한 로마인으로서 그가 세례받은 교회에 편지를 썼다. 그는 동방에서 어떤 교회적인 충성도받지 않았다. 그리고 그 자신을 서방의 감독들과의 거룩한 성찬을 나누는 관계 바깥에 두기를 원하지 않았다. 이것은 그가 유지하려고 했던 태도였는데 왜냐하면 그는 안수를 받을 때 그를 교회법적으로 파울리누스 자신의 장로들 중의 하나로 만들지 않는다는 다음과 같은 조건에서 받았기 때문이다. 그리고 베들레헴에 거하는 오랜 기간 동안 그는 그의 수도원들을 예루살렘의 관구 안에 있는 라틴 고립 지역으로서 생각하기를 원했다.

본문

1. 오랜 기간 사람들 사이에서 존재하는 반목에 의해서 산산조각이 동방이 머리로부터 끝까지 "위에서부터 통으로 짠" 주님의 호지 않은 옷을 조금씩 조금씩 조각조각 찢고 있기 때문에, 여우가 그리스도의 포도밭을 파괴하고 있기 때문에 그리고 물을 담지 못하는 부서진 저수지 가운데 "봉인된 샘"과 "울타리 쳐진 정원"을 발견하는 것은 어렵기 때문에,[1] 저는 베드로의 보좌를 고려하고 바울에 의해서 찬양받는 신앙을 갖고 있는 교회로 향하는 것이 저의 의무라고 생각합니다.[2] 저는 영적 음식을 위해서 제가 그리스도의 옷을 받았던 교회에 호소합니다.[3] 우리 사이에 놓여 있는 바다와 육지의 넓은 공간은 값비싼 진주를 찾으려고 하는 것으로부터 저를 막을 수 없습니다. "그들이 대답하여 이르되 주여 어디오니이까 이르시되 주검 있는 곳에는 독수리가 모이느니라 하시니라"[4] 사악한 자녀들은 그들이 물려받은 재산을 함부로 씁니다. 당신만이 홀로 당신의 전통 유산을 변하지 않게 보존하고 있습니다. 당신의 풍성한 토양은 주님의 순수한 씨앗을 받았을 때, 백 배의 열매를 맺습니다. 그러나 여기에 옥수수 씨앗이 고랑에서 질식되고 있습니다. 그리고 독보리와 귀리 외에 아무 것도 자라지 않습니다. 서방에서 의의 태양은 지금도 떠오르고 있습니다. 반면에 동방에서는 천국으로부터 타락한 루시퍼가 별들 위에 그의 보좌를 다시 세웠습니

---

1. 요 19:23; 아 2:15; 렘 2:13; 아 4:12. 이 구절들은 양과 방주와 함께 그리고 §2에 있는 눅 11:23의 인용문과 함께, 교회의 일치를 나타내는 표준적인 본문들이다. 그들의 대부분은 키프리아누스의 *De Unitate*에 나타난다.

2. 롬 1:8.

3. 그는 로마에서 세례를 받았다. 따라서 §3의 "한 로마인"으로 표시한다.

4. 눅 17:37.

다.[5] "너희는 세상의 빛이라" "너희는 세상의 소금이라." "너희는 금 그릇과 은 그릇이라" "여기에 나무 그릇과 질그릇도 있으니 철장과 영원한 불을 기다리는 것이다."[6]

2. 그러나 비록 당신의 위대함이 저를 두렵게 하여도, 당신의 친절함이 저를 유혹합니다. 사제로부터 저는 산 제물을 안전하게 유지하는 것을 요청했습니다. 목자로부터 양에 대한 보호를 요청했습니다.[7] 부러움의 대상이 되는 영광으로부터 벗어나십시오. 위대한 로마의 자랑을 뒤로 빼십시오. 저의 말들은 어부의 계승자에게, 십자가의 사도에게 말해집니다. 제가 그리스도 외에 어떤 지도자도 따르지 않을 때, 그래서 저는 당신 축복받은 자, 즉 베드로의 보좌와 함께 있는 당신 외에 아무와도 성찬을 나누지 않습니다. 제가 아는 한 이것은 교회가 세워진 반석이기 때문입니다.[8] 이것은 유월절 어린양을 바르게 먹을 수 있는 집입니다. 이것은 노아의 방주이며, 그가 방주에 있지 않으면 홍수가 범람했을 때, 멸망할 것입니다.[9] 그러나 저의 죄를 이유로 저는 시리아와 문명화되지 않은 황무지 사이에 놓여 있는 이 사막에 의탁하고 있기 때문에, 우리 둘 사이에 놓여있는 이 엄청난 거리로 인해 저는 항상 주님의 거룩한 것인 당신의 거룩함에 대해서 요청할 수 없습니다.[10] 결과적으로 저는 여기에서 당신의 신앙을 나누는 이집트 고백자들을 따르고 있으며 그리고 그들의 거대한 배의 지나간 흔적 안에서 저의 연약한 술책을 숨기고 있습니다.[11] 저는 비탈리스에 대해서 아무 것도 알지 못합니다. 저는 멜레티우스를 거절합니다. 저는 파울리누스와 아무런 관계도 없습니다.[12] 당신과 함께 모이지 않은 그는 흩어집니다. 그리스도의 것이 아닌 그는

---

5. 사 14:12.

6. 마 5:13-14; 딤후 2:20; 계 2:27; 18:9.

7. *Sacerdos, pastor*, 둘 다 감독을 나타낸다.

8. 마 16:18 그리고 *Ep.* 16에서 다마수스에게 히에로니무스는 다음과 같이 말한다. "베드로의 보좌에 입회하는 그는 나의 사람이다."

9. 출 12:22; 창 7:23. 키프리아누스, *De Unitate*, 8과 6 참고.

10. *Sanctum Domini.* 성찬식.

11. 373년에 동방의 황제 발렌스는 아리오스주의자였는데 일련의 정통주의 이집트인들을 시리아로 추방하였다. 몇몇은 헤리오폴리스(바알벡)에 머물렀는데 히에로니무스의 *Ep.* 3에서 한 알렉산드리아 장로에 의해 방문받은 그들의 한 무리를 언급하였다. 다마수스는 알렉산드리아와 교제하였고 그래서 히에로니무스는 그들과 교제하는 것에 있어서 안전하였다.

12. *Ep.* 16에서 이러한 세가지는 다마수스에게 충실하는 것으로 요구하였다. 멜레티우스와 파울리누스에 대해서 서문을 보아라. 비탈리스는 멜레티우스의 한 장로였다. 그러나 아폴리나리우스의 제자가 되었다. 히에로니무스는 안디옥에서 아폴리나리우스의 설교에 참여하였다. 이처럼 비탈리스는 *homoousion*에 대해서는 정통주의자였고 그러나 성육신에 대해서는 비정통주의자였다. 그는 로마에 갔으며 파울리누스에게 그의 정통주의를 조사하도록 요청하는 하나의 서신과 함께 안디옥에 돌려보내졌다. 이것은 다마수스가 파울리누스를 인정하고 있는 것이며 멜레티우스가 아니라는 것을 의미한다. 그 연대는 375년으로 주어져 있다. 이 때에 아폴리나리우스는 비탈리스를 감독으로 취임시켰으며 그래서 그도 안디옥의 감독인 것을 주장하였다. 만일 이것이 일어났다면 언제 히에로니

적그리스도의 것입니다.[13]

3. 지금 제가 아리오스주의자의 후손들인 카펜스주의자[14]들이 로마인인 저에게 그들의 결례가 없는 세 개의 hypostases의 교의를 강요하려 하고 있다는 것을 말씀드리는 것이 유감스럽습니다. 니케아가 명시하였고 서방도 동참한 알렉산드리아의 신조 이후에도 이러한 일이 계속되고 있습니다.[15] 제가 알기를 원하는 것은 이러한 교리들의 사도들은 어디에 있습니까? 이방인들의 새로운 박사인 그들의 바울은 어디에 있습니까? 저는 그들에게 세 개의 hypostasis가 의미하는 것이 무엇인지를 요청했습니다. 그들은 세 개의 인격들(persons)이 존재하는 것이라고 대답했습니다. 저는 이것이 저의 믿음이라고 대답했습니다. 그들은 의미에 만족하지 않았으며 그들은 용어를 요청했습니다. 확실히 어떤 비밀스러운 독이 그 말들 안에 숨겨져 있습니다. "만일 어떤 사람이 실제화된 세 개의 물체들의 감각 안에서 즉 세 개의 인격들이 존재한다는 감각 안에서 세 개의 hypostasis를 인정하는 것을 거절한다면, 그를 파문시켜라."라고 저는 외칩니다. 그러나 저는 그들의 말을 공언하지 않기 때문에 저는 이단자로 생각됩니다. "그러나 만일 hypostasis에 의해서 *ousia*를 이해할 때, 그가 세 개의 인격 안에 하나의 hypostasis가 있다는 것을 거절한다면, 그는 그리스도 안에서 일부분을 갖고 있는 것은 아닙니다." 왜냐하면 이것은 저의 고백이기 때문에 당신처럼 저는 사벨리우스자라는 오명으로 낙인이 찍혔습니다.[16]

4. 당신에게 간청합니다. 결정을 내려 주십시오. 만일 당신이 그렇게 결정한다면 저는 세 개의 hypostases에 대해서 주저않고 말할 것입니다. 니케아 신조를 폐기시키

무스는 편지를 쓴 것인가? 그 연대기는 정확하지 않다. 에피파니우스는 374년에 쓴 그의 *Ancoraus*에서 비탈리스에 대해서 언급하고 있지 않다.

13. 눅 11:23.

14. *Campenses*라는 별명의 기원은 확실하지 않다. 어떤 사람들은 그것을 멜레티안 일당이 아리오스 감독 유조이우스에게 그들의 교회의 소유권을 잃어버리고 들판에서 예배를 드리도록 강요당한 때로 돌아가게 한다고 생각했다. 다른 사람들은 그것을 킬리키아의 평지(*campus*)와 연관시킨다. 그리고 멜레티안 무리들과 다소의 신학자들 사이의 연합은 §5와 각주를 참고하라.

15. 히에로니무스는 362년 알렉산드리아의 공의회의 "교령"이 전적으로 그가 취하고 있는 노선의 반대라는 사실에 직면하지 않았다. 그러나 그는 이 법령에 따라 그가 세 개의 hypostases를 그 자신의 정통주의 표시로서 받아들이도록 강요될 수 없다는 것을 그의 편에서 권리를 가졌다. 추측컨대 안디옥에서뿐만 아니라 칼키스의 수도승들 가운데서 멜레티우스의 지지자들이 있었다.

16. *Cauterio unionis*, 즉 하나님이 세 개의 양태와 혹은 존재방식 안에서 하나의 인격(person)을 갖는다는 교리이다. 이것은 3세기 초 사벨리우스에 의해서 가르쳐졌으며 동방은 서방이 *homoousion*을 사벨리우스주의자나 혹은 양태론주의자의 의미에서 사용한다고 의심하였다.

기 위한 새로운 신조를 명령하십시오. 그러면 우리가 아리오스 주의자든 혹은 정통주의자든 하나의 고백이 우리 모두를 위해서 행해질 것입니다. 세속적 학문의 모든 범주 안에서 hypostasis는 *ousia* 외에 어떤 것도 의미하지 않습니다.[17] 그리고 제가 요청하는 것으로 어떤 사람이 그렇게 신성모독적이어서 삼위일체 안에서 세 개의 본질(substances)에 대해서 말할 수 있습니까? 하나님에 대해서는 오직 하나의 본질이 있습니다. 그리고 이것은 오직 하나입니다. 그리고 이것은 홀로, 진정으로 있습니다. 왜냐하면 그것은 그것의 존재가 모든 것이 그것 자신을 제외한 다른 자료로부터 그것의 존재를 가져오지 않습니다. 창조된 모든 다른 것들은 존재하는 것으로 나타날지라도 아닙니다. 왜냐하면 그들이 없었던 시간이 있었습니다. 그리고 일단 없었던 것은 다시 존재하는 것이 멈출 수 있습니다. 영원이신, 즉 시작이 없으신 하나님 홀로 진정으로 본질이라 불리울 가치가 있습니다. 그러므로 또한 그는 가시덤불로부터 모세에게 말씀하셨습니다. "나는 스스로 있는 자이다." 그리고 모세는 그에 대해서 말했습니다. "스스로 있는 자가 나를 보내셨다 하라"[18] 천사들과 하늘과 땅과 바다와 모든 것이 존재할 때 어떻게 하나님은 그 스스로 모두에게 일반적인 본질의 그 이름을 요청할 수 있겠습니까? 그러나 그의 본질만이 홀로 창조되지 않았기 때문에 그리고 세 개의 인격(persons)안에서 단지 하나의 삼위일체가 존재하기 때문에 진정으로 존재하는 것은 오직 하나의 본질입니다. 종교의 이름으로 삼위일체안에 세 개의 요소, 즉 세 개의 hypostases가 있다고 선포하는 사람은 누구든지 하나님의 세 개의 본질을 단언하고자 시도하고 있습니다. 그리고 만일 이것이 사실이라면 불신앙 안에서 우리가 그와 함께 하나일 때 왜 우리는 아리오스로부터 벽에 의해서 단절됩니까? 우르시누스로 하여금 당신의 축복에 동료가 되도록 하십시오. 아욱센티우스로 하여금 암브로시우스와 연합하게 하십시오.[19] 그러나 로마의 신앙은 결코 그와 같은 길에 이를 수 없습니다! 당신의 백성들의 경건한 마음을 결코 그와 같은 불경한 것으로 오염

---

17. 이것은 사실이 아니다. *hypostasis*에 대해서 Prestige, *God in Patristic Thought*, 162–190쪽을 참고하라.

18. 출 3:14.

19. 우르시누스는 366년 교황 선출에서 격돌한 이래 교황 다마수스와 라이벌이었다. 아욱센티우스는 암브로시우스 때, 아리오스 주의자의 선임자였거나 혹은 아주 확실하지 않은 것으로 두로스토롬의 아욱센티우스였다. 이 사람에 대해서 암브로시우스, 「서신」 20, 21을 참고하라. 만일 후자라면 히에로니무스는 밀란에 대해서 예상 밖의 좋은 정보를 가지고 있다. 비록 그 자신의 고향이 밀란 주변이었을지라도 아마 에바그리우스를 통해서였을 것이다.

시키지 마십시오. 우리로 하여금 하나의 본질과 세계에 존재하는 인격들—완벽하고 동등하고 영원한—에 대해서 말하는 것을 만족하게 하십시오. 만일 그러한 것들이 당신의 즐거움이라면 우리로 하여금 하나의 hypostases를 지키게 하십시오. 그리고 세 개에 대해서는 아무 것도 말하지 않게 하십시오. 같은 것을 의미하는 사람들이 다른 말을 사용할 때, 그것은 나쁜 징조입니다. 우리로 하여금 제가 언급한 신조의 형태로 만족하게 하십시오. 만약 당신이 그것을 옳다고 생각한다면 어떻게 우리가 세 개의 hypostasis에 대해서 말해야 하는지를 써주시고 설명하십시오. 저는 순종할 준비가 되어 있습니다. 그러나 저를 믿으십시오. 그들의 달콤함 밑에는 숨겨진 독이 있습니다. 사탄의 천사는 그 스스로를 빛의 천사로 바꿉니다.[20] 그들은 hypostasis 라는 용어에 대해 그럴 듯한 설명을 합니다. 그러나 제가 그들이 설명한 교리를 지키겠다고 공언했을 때 그들은 저에게 이단이라고 말했습니다. 왜 그들은 그렇게 그 말에 대해서 집착하고 있습니까? 왜 그들은 그들 스스로를 애매한 언어 밑에 방어하고 있습니까? 만일 그들의 믿음이 그것에 대한 설명과 일치한다면 저는 그것을 지키는 것에 대해서 그들을 비난하지 않습니다. 다른 한편 만일 저의 신앙이 그들의 단언된 의견 안에 일치한다면 그들은 저에게 저 자신의 말 안에서 그들의 의미를 밝히는 것을 허락해야 합니다.

6. 저는 당신에게 탄원합니다. 그러므로 세상의 구원을 위해 십자가에 달리신 분에 의해서 그리고 동질의 삼위일체에 의해서 저에게 세 개의 hypostases에 대한 이러한 교령을 사용하거나 혹은 거절하도록 서신에 의해서 확정해 주실 것을 탄원합니다. 그리고 저의 현재의 거취의 애매함으로 당신의 편지를 운반해주는 사람들을 당황하게 할 수 있지 않도록 저는 당신에게 그것을 당신이 잘 알고 있는 장로인 에바브리우스[21]에게 전달하도록 간구합니다. 저는 또한 당신에게 제가 안디옥에서 성찬을 나누어야 하는 사람들과 함께 뜻하는 것을 간청합니다. 왜냐하면 탈수스[22]의 이단자들인

---

20. 고후 11:14.

21. 에바그리우스는 안디옥의 장로였고 파울리누스의 추종자였다. 그는 유배로부터 돌아왔을 때 베르셀라이의 유세비우스와 함께 이탈리아에 갔으며 서방에서 서신의 사람으로서 그리고 열정적인 "니케아주의자"로서 존경받았다. 그리고 388년에 그가 계승한 파울리누스를 대신해서 그의 영향력을 사용하였다. 에바그리우스에 대해서 안디옥의 "조그만 교회"라는 말이 첨부된다. 히에로니무스, 라보르투의 편집본인 *Letters*, vol. III. 248–259.

22. 다소의 감독 실바누스와 카스타바라의 감독 테오필루스가 그들이 중심이었던 "homoeousian"무리를 거쳐서 정통주의로 왔다. 그들은 멜레티우스와 교제하였다. 그리고 그들의 정통주의를 받아들이지 않은 히에로니무스는 멜레티우스를 같은 아리오스주의자의

그들의 동맹자들과 함께 카펜스 무리들은 당신과 함께 성찬을 나누는 권위와 지지와 더불어 말씀의 오랜 관점[23] 안에서 오직 세 개의 hypostases를 설교하는 것을 바라고 있습니다.

솔로 타르가 칠해진 자로서 간주하였다. 그러나 그들은 Socrates, *H.E.*, IV, 12에 따르면 교황 리베리우스와 함께 교제하였다.

23. 다른 성질의 세 개의 다른 hypostases라는 오래된 의미가 적어도 히에로니무스에게는 있었다. 381년 콘스탄티노플 공의회는 세 개의 hypostases를 받아들였고 그래서 서방은 히에로니무스에도 불구하고 그렇게 했다.

서신 52: 네포티아누스에게

서문

네포티아누스는 알티눔의 헤리오도루스의 조카이다. 헤리오도루스는 히에로니무스가 376년경 「서신」 14를 보냈던 사람이다. 헤리오도루스가 이탈리아로 돌아간 이유 중 하나는 과부가 된 그의 누이와 그녀의 어린 아들(Parvulus)의 요청 때문이었다. 네포티아누스는 그의 삼촌의 손에 컸고, 삼촌이 그랬던 것처럼 군대에 입대했으며, 또한 금욕적 생활을 위한 소망을 가지고 군대를 떠났다. 삼촌처럼 그도 교회의 성직자가 되기로 결정하였다. 우리가 네오포티안에 대해서 알고 있는 대부분의 것은 히에로니무스가 396년에 헤리오도루스에게 썼던 서신에 의해서이다. 네포티아누스는 396년에 장로로 안수 받은 지 오래지 않아 세상을 떠났다. 서신의 마지막 부분에 연대가 명시되어 있는데, 정확한 것을 추정할 수는 없지만, 대략 383년 말이나 혹은 384년 초인 것으로, 유스토키눔에게 동정녀에 대한 유명한 서신(22)을 쓴 후 10년정도 지나서이다.

　「서신」 60(§§9–13은 자서전적인 것을 상세히 기술하고 있다)에서 보았던 네포티아누스는 자선에 대한 수단을 얻기 위해서 군대에서 봉사하였다. 그는 완전해지기를 소망하였고 군대를 떠날 때, 그가 모은 모든 것을 가난한 자들에게 주었다. 그는 이집트나 메소포타미아의 수도원들, 혹은 달마티안 섬의 은둔자들만이라도 방문하기를 열망했다. 그러나 그는 그를 키워주고 그를 거룩함 안에서 교육시켰던 그의 삼촌을 떠날 수 없었다. 그래서 목회자의 통상적인 단계를 통과하면서 마음이 내키지 않는 것과 하찮은 것에 대해 항의하며 그는 장로 안수를 받았다.[1] 그에게 장로 직책은 명예라기보다는 짐이었다.(non honor sed onus) 장로로서 그는 겸손과 정숙과 자애로움과 부지런함을 보여주었다. 그래서 존경받고 안타까운 한 성직자의 부고를 향한 많은 것들이 공통된 표현일 수 있었다. 보다 개인적인 것으로 보이는 다른 묘사들이 있다. 세상에서 성직자로서 공적인 의무를 이행했지만, 집에서의 그는, 수도자적인 엄격함으로 살았으며, 특별히, 금식에 대한 이야기가 언급되어 있다. 그는 열심히 성서를 공부했고 교부들에 대해서 연구했다. 만일 네포티아누스가 히에로니무스의 글에 압도되지 않았다면 그는 테르툴리아누스과 키프리아누스로부터 락탄티우스, 힐러리, 미누키우스 펠릭스, 빅토리누스 그리고 아르노비우스로부터 인용할 수 있었을 것이다. 그들 가운데 모두는 서방 사람이었고 이것은 주목해야 하는 것인데 히에로니무스가 사실에 가까웠거나 혹은 네포티아누스이 희랍어를 읽지 않았으며, 그는 역사적으로 사실적인 것으로 보이는 것을 중시하고 있는 것을 나타내주고 있기 때문이다. 우리는 또한 그가 교회 건물과 가구에 대해서 많은 관심을 기울였으며 꽃과 나무로 순교자들의 예배 처소와 교회를 장식했다는 것을 알 수 있다.[2] 그가 젊은 나이로 죽었을 때, 알티움과 이탈리아 모두가 그의 죽음을 애도하였다. 히에로니무스는 만일 그가 오래 살았다면 감독이 되었

---

1. 그는 여전히 젊었으며 그리고 그의 젊음에 대해 투덜거리고 있었다.(Ep. 60:10) 이 연대에 대한 정경적 연령에 대한 질문은 애매하다. 네오 카이사르의 초기 공의회는 장로를 위한 최저 나이 한도를 30세로 규정했으며 교황 시리키우스는 35세로 규정하였다. 추측컨대 네포티아누스는 이것보다 더 젊었던 것 같다.

2. 이 모든 것은 알티움 성전에 위탁하였다. 알티움 성전은 그의 삼촌 아래서 장로로 있었던 곳이다. 라이트의 번역인 "그의 교회"와 "그것의 장로"는 소교구 체계를 생각나게 한다. 심지어 만일 훈족의 침략 이전에 아주 중요한 장소였던 알티움이 하나 이상의 교회를 가졌을지라도 내가 생각건대 소교구 체계는 북부 이탈리아에서 불가능한 것이 아니라 있을법하지 않다. basilicas ecclesiae et martyrum consiliabula라는 60:12에 있는 어구는 흥미롭다. 밀란, 뜨리에르 그리고 그 외 여러 지역에 있는 두 부분으로 된 교회처럼, 단수 ecclesiae와 함께 복수 basilicas는 한 교회의 부분을 의미할 수 있다. 그리고 순교자들의 "조그만 만남의 장소들"은 이 시대에 그렇게 빠르게 확산되었던 순교자들의 예배 대중성에 대한 증언이다. 북부 이탈리아에서 암브로시우스는 그것을 강하게 지지하였다. 알티움은 비록 이것에 대한 충분한 증거가 없을지라도 (거기에는 테오네스투스 예식에 대한 아주 최근의 그리고 아주 신뢰할 수 없는 이야기들이 있었다.) 알티움은 그것 자신의 순교자들을 가졌을 수 있다. 즉 이것이 성인 유골에 대한 해석의 경우라는 것이 보다 타당성이 있는 것 같다.

을 거라고 확신하였다.

성직자의 의무들에 대한 서신이 네포티아누스 자신의 요청에 대한 답변으로 쓰여졌다. 그것은 서신 그 이상의 것으로 여겨졌다. 히에로니무스는 네포티아누스가 그것을 얼마나 다정하고도 자랑스럽게, 그리고 가치있게 여겼는지, 그리고 얼마나 그것을 가까이하며 가슴으로 배우며, 친구들에게도 읽어주었었는지에 대해 말했다. 비록 히에로니무스가 헤리오도루스에게 보낸 그의 서신에서 청년의 무절제함에 대한 비판 없이 그것을 시작했다 할지라도 거기에는 많은 문학적인 은총들이 있었다. 그리고 그는 그의 중년에 맞는 성성의 신비적 해석에 빠져들었다. 네오포티안은 그가 그 점에 이르렀을 때 이상하게 여겼을 것은 틀림없다. 그가 그렇게 할 때에도 여전히 거기에는 금욕주의에 대한 엄격한 메모가 있었으며 그러나 「서신」 14와 비교할 때 보다 순수한 성직자의 목회사역에 대한 이해가 있다. 매우 깊은 내용은 아니며 매우 특별한 내용은 아니다. 그러나 히에로니무스는 성직자가 노출되는 유혹을 보여주며 그의 충고는 항상 현명하다. 따라서 그것을 오늘날 일종의 성직자의 삶에 대한 용어로 바꾸는 것에 어려움은 없다.

본문

1. 사랑하는 네포티아누스, 여러 번 당신은 저에게 바다 건너에서 서신을 보내면서 당신을 위한 삶의 규율들을 작성해 주기를 요청했습니다. 수도자나 혹은 성직자가 되기 위해 세상의 직무를 부인하는 사람들이 어떻게 그리스도의 올바른 길을 갈 수 있는지, 악의 소굴로 빠지지 않는지를 보여주기를 요청했습니다. 젊은 사람으로서 혹은 그 보다 한 소년으로서 제가 사막의 어려운 삶에 의해 젊은 날의 욕망의 첫 공격을 물리치는 동안에 저는 당신이 존경하는 삼촌 헤리오도루스에게 항의하는 한 통의 편지를 보냈었습니다. 이 편지는 눈물과 원망으로 가득 차 있었으며 그에게 그가 버리고 간 친구의 감정을 보여주고 있었습니다. 그 편지에서 저는 저의 젊은 날의 환상에

빠져있었으며 그리고 제가 수사학자들의 방법과 격언으로 붉게 빛나고 있을 때, 저는 그것을 많은 훈련의 화려함으로 꾸몄습니다. 그러나 지금 저의 머리는 백발이 되었으며, 저의 이마는 주름졌으며, 저의 군턱은 여우의 턱처럼 아래로 쳐져 있습니다. 그리고 시인이 말한 것처럼: "차가운 피가 지금까지 저의 심장의 둘레에 서있습니다."

어딘가 다른 곳에서 그는 이렇게 노래했습니다: "노년은 모든 것을, 심지어 마음까지도 이끌고 있다." 조금 더 나아가서: "저의 노래들 중에 많은 것이 저로부터 떠나갔습니다. 그리고 심지어 저의 목소리도 지금 저를 떠났습니다."[1]

2. 그러나 제가 오직 세속적인 문학만을 인용한 것처럼 보이지 않을 수 있는 것은, 성경의 신비한 가르침에 귀를 기울이는 것입니다. 한때 다윗은 전쟁의 사람이었습니다. 그러나 70세가 되었을 때 그는 오한이 나서 아무 것도 그를 따뜻하게 할 수 없었습니다. 따라서 이스라엘의 해안가에 살던 한 소녀가 뽑혔는데 —수넴의 아비삭이었는데— 그녀는 왕과 함께 자면서 그의 늙은 신체를 따뜻하게 해 주었습니다.[2] 만일 당신이 죽이는 문자에만 주의하고 있다면 당신에게 그것은 말같지 않은 이야기나 아텔란 연극으로부터 온 분명한 익살처럼 보여지지 않겠습니까? 한기를 느끼는 어떤 남자가 담요를 뒤집어쓰고 있고 그리고 오직 소녀의 포옹 안에서 따뜻해질 수 있습니다. 밧세바는 그때까지 살아있었습니다. 아비가일은 죽었으며 성경에 이름이 명시되어 있는 다른 아내들과 첩들이 있었습니다. 그러나 그들 모두는 추워서 거절당했습니다. 오직 한 젊은 소녀의 포옹만이 늙은 남자를 따뜻하게 해주었습니다. 아브라함은 다윗보다 훨씬 오래 살았습니다. 사라가 살아있는 동안 그는 다른 아내를 찾지 않았습니다. 이삭은 다윗의 연수에 두 배를 살았습니다. 그러나 그는 결코 비록 리브가가 늙었을지라도 냉기를 느끼지 않았습니다. 저는 홍수 이전에 대해서 아무 것도 말하지 않았는데 비록 900년을 살았어도 그들의 다리는 단순히 늙은 것이 아니라 그러나 나이와 함께 쇠퇴했음이 틀림없습니다. 소녀의 포옹에 의지하지 않았습니다. 이스라엘의 지도자 모세는 120년을 살았습니다. 그러나 십보라로부터 어떠한 변화도 찾지 않았습니다.

3. 그렇다면 이 수넴 여인은 누구입니까? 아내이며 하녀이며 그래서 차가운 것을

---

1. 이 구절의 비르길리우스의 추억에 대해서 *Aen.*, VII, 417; *Geor.*, III, 53; II, 484; *Buc.*, IX, 51-54을 참고하라.
2. 왕상 1:1-4.

따뜻하게 하는 것으로 몸이 훈훈해지며 그러나 그가 따뜻하게 한 그 안에 욕정을 불러일으키지 않을 만큼 거룩한 이 수넴 여인은 누구입니까? 사람들 가운데 가장 현명한 자인 솔로몬은 우리에게 그의 아버지가 좋아하는 것에 대해서 말했습니다. 평화의 사람으로 하여금 우리에게 전쟁의 사람의 포옹을 이야기하게 합니다. "지혜를 얻으며 명철을 얻으라 내 입의 말을 잊지 말며 어기지 말라. 지혜를 버리지 말라 그가 너를 보호하리라 그를 사랑하라 그가 너를 지키리라. 지혜가 제일이니 지혜를 얻으라 네가 얻은 모든 것을 가지고 명철을 얻을지니라. 그를 높이라 그리하면 그가 너를 높이 들리라 만일 그를 품으면 그가 너를 영화롭게 하리라. 그가 아름다운 관을 네 머리에 두겠고 영화로운 면류관을 네게 주리라 하셨느니라"[3]

모든 신체적 뛰어남은 거의 나이와 함께 변합니다. 오직 지혜가 자라나는 동안 모든 것들은 쇠퇴합니다. 금식, 바닥에서 잠자는 것, 한 장소에서 다른 장소로 옮기는 것, 나그네들에게 환대를 베푸는 것, 가난한 자들을 위해서 탄원하는 것, 기도할 때 서 있는 인내심, 병자를 방문하는 것, 구제를 위한 돈을 벌기위해 직접 노동하는 것- 간략하게 말해서, 육체가 매개가 되는 모든 행동들은 육체의 쇠퇴와 함께 감퇴됩니다.

지금 삶의 거룩함과 하나님께 지속적으로 드려지는 기도와 더불어 노동과 열정적인 연구에 의해서 지식을 얻는 젊은 남자들과 노년에 이른 남자들이 있습니다. 저는 이 사람들에 대해서 말하지 않으며 혹은 그들 안에서 나이의 이유에 의해서 노인들의 많은 사람 안에 이것이 시들어졌기 때문에 그들 안에서 지혜의 사랑이 차가워졌다는 것을 말하지 않습니다. 제가 의미하는 것은 이와 같이 젊음은 정욕의 공격을 대처해야 하며 그리고 악의 유혹과 육체의 흔들거림 가운데서 너무도 푸른 나무를 삼키는 불처럼 질식되어지며 그리고 그것의 적절한 밝은 빛을 바랄 수 없습니다. 그러나 사람들이 그들의 젊음을 훌륭한 추구 안에 헌신했을 때, 그리고 날마다 주의 율법을 묵상했을 때, 그들은 시간의 경과와 함께 신선한 경험을 배우며 지혜가 세월이 가는 것처럼 오며 그리고 그들의 노년의 추구로부터 -그들의 노년, 제가 되풀이해서 말하지만- 기쁨의 추수를 합니다. 그래서 희랍의 현자[4]가 170년의 연수를 다한 후에, 그가 무덤의 가장자리에 있다는 것을 깨달았을 때, 그는 그가 지혜로워 지기를 시작했

---

3. 잠 4:5-9.
4. 테오프라스투스. 다음의 히에로니무스는 키케로, *Tusc. Disp.*, III, 69 그리고 *De Senectate*를 끌어온다.

을 때, 바로 삶을 떠나는 것을 유감스러워했다고 말했다는 것이 기록되어 있습니다. 플라톤은 81세에 죽었는데 그때 펜이 그의 손에 쥐어져 있었습니다. 소크라테스는 문학과 학문적인 작업 한 가운데서 99세의 생애를 마쳤습니다. 저는 피타고라스, 데모크리토스, 크레노크라테스, 제논, 클레안데스와 같은 다른 철학자들에 대해서 아무 것도 말하지 않습니다. 그들은 아주 고령에도 지혜를 추구하는 것에 있어서 젊음의 열정을 보여 주었습니다. 저는 시인들인 호머, 헤시오도스, 시모니데스, 스테시코로스를 이야기하겠습니다. 그들 모두는 아주 오래 살았으며 그러나 죽음에 임박해서 그들 각각은 평소보다 더 달콤한 백조의 노래를 불렀습니다. 소포클레스는 그의 고령과 그가 그의 자산을 소홀히 한 것 때문에, 그의 아들에 의해서 노망에 걸렸다고 비난을 받았는데 그는 재판관들에게 그가 최근에 쓴 오이디푸스의 극본을 크게 읽어 주었으며 그래서 지혜를 과시를 하였습니다. 시간의 잠식에도 불구하고 그는 법원의 가혹함을 극장의 환호로 바꾸었습니다. 감찰관이었다가 후에 로마의 웅변가가된 카토는 그의 노년에 희랍어를 배운다는 것에 대한 생각으로 부끄러워 하지 않았으며 성공하는 것에 대해서 절망하지 않았습니다. 호머는 네스토루의 말로부터 그것을 이야기 했으며, 아주 나이가 들었을 때, 거의 노쇠해졌을 때, 꿀보다도 더 달콤한 웅변을 하였습니다.[5]

심지어 아비삭이라는 이름은 그것의 신비한 의미에 있어서 늙은 남자의 보다 더 위대한 지혜를 가리킵니다. 왜냐하면 그것에 대한 해석은 다음과 같습니다. "나의 아버지는 뛰어나시다." 혹은 "나의 아버지는 포효하신다."[6] "뛰어나시다."라는 말은 애매합니다. 그러나 이 구절에서 아주 뛰어남을 가리키며 그리고 노인이 더 많은 지혜를 갖고 있으며 그리고 그것이 심지어 풍성한 이성에 의해서 흘러넘친다는 것을 의미합니다. 다른 구절에서 "뛰어나시다."는 "필수의 것"에 대조를 형성합니다. 더구나 "shag", 즉 "포효하다"는 파도가 만드는 소리에 대해서 사용되며 우리가 바다로부터 오는 것을 듣는 속삭임에 대해서 사용됩니다.[7] 바다로부터 신적 목소리의 천둥이 노인들의 귀에 사람의 목소리를 넘어서는 엄청난 소리로 들려지는 것이 분명합니다. 게

---

5. *Iliad* I. 248–249.

6. 의미는 확실하지 않으며, "아버지는 헤메였다" 라고 해석할 수 있다.

7. 히브리어 *shaag*는 주로 사자를 가르킴. 하나의 다른 말은 파도(*hamah*)로 사용된다. 그러나 욥 3:24(*sheagh*)를 참고하라.

다가 우리의 말로 수넴은 "주황색"[8]을 의미하는데 성서의 연구를 통해서 과부의 사랑이 따뜻하고 빛났다는 암시입니다. 비록 색깔이 주님의 보혈의 신비를 가르칠 수 있을지라도 그것은 또한 지혜의 따뜻한 빛을 가리킵니다. 그래서 창세기에서 산파가 베레스의 손에 홍사를 매었는데 베레스는 "분할자"로 그가 두 민족을 나눠놓은 경계벽을 분할했기 때문입니다.[9] 그래서 피가 뿌려졌다는 것에 대한 신비적인 언급을 가지고 창녀 라합이(하나의 교회의 유형) 그녀의 창문에 매달아놓았던 주황색 끈은 그녀가 여리고의 멸망 때 구원을 받을 수 있다는 것이었습니다.[10] 따라서 다른 곳에서 성경은 거룩한 사람에 대해서 말합니다. "이는 다 레갑 가문의 조상 함맛에게서 나온 겐 종족이더라."[11] 그리고 복음서에서 주는 말씀하셨습니다. "내가 불을 땅에 던지러 왔노니 이 불이 이미 붙었으면 내가 무엇을 원하리요."[12] 이것은 제자들의 가슴에 붙여진 불이었고 그들은 다음과 같이 말할 수밖에 없었습니다. "그들이 서로 말하되 길에서 우리에게 말씀하시고 우리에게 성경을 풀어 주실 때에 우리 속에서 마음이 뜨겁지 아니하더냐?"[13]

4. 어떠한 목적으로 당신은 이렇게 억지스러운 언급을 하신 것입니까? 당신이 저로부터 유치한 열변, 화려한 정서, 저속한 방식 그리고 모든 단락의 끝에 그들을 듣는 사람들로부터 찬성하는 외침을 불러일으키기 위한 간결하고 명료한 금언들을 기대할 필요가 없다는 것을 보여주기 위해서입니다. 오직 지혜로 나를 감싸게 하십시오. 나의 아비삭인 그녀를 나의 가슴에 품게 하십시오. 진실로 그녀는 순결합니다. 그리고 처녀입니다. 비록 그녀가 날마다 생각하고 끊임없이 출산할지라도 마리아처럼 그녀는 신성한 것으로 남아 있습니다. 그래서 저는 사도들이 "열심을 품고"[14]라고 말했다고 생각합니다. 그리고 복음서에서 주께서 세상 끝날 때에 ―목자가 어리석게 되

---

8. 장소 이름인 수넴은 *shani, shanim*, 주홍과 같은 자음을 가진다.

9. 창 38:28-30.

10. 수 2:18, 21. 라합은 교회의 표준적 유형이다. Cyprian, *De Unitate*, 8, 「서신」 69, 4를 보라.

11. 대상 2:55, Vulg. *de Calore*.

12. 눅 12:49.

13. 눅 24:32.

14. 롬 12:11.

는데 스가랴의 예언에 따르면[15]– "많은 사람의 사랑이 식어지리라"[16]고 선언하셨을 때, 그는 지혜가 쇠퇴할 것이라는 것을 의미했습니다. 그러므로 들으십시오 –축복받은 키프리아누스를 인용합니다– 말씀이 고상함보다 더 강합니다.[17] 한 사람에 대해 들으십시오. 비록 그는 서열에 있어서는 당신의 형제이지만, 연수에 있어서는 당신의 아버지이며 신앙의 요람으로부터 완전한 성년까지 당신을 인도한 사람입니다. 그리고 그가 한단계 한단계 거룩한 삶의 규율을 세워 가는 동안 당신을 교육하는 것 속에서 다른 사람을 교육할 수 있는 사람입니다. 물론 저는 당신의 존경하는 삼촌이며 지금은 그리스도의 감독인 헤리오도루스로부터 당신이 거룩한 모든 것을 배웠으며 그리고 날마다 배우고 있다는 것을 알고 있습니다. 그리고 그 안에서 당신이 삶의 규율과 덕목의 양식을 가지고 있다는 것을 알고 있습니다. 그러면 그들이 가치있게 되는 것을 위해서 저의 제안을 취하십시오. 그리고 제가 당신에게 보낸 책에다가 이 조그만 책을 포함시키십시오. 그것은 당신이 완벽한 수도자가 되도록 가르칠 것입니다. 그리고 이것은 당신에게 성직자의 전반적인 의무를 보여줄 것입니다.

5. 그러면 그가 그리스도의 교회를 섬길 때, 한 성직자는 첫 번째로 그의 이름이 의미하는 것이 무엇인지를 이해해야 합니다. 그런 다음에 그가 그것을 정의내렸을 때, 그가 불리워지는 그것이 되기 위해 애써야 합니다. 왜냐하면 희랍어 κλῆρος는 "분깃"을 의미하기 때문에 성직자들은 그래서 소위 그들이 주님의 분깃이기 때문이며 혹은 주님 그 자신이 그들의 분깃이기 때문인 것으로 불리웁니다.[18] 지금 그 자신의 인격 안에서 주님의 분깃이며 혹은 그의 분깃을 위해서 주님을 가지고 있는 그는, 주님을 소유하기 위해서 그리고 주님에 의해서 소유되어지기 위해서 견뎌야 합니다. 그는 주님을 소유하고 예언자와 함께 말합니다. 그는 "여호와는 나의 분깃이니이다"[19]라는 말의 의미는 주님 외에는 아무것도 가질 수 없다는 것입니다. 왜냐하면 만일 그가 주님을 제외하고 다른 어떤 것을 붙들고 있다면 주님은 그의 분깃이 아닙니다. 예를 들면 그가 금이나 은이나 혹은 토지나 혹은 값비싼 상감 세공을 한 가구를 붙들고 있다는 것

---

15. 슥 11:15.

16. 마 24:12.

17. *Ad Donatum*. 2.

18. *Sors, id est pars.*

19. 시 16(15):5; 73(72):26.

을 생각해 보십시오. 주님께서는 이러한 것과 같은 분깃을 가지고 그의 분깃이라고 말씀하지 않으실 것입니다. 만일 제가 주님의 분깃이며 그리고 그의 혈족이면[20] 저는 나머지 부족들 가운데서 분깃을 얻지 못합니다. 그러나 제사장과 레위인들처럼 저는 십일조로 살면서 제단에서 봉사하면서 제단에 바쳐진 헌금으로 삽니다. 제가 음식과 의복을 가졌을 때 저는 이것으로 만족하고, 헐벗었을 때, 저는 헐벗은 십자가를 따릅니다.[21] 그러므로 저는 당신에게 탄원합니다. 그리고" 다시 그러나 다시 당신에게 권면합니다."[22] 성직자의 의무에 대한 표본을 당신의 군대 경험으로 의지하지 마십시오. 그리스도의 깃발 아래서 세속적이지 않은 것을 얻도록 추구하십시오. 당신이 첫 번째로 성직자가 되었을 때, 보다 많은 것을 가지지 않으면, 당신은 당신의 수치에 대해 사람들이 말한 것을 듣습니다. "그들의 분깃은 그들에게 유익이 되지 않을 것이다."[23] 가난한 사람과 나그네들을 당신 집의 식탁으로 영접하십시오. 그들과 함께 그리스도가 당신의 손님이 되실 것입니다. 업무에 몰두하고 그리고 가난으로부터 부를 발생케 하고 미천함에서 높은 지위로 오르게 하는 성직자는 당신이 했던 것처럼 재앙을 피합니다. "악한 동무들은 선한 행실을 더럽히나니"[24] 당신은 금을 경멸합니다. 반면에 그는 그것을 사랑합니다. 당신은 부를 물리칩니다. 반면에 그는 열정적으로 그것을 추구합니다. 당신은 침묵과 온유함과 은둔을 사랑합니다. 반면에 그는 광장과 거리와 그리고 약국에서 말하는 것과 몰염치한 것에서 즐거움을 취합니다. 그렇게 넓은 방식의 차이가 있는 곳에서 어떠한 일치가 있을 수 있겠습니까?

한 여성의 발이 당신의 겸손한 집의 현관을 넘어서는 안 됩니다. 모든 여성들과 모든 그리스도의 미혼 여성들에게 동일한 무관심이나 혹은 동일한 호의를 보여주십시오. 그들과 같은 지붕 밑에 있지 마십시오. 그리고 당신의 과거의 절제에 의지하지 마십시오. 당신은 다윗보다 더 거룩할 수 없으며 혹은 솔로몬보다 더 지혜로울 수 없습니다. 낙원의 경작자를 그의 유산으로부터 쫓아낸 자가 여성이라는 것을 기억하십시오. 당신이 아픈 경우에는 형제 중의 한 사람이 당신을 시중들게 하십시오. 당신의

20. 시 16(15):5, 6; 신 32:9 참고.
21. 신 18:1-2; 민 18:24; 고전 9:13; 딤전 6:8.
22. Verg., Aen., III, 436.
23. 렘 12:13, LXX, cleri (κλῆροι)를 (i) 분깃, (ii) 성직자. 로써 표현한다.
24. 고전 15:33.

누이나 당신의 어머니나 혹은 모두에 의해서 신앙이 확증된 일련의 여성도 당신을 수행하게 하십시오. 그러나 만일 당신이 혈연으로나 혹은 정숙한 행동에 의해 그렇게 확증된 사람을 갖고 있지 않다면, 교회는 나이든 많은 여성들을 부양하여서, 그들로 하여금 그들의 봉사에 의해 당신에게 은혜를 베풀 수 있고, 그들 자신에게도 유익이 될 수 있어서 그래서 심지어 당신의 병이 구제의 형태로 열매를 맺을 수 있습니다. 저는 그러나 육신의 회복이 영혼의 질병의 전주가 되는 경우를 알고 있습니다. 당신이 항상 보고 있는 그 사람의 봉사 안에서 당신을 위한 위험이 있습니다. 만일 당신의 성직자적 직무의 과정 안에서 당신이 한 과부나 한 처녀를 방문해야 한다면 결코 홀로 집으로 들어가지 마십시오. 당신의 동반자들은 당신을 부끄럽게 하지 않을 사람들과 연관된 사람들이어야 합니다. 만일 당신이 낭독자나 혹은 복사나 혹은 시편 성가사를 선택한다면 그들의 옷이 아니라 그들의 인품이 그들의 장신구가 되도록 하십시오. 그들에게 그들의 머리를 곱슬머리로 꾸미기 위한 집게를 사용하지 말게 하십시오. 보다 그들의 몸가짐이 그들의 정숙에 목록이 되게 하십시오. 당신은 한 여성과 함께 비밀스럽게 그리고 증언자 없이 앉아서는 안 됩니다. 만일 그녀가 폭로해야하는 은밀한 어떤 것을 가지고 있다면 그녀는 유모나 혹은 하녀로 처녀나 과부나 일련의 결혼한 여성들과 함께 해야 합니다. 그녀는 그녀의 비밀을 과감히 털어놓을 수 있는 사람이 당신 외에 아무도 없을만큼 친구가 없지 않을 수 있습니다. 의심을 위한 경우를 주는 모든 것을 경계하십시오. 그리고 스캔들을 피하기 위해 그것에 왜곡을 줄 수 있는 모든 행동을 피하십시오. 손수건과 목도리의 빈번한 선물들과 입과 음식을 내리누르는 호의의 선물들 – 부드러운 *billets-doux*에 대해서 아무 것도 말하지 않는 – 이러한 것과 같은 것들에 대해서 거룩한 사랑은 아무 것도 알지 못합니다. "나의 귀여운 사람, 나의 빛, 나의 사랑하는 사람"같은 마음을 끌어당기고 유혹하는 표현들, 사랑하는 사람에 대한 우스꽝스러운 공손한 언동들 그리고 그들의 어리석은 행위들, 우리는 그러한 국면에서 얼굴을 붉히고 그리고 우리는 세상의 남자들 안에서 혐오합니다. 무엇보다 수도자이며 그들의 맹세가 성직에 의해서 장식되는 동안 그들의 맹세에 의해 성직을 장식하는 성직자 안에서 우리는 얼마나 더 많이 그들을 혐오해야 합니다. 저는 당신이나 혹은 성자의 삶을 사는 사람들을 위해서 그러한 악들을 두려워하기 때문이 아니라 그러나 모든 계층과 소명들 안에서 그리고 남자와 여자 사이에서 선한 것과 악한 것이 발견하기 때문에그래서 말하는 것이며 그리고 악한 것을 비난하는 것에서 저는 선한 것을 찬양합니다.

6. 말하는 것조차 부끄러운데, 이교 사제들, 천박한 배우들, 경마 기수들 그리고 매춘부들은 재산을 물려받을 수 있습니다. 그런데 성직자와 수도자들은 오직 법적 자격을 가지고 있지 않습니다. 이 법적 자격은 기독교를 박해한 자들에 의해서 개정된 것이 아니라 기독교도인 황제들에 의해서 제정된 것입니다.[25] 저는 법에 대해서 불평하고 있는 것은 아닙니다. 그러나 그렇게 가혹한 법령이 우리에게 적절하다는 것이 슬픕니다. 태우는 것은 의심할 것 없이 좋은 일입니다. 그러나 제가 그것을 필요로 하는 상처를 가지고있다면 어떻겠습니까? 법령은 엄격하고 통찰력이 있습니다. 그러나 그렇다 하더라도 탐욕은 억제되지 않습니다. 수탁자의 직무의 허구에 의해서 우리는 반항으로 법규를 세웁니다. 그리고 마치 제국의 법령들이 그리스도의 고난보다 더 큰 것처럼 우리는 법을 두려워하고 복음서들을 경멸합니다. 만일 상속인이 거기에 있어야 한다면 어머니는 그의 자녀에 대한 권리를 우선으로 갖고 있습니다. 교회는 그것의 양에 대한 권리를 갖고 있습니다.-교회가 낳고, 기르고 그리고 영양분을 준 교회의 일원들. 왜 우리는 어머니와 자녀들 사이에 끼어들어야 합니까?

가난한 자들의 필요를 위해 식량을 구하는 것은 감독의 영광입니다. 그러나 감독이 사적인 부를 축적하는 것은 부끄러운 일입니다. 저는 시골의 오두막에서 태어났으며 저의 텅빈 위를 채워줄 충분한 잡곡들과 거친 빵을 거의 가질 수 없었으며 지금 저는 가장 최상의 밀가루와 꿀을 경멸하는 데 이르렀습니다. 저는 몇몇 종류의 고기라는 이름을 알고 있습니다. 저는 확실하게 어떤 해안에서 굴을 캘 수 있는지 말할 수 있습니다.[26] 저는 새가 어떤 지방으로부터 왔는지 냄새에 의해서 구분할 수 있습니다. 맛있는 요리들이 저를 즐겁게 하는데 왜냐하면 그들의 자료들이 희귀한 것이며 그리고 저는 그들의 매우 비싼 가격 안에서 즐거움을 발견하는 것으로 끝을 냅니다.[27]

저는 또한 자녀들을 가지고 있지 않은 노인들을 향하여 어떤 사람들이 보여주는

---

25. 368년에 발렌티니안 1세는 성직자들에게 과부와 결혼하지 않은 여자들로부터 유산을 받는 것을 금했다. (*Cod. Theod.*, XVI, ii, 20). 암브로시우스는 이것을 *Ep.* 18:14에서 언급한다.

26. Juvenal, IV, 140 참고.

27. Petronius, 119, v, 36 참고.

비열한 배려에 대해서 들었습니다. 그들은 대야를 가져오고 침대를 정리하고 그리고 그들 자신의 손으로 가장 역겨운 일들을 합니다. 그들은 의사가 오기 전날을 기다리며 떨리는 입술로 환자가 나아질 것인지를 묻습니다. 만일 잠시동안 그 노부부가 원기를 회복하는 것 같은 기색을 보이면 그들은 고통중에 있게 됩니다. 그들은 기쁜 체합니다. 그러나 그들의 탐욕스러운 심장은 비밀스런 고문을 견딥니다. 왜냐하면 그들은 그들의 노동이 아무것도 얻지 못할 수 있다는 것으로 두려워하며 그리고 노인을 대주교에게 생을 고착하는 것으로 비교합니다. 만일 그들의 심장이 세속적인 상 위에 세워져 있지 않다면 얼마나 거대한 보상을 그들이 하나님과 함께 갖지 않겠습니까! 그들이 공허한 재산 상속을 추구합니까! 적은 노동이 그들을 위해서 그리스도의 진주를 살 수 있습니다.

7. 성경을 지속적으로 읽으십시오. 결코 진정으로 성경은 당신의 손 바깥에 있지 않게 하십시오. 당신이 가르쳐야 하는 것이 무엇인지 배우십시오. "미쁜 말씀의 가르침을 그대로 지켜야 하리니 이는 능히 바른 교훈으로 권면하고 거슬러 말하는 자들을 책망하게 하려 함이라 그러나 너는 배우고 확신한 일에 거하라 너는 네가 누구에게서 배운 것을 알며 너희 마음에 그리스도를 주로 삼아 거룩하게 하고 너희 속에 있는 소망에 관한 이유를 묻는 자에게는 대답할 것을 항상 준비하되 온유와 두려움으로 하고"[28] 당신의 행위가 당신의 말을 잘못 전하지 않도록 하십시오. 당신이 교회 안에서 말할 때 어떤 사람이 지적으로 대답할 수 있습니다. "왜 당신은 당신이 설교한 것을 실천하지 않습니까?" 그는 훌륭하고 고상한 주인입니다. 그의 위를 채우고 우리에게 금식에 대한 설교를 읽어 주는 훌륭하고 고상한 선생입니다. 도둑들로 하여금 다른 사람을 그들의 탐욕에 대해서 고발하도록 하게 하십시오. 그리스도의 사제 안에서 마음과 입은 하나이어야 합니다.

당신의 감독에게 순종하시고 그를 당신의 영적인 아버지로 받아들이십시오. 아들들은 사랑하며 노예들은 두려워합니다. "내 이름을 멸시하는 제사장들아 나 만군의 여호와가 너희에게 이르기를 아들은 그 아버지를, 종은 그 주인을 공경하나니 내가 아버지일진대 나를 공경함이 어디 있느냐 내가 주인일진대 나를 두려워함이 어

---

28. 딛 1:9; 딤후 3:14; 벧전 3:15.

디 있느냐 하나 너희는 이르기를 우리가 어떻게 주의 이름을 멸시하였나이까 하는
도다"[29] 당신의 경우에서 한 사람은 그 자신 안에서 많은 명칭들을 결합시킵니다. 그
는 수도자이며 감독이며 그리고 삼촌입니다. 그러나 감독들은 또한 그들 자신들이 성
직자들이지 주들이 아니라는 것을 알아야 합니다. 그들로 하여금 성직자에게 그들
의 수수료인 명예로 보답하게 하십시오. 그러면 성직자는 그들에게 감독들에게 속해
있는 존경을 줄 수 있습니다. 웅변가 도미티우스가 말한 것에 대한 요점이 있습니다.
"왜 당신이 사적인 일원으로서 나의 권리를 인정하지 않을 때 나는 당신을 의회의 지
도자로서 인정해야 하는가?"[30] 우리는 감독과 그의 장로들이 아론과 그의 아들과 같
다는 것을 깨달아야 합니다. 오직 하나의 주가 있고 하나의 성전이 있기 때문에 또한
하나의 성직이 있어야 합니다. 우리들로 하여금 사도 베드로가 사제들에게 준 책임을
기억하십시오. "너희 중에 있는 하나님의 양 무리를 치되 억지로 하지 말고 하나님의
뜻을 따라 자원함으로 하며 더러운 이득을 위하여 하지 말고 기꺼이 하며 맡은 자들
에게 주장하는 자세를 하지 말고 양 무리의 본이 되라 그리하면 목자장이 나타나실
때에 시들지 아니하는 영광의 관을 얻으리라"[31] 어떤 교회들 안에 감독들이 있을 때
장로들이 조용히 해야 한다는 좋지 않은 관습이 널리 퍼져 있다.[32]

"만일 곁에 앉아 있는 다른 이에게 계시가 있으면 먼저 하던 자는 잠잠할지니라

너희는 다 모든 사람으로 배우게 하고 모든 사람으로 권면을 받게 하기 위하여
하나씩 하나씩 예언할 수 있느니라 예언하는 자들의 영은 예언하는 자들에게 제재를
받나니 하나님은 무질서의 하나님이 아니시요 오직 화평의 하나님이시니라 모든 성
도가 교회에서 함과 같이"[33]

"솔로몬의 잠언이라 지혜로운 아들은 아비를 기쁘게 하거니와 미련한 아들은 어
미의 근심이니라"[34]

---

29. 말 1:6.

30. 키케로, *De Oratore*, III, 4; Quintlian, *Inst, Or.*, VIII, 3, 89; XI, I, 37.

31. 벧전 5:2-4. 재산 상속에 대해서 라틴어는 *in cleris*이다. 이것은 이중의 의미를 갖고 있다.

32. 서방에서는 4세기 말까지 감독들 앞에서 장로가 설교하는 것은 드문 일이었다. 아우구스티누스은 예외였다. Possidius, *Vit. Aug.*, 6 그리고 Aug., *Ep.* 41을 참고하라. 감독과 장로에 대한 관점에 대해서는 「서신」146을 보아라.

33. 고전 14:30-33.

34. 잠 10:1.

그리고 감독은 그에게 그리스도의 사제들을 위해서 그러한 사람을 선택하도록 인도하는 분별력 안에서 기뻐해야 합니다.

8. 교회에서 가르칠 때, 박수갈채가 아닌 신음을 불러 일으키는 것을 찾으십시오. 당신의 청중들의 눈물을 당신의 영광이 되게 하십시오. 한 장로의 말씀들은 마땅히 그가 성경을 읽는 것에 의해서 성숙해집니다. 연설자나 혹은 호통치는 사람, 은율이나 이성도 없이 마구 지껄이는 사람이 되지 마십시오. 그러나 당신 자신을 깊은 사물들 안에서 숙련되어 있으며 그리고 하나님의 신비 안에서 조예가 깊은 자로 보이게 하십시오. 당신의 말들을 펼치기 위해서 그리고 당신의 빠른 말에 의해서 무지의 표시인 글을 읽고 쓸 줄 모르는 대중은 놀랍니다. 확신은 자주 그것이 알지 못하는 것에 대해 설명합니다. 그리고 그것이 확신할 때, 다른 것들은 그것 위에 부과되었다는 것을 위압합니다. 저의 스승인 나지안조스의 그레고리오스[35]는 제가 그에게 누가복음의 구절인 δευτερόπωτον[36], 즉 "두 번째—첫 번째 안식일"을 설명해 달라고 그에게 청했을 때, 저의 요청을 재치있게 피하면서 말했습니다. "나는 당신에게 교회 안에서 그리고 거기에서 그것에 대해 말합니다. 모든 사람들이 나를 찬미할 때 당신은 당신이 결코 알지 못하는 것을 알도록 당신의 의지에 대항해서 압력을 받을 것입니다. 왜냐하면 당신이 오직 침묵을 지킨다면 모든 사람은 당신을 바보라고 생각할 것입니다." 대중이나 혹은 교육받지 못한 청중들을 속이는 것에 있어서 절대적인 달변만큼 쉬운 것은 아무 것도 없습니다. 그와 같은 사람들은 대부분 그들이 이해하기를 실패하는 것을 존중합니다. 고귀한 추도문의 주인공인 마르쿠스 툴리루스에 대해서 들으십시오. "당신은 웅변가들 중에서 최고입니다. 그러나 데모스테네스에게서는 아닙니다. 그는 당신을 위해서를 제외하고는 유일한 한 사람입니다."[37] 킨투스 갈리우스[38]를 위한 그의 연설 안에서 그가 세련되지 않은 연사들에 대해서 그리고 대중의 찬사에 대해서 말한 것을 들으십시오. "내가 당신에게 말하는 것은 나 자신의 최근의 경험입니다. 이러한 경기에서 한 시인이며 문학가인 사람이 모든 상을 차지했습니다. 그는

---

35. 히에로니무스는 379년에서부터 382년까지 콘스탄티노플에 있었다. 그리고 이 때에 기독교 초기 세계의 중요한 신학자들 가운데 하나이며 그리고 짧은 기간 동안 콘스탄티노플의 감독이었던 그레고리오스 밑에서 공부하였다.

36. 눅 6:1. 문제 그 자체를 위해서 누가복음의 주석들이 검토되어야 한다.

37. 자료는 알려지지 않았다.

38. 현존하지 않은.

Conversations[39] *of Poets and Philosophers*라는 책을 썼습니다. 이 책에서 그는 유리 피데스가 메난데르와 담화를 나누는 것으로서 그리고 소크라테스가 에피쿠로스—연령에 의해서가 아니라 세대들에 의해서 구분되는 것으로 우리가 알고 있는 사람들의 생애—와 담화를 나누는 것으로서 표현합니다. 그럼에도 불구하고 그는 그칠 줄 모르는 찬사와 박수갈채를 불러 일으켰습니다. 극장에는 그처럼 같은 학교에 갔던 많은 사람이 있었고 그처럼 그들은 아무 것도 배우지 못했습니다."

9. 옷을 입을 때 밝은 색깔 만큼 칙칙한 색깔도 피하십시오. 화려한 것이나 단정치 못한 것 똑같이 금지하십시오. 왜냐하면 하나는 공허한 맛이 나며 그리고 다른 것은 과시의 맛이 납니다. 비단 머플러를 하지 않고 돌아다니는 것은 아무 것도 아닙니다. 찬양할 가치가 있는 것은 물건을 사기 위한 돈이 없는 것입니다. 작은 손수건이나 혹은 목도리를 가지고 있지 않으며 그리고 돈이 가득찬 지갑을 지니고 있는 것을 자랑하는 것은 창피하고 불합리한 것입니다.

어떤 사람은 그들 자신에게 더 커다란 액수를 받게 하기 위해서 가난한 자에게 아주 적은 돈을 줍니다. 그리고 자선의 구실 아래서 부를 찾습니다. 이러한 사람들은 자선가들이라기보다는 자선을 가로채는 사람들입니다. 그들의 방법들은 새나 야생 짐승이나 물고기를 잡을 때 사용하는 방법입니다. 미끼 한 조각을 갈고리에 찌르고 품위있는 숙녀의 지갑을 낚아채는 것입니다! 교회는 감독에게 위탁되었습니다. 그는 그가 그의 자선 분배 담당자로 임명해야 하는 자를 알고 있습니다. 제가 부끄럽게 구걸하는 것보다 남에게 주는 돈을 갖고 있지 않은 것이 더 나은 것 같습니다. 그리스도의 감독인 저보다 더 자유로운 것으로 보이기를 바라는 것은 일종의 거만입니다. "모든 일들은 우리 모두에게 열려 있지 않습니다."[40] 교회에서 어떤 사람은 눈이며, 어떤 사람은 혀이며, 어떤 사람은 손이며, 어떤 사람은 발이며, 어떤 사람은 귀이며, 어떤 사람은 내장이며 그 외의 기관들입니다. 바울의 고린도 서신을 읽으십시오. 그리고 어떻게 한 기관이 다른 구성원들로 이루어졌는지를 배우십시오. 거칠고 단순한 형제는 그가 아무 것도 알지 못한다는 것 때문에 그 자신을 성자로 생각해서는 안 됩니다. 그리고 교육을 받고 달변가인 그는 그의 성자됨이 단순히 그의 달변에 의해서 측

---

39. *Convivia, symposia.*

40. Verg., *Buc.*, VIII, 63.

정되어서는 안 됩니다. 두 개의 완벽하지 않은 일들 가운데 거룩한 촌스러움이 사악한 우아함보다 낫습니다.

10. 요즘 많은 사람들이 교회에 담들을 세웁니다. 그러나 교회의 기둥들을 위태하게 하고 있습니다.[41] 그들의 대리석은 빛나고 그들의 천장은 금으로 반짝거리며 그들의 제단엔 보석이 박혀 있습니다. 그러나 그리스도의 성직자들을 선택하는 것에는 관심이 없습니다. 어떤 사람도 저에 대해서 유대에 있는 성전의 부, 그것의 제단, 그것의 촛대들, 그것의 향로들, 그것의 접시들, 그것의 컵들, 그것의 수저들 그리고 금으로 만든 접시들을 주장하지 마십시오. 만일 이러한 것들이 주님에 의해서 찬성된다면 제사장들이 희생물을 드리며 그리고 양의 피가 죄의 대속이 될 때입니다. 그들은 미래에 있을 일들을 유형화하는 형상들이었습니다. 그리고 "그들에게 일어난 이런 일은 본보기가 되고 또한 말세를 만난 우리를 깨우치기 위하여 기록되었느니라"[42]다. 그러나 지금 우리 주님은 그의 가난에 의해서 그의 집의 가난을 신성하게 하셨습니다. 그러므로 우리는 그의 십자가에 대해서 생각하며 그리고 부를 단순한 티끌인 것으로 생각합시다. 왜 우리는 그리스도가 "불의한 것의 맘몬"이라고 부르는 것을 찬양해야 합니까? 왜 우리는 베드로의 자랑이 소유하지 않는 것이라는 것을 소중히 여기고 사랑해야 합니까?[43] 혹은 만일 우리가 서신에서 지켜지고 있는 것을 주장한다면 그리고 금과 부의 경우에서 우리의 즐거움을 순수하게 역사적인 주석 안에서 발견한다면 모든 것을 금처럼 여깁시다. 그리스도의 감독들은 처녀들이었던 아내들과 결혼으로 매이도록 하십시오. 가장 좋은 의도를 가진 성직자들이 만일 그가 상처를 갖고 있고 손상되어 있으면 그의 직무를 박탈하십시오. 육체적으로 한센병인 자는 영혼에 얼룩이 있는 것보다 더 나쁜 것으로 생각되도록 하십시오. 우리로 하여금 열매를 맺고 번성하고 지구를 채우게 하십시오. 그러나 우리로 하여금 양을 죽이지 말게 하며 신비한 유월절을 축하하지 말게 하는데 왜냐하면 거기에는 성전도 없으며 율법은 이러한 행위들을 금하기 때문입니다. 일곱 번째 달에 천막을 치십시오. 그리고 외국의 뿔나

---

41. 나는 힐베르그를 따라서 *subtrahunt*를 읽는다. 라이트는 *substernunt*를 전적으로 건축학적으로 만드는 것으로 읽는다. 그것은 개인적인 것으로 기둥에 대한 언급과 함께 갈 2:9의 사도들을 가리킨다. (불가타에서 *columnae*) 여기에서의 대조는 다음 문장 안에서의 것과 균형을 이루고 있다.

42. 고전 10:11.

43. 눅 16:9; 행 3:6.

팔 소리와 함께 엄숙한 금식을 소문내십시오.**44** 그러나 만일 우리가 영적인 것으로서 이 모든 것들을 영적인 것들과 비교한다면 그리고 만일 우리가 사도 바울과 함께 "율법은 영적이다"라는 것을 허락한다면 그리고 다윗의 말들을 염두에 둔다면 "내 눈을 열어서 주의 율법에서 놀라운 것을 보게 하소서" 그리고 만일 이러한 근거 위에서 우리의 주가 역시 그것을 해석한다면(그는 이러한 방법으로 안식일을 설명하였다.)**45** 그 때 유대인의 미신들을 거절하면서 우리는 역시 금을 거절하고 혹은 금을 찬성하면서 우리는 유대인들을 찬성해야 합니다. 왜냐하면 우리는 그들을 금과 함께 받아들여야 하며 금과 함께 비난해야 하기 때문입니다.

11. 세상의 사람들을 즐겁게 하는 것을 피하십시오. 특별히 명예가 그들을 자만심으로 뽐내게 하는 그러한 사람들을 즐겁게 하는 것을 피하십시오. 당신은 가난하였으며 그리고 나그네들의 빵으로 사신 십자가에 달리신 주님의 사제입니다. 만일 집정관의 하급 관리나 혹은 군인들이 당신의 문 앞에서 감시하고 있으며 그리고 만일 지방의 통치자가 그 자신의 궁궐에서보다 당신과 함께 더 좋은 저녁을 먹고 있다면 그것은 당신에게 불명예스러운 것입니다. 만일 당신이 불행하고 억압받는 사람들을 위해서 중재**46**하기를 바라는 것 때문에 탄원한다면 저는 세속의 판사가 부유한 자에게보다 자신을 부인하는 성직자에게 미룰 것이라고 대답합니다. 그는 당신의 재물보다 당신의 거룩함에 더 관심을 가질 것입니다. 혹은 만일 그가 오직 거울 너머에서 성직자에게 듣는 사람이라면 저는 그의 도움을 선행하며 그리고 어떤 재판관보다 보다 효과적으로 도울 수 있는 주님께 탄원할 것입니다. 진정으로 "여호와께 피하는 것이 사람을 신뢰하는 것보다 나으며 여호와께 피하는 것이 고관들을 신뢰하는 것보다 낫도다"**47** 당신의 호흡은 결코 포도주의 냄새를 맡지 말게 하십시오. 철학자의 말들이 당신에게 말하지 않도록 하십시오. "술을 즐기지 아니하며 구타하지 아니하며 오직 관용하며 다투지 아니하며 돈을 사랑하지 아니하며" 포도주를 마신 사제들은 사도들에 의해서 비난받았으며**48** 오래된 율법에 의해서 금지되었습니다. 제단에서 봉사하는

---

44. 레 21:13, 17-23; 13:15; 창 1:28; 신 16:5-6; 레 23:23-44.

45. 고전 2:13; 롬 7:14; 시 119(118):18; 마 12:1-8.

46. 296쪽 참고.

47. 시 118(117):8, 9.

48. 딤전 3:3.

자들은 포도주를 마시거나 세카를 마시면 안 된다는 것을 우리는 들었습니다.[49] 지금 모든 취하게 하는 음료는 히브리어에서는 그것이 효소로 만들어졌든지 혹은 사과 쥬스이든지, 당신이 벌집으로부터 일종의 거친 벌꿀 술을 증류했든지 혹은 대추야자 열매를 짜는 것에 의해서 독한 술을 만들었든지 혹은 옥수수를 달인 것으로부터 두꺼운 시럽을 여과했든지 *Shechar*라고 부릅니다. 취하게 하며 마음의 평정을 방해하는 것은 무엇이든지 당신이 마셔야 하는 술로서는 피하십시오. 저는 우리가 하나님의 피조인 것을 비난해야 한다고 말하지는 않습니다.[50] 주님 그 자신은 "술고래"라고 불리셨습니다. 그리고 적당한 선에서 포도주는 디모데에게 허락되었는데 왜냐면 그의 위가 약했기 때문입니다.[51] 저는 오직 술마시는 사람들이 그들의 나이와 그들의 건강 혹은 그들의 조직이 요구하는 한계를 엄수해야 한다는 것을 요청합니다. 그러나 만일 결코 포도주를 마시는 것 없이 제가 젊음으로 얼굴이 붉게 달아오르며 혈액에 열이 있어 흥분되며 육체가 강하고 정욕있는 습관을 갖고 있다면 저는 독극물일 수밖에 없는 잔을 삼갈 것입니다. 희랍 사람들은 번역하기 다소 어려운 뛰어난 격언을 갖고 있습니다. "살찐 복부는 결코 훌륭한 생각을 낳지 못한다."[52]

12. 당신이 참을 수 있을 만큼 많이 금식하며 그리고 당신의 금식을 순결하고 정숙하고 단순하고 온유하고 그리고 미신에 사로잡히지 않도록 하십시오. 만일 당신이 가장 다루기 힘들고 불쾌한 느낌을 주는 종류의 음식들, 즉 마른 무화과열매, 후추, 견과류, 대추, 좋은 밀가루, 꿀, 피스타치오를 찾는다면 기름을 사용하지 않는 것이 무엇이 좋은 것입니까? 우리를 찾는다면 통상적인 빵을 먹는 것으로부터 보호하기 위해 재배하는 모든 재료들에 최선을 다합니다. 제가 들은 바로 자연과 인류의 법을 뒤엎는 사람들이 있습니다. 왜냐하면 그들은 빵을 먹지도 않으며 물을 마시지도 않습니다. 그러나 으깬 풀들을 환상적으로 달인 즙과 비트 쥬스를 마십니다. 컵으로 마시는 것이 아니고 조개껍질로 마십니다. 우리가 그러한 어리석은 일들에 대해서 얼굴이 빨개지지 않고 그리고 그와 같은 미신에 대해서 혐오감을 느끼지 않는 것은 부끄러

---

49. 레 10:9. *Shekar*(라틴, *sicera*)은 영어 번역본에서는 "독주"로 번역된다. 눅 1:15에서 이 말은 그리스 번역(*sikera*)가 사용됩니다.
50. 딤전 4:4.
51. 마 11:19; 딤전 5:23.
52. 헬라어는 현존한다. Kock, *Com. Att. Frag.* III. 1234.

운 일입니다! 모두에게 왕관을 씌우기 위해서 우리의 우아함에 의해서 우리는 절제를 위한 명성을 추구해야 합니다. 가장 엄격한 금식은 빵과 물입니다. 그러나 그것은 그것과 함께 영광을 가져오지 않기 때문에 그리고 우리 모두는 빵과 물로 살기 때문에, 그것은 결코 금식으로 가 아니라 그러나 통상적인 것으로 생각되어집니다.

13. 찬사에 기울여지지 마십시오. 당신이 대중의 찬사를 얻는 동안에 당신은 하나님을 경멸하게 됩니다. "이제 내가 사람들에게 좋게 하랴 하나님께 좋게 하랴 사람들에게 기쁨을 구하랴 내가 지금까지 사람들의 기쁨을 구하였다면 그리스도의 종이 아니니라"[53] 그가 그리스도의 종이 되었을 때, 그는 사람들을 기쁘게 하는 것을 멈추었습니다. 그리스도의 군인은 선한 보고와 악한 보고를 통해서 행군합니다.[54] 하나는 오른손에 다른 하나는 왼손에 있습니다. 어떠한 찬사도 그를 우쭐대게 하지 않으며 어떠한 비난도 그를 부수지 않습니다. 그는 부에 의해서 우쭐대지 않으며 가난에 의해서 우울해지지 않습니다. 기쁨과 슬픔 모두를 그는 똑같이 경멸합니다. 태양은 낮에 그를 태우지 않을 것이며 밤에 달이 그를 태우지 않을 것입니다.[55] 사람들의 칭찬이 당신의 기도의 과정을 방해하지 않도록 거리의 구석에서 기도하지 마십시오. 당신의 가장자리를 넓히지 마십시오. 보이기 위해 성구함*을 걸치지 마십시오. 혹은 양심에도 불구하고 바리새인의 과시함으로 당신을 치장하지 마십시오.[56] 인간의 관심보다 하나님의 찬성을 얻기 위해서 당신의 심장 안에 이것을 두르는 것이 당신의 몸에 하는 것보다 좋습니다. 당신은 어떤 종류의 옷차림을 주께서 요구하시는지 알고 계십니까? 분별과 정의와 절제와 인내를 가지십시오.[57] 이러한 것들을 당신의 앞길에 네 개의 중요한 관점들이 되게 하십시오. 그들을 당신을 이끄는 당신의 목적지에 최대한의 속력으로 가게 하는 네 마리의 말을 끄는 그리스도의 마부들이 되게 하십시오. 목걸이는 이것보다 더 이상 고귀하지 않습니다. 어떤 보석도 더 빛나는 은하수를 형성할 수 없습니다. 그들에 의해서 당신은 치장되었으며 당신은 두르고 있으며 당신은 모

---

53. 갈 1:10.
54. 고전 6:8.
55. 시 121(120):6.
56. 마 6:5; 23:5.
57. 희랍 철학의 네 개의 중요한 덕목들이다. 지혜서 8:7과 암브로시우스, *De Offciis*를 참고하라.

---

* 성구를 넣는 양피지를 넣는 작은 가죽 상자

든 면에서 보호되고 있습니다. 그들은 당신의 영광이며 당신의 보호자입니다. 왜냐하면 모든 보석은 방패로 전환하기 때문입니다.

14. 역시 분별없이 지껄이는 혀와 근질근질한 귀를 주의하십시오. 다른 사람들을 중상하지 말며 중상자의 말을 듣지 마십시오. 시편 기자는 말합니다. "앉아서 네 형제를 공박하며 네 어머니의 아들을 비방하는도다 네가 이 일을 행하여도 내가 잠잠하였더니 네가 나를 너와 같은 줄로 생각하였도다 그러나 내가 너를 책망하여 네 죄를 네 눈 앞에 낱낱이 드러내리라 하시는도다"[58] 앉아서 무엇을? 그것은 당신의 말을 의미합니다. 당신이 다른 사람에 대해서 말한 모든 것을 의미합니다. 그래서 당신은 당신 자신의 판단에 의해서 판단 받을 수 있으며 다른 사람의 잘못을 비난한 당신이 바로 잘못을 범했다는 것이 드러날 수 있습니다. "만일 다른 사람들이 나에게 행위들에 대해 말한다면, 나는 그들에게 무례할 수 없다"고 말하는 것에 이유가 없습니다. 어떤 사람도 마지못해하는 청중들에게 말하는 것을 관심하지 않습니다. 당신이 듣지 않으려고 하는 것에 의해 중상자로 하여금 중상하지 않도록 하게 하라. 화살은 결코 바위에 박히지 않으며 그것은 자주 튀어 나와서 도리어 사수를 상하게 합니다. "반역자와 더불어 사귀지 말라 대저 그들의 재앙은 속히 임하리니 그 둘의 멸망을 누가 알랴"[59] 그들은 중상자와 그리고 그의 중상모략을 듣는 사람들입니다.

15. 병자들을 방문하며, 사람들의 집과 여인들과 그리고 그들의 자녀들을 알며 그리고 고귀한 사람들의 비밀을 들어주는 것이 당신의 의무입니다. 그러므로 당신의 눈만 아니라 당신의 혀를 정숙하게 유지하는 것이 당신의 의무라고 생각하십시오. 절대로 여성의 외모를 논하지 마시며 또한 한 가정은 다른 가정에서 무엇이 일어나는지를 알려고 하지 마십시오. 히포크라테스[60]는 그가 그의 학생들을 가르치기 전에 그들에게 서약을 하게 했고 그리고 그들에게 그의 말들에 대해 맹세하도록 강권하였습니다. 그는 그들을 침묵하게 했으며 그리고 그들을 위해 그들의 언어와 걸음걸이, 옷, 그들의 태도를 규정하였습니다. 영혼의 약을 위탁 받은 우리는 마치 그들이 우리 자신인 것처럼 모든 기독교인들의 가정을 사랑해야 하는 우리는 더 많은 근거들을 가지

---

58. 시 50(49):20-21.

59. 잠 24:21-22.

60. 기원전 5세기 위대한 의사. 서약이 Loeb Hippocrates, I, 291쪽에서 발견될 수 있다.

고 있습니다. 그들로 하여금 우리를 즐거운 시간의 손님으로서 보다는 슬픔의 때에 위로자로서 알도록 하십시오. 그러나 만일 성직자가 자주 저녁식사에 청해진다면 그리고 그가 결코 거절하지 않는다면, 그는 곧 비난의 대상이 됩니다.

16. 우리가 그렇게 하도록 청함을 받을 때 결코 선물을 추구하지 말고 되도록이면 그것을 받지 마십시오. 어떻게 해서든 당신에게 선물을 제공하는 것을 간청하는 그 사람들은 당신이 그것을 받았다는 것 때문에 당신을 가볍게 취급합니다. 반면에 만일 당신이 그것을 거절한다면 그가 당신을 얼마나 많이 존경하게 될 것인지 모릅니다. 절제하는 설교자는 결혼을 중재하는 자여서는 안 됩니다. 왜 사도의 말, "형제들아 내가 이 말을 하노니 그 때가 단축하여진 고로 이 후부터 아내 있는 자들은 없는 자 같이 하며"[61]를 읽은 그가 처녀들에게 결혼을 하라고 강요합니까? 왜 단혼주의자 성직자가 과부에게 재혼하라고 권유합니까?[62] 성직자가 심지어 그들 자신의 이익도 관심하지 말도록 명령을 받을 때, 어떻게 그들이 다른 사람의 집안일과 영지에 대해서 경영자가 될 수 있습니까?[63] 친구로부터 하나의 물질을 빼앗는 것은 도적입니다. 그러나 교회를 속이는 것은 신성모독입니다. 당신이 가난한 자에게 나눠줘야 하는 돈을 받을 때 무리들이 굶주리고 있는데 신중하거나 머뭇거리는 것은 혹은 – 모든 사람들이 이것이 어떻게 범죄인지를 볼 수 있으며 – 당신 자신을 위해 분깃을 공제하는 것은 어떠한 도적보다 더욱 잔인한 자입니다. 저는 배고픔으로 고통을 받았으며 그리고 당신은 얼마나 많이 저의 갈망을 만족시킬 것인지 판단하려 합니까? 당신이 받은 것을 즉시 나누거나 혹은 만일 당신이 소심한 자선품 분배 담당관이라면 자선가에게 그 자신의 선물들을 분배하도록 보내십시오. 제가 궁핍함에 있는 동안에 당신의 지갑이 두둑히 차 있어서는 안 됩니다. 아무도 제가 할 수 있는 것보다 더 잘 저의 것을 잘 돌볼 수 없습니다.

17. 나의 사랑하는 네오포티안, 당신은 저의 소논문인 *Virginity*가 수정을 감수해야 함에도 불구하고 – 제가 로마에 있는 의로운 유스토키움을 위해서 썼던 것 – 당

---

61. 고전 7:29.

62. 딤전 3:2. 단혼주의자, 재혼주의자(중혼주의자는 아니다.), 일단 한번 결혼을 했거나 오직 한 번 결혼을 하거나 혹은 두 번 연속적으로 하는 것. 암브로시우스, 「서신」 63:62–4과 각주들을 참고하라.

63. 딤후 2:4에 기초해서 이러한 것들을 금하는 많은 정경법이 초기에 있었다.

신은 저에게 베들레헴에서 제가 입을 열고 그리고 모든 혀의 중상에 저 자신을 노출한지 10년이 지난 후에 저를 강요했습니다. 저는 아무 것도 쓰지 않는 것에 의해서 비판으로부터 도망갈 수 있었습니다. 당신의 요청에 의해 이러한 과정이 불가능하게 되었습니다. 혹은 제가 저의 펜을 들었을 때, 모든 중상의 창이 저를 향해서 시작될 것이라는 것을 알고 있었습니다. 저는 저의 반대자들에게 그들의 평화를 유지하며 중상을 멈출 것을 요청했습니다. 왜냐하면 제가 적으로서가 아니라 친구로서 쓰고 있기 때문입니다. 저는 죄인들을 향해서 맹렬하게 비난하지 않습니다. 저는 단지 그들에게 더 이상 죄를 짓지 말도록 경고하고 있습니다. 저 자신에 대한 저의 판단은 그들에 대한 저의 판단만큼 엄격합니다. 제가 저의 이웃의 눈으로부터 티끌을 제거하기를 바랄 때, 저는 먼저 제 자신의 눈에 있는 들보를 던졌습니다.[64] 저는 어떤 사람도 상처를 주지 않았습니다. 하나의 이름도 암시하지 않았습니다. 저의 말은 개인들을 목적으로 하지 않았습니다. 그리고 결점에 대한 저의 비판은 아주 일반적인 것입니다. 만일 어떤 사람이 저에 대해서 화가 났다고 주장한다면 그는 먼저 그 자신이 저의 묘사에 적합하다는 것을 시인한 것입니다.

---

64. 마 7:3-5.

서신 107 : 라에타에게

서문

라에타는 히에로니무스가 영적 지도자로 있으면서 집이나 혹은 수도원에서 금욕주의의 삶을 실천하도록 권면하는 지체 높은 가문의 로마 여인들의 무리에 속해 있다. 그녀는 이교도인 알비누스의 딸이었다. 그러나 그녀는 파울라(elder Paula)의 아들인 토코티우스와 결혼하였다. 그녀는 역시 히에로니무스의 가장 친한 친구들 중의 한 사람인 마르셀라의 사촌이었다.

라에타 그녀 자신에 대해서는 거의 알려져 있지 않은 반면에 그녀의 딸인 파울라(younger Paula)는 히에로니무스의 서신에 매우 자주 등장한다. 지금의 서신은 파울라가 거룩한 처녀로서 그녀의 할머니 파울라(elder Paula)와 고모인 유스토키움의 수도원에서 훈련받기 위해서 베들레헴에 보내져야 한다고 간청 하는것으로 성공적이었다. 그러나 – 혹은 그렇게 그것이 보일지라도 – 라에타는 그녀의 딸 파울라를 아기 때 혹은 아주 어린 소녀일 때 그곳에 보내는 어머니로서는 너무도 따뜻하고 너무도 신중하였다. 서신에는 그녀를 만난 파울라(elder Paula)에 대해서 언급되어 있지 않으며 베들레헴에 있는 그녀를 보여 주는 첫 번째 증거는 「서신」 134(415년에서 416년 사이에 쓰여졌다.)이다. 「서신」 134 를 통해서 유스토키움과 파울라(the younger Paula)는 히에로니무스를 통해 아우구스티누스에게 그들의 인사를 보내며 그리고 우리는 장로 필무스에 대해서 듣는다. 장로 필무스는 추측컨대 그들의 영지에 관련된 업무차 라벤나와 아프리카 그리고 시실리 *ob rem earum*을 여행 중이었다. 유스토키움과 함께 파울라는 그녀의 수도원에 침투한 펠라기우스 파를 경험하였고 (「서신」 134-7) 그리고 418년에서 419년 그녀의 고모의 죽음으로 그녀는 매우 젊은 나이에 수도원의 책임자가 되었다. 히에로니무스가 419년에 아우구스티누스과 그의 친구 알리피우스에게 썼던 마지막 서신들 가운데 하나에서 파울라는 *nepis vestra*(손녀딸)로서 영적으로, 물론 그러나 유스토키움, *filia vestra*에 반대되는 것으로 묘사되었다.

파울라(the younger Paula)의 출생의 때에 대해서는 확실하게 알 수는 없다. 그러나 이 서신이 씌어졌을 때, 그녀는 아직 젖을 떼지 않았다.(§13) 이 서신은 의심할 여지없이 404년 파울라(the elder Paula)의 죽음보다 앞선 것이다. 그리고 카발레라는 합리적으로 그것이 또한 그 밖에 §13에서 언급되는 402년에서 403년의 그녀의 긴 투병을 앞선다고 주장한다. 그는 §2로부터 그것이 401년 가자에 있는 마르나스 성전의 파괴보다 앞서있다는 것을 주장하면서 400년으로 주장한다. 히에로니무스가 수사학적으로 최근에 일어났거나 혹은 성전의 파멸이 알려지거나 혹은 임박한 그래서 401년이나 혹은 402년 사건으로 수사학적으로 말하고 있다는 것을 추론할 수 있다.[1]

위 서신의 요지를 히에로니무스가 가우덴티우스에게 그의 딸의 교육에 대해 보낸 서신(128)과 비교할 수 있다. 그것은 413년에 씌어져 있는데 분량에 있어서 조금 짧지만 비슷하다. 그 때 히에로니무스의 생각들은 거의 동일한 시대인 요한 크리소스토무스의 *On the Education of Children*[2] (황금의 책)과 비교할 수 있다. 그것의 진정성은 몇 가지의 질문 이후에 일반적으로 지금은 인정되는 것처럼 보인다. 기독교 부모들이 그들의 아들들을 공립학교에 보내는 것에 대해서 무엇을 결정할지에 대해서 정확하게 지적하고 있는 J. G. Davies, *Social Life of Early Christians*, 5장에는 위 세 개의 자

---

1. 카발레라는 토의 없이 그 파괴를 401년으로 본다. Mark the Deacon에 따르면 그것은 402년이다. 아래의 §2의 각주를 보라.
2. M. L. W. Laister, *Christianity and Pagan Culture in the Later Roman Empire*, 1951, 크리소스토무스의 소논문에 대한 번역이 포함되어 있다.

료들이 재미있게 연합되어 있다. 그 때 여자들을 위한 공립학교는 없었다.

본문

1. 사도 바울은 고린도 사람들에게 편지를 쓰면서 그리고 그리스도 안에서 여태껏 가르침을 받지 않은 교회에게 성스러운 규율 안에서 가르치면서 다른 계명들 가운데 또한 이것을 말했습니다. "어떤 여자에게 믿지 아니하는 남편이 있어 아내와 함께 살기를 좋아하거든 그 남편을 버리지 말라 믿지 아니하는 남편이 아내로 말미암아 거룩하게 되고 믿지 아니하는 아내가 남편으로 말미암아 거룩하게 되나니 그렇지 아니하면 너희 자녀도 깨끗하지 못하니라 그러나 이제 거룩하니라"[1] 어떤 사람이 지금까지 규율의 끈이 너무나 느슨하고 방종이 교사에 의해서 묵인되었다고 생각한다면, 그로 하여금 지위나 배움에 있어서 격이 높지만 그러나 이제껏 어둠 속에서 걷고 있는 당신 아버지의 집을 보도록 하십시오. 그러면 그는 사도의 교훈의 결과로서 쓴 줄기로부터 자라나는 달콤한 열매와 일반적인 줄기로부터 발산되는 진귀한 향유를 느낄 것입니다. 당신은 혼합된 결혼의 자손입니다. 그러나 당신과 저의 친구 토코티우스는 파울라의 부모들입니다. 누가 고위 성직자[2] 알비누스에게 손녀딸이 어머니의 서원에 대한 응답으로 태어났다는 것을, 믿겠습니까? 누가 할아버지가 기뻐하면서 손녀가 조그만 입술을 움찔거리면서 알렐루야를 노래하는 것을 들어야 하는 것과 그의 노년에 그가 그의 팔 안에 그리스도 자신의 처녀들 중의 하나를 돌볼 것이라고 믿었겠습니까? 우리의 기대들은 충분히 만족스런 것입니다. 한 불신자가 거룩하고 믿는 가정에 의해 거룩하게 되었습니다. 한 남자가 믿는 자들인 자녀들과 손자들에 의해서 둘러싸일 때, 그는 믿음을 위한 후보자입니다. (제가 생각하는 바로는 그는 그러한 친척을 가졌습니다. 심지어 주피터 자신도 아마 그리스도를 믿게 되었을 것입니다!) 왜냐하면 비록 그가 저의 서신을 경멸하고 그

---

1. 고전 7:13–14.
2. *Pontifex*, 국가의 성직자들 중의 하나. 종교보다는 사회적 지위를 나타냄. 고위 성직자들은 국가의 의식에 대한 모든 문제를 권면했다.

것을 비웃는다 할지라도 그리고 그가 저를 어리석은 자라거나 미친 사람으로 부를 수 있을지라도, 그가 믿게 되기 전에 그의 사위는 저와 같은 사람이었습니다. 기독교인들은 태어나는 것이 아니고 만들어지는 것입니다. 주피터 신전 전체가 금으로 도금되었음에도 우중충하게 보이기 시작합니다. 로마에 있는 모든 신전은 숯검댕이와 거미줄로 덮여 있습니다.[3] 도시는 그것의 기초가 흔들리고 있으며 사람들은 순교자들의 무덤을 방문하기 위해서 반이나 파괴된 신전을 쉴 새 없이 지껄이면서 지나다닙니다. 지식에 일치하지 않는 신앙은 바로 수치에 의해서 강요될 수 있습니다.

2. 그래서 저는 그리스도 안에서 저의 가장 헌신적인 딸인 라에타 당신에게 당신이 당신의 아버지의 구원에 대해서 절망하지 않도록 하기 위해서 가르치려고 합니다. 저의 소망은 당신에게 당신의 딸을 얻게 하신 것 같은 믿음이 당신 아버지도 얻을 수 있게 한다는 것입니다. 그리고 그래서 당신이 전 가족 위에 수여된 축복을 기뻐할 수 있게 되는 것입니다. 당신은 주님의 약속을 알고 있습니다. "이르시되 무릇 사람이 할 수 없는 것을 하나님은 하실 수 있느니라."[4] 그것은 결코 너무 늦어서 개선할 수 없는 것은 아닙니다. 강도는 십자가로부터 낙원으로 갔습니다. 심지어 그가 육신과 마음 안에서 맹수처럼 된 후에 그리고 광야에서 짐승처럼 산 이후에도 바벨론의 왕 느부갓네살 역시 그의 이성을 회복했습니다. 불신자에게 믿을 수 없는 것처럼 보이는 그러한 옛 이야기들을 무시할지라도, 당신 자신의 친족인 그라쿠스가 몇 년 뒤에 도시의 장관이 되어서 미스라스의 석굴과 그 안에 있는 모든 무서운 상들을 뒤집어엎고 조각조각 부수고 그리고 불을 지르지 않았습니까? (예배자들은) 까마귀, 신부, 군인, 사자, 페르시아 사람, 태양 경주자 그리고 아버지라는 것으로 입회하지 않습니까? 그가 그 자신을 위해 기독교 세례를 얻기 위해서 그들을 인질로 그에 앞서서 보낸 것은 아니지 않습니까?[5]

---

3. 이 서신은 데오도시우스 황제가 이교도 예배를 금지하는 법을 제정한 이후에 쓰여진 것이다. 히에로니무스는 물론 과장하고 있다.

4. 눅 18:27.

5. Furius Maecius Gracchus는 376년과 377년 로마의 장관으로 *Codex Theodosianus*안에 언급되어 있다. 그가 미드라스의 동굴을 파괴했다는 것 역시 Prudentius, *Contra Symmachum*, I, 562에 역시 언급되어 있다. Platner and Ashby, *Topographical Dictionary of Ancient Romei* (1929)는 또다른 의심과 함께 로마의 미드라에아로 알려진 여덟 개를 기입하였다. 이 구절은 미드라이즘으로 입회하는 것에 대한 일곱 개의 단계들을 위해 중요하다. 그러나 본문은 전적으로 확실하지는 않다. 라틴어로는 *corax, nymphius, miles, leo, Perses, heliodromus, pater*; 묘비명을 기초로해서 볼 때, 힐베르그는 *nymphius*를 대신해서 *cryphius*를 썼고 그러나 이것은 필사본에 어긋나는 것이다. 크라쿠스의 가족 인맥에 대해서 「서신」 108:1을 비교하라.

심지어 로마에서 이교주의는 고독하게 남겨졌습니다. 과거 국가의 신들이었던 그들은 그들의 고독한 지붕 아래 올빼미와 밤의 새들과 함께 남겨졌습니다. 군대의 깃발은 십자가의 표시로 장식되었습니다. 황제의 자색 의복과 보석으로 빛나는 그의 왕관은 수치스럽지만 그러나 구원받는 교수대의 표시와 함께 장식되었습니다. 가자에서 마르나스가 감옥에서 슬퍼하며 그리고 매순간 전복된 그의 신전을 보기를 기대하는 동안,[6] 이미 이집트 세라피스 신은 기독교인이 되었습니다. 우리는 날마다 인도로부터, 페르시아로부터 이집트로부터 오는 수도자의 무리들을 환영합니다. 아르메니아의 사수는 그의 화살통을 버렸습니다. 훈족들은 시편집을 배웠습니다. 냉담한 스키타이 사람들은 믿음의 빛으로 따뜻해졌습니다. 불그스레하고 노란 머리를 갖고 있는 게타이 사람들은 그들의 군대와 함께 천막 교회들을 운반했습니다.[7] 우리를 대항해서 싸우면서 그들이 성공할 수 있었던 것은 그들이 같은 종교를 믿는다는 사실에 기인할 수 있습니다.

3. 저는 겨우 새로운 주제로 나아갔습니다. 그리고 제가 물레를 움직이는 동안 저는 주전자를 만들려고 의도했는데 저의 손은 대형 포도주 병을 형성하고 있었습니다.[8] 당신의 기도와 거룩한 마르셀라의 기도의 응답 안에서, 어머니인 당신에게 청하고 그리고 태어나기 전에 그리스도에게 거룩하게 바쳐졌고 그리고 수태 전에 그리스도께 서원된 우리의 어린 파울라를 어떻게 키워야 하는 지를 당신에게 알게 하는 것이 저의 의도입니다. 그래서 우리 자신의 때에 우리는 예언서들에서 처음에는 무자한 자였지만 후에 많은 자녀를 낳았던 한나에 대해서 우리에게 들려진 이야기를 되풀이해서 봅니다. 당신은 슬픔으로 결속된 다산을 결코 죽지 않는 자손으로 바꿨습니다. 왜냐하면 저는 당신이 당신의 첫 번째 소생을 주님께 드렸을 때, 당신은 많은 아들들

---

6. 알렉산드리아의 세라피스 신전은 391년에 파괴되었다. 마르나스는 때때로 시리아나 혹은 팔레스타인이 기원인 것으로, 때때로 크레타 섬의 제우스(미노스라는 이름 참고)와 동등한 것으로 말해지는 가자의 가장 중요한 신이었다. 히에로니무스는 그를 *V. Hilarionis*, 20과 그의 *Commentary on Isaiah* (vii. 17)에서 언급한다. 마르네이온의 파괴에 대한 전체 이야기는 398년 가자의 감독으로서 신전을 파괴하기 위한 명령을 허락받기 위해 콘스탄티노플에 간 Mark의 *Life of Porphyry of Gaza*에서 이야기된다. 그는 그것을 획득했다. 그러나 시행되지는 않았다. 그는 다시 가서 402년 초에 새로운 법령을 획득했다. 신전은 402년 5월에 열흘 걸려서 파괴되었다. Mark의 묘사는 모든 것이 신뢰될 수 있는 것은 아니다. 그러나 주요한 사실들은 믿을 수 있다. 히에로니무스(위의 *Isaiah* 주석)는 교회들이 세라피움과 마르네온 신전 자리에 세워졌다고 말한다.

7. 암브로시우스, 「서신」 20:12와 각주를 참고하라. 여기서 라틴어는 *ecclesiarum circumfert tentoria*; 암브로시우스에서는 *ecclesia plaustrum*. 게타이는 고트족이다.

8. Horace, *Ars Poetica*, 21.

의 어머니가 될 것을 확신하기 때문입니다. 그것은 율법 아래 바쳐진 첫 번째 소생입니다. 사무엘과 삼손은 둘 다 이러한 예들입니다. 마리아가 왔을 때, 기쁨으로 뛰었던 세례 요한도 역시 마찬가지입니다. 왜냐하면 그는 마리아의 입에 의해서 큰 소리로 말씀하시는 주님의 음성을 들었고 그를 만나기 위해서 그의 어머니의 자궁으로부터 나오기를 바랐기 때문입니다. 그래서 파울라가 약속의 응답으로 태어났을 때 그녀의 부모는 그녀에게 그녀의 출생에 맞는 훈련을 시켜 주어야 합니다. 당신이 알듯이 사무엘은 성전에서 양육되었으며 요한은 광야에서 훈련받았습니다. 사무엘은 긴 머리로 공경을 받고 포도주나 혹은 독주를 마시지 않았으며 그리고 심지어 그가 어릴 때 하나님과 대화 했습니다. 요한은 도시를 떠나서 가죽띠를 띠고 메뚜기와 석청을 먹었습니다. 더군다나 세례를 대표하기 위해서 그는 낙타 가죽으로 옷을 지어 입고 설교했습니다.[9]

4. 그래서 하나님의 성전이어야 하는 영혼은 교육받아야 함이 틀림없습니다. 그것은 하나님의 공포에 속해 있는 것을 제외하고는 아무것도 듣지 말며 그리고 아무것도 말하지 말 것을 배워야 합니다. 그것은 불결한 말에 대한 이해와 세상의 노래에 대한 지식을 가져서는 안 됩니다. 그것의 혀는 시편의 부드러움에 있는 동안 부드러움에 틀림없이 빠지게 될 겁니다. 음란한 놀이를 하는 소년들은 파울라로부터 멀리하게 해야 합니다. 심지어 그녀의 하녀와 여자 수행원들은 그들의 세상적인 친구로부터 분리되어야 합니다. 왜냐하면 만일 그들이 어떤 해로운 것을 배운다면 그들은 더 많은 것을 가르칠 수 있습니다. 그녀를 위해서 회양 목재나 혹은 상아로 만들어지고 각각 그것의 정확한 이름에 의해서 불리어지는 한 세트의 글자판을 얻으십시오. 그녀로 하여금 이것과 함께 놀게 하며 그래서 심지어 그녀가 놀이 때조차도 어떤 것을 배우도록 하십시오. 그녀로 하여금 글자의 올바른 순서를 파악하게 하며 리듬에 맞춰서 그것의 이름을 기억하게 할 뿐만 아니라 지속적으로 이 질서를 흩뜨려서 마지막 글자를 중간에 중간 것을 시작에 놓고 그녀로 하여금 소리로뿐만 아니라 보는 것에 의해서 그들 모두를 알 수 있도록 하십시오. 더구나 그녀가 밀랍 위에 철필을 사용하고 그리고 그녀의 손이 이제껏 우물거리면 그녀의 손에 당신의 손을 놓아서 그녀의 부드러

9. *Tortuossimi animalis*, 아마 참회에 대한 글들의 언급이다. 그러나 플레멘틀은 「서신」 79:3, *animal tortuosum*, 낙타와 바늘귀를 비교한다. 즉 참회는 어렵다는 것이다.

운 손가락을 인도해 주거나 혹은 명판 위에 문자들을 파내십시오. 그녀의 노력이 이러한 제안 안에 한정되어서 그녀를 위해 밝혀낸 선을 따를 수 있게 하며 이것 바깥으로 빗나가지 말게 하십시오. 좋은 철자법에 대해서는 상을 수여하고 그녀 또래의 어린 아이들이 즐거워하는 조그만 선물과 함께 그녀를 이끌어 가십시오. 그녀로 하여금 친구와 함께 공부하게 하여서 그녀가 친구와 경쟁하면서 자극받도록 하여서 그녀가 그들이 칭찬받는 것을 볼 때, 자극이 되도록 하십시오. 만일 그녀가 배우는 것이 더디다면 그녀를 꾸짖어서는 안 됩니다. 그러나 그녀의 마음을 자극하기 위해서 칭찬을 해야만 합니다. 그녀가 다른 사람에 비해서 뛰어날 때 만족하도록 하시고, 그녀가 다른 사람에 의해서 추월당할 때 아쉬워하도록 하십시오. 무엇보다도 당신은 어린 시절에 인식되는 학과에 대한 혐오가 그녀가 성인에 이르기까지 계속될 수 있지 않도록 하기 위해서 당신은 수업이 그녀의 마음에 들도록 하십시오. 그녀가 조금씩 짜 맞추는 단어들은 우연한 것이어서는 안 되며 그러나 특별하게 맞춰진 이름들이며 그리고 목적을 위해서 쌓아올려진 것이어야 합니다. 예를 들면 예언자들이나 혹은 사도들이나 혹은 아담으로부터 족장에 이르기까지의 명단으로 마태복음이나 누가복음에 주어져 있는 것과 같은 것입니다. 이러한 방법 안에서 그녀가 어떠한 것을 하는 동안에 그녀의 기억은 미래를 위해 축적될 것입니다. 게다가 당신은 그녀를 위해서 나이나 생활이나 배움에 합당한 선생을 선택해야 합니다. 제가 생각하건대 교양이 있는 사람은 친척 여자나 혹은 지체가 높은 소녀를 위해서 아리스토텔레스가 황제 필립의 아들을 위해서 했던 것을 하는 것을 부끄러워하지 않을 것입니다. 아리스토텔레스가 조교사의 수준으로 자신을 낮추어서 필립의 아들에게 철자들을 가르치는 것을 승인했을 때처럼 말입니다.[10] 만일 그들 없이 위대한 결과를 얻을 수 없다면 그러한 것들을 보잘것없는 가치로 경멸해서는 안 됩니다. 지식의 초보 단계를 통해 교육받은 사람과 교육받지 않은 사람이 입 안에서 다르게 발음합니다. 따라서 당신은 여자들을 어리석게 달래는 것에 아이가 의해서 긴 단어를 짧게 줄이거나 혹은 금이나 자줏빛 의상으로 그녀를 치장하는 습관을 형성하는 것으로 빗나가지 않도록 해야 합니다. 이러한 습관들 가운데 하나는 그녀로 하여금 대화를 제대로 할 수 없게 할 것이며 그리고 다

---

10. 알렉산더. 이것과 다음에 나오는 고전적 기억은 Quintilian, *Instit. Orat.* I. 로부터 발췌된 것이다. 철자를 가르치는 것에 대한 권면은 그런 것이다.

른 것은 그녀의 성격을 망쳐놓을 것입니다. 그러므로 그녀는 이후에 그녀가 버려야만 하는 것을 어린 아이로서 배워서는 안 됩니다. 그라크치*의 웅변술은 그의 아주 어린 시절부터 그들의 어머니가 그들에게 말한 방법에 크게 기인한 것입니다. 호르텐시아 는 그녀의 아버지의 무릎에서 웅변가가 되었습니다. 처음 가졌던 인상들을 마음으로 부터 뿌리 뽑는 것은 어렵습니다. 일단 양모가 자줏빛으로 물들여지면 누가 그것을 이전의 하얀색으로 복원할 수 있겠습니까? 사용되지 않는 항아리는 그것을 처음 가 득 채웠던 것의 맛과 냄새가 오랫동안 지속됩니다.[11] 그리스 역사는 우리에게 온 세상 의 군주였던 오만한 알렉산더는 어린 시절에 정치가 레오니데스로부터 배웠던 잘못 된 예의범절과 걸음걸이를 버릴 수 없었다고 이야기해 줍니다. 우리는 항상 나쁜 것 을 모방할 준비가 되어 있습니다. 그리고 허물은 빠르게 미덕이 미칠 수 없는 곳에서 모방됩니다. 파울라의 유모는 난폭하거나 혹은 행동이 단정치 못하거나 해서는 안 됩 니다. 그녀의 보모는 존경받을만한 사람이어야 하며 그리고 그녀의 수양아버지는 엄 숙한 태도를 지닌 사람이어야 합니다. 그녀가 그녀의 할아버지를 보았을 때, 그의 가 슴으로 뛰어올라야 하며 그녀의 팔을 그의 목에 걸어야 합니다. 그리고 그가 그것을 좋아하든 좋아하지 않든 그의 귀에 알렐루야를 불러야 합니다. 그녀는 그녀의 할머니 께 안길 수 있으며 그녀의 아버지에게 그녀가 그를 알고 있다는 것을 보여주면서 미소 지을 수 있고[12] 그리고 온 가족이 그러한 한 송이 장미꽃 봉우리를 가지고 즐거워하 는 것처럼 모두에게 사랑을 받을 수 있습니다. 그녀는 그녀에게 또 다른 할머니가 계 신다는 것과 그녀의 고모에 대해서 들어야 하며 그리고 누가 그녀의 지도자이며 그리 고 신병으로서 그녀가 무슨 군대에서 훈련을 받는지에 대해서 들어야 합니다. 그녀로 하여금 부재중인 사람과 함께 있기를 열망하게 하십시오. 그리고 그들을 위해서 당신 을 떠나는 것을 위협 하십시오.

5. 그녀로 하여금 바로 그런 옷을 입게 하십시오. 그리고 그 복장을 그녀에게 약 속할 사람을 생각나게 하십시오. 그녀의 귀를 뚫지 마시고 또한 그리스도에게 바쳐진 그녀의 얼굴을 하얀 납이나 루즈로 칠하지 마십시오. 그녀의 목에 진주를 걸지 마시

---

11. Horace. *Epistles*, I, ii, 70.
12. Verg. *Buc.*, IV, 60.

---

* 고대 로마의 정치가.

고 그녀의 머리를 보석으로 치장하지 마십시오. 그녀의 머리를 붉게 물드는 것은 게헨나의 불을 제시하는 것입니다. 그녀의 진주들은 다른 종류이어야 하며 그녀가 그들을 팔고 그리고 그들 대신에 "위대한 가격"의 진주를 사도록 하십시오. 옛날에 프라이 텍사타라는 이름의 한 지체 높은 여인에게 유스토키아의 삼촌이기도한 그녀의 남편 히메티우스가 소녀 그자신의 결심과 그녀의 어머니의 소망을 압도하기를 바라면서, 소녀의 옷과 외모를 바꾸고 그리고 그녀의 다듬어지지 않는 머리를 웨이브지게 하라고 명령하였습니다. 그러나 저런! 그날 밤에 천사가 그녀의 꿈에 나타났습니다. 두려운 책과 함께 그는 처벌할 것을 협박했고 이러한 말들로 침묵을 깼습니다. "당신은 그리스도의 명령 보다 남편의 명령을 중요하게 여기고 있습니까? 당신은 하나님의 소녀인 사람의 머리 위에 신성모독적인 손을 대고 있다는 생각을 하고 있으십니까? 손들은 바로 이 시간에 마를 것이며 당신은 고통에 의해 당신이 한 것을 알 수 있을 것이며 그리고 다섯 달 말쯤에 당신은 지옥으로 갈 것입니다. 그리고 만일 당신이 당신의 악함을 끝까지 고집한다면 당신은 남편과 아이들을 잃을 것입니다." 이러한 모든 것이 바로 예정된 때에 왔으며 신속한 죽음이 불행한 여인의 너무나 오랫동안 지체된 회개를 나타냅니다. 그리스도는 그의 성전을 모독한 사람을 그렇게 지독하게 벌주시며 그리고 그는 그의 소중한 보물을 방어합니다. 제가 이 이야기를 여기에서 하는 것은 불행한 사람의 불행을 크게 기뻐하려는 어떤 욕망으로부터가 아니라 당신이 두려움과 주의함으로 주님께 했던 맹세를 지켜야 한다는 것을 당신에게 경고하는 것입니다.

6. 우리는 제사장 엘리가 그의 자녀들의 죄로 인해 하나님을 기쁘시게 하지 못했다는 것에 대해서 읽었습니다. 그리고 우리는 만약 그의 아들들이 행실이 나쁘고 난잡하면 한 사람이 감독이 될 수 없다는 것을 들었습니다. 한편 여성에 대해서 "그러나 여자들이 만일 정숙함으로써 믿음과 사랑과 거룩함에 거하면 그의 해산함으로 구원을 얻으리라"[13] 라고 쓰여 있습니다. 만일 부모들이 그들의 자녀가 성인이 되고 독립적이 될 때까지 자녀에 대해서 책임을 진다면 이제껏 젖을 떼지 않고 연약하여서 그들이 주의 말씀 안에서 " 좌우를 분변"하지 못할 때"[14] 즉 그들이 아직 악으로부터 선을 구별할 수 없을 때 얼마나 더 그들은 자녀들을 위해서 책임을 져야 합니까? 만

---

13. 삼상 2:27; 딤전 3:4; 2:15.
14. 욘 4:11.

약 당신이 독사에 물리는 것으로부터 당신의 딸을 구하기 위해 조심해야 한다면 왜 당신은 "온 세계의 망치"[15]로부터 그녀를 보호하려고 하지 않습니까? 왜 그녀가 바벨론의 금잔으로 술을 마시는 것을 금하려고 하지 않으십니까? 그녀가 디나와 함께 낯선 땅의 딸들을 보기 위해서 나가는 것을 금하지 않으십니까?[16] 왜 그녀가 경쾌한 춤을 추고 길고 헐거운 을 입는 것을 금하지 않으십니까? 어떤 사람도 그가 꿀로 컵의 가장자리를 문지를 때까지 독을 투여하지 않습니다.[17] 그렇게 우리를 속이는 것이 더 좋아서 악을 덕의 외향과 외관을 취하게 합니다. 그러면 왜 당신은 우리에게 읽으라고 말합니까? "범죄하는 그 영혼은 죽을지라 아들은 아버지의 죄악을 담당하지 아니할 것이요 아버지는 아들의 죄악을 담당하지 아니하리니" "그러나 지금 어떻게 해서 보는지 또는 누가 그 눈을 뜨게 하였는지 우리는 알지 못하나이다 그에게 물어 보소서 그가 장성하였으니 자기 일을 말하리이다"[18] 아들이 한 아이이고 그리고 아이로서 생각하는 동안 그리고 그가 피타고라스의 글자가 지적하는[19] 두 길 사이에서 스스로 판단하여 선택하는 판단의 해에 이를 때까지 그의 부모는 이러한 것들이 선한 것인지 악한 것인지 그의 행동에 대해서 책임을 집니다. 그러나 아마 당신은 만일 그들이 세례를 받지 않았다면 그리스도의 자녀들은 홀로 그들 자신의 죄를 위해서 책임을 져야 하며 그리고 그들의 어린 나이에 대한 이유로 그것에 대한 반대를 할 수 없는 사람들에게 세례를 보류한 ˙부모에게 죄를 돌리지 않는다고 생각합니다. 사실은 세례가 어린 아이의 구원을 보증할 때 이것은 보답으로 부모에게 유익을 가져옵니다. 당신이 당신의 아이에게 제공했던지 혹은 당신의 선택 안에 두지 않았던지 그러나 지금 당신이 그녀에게 수여한 것이 당신이 그녀를 당신의 위험에 방치한 것입니다. 비록 당신의 경우에 당신이 분별력을 가지고 있지 않았을지라도 당신은 그녀의 수태 이전에 자녀를 서원했습니다. 절름발이나 혹은 불구나 혹은 흠이 있는 희생을 바치는 그는 신성모독의 죄를 범한 것입니다.[20] 그러면 그녀 자신의 육체의 분깃과 흠이 없는 영혼의 순결

---

15. 바벨론, 렘 50:23.

16. 창 34.

17. Lucretius, I, 936.

18. 겔 18:20; 요 9:21.

19. 헬라어 *hypsilon* (Y), 어린 시절의 기간, Persius, III, 56 참고.

20. 신 15:21.

함을 왕께 드릴 준비된 그녀가 얼마나 더 벌을 받는 것입니까? 그리고 그녀의 제물을 소홀히 한 것으로 그녀가 얼마나 더 벌을 받는 것입니까?

7. 그녀가 조금 더 나이를 먹고 그녀의 배우자인 주님처럼 지혜와 키와 그리고 하나님과 사람의 사랑 안에서 조금 나이가 장성해 갈 때 그녀로 하여금 그녀의 부모님과 함께 그녀의 진정한 아버지의 성전에 가도록 하십시오. 그러나 그들과 함께 성전밖으로 나오지 말게 하십시오. 그들로 하여금 그녀를 무리와 친족의 인파 가운데 세상의 주요 도로 위에서 그녀를 찾도록 하십시오. 그리고 그들은 어디에서도 그녀를 발견할 수 없으며 그러나 성전 안에서 예언자들과 사도들에게 그녀의 영적인 결혼에 대해서 의미를 질문하고 있는 그녀를 발견합니다. 그녀로 하여금 가브리엘이 그녀의 방 안에서 발견하였으며 거기에서 남자를 보는 것에 의해서 놀란 마리아를 본받게 하십시오. 아이로 그녀와 겨루게 하십시오. "왕의 딸은 심중에 모두 영화로운 것이다." 사랑의 활로 상처를 입었을 때, 그녀로 하여금 그녀의 사랑하는 자에게 말하게 하십시오. "왕은 나를 그의 방 안으로 데려왔다." 그녀를 외국으로 가게 할 시간이 아닙니다. 도시를 돌아다니는 파수꾼이 그녀를 발견하지 않도록, 그들이 그녀를 강타하고 상하게 하지 않도록 그리고 그녀의 순결함의 베일이 그녀로부터 거두워지지 않도록 그리고 그녀의 기질 안에 그녀를 벌거벗긴체 남겨두지 않도록 하십시오. 아니 사람이 그녀의 문을 두드리면서 그녀에게 말합니다 "나는 성벽이요 내 유방은 망대 같으니 그러므로 나는 그가 보기에 화평을 얻은 자 같구나"[21]

8. 그녀로 하여금 다른 사람들, 즉 그녀의 부모의 손님상에서 음식을 취하지 말도록 하십시오. 그녀가 갈망할 수 있는 음식을 보지 않도록 하기 위해서입니다. 제가 아는 한 실제로 그들 앞에 있는 즐거움을 경멸하는 것이 보다 더 큰 덕을 유지하는 것입니다. 그러나 저는 당신이 매혹적인 것을 알지 못하는 것이 보다 더 안전한 극기라고 생각합니다. 소년시절 학교에서 저는 명령을 경험했습니다. "그것은 당신이 습관이 되도록 허락한 것을 잔혹하게 비난하고 있습니다."[22] 그녀로 하여금 심지어 지금 "취하는"[23] 술을 마시지 않도록 배우게 하십시오. 그러나 그들이 충분한 힘에 이르기 전에

21. 눅 2:52, 43-46; 1:29; 시 45(44):13; 아 1:4; 5:7, 2; 8:10; 5:3.

22. Publilius Syrus, *Sententiae*, 180.

23. 엡 5:18.

엄격한 절제는 젊은 아이들에게 위험한 것이기 때문에, 만일 그녀가 목욕을 해야 한다면 목욕하러 가게 하십시오. 그리고 그녀로 하여금 그녀의 위를 위해서 조그만 소량의 포도주를 마시게 하십시오.[24] 그들이 그들의 과정을 달리기 시작하기 전에 그녀의 발이 실패하지 않도록 하기 위해서 그녀로 하여금 또한 신선한 음식을 먹도록 하십시오. 그러나 명령으로서가 아니고 양보에 의해서 이것을 말합니다.[25] 왜냐하면 저는 그녀를 약하게 하는 것이 두려우며 제가 그녀에게 방종을 가르치기를 원하지 않기 때문입니다. 게다가 왜 기독교인인 소녀가 다른 사람들이 부분적으로 하는 것을 전적으로 하려고 하지 않겠습니까? 미신적인 유대인들이 음식의 항목으로서 어떤 특정한 동물이나 생산품을 거절합니다. 인도사람, 브라함 사람 그리고 이집트 사람들 사이에서 나체 고행자들은 죽과 쌀과 과일로 살아갑니다.[26] 만일 단순한 유리가 그렇게 가치가 있다면 진주는 더 가치가 있지 않겠습니까?[27] 파울라는 서원에 대한 응답으로 태어났습니다. 그녀의 삶이 이러한 상황 아래서 태어난 사람들의 삶과 같도록 하십시다. 만일 수여된 은혜가 양쪽의 경우에 있어서 같다면 부여된 고통도 마땅히 그래야 합니다. 그녀로 하여금 오르간의 소리를 듣지 않게 하십시오. 그리고 심지어 왜 피리와 수금과 하프가 만들어졌는지를 모르도록 하십시오.

9. 그녀로 하여금 날마다 당신 앞에서 성경의 일정한 부분을 반복하는 것이 과제가 되도록 하십시오. 그녀로 하여금 희랍어로 된 많은 성경구절들을 가슴으로 배우게 하십시오. 그러나 그녀로 하여금 일단 라틴어로도 배우게 하십시오. 왜냐하면 만일 입술이 부드러울 때 발음이 형성되지 않으면 혀는 외국의 엑센트에 의해서 망가지며 그리고 그것의 본토 말투는 이방 요소에 의해서 품격이 떨어집니다. 당신 자신은 그녀에게 선생이며 모델이어야 합니다. 그녀가 그 모델 위에서 그녀의 어린 행동을 형성할 수 있습니다. 결코 그녀로 하여금 당신이나 그녀의 아버지 안에서 그녀가 죄 없이 모방할 수 없는 것을 보지 말게 하십시오. 당신이 거룩하게 된 소녀의 부모라는 것과 그리고 당신의 행동이 당신의 훈계보다 더 많이 그녀를 가르친다는 것을 기억하십

---

24. 딤전 5:23.

25. 고전 7:6.

26. 테르툴리아누스, *Apology*, 42: 우리 기독교인들은 브라만 사람이나 혹은 인도 나체 고행주의자들이 아니다. 우리는 하나님의 피조물을 거부하지 않는다.

27. 여기에서 *Epp.* 79:7, 130:9 Tert., *Ad Martyras*, 4.

시오. 꽃들은 빨리 시듭니다. 그리고 해로운 바람은 곧 바이올렛, 백합 그리고 크로 쿠스를 시들게 합니다. 그녀로 하여금 당신 없이 공적인 자리에 나타나지 말게 하십 시오. 그녀로 하여금 그녀의 어머니와 함께 하지 않는다면 교회나 혹은 순교자의 제 단을 방문하지 말게 하십시오. 젊은 남자나 곱슬머리를 한 멋쟁이가 그녀를 곁눈질하 게 하지 마십시오. 만일 우리의 조그만 소녀가 엄숙한 축일 전야와 축일 철야기도회 에 간다면 그녀로 하여금 그녀의 어머니 쪽으로부터 머리카락의 넓이를 휘졌지 말도 록 하십시오. 그녀는 그녀의 하녀 중에서 유독 한 사람에게 특별한 사랑을 주거나 신 뢰해서는 안 됩니다. 그녀가 한 사람에게 말한 것은 마땅히 모두가 알아야 합니다. 그 녀로 하여금 동료를 선택함에 있어서 잘생기고 옷을 잘 입은 소녀로 불안정한 음조로 목소리를 떨며 노래할 수 있는 사람이 아니라 창백하고 진지하고 칙칙하게 차려입고 조금 더 차중한 경향이 있는 사람을 선택하게 하십시오. 그녀로 하여금 그녀의 모델 로서 신앙이나 성품이나 순결함에 있어서 인정받은 조금 나이가 든 처녀를 택하도록 하십시오. 그녀는 말과 실질적인 예로 가르치는데, 기도와 시편을 암송하기 위해 밤 에 일어나며 아침과 3시와 6시와 그리고 9시에 그리스도를 위한 전쟁을 하는 대열 안 에 그녀의 위치를 잡고 찬양을 하는 그녀의 램프에 불을 붙이고 그녀의 저녁 성찬을 제공하도록 하는[28] 이러한 업무들 안에서 그녀로 하여금 하루를 지나게 하십시오. 그 리고 밤이 왔을 때 그것으로 하여금 그녀가 지금껏 그것에 몰두하고 있는지를 발견하 도록 하십시오. 기도후에 성경낭독을 하시고 성경낭독 후에 기도를 하십시오. 그렇게 많고 다양한 임무들 위에 몰두하다 보면, 시간은 짧게 보일 것입니다.

10. 그녀로 하여금 어떻게 털실을 만드는지 어떻게 실 감는 막대기를 지탱하는지 어떻게 바구니를 그녀의 무릎 안에 두는지를, 어떻게 회전하는 바퀴를 바꾸는지를 그리고 어떻게 그녀의 엄지손가락으로 연사를 만드는지를 배우도록 하십시오. 그녀 로 하여금 가치가 없다고 생각하는 비단과 중국산 양모를 치우도록 하십시오. 그리고 무늬를 도드라지게 짠 천을 치우도록 하십시오. 그녀가 그녀 자신을 위해서 만든 의 복은 차가운 것이며 그리고 덮도록 공언된 몸을 드러내서는 안됩니다. 그녀의 음식은 그때나 지금이나 하나나 두 개의 조그만 생선과 함께 야채와 밀로 만든 빵이어야 합

---

28. 즉 기도에 대한 일곱 개의 "교회법"의 시간들 중에서 여섯 개. Nocturns, Mattins, Terce, Sext, None, Vespers, *Epp.* 22:37; 108:20; 130:15 참고.

니다. 그리고 저는 식욕에 대한 규칙(다른 곳에서 조금 더 긴 분량으로 취급한 주제)을 위해 교훈을 주는 것에 대해 더 이상 시간을 낭비하지 않을 수 있습니다.[29] 그녀의 식사가 항상 그녀의 배고픔을 채우게 하며 그리고 그 순간에 낭독이나 혹은 기도나 혹은 찬양을 시작할 수 있게 하십시오. 저는 특별히 어린 나이의 사람들에게 한 주간에 한 주간을 더하고 심지어 기름과 과일도 금해지는 길고 지나친 금식을 하는 것을 강력하게 반대합니다. 저는 큰길을 따라 힘들게 일한 당나귀가 지쳤을 때, 여인숙을 향해서 걸어간 경험에 의해서 배웠습니다. 몹시 뜨거운 꿩과 멧비둘기 고기를 급하게 먹어서 그들의 치아가 케레스*의 선물을 더럽히는 이시스**와 퀴벨레***의 예배자들에게 그것을 남겨주십시오![30] 만일 깨어지지 않는 금식을 할 작정이면, 그들 전에 긴 여행을 한 사람들이 끝까지 지킬 수 있도록 규제했음에 틀림없습니다. 그리고 우리는 첫 번째 구간을 뛴 후에 중도에 추락하지 않도록 주의해야 합니다. 그러나 제가 전에 썼던 것처럼 사순절에 자기부인을 실천하는 사람들은 빳빳한 천의 모든 바늘땀을 펼쳐야 하며, 전차를 모는 사람은 고삐를 느슨하게 해야 하며 그리고 그의 말의 속력을 높여야 합니다. 그러나 세상에 사는 사람들을 위한 한 가지 규칙이 있고 수도하는 미혼여성과 남자 수도자들을 위한 다른 규칙이 있습니다. 사순절 기간 동안 평신도는 그의 위의 점막을 여위게 하며 그 자신의 체액[31] 위에 달팽이처럼 살면서 그의 위는 앞으로 올 풍성한 음식과 향연을 위해서 준비되어졌습니다. 그러나 수도하는 미혼여성과 남자 수도자와는 경우가 다릅니다. 이 사람들이 사순절에 그들의 말들에게 고삐를 줄 때, 그들은 그들을 위해서 경주는 중단이 없다는 것을 알고 있다는 것을 기억해야 합니다. 오직 제한된 시간을 위해서 이루어진 노력은 엄격한 것이 당연합니다. 그러나 그러한 제한을 갖고 있지 않은 사람은 보다 온건해야 합니다. 첫 번째의 경우에 경주가 끝났을 때, 우리는 호흡을 회복할 수 있는데 반해서, 마지막에 우리는 지속적으로 쉼 없

---

29. *Ep.* 54:9–10 그리고/혹은 *Contra Jovin.*, II.
30. 그들은 빵을 먹지 않겠다고 맹세한 후에 호사스러운 음식을 먹었다.
31. Plautus, *Captivi*, 80.

---

* 로마 신화에서 농업, 풍작의 여신.

** 고대 이집트의 풍요의 여신 오시리스의 아내.

*** 프리기아를 중심으로 소아시아에서 숭배되었던 대지의 여신.

이 가야 합니다.

11. 당신이 당신의 나라로 갈 때, 당신의 딸을 집에 남겨두지 마십시오. 당신 없이 사는 힘이나 혹은 능력 없이 그녀를 남겨두십시오. 그리고 그녀로 하여금 그녀가 홀로 남겨졌을 때 무서움을 느끼게 하십시오. 그녀로 하여금 세상의 사람들과 대화를 나누게 하지 말며 혹은 그들의 맹세에 대해 냉소적인 소녀들과 교제하지 말게 하십시오. 그녀로 하여금 당신의 종들의 결혼식에 참여하지 말게 하며 그리고 그녀로 하여금 집안의 시끄러운 놀이에 참여하지 말게 하십시오. 목욕을 하는 것에 관련해서, 저는 어떤 사람들이 기독교인 처녀는 내시들이나 혹은 결혼한 여자들과 함께 목욕을 해서는 안 된다고 말하는 것을 알고 있습니다. 그들에 의하면 기독교인인 처녀들이 내시들과 목욕을 함께 하면 안 되는 것은 왜냐하면 그들은 여전히 심장에는 남성으로 있기 때문입니다. 그리고 결혼한 여자들의 경우 아이와 함께한 여성들은 불쾌함을 느끼게 하는 선입견이 있기 때문이라고 말합니다. 그러나 저 자신을 위해서 저는 다 큰 처녀가 목욕을 하는 것에 전적으로 반대합니다. 그녀는 부끄러워해야 하며 그녀 스스로 벌거벗었다는 것을 본다는 생각을 극복해야 합니다. 축일 전야 철야기도회와 금식에 의해서 그녀는 그녀의 몸을 억제해야 하며 그것을 복종하게 해야 합니다. 침착한 순결에 의해 그녀는 탐욕의 불을 끄고 젊음의 뜨거운 욕망을 억제해야 합니다. 그리고 그녀는 고의적으로 천박하게 하여서 본성적으로 아름다운 그녀의 외향이 빠르게 볼품없어지도록 해야 합니다. 그런데 왜 그녀는 목욕을 해서 꺼져가는 불에 기름을 부어야 합니까?

12. 그녀의 보물이 비단이나 보석이 아니라 성경의 필사본이 되도록 하십시오. 그리고 이러한 필사본에 의해 그녀로 하여금 겉치레와 바빌로니아의 양피지와 그리고 아라베스크 무늬에 대해 생각하는 것보다 정확함과 틀림없는 구두점을 찍는 것을 더 생각하도록 하십시오. 그녀로 하여금 시편집을 배우는 것에 의해 시작하게 하십시오. 이러한 노래들을 즐거워하게 하십시오. 그런 다음에 그녀로 하여금 솔로몬의 잠언들로부터 삶에 규칙을 배우게 하십시오. 전도서로부터 그녀로 하여금 세상과 그것의 헛됨을 경멸하는 습관을 얻도록 하십시오.[32] 그녀로 하여금 미덕과 인내의 욥 안

---

32. *Commentary on Ecclesiates*에 대한 서문에서 히에로니무스는 그가 로마에서 브레실라와 함께 책을 읽으면서 그녀로 하여금 세상을 경멸하도록 권유했다.

에 있는 실 예를 따르게 하십시오. 그런 다음에 그녀를 복음서로 가게 하십시오. 일단 복음서들이 손에 쥐어졌을 때 결코 치워서는 안 됩니다. 또한 그녀로 하여금 기꺼운 마음과 함께 사도행전과 서신들을 마시게 하십시오. 그녀가 이러한 보물들과 함께 마음의 창고를 풍성하게 하자마자 그녀로 하여금 예언서들, 구약 성경의 처음 일곱 책들, 열왕기상하와 역대상하들, 에스라서와 에스더서를 기억하게 하십시오. 그녀가 이 모든 것을 했을 때, 그녀는 안전하게 아가서를 읽을 수 있습니다 그러나 아가서를 이 모든 것들 보다 먼저 읽어서는 안 됩니다. 왜냐하면 만일 그녀가 그것을 처음에 읽는다면 그녀는 비록 그것이 감각적인 말로 씌어있다 할지라도 그것이 영적 신부의 결혼 노래인 것을 깨닫는 것에 실패할 것입니다. 그리고 만일 이것을 이해하지 못한다면 그녀는 그것으로부터 상처를 받게 될 것입니다. 그리고 만일 그녀가 그들이 포함하고 있는 교리의 진리에 의해서가 아니라 그러나 그들 안에 포함되어 있는 기적을 위한 경외심으로부터 그들을 읽도록 인도되어진다면, 그녀로 하여금 모든 외경을 피하게 하십시오. 그녀로 하여금 그들이 저자로 알려진 사람들에 의해서 진정으로 씌어 지지 않았다는 것을. 많은 잘못된 요소들이 그들 안으로 소개되어졌다는 것을 그리고 그것이 티끌 가운데 황금을 찾는 분별력을 요구한다는 것을 이해하게 하십시오.[33] 키프리아누스의 저서들을 항상 그녀의 손에 쥐고 있게 하십시오. 그녀로 하여금 아타나시오스의 서신들과 힐러리의[34] 소논문들을 두려움 없이 읽게 하십시오. 그녀로 하여금 믿음을 위한 적절한 관심이 소홀이 되지 않은 그들의 책 안에 있는 모든 저자들의 행동과 재치 안에서 즐거움을 취하게 하십시오. 그러나 만일 그녀가 다른 사람들의 작품을 읽는다면 그들을 따르기 보다는 그들을 판단하게 하십시오.

13. 당신은 대답할 것입니다. "어떻게 내가 무리에 둘러싸여 로마에 살면서 세상의 한 여성으로서 이 모든 명령을 준수할 수 있습니까?" 그러한 경우에 당신이 견딜 수 없는 짐을 지지 마십시오. 이삭이 떼어 놓여진 것처럼 당신이 파울라를 떼어 놓을 때, 그리고 사무엘에게 옷이 입혀진 것처럼 당신이 그녀에게 옷을 입힐 때, 그녀를

---

33. "Helmetes Preface"안에서 히에로니무스는 구약성경의 히브리 경전 외에 모든 책들을 저자가 의심스러운 것으로 거절했다. 비록 그가 그의 실천에 있어서 모순되었을 지라도, 그는 여기에서 소위 "신약 외경"이라고 언급했다. 이 책들의 많은 것들은 영지주의적이다.

34. Poitiers에 대해서.

그녀의 고모와 할머니에게 보내십시오. 이 가장 진기한 보물을 마리아의 방에 두십시오. 그리고 예수께서 울음을 터뜨렸던 요람에 그녀를 두십시오. 그녀로 하여금 수도원에서 자라게 하십시오. 그녀로 하여금 수도하는 미혼여성들과 함께 살게 하십시오. 그녀로 하여금 맹세하는 것을 피하는 것을 배우게 하십시오. 그녀로 하여금 거짓말 하는 것을 신성모독으로서 생각하게 하십시오. 그녀로 하여금 세상을 무시하게 하십시오. 그녀로 하여금 천사 처럼 살게 하십시오. 육신 안에 있는 동안 그녀로 하여금 육신 없이 살게 하십시오. 그녀로 하여금 모든 인간들은 그녀 자신과 같다는 것을 생각하게 하십시오. 그것의 다른 이익들에 대해 아무것도 말하지 않기 위해 이 과정은 그녀를 돌보는 어려운 업무로부터 그리고 보호자의 임무의 책임으로부터 당신을 자유롭게 할 것입니다. 당신에게는 그녀를 걱정하면서 데리고 있는 것보다 그녀가 없는 것을 안타까워하는 것이 더 좋은 것입니다. 그녀가 말하는 것과 그녀가 그것을 말하는 사람에게, 그녀가 인사하는 사람에게 그리고 그녀가 가장 만나기를 좋아하는 사람을 보면서, 그녀가 아직 어린 아기이며 그리고 그녀의 울음이 당신을 위한 기도인 동안에 그녀를 유스토기움에게 맡기십시오. 그녀는 장차 그녀의 후계자일 뿐 아니라 지금 그녀의 동반자가 될 것입니다. 그녀로 하여금 응시하고 사랑하게 하십시오. 그녀로 하여금 언어와 걸음 거리와 옷차림이 미덕 안에서 교육을 받은 사람을 "아주 어린 시절부터 찬미하게 하십시오."[35] 그녀의 할머니로 하여금 그녀를 무릎 위에 앉혀 놓고 그녀가 이전에 그녀 자신의 자녀에게 해주었던 교훈들을 그녀에게 되풀이하게 하십시오. 오랜 경험은 그녀에게 어떻게 미혼 여자들을 기르고 교훈하고 돌봐야 하는지를 보여 주었습니다. 그녀의 왕관 안에 날마다 짜여진 것은 가장 고귀한 순결로 인식되는 신비한 백배[36]입니다. 오 행복한 미혼 여성이여! 행복한 파울라여. 토코티우스의 딸로 그녀의 할머니와 고모의 미덕을 통해서 그녀가 가문 안에 있었던 때보다 더 고귀함 안에서 더욱 고귀해졌구나! 그렇습니다. 당신이 당신 자신의 눈으로 당신의 시어머니와 당신의 시누이를 보며 그리고 그들의 조그만 몸에게 생명을 주는 위대한 영

---

35. Verg., Aen., VIII, 517.

36. 씨 뿌리는 자의 비유는 (마 13) 결혼에 있어서 순결이 30배로 신실한 과부에게는 60배로 그리고 동정녀에게는 100배로 보상된다는 것을 제시하는 것으로 사용하였다. 동정녀는 그러므로 본질적으로 결혼보다 우월하다는 것이다. *Ep.* 48 그리고 암브로시우스, 「서신」 63:7, 10을 참고하라.

혼을 인정하는 것은 가능합니다. 그러한 것은 당신의 선천적인 순결로 제가 당신이 심지어 당신의 딸보다 먼저 그들에게 가며 그리고 하나님의 첫 번째 법령을 복음의 그의 두 번째 법령으로 바꿀 것을 의심하지 않습니다.[37] 당신은 다른 자녀들을 위한 당신의 욕망을 무익한 것으로서 생각하며 당신 자신을 하나님을 위한 봉사에 바칩니다. 그러나 왜냐하면 "안을 때가 있고 안는 일을 멀리 할 때가 있으며" 그리고 왜냐하면 "아내는 자기 몸을 주장하지 못하고" 그리고 왜냐하면 "각 사람은 부르심을 받은 그 부르심 그대로 지내라" 그리고 왜냐하면 멍에 아래 있는 그는 마땅히 수렁 안에 동료를 놔두지 않는 것처럼 그렇게 해야 하기 때문에 당신이 그동안 당신 자신의 사람들에게 지불하는 것을 이룬 것을 지불하십시오.[38] 한나가 성전 안에서 그녀가 하나님께 맹세한 아들을 바쳤을 때, 그녀는 결코 그를 되찾지 않았습니다. 왜냐하면 그녀는 선지자가 될 사람은 여태껏 다른 아들들을 소망하는 그녀와 함께 같은 집에서 자라야 하는 것이 어울리지 않는다고 생각했기 때문입니다. 따라서 그녀가 그를 임신하고 낳은 이후에 그녀는 성전에 감히 혼자 오거나 혹은 하나님 앞에 빈손으로 나타나지 않았습니다. 그러나 그녀가 맹세한 것을 맨 처음에 그에게 드렸습니다. 그녀가 그러한 커다란 희생을 바친 다음에, 그녀는 집에 돌아왔습니다. 그리고 그녀가 하나님께 그의 첫 번째 자녀를 드렸기 때문에 그녀는 다섯 아이를 얻었습니다.[39] 당신은 그러한 거룩한 여인의 행복에 놀랍지 않습니까? 그녀의 믿음을 본받으십시오. 더욱이 만일 당신이 오직 파울라를 보낸다면 저는 그녀에게 가정교사이자 양아버지가 될 것을 약속합니다. 제가 나이가 들었을지라도 저는 그녀를 저의 어깨 위에 올려놓고 그녀의 더듬거리는 입술을 훈련할 것입니다. 그리고 저의 의무는 세상의 철학자의 의무보다 더욱 자랑스러운 것일 것입니다. 왜냐하면 아리스토텔레스가 겨우 바벨론의 독약으로 죽은 마케도니아의 왕을 가르쳤다면[40] 저는 천국의 왕국 안에 수여될 그리스도의 심부름꾼이며 신부인 그녀를 교육하는 것이기 때문입니다.

---

37. 창 1:28; 고전 7:1.
38. 전 3:5; 고전 7:4, 20.
39. 삼상 2장.
40. 아리스토텔레스와 알렉산더 대왕.

서신 108: 유스토키움에게

서문

여러 편의 히에로니무스의 서신들이 그의 친구들이 사랑하는 사람을 죽음으로 떠나보냈을 때, 그들을 위로하기 위해서 쓰여졌다. 어떤 것에서는 위로와 권면이 두드러졌고 반면에 어떤 것에서는 역사적인 가치가 있는 사망 기사가 두드러졌다. 이러한 것들은 빌레실라(38-39), 네포티아누스(60), 파울리나(66), 파비오라(77), 마르셀라(127) 그리고 모든 것 가운데 가장 길고 가치가 있는 것은 그녀의 어머니 파울라(Paula the elder)에 대해 유스토키움에게 보낸 위 서신이다.

I

파울라는 로마의 귀족 가문의 출생으로 347년에 로가투스와 블레실라의 딸로 태어났다. 그녀는 마르셀라의 집을 자주 방문한 기독교 귀족 여성들 무리의 일원이었다. 그리고 그녀의 남편 토코티우스가 죽었을 때 그녀는 신앙생활에 전념하였다. 이 것은 379년이나 380년으로 히에로니무스가 로마에 있기 전의 일이다. 그녀는 네 명의 딸들 브레실라, 파울리나, 유스토키움, 그리고 루피나 그리고 한 명의 아들 아직도 아기인 토코티우스를 낳았다. 히에로니무스가 어떻게 그녀가 382년 로마 공의회 동안에 에피파니우스를 살라미스의 감독으로 "세우는지를" 이야기할 때, 그는 우리들에게 교회 회의의 비공식적인 측면에 대해 이례적인 빛을 제공한다. 회의를 위해 로마에 갔던 히에로니무스는 바로 그녀를 만나지는 못했다. 왜냐하면 그는 그가 그의 가족과 알기 전에 그 도시에 매우 잘 알려져 있었다고 말하기 때문이다(「서신」 45:3). 그러나 그들은 곧 친밀한 친구가 되었고 그래서 그는 마침내 중상으로부터 그 자신을 방어해야만 했고 중상자로 하여금 그의 말들을 철회하게 해야 했다. 파울라는 성경을 배우는 것에 있어서 아주 열정적인 학생이었으며 성경에 대해 신비적인 해석을 좋아했다. 반면에 그녀의 친구 마르셀라는 본문과 역사적 성경해석을 선호했다. 로마에 있는 여러 해 동안 히에로니무스는 그녀에게 알파벳 순의 시편들과 히브리어 알파벳의 신비적 의미에 대해 쓴 「서신」 30을 보냈다. 「서신」 33은 오리게네스의 저서에 대한 중요한 목록을 포함하고 있다. 그리고 「서신」 39는 그녀의 장녀 브레실라의 죽음에 대해서 이야기하고 있다. 또한 이 서신에는 히에로니무스에게 성 베드로의 날에 선물을 한 소녀 유스토키움에게 감사하는 메모가 있다. 브레실라는 결혼을 하였는데 결혼 후 일곱 달 만에 그녀의 남편을 잃었다. 그 이후에 그녀는 바로 금욕주의적 삶으로 "개종"하였다. 그러나 세 달 뒤에 죽었다. 히에로니무스는 비록 진심으로 마음 아파했지만 그러나 파울라가 너무 지나친 슬픔으로 무너지는 것에 대해서 권면해야 하는 것이 필요하다는 것을 발견하였다. 그러나 이러한 과도함에 일말의 나쁜 양심이 있었겠는가? 왜냐하면 브레실라가 금식을 하다가 죽었다는 소문이 있었기 때문이다. 그리고 그녀의 죽음은 히에로니무스를 로마로부터 축출하게 하는 사건들 중에 하나인 것으로 보인다. "언제 우리는 로마로부터 이 밉살스러운 수도자들을 쫓아내었는가? 왜 그들을 테베레의 강에 던지지 않았는가?"

히에로니무스는 385년에 로마를 떠났고 그리고 파울라는 유스토키움을 데리고 바로 그를 따라갔다. 안디옥으로 가는 여정에 에피파니우스를 방문했고 거룩한 땅과 이집트에서 그들의 순례의 길을 행했다는 것이 현재의 서신에서 길게 이야기된다. 386년 가을까지 그들은 베들레헴에 머물렀는데 이곳에서 파울라는 그녀의 나머지 생애를 그녀가 세운 여성을 위한 수도원의 수장으로 지냈다. 게다가 이 서신 안에는 그녀의 삶에 대한 많은 세세한 것들이 이야기된다. 성경공부는 그녀의 관심을 집중시켰으며 그리고 서신이 말하는 것 외에 성경에 대한 번역과 주석의 수많은 서문으로부터 꾸준히 모아진 자료들이 있다. 히에로니무스가 그의 첫 번째 시편집을 개정한 것은 파울라의 요청에 의해서였고 그 개정판은 소위 'Gallican 시편집'으로 불리운다. 그리고 그는 오리게네스의 「누가복음에 관한 설교집」을 번역하였다. 그는 파울라와 유스토키움에게 그의 많은 성서적 작품들을 헌정했으며 그리고 열왕기서에 대한 널리 공포된 "헬멧을 쓴" 서문이 히브리어 성서에 대한 간략한 서문과 정경으로부터 외경에 대한 그것의 거부와 함께 그들에게 보내졌다. 파울라는 404년 1월 26일 그녀의 임종까지 베들레헴 수녀원에서 총 감독으로 있었다. 그녀의 딸 유스토키움이 어머니의 자리를 계승하였으며 히에로니무스는 그의 후기 작품들 가운데 여러 권을 그녀에게 헌정하였다. 그리고 유스토키움의 자리는 조카 파울라(the younger Paula)에 의해서 계승되었다. 파울라는 토코티우스의 딸로 토코티우스는 그의 어머니가 죽기 20년 전에 그를 떠날 때 오스티아 해안가에서 "그의 손을 펼쳐서 애원했었다."

Ⅱ

성지순례에 대한 묘사는 (§§8-14) 문헌학적이고 지형학적인 것이라기보다는 오히려 심리학적이고 영적인 것으로서 흥미가 있다. 이 책에 적합하게 주석을 다는 것이나 혹은 심지어 이 부분에서 오직 요구하는 백 개나 그 이상의 성서적 주석을 주는 것이 실행 가능해 보이지 않는다. 그들 모두는 Vienna *Corpus*에 있는 힐베르그 판이나 혹은 성경의 전체 색인과 사전들을 통해서 발견될 수 있다. 히에로니무스는 대부분 장소들에 대한 주석을 팔레스타인의 장소 언급에 대한 카이사르의 유세비우스의 저작을 번역하면서 취한 것이다. 또한 힐베르그도 이것을 취하였다. 유래들은 자주 환상적이지만 그러나 지형학적인 정보는 어느 정도 가치가 있는데 적어도 순례의 경로를 위해서 가치가 있다. 사람들은 파울라의 성지순례를 에게리아의 성지순례와 비교해야 하는데 왜냐하면 같은 기간 동안에 기록된 것이기 때문이다. 그녀의 여정은 부분 부분으로 나뉘어졌는데 시나이를 방문하는 것으로 시작해서 예루살렘에서 고난주간의 예식에 대한 세밀한 설명과 함께 끝난다. 이 두 성지순례와 그리고 다른 초기 성지순례에 대한 번역은 Palestine Prilgrims Text Society의 첫 번째 권에서 발견될 것이다.

III

이 편지의 다른 부분에 대해서 특별한 주목이 요청된다. 그것은 §§23-26으로 이 단을 비난하는 것으로 본론을 벗어난 것이다. 그것 자체에 있어서 별난 것이며 그리 고 정황에 있어서는 저급한 기호이다. 물론 이단은 오리게네스주의이다. 심지어 위로 의 서신 안에서 히에로니무스는 그것을 공격하며 그리고 그 자신의 영리함을 나타내 고자 하였다. 파울라의 정통 신앙을 확증하기 위해서 상세한 기술은 전혀 필요 없는 것이었다. 그렇게 자주 그는 그의 격한 펜을 마음대로 휘둘렀다. 우리는 파울라에게 그의 다루기 힘든 질문들로 접근한 "교활한 건달"이 누구인지 모른다. 그의 다루기 힘든 질문들 가운데 몇몇 가지는 어떤 오리게네스주의자에 의해서 제기된 것일 수 있 다. 그러나 이러한 요점들은 히에로니무스가 396년에 예루살렘의 요한과의 논쟁에서 쓴 소논문에서 역시 나타난다. 여기서 감독이 직접적으로 공격당하고 있는 것 같지는 않다. 그것은 형편없는 취향인 것 같은데 왜냐하면 히에로니무스 그 자신이 기록한 것처럼 그는 파울라의 장례식에 참석하고 있었기 때문이다. 더욱이 아마 그것은 그의 집단 가운데 한 사람이었다. 오리게네스주의자에 대한 히에로니무스의 중요한 공격 은 루피누스에 대한 세 권의 저서들로 파울라가 죽기 전에 쓰여진 것이다. 현재의 부 분에서 그는 성서의 문자와 그리고 모든 정통주의 신앙에 호소할 수 있었다. 그러나 비록 그가 어떤 건전한 관점을 진술했다 할지라도 그는 깊이 있고 어려운 문제로 투 쟁하는 사람들을 위해 일말의 동정을 드러내지 않으며 또한 그는 루피누스가 영적인 육신에 의해서 의미되는 바울에 대해 생각한 것을 긍정적으로 말하지 않는다.

본문

1. 비록 저의 신체 모든 부분들이 혀로 바뀐다 해도 그리고 만일 저의 수족이 각각 인 간의 목소리를 부여받는다 해도, 저는 여전히 거룩하고 존경하는 파울라의 미덕을 정당하게 평가할 수 없습니다. 귀족 가문 출신인 그녀는 거룩함 안에서 지금 더욱 거

룩합니다. 이 세상의 부에 있어서 이전에 부유했던 그녀는 지금 그리스도를 위해서 선택한 가난에 의해서 더욱 두드러집니다. 그라치의 혈통이며 스키피오의 후손으로 그녀가 가지고 있는 이름인 파울루스 가문의 상속자이며 대리자로서 아프리카누스에게 어머니인 마에키아 파피리아의 진정한 그리고 합법적인 딸인 그녀는, 그러나 로마보다는 베들레헴을 더 좋아합니다. 그리고 그녀는 진흙으로 만든 오두막에 거주하기 위해서 황금으로 빛나는 그녀의 궁궐을 떠났습니다. 우리는 우리가 이 완벽한 여인을 잃었다는 것으로 슬퍼하지 않습니다. 보다 우리는 우리가 그녀를 가졌다는 것, 아니 우리는 그녀를 지금 여기 갖고 있으며 이에 감사드립니다. 왜냐하면 모든 사람은 하나님과 살고 있기 때문입니다. 그리고 주님께 돌아간 그들은 여지껏 가족의 일원으로 인정됩니다. 우리는 그녀를 잃었습니다. 그것은 사실입니다. 그러나 천국의 대 저택은 그녀를 얻었습니다. 왜냐하면 그녀가 육신 안에 있는 동안 그녀는 주님으로부터 떨어져있는 것이었습니다. 그리고 그녀는 지속적으로 눈물로 호소하였습니다. "메섹에 머물며 게달의 장막 중에 머무는 것이 내게 화로다 내가 화평을 미워하는 자들과 함께 오래 거주하였도다"[1] 그녀가 어둠(이것은 게달이라는 말을 의미하기 때문입니다)에 있음으로 슬퍼했다는 것은 놀라운 것은 아닙니다. "온 세상은 악한 자 안에 처한 것이며," "밤이 낮과 같이 비추이나니" 그리고 "빛이 어둠에 비치되 어둠이 깨닫지 못하더라"[2]를 알기 때문입니다. 그러므로 그녀는 자주 외칩니다. "나는 주와 함께 있는 나그네이며 나의 모든 조상들처럼 떠도나이다" "내가 차라리 세상을 떠나서 그리스도와 함께 있는 것이 훨씬 더 좋은 일이라" 그녀는 자주 육신적 약함(믿을 수 없을 만큼의 절제와 되풀이되는 금식으로 인해 얻어진)으로 고통 받을 때, "내가 내 몸을 쳐 복종하게 함은 내가 남에게 전파한 후에 자신이 도리어 버림을 당할까 두려워함이로다" "고기도 먹지 아니하고 포도주도 마시지 아니하고 무엇이든지 네 형제로 거리끼게 하는 일을 아니함이 아름다우니라" "금식하여 내 영혼을 괴롭게 하였더니 너는 내 병상에 돌아 왔도다" 그리고 "가시가 나를 누르시오니 내가 고통 받나이다"라고 그녀가 말하는 것이 들렸습니다. 그녀가 놀라운 인내로 견디고 있는 고통이 그녀를 통해 날아갔을 때, 마치 그녀는 열린 천국을 보는 것처럼 말했습니다. "만일 내게 비둘기 같이 날개가 있다면 날아가서 편히 쉬

1. 시 120(119):5. 6.
2. 요일 5:19; 시 139(138):12; 요 1:5.

리로다"[3]

2. 저는 예수와 그의 거룩한 천사들을 부릅니다. 그렇습니다. 그리고 특별한 천사를 부릅니다. 그 특별한 천사는 이 존경받는 여인의 보호자이며 동반자이며 이러한 것들은 아첨과 아부의 말이 아니라 증언하는 것이며 그러나 그들 각각은 그녀의 인격을 담은 증언입니다. 그 사람에 대한 찬양이 전 세계에서 노래되었고 감독들에 의해서 존경을 받았으며 미혼 여자들의 무리에 의해서 애통하게 여겨졌으며 수도자들과 가난한 자들의 무리에 의해서 애도되었습니다. 그러나 이 모든 것이 이 한 사람의 미덕을 칭송하기에 적합하지 않습니다. 한 마디로 말해서 당신 낭독자는 그녀의 모든 미덕을 알고 있습니까? 그녀는 그녀의 가난에 의지해 있던 사람들을 떠났습니다. 그러나 그녀 자신만큼 가난하지 않은 자들을 떠났습니다. 그래서 그녀의 친지들과 그녀의 조그만 가족의 남자나 여자들을 – 그녀의 하녀들보다는 그녀의 형제들과 자매들 – 대하는 것에 있어서 그녀는 생소하지 않았습니다. 왜냐하면 그녀는 그녀의 딸 유스토키움 – 주님께 거룩하게 바쳐진 미혼 여성으로 그녀의 위로를 위해서 이 묘사가 이루어졌다 – 을 믿음과 은혜 안에서 그녀의 고귀한 가문과 부로부터 떠나게 했습니다.

3. 그러면 저로 하여금 저의 이야기를 시작하게 하십시오. 다른 사람들은 심지어 파울라의 요람에까지 긴 여정으로 돌아갈 수 있습니다. 그리고 만일 제가 그렇게 말할 수 있다면 그녀의 어머니 브레실라와 그녀의 아버지 로카투스에 대해서 말할 수 있습니다. 이러한 것들에 대해서 브레실라는 스키피오와 그라치의 후손이라는 것입니다. 반면에 로가투스는 그리스를 통해 현재에 이르기까지 부유하며 유명한 가계로부터 왔습니다. 그는 그의 혈통 안에 십 년의 포위 이후에 트로이를 멸망시켰던 아가멤논의 피가 흐르고 있다고 말해집니다. 그러나 저는 오직 그녀에게 속한 것, 그녀의 고귀한 마음의 깨끗한 샘으로부터 나오는 것을 찬양할 것입니다. 복음서에서 사도들이 그들의 주님이시며 구세주께 그가 그 자신을 위해서 모든 것을 남겨줄 사람들에게 줄 것이 무엇인지를 청했을 때, 그는 그들에게 그들이 이 때에 그리고 영원한 생명으로 가는 이 세상에서 백 배를 받을 것이라고 대답했습니다.[4] 찬양을 받을 가치가

---

3. 시 39(38):12; 빌 1:23; 고전 9:27; 롬 14:21; 시 35(34):13; 시 41:3(40:4); 시 32(31):4; 시 55(54):6.
4. 막 10:28-30.

있는 것은 부자들의 소유가 아니라 그리스도를 위해서 부를 포기하는 것이라는 것을 우리는 압니다. 우리의 특권들 안에서 영광스러워하는 대신에 우리는 주 안에 있는 믿음과 비교할 때 우리가 가진 특권들이 얼마나 작은 것인지를 말해야 합니다. 진실로 구원자는 지금 이 때에 그의 종들에게 그의 약속을 선한 것으로 만들도록 하십니다. 왜냐하면 한 도시의 영광을 경멸하는 자가 오늘날 이 세상을 통해서 유명한 자가 되었습니다. 그리고 그녀가 로마에 사는 동안 로마 밖의 어떤 사람에 의해서도 알려지지 않은 그녀가 베들레헴에 숨어서 있는 동안 로마와 야만족들에게 이르기까지 모든 지역으로부터 존경을 얻게 되었습니다. 거룩한 땅에 성지순례를 보내지 않는 인류 족속이 있습니까? 그리고 누가 거기에서 파울라보다 더 놀라운 것을 발견할 수 있습니까? 많은 보석 가운데 가장 존귀한 것이 가장 밝게 빛나는 것처럼 그리고 태양이 그것의 햇살과 함께 별의 광채를 흐리게 하는 것처럼 그래서 그녀의 낮아짐으로 인해서 그녀는 미덕과 영향력에 있어서 다른 모든 것을 압도합니다. 그녀는 모든 사람들 가운데 가장 작은 자인 동안에, 그녀는 모든 사람보다 큰 자가 되었습니다. 그녀가 그녀 스스로를 내던지면 내던질수록 그녀는 더욱더 그리스도에 의해서 높아집니다. 그녀는 숨어 있습니다. 그러나 그녀는 숨겨지지 않았습니다. 영광을 멀리하는 것에 의해 그녀는 영광을 얻었습니다. 왜냐하면 영광은 그것의 그림자처럼 미덕을 따라오기 때문입니다. 영광은 영광을 찾는 사람을 버리고 영광을 경멸하는 사람을 찾습니다.[5] 그러나 저는 저의 이야기를 계속하는 것을 소홀히 해서는 안 되며 혹은 쓰는 규칙을 잊어버리고 너무 오랫동안 하나의 관점에 머물러 있어서도 안 됩니다.

4. 파울라는 이러한 태생으로서 그녀는 토코티우스와 결혼했습니다. 토코티우스는 아이네아스와 줄리이의 귀족적인 혈통이었습니다. 따라서 그녀의 딸인 그리스도의 미혼 여성인 유스토키움은 줄리아라고 불리웁니다. 줄리우스인 그가

"위대한 율리우스로부터 내려온 이름"[6]

저는 이러한 일들에 대해서 그러한 것들을 가진 사람에 대한 중요한 것으로서가 아니라 그들을 경멸한 사람들에게 주목할 가치가 있는 것으로서 이러한 일들을 말합니다. 세상의 사람들은 이러한 특권 안에서 부유한 사람들을 공경합니다. 반대로 우

5. Cic., *Tusc. Disp.*, I, 109; Seneca, *Ep.* 79:13; Pliny, *Ep.* 1:8, 14.

6. Verg., *Aen.*, I, 288.

리는 구세주를 위해서 그들을 경멸한 사람들을 찬양합니다. 그리고 그들을 추구하는 사람들을 이상하게 경시하면서 우리는 그렇게 하는 것을 기꺼워하지 않는 사람들을 찬양합니다. 그래서 귀족으로 태어난 파울라는 그녀의 열매 맺음과 그녀의 순결을 통해서 모든 것으로부터 첫 번째로는 그녀의 남편으로부터 그 다음으로는 그녀의 친척으로부터 마지막으로는 전 도시로부터 찬성을 얻었습니다. 그녀는 다섯 명의 자녀를 낳았습니다. 브레실라가 있습니다. 그녀가 죽었을 때 저는 로마에서 그녀를 위로했습니다.[7] 파울리나가 있습니다. 그녀는 그녀의 서원과 재산을 상속받기 위해 존경하며 사랑하는 파마키우스를 떠났습니다. 파울리나가 죽었을 때 역시 저는 그녀의 죽음에 대해서 조그만 책을 썼습니다.[8] 유스토키움이 있습니다. 그녀는 지금 거룩한 장소에 있으며 독신 생활과 교회의 거룩한 목걸이를 하고 있습니다.[9] 루피니아가 있습니다. 그녀는 너무 빨리 죽어서 그녀의 어머니의 사랑스러운 마음을 무너지게 했습니다. 그리고 토코티우스가 있습니다. 그 이후에는 자녀가 없습니다. 당신은 아내의 의무를 지속적으로 이행하는 것을 그녀가 바라지 않았다는 것을 알 수 있습니다. 그러나 그녀는 오직 아들을 후사로 갖고자 하는 남편의 갈망에 순종했습니다.

5. 그가 죽었을 때 그녀의 슬픔은 너무 커서 그녀는 거의 죽을 지경이었습니다. 그러나 그는 완벽하게 주에 대한 봉사로 그 자신을 드렸습니다. 그래서 그것은 마치 그녀가 그녀의 남편의 죽음을 바랬던 것처럼 보일 수 있습니다. 어떠한 말로 제가 그녀의 훌륭하고 고귀하고 이전에 부유했던 집 그리고 그녀가 가난한 자들을 위해서 거의 다 쓴 재물에 대해 무슨 말로 표현하겠습니까? 어떻게 제가 그녀가 모두에게 보여준 커다란 관심을 묘사할 수 있으며 그리고 심지어 그녀가 보지 못한 사람들에게까지 베푼 그 친절을 묘사할 수 있겠습니까? 가난한 자 가운데 그들이 죽어갈 때 그녀가 보내준 담요에 의해서 덮어지지 않은 사람이 있습니까? 노인들 가운데 그녀의 도움을 받지 않은 사람들이 있습니까? 그녀는 도시를 통틀어서 부지런히 그러한 사람들을 찾아다녔으며 그리고 다른 사람의 음식에 의해서 걸인이나 병자가 도움을 받으면 그것을 그녀의 상실로 생각했습니다. 그녀는 그녀의 자녀들을 착취했습니다. 그리고 그

---

7. *Ep.* 39.
8. *Ep.* 66.
9. *Ep.* 22.

녀의 친척들이 그녀가 그렇게 한 것에 대해서 항의했을 때 그녀는 그들에게 그리스도의 긍휼 안에 더 좋은 유산을 남겨주고 있다고 선언했습니다.

6. 그녀는 방문과 사람들이 많이 모인 연회를 오래도록 참을 수 없어 했습니다. 이러한 것들은 세상에 있는 그녀의 높은 지위와 찬양받는 가문이 그녀 위에 부과한 것이었습니다. 그녀는 그녀에게 부과되는 존경을 슬프게 받았습니다. 그녀는 그녀에게 찬사하기를 바라는 사람들을 모든 속력을 다해 피하고 도망갔습니다. 그것은 그렇게 일어나서 그 때에 동방과 서방의 감독들은 감독으로부터 교회 사이의 불화를 다루기 위해 서신에 의해서 로마에서 회의를 소집했습니다. 그리고 이러한 방법 안에서 그녀는 두 명의 가장 훌륭한 고위 성직자들을 만났습니다. 안디옥의 감독인 파울리누스와 살라미스의 감독인 에피파니우스입니다. 살라미스는 지금은 키프루스에 있는 콘스탄티아라고 불리웁니다.[10] 그녀는 에피파니우스를 그녀의 손님으로서 맞이했습니다. 그리고 비록 파울리누스는 다른 사람의 집에 머물렀을지라도 그녀는 따뜻한 마음을 가지고 마치 그를 그녀의 손님인 것처럼 대우했습니다. 그들의 미덕에 의해 자극을 받아서 그녀는 매 순간 그녀의 나라를 떠날 것을 생각했습니다. 그녀의 집과 자녀들, 종들, 재산들 그리고 한 마디로 세상과 관계있는 모든 것을 버리고 그녀는 바울과 안토니우스의 수도생활로 유명해진 사막으로 가기를 열망했습니다.[11] 그리고 마침내 겨울이 지나가고 바다가 열렸을 때 그리고 감독들이 그들의 교회로 돌아가고 있을 때, 그녀 역시 그녀의 기도와 소망 안에서 그들과 함께 항해하였습니다. 이야기를 길어지지 않게 하려고 합니다. 그녀는 형제와 친척 그리고 무엇보다도 그녀 자신의 자녀들과 동반해서 항구로 갔습니다. [그들의 애정을 보여주는 것에 의해서 그들의 사랑하는 어머니를 잡으려고 하는][12] 마침내 항해가 시작되고 배가 깊음 속으로 노를 저어 갔습니다. 해안 위에서 어린 토코티우스는 그의 손들을 뻗어서 애원하였습니다. 반면에 성장한 루피나는[13] 고요한 흐느낌으로 그녀의 어머니에게 그녀가 결혼할 때까지만

---

10. 로마의 공의회는 382년에 열렸고 381년 콘스탄티노플 공의회에 대한 서방의 태도를 심의하기 위해 만났다. 파울리누스는 서방에서 진정한 안디옥의 감독으로서 승인되었다. 「서신」 15의 서문을 참고하라.

11. 바울은 첫 번째 은둔자로 추정되는데 그의 생애가 제롬에 의해서 쓰여졌다. 안토니는 독고 수도주의의 진정한 지도자로 그의 생애가 아타나시우스에 의해서 쓰여졌다.

12. 힐베르그는 이 구절을 삭제하였다. 그러나 그것은 거의 허구로 보이지는 않는다.

13. *nubilis.*

이라도 가지 말라고 애원하였습니다. 그러나 파울라는 그녀의 눈들을 하늘을 향해서 돌리는 것으로서 감정을 나타내지 않았습니다. 그리고 그녀는 아이들을 향한 그녀의 사랑을 하나님을 향한 그녀의 사랑으로 내리눌렀습니다. 그녀는 그녀 자신을 더 이상 어머니로서 알고 있지 않았습니다. 그녀는 그녀 자신을 그리스도의 하녀로서 입증할 수 있었습니다. 그러나 그녀의 마음은 그녀 안에서 슬픔으로 쥐어뜯어졌으며 그녀는 마치 그녀 자신이 갈기갈기 찢기는 것처럼 그녀의 슬픔과 싸웠습니다. 그녀가 극복해야 하는 애정의 위대함은 모든 사람으로 하여금 그녀의 승리를 더욱 찬양하게 만들었습니다. 전쟁의 죄수들이 그들의 적들의 손 안에서 겪어야 하는 힘든 고난들 가운데서 그들의 자녀들로부터 부모를 떼어놓는 것보다 더 무서운 것은 없습니다. 비록 그것이 자연의 법을 어기는 것이라 할지라도 그녀는 이 시련을 약해지지 않는 믿음과 함께 견뎠습니다. 아닙니다. 그녀는 더욱 기쁜 마음으로 그것을 추구하였습니다. 그리고 하나님을 위한 그녀의 더욱더 큰 사랑에 의해 그녀의 자녀들을 위한 그녀의 사랑을 자극하였습니다. 그녀는 오직 그녀의 서약과 그녀의 여정의 동반자인 유스토키움에게 집중하였습니다. 그러는 동안 배는 물을 가르고 나아갔으며 모든 그녀의 동료 승객들은 해안가를 돌아보았습니다. 그러나 그녀는 그녀가 고통 없이 볼 수 없는 것을 보지 않으려고 그의 눈을 돌렸습니다. 고백되어야 하는 것인데 모든 어머니는 그녀의 자녀들을 그만큼 사랑합니다. 그녀가 가진 모든 것을 그들에게 주기 시작하기 전에 그녀는 그녀가 천국에서 얻을 수 있는 유산을 지상에서 빼앗겼습니다.

7. 배는 도미티아누스 황제 치하에서 그녀가 기독교인이라고 고백한 것 때문에 추방되었던 유명한 귀부인 플라비아 도미틸라[14]의 유배 장소로서 오랫동안 고귀하게 여겨졌던 폰티아 섬에 도달했습니다. 파울라가 이 여인이 순교의 시간을 지냈던 작은 방을 보았을 때, 그녀는 나는 것과 예루살렘과 거룩한 장소를 보기를 갈망했습니다. 가장 강력한 바람은 약해진 것 같으며 가장 빠른 속도는 느려졌습니다. 스킬라와 카리브디스 사이를 통과한 후에 그녀는 아드리아틱 바다에 자신을 맡기고 매톤을 조용히 통

---

14. 플라비스 클레멘스의 아내이며 도미티안 황제의 조카이다. 디오 카시우스에 의하면 (67, 14) 그는 집행을 하였고 그녀는 무신론으로 판다테리아에 유배되었다. 폰티아는 판다테리아로부터 25마일 떨어져있는 곳이다. 그녀가 기독교인이라고 믿은 유세비우스는 폰티아라는 정보를 주었다. 그녀의 기독교는 아주 입증되지는 않는데 그러나 도미니틸라의 카타콤과의 그녀의 연관성은 가능성을 더해준다. (H.E., Ⅲ, 18)

과했습니다. 여기에 잠시 동안 그녀의 지친 육신을 회복하기 위해 멈추는 동안에,

> "그녀는 해안 위에서 물로 흠뻑 젖은 팔다리를 쭉 폈다;
>
> 그런 다음에 말레아를 지나서 키세라 섬으로 항해했다,
>
> 사방에 흩어져있는 키클라데스와 모든 땅들을
>
> 바다의 모든 측면에서 좁아졌다."[15]

그런 다음 로데스와 리시아를 떠나서 그녀는 마침내 거룩하고 존경받는 에피파니우스가 있는 키프로스가 보이는 곳에 마침내 도달했습니다. 그녀는 그에 의해서 열흘 동안 그곳에서 머물렀습니다. 비록 이것이 그가 생각하는 것처럼 그녀의 힘을 회복시키지는 않았을지라도 그러나 하나님의 사역을 했다는 것이 입증됩니다.[16] 왜냐하면 그녀는 섬에 있는 모든 수도원들을 방문했으며 그리고 그녀의 재력이 허락하는 한에서 거룩한 사람의 사랑이 세상의 모든 곳으로부터 그곳으로 데려온 형제들을 위해 실질적인 도움을 주었습니다. 그런 다음 좁은 바다를 건너서 그녀는 실루기아에 도착했으며 거기에서 존경하는 고백자 파울리누스의 호의에 의해서 잠시 동안 그녀가 지체하도록 허락된 안디옥으로 갔습니다. 그런 다음 이러한 것은 그녀의 믿음의 열정이었는데 이전의 환관에 의해서 항상 운반되었던 귀족부인인 그녀가 – 한 겨울에 – 나귀를 타고 갔습니다.

8. 저는 코엘레-시리아와 페니키아에 대한 그녀의 여정에 대해서는 아무 것도 말하지 않겠습니다. (왜냐하면 당신에게 그녀의 여정에 완벽한 계획서를 제공하는 것이 저의 목적은 아니기 때문입니다.) 저는 오직 성경에 명시되어 있는 것과 같은 그러한 장소를 말할 것입니다. 베리투스의 로마 식민지와 시돈의 고대 도시를 떠난 후에 그녀는 사레파트 해변 위에 있는 엘리야의 조그만 탑으로 들어갔습니다. 그리고 그 안에서 그녀의 주님이시며 구세주를 경배했습니다. 그 다음에 바울이 이전에 무릎을 꿇었던 띠레의 모래밭을 지나서 그녀는 아코에 왔습니다. 아코는 지금 푸틀레마이스로 불리는데 이전에 요시야의 사례를 목격했던 므깃도의 평지를 달려서 팔레스타인 땅에 들어왔습니다. 여기에서 그녀는 이전에 가장 힘있는 도시였던 돌의 파괴에 놀랐습니다. 그리고 한때는 중요하지 않았던 스트라토의 요새가 유대 왕 헤롯에 의해서 재건축되고 카이사르 아우구스투스를

---

15. Verg., *Aen.*, I, 173 +III, 126–127.

16. 에피파니우스와 파울라 사이의 우정은 오리겐주의에 대한 논쟁에서 역할을 담당하였다.

기념하면서 가이사랴로 명명되었습니다.[17] 여기서 그녀는 고넬료의 집을 보았는데 그 것은 지금 교회로 바뀌었습니다. 그리고 필립의 초라한 거처와 "예언을 했던" 그의 네 명의 딸들의 방을 보았습니다. 그녀는 다음에 반은 파괴되었으며 헤롯이 그의 아버지 의 이름을 따서 명명한 안티파트리스에 도착했고 그리고 룻다에 도착했습니다. 룻다 는 지금은 디오스폴리스로 도르가가 다시 살아나고 아이니아스가 건강을 회복한 것으 로 유명한 도시입니다. 이곳으로부터 멀지 않은 곳에 주님을 묻어주었던 요셉의 마 을인 아리마대와 이전에 제사장들의 도시였지만 지금은 제사장들의 살육된 시체가 묻혀 있는 요지인 놉이 있습니다. 요나가 도망갔던 항구인 욥바도 매우 가까이 있습 니다. 만일 제가 시적인 우화를 소개한다면 바위에 결박당해있는 안드로메다를 역시 보는 것입니다. 그리고 그녀의 여행을 재개했을 때 그녀는 이전에 엠마오로 불렸고 주 님이 빵을 떼시는 것으로 알려진 니코폴리스로 갔습니다. 그가 클레오파스의 집을 교회로 헌정했습니다. 거기에서 출발해서 그녀는 좀 더 낮고 좀 더 높은 벧호른으로 갔습니다. 이 도시들은 솔로몬에 의해서 세워졌는데 그러나 연속적으로 엄청난 파괴 적인 전쟁에 의해서 파괴되었습니다. 눈의 아들 여호수아가 다섯 왕들에 대항해서 싸 울 때 해와 달에게 명령을 했으며, 또한 그가 기브온 사람들(간교한 전략에 의해서 조약을 맺은) 을 나무를 자르는 채탐부와 물의 제도사로서 선언한 아얄론과 기브온은 그녀의 오른 편에 있었습니다. 지금은 완전히 파괴된 기브아에서 역시 그녀는 잠시 동안 멈춰서 그 것의 죄를 기억했으며 첩을 여러 조각으로 잘랐던 것을 그리고 어떻게 두 번이나 베냐 민 지파의 300명의 사람들이 구원을 받았는지를 기억하였습니다. 이곳을 바울은 후 에 벤자마이트라고 불렀습니다.

9. 긴 여행을 짧게 하기 위해서 그녀의 왼쪽에 있는 가뭄의 때에 유대인들에게 옥 수수를 나누어주었던 아디아베네의 여왕 펠레나[18]의 웅장한 묘를 떠나서 그녀는 예 루살렘에 들어갔습니다. 예루살렘, 여부스, 혹은 살렘이라는 세 개의 이름을 갖고 있는 도시는 후에 죄와 부패로 가라앉았는데 아일리우스 하드리아누스에 의해 아일 리아로 복원되었습니다. 그리고 비록 그녀의 가문에 아주 가까운 친구였던 팔레스틴

---

17. 이 때 카이사리아는 팔레스틴의 사회적이고 교회적인 대관구였다. 예루살렘의 감독은 예루살렘을 작은 대관구로 지정한 431년 에 베소 공의회까지 카이사르 감독의 부주교였다.

18. Josephus, *Ant. Jud.,* XX, 2, 6.

의 총독이 그의 하급 관리를 먼저 보냈고 그녀의 처분에 놓여있는 그의 공적인 저택을 가지도록 명령을 했을지라도 그녀는 허름한 작은 방을 선택하였습니다. 더구나 성지를 방문하면서 그녀가 각각을 위해 보여줬던 열정과 열심은 너무 커서 그래서 그녀는 결코 만일 그녀가 나머지 장소들을 방문하는 것에 대한 열망을 갖고 있지 않았다면 결코 한 곳으로부터 발을 뗄 수 없었습니다. 십자가 앞에서 그녀는 흠모하면서 그녀 자신을 던졌습니다. 마치 그녀가 거기에 주님이 달려 있는 것을 보는듯 하였습니다. 그리고 그녀가 부활의 장면이 있는 무덤에 들어갔을 때, 그녀는 천사가 무덤의 문으로부터 굴렸던 돌에 키스를 하였습니다. 그가 갈망했던 강을 갈망하는 사람처럼, 진심으로 그녀의 신앙은 열정적이어서 그녀는 심지어 그녀의 입으로 주님의 몸이 놓여 있었던 모든 장소를 핥았습니다.[19] 그녀가 거기에서 쏟아낸 눈물은 무엇이며 그녀가 토로한 신음은 무엇이며 그리고 그녀가 쏟아낸 슬픔은 무엇인지를 모든 예루살렘은 알고 있습니다. 그녀가 기도드린 주님 역시 그것을 잘 알고 계십니다. 거기로부터 나와서 그녀는 시온으로 올라갔습니다. 시온이라는 이름은 "성체"나 혹은 "망루"를 의미합니다. 이것은 다윗이 이전에 습격을 했었고 후에 재건축한 도시를 형성했습니다. 그것의 습격에 대해 다음과 같이 기록되어 있습니다. "슬프다 당신 아리엘이여" — 즉 하나님의 사자(진정으로 그 당시에 사자는 가장 강한 것이었다) — "다윗이 파괴했던 도시여" 그리고 그것의 건축에 대해서 다음과 같이 쓰여 있습니다. "그의 기초는 거룩한 산 안에 있습니다. 주님은 야곱의 모든 거처보다 시온의 문들을 더 사랑하십니다." 그는 우리가 오늘날 먼지와 재속에서 보는 문들을 의미하지 않으십니다. 그가 의미한 문들은 지옥이 지배하지 않는 문들이며 그리고 믿는 사람들의 무리가 그리스도에게로 들어가는 문들을 의미합니다. 그녀는 교회의 현관을 떠받치고 있는 우리 주님이 회초리로 고통 받을 때 결박당했다고 말해지는 피로 얼룩진 기둥을 보았습니다. 또한 그녀는 성령이 120명의 사람들에게 내려왔으며 그래서 요엘의 예언이 성취되었던 그 장소를 보았습니다.

10. 그런 다음에 그녀의 조그만 재산이 허락하는 한에서 가난한 자들과 그녀의 하인들에게 돈을 나누어준 후에 그녀는 베들레헴으로 향했습니다. 가는 길에 라헬

---

19. *fide et ore* 혹은 *fidei ore*를 읽는다. 아마 §13에서처럼 요한복음 4장에 언급된 것과 함께 힐베르그의 *fide, ore*는 의미가 추측컨대 "믿음이 갈망하는 것"일 것이다.

묘를 방문하기 위해서 오른편에 멈췄습니다. 이곳은 라헬이 그녀의 아들을 출생했던 곳입니다. 그녀의 아들은 그의 죽어가는 어머니가 그를 "나의 고통의 아들"이라는 베노니라고 부른 것으로가 아니라 그러나 그의 아버지가 영 안에서 예언자적으로 그를 "오른손의 아들"이라는 베냐민이라고 불리도록 정해졌습니다. 이것 후에 그녀는 구세주가 태어나신 동굴로 들어갔습니다. 여기에서 그녀가 성처녀 마리아에 의해서 거룩하게 된 주막집을 방문했을 때, 그리고 "황소가 그의 주인을 알고 나귀가 그의 주인의 구유를" 아는 마굿간을 방문했을 때, 같은 예언자의 말씀들이 성취되었습니다. 황소와 나귀가 발을 구르는 물 위에 씨를 뿌리는 자는 복이 있습니다. 그녀가 이러한 일들을 볼 때 믿음의 눈으로 강보에 싸여서 구유에서 소리를 지르고 있는 아기 주님을, 동방 박사들이 하나님을 경배하러 오고, 별들이 머리 위에서 빛나고, 성처녀 어머니, 정중한 양아버지, "지나가는 말씀"을 보기 위해서 밤에 온 목자들을 볼 수 있었다고 공언하였습니다. 그리고 심지어 그때 요한복음의 처음 구절을 거룩하게 합니다. "태초에 말씀이 계시니라" 그리고 "말씀이 육신이 되었다." 그녀는 그녀가 도살되는 거룩한 자들, 분노하는 헤롯, 이집트로 도망가는 요셉과 마리아를 볼 수 있었다고 단언했습니다. 그리고 눈물과 기쁨이 범벅이 되어서 그녀는 외쳤습니다. 만세. 베들레헴, 빵의 집 그 안에서 하늘로부터 내려온 그 빵이 태어났습니다. 만세. 에브라다여 풍요함과 다산의 땅이여 그것의 열매는 하나님 그 자신입니다. 당신과 관련해서 미가는 오래전에 예언했습니다. '베들레헴 에브라다야 너는 유다 족속 중에 작을지라도 이스라엘을 다스릴 자가 네게서 내게로 나올 것이라 그의 근본은 상고에, 영원에 있느니라 그러므로 여인이 해산하기까지 그들을 붙여 두시겠고 그 후에는 그의 형제 가운데에 남은 자가 이스라엘 자손에게로 돌아오리니'[20] 왜냐하면 당신에게서 루시퍼에 앞서서 왕자가 태어났습니다. 그의 출생은 아버지께로부터 모든 시간 이전에 왔습니다. 그리고 동정녀가 그녀의 아들을 가져올 때까지 그리고 그리스도를 믿는 나머지 사람들이 이스라엘의 자녀들이 될 때까지 그리고 그들에게 자유롭게 설교할 때까지, 다윗 족속의 요람은 당신 안에서 계속되었습니다. '하나님의 말씀이 먼저 당신에게 말해져야 하는 것은 필연적인 것입니다. 그러나 당신이 당신으로부터 그것을 놓고 그리고 당

---

20. 미 5:2-3. 히에로니무스는 LXX의 다루기 힘든 본문을 문자적으로 번역했다.

신 스스로를 영원한 생명에 대해 가치가 없는 것으로 판단하는 것을 볼 때 우리는 이 방인에게서 위안을 찾습니다.' 왜냐하면 주님께서 말씀하셨습니다. '나는 이스라엘 집의 잃어버린 양을 위해 온 것이다.' 그때 역시 야곱의 말들이 그에 관해서 성취되었습니다. '그가 오실 때까지 한 왕자가 유다로부터 시들지 않을 것이며 한 통치자가 그의 가랑이로부터 시들지 않을 것이다. 그리고 그가 만국의 기대가 될 것이다.' 그렇습니다. 다윗은 맹세했고 그의 맹세를 다음과 같이 말했습니다. '확실히 내가 야곱의 하나님을 위한 거처, 주님을 위한 장소를 발견할 때까지 나는 나의 집의 장막 안으로 오지 않으며 혹은 나의 침상 안으로 올라오지 않을 것이다. 나는 나의 눈에 잠을 주지 않을 것이며 혹은 나의 눈꺼풀에 선잠을 주지 않을 것이고 혹은 나의 머리의 성전에 휴식을 주지 않을 것이다.' 그리고 예언자적인 눈으로 그는, 우리가 지금 오시는 것으로 믿는 그분이 오시는 것을 보면서 즉각적으로 그는 그의 소망하는 것의 목적을 설명했습니다. '보아라 우리는 에브라다에서 그에 대해서 들었다. 우리는 그를 숲에서 발견하였다.' 제가 당신의 교훈으로부터 배운 것으로서[21] 히브리어 zoth는 그녀(αυτην) 즉 주님의 어머니 마리아를 의미하는 것이 아니라 그(αυτου) 자신을 의미합니다. 그러므로 그는 대담하게 말했습니다. '우리는 그의 장막 안으로 갈 것이다. 우리는 그의 발이 서있었던 곳을 숭배할 것이다.' 비록 제가 비참한 죄인일지라도, 저 역시 주님이 아기일 때 울었던 구유에 입을 맞추고 그리고 여행 중에 동정녀가 아기 주님을 잉태한 동굴에서 기도할 가치가 있다고 생각되었습니다. '이것은 저의 휴식입니다. 왜냐하면 그것은 저의 주님이 출생한 장소이기 때문입니다. 여기에서 저는 거할 겁니다.' 왜냐하면 이 장소는 저의 구세주가 선택한 곳이기 때문입니다. '저는 저의 그리스도를 위해서 등을 준비했습니다.' '저의 영혼은 그로 말미암아 살고 그리고 저의 자손은 그를 섬길 것입니다.'

이후에 파울라는 얼마 되지 않는 언덕을 내려가서 에달의 망루에 갔습니다. 즉 "양떼의" 망루로 야곱이 그의 양들을 먹이고 밤에 양을 지키는 목자들이 말씀을 듣는 특권을 가졌던 곳입니다. "지극히 높은 곳에서는 하나님께 영광이요 땅에서는 하나님이 기뻐하신 사람들 중에 평화로다" 그들이 그들의 양을 지키는 동안에 그들은

---

21. 파울라는 여지껏 말하고 있다. 히에로니무스는 그녀에게 히브리어를 가르쳤다.

'하나님의 양'을 발견했습니다. 그것의 밝고 깨끗한 양모는 천국의 이슬로 적셔졌습니다. 그것이 모든 대지 위에서 말랐을 때, 그것의 피가 문설주에 뿌려졌을 때 이집트의 파괴자는 도망을 쳤고 세상의 죄들은 사해졌습니다.

11. 그런 다음 즉각적으로 그녀는 서둘러서 "하나님의 능력" 혹은 "재물"이란 뜻인 가자에 이르는 옛 땅을 따라 움직이기 시작했습니다. 고요하게 이방 사람인 그가 피부를 바꾸고 구약을 읽는 동안에 복음의 샘을 발견한 에디오피아의 내시를 생각했습니다.[22] 그런 다음에 오른쪽으로 돌아서 그녀는 베트주르에서 "포도다발"을 의미하는 에스골에 도착했습니다. 그것은 정탐꾼들이 땅의 비옥을 증명하는 그 놀라운 포도다발을 갖고 돌아온 것입니다. 그리고 그 자신에 대해서 말한 유형입니다. "나는 오직 포도주를 밟아서 눌렀다. 그 사람들 중에 거기에 나와 함께 있었던 사람들은 아무도 없었다." 이윽고 그녀가 사라의 누추한 집에 들어오고 이삭의 요람과 아브라함의 오크 나무의 흔적을 보았습니다. 오크 나무 아래에서 그는 그리스도의 날을 보았고 기뻐했습니다. 거기로부터 일어나서 그녀는 헤브론으로 올라갔습니다. 헤브론은 기럇 아르바 혹은 "네 사람들의 도시"라는 의미입니다. 이 사람들은 아브라함 이삭 야곱 그리고 위대한 아담으로 히브리 사람들이 거기에 묻혔다고 생각합니다.(여호수아서)[23] 그러나 많은 사람들은 갈렙이 네 번째 사람이고 한쪽의 유물이 그의 것으로 지적되고 있습니다. 이러한 장소를 본 후에 그녀는 기럇 세벨, 즉 "문자들의 마을"에 가려고 하지 않았습니다. 왜냐하면 그녀는 죽은 문자를 경멸하면서 생명을 주는 영을 발견했기 때문입니다. 그녀는 남쪽 땅과 물이 없는 소유를 받은 그니스의 아들이며 여분네의 아들인 옷니엘이 그가 옛 언약의 마른 땅에 물이 돌게 하는 행동에 의해서 윗 샘물과 아래 샘물을 만든 것에 대해 감탄했습니다. 왜냐하면 죄인이 그의 옛 죄를 세례의 물 안에서 발견하는 구속을 유형화시키고 있기 때문입니다. 다음 날 해가 뜨자마자 그녀는 카팔-바르카, 즉 "축복의 마을"의 벼랑에 섰습니다. 이곳은 아브라함이 주님과 동행했던 곳이었습니다. 그리고 여기에서 그녀가 광활한 외진 곳과 이전에 소돔과 고모라에 속했던 나라들을 업신여겼을 때, 아드마와 스보임에서 그녀는 앤게디와 세골의 발산 가지를 주시했으며 "새끼를 낳지 않는 3년생 암소"는 이전에 벨라라고 불

---

22. 렘 13:23, "에디오피아인이 그의 피부를 바꿀 수 있는가?" 행 8:27-39.
23. 수 14:15, 아담을 정확한 이름으로서 그리고 "사람"으로서 혼동하면서.

리웠고 그리고 시리아어로는 "적은"이라는 소알이 되었습니다. 그녀는 롯의 동굴에 관심을 가졌습니다. 그리고 그녀의 눈에는 눈물이 흘렀고 그녀의 동반자들인 여자 수도사들에게 "술 취하지 말라"고 경고했습니다. 왜냐하면 그것은 모압과 암몬이 술 취한 것으로 기원하였기 때문입니다.

12. 저는 정오의 땅에서 오랫동안 꾸물거렸습니다. 왜냐하면 그 때 그곳에서 신부는 쉬고 있는 신랑을 발견했습니다. 그리고 요셉은 그의 형제들과 한 번 더 포도주를 마셨습니다. 저는 예루살렘에 돌아갈 것입니다. 드고아와 아모스를 지나서 저는 구세주께서 그의 아버지께로 승천하신 감람산에 있는 반짝 반짝 비치는 십자가를 바라볼 것입니다. 여기에서 매년 붉은 어린 암소가 하나님께 드리는 번제로서 태워 졌습니다. 그리고 그 것의 재들은 이스라엘의 자녀들을 정결케 하는데 사용 되었습니다 에스겔에 따르면 여기에서 또한 채로빔이 성전을 떠난 후에 주님의 교회를 세웠습니다.

그리고 그녀는 나사로의 무덤을 방문했습니다. 그리고 "제사장들의 좁은 입구의 마을"인 베다니뿐 만 아니라 마리아와 마르다의 집을 보았습니다. 여기에 이방인들의 전형인 고집 센 노새새끼가 주님의 재갈을 받았고 제자들의 옷이 그의 등에 덮여 지게 하였고 주님께서 앉으시도록 안락한 등을 드렸습니다. 이것으로부터 그녀는 똑바로 언덕으로 내려가서 여리고에 갔습니다. 그녀는 복음서에 나오는 부상당한 사람과 그를 그냥 지나간 제사장과 레위 사람의 만행과 그리고 사마리아 사람의 친절함, 즉 거의 죽게 된 사람을 그의 말에 태우고 그를 교회의 여인숙으로 데리고 간 수호자에 대해서 생각했습니다.[24] 그녀는 아둠밈 혹은 피의 장소, 소위 많은 피가 그 곳에 약탈자의 습격으로 뿌려진 곳을 주목했습니다. 그녀는 또한 삭개오의 뽕나무를 보았습니다. 뽕나무는 세 개의 선한 행위를 의미하며 어떻게 하여 그가 그의 금전적 대 손해와 착취에 대한 이전의 죄를 밟았는지를 의미하며 그리고 뽕나무로부터 그는 미덕의 절정으로서 가장 높은 분을 보았습니다. 그녀는 또한 주님으로부터 시력을 되찾은 눈먼 사람들이 앉아있었던 길가에 있는 그 장소를 보았습니다. 이 맹인들은 주를 믿어야 하는 두 사람의 유형들이 되었습니다. 그런 다음 그녀는 여리고로 들어가서 히엘이 그의 첫 번째 태생인 아비람 안에 세운 도시와 그리고 그의 어린 아들 스굽 안

---

24. 여인숙은 즉 교회를 의미한다. 이 비유의 모든 내용에 대한 영적 주석은 교부들에게 일반적인 것이었다. 선한 사마리아인은 그리스도이다.

에 문들을 세운 도시를 보았습니다. 그녀는 길갈의 천막과 두 번째 할례의 신비를 암시하는 포피의 언덕을 향해 있었습니다. 그리고 요단강의 바닥으로부터 거기에 가져온 두 개의 돌들은 열두 사도들의 기초들을 세웠습니다.[25] 그녀는 가장 쓰고 매 말랐던, 율법의 샘을 보았습니다. 진실한 엘리사가 그의 지혜로 맛을 낸 샘이었습니다. 그는 그것을 아주 달고 풍성한 것으로 바꾸었습니다. 밤이 거의 지나가고 뜨거운 열이 내리 쬐일 때 서둘러서 요단에 갔습니다. 태양이 떠올랐을 때 강 언저리에 서서 의의 태양이 떠오르는 것을 마음에 상기하였습니다. 어떻게 제사장들의 발이 강바닥의 한가운데서 젖지 않고 서있을 수 있었는지, 어떻게 엘리야와 엘리사의 명령에 의해 물이 이 쪽과 저 쪽으로 나뉘어져 그들이 지나가도록 길이 만들어지는지 그리고 다시 어떻게 주께서 그의 세례에 의해 큰 홍수가 더럽히고 인류의 파괴가 더럽힌 물을 깨끗하게 하였는지를 생각하였습니다.

13. 만일 제가 도적과 탐욕이 비난받는 곳인 아골 골짜기, 즉 "고난과 군중"의 골짜기에 대해서 말한다면 그것은 지루한 것일 겁니다. 초라하고 배고픈 야곱이 맨 바닥에서 잠들었던, "하나님의 집" 벧엘에 대해서 말하는 것도 그럴 것입니다. 그가 그의 머리를 둔 돌은 스가랴가 일곱 개의 눈을 가진 것으로, 그리고 이사야는 모퉁이 돌로서 묘사했습니다. 그는 하늘에 닿아있는 사닥다리를 보았습니다. 그렇습니다. 주님은 그 것 위에 높은 곳에 서계셨습니다. 그는 근심 없이 하늘 보좌로부터 오르고 돌진하는 것들에게 그의 손을 주고 있었습니다. 또한 그녀가 에브라임 산에 있었을 때, 눈의 아들 여호수아의 무덤들을 순례했습니다. 그리고 제사장 아론의 아들 엘르아살의 무덤을 순례했습니다. 이들은 각각 정 반대 쪽에 있었습니다. 여호수아의 무덤은 "가아스 언덕의 북쪽" 딤낫세라에 세워져 있었고 그리고 엘르아살의 무덤은 "그의 아들 비느하스와 관계되어있는 가바스에" 세워졌습니다. 그녀는 여호수아가 직접 땅을 나누어주었음에도 불구하고 그 자신을 위해서는 울퉁불퉁하고 돌이 많은 분깃을 선택했다는 것을 발견하고 놀랬습니다. 제가 실로에 대해서 무엇을 말할 수 있겠습니까? 실로의 제단은 오늘 날 파괴된 제단이며 그리고 베냐민 지파가 싸빈느 여성들의 강간 안에서 로물르스를 예견했던 곳입니다. 지금 네아폴리스라고 불려지는 세

---

25. 계 21:14; 엡 2:20 참고.

젬(많은 사람들이 잘못 읽는 것으로서 시카르가 아니다)을 지나서 그녀는 야곱의 샘 둘레에 있는 그리심 산에 옆에 세워진 교회에 들어갔습니다. 주님이 배고프고 목말랐을 때, 앉으셨던 곳으로 사마리아 여인의 믿음으로 인해 기뻐하셨던 야곱의 샘으로 갔습니다. 그녀의 다섯 남편들은 모세의 오경을 의미하였으며 그리고 여섯 번째는 남편이 아니고 그녀가 알고 있는 거짓된 선생 도시테우스[26]를 의미했으며 마침내 그녀는 진정한 메시야와 진정한 구원자를 발견했습니다. 거기서 떠나서 그녀는 열두 족장들의 무덤을 보았고 그리고 황제께 경의를 표하면서 헤롯이 아우구스타라고 재명명한 사마리아 혹은 희랍 명으로 세바스테안을 보았습니다. 거기에는 예언자 엘리사와 오바댜가 누워 있었고 여자로부터 난 자 중에서 그보다 더 높은 자가 없다는 세례 요한이 누워 있었습니다. 여기에서 그녀는 그녀가 본 놀라운 것들에 의해서 전율했습니다. 왜냐하면 그녀는 다양한 고문을 받으면서 비명을 지르는 악마들과 성자들의 묘 앞에서 늑대처럼 길게 짖거나 개처럼 으르렁거리거나 사자처럼 포효하거나 뱀처럼 슈웃소리를 내거나 그리고 황소처럼 우는 사람들을 보았기 때문입니다. 그들은 그들의 머리를 꼬고 그 머리들이 땅에 닿을 때까지 뒤로 젖혔습니다.[27] 여성들도 거꾸로 매달려 있고 그들의 옷들은 그들의 얼굴에 떨어지지 않았습니다. 그녀는 그들 모두에게 연민을 느꼈습니다. 그리고 그들을 향해서 눈물을 흘리면서 주님께 그들을 긍휼히 여겨달라고 기도했습니다. 그녀는 약했지만 맨발로 산위에 올라갔습니다. 왜냐하면 그것의 동굴들 가운데 두 동굴 안에서 오바댜는 박해와 기근 때에 100명의 예언자들에게 빵과 물을 먹였기 때문입니다. 그런 다음 그녀는 빠르게 주님의 어린 시절 고향인 나사렛을 통과했습니다. 그 다음 주님께서 베푼 이적으로 친밀한 가나와 가버나움을 지나갔습니다. 주께서 항해하면서 거룩하게 한 디베랴 호숫가를 지나갔습니다. 그리고 광야를 지나갔는데 주께서 셀 수 없는 이방인들을 몇 개 안되는 빵으로 배부르게 먹이셨던 곳이었으며 반면에 이스라엘 지파들의 열두 광주리가 먹은 사람들에 의해서 남겨진 조각들로 가득 찼던 곳입니다. 그녀는 주님께서 변형되셨던 다볼산으로 올라갔습니다. 멀리 떨어져서 그녀는 헬몬의 산악지대를 보았습니다. 이전에 시스라와 그의 모든 무리들이 바락에 의해서 정복되었던 갈릴리의 평지가 넓게 펼쳐져 있었습니다. 그

---

26. 사마리아인, 기독교 이전 사람으로 이교도로서 히폴리투스와 유세비우스가 언급하였다.

27. Hilary, *Contra Const.*, 8. 참고.

리고 평지를 둘로 나누게 한 물살이 센 기손강이 있었습니다. 그녀는 또한 가까이에 있는 과부의 아들이 살아났던 나인성에 주목하였습니다. 만일 제가 존경하는 파울라가 그녀의 놀라운 믿음으로 다닌 모든 장소들을 일일이 상술한다면 시간이 모자랄 것입니다.

14. 저는 잠시 동안 소코와 삼손이 맹수의 입속의 커다란 이빨들을 뽑은 삼손의 우물에서 쉬고 난 다음에 이집트로 갈 것입니다. 여기에서 저는 저의 바싹 마른 입술을 씻고 모래셋을 방문하기 전에 회복하려고 합니다. 모래셋은 옛날에 제사장 미가의 무덤으로 유명하였으며 지금은 교회가 되었습니다. 그 다음에 호리테스와 기티테스, 마레사, 에돔 그리고 라키쉬를 지나가고 여행자들의 자취가 날아오는 모래에 의해서 흔적도 없이 사라지는 사막의 외로운 폐허를 가로질러서, 저는 즉 "탁한 강" 시홀이라고 불리우는 이집트의 강에 도달할 것입니다. 그리고 가나안어를 말하는 이집트의 다섯 도시와 하나님께서 그의 놀라운 역사를 행하신 고센 땅과 조안의 평지를 지나서 갈 것입니다. 그리고 저는 나중에 알렉산드리아가 된 노라는 도시를 방문할 것입니다. 그리고 날마다 무리의 불결함이 미덕의 순결한 초석에 의해서 씻겨질 주님의 마을인 니트리아를 방문할 것입니다. 그녀가 그곳에 이르자마자 존경받는 감독인 고백자 이시도레가 그녀를 만나기 위해 나아왔습니다. 그는 셀 수 없을 만큼 많은 수도자들을 동반하고 왔는데 그들 중 대다수는 사제나 혹은 레위 족속에 속해 있는 사람들이었습니다. 그녀가 이들을 보았을 때, 그녀는 하나님의 영광을 보는 것처럼 기뻐했습니다. 그러나 그녀는 그녀가 그와 같은 명예를 받을 만한 자격이 없다고 말했습니다. 제가 마카리, 아르세테스, 세라피온 혹은 그리스도의 다른 기둥들에 대해서 말할 필요가 있겠습니까?[28] 그녀가 들어가지 않은 어떤 오두막이 있었습니까? 혹은 그녀에게 빌붙지 않은 사람이 어디 있겠습니까? 각각의 그의 성자들 안에서 그녀는 그리스도를 본다고 믿었습니다. 그리고 그녀가 그들 위에 수여하는 것이 무엇이든지 그녀는 그녀가 그것을 주님께 수여한다고 생각하면서 즐거워했습니다. 그녀의 열정은 놀라운 것이었으며 그녀의 인내심은 한 여성의 것이라고 하기엔 거의 믿어질 수 없는 것

---

28. Palladius, *Lausiac Hist.*, 46 참고 멜라니아가 "니트리아의 산에 갔다. 그곳에서 그녀는 …아르시시우스, 위대한 사라피온 … 헐몬 폴리스의 감독 고백자 이시도르를 만났다." 세 명의 은둔자들은 마카리우스라고 명명되었으며 그들 중 두사람은 신분이 높은 사람으로 팔라디우스에 의해서 묘사되었다. 같은 저서., 15, 17, 18.

이었습니다. 그녀는 그녀가 여성이라는 것, 그리고 약하다는 것을 잊고 심지어 그녀의 거처를 이러한 수 천 명의 수도자들 가운데 그녀를 동반한 소녀들과 함께 하기를 소망했습니다. 만일 그녀가 거룩한 장소를 위한 보다 큰 열정에 끌리지 않았다면 그들이 그녀를 기꺼이 환영했을 때, 그녀는 아마 그렇게 할 것을 생각했고 허락을 구했을 것이었습니다. 너무나 뜨거워서 바다를 통해서 펠루시움으로부터 마이우마에 왔으며 그녀가 그렇게 빠르게 돌아와서 당신은 아마 그녀가 새라고 생각했을 것입니다. 이후에 오래지 않아서 그녀는 영원히 거룩한 베들레헴에 머물기로 결정을 내린 후에 그녀는 3년[29] 동안 그녀의 거처를 형편없는 간이 숙박소로 정하고 그녀는 필수불가결한 작은 방들과 수도원 건물들을 지었으며 지나가는 여행자들을 위한 손님방에 대해서는 아무 것도 말하지 않았습니다. 그곳에서 그들은 마리아와 요셉이 얻지 못했던 환영을 얻을 수 있었습니다. 이러한 점에서 저는 여행에 대한 저의 이야기를 결론을 지으려고 합니다. 이 여행에서 그녀는 그녀의 딸과 많은 다른 미혼 처녀들을 동반했습니다.

15. 저는 지금 그녀의 특별한 매력인 미덕을 좀 더 길게 묘사하는데 자유롭습니다. 그리고 이것을 밝히는 것에 있어서 저는 제가 아첨꾼이 아니라는 것을 증명하기 위해서 하나님을 부릅니다. 저는 아무것도 덧붙이지 않았습니다. 저는 아무것도 과장하지 않았습니다. 도리어 반대로 많은 것을 조율하여서, 믿기 어려운 것을 말하지 않았습니다. 그들이 할 수 있는 만큼 세게 저를 물어뜯은 저의 허물을 들추는 비평가들은 다른 새들의 아름다운 깃털을 갖고 있는 이솝의 까마귀처럼 제가 상상의 나래를 폈다거나 혹은 파울라를 치장했다고 생각할 필요가 없습니다. 겸손은 기독교인들의 은총들 중에 가장 우선되는 것입니다. 그리고 그녀의 겸손은 그렇게 공인되어져서 그녀를 결코 보지 못했던 사람들과 그녀의 명성 때문에 그녀를 보기를 바랐던 사람들은 그가 그녀를 본 것이 아니라 그녀의 하녀들 중에 가장 비천한 자를 보았다고 믿을 것입니다. 그녀가 여성 수도자들에 의해 둘러싸였을 때, 그녀는 항상 옷이나, 말이나, 태도 그리고 걸음걸이에 있어서 가장 비천하였습니다. 그녀의 남편이 죽은 후로부터 그녀가 죽을 때까지 그녀는 결코 그녀가 그가 거룩한 자이며 감독직의 정상에 서

---

29. A.D. 386–389.

있는다는 것을 알지라도 한 남자와 함께 만찬 자리에 앉지 않았습니다. 그녀는 결코 위험할 만큼 아플 때를 제외하고는 목욕하지 않았습니다. 심지어 심하게 열이 났을 때도 그녀는 부드러운 침대가 아니라 염소 털 담요가 덮여 있는 딱딱한 바닥 위에서 쉬었습니다. 만일 그것이 쉼이라고 불릴 수 있다면 쉼은 낮이나 밤이나 동일하게 거의 모든 시간을 쉬지 않고 기도하는 것입니다. 그녀는 참으로 시편 기자의 말씀을 이행했습니다.(시 6:6)[30] 그녀의 눈물은 마치 그것이 샘으로부터 나오는 것처럼 솟아올랐습니다. 그리고 그녀는 그녀의 작은 잘못을 마치 그들이 중대한 죄인 것처럼 슬퍼했습니다. 끊임없이 저는 그녀에게 눈을 아끼고 성경을 읽기 위해서 눈을 지키라고 경고했습니다. 그러나 그녀는 이렇게 말했습니다. "저는 하나님의 명령과는 반대되는 것으로 저는 얼굴을 입술 연지와 하얀 흑연과 안티몬으로 치장했었던 얼굴을 망가뜨려야 합니다. 저는 많은 즐거움에 포기되는 그 육체를 억제해야 합니다. 저는 끊임없이 우는 것에 의해서 저의 오랫동안의 웃음을 보상해야 합니다. 저는 저의 부드러운 린넨과 값비싼 비단을 거친 염소털로 바꾸어야만 합니다. 저의 남편과 세상을 기쁘게 했던 저는 지금은 하나님을 기쁘게 하기를 바랍니다." 만일 제가 그녀의 위대하고 뛰어난 미덕들 가운데 그녀의 순결을 칭송의 하나의 주제로 선택한다면, 저의 말들은 쓸데없는 것처럼 보일 겁니다. 왜냐하면 심지어 그녀가 세상에 있을 때 그녀는 모든 로마의 귀족부인들에게 한 표준을 세우고 그녀 자신이 이것을 견뎌서 칭찬을 받았으며 그래서 대부분 중상하는 사람들은 감히 그녀의 이름을 스캔들과 연결하지 못했습니다. 어떠한 마음도 그녀의 것보다 더 신중할 수 없었으며 혹은 비천한 자를 향한 어떠한 친절도 그녀의 것보다 더 친절할 수 없었습니다. 그녀는 권력 있는 자들의 비위를 맞추지 않았습니다. 동시에 그녀는 자만과 헛된 영광스러운 경멸을 가지고 그들을 외면하지 않았습니다. 만일 그녀가 가난한 자를 보았다면 그녀는 그들을 도와줬습니다. 만일 그녀가 부유한 자를 보았다면 그들에게 선한 일을 하도록 권고했습니다. 그녀의 관대함은 무한했습니다. 진정으로 그녀는 어떠한 요청자들도 외면하기를 원하지 않아서 그녀는 이자를 지불하며 돈을 꿨으며 꾼돈을 값기 위해 새로운 자금을 자주 협상하기도 했습니다. 제가 틀렸다는 것을 저도 인정합니다. 그러나 그녀가 주는 것에

---

30. 시 6:6.

있어서 그렇게 헤픈 것을 보았을 때, 저는 사도들의 말씀을 가지고 그녀를 꾸짖었습니다. "이제 너희의 넉넉한 것으로 그들의 부족한 것을 보충함은 후에 그들의 넉넉한 것으로 너희의 부족한 것을 보충하여 균등하게 하려 함이라 기록된 것 같이 많이 거둔 자도 남지 아니하였고 적게 거둔 자도 모자라지 아니하였느니라"[31] 저는 복음서로부터 구세주의 말씀을 인용했습니다. "옷 두 벌 있는 자는 옷 없는 자에게 나눠 줄 것이요 먹을 것이 있는 자도 그렇게 할 것이니라"[32] 그리고 저는 그녀에게 그녀가 원할 때마다 팔 수 있는 제물을 항상 갖고 있을 수는 없다고 경고했습니다. 저는 같은 목적을 가지고 다른 쟁점을 인용했습니다. 그러나 그녀는 겸손함과 간결함으로 그들 모두를 제압했습니다. "하나님은 저의 증인이십니다. 제가 하는 것을 저는 그를 위해서 합니다. 저의 기도는 제가 거지로 죽을 수 있기를 그래서 저의 딸에게 동전 한 닢도 남기지 않으며 저의 수의를 위해서 나그네들에게 빚지는 것입니다." 그런 다음에 그녀는 이러한 말로 결론을 내렸습니다. "만일 제가 간청한다면 많은 사람들이 저에게 줄 것입니다. 그러나 만일 이 거지가 돈을 빌리는 것에 있어서 그것을 줄 수 있는 나로부터 도움을 얻지 못하고 그리고 죽는다면 그의 영혼이 누구의 것으로 요청되어질 것입니까?" 저는 좀 더 주의 깊게 우리의 관심들을 조절하기를 바랐습니다. 그러나 그녀는 그녀가 받은 것을 그에게 돌려주면서 그리고 그를 위해서 가난한 자가 되면서 저보다 열정적인 믿음을 가지고 구원자께 그녀의 전심으로 나아갔으며 그리고 심령 안에서 가난하여서 그의 가난 안에 있는 주를 따랐습니다. 그녀는 마침내 그녀의 소망을 얻었습니다. 그녀는 마침내 그의 소망을 이루었습니다. 그리고 그녀의 딸에게 엄청난 빚을 남기고 죽었습니다. 그녀는 여전히 빚지고 있으며 그리고 진정으로 그녀 자신의 노력에 의해서 지불하기를 바랄 수 없었으며 그러나 오직 그리스도에 대한 믿음과 긍휼에 의해서였습니다.

16. 많은 귀부인들은 그들의 재물을 그들을 위해 트럼펫을 울릴 사람들에게 수여하기를 좋아합니다. 그리고 그들이 소수에게 아주 극단적으로 헤프게 쓰는 동안에 많은 사람에게 도움이 돌아가지 않습니다. 이러한 잘못들로부터 파울라는 자유로웠습니다. 그녀는 그녀의 돈을 각각 필요한 만큼 각각에게 주었습니다. 방종에 베풀지

---

31. 고후 8:13-14.
32. 눅 3:11, "alteram", 오직 둘 중의 하나.

않고 그러나 부족한 것을 구하는 것에 하였습니다. 그녀는 어떠한 가난한 사람도 빈손으로 떠나보내지 않았습니다. 그리고 그녀는 이러한 모든 것을 거대한 그녀의 부에 의해서 하지 않고 그러나 부를 조심스럽게 조정하면서 하였습니다. 그리고 그녀는 계속해서 이와 같은 구절들을 암송했습니다. "긍휼히 여기는 자는 복이 있나니 그들이 긍휼히 여김을 받을 것임이요." "물은 타오르는 불을 끄고 자선은 죄를 없앤다." "내가 너희에게 말하노니 불의의 재물로 친구를 사귀라 그리하면 그 재물이 없어질 때에 그들이 너희를 영주할 처소로 영접하리라." "그러나 그 안에 있는 것으로 구제하라 그리하면 모든 것이 너희에게 깨끗하리라." 그리고 다니엘이 느부갓네살 왕에게 가난한 자를 긍휼히 여김으로 죄악을 사하라고 권면했습니다. 그녀는 그녀의 돈을 지상에서 그리고 이 시대에 멸망할 이러한 돌들 위에서가 아니라, 그러나 지상에서 구르는, 요한의 계시록 안에서 위대한 왕의 도시가 세워진, 성경이 우리에게 그들이 사파이어, 에메랄드, 벽옥 그리고 다른 보석들로 변할 것이라고 말한 그 살아있는 돌들 위에서 그녀의 돈을 쓰기를 바랐습니다.[33]

17. 그러나 그녀는 이러한 것들을 당연하게 소수의 사람들과 나누지 않았습니다. 그리고 악마는 이러한 것들 안에 최고의 덕이 존재한다는 것은 아니라는 것을 알았습니다. 왜냐하면 욥이 그의 재물을 잃었을 때, 그리고 그의 집이 전복되고 그의 자녀들이 죽었을 때 사탄은 주님께 말했습니다. "사탄이 여호와께 대답하여 이르되 가죽으로 가죽을 바꾸오니 사람이 그의 모든 소유물로 자기의 생명을 바꾸올지라 이제 주의 손을 펴서 그의 뼈와 살을 치소서 그리하시면 틀림없이 주를 향하여 욕하지 않겠나이까."[34] 우리는 많은 사람들이 구제를 하는 동안 그들이 여전히 그들의 육신적인 안락을 누리고 있는 것을 알고 있습니다. 그리고 그들이 궁핍한 사람들에게 도움의 손길을 펼치는 동안 그들이 감각적인 탐닉을 극복했다는 것을 알고 있습니다. 그들은 외적으로 회반죽을 발랐으며 그러나 그들의 안은 "죽은 사람의 뼈로 가득찼습니다."[35] 파울라는 이러한 사람들 중의 하나는 아니었습니다. 그녀의 자기 억제는 지나칠 만큼 엄청났습니다. 그리고 그녀의 금식과 노동은 그녀의 체력을 약하게 할 만

---

33. 마 5:7; 집회서 3:30; 눅 16:9; 11:41; 단 4:27(24); 겔 9:16; 계 21:14, 19–21.
34. 욥 2:4, 5.
35. 마 23:27.

큼 엄격한 것이었습니다. 그녀가 포도주, 소스, 생선, 꿀, 우유, 달걀 그리고 기호에 맞는 다른 것들에 대해서 어떻게 생각했는지를 판단할 수 있는 사실로부터 미뤄볼 때 축일을 제외하고 그녀는 거의 음식에 기름을 넣지 않았습니다. 어떤 사람들은 이러한 것들을 취하는 것에 있어서 극도로 절제해야한다고 믿었습니다. 그리고 비록 그들이 그들을 과하게 먹었을지라도, 그들은 여전히 그들의 순결을 안전한 것으로 생각했습니다.

18. 질투는 항상 미덕의 궤도에 따라옵니다. "그것은 늘 점등에 의해 매혹되는 산꼭대기입니다."[36] 바리새인들의 질투가 우리 주님을 십자가에 달리게 했을 때 제가 이 사람들에 대해 이것을 선언하는 것은 놀라운 일은 아닙니다. 모든 성인들은 남의 불행을 바라는 사람들을 가지고 있습니다. 그리고 심지어 낙원도 질투에 의해 세상으로 죽음을 가져온 뱀으로부터 자유롭지 않았습니다.[37] 그래서 주님은 파울라를 대항해서 에돔 사람 하닷을 일으켜서 그녀를 괴롭게 하여서 그녀가 스스로 자신을 찬미할 수 없도록 그리고 계속해서 그녀의 육체 안에 있는 가시에 의해서 그녀 자신의 미덕의 위대함에 의해서 의기양양해지지 않도록 혹은 다른 여성들의 죄와 비교해서 그녀가 완벽함의 정상을 얻었다고 생각하지 않도록 하였습니다.[38] 저는 앙심에 굴복하는 것이 그리고 광기 앞에서 물러나는 것이 최선이라고 말하곤 했습니다. 그래서 야곱은 그의 형제 에서와 관계한 것입니다. 그래서 다윗은 사울의 무자비한 박해를 만난 것입니다. 저는 어떻게 이들 중의 첫 번째 사람이 메소포타미아로 도망갔으며 그리고 어떻게 두 번째 사람이 그 자신을 다른 족속의 사람들에게 굴복시켰는지를 그녀에게 기억시켰고 그리고 본국에 있는 적보다는 외국의 적들에게 굴복하는 것을 선택했는지를 기억하게 했습니다.[39] 그러나 그녀는 다음과 같이 대답했습니다. "만일 악마가 어느 곳에서나 하나님의 종들에 대항해서 싸우지 않는다면 그리고 그가 항상 그들의 선택된 피난처의 도망자를 앞서지 않는다면 당신의 제안은 지혜로운 것입니다. 더구나 저는 성지를 향한 저의 사랑에 의해 그것을 받아들이는 것을 주저하게 됩

---

36. Hor., *Odes*, II, 10, 11.

37. 지혜서 2:24.

38. 왕상 11:14, 솔로몬의 적. 그러나 그가 누구를 위해 참는 것인가? 가시, 고후 12:7 참고.

39. 창 27:41; 삼상 21:10 가드의 아기스에게.

니다. 그리고 저는 이 세상 어떤 곳에서 또 다른 베들레헴을 발견할 수 없습니다. 왜 제가 저의 인내심에 의해서 이러한 원한을 정복할 수 없습니까? 왜 제가 저의 겸손에 의해서 이러한 자만을 깰 수 없으며 그리고 언제 제가 한 뺨을 맞았을 때 다른 뺨도 때리도록 줘야 하지 않겠습니까? 확실하게 사도 바울은 말했습니다. '선으로 악을 이기라.' 사도들은 주를 위해서 비난을 받을 때 영광스러워하지 않았습니까? 심지어 구주께서 그 자신을 낮추셔서 종의 형체를 가지고 십자가 위에서 그의 아버지께 죽기까지 복종하셔서 그가 우리를 그의 고통에 의해서 구원할 수 있지 않았습니까? 만일 욥이 싸움을 싸우지 않았다면 그리고 승리하지 않았다면 결코 의의 왕관을 받지 못했을 것이고 주님께서 다음과 같이 말씀하시는 것을 듣지 못했을 것입니다. '네가 내 공의를 부인하려느냐 네 의를 세우려고 나를 악하다 하겠느냐' 복음서는 '의를 위하여 핍박을 받는 자는 복이 있다'고 말씀하십니다.⁴⁰ "만일 양심이 정지되고 그리고 우리가 고통받고 있는 것이 우리 자신의 잘못으로부터 온 것이 아니라면, 이 세상에 있는 고통은 보상의 근거입니다." 적이 평소보다 더욱 과격해지고 그녀를 논쟁으로 이기려할 때, 그녀는 시편집의 말씀을 찬송하곤 했습니다. "내가 말하기를 나의 행위를 조심하여 내 혀로 범죄하지 아니하리니 악인이 내 앞에 있을 때에 내가 내 입에 재갈을 먹이리라 하였도다 내가 잠잠하여 선한 말도 하지 아니하니 나의 근심이 더 심하도다." 그리고 또한 "나는 못 듣는 자 같이 듣지 아니하고 말 못하는 자 같이 입을 열지 아니하오니 나는 듣지 못하는 자 같아서 내 입에는 반박할 말이 없나이다."⁴¹ 그녀가 그녀 스스로 유혹받는다고 느낄 때 그녀는 신명기의 말씀에 거했습니다. "이는 너희의 하나님 여호와께서 너희가 마음을 다하고 뜻을 다하여 너희의 하나님 여호와를 사랑하는 여부를 알려 하사 너희를 시험하심이니라."⁴² 환란과 고난 가운데서 그녀는 이사야서의 웅장한 말씀을 의지했습니다. "젖 떨어져 품을 떠난 자들에게 하려는가 대저 경계에 경계를 더하며 경계에 경계를 더하며 교훈에 교훈을 더하며 교훈에 교훈을 더하되 여기서도 조금, 저기서도 조금 하는구나 하는도다 그러므로 더듬는 입술

---

40. 마 5:39; 롬 12:21; 빌 2:7-8; 욥 40:8; 마 5:10.
41. 시 39:1, 2(38: 2, 3); 시 38(37):12-14.
42. 신 13:3.

과 다른 방언으로 그가 이 백성에게 말씀하시리라."**43** 그녀는 그녀 자신의 위안을 위해서 이 성서의 구절을 젖뗀 자, 즉 성년에 이른 사람이 환란 위에 환란을 견뎌야 하는 것을 그들이 소망 중에 소망을 받을 가치가 있는 자로 여겨질 수 있는 의미로서 설명하였습니다. "다만 이뿐 아니라 우리가 환난 중에도 즐거워하나니 이는 환난은 인내를, 인내는 연단을, 연단은 소망을 이루는 줄 앎이로다 소망이 우리를 부끄럽게 하지 아니함은 우리에게 주신 성령으로 말미암아 하나님의 사랑이 우리 마음에 부은 바 됨이니" 그리고 "그러므로 우리가 낙심하지 아니하노니 우리의 겉사람은 낡아지나 우리의 속사람은 날로 새로워지도다 우리가 잠시 받는 환난의 경한 것이 지극히 크고 영원한 영광의 중한 것을 우리에게 이루게 함이니 우리가 주목하는 것은 보이는 것이 아니요 보이지 않는 것이니 보이는 것은 잠깐이요 보이지 않는 것은 영원함이라."**44** 그녀는 비록 인간의 조바심 때문에 시간이 천천히 오는 것처럼 보일지라도 그러나 하나님으로부터 오는 도움은 오래 걸리지 않을 것이라고 말했습니다. "여호와께서 이같이 이르시되 은혜의 때에 내가 네게 응답하였고 구원의 날에 내가 너를 도왔도다"**45**고 그녀는 선언하였습니다. 우리는 마땅히 악한 자의 속이는 입과 혀를 두려워해서는 안 되며 왜냐하면 우리는 하나님의 도움 안에서 기뻐하며 그리고 우리는 마땅히 그의 경고를 들어야하기 때문입니다. (그의 예언에 의해 "너희는 내게 듣고 그들의 비방을 두려워하지 말라 그들의 비방에 놀라지 말라 옷 같이 좀이 그들을 먹을 것이며 양털 같이 좀벌레가 그들을 먹을 것이나")**46** "너희의 인내로 너희 영혼을 얻으리라." 그리고 "생각하건대 현재의 고난은 장차 우리에게 나타날 영광과 비교할 수 없도다." 다른 구절에서 우리에게 닥친 모든 것을 인내할 수 있다고 합니다. "노하기를 더디 하는 자는 크게 명철하여도 마음이 조급한 자는 어리석음을 나타내느니라."**47**

19. 그녀의 잦은 질병과 허약함 속에서 그녀는 말하곤 했습니다. "이는 내가 약한 그 때에 강함이라." "우리가 이 보배를 질그릇에 가졌으니" "그리스도의 고난이 우리에게 넘친 것 같이 우리가 받는 위로도 그리스도로 말미암아 넘치는도다." 그런 다

---

43. 사 28:9-11.
44. 롬 5:3-5; 고후 4:16-18.
45. 사 49:8.
46. 사 51:7-8 힐베르그에 의해서는 거절됨.
47. 눅 21:19; 롬 8:18; 잠 14:19.

음 "너희가 고난에 참여하는 자가 된 것 같이 위로에도 그러할 줄을 앎이라."[48] 슬픔 안에서 그녀는 노래하곤 했습니다. "내 영혼아 네가 어찌하여 낙심하며 어찌하여 내 속에서 불안해 하는가 너는 하나님께 소망을 두라 나는 그가 나타나 도우심으로 말미암아 내 하나님을 여전히 찬송하리로다." 위험한 순간에 그녀는 말하곤 했습니다. "누구든지 제 목숨을 구원하고자 하면 잃을 것이요 누구든지 나를 위하여 제 목숨을 잃으면 구원하리라."[49] 그녀의 재산이 고갈되고 파산했다는 것이 그녀에게 알려졌을 때 그녀는 말했습니다. "사람이 만일 온 천하를 얻고도 제 목숨을 잃으면 무엇이 유익하리요 사람이 무엇을 주고 제 목숨과 바꾸겠느냐." "이르되 내가 모태에서 알몸으로 나왔사온즉 또한 알몸이 그리로 돌아가올지라 주신 이도 여호와시요 거두신 이도 여호와시오니 여호와의 이름이 찬송을 받으실지니이다." 그리고 "이 세상이나 세상에 있는 것들을 사랑하지 말라 누구든지 세상을 사랑하면 아버지의 사랑이 그 안에 있지 아니하니 이는 세상에 있는 모든 것이 육신의 정욕과 안목의 정욕과 이생의 자랑이니 다 아버지께로부터 온 것이 아니요 세상으로부터 온 것이라."[50] 저는 그녀에게 그녀의 자녀들 그리고 특별히 그녀가 가장 사랑하는 토코티우스가 심각하게 아프다는 것이 전달되었을 때, 그녀가 자신을 추스르면서 맨 처음 말했던 것을 알고 있습니다. "내가 괴로워 말할 수 없나이다." "그리고 말하지 않습니다." 그런 다음에 울면서 이렇게 말했습니다. "아들이나 딸을 나보다 더 사랑하는 자도 내게 합당하지 아니하며" 그리고 그녀는 주님께 기도하면서 말했습니다. 당신을 위해 날마다 죽는 자들의 자녀들은 "죽이기로 정해진 자도 주의 크신 능력을 따라 보존하소서."[51] 남의 험담을 퍼뜨리는 사람이 – 남에게 커다란 해를 끼치는 사람의 부류 – 그녀가 베푼 덕에 은혜를 입은 어떤 사람이 그녀를 미친 것으로 생각하고 그녀의 머리를 위해서 뭔가 해야 한다고 선언했다는 것을 친절인양 말해준 것을 저는 알고 있습니다. 그녀는 대답했습니다. "우리는 세계 곧 천사와 사람에게 구경거리가 되었노라 우리는 그리스도 때문에 어리석으나" "하나님의 어리석음이 사람보다 지혜롭고" 이러므로 심지어 구세

---

48. 고후 12:10; 4:7; 고전 15:54; 고후 1:5, 7.

49. 시 42:11(41:12); 눅 9:23-24.

50. 마 16:26; 욥 1:21; 요일 2:15-17.

51. 시 77:4(76:5); 마 10:37; 시 79(78):11.

주도 아버지께 이렇게 말씀하셨습니다. "주는 나의 우매함을 아시오니" (그리고 "나는 무리에게 이상한 징조 같이 되었사오나 주는 나의 견고한 피난처시오니" "내가 이같이 우매 무지함으로 주 앞에 짐승이오나 내가 항상 주와 함께 하니 주께서 내 오른손을 붙드셨나이다")[52] 복음서에서 우리는 심지어 그의 친척들이 그를 미친 자로 결박하기를 바란 것을 읽었습니다. 그의 반대자들 역시 그를 다음과 같이 비방했습니다. "사마리아 사람이라 또는 귀신이 들렸다" 그리고 "그가 귀신의 왕 바알세불을 힘입어 귀신을 쫓아낸다"[53]고 하였습니다. 그러나 사도의 권면을 들으십시오. "우리가 세상에서 특별히 너희에 대하여 하나님의 거룩함과 진실함으로 행하되 육체의 지혜로 하지 아니하고 하나님의 은혜로 행함은 우리 양심이 증언하는 바니 이것이 우리의 자랑이라." 주께서 그의 제자들에게 하신 말씀을 들으십시오. "너희가 세상에 속하였으면 세상이 자기의 것을 사랑할 것이나 너희는 세상에 속한 자가 아니요 도리어 내가 너희를 세상에서 택하였기 때문에 세상이 너희를 미워하느니라." 그런 다음 그녀는 주님께 말했습니다. "하나님이 이를 알아내지 아니하셨으리이까 무릇 주는 마음의 비밀을 아시나이다." "이 모든 일이 우리에게 임하였으나 우리가 주를 잊지 아니하며 주의 언약을 어기지 아니하였나이다 우리의 마음은 위축되지 아니하고 우리 걸음도 주의 길을 떠나지 아니하였으나" "우리가 종일 주를 위하여 죽임을 당하게 되며 도살할 양 같이 여김을 받았나이다." "여호와는 내 편이시라 내가 두려워하지 아니하리니 사람이 내게 어찌할까?" 왜냐하면 저는 읽었습니다. "내 아들아 주를 영화롭게 하라 그리하면 너는 강해질 것이다. 그 옆에서 저는 어떠한 사람도 두려워하지 말아라."[54] 이 구절들과 그들과 같은 다른 구절들을 그녀는 일반적으로 모든 악에 대항하는 것으로 그리고 특별히 질투의 맹공격에 그 자신을 방어하기 위한 그리스도의 갑옷으로서 사용하곤 했습니다. 그래서 악한 것을 참으면서 그녀는 폭발하려고 하는 마음의 진노를 진정시켰습니다. 그녀의 죽음의 날이 다가올 때까지 그녀의 삶에 있어서 두 가지 것들이 돋보였습니다. 하나는 그녀 자신의 위대한 인내였고 다른 하나는 그녀를 향해서 나타나는 질투였습니다. 질투는 지금 질투를 품고 있는 그의 마음을 갉아먹습니다. 그리고 질투가 그것의 경쟁자를 상하게 하는 동안 진노의 모든 힘과

52. 고전 4:9-10; 1:25; 시 69:5(68:6); 시 71(70):7; 시 73(72):22-23. 이 괄호 안에 있는 구절은 힐베르그에 의해서는 배제되었다.
53. 막 3:21; 요 8:48; 눅 11:15.
54. 고후 1:12; 요 15:18-19; 시 44(43):21, 17-18, 22; 시 118(117):6; 잠 7:1a.

함께 그것에 대항해서 소리를 지릅니다.

20. 저는 지금 그녀의 수도원의 질서와 그리고 방법을 기술하려고 합니다. 이 방법에 의해서 그녀는 숭고한 영혼들의 자제를 그녀 자신의 유익으로 돌렸습니다. 그녀는 육적인 것들을 심어서 신령한 것들을 거둘 수 있었습니다.[55] 그녀는 세상적인 것들에게 그녀가 천상적인 것을 받을 수 있는 것을 주었습니다. 그녀는 세상적인 것들에 앞서서 그녀가 그들의 장소에서 영원한 것을 얻을 수 있도록 하였습니다. 남자들을 위한 수도원을 세우면서, 또한 여러 지역들로부터 그녀가 모은 여자 수도사들을 세 집단으로 구분하고 세 개의 수도원으로 나누었습니다. 그들 중 어떤 자들은 고귀한 신분을 갖고 있는 반면에 다른 사람들은 중간계층이나 혹은 낮은 계층에 속한 사람들이었습니다.[56] 그러나 비록 그들이 각각으로부터 분리되어서 일하고 그들의 음식을 먹을지라도 이 세 집단은 함께 모여서 시편을 찬양하고 기도를 하였습니다. 할렐루야—그들이 집회[57]에 모인다는 신호—를 찬양한 후에 어떤 사람도 뒤에 남는 것은 허락되지 않았습니다. 그러나 첫 번째로 오거나 혹은 첫 번째 집단 안에 속해있던지 그녀는 다른 사람들이 도착하기를 기다리면서 그들에게 겁을 주기보다는 그녀 자신의 겸손한 모범으로서 부지런하도록 권면하였습니다. 새벽, 세시, 여섯시, 아홉시, 밤과, 자정에 그들은 각각 돌아가면서 시편집을 낭독했습니다.[58] 어떠한 자매도 시편을 무시하는 것은 허락되지 않았으며 모두 날마다 성경의 어떤 부분을 배워야 했습니다. 오직 주일날에 그들은 그들이 살고있는 곳 옆에 있는 교회로 나아갔습니다. 각각의 집단은 자신의 수녀원장을 따라갔습니다.[59] 같은 방식으로 집에 돌아왔을 때 그들은 그들에게 할당된 업무에 헌신했습니다. 그리고 그들 자신을 위해서 혹은 다른 사람들을 위해서 의복을 만들었습니다. 만일 어떤 사람이 귀족의 신분이면 그녀의 마음이 옛날에 했던 것들로 가득차고 어린 시절의 방종으로 가득차지 않도록 하기 위해서 시중드는 하녀를 대동하는 것이 허락되지 않았습니다. 끊임없는 대화를 통하여 옛 상처가 공개되고 이전의 실수를 갱생할 수 있게 하였습니다. 모든 자매들은 같은

---

55. 고전 9:11.

56. 라틴 언어는 아주 애매하게 세 개의 집단이 사회적 신분에 의해서 결정되며 그러나 그것이 의미하는 것처럼 보이는 것이다.

57. *Collecta*. 집회 Ep 51:1 참고.

58. 「서신」 107:9에 있는 각주 28 참고.

59. 베들레헴에 있는 Nativity의 교회.

옷을 입었습니다. 린넨은 손을 마르게 하는 것을 제외하고는 사용되지 않았습니다. 파울라는 남자들로부터 그들을 분리시키는데 아주 엄격했으며 그래서 그녀는 심지어 그들에게 환관이 접근하는 것도 허락하지 않았는데 왜냐하면 그녀는 종교적인 것에 바로 트집을 잡으려 하고 그리고 그들의 잘못에 스스로 위안을 얻는 모함하는 혀들에게 어떠한 빌미도 주지 않기 위해서였습니다. 어떤 사람이 시편을 암송하는 것에 있어서 진도가 느리거나 혹은 그녀의 일과에 있어서 부주의하게 보이면 파울라는 다양한 방법으로 그녀에게 다가가곤 했습니다. 그녀는 성미가 급한 것일까요? 파울라는 그녀를 달랬습니다. 그녀는 무관심한 것입니까? 파울라는 사도들이 말한 사례를 따르면서 그녀를 꾸짖었습니다. "너희가 무엇을 원하느냐 내가 매를 가지고 너희에게 나아가랴 사랑과 온유한 마음으로 나아가랴."[60] 음식과 의복외에 그녀는 어떠한 사람도 자신의 소유물을 갖도록 허락하지 않았습니다. 왜냐하면 파울라는 다음과 같이 말했습니다. "우리가 먹을 것과 입을 것이 있은즉 족한 줄로 알 것이니라."[61] 그녀는 더 많은 것을 가지려는 그들의 습관이 그들 안에 탐욕을 번식시키지 않을까 두려워했습니다. 어떤 재물도 만족시킬 수 없는 욕구, 왜냐하면 많이 가지면 가질수록 재물은 더 많은 것을 요청하기 때문입니다. 그리고 부도 가난도 그것을 작게할 수 없습니다. 자매들이 서로 말다툼을 할 때 그녀는 진정시키는 말로 그들을 화해시켰습니다. 만일 어린 소녀들이 육체적인 욕망으로 괴로워하면 그녀는 그들에게 자주 그리고 두 배나 되는 이중의 금식을 부과하는 것에 의해서 그들의 힘을 무너뜨렸습니다. 왜냐하면 그녀는 그들이 영혼 안에서 고통 받는 것보다 육체 안에서 아프기를 바랬기 때문입니다. 만일 그녀가 어떤 자매가 그녀의 옷에 지나치게 신경 쓰는 것을 보게 된다면 그녀는 이마를 찌푸리고, 엄한 표정을 짓고, 그녀의 실수에 대해서 다음과 같이 말하면서 꾸짖었습니다. "깨끗한 육신과 깨끗한 옷은 깨끗지 못한 영혼을 의미합니다. 따라서 여성 수도사의 입술은 결코 적당치 못하거나 순수하지 않은 말을 해서는 안 됩니다. 왜냐하면 그러한 말은 음탕한 마음을 가리키고 있습니다. 그리고 외향적인 사람에 의해서 내향적인 사람의 잘못이 드러나서는 안 됩니다." 그녀는 말이 많고 수다스럽고 혹은 급진적인 그리고 말다툼하는 것을 즐기는 어떤 자매를 보았을 때 그리고

---

60. 고전 4:21.
61. 딤전 6:8.

잦은 교훈 후에도 징계를 받은 자가 개선하는 것을 보이지 않는 것을 발견했을 때, 그녀는 그녀를 자매들 중에 가장 낮은 자들 가운데 두고 그들의 집단 밖에 두었으며 그녀에게 식당 문에서 기도하도록 하고 홀로 식사를 하도록 명령하였습니다. 비난이 실패하는 곳에서 수치는 개선을 가져올 수 있다는 소망에서였습니다. 그녀는 도적질하는 죄를 마치 그것이 신성모독인 것처럼 혐오했습니다. 그리고 그녀는 세상의 사람들 사이에서 아무 것도 아닌 것으로 생각되는 것을 수도원에서 가장 깊은 죄로 선언했습니다. 제가 어떻게 병자를 향한 그녀의 친절과 돌봄 혹은 그녀가 그들을 얼마나 놀라운 헌신을 가지고 돌봤는지를 표현할 수 있겠습니까? 그러나 비록 다른 사람이 아플 때 그녀는 모든 자유함을 주었고 심지어 그들에게 고기를 먹도록 허락했을지라도, 그녀는 자신이 아플 때마다 자신의 약함에 어떤 양보도 하지 않았습니다. 이러한 측면에서 공평하지 않게 보였는데 그녀 자신의 경우에 있어서 그녀는 그녀가 항상 다른 사람에게 보여주었던 친절함을 엄격함으로 바꿨기 때문입니다.

21. 건강하고 힘찬 기질을 갖고 있는 어떠한 젊은 자매에게도 파울라는 자기 자신에게 부과하는 것과 같은 엄격한 관리를 부여하지 않았습니다. 파울라의 육체적인 힘은 약화되고 허약해졌습니다. 저는 이것에 있어서 너무 단호하다는 것을 인정합니다. 그녀는 그녀 자신을 돌보거나 혹은 권면을 듣는 것을 거절했습니다. 제 자신의 경험과 연관된 것을 말하겠습니다. 7월의 가장 뜨거운 더위 속에서 그녀는 지독한 열에 시달렸습니다. 그리고 우리는 그녀의 생명을 거의 단념하였습니다. 그러나 하나님의 긍휼에 의해서 그녀는 회복되었고 그리고 의사는 그녀에게 그녀의 회복을 촉진시키기 위해서 아주 소량의 가벼운 포도주를 마실 필요가 있다고 권고했습니다. 의사는 만일 그녀가 계속해서 물을 마시면 그녀가 수종 비슷한 증세를 갖게 될 것을 두려워했습니다. 저는 비밀스럽게 에피파니우스[62] 감독에게 그녀에게 포도주를 마시게 해달라고 권면하도록, 아니 그녀에게 강요해 달라고 부탁드렸습니다. 그러나 그녀는 그녀의 명민함으로 그 전략을 단박에 알았고 웃으면서 그에게 그의 충고가 저로부터 왔다는 것을 이야기했습니다. 에피파니우스는 꼭 필요한 말로 권면한 후에 그녀의 방을 떠났습니다. 그리고 제가 그에게 그가 성취한 것이 무엇이냐고 요청했을 때 그는 대답

---

62. 에피파니우스는 살라미스의 감독으로 (§§6-7), 팔레스타인에서 오리겐주의에 대항하는 선전을 하였다. 감독은 자주 papa로 불리웠다.

444

했습니다. "내가 나이가 든 만큼 더 이상 포도주를 마시지 말도록 거의 설득 당했습니다." 저는 이 이야기를 제가 그들의 힘에 부치는 짐을 드는 것에(왜냐하면 성경은 "네 힘에 부치는 짐을 들라"[63]고 말하고 있지 않기 때문입니다) 경솔하게 찬성하기 때문이 아니라 그러나 저는 그녀 안에 있는 탁월한 참을성으로부터 그녀의 마음의 고통과 그리고 "내 영혼이 주를 갈망하며 내 육체가 주를 앙모하나이다"[64]라고 말할 때 그녀가 믿는 영혼의 갈망을 보여주기를 바랐기 때문이었습니다. 극단을 피하는 것이 항상 어려운 만큼 철학자들이 덕은 중용이고 악은 과잉이다[65]라고 말한 것은 아주 옳습니다. 혹은 우리들이 그것을 간략한 문장으로 표현한다면 "과한 것은 무가치하다".[66] 그녀는 음식을 경멸하는 것에 있어서 단호한 반면에, 그녀는 그녀의 친족들 특히 그녀의 자녀들의 죽음에 대해서 쉽게 슬픔에 빠졌고 무너졌습니다. 그녀의 남편과 그녀의 딸들이 차례로 세상을 떠났을 때 그녀의 상실에 대한 충격은 그녀의 생명을 위협하였습니다. 그리고 비록 그녀의 입과 그녀의 가슴에 십자가에 성호를 긋고 슬픔을 완화시키려고 노력하였을지라도 그녀의 감정은 그녀를 압도하고 그녀의 육체적인 경향은 너무나 그녀가 신뢰하는 정신을 압도하였습니다. 그래서 그녀의 지성이 지배하는 동안에 그녀는 순전한 육체적인 약함에 의해서 압도당했습니다. 왜냐하면 일단 질병이 그녀를 사로잡았을 때 그것은 오랫동안 그녀를 떠나지 않아서 우리를 염려케 했으며 그녀를 위험에 빠뜨렸습니다. 그러나 심지어 그 때에도 그녀는 기쁨으로 가득차고 매 순간 암송했습니다. "오호라 나는 곤고한 사람이로다 이 사망의 몸에서 누가 나를 건져내랴."[67] 주의 깊은 독자는 저의 말들이 칭송이라기보다는 비난이라고 말할 수 있습니다. 저는 그녀가 섬겼고 제가 섬기기를 바라는 주님을 제가 지나치게 그녀를 칭송하는 것도 혹은 비하시키는 것도 아니라는 것의 증인으로 불렀습니다. 저는 그녀에 대해서 또 다른 기독교 저술로서 사실을 말할 것입니다. 저는 언행록을 쓰고 있지, 찬사를 쓰고 있지 않습니다. 그리고 그녀에게 있어서 허물들이라는 것은 성인이 아닌 다른 사람에게 있어서는 마땅히 미덕일 것입니다. 저는 그래서 저 자신의 감정들과 그녀의 고요함을 사

---

63. 집회서 13:2.

64. 시 63(62):1.

65. 제롬은 희랍어로 이 용어를 주었다. Aristotle, *Nic. Eth.* II, 6 참고.

66. *Ne quid nimis*, Terence의 *Andria*, 61, 희랍어 대명사로부터 *meden agan*.

67. 롬 7:24.

랑하고 그녀의 상실을 슬퍼하는 그녀의 형제자매인 우리 모두의 열정적인 아쉬움을 만족시키기 위해서 그녀의 허물을 생각합니다.

22. 그러나 그녀는 그녀의 여정을 마쳤고 그녀의 믿음을 지켰습니다. 그리고 지금 의의 왕관을 즐거워하고 있습니다. 그녀는 양이신 주님이 가시는 곳은 어디든지 따르고 있습니다. 이전에 배고팠던 그녀는 지금 배부릅니다. 즐거움으로 그녀는 노래합니다. "우리가 들은 대로 만군의 여호와의 성, 우리 하나님의 성에서 보았나니" "오 복된 변화여! 이전에 슬퍼했던 그녀가 지금 영원히 웃고 있습니다. 이전에 터진 웅덩이를 경멸했던 그녀는 지금 생수이신 주님을 찾았습니다.[68] (이전에 그녀는 마비단으로 옷을 해 입었는데 지금은 하얀 삼베옷을 입었습니다.) "주께서 나의 베옷을 벗기고 기쁨으로 띠 띠우셨나이다." 이전에 그녀는 재를 양식 같이 먹으며 눈물 섞인 물을 마셨습니다. 그녀는 말합니다. "내 눈물이 주야로 내 음식이 되었도다." 그러나 지금 "너희는 여호와의 선하심을 맛보아 알지어다." "내 마음이 좋은 말로 왕을 위하여 지은 것을 말하리니" 그녀는 그녀 자신에게서 이사야의 말씀이, 아니 이사야를 통해 말씀하시는 하나님의 말씀이 성취되는 것을 보았습니다. "보라 나의 종들은 먹을 것이로되 너희는 주릴 것이니라 보라 나의 종들은 마실 것이로되 너희는 갈할 것이니라 보라 나의 종들은 기뻐할 것이로되 너희는 수치를 당할 것이니라 보라 나의 종들은 마음이 즐거우므로 노래할 것이로되 너희는 마음이 슬프므로 울며 심령이 상하므로 통곡할 것이며" 저는 그녀가 항상 터진 웅덩이를 피했다고 말합니다. 그녀는 그렇게 하여서 샘이신 주님을 발견하였습니다. 그녀는 즐거워하며 노래할 수 있었습니다. "하나님이여 사슴이 시냇물을 찾기에 갈급함 같이 내 영혼이 주를 찾기에 갈급하니이다 내 영혼이 하나님 곧 살아 계시는 하나님을 갈망하나니 내가 어느 때에 나아가서 하나님의 얼굴을 뵈올까"[69]

23.[70] 저는 간략하게 그녀가 이교도와 다를 바 없는 것으로서 간주한 이단들에 오염된 웅덩이를 피한 방법을 언급해야만 합니다. 자기 자신을 학식이 있고 뛰어나다

---

68. 딤후 4:7, 8; 계 14:4; 눅 6:21; 시 48(47):8; 렘 2:13; 요 4:14. 다음과 같은 괄호 안에 있는 구절들은 힐베르그에 의해서 표시된 것으로 일련의 학식있는 독자들에 대한 첨가이다. 마지막 말의 반복은 확실하게 부자연스럽다. 그 구절은 시 30:11; 102:9; 42:3; 78:25; 34:8; 45:1; 사 65:13-14를 포함한다.

69. 시 42:1-2.

70. §§23-26을 위해서 오리겐주의에 대한 문헌을 참고하라. 그리고 예루살렘의 요한에 대항하는 히에로니무스의 「서신」, 특별히 7, 16, 23-36을 비교하라.

고 판단하는 어떤 교활한 불량배가 저에 관한 지식이 없이 그녀에게 다음과 같은 질문을 던졌습니다. "유아가 악마에 의해 붙잡혀야만 하는 어떤 죄를 범한 것입니까? 우리가 다시 부활할 때 우리는 젊은 모습입니까 혹은 늙은 모습입니까? 만일 우리가 젊어서 죽으면 젊은 모습으로 부활한다면 우리는 부활 후에 유모를 가져야 될 것입니다. 만일 우리가 젊어서 죽고 늙은 모습으로 부활한다면 무생물은 다시 살아나지 않을 것입니다. 그들은 새로운 생명으로 변화할 것입니다. 내세에 성별에 대한 구분이 있습니까? 혹은 그러한 구분이 없습니까? 만일 이러한 구분이 지속된다면 거기에는 결혼생활과 성관계와 그리고 자녀의 출산이 있을 것입니다. 만일 이것이 계속되지 않는다면 부활한 육체들은 동일하지 않을 것입니다." 그는 주장했습니다. "썩어 없어질 육신이 영혼을 무겁게 하고 흙으로 된 이 천막이 생각에 잠겨있는 정신을 짓누릅니다." 그러나 우리가 천국에서 가질 육신은 사도들의 말씀에 따르면 신비하고 영적인 것일 겁니다. "육의 몸으로 심고 신령한 몸으로 다시 살아나나니 육의 몸이 있은즉 또 영의 몸도 있느니라."[71] 그가 입증하기 위해서 찾은 모든 생각들로부터 이성적인 피조물들은 그들의 허물과 이전의 죄를 통해서 육체적인 정황으로 떨어졌습니다. 그리고 그들의 범죄의 본질과 죄성에 따라 그들은 삶의 이러한 혹은 저러한 상태로 태어납니다. 어떤 사람은 건강한 육체와 부유하고 고귀한 부모 안에서 즐거울 것이며 또 다른 사람들은 그들의 분깃으로 병든 육체와 가난에 찌든 가정을 가질 것이고 그리고 현재 세계와 육체 안에 감금되어서 그들의 이전의 죄에 대한 벌금을 지불하는 것이라고 그는 말했습니다. 그녀는 듣고 그 사람을 지적하면서 그녀가 들은 것을 저에게 보고했습니다. 그래서 이러한 가장 해로운 독사와 치명적인 페스트에 반대하는 업무가 제 위에 놓였습니다. 시편 기자가 다음과 같이 썼을 때가 이러한 것입니다. "주께 고백하는 영혼을 들짐승에게 주지 마시며" 그리고 "갈밭의 들짐승을 꾸짖으십시오. 주께 대항해서 불법을 행하고 거짓을 말하고 지존자를 대항해서 입을 쳐드는 자들입니다."[72] 그 사람이 파울라를 속이려고 시도했을 때 저는 그녀의 부탁으로 그에게 갔습니다. 그리고 그에게 몇 가지 질문을 청하는 것에 의해서 그를 딜레마에 빠뜨렸습니다. 저는 말했습니다. 당신은 죽은 자의 부활이 있다는 것을 믿습니까? 그는 대답했습니다.

---

71. 지혜서 9:15; 고전 15:44.

72. 시 74(73):19; 68(67):30.

저는 믿습니다. 저는 계속했습니다. 다시 부활한 육체들이 이전 것과 같습니까 다릅니까? 그는 대답했습니다. 같습니다. 그때 저는 청했습니다. 그들의 성별은 무엇입니까? 그것은 변화되지 않은 채로 남아있습니까 혹은 변화될 것입니까? 이 질문에 그는 침묵을 지켰고 그의 머리를 갸우뚱했습니다. 그것은 뱀이 공격을 받는 것을 피하는 것과 같았습니다. 따라서 저는 계속했습니다. 당신이 아무 것도 말하지 못할 때 저는 당신에게 대답할 것이며 그리고 당신의 전제로부터 결론을 끌어낼 것입니다. 만일 한 여성이 다시 여성으로서 혹은 한 남자가 다시 남자로서 부활하지 않는다면 거기에는 죽은 자의 부활이 없을 것입니다. 왜냐하면 성별이라는 것은 그것의 신체의 부분들을 가지며 그리고 신체의 부분들은 전체 육신을 만듭니다. 그러나 만일 거기에 성별이 없고 신체의 부분들이 없이 존재할 수 없는 육체의 부활에 대해 무엇이 될 것입니까? 그리고 만일 육체의 부활이 없다면 죽은 자의 부활도 있을 수 없습니다. 그러나 결혼으로부터 취해진 당신의 반대처럼 만일 신체 부분들이 같은 것으로 남아 있다면 결혼이 따라올 것입니다. 주님의 말씀에 의해서 그러한 경향이 있습니다. "예수께서 대답하여 이르시되 너희가 성경도, 하나님의 능력도 알지 못하는 고로 오해하였도다 부활 때에는 장가도 아니 가고 시집도 아니 가고 하늘에 있는 천사들과 같으니라"[73] 그들이 장가고 아니 가고 시집도 아니 간다고 말해질 때, 성별의 구분은 계속되는 것을 보여줍니다. 왜냐하면 누구도 막대기나 돌과 같은 결혼의 능력을 갖고 있지 않은 물건에 대해서 그들이 장가도 가지 아니하고 시집도 가지 아니하고라고 말하지 않기 때문입니다. 그러나 이것은 그들이 장가갈 수 있는 동안에 그러나 그들 자신의 덕과 그리고 그리스도의 은혜에 의해서 그렇게 하는 것으로부터 절체하는 사람들에 대해서 말할 수 있는 것입니다. 그러나 만일 당신이 이것에 트집을 잡고 어떻게 그러한 경우에 우리가 남자도 아니고 여자도 아닌 천사와 같을 수 있냐고 말한다면 다음과 같은 간략한 저의 답변을 들으십시오. 주님이 우리에게 약속하신 것은 천사의 본질이 아니고 삶의 방식과 그들의 지복입니다. 그러므로 세례 요한은 심지어 그가 목이 베이기 전에 천사[74]로 불리웠습니다. 그리고 하나님의 모든 거룩한 남자들과 처녀들은 심지어 이 세상 안에서 그들 자신 안에서 천사의 삶을 나타냅니다. "너는 천사

---

73. 마 22:29-30.
74. 눅 7:27. 희랍어 *angelos*는 전달자를 의미한다.

와 같을 것이다"라고 말해질 때 오직 같다는 것이 약속된 것이고 본질의 변화는 아닙니다.

24. 그리고 지금 당신이 이러한 질문에 대해서 저에게 대답할 차례입니다. 어떻게 당신은 도마가 부활하신 주님의 손을 느끼고 창으로 찔린 그의 옆구리를 보았는지를 설명하시겠습니까? 그리고 베드로가 해변가에 서 계셨으며 구운 생선 조각과 벌집을 잡수신 주님을 본 사실을 어떻게 설명하겠습니까? 만일 그가 서있었다면 그는 분명하게 발을 가지고 있었음이 틀림없습니다. 만일 그가 그의 상처 난 옆구리를 가리켰다면 그는 또한 가슴과 배꼽을 가지고 있었음이 틀림없는데 왜냐하면 옆구리는 이러한 것에 붙어있기 때문입니다. 그리고 이러한 것 없이 그들은 있을 수 없습니다. 만일 그가 말했다면 그는 혀와 턱과 치아를 사용했음이 틀림없습니다. 왜냐하면 활이 줄을 치는 것처럼 혀는 소리를 생산하기 위해서 치아를 만나야 합니다. 만일 그의 손이 느껴졌다면 그것은 그가 팔도 갖고 있다는 것이 틀림없습니다. 그러므로 그는 육체를 구성하고 있는 모든 신체의 부분을 가지고 있다는 것이 인정되는 한 그는 또한 틀림없이 그들을 형성하고 있는 전체 육체를 가져야만 합니다. 그리고 여성의 것이 아닌 남성의 것을 가진 것입니다. 즉 그것이 죽었을 때 가졌던 성별을 다시 갖는다는 것입니다. 그리고 만일 당신이 더욱 흠을 잡아서 다음과 같이 말한다면 부활 후에도 우리는 먹겠습니까? 혹은 어떻게 딱딱하고 물질적인 육체가 그것의 본질과는 반대로 닫힌 문을 통해서 들어올 수 있습니까?라고 말한다면 당신은 이 답변을 얻을 것입니다. 음식의 이러한 문제를 위해서 부활에 있는 믿음과 함께 허물을 발견하지 마십시오. 왜냐하면 우리 주님은 회당장의 딸을 살리신 후에 그녀에게 음식을 주라고 명령했습니다. 그리고 사흘 동안 죽었던 나사로는 주님과 함께 식탁에 앉은 것으로서 묘사되었습니다. 위 두 경우에 있어서 목적은 부활은 단순하게 나타나지 않는다는 것을 보여주는 것입니다. 그리고 만일 닫혀진 문을 통해서 그가 들어왔다는 것으로부터 그의 몸은 영적이고 공기같은 것이라고 증명하려고 애쓴다면 그는 틀림없이 그가 고통당하기 전에 영적인 육체를 가졌음이 틀림없습니다. 왜냐하면―무거운 육체의 본질에 반대로― 그는 바다 위를 걸을 수 있었습니다. 사도 베드로 역시 영적인 육체를 가진 것으로 믿어져야만 합니다. 왜냐하면 그 역시 머뭇거리는 걸음으로 물 위를 걸었기 때문입니다. 참된 설명은 어떠한 것이 본질에 대항해서 행해졌을 때 그것은 하나님의

힘과 능력의 표시라는 것입니다. 그리고 분명하게 이러한 위대한 징조들 안에서 우리의 관심은 본질에 있어서 변화가 아니라 하나님의 전지전능하신 능력에 있다는 것을 분명하게 보여주기 위해서 믿음에 의해서 물 위를 걸으신 그는 믿음의 부족 때문에 가라앉기 시작했고 만일 주님이 그를 다음과 같은 말씀과 함께 붙잡지 않았다면 그는 가라앉았을 것입니다. "믿음이 작은 자여 왜 의심하였느냐" 저는 주님이 말씀하실 때 당신이 그러한 뻔뻔스러움을 보여줄 수 있는지 놀랍습니다. "도마에게 이르시되 네 손가락을 이리 내밀어 내 손을 보고 네 손을 내밀어 내 옆구리에 넣어 보라 그리하여 믿음 없는 자가 되지 말고 믿는 자가 되라" 그리고 다른 장소에서 "내 손과 발을 보고 나인 줄 알라 또 나를 만져 보라 영은 살과 뼈가 없으되 너희 보는 바와 같이 나는 있느니라 이 말씀을 하시고 손과 발을 보이시나" [75]당신은 그가 뼈와 살에 대해서 발과 손에 대해서 말하는 것을 들었습니다. 그러나 당신은 저를 속여서 스토아 철학자들이 한 헛소리들에 협잡과 사기를 떠맡기를 원합니다.[76]

25. 더구나 만약 당신이 결코 죄를 짓지 않은 유아가 악마에 의해서 붙잡힐 수 있는지 혹은 우리가 각각 다른 나이에 죽었는데 부활해서 보일 때 몇 살일지를 질문한다면 저의 유일한 대답은 – 별로 환영받지 못할 대답이라고 저는 생각합니다 – 성경 말씀에 있을 겁니다. "주의 심판은 큰 바다와 같으니이다" "깊도다 하나님의 지혜와 지식의 풍성함이여, 그의 판단은 헤아리지 못할 것이며 그의 길은 찾지 못할 것이로다 누가 주의 마음을 알았느냐 누가 그의 모사가 되었느냐"[77] 나이의 차이가 육체의 실체에 영향을 미칠 수 없습니다. 비록 우리의 신체가 끊임없는 변화 안에 있고 날마다 여위기도 하고 살이 찌기도 할지라도 이러한 변화는 우리들을 날마다 각각 다른 개인으로 만들지 않습니다. 저는 열 살때는 이런 사람이었고 30대에는 저런 사람이었

---

75. 마 14:31; 요 20:27; 눅 24:39-40.

76. *Globos Stoicorum atque aeria quaedam deliramenta*. 스토아 철학자 Chrysippus는 영혼들은 그들이 육신으로부터 분리된 이후에 둥글다(Arnim, *Frag. Stoic.*, 815). 스토아학파에게 영혼은 물질이었기 때문에(*corpus*) 그러나 실체가 없는 것이었는데 그것은 형태를 가져야만 했고 영혼이어야 했고 완벽한 형태였다. 천체를 위해서 Plato, *Timaeus*, 33b, 63a를 참고하라. 게다가 그것은 색깔을 가져야만 했는데 순수한 공기의 색깔이었다. (Tertullian, *De Anima*, 9 참고.) 나는 "공기와 같은 아무 것도 아닌 것"을 친밀한 구절로서 번역을 남겼다. 엄격하게 모양과 색깔은 필요한데 왜냐하면 그들은 "어떤 것"이기 때문이다. 영혼에 대한 스토아 학파와 초기 기독교의 개념에 대해서 J. H. Waszink의 테르툴리아누스의 *De Anima*에 대한 주석은 매우 가치가 있다. 왜냐하면 천체적 부활에 대한 오리겐의 개념을 위해서 육신은 Lib. Christ. Class. II (*Alexandrian Christianity*), pp 191, 232, 381-382를 참고해야 한다.

77. 시 36(35):6; 롬 11:33-34.

고 50대에는 또 다른 사람은 아니었습니다. 지금 저의 머리가 희어진 때에도 저는 다른 사람은 아닙니다. 교회 전통과 사도바울의 가르침에 따르면 대답은 이러한 것이 틀림없습니다. 우리가 다 하나님의 아들을 믿는 것과 아는 일에 하나가 되어 온전한 사람을 이루어 그리스도의 장성한 분량이 충만한 데까지 이릅니다.[78] 이 나이에 유대인들은 아담이 창조된 것으로 생각했고 그리고 이 나이에 우리는 구원자이신 주님이 다시 사신 것을 알았습니다. 제가 이러한 이단자의 외침을 진압하기 위해서 신구약 성서로부터 많은 다른 주장들을 인용하였습니다.

26. 그날로부터 시작해서 그녀는 그 사람 - 그리고 그의 교리에 동의한 모든 사람을 - 을 완전히 싫어하기를 시작했습니다. 그래서 그녀는 공적으로 그들을 주님의 적들로서 선언했습니다. 제가 이 사건을 적은 글들 안에서 그것을 논박하기 위해 상당한 분량을 할애했는데 한 이단자를 논박하려는 계획보다는 이 거룩한 여성의 위대한 믿음을 보여주려는 목적이 있었습니다. 이 여인은 우정 때문에 하나님을 화나게 하는 것에 의해 그녀 자신을 상하게하기보다는 차라리 그들에게 영원한 적개심을 갖는 것을 더 좋아했습니다.

26(27). 그러면 조금 전에 제가 시작한 그녀의 인격에 대한 묘사로 되돌아가려고 합니다. 그녀의 마음보다 더 유순한 마음은 없습니다. 그녀는 말하는 것에는 더디하였으며 듣는 것에는 속히 하였습니다. 그녀는 "이스라엘아 잠잠하여 들으라"[79]라는 훈계를 기억하고 있었습니다. 그녀는 마음에 의해서 성경을 알았습니다. 그리고 그들 안에 포함된 역사가 진리의 근원이라는 것이라고 말했습니다. 그러나 비록 그녀가 심지어 이것을 사랑할지라도 그녀는 밑에 놓여있는 영적인 의미를 찾기를 좋아했으며 그리고 이것을 그녀의 영혼 안에 세워진 영적 건물의 쐐기돌로 만들었습니다. 그녀는 그녀와 그녀의 딸이 구약과 신약을 저의 지도 아래 읽을 수 있도록 요청했습니다. 저는 처음에 겸손한 마음으로 거절했습니다. 그러나 그녀는 계속 요청했고 자주 저에게 그것에 찬성하도록 권유했습니다. 마침내 저는 그렇게 했고 그리고 그녀에게 제가 저 자신으로부터가 아니라 - 과신은 선생들에게 있어서 가장 나쁜 것입니다 - 그러나 교회의 가장 유명한 저자들로부터 배운 것을 가르쳤습니다. 어디든지 저는 끈기있

---

78. 엡 4:13.
79. 약 1:19; 신 27:9.

게 했고 그리고 정직하게 실수에 대해 저 자신을 고백했습니다. 그녀는 결코 만족하지 않았고 그러나 저에게 가장 그럴듯해 보이는 많은 해법들의 신선한 질문들에 의해서 그녀에게 지적하도록 강요하였습니다. 저는 여기에서 또 그녀를 질투하는 사람들에게 당연하게 믿을 수 없는 것으로 보이는 다른 사실을 언급할 것입니다. 제가 젊은 사람으로서 시작할 때 저는 히브리어를 부분적으로 얻기 위해서 많은 노력과 수고를 하였습니다. 그리고 그것을 떠나지 않기 위해서 끊임없이 지금도 공부하고 있습니다. 파울라는 그녀의 마음을 다해서 그것을 배우고 잘 계승하였고 그래서 그녀는 히브리어로 시편송을 노래할 수 있고 라틴어의 특별한 발음의 흔적 없이 언어를 말할 수 있었습니다. 그녀의 딸 유스토키움에게도 동일한 성취가 있었습니다. 유스토키움은 항상 어머니의 옆에 가까이 있었으며 그녀의 모든 명령에 순종하였고 결코 그녀로부터 떨어져서 자지 않았으며, 그녀 없이 외출하거나 혹은 식사를 하지 않았으며, 결코 동전 한 닢도 그녀 자신의 것으로 모으지 않았으며, 그녀의 어머니가 그녀의 적은 전 재산을 가난한 자에게 주었을 때 기뻐하였으며 그리고 그녀 어머니의 자식사랑 안에서 그녀는 최고의 유산과 참된 부를 가졌다고 믿었습니다. 저는 파울라가 그녀의 손녀딸 라에타와 토코티우스의 자녀 파울라(the younger Paula) ― 심지어 저는 그녀의 수태에 대해서 말할 수 있습니다. 그녀의 수태는 그녀의 부모들이 그녀를 여성 수도자로 바치겠다는 맹세에 응답된 것입니다 ― 에 대해서 들을 때 침묵 속에서 그녀가 느꼈던 기쁨을 지나쳐서는 안 됩니다. 그녀는 아기가 요람에 있을 때 작은 소리를 들었고 옹알거리면서 놀 때, 더듬거리며 "알렐루야"를 노래할 때, "할머니" 그리고 "고모"라는 단어들을 더듬으며 말하는 것을 들었습니다.[80] 그녀의 고향을 보고자 하는 한 가지 소망은 그녀의 수명을 연장시켰습니다. 그녀는 그녀의 아들과 그의 아내 그리고 자녀가 세상을 등지고 주님을 섬기기로 했다는 것을 알 수 있었습니다. 그리고 그것은 부분적으로 그녀의 역량에 의한 것이었습니다. 그녀의 손녀가 여성 수도자의 삶을 사는 것으로 예정되는 동안에 그녀의 며느리는 그 자신을 영원한 순결과 믿음과 구제에 의해서 그녀의 어머니가 그녀에게 세운 모범을 본받기로 하여 그녀는 시어머니 파울라가 예루살렘에서 그들의 충만함 안에서 시작한 모든 미덕을 로마에서 나타내려고 노력

---

80. 「서신」 107을 보라.

하였습니다.

27(28). 나의 영혼이여 무엇이 당신을 괴롭힙니까? 왜 당신은 그녀의 죽음에 다가가는 것에 떨고 있습니까? 저는 저의 조그만 글을 그것이 이미 되어져야 하는 것보다 좀 더 길게 썼습니다. 마지막에 이르는 것을 두려워하고 헛되게 그것에 대해서 아무것도 말하지 않는 것에 의해서 그리고 나 자신을 그녀의 칭송으로 채우는 것에 의해서 그것을 헛되게 생각하면서, 저는 불길한 날을 연장할 수 있었습니다. 여기까지 바람은 좋았습니다. 그리고 저의 배는 부드럽게 물결치는 파도를 통해서 나아갔습니다. 그러나 지금 저의 담화는 바위 위를 달리고 있으며 파도는 높고 임박한 파선은 두 수도원들을 기다리고 있습니다.[81] 우리는 소리를 지를 필요가 있습니다. "주여 일어나십시오. 왜 주무십니까?" "주여 주여 우리가 죽겠나이다"[82] 누가 눈물을 흘리지 않고 죽어가는 파울라에 대해서 이야기할 수 있겠습니까? 그녀는 심각한 질병을 앓고 있었습니다. 그래서 우리를 떠나서 주님과 완전히 함께하고자 하는 그녀가 가장 바라던 것을 얻었습니다. 유스토키움이 얼마나 그녀의 어머니를 사랑했는지는 병중에 더욱 드러났습니다. 유스토키움은 파울라 옆에 앉아있었습니다. 유스토키움은 그녀에게 부채질을 해주었고 그녀의 머리를 받쳐 주었으며 그녀의 베개를 편편하게 해주었으며 그녀의 다리를 비벼서 따뜻하게 해주었으며 그녀의 배를 문질러주었으며 침대 덮개를 평평하게 해주었습니다. 그녀는 뜨거운 물을 끓여서 수건을 가져왔습니다. 그녀는 하녀들이 하기 전에 먼저 모든 일들을 했으며 그리고 그들 중의 하나가 어떤 것을 했을 때 그녀는 그것을 그녀 자신의 이익으로부터 취한 것으로 간주했습니다. 쉬지 않고 그녀는 기도했으며 끊임없이 울었으며, 계속해서 하나님께 그녀가 그렇게 사랑스러운 동반자를 잃어버리지 않도록 탄원하면서 만일 파울라가 죽는다면 그녀 자신도 더 이상 살지 않겠다고 하면서 그리고 하나의 관이 그들 둘을 매장할 수 있을 것이라고 하면서 그녀의 수척해진 어머니와 주님의 동굴 사이를 번갈아 뛰어다녔습니다. 아 슬프다. 인간 본성의 연약함과 사멸함이여! 그리스도 안에서 우리의 믿음이 우리를 천국으로 들어 올릴 것이며 우리의 영혼에 영원을 약속하는 것을 제외하고는 생명의 육체

---

81. 플레멘틀의 본문을 읽을 때 *nostrum*이 아니라 우리 모두를 나타낸다. 그러나 *monasterii*(힐베르그)는 베들레헴에 있는 여자와 남자를 위한 두 수도원을 나타낸다.

82. 눅 8:24; 시 44:23.

적인 정황은 짐승과 다를 바가 없습니다. "모든 사람에게 임하는 그 모든 것이 일반이라 의인과 악인, 선한 자와 깨끗한 자와 깨끗하지 아니한 자, 제사를 드리는 자와 제사를 드리지 아니하는 자에게 일어나는 일들이 모두 일반이니 선인과 죄인, 맹세하는 자와 맹세하기를 무서워하는 자가 일반이로다"[83] 인간과 동물은 모두 같이 먼지와 재로 분해됩니다.

28(29). 왜 저는 여태껏 생명을 부지하고 있으며 그것을 연장하는 것에 의해 저의 고통을 길어지게 하고 있습니까? 파울라의 지성은 그녀의 죽음이 가까이 왔다는 것을 알게 했습니다. 그녀의 육체와 손과 발은 점점 차가워졌고 오직 그녀의 거룩한 가슴 안에서 살아있는 영혼의 따뜻한 맥박이 계속되었습니다. 그러나 마치 그녀가 나그네들을 떠나서 그녀의 사람들에게 고향으로 가는 것처럼 그녀는 시편 구절을 속삭이고 있었습니다. "여호와여 내가 주께서 계신 집과 주의 영광이 머무는 곳을 사랑하오니" "만군의 여호와여 주의 장막이 어찌 그리 사랑스러운지요 내 영혼이 여호와의 종교법정을 사모하여" "주의 종교법정에서의 한 날이 다른 곳에서의 천 날보다 나은즉" 제가 그녀에게 왜 그녀가 침묵을 지키고 있는지를 청했을 때, 저의 부름에 대답하기를 거절하면서 그녀는 고통 중에 있었던지, 그녀는 희랍어로 그녀는 고통을 갖고 있지 않으며 그리고 모든 일들이 그녀의 눈에 고요하고 평화롭다고 대답했습니다. 이렇게 한 후에 그녀는 더 이상 말하지 않았습니다. 그러나 마치 그녀가 이미 모든 육체적인 것들을 버린 것처럼 그녀의 눈을 감았습니다. 그리고 반복해서 그녀의 영혼을 숨쉴 때마다 같은 구절을 외웠습니다. 그러나 억양이 점점 낮아져서 저는 거의 그녀가 말하는 것을 들을 수 없었습니다. 그녀는 그녀의 손가락을 그녀의 입에 올리고 입술 위에 십자가의 성호를 그었습니다. 그런 다음에 그녀의 숨이 끊어지고 그녀는 죽음을 향해서 헐떡거렸습니다. 그러나 심지어 그녀의 영혼이 자유롭게 끊기기를 열망했을지라도 그녀는 임종 때의 가래 끊는 소리(모든 사람에게 마지막에 오는 것)도 하나님을 찬양하는 소리로 바꾸었습니다. 예루살렘의 감독과 다른 도시로부터 여러 사람들이 왔으며 또한 많은 하급 성직자들이 왔습니다. 전 수도원은 여자 수도자들과 남자 수도자들로 가득 찼습니다. 그녀가 신랑이 말하는 것을 듣는 순간이었습니다. "나의 사랑하는 자가 내게 말

---

83. 전 9:2.

하여 이르기를 나의 사랑, 내 어여쁜 자야 일어나서 함께 가자 겨울도 지나고 비도 그 쳤다" 지면에는 꽃이 피고 그들을 꺾을 때가 이르렀는데 그녀는 기쁘게 대답했습니다. "내가 산 자들의 땅에서 여호와의 선하심을 보게 될 줄 확실히 믿었도다"[84]

29(30). 그녀의 죽음에는 세상의 관습들처럼 눈물도 슬픔도 따라오지 않았습니다. 수도자 무리들은 그들의 다양한 언어로 연합하여 시편을 찬양했습니다. 감독들은 그들 자신의 손으로 죽은 여인을 들어 올리고 그들 중의 몇 사람은 그들의 어깨를 관에 대어서 그녀를 구세주의 동굴 안에 있는 교회로 운반했습니다. 그리고 그녀를 그것의 중간에 두었습니다. 다른 감독들은 잠시 동안 행진할 때 횃불과 초를 들었습니다. 다른 사람들은 합창단의 찬양을 인도했습니다. 팔레스타인 도시들의 전 인구들이 그녀의 장례식에 왔습니다. 한 명의 수도자도 사막에 숨어있거나 혹은 그들의 동굴에서 망설이지 않았습니다. 단 한명의 여자 수도사들도 그들의 운둔처를 닫은 채 남아있지 않았습니다. 각각 그리고 모두에게 그렇게 성스러운 한 여성으로부터 경외의 마지막 증거를 허락하지 않는 것은 신성모독처럼 보였습니다. 도르가[85]의 경우에서처럼 과부들과 가난한 자들이 파울라가 그들에게 주었던 옷을 보여주었습니다. 반면에 가난한 자들은 그들이 그들의 어머니와 유모를 잃은 것으로 인해 크게 통곡하였습니다. 이렇게 말하는 것이 이상하지만 죽음의 창백함이 그녀의 표정을 바꾸지 않았습니다. 오직 엄숙함과 진지함이 그녀의 특징을 뒤엎었습니다. 당신은 그녀가 죽은 것이 아니고 잔다고 생각할 것입니다. 잇달아 그들은 시편을 희랍어로, 라틴어로, 시리아어로 찬송했습니다. 그리고 이러한 일들은 그녀가 교회와 주님의 동굴 가까이에 묻히기 전 3일 동안에만 있었던 것은 아닙니다. 그 주간의 나머지 날들까지 계속되었습니다. 모여있는 모든 사람은 그것이 그들 자신의 장례식인 것처럼 느꼈습니다. 그리고 마치 그들 자신을 위한 것처럼 눈물을 흘렸습니다. 그녀의 딸이며 존경하는 여성 수도자인 유스토키움은 "젖 뗀 아이가 그의 어머니 품에 있음"[86]과 같이 그녀의 부모로부터 떼어낼 수 없었습니다. 그녀는 파울라의 눈에 키스하고 그녀의 이마에 입술을 대었으며 그녀의 육신을 끌어안아 주었고 그녀의 어머니와 함께 매장되기를 원했습니다.

---

84. 시 26(25):8, 84:1, 2, 10; 아 2:10-12; 시 27(26):13. 제사장들과 레위인들은 장로들과 집사들이다.

85. 행 9:39.

86. 시 131(130):2.

30(31). 주님은 파울라가 그녀의 딸에게 동전 한 닢을 남기지 않았을 뿐만 아니라 제가 전에 말했던 것처럼 엄청난 빚을 남겼다는 것의 증인이십니다. 그리고 이것보다 심지어 더 힘든 상황으로 그녀가 도와주기에는 너무 힘들고 그러나 인연을 끊기에는 의무를 다하지 않는 것이 되는 형제와 자매들의 무리를 남겨주었다는 것입니다. 그녀의 믿음의 열정 안에서 마지막에는 거의 극심한 가난에 이를 만큼 그녀의 거대한 모든 부를 포기한 이 여인의 미덕보다 더 존경할만한 미덕의 예가 있을 수 있습니까? 사람들은 만일 그들이 원한다면 자선으로 쓴 돈에 대해서 하나님의 보물[87]에 쌓아둔 커다란 액수에 대해서 금실로 엮은 헌금들을 자랑할 수 있습니다. 그들 중의 어느 누구도 그녀가 했던 것보다 가난한 자들에게 더 많은 것을 준 자는 없습니다. 왜냐하면 그녀는 그녀 자신을 위해 아무 것도 갖고 있지 않았기 때문입니다. 그러나 지금 그녀는 진정한 부와 "눈으로 보지 못하고 귀로 듣지 못하고 사람의 마음으로 생각하지도 못한"[88] 그와 같이 좋은 것들을 즐기고 있습니다. 만일 우리가 슬퍼한다면 그것은 우리 자신을 위한 것이지 그녀를 위한 것은 아닙니다. 그래서 만일 우리가 그리스도와 함께 통치하는 사람을 위해서 슬퍼한다면 우리는 그녀의 영광을 질투하는 것일 겁니다.

31(32). 유스토키움, 걱정하지 마십시오. 당신은 훌륭한 유산을 받았습니다. 주님은 당신의 분깃입니다. 그리고 당신의 즐거움을 증대하십시오. 당신의 어머니가 긴 순교 이후에 그녀의 면류관을 얻었습니다. 고백이라고 여겨지는 것은 오직 피의 뿌려짐만은 아닙니다. 헌신된 마음의 흠 없는 봉사는 그것 자체가 하나의 날마다의 순교입니다. 둘 다 같이 면류관을 얻습니다. 한 상자에는 장미와 바이올렛이 있고 다른 상자에는 백합들이 있습니다. 그래서 아가서는 다음과 같이 쓰고 있습니다. "나의 사촌은 희고도 붉다"[89] 왜냐하면 승리가 평화나 혹은 전쟁에서 얻어지든지 하나님은 그것을 얻은 사람들에게 같은 보상을 주십니다. 아브라함처럼 당신의 어머니는 말씀을 들었습니다. "너는 너의 고향과 친척과 아버지의 집을 떠나 내가 네게 보여 줄 땅으로 가라" 그리고 주님은 예레미야를 통해서 명령하셨습니다. "바벨론 가운데서 도망하

---

87. *In corban Dei*, 마 27:6; 막 7:11. "형제들과 자매들"(위에)은 수도승들과 수녀들을 의미한다.
88. 고전 2:9.
89. 아 5:10. *fratruelis*는 LXX에 따르면 사촌을 의미한다. 불가타에서 히에로니무스는 "사랑하는 자"의 친밀함을 갖고 있다.

여 나와서 각기 생명을 구원하라" 그녀의 죽음에 날에 그녀는 결코 갈대아로 돌아가지 않았으며 이집트의 고기 냄비와 그것의 맛좋은 고기들을 아쉬워하지 않았습니다. 그녀의 여자 수도자들의 무리를 대동하면서 그녀는 구세주의 동료 시민이 되었습니다. 그리고 지금 그녀는 그녀의 조그만 베들레헴으로부터 천국의 왕국으로 올라갔습니다. 그녀는 충실한 나오미에게 말할 수 있었습니다. "어머니의 백성이 나의 백성이 되고 어머니의 하나님이 나의 하나님이 되시리니"[90]

32(33). 저는 당신에게 이 보고서를 기술하는 것에 이틀 밤이나 할애하였습니다. 그리고 그렇게 하는 것에서 저는 당신 자신만큼 깊은 슬픔을 느꼈습니다. "구술하는 것에서" 말씀을 드렸는데 왜냐하면 제 자신이 그것을 쓸 수 없었기 때문입니다. 제가 저의 펜을 들고 저의 약속을 성취하려 할 때마다 저의 손가락은 굳어지고 저의 손은 늘어졌으며 그리고 그것 위에서 저의 힘은 소실되었습니다. 구술의 투박함은 우아함과 매력은 전혀 없는데 오직 저자의 소망들에 대한 증거를 갖고 있습니다.

33(34). 그리고 지금 파울라 안녕히 가십시오. 그리고 당신의 기도로 늙은 당신의 수도사를 도와주십시오. 당신의 믿음과 당신의 행위는 당신을 그리스도에게 연합시켰습니다. 그래서 당신이 그의 앞에 서있는 동안에 당신은 당신이 청했던 것을 이미 얻을 것입니다. "나는 청동보다 더 오래가는 기념상을 세웠습니다."[91] 이것은 시간의 경과로 파괴될 수 없습니다. 그리고 제가 여기에서 덧붙이는 것으로 당신 묘비에 비명을 새겼습니다. 저의 이야기가 갈 수 잇는 곳이면 어디든지 독자는 당신이 베들레헴에 묻혔다는 것과 거기에서 기념이 되고 있다는 것을 알 수 있습니다.

묘비의 비명

이 묘지 안에 스키피오의 자녀가 누워 있습니다.

널리 알려진 파울린 가문의 딸이 있습니다.

그라치의 후손이며 유명한 아가멤논의 가문입니다.

여기에 그녀의 부모로부터 사랑을 받은 귀부인 파울라가 유스토키움과 함께 잠들어 있습니다.

---

90. 창 12:1; 렘 51:6; 룻 1:16.
91. Horace, *Odes*, III, 30, 1.

딸을 위해서 그녀는 그녀는 로마의 첫 번째 귀족으로 그리스도를 위해 고난을 선택하고 베들레헴에 왔습니다.

동굴 앞에 다음과 같은 다른 비명이 있습니다.

당신은 동굴 안의 텅빈 무덤을 보았습니까?
이것은 파울라의 무덤입니다.
천국이 그녀의 영혼을 가져갔습니다.
로마와 친구들과 부와 집을 버리고
여기 이 고독한 곳에 그녀의 안식을 발견했습니다.
왜냐하면 여기에 그리스도의 구유가 있습니다.
그리고 왕들이 있습니다.
하나님이며 인간이신 그에게 그들의 재물을 드렸습니다.

34(35). 성스럽고 축복받은 파울라는 1월 26일 그 주간의 셋째 날 해가 진 뒤에 잠들었습니다. 그녀는 1월 28일에 매장되었으며 황제 호놀리우스의 여섯 번째 집정관과 아리스테네투스의 첫 번째 안에서 매장되었습니다.[92] 그녀는 신앙의 서원 안에서 로마에서 5년동안 베들레헴에서 20년 동안 살았습니다. 그녀의 전 생애는 56년 8개월 그리고 21일이었습니다.

---

92. 404년.

서신 146: 에반겔루스에게

서문

|

이전에 암브로시우스의 저작으로 알려졌던 바울 서신의 최초의 라틴어 주석의 저자와 이전에 아우구스티누스이 저자로 알려진 *Quaestiones Veteris et Novi Testamenti*의 저자는 한 사람이며 같은 사람이라는 것이 지금 일반적으로 정설이 되고 있다. 그 사람은 공통적으로 "Ambrosiaster"[1]로서 말해지고 있다. 비록 그가 교황 다마수스(366-384) 때 로마에 살았을지라도 그가 누구인지 우리는 확실하게 그를 알지 못한다. 그를 다마수스의 반대자인 Issac the Jew로 동일시하는 것은 단지 영리한 추측일 뿐이다. 그것에 대해서 많은 것이 말해지고 있지 않다.

---

1. 주해서들을 참고하라. A. Souter, *The Earliest Latin Commentaries on the Epistles of St. Paul*, 1927; *Quastiones*는 Souter에 의해서 Vienna *Corpus*에서 편집되었다. (C.S.E.L, 50, 1908, *Pseudo-Augustinus*로 불리운다.) 그리고 Ambrosiaster에 대해서는 Souter, *A Study of Ambrosiaster*를 참고하라. (Text and Studies, vol. VII, 4), 1905. 나는 C. Martini, *Ambrosiaster*, Rome, 1944.를 참고하지 않았다.

히에로니무스이 디도서를 포함해서(392년보다 뒤는 아니고 아마 388년경이다) 바울 서신에 대해 여러 주해서를 쓸 때, 그는 Ambrosiater의 저작에 대해서 알고 있는 것 같지는 않다. 그러나 그의 「서신」 73(다행스럽게 398년으로 연도가 쓰여 있다)에서 그는 현재의 서신을 받은 에반겔리우스에 의해서 논평을 위해 그에게 보내진 *Quaestiones*(백부)중의 하나에 답을 하고 있다. 그것은 멜기세덱이 아브라함을 축복하기 위해서 보내진 성령으로서 생각되어져야 하는지를 제시하는 간략한 소논문이다. 히에로니무스는 이 작가 미명의 소책자를 "표준 주석가"들로부터 발췌문과 함께 기각시켰다. 그는 오리게네스과 알렉산드리아의 디디무스가 같은 노선을 취하고 있다고 인정하도록 강요되었다. 그러나 히폴리투스, 이레나이우스, 유세비우스, 안디옥의 유스타티우스 그리고 다른 사람들은 멜기세덱을 진정한 사람인 것으로 믿는 것에 동의하였다.

「서신」 146이 틀림없이 바울서신의 주석서들보다 뒤에 있을 것이라는 걸 제외하고는 날짜를 결정하는 것은 아무것도 없다. 또한 에반겔리우스가 논의되어지는 이 쟁점과 관계있는 것을 설명하지 않는다. 그것은 분명하게 또 다른 것 *Quaestiones*의 101번에 기초하고 있으며 그리고 이 때 히에로니무스는 보다 그의 취향에서 Ambrosiaster를 발견한다. Ambrosiaster는 집사들 ─ 특별히 로마에서 ─ 이 장로들과 동일하다고 생각하는 어리석은 생각을 논박하고 있다. 사실에 있어서 많은 교구에서 집사들이 장로들보다 뛰어나며 그리고 어떤 점에서 보다 중요한 것이 사실이다. 그리고 이것은 집사들이 거대한 재정과 영지를 관리한 로마의 경우에 있어서는 더욱 두드러진다. Ambrosiaster는 집사는 교회 안에서 낮은 직급이며 교회 안에서 그들은 사제가 아니고 성만찬을 베풀 수 없으며 그리고 감독들이나 혹은 장로들과 같은 사람들을 섬겨야 한다고 주장한다. 왜냐하면 이 사람들은 둘 다 *sacerdotes*이기 때문이다. 그는 신약성서에서 (그는 딤전 3장으로부터 주장한다) *presbyter*와 *episcopus*는 같은 것인 "감독"을 의미한다는 것을 제시하는 것에 의해서 그의 관점을 주장한다. 디모데전서와 에베소서에 대한 그의 주석은 이러한 *Quaestio*와 비교될 수 있다.

Ⅱ

히에로니무스는 같은 예와 주장들을 많이 사용한다. 그러나 그는 장로과 감독의 동등함에 대한 많은 성서적 증거들을 발전시킨다. 그래서 그는 장로에 대한(vis-à-vis) 집사의 자만심을 공격하는 것으로부터 감독에 대한(vis-à-vis) 장로의 위엄을 주장하는 것으로 변화하는 것처럼 보인다. 사람들은 그가 예루살렘의 감독 요한으로부터 가능한 한 독립된 것이기를 원했던 것을 기억한다. 신약성서의 관점들은 그에게 새로운 것은 아니다. 즉 그들은 그의 *Commentary on Titus*에 나타난다. 오늘날 *presbyter*와 *episcopus*의 본래적인 동질성은 많은 같은 증거 위에서 넓게 받아들여지고 있다. 히에로니무스의 견해에 대한 보다 넓은 암시들은 여기서 논의될 수 없다. 간략하게 그가 본래적인 동질성을 주장하는 동안 그는 후기 교회 질서에 의해서 안수가 감독에게 부여되었다는 것을 거절하지 않는다. 따라서 그는 장로를 감독만큼 좋은 것으로 생각하는 것처럼 보인다. 그는 감독이 사도들의 계승자라는 관점이 있다는 것을 거절하지 않는다. 그러나 그는 개개의 감독들이 신약성서 직후에 나온 다른 것들을 통치한다고 주장한다. Dr. T. G. Jalland의 *The Apostolic Ministry*, ed. K. E. Kirk, 314-340에서 히에로니무스의 관점과 또 일련의 비슷한 사람들의 주장에 대해 충분한 논의가 있다.

III

알렉산드리아에 대한 구절들은 Ambrosiaster의 주장과는 차별적으로 그러나 또한 연관되면서 연결되어야 한다. "알렉산드리아와 이집트를 통해서 감독의 부재시 장로는 결정을 하였다."(consignat, 세례의 부분) 그리고 알렉산드리아의 특별한 전통에 관련된 몇몇의 다른 매우 잘 알려진 진술들이 있다. 이러한 것들은 최근의 Dr. W. Telfer의 *Journal of Ecclesiastical History*, Vol. III, (1952), 1-2쪽에 연구가 되어졌다. "학자들의 대다수가 알렉산드리아의 초기 감독들은 그들의 감독 직무를 그들의 동료 장로들의 안수에 의해서 받았다고" 주장한 것은 개연성이 있다고 말하는 한에서 그는 유효하다. 알렉산드리아의 계승에 대한 질문과 특별히 오리게네스의 증거는 Dr. A. Ehrhardt의 *The Apostolic Succession* (1953), 6장에서 주의 깊게 검토된다.

본문

1. 우리는 이사야서에서 다음 말씀들을 읽습니다. "이는 어리석은 자는 어리석은 것을 말하며"[1] 그리고 저는 어떤 사람이 장로들 앞에,[2] 즉 감독들 앞에 집사를 두는 것은 충분히 무모한 것이라고 들었습니다. 왜냐하면 사도들이 분명하게 장로는 감독들과 같다고 가르쳤을 때 식탁과 과부에 대한 단순한 봉사자가 거만하게 주님의 살과 피의 상태로 이르게하는 기도를 하는 사람들 위에 그 자신을 놓는 것은 미친 짓임에 틀림없지 않겠습니까?[3] 당신은 제가 말한 것에 대한 증거를 요청하지 않겠습니까? 이 구절을 들으십시오. "그리스도 예수의 종 바울과 디모데는 그리스도 예수 안에서 빌립보에 사는 모든 성도와 또한 감독들과 집사들에게 편지하노니" 당신은 또 다른 예를 원하십니까? 사도행전에서 바울은 한 교회의 제사장에게 말합니다. "여러분은 자기를 위하여 또는 온 양 떼를 위하여 삼가라 성령이 그들 가운데 여러분을 감독자로 삼고 하나님이 자기 피로 사신 교회를 보살피게 하셨느니라" 어떤 사람이 분쟁의 영안에서 한 교회에 하나보다 더 많은 감독이 있음에 틀림 없다고 주장하지 않도록 하기 위해서 다음과 같은 구절은 분명하게 감독과 장로가 하나인 것으로 입증됩니다. 사도가 디도에게 쓴 글에서 말씀하십니다. "내가 너를 그레데에 남겨 둔 이유는 남은 일을 정리하고 내가 명한 대로 각 성에 장로들을 세우게 하려 함이니 책망할 것이 없고 한 아내의 남편이며 방탕하다는 비난을 받거나 불순종하는 일이 없는 믿는 자녀를 둔 자라야 할지라 감독은 하나님의 청지기로서 책망할 것이 없고 제 고집대로 하지 아니하며 급히 분내지 아니하며 술을 즐기지 아니하며 구타하지 아니하며 더러운 이득을 탐하지 아니하며" 그리고 그는 디모데에게 말합닌다. "네 속에 있는 은사 곧 장로의 회에서 안수 받을 때에 예언을 통하여 받은 것을 가볍게 여기지 말며"[4] 베드

---

1. 사 32:6.
2. *Anteferret. Ambrosiaster*가 *coaequare*가 *non dicam praeferre*라고 이야기했다 (*Quaestio*, 2).
3. *Conficitur.*
4. 빌 1:1; 행 20:28; 딛 1:5-7; 딤전 4:14.

로 역시 그의 첫 번째 서신에서 말합니다. "너희 중 장로들에게 권하노니 나는 함께 장로 된 자요 그리스도의 고난의 증인이요 나타날 영광에 참여할 자니라 너희 중에 있는 하나님의 양 무리를 치되 억지로 하지 말고 하나님의 뜻을 따라 자원함으로 하며 더러운 이득을 위하여 하지 말고 기꺼이 하며"[5] 조사하십시오. 희랍어에서 그 의미는 이제껏 보다 명백한데 왜냐하면 사용된 단어는 '에피스코퓌온테스'(ἐπισκοπεύοντες), 즉 "감독하는"이라는 뜻입니다. 그리고 이것은 "감독"이라는 이름의 기원입니다. 그러나 아마 이러한 위대한 사람들의 증언은 당신에게 불충분해 보입니다. 만일 그렇다면 우뢰의 아들이고 예수님이 사랑하신 제자이며 예수님의 품에 기대어서 고결한 가르침의 생수를 마셨던 제자, 복음서 트럼펫의 취지음을 들으십시오. "장로인 나는 택하심을 받은 부녀와 그의 자녀들에게 편지하노니 내가 참으로 사랑하는 자요 나뿐 아니라 진리를 아는 모든 자도 그리하는 것은" 그리고 다른 서신 안에서 "장로인 나는 사랑하는 가이오 곧 내가 참으로 사랑하는 자에게 편지하노라"[6] 그 후에 한 사람들이 나머지 사람들을 주재하도록 선택되었을 때 이것은 분열을 치료하기 위해서[7] 그리고 그 자신에게 교회를 끌어당기는 것에 의해 각각 개인들을 그리스도의 교회를 분열하는 것으로부터 금지하기 위해서였습니다. 왜냐하면 심지어 알렉산드리아에서 복음 전도자 마가의 시대로부터 헤라클레스와 디오니시우스의 감독직에 이르기 까지 장로들은 항상 그들 가운데 한 사람을 선택하곤 했으며 그를 보다 존경받는 위치에 세우고 그를 "감독"이라고 불렀습니다. 이것은 군대가 황제를 만드는 것이나 혹은 집사들이 부지런하다고 생각되는 한 사람을 선택하고 그리고 그를 부주교라고 부르는 것과 같습니다.[8] 안수를 제외하고 장로에게 속하지 않고 감독에게 속한 기능은 무엇이 있습니까? 로마와 전 세계의 다른 곳에 한 교회가 있는 경우는 없었습니다. 고울, 영국, 아프리카, 페르시아, 인도, 동방 그리고 모든 야만 족속들은 한 그리스도를 숭배했으며 하나의 진리의 규칙을 준수했습니다. 만일 당신이 권위를 다면 세상은 그것의 자

---

5. 벧전 5:1-2. *inspicere*가 *episkopein*의 문자적인 묘사이다.

6. 요이 1:1; 요삼 1:1.

7. 이 구절은 디도서에 대한 그의 주석에 매우 가깝다.

8. Heraclas, 231-246; Dionysius, 246-264. 라틴어는 *presbyteri ... electum ... conlocatum episcopum nominabant*인데 자연스럽게 "그들은 감독을 뽑았고 그들은 감독을 세웠고 그리고 그들은 그를 감독이라고 불렀다." 계층을 번역한 말은 *gradus*이다. 암시들이 이 서신의 서문에서 인용한 문학을 보며 그리고 일반적으로 교회의 목회에 대한 책들을 본다. 히에로니무스는 그의 쟁점을 마가에 대한 전통을 받아들이는 것에 의해서 준수한다.

산 보다 영향력이 큽니다. 감독이 있는 곳은 어디든지 그것이 로마든지 혹은 에우구비움이든지 그것이 콘스탄티노플이든지 레기움이든지 알렉산드리아든지 타니스든지 그의 권위는 같으며 그의 사제직은 같습니다. 부의 힘도 가난의 보잘것없음도 그를 더 높거나 낮은 감독으로 만들지 않습니다. 모두가 같이 사도들의 계승자들입니다.[9]

2. 그러나 당신은 말할 것입니다. "그러면 로마에서 장로가 집사의 추천에 의해 안수를 받았다는 것이 어떻게 일어납니까?"[10] 왜 당신은 오직 하나란 도시 안에서 존재하는 습관을 가져오십니까? 왜 당신은 교회의 법에 반해서 오만한 것을 부추기는 소수를 주장합니까? 어떤 것이 희귀하면 할수록 그것은 더 많이 추구됩니다. 인도에서 박하류 식물은 후추보다 더 비쌉니다. 마찬가지로 집사들이 소수였기 때문에 그들이 사람이 되었습니다. 반면에 장로들은 수적 많아서 중요하게 생각되지 않았습니다.[11] 그러나 심지어 로마 교회에서 집사는 장로들이 앉아있는 동안에 서 있었습니다. 비록 어느 정도 나쁜 습관이지만 제가 한 집사를 보았는데 감독의 부재 안에서 그는 그 스스로 장로들 가운데 앉아있었고 사회적 모임에서 그들에게 그의 축복을 주었습니다.[12] 그렇게 행동한 사람들은 그들이 잘못되었고 사도들의 말씀에 주목해야 한다는 것을 배워야 합니다.[13] 그들은 처음에 집사의 임명을 받았던 이유를 생각해야만 합니다. 그들은 사도행전을 읽고 그들의 진정한 위치를 생각해야 합니다.

"장로" 그리고 "감독"이라는 이름들 가운데 장로는 나이를 표시하고 감독은 직위를 표시했습니다. 디도서와 디모데서를 쓸 때, 사도는 감독과 집사의 안수에 대해서 말했습니다. 그러나 장로들에 대해서는 한 마디도 말하지 않았습니다. 왜냐하면 "감

---

9. urbs로부터 orbis까지 언급하는 것 안에서 그리고 다음과 같은 문장 안에서 히에로니무스는 regula veritatis 혹은 fidei와 함께 2세기나 혹은 3세기 위치로 되돌아가는 것처럼 보인다. regula veritatis와 fidei는 교리와 감독이 모두 동일하다는 것을 위한 auctoritas로서 주장되었다. 물론 어떤 사람의 주교좌의 중요성이 그의 sacerdotium에 영향을 미치지 않는, 그가 감독이라는 사실로 허락되었다. 히에로니무스는 더 나아가서 그것은 그의 권위(meritum)를 효과 있게 하지 않았으며 혹은 다른 감독(sublimiorem)보다 그를 더 높이지 않았다고 말한다. 그러나 이 구절은 수사학적이고 그는 그의 관점을 정확하게 정의하는데 충분할 만큼 말하지 않았다.

10. Q. 9로부터 왔으며 그러나 Ambrosiaster는 다른 대답을 주고 있다. 실제로 그는 왜 안 되냐고 말하고 있다. Layman은 집사들에게 증거를 주고 있다.

11. 교황 코르넬리우스 치하에서 (253년) 로마에는 7명의 집사와 46명의 장로들이 있었다. (Eus., H.E., Vi, 43, II) 집사들은 오랫동안 7명으로 규정되어졌다.

12. 두 관점은 Ambrosiaster로부터 그리고 Q. 3과 7로부터 왔다. Nicaea의 canon 18을 비교해 보아라.

13. 행 6:2.

독"이라는 단어는 또한 장로를 포함하고 있기 때문입니다.[14] 게다가 한 사람이 승진될 때 그것은 낮은 위치로부터 높은 위치로 가는 것입니다.[15] 그렇다면 장로가 집사 보다 지위가 떨어진다는 입증하기 위해서 한 장로는 더 낮은 직급으로부터 즉 더 중요한 직급으로, 집사에 의해서 안수를 받아야 합니다. 혹은 다른 한편 장로를 안수하는 것이 집사이면 장로는 비록 그가 집사보다 주목을 받지 못한다 해도 그의 사제직으로 인해서 집사보다 우월하다는 것을 인정해야만 합니다. 사실 마치 우리에게 사도들에 의해서 내려온 전통이 그들에 의해서 구약성서로부터 내려와서 감독, 장로 그리고 집사들이 성전에서 아론과 그의 아들과 그리고 레위 족속들이 차지하였던 것 과 같은 지위를 차지하고 있는 것으로 말해집니다.

---

14. Q. 4를 참고하라. *ad fin., Maior ordo infra se et apud se habet et minorem.*
15. Q. 4를 참고하라. *ad init., Quasi ex presbiteris diaconi et non ex diaconibus presbiteri ordinentur.*

참고 문헌BIBLIOGRAPHIES

초대교회에 대한 역사서

Duchesne, L.: *The Early History of the Christian Church*. English translation in three volumes, Murray, London 1909—1924.

Fliche, A. and Martin, V. edd.: *Histoire de l'Eglise*, vols. 1—4. Bloud et Gay, Paris 1934—1937. The first two volumes have been translated by E. C. Messenger and published as J. Lebreton and J. Zeiller, *The History of the Primilive Church*, 4 vols., Burns, Oates and Washbourne, London 1942—1948; and the third as J. R. Palanque (etc.), *The Church in the Christian Roman Empire*, 2 vols., 1949—1952.

Gwatkin, H. M.: *Early Church History to* A. D. 313, 2 vols., Macmillan, London 1909.

Kidd, B. J.: A *History of the Church to* A. D. 461, 3 vols., Oxford 1922.

Lietzmann, H.: *Geschichte der Alten Kirche*, 4 vols., Berlin 1932—1944.

교부학 및 교부신학사

Altaner, B.: *Patrologie*, ed. 3, Freiburg, 1951.

Bardenhewer, O.: *Geschichte der altkirchlichen Literatur*, 5 vols., Freiburg 1912—1932.

Bethune—Baker, J. F.: *An Introduction to the Early History of Christian Doctrine*. Methuen, London 1903, and subsequent revisions.

Harnack, A.: *History of Dogma*, 7 vols. Williams and Norgate, London 1894—1899.

Labriolle, P. de: *Histoire de la Littérature Latine Chrétienne*, 3rd ed., revised by G. Bardy, Paris 1947.
There is an English translation of the first edition, Kegan Paul, London 1924.

Loofs, F.: *Leitfaden zum Studium der Dogmengeschichte*, ed. 4, Halle 1906.
A revised edition, by K. Aland, is in progress. Parts 1 and 2 were published by Niemeyer, Halle 1950, 1953.

Quasten, J.: *Patrology*, 2 vols. (so far), Utrecht 1950, 1953.

Seeberg, R.: *Lehrbuch der Dogmengeschichte*, I—II, ed. 3, Leipzig 1922.

Tixeront, J.: *History of Dogmas*, 3 vols. Herder, U.S.A. 1930.

교회 및 목회에 대한 교부신학

Bardy, G.: *La Théologie de l'Eglise de saint Clément de Rome à saint Irenée.*

Bardy, G.: *La Théologie de l'Eglise de saint Irenée au concile de Nicée.* Les Editions du Cerf, Paris
    1945 and 1947.

Brun-Murdoch, H.: *Church, Continuity and Unity.* Cambridge University Press: 1945.

Lubac, H. de: *Catholicism.* Burns, Oated and Washbourne, London 1950.

Gore, C.: *The Church and the Ministry*, 1886, revised by G. H. Turner, 1919, and published with
    an appendix, S.P.C.K., London 1936.

Greenslade, S. L.: *Schism in the Early Church.* S.C.M. Press, London 1953.

Headlam, A. C.: *The Doctrine of the Church and Christian Reunion.* John Murray, London 1920.

Jallnad, T. G.: *The Origin and Evolution of the Christian Chruch.* Hutchinson, London n.d. (Preface,
    1948).

Kirk, K. E., ed.: *The Apostolic Ministry.* Hodder and Stoughton, London 1946. Especially c. Ⅳ,
    "The Ministry in the Early Church," by Dom Gregory Dix.

Mersch, E.: *Le Corps Mystique du Christ*, ed. 2, 2 vols. Paris 1936.

Swete, H. B., ed.: *Essays on the Early History of the Church and the Ministry.* Macmillan, London
    1918, 1921. Especially c. Ⅲ, "Apostolic Succession,: by C. H. Turner.

테르툴리아누스

Q. S. Fl. Tertulliani quae supersunl omnia, ed. F. Ochler, Leipzig 1853-1854, in 3 vols., the third
    containing dissertations. Long the standard complete edition, with valuable notes.

Tertulliani Opera, Vienna 1890-1942 (C.S.E.L. vols. XX, XLVII, LXIX, LXX), edited by A.
    Reifferscheid, G. Wissowa, A. Kroymann, H. Hoppe, and to be completed by one more
    volume.

Q. S. Fl. Tertulliani Opera, Turnhout 1954 (Corpus Christianorum, Series Latina, Ⅰ-Ⅱ). A complete
    text; some works are reprints of the Vienna and other texts, some are newly edited.
    Volume Ⅰ contains a valuable bibliography.

The Writing of Tertullian, translated by S. Thetwall and P. Holmes, 4 vols. Edinburgh 1868-1870.
    Complete.

Tertullian: Apologetic and Practical Treatises, translated by C. Dodgson, Oxford 1842, 2nd ed.
    1854. 14 works.

There is a German translation by K. Kellner and G. Esser in the *Bibliothek der Kirchenväter*, Kempten 1912, 1916.

The S.P.C.K. has published more modern translations of the following works: *The Testimony of the Soul, The Prescription of Herctics* (T. H. Bindley, 1914); *Against Praxeas, Concerning Prayer, Concerning Baptism, Concerning the Resurrection of the Flesh* (A. Souter, 1919–1922); *Against Praxeas* (E. Evans, 1948); *On the Paryer* (E. Evans, 1953), the last two as part of commentaries. T. R. Glover translated the *Apology* and *De Spectaculis* for the *Loeb Library*, Heinemann, 1931.

Of commentaries on individual works, the following are particulary noteworthy: E. Evans, *Tertullian's Treatise against Praxeas*, S.P.C.K., 1948, J. E. B. Mayor, *Tertullian's Apology*, Cambridge 1917 (valuable for patristic Latin), J. P. Waltzing, *Tertullian: Apologétique*, Paris 1931, J. H. Waszink, *Tertulliani De Anima*, Amsterdam 1947.

Hoppe, H.: *Syntax und Stil des Tertullian*. Leipzig 1903.

Löfstedt, E.: *Zur Sprache Tertullians*. Lund 1920.

Thörnell, G.: *Studia Tertullianea*, I–IV. Uppsala 1918–1926.

See also the 100–page *Index Rerum et Locutionum* in vol. II of the *Corpus Christianorum*.

D'Alèx, A.: *La Théologie de Tertullien*. Paris 1905.

Dekkers, E.: *Tertullianus en de geschiedenis der Liturgie*. Brussels 1947.

Glover, T. R.: *The Conflict of Religions in the Early Roman Empire*. London 1909.

Lortz, J.: *Tertullian als Apologet*, 2 vols. Münster 1927–1928.

Monceaus, P.: *Histoire littéraire de l'Afrique chrétienne*, I, Les origines. Paris 1901.

Nisters, B.: *Tertullian. Sein Persönlichkeit und sein Schicksal*. Münster 1950.

Nöldechen, E.: *Tertullian*. Gotha 1890.

Roberts, R.: *The Theology of Tertullain*. London 1924.

Rolffs, E.: *Tertullian, der Vater des abendländischen Christentums*. Berlin 1930.

Rönsch, H.: *Das neue Testament Tertullians*. Leipzig 1871.

Brink, J. N. Bakhuizen van den: *De Praescriptione Haereticorum*. Hague 1946, with a few improvements to the text, but no notes.

Bindley, T. H.: *De Praescriptione Haereticorum*. Oxford 1893, with commentary.

Bindley, *The "Prescription" of the Heretics*. English translation with some notes, S.P.C.K., 1914.

Labriolle, P. de: *De Praescriptione Haereticorum*, with French translation and some notes. Paris 1907.

Preuschen, E.: *De Praescriptione Haereticorum*. Friburg 1892, 1910.

Rauschen, G.: *Liber De Praescriptione Haereticorum*. Bonn 1906, with brief commentary in Latin. Revised by J. Martin, Bonn 1930.

Adam, K.: *Der Kirchenbegriff Tertullians.* Paderborn 1907.

Stirnimann, J.: *Die Praescriptio Tertullians im Lichte des römischen Rechtes und der Theologie.* Freiburg 1949.

Turner, H.E.W.: *The Pattern of Christian Truth*, especially chapter I. London 1954.

Also the books listed in section C of this bibliography.

Cadoux, G. J.: *The Early Church and the World.* Edinburgh 1925.

Greenslade, S. L.: *The Church and the Social Order.* S.C.M. Press, 1948.

Guignebert, C.: *Tertullien: Etude sur ses Sentiments à l'égard de l'Empire et de la Société circle.* Paris 1901.

Troeltsch, E.: *The Social Teaching of the Christian Churches*, translated by Olive Wyon. London 1931 (chapter one).

키프리아누스

S. Thasci Caecili Cypriani Opera Omnia, ed. W. Hartel. (C.S.E.L., vol. Ⅲ, 1, 2, 3), Vienna 1868–1871.

Saint Cyprien: Correspondance, ed. L. Bayard, 2 vols. Paris (Collection Budé) 1925.

The Genuine Works of St. Cyprian, translated by Nathaniel Marshall. London 1717.

The Treatises of S. Caecilius Cyprian, translated [by Charles Thornton]. Oxford 1839 (*Library of the Fathers*). This volume includes the *Life* by Pontius the Deacon and the *Martyrdom*.

The Epistles of S. Cyprian, translated by H. Carey. Oxford 1844 (*Library of the Fathers*).

The Writings of Cyprian, translated by R. E. Wallis, 2 vols. Edinburgh 1868–1869 (*Ante-Nicene Christian Library*).

Select-Epistles of St. Cyprian treating of the Episcopate, edited with introduction and a few notes by T. A. Lacey, S.P.C.K. n.d. The translation is a revision of Marshall's.

Bayard, L.: *Le Latin de Saint Cyprien.* Paris, 1902.

Janssen, H.: *Kultur und Sprache...von Tertullian bis Cyprian.* Nijmegen 1938 (Latinitas Christianorum Primaeva, Ⅷ).

Merkx, P. J.: *Zur Syntax der Casus und Tempora in den Traktaten des hl. Cyprians.* Jijmegen 1939 (L.C.P. Ⅸ).

Schrijnen, J. and Mohrmann, C.: *Studien zur Syntax der Briefe des hl. Cyprian*, 2 vols. Jijmegen 1936–1937 (L.C.P. Ⅴ, Ⅵ).

Watson, E. W.: *The Style and Language of St. Cyprian* (*Studia Biblica et Ecclesiastica*, vol. Ⅳ). Oxford 1896.

There is a brief life of Cyprian by his own deacon, Pontius. The text is in Hartel, vol. iii, and a translation in the *Library of the Fathers* (see above). See also A. Harnack, *Das Leben Cyprians von Pontius*, Leipzig 1913 (T.U., x x x ix, 3). The offical Acta of his martyrdom are extant; text in Hartel, iii, and in many collections of *Acta*, translation in *Lib. Fathers*, as above, and in E. C. E. Owen, *Some Authentic Acts of the Early Martyrs*, Oxford 1927.

Benson, E. W.: *Cyprian.* London 1897.

D'Alès, A.: *La Théologie de Saint Cyprien.* Paris 1922.

D'Alès, A.: Novatien, Paris 1925.

Koch, H.: *Cyprianische Untersuchungen.* Bonn 1926.

Monceaux, P.: *Saint Cyprien et son temps* (–*Hist. litt. de l'Afrique chrétienne*, t. II. Paris 1902).

Soden, H. von: *Die Cyprianische Briefsammlung.* Leipzig 1904 (T.U., x x v, 3).

Soden, H. von: *Das lateinische Neue Testament in Afrika zur Zeit Cyprians* (T.U., x x x iii). Leipzig 1909.

Blakeney, E. H.: *Cyprian: De Unitate Ecclesiae.* Text, English translation, and a few notes. S.P.C.K., 1928 (*Texts for Students*, 43).

Labriolle, P. de: *Saint Cyprien, de l'Unité de l'Eglise catholique.* Text, introduction, French translation and notes. Paris 1942.

Wright, F. A.: *Fathers of the Church*, London 1928. This contains an English translation of *De Unitate*.

Bévenot, M.: *"Primatus Petro Datur": St. Cyprian on the Papacy*, and *"Hi qui sacrificaverunt"* (J. Theol. Studies, N.S. vol. V (1954)) pp. 19–35, 68–72.

Bévenot, M.: *St. Cyprian;s De unitate chap. 4 in the light of the manuscripts.* (Analecta Gregoriana XI) Rome 1937. P.T. first, T.R. from Baptismal controversy; much fuller study of MSS.

Chapman, Dom John: *Les interpolations dans le traité de S. Cyprien sur l'unité de l'Eglise.* Revue Benedictine, vol. 19 (1902), pp. 246–254, 357–373; vol. 20, 26–51. Both texts Cyprianic; P.T. second against Novatianism at Rome. Later Chapman put P.T. first, with T.R. a revision in the context of the Baptismal controversy (as Bévenot, etc.).

Eynde, D. van den: *La double édition du "De Unitate" de S. Cyprien.* Rev. Hist Ecclés. vol. 29 (1933), pp. 5–24. P.T. first, T.R. revision during Baptismal controversy.

Ludvig, J.: *Die Primatworte Mt. 16, 18–19, in der altkirchlichen Exegese.* Münster 1952. P.T. lone Cyprianic; T.R. by one of his supporters in the Baptismal controversy.

Le Moyne, J.: *Saint Cyprien est-il bien l'auteur de la rédaction brève du "De Unitate" chapitre 4?* ⋅ Rev. Ben. vol. 63 (1953), pp. 70–115. T.R. against Novatian and alone Cyprianic. P.T. fourth century against Donatism.

Perler, O.: *Zur Datierung (Unit 4)* and *Die ursprilnglichen Texte (Unit. 5).* Römische Quartalschrift, vol. 44 (1936), pp. 1–44, 151–168. P.T. first, T.R. 255–256.

Bévenot, M.: *"A Bishop is responsible to God alone,"* in *Mélanges Jules Lebreton* I, 397–415. Paris 1951.

Butler, Abbot C.: St. *Cyprian on the Church, I, II, III.* Downside Review, vol. 70 (1952–1953), pp. 1–13, 119–134; vol. 71, pp. 258–272.

Koch, H.: *Cathedra Petri.* Giessen 1930.

Koch, H.: *Cyprian und der römische l'rimat.* Leipzig 1910 (T.U., xxxv, 1).

Poschmann, B.: *Ecclesia principalis.* Breslau 1933.

Consult also the books on the history of the Papacy, e.g. E. Caspar: *Geschichte des Papstiums,* I, 58–102 (Tübingen 1930); T. G. Jalland: *The Church and the Papacy,* 155–178 (S.P.C.K., 1944); J. Chapman: *Studies on the Early Papacy,* c. 2: St. Cyprian on the Church, London 1928l and P. Batiffol: *L'Eglise naissante et le Catholicisme* (ed. 5, Paris 1911; ed. 9, 1927) c.8.

암브로시우스

The standard edition is still that of the Benedictine scholoars, J. Du Frische and N. Le Nourry, 2 vols., Paris 1686, 1690. This is better than that of P. A. Ballerini, Milan 1875–1883, though his variant readings are valuable. The Benedictine text is reproduced in Migne, P.L. XⅣ–XⅦ. Several works, but not yet the letters, have been published in C.S.E.L.

Letters 17, 18, and 57 are well edited by J. Wytzes (see below), with German translations. Letter 51 is included, with an English version, in Mannix, *De Obitu Theodosii* (see below).

There is a complete English version of the letters in the Library of the Fathers, made anonymously and revised by H. Walfrod (Oxford 1881). Vol. X of the *Nicene and Post-Nicene Fathers, St. Ambrose: Selcect Works and Letters,* translated by H. de Romestin, Oxford and New York 1896, contains the *De Officiis* and eight other treatises, with a dozen letters, including eight of those in the present volume.

The life of St. Ambrose was written briefly by his secretary, the deacon Paulinus, about A.A. 422. The text is included in the editions of Ambrose. There is an edition with English translation and notes by M. S. Kaniecka, Washington 1928, and a translation is included in *The Western Fathers,* translated and edited by F. R. Hoare, London 1954.

Adams, M. A.: *The Latinity of the Letters of Saint Ambrose.* Washington 1927. Sometimes useful, but not authoritative.

Ambrosiana, Milan 1897. A collection of studies.

Ambrosiana, Milan 1942. A second collection.

Boissier, G.: *La fin du paganisme,* 2 vols. Paris 1891.

Broglie, J. V. A., Due de: *L'Eglise et l'Empire romain au IVe siècle*. Paris 1867–1868.

Broglie, J. V. A., Due de: *Saint Ambroise*, Paris 1899; 4th ed. 1903, with appendix, *Les Pères Bollandistes et la pénitence de Théodose*.

Campenhausen, Hans von: *Ambrosius von Mailand als Kirchenpolitiker*. Leipzig 1929.

Labriolle, P. de: *Saint Ambroise*. Paris 1908.
> This book contains many passages from Ambrose, including some of the letters in the present volume, in a French translation. There is a (not very good) English translation of the book by H. Wilson, Herder Book Co., St. Louis 1928.

Dill, Sir Samuel: *Roman Society in the Last Century of the Western Empire*. London 1898, ed. 2, 1899.

Dudden, F. Homes: *Saint Ambrose, His Life Times*, 2 vols. Oxford 1935.

Ensslin, W.: *Die Religionsoplitik des Kaisers Theodosius d. Gr.* Munich 1953.

Förster, Th.: *Ambrosius, Bischof von Mailand*. Halle 1884.

Hodgkin, T.: *Italy and her Invaders*, vol I. Oxford 1879, ed. 2, 1892.

Ihm, M.: *Studia Ambrosiana*. Leipzig 1890.

Kauffmann, F.: *Aus der Schule des Wulfila*. Strassburg 1899. Important for Auxentius of Durostorum, Palladius and the Council of Aquileia.

Mannix, M. D.: *Sancti Ambrosii Oratio de Obitu Theodosii*. Text, translation, introduction and commentary. Washington 1925.

Ortroy, F. van: *Saint Ambroise et l'empereur Théodose* (Analecta Bollandiana, x x iii, 1904, pp. 417–426).

Palanque, J. R.: *Saint Ambroise et l'Empire Romain*. Paris 1933.

Rand, E. K.: *Founders of the Middle Ages*. Cambridge, U.S.A. 1929, cahp. Ⅲ.

Rauschen, G.: *Jahrbücher der christlichen Kirche unter dem Kaiser Theodosius dem Grossen*. Freiburg 1897.

Schuster, Cardinal I., *S. Abrogio e le più antiche basiliche milanesi*. Milan 1940.

Seeck, O.: *Geschichte des Untergangs der antiken Welt*, 6 vols. with supplements, 2nd ed. Stuttgart 1921.

Seeck, O.: *Regesten der Kaiser und Päpste für die Jahre* 311 *bis* 476. Stuttgart 1919.

Stein, E.: *Geschichte des spätrömischen Reiches*, I, 284–476. Vienna 1928.

Thamin, R.: *Saint Ambroise et la morale chrétienne au IVe siècle*. Paris 1895.

Tillemont, L. de: *Mémoires pour servir a l'histoire ecclésiastique des six premiers siècles*, vol. X. Paris 1705.

Wytzes, J.: *Der Streit um den Altar der Viktoria*. Amsterdam 1936.

Zeiller, J.: *Les origines chrétiennes dans les provinces danubiennes de l'Empire romain*. Paris 1918.

히에로니무스

The standard complete edition of Jerome is that of D. Vallarsi, ed. 2, Venice 1766–1772, which
is reprinted in Migne, P.L., XXII–XXX. The Letters have been edited by Hilberg in
C.S.E.L., 54, 55, 56, Vienna 1910, 1912, 1918. He died without producing the volume of
prolegomena and indices, but the text is complete. There is an excellent edition of the
letters, with French translation and some notes, by J. Labourt, Paris (*Collection Budé*), 5
vols., 1949–1955; these volumes cover Letters 1–109.

Most of the letters, a number of the treatises and many of the prefaces to his works or translations
are included in the Jerome volume of the *Nicene and Post-Nicene Fathers* (vol. 6), edited
by W. H. Fremantle, Oxford and New York 1893. Another volume of this series (3)
contains the *De Viris Illustribus* with its continuation by Gennadius.

A selection of the letters was translated (from Hilberg's text) by F. A. Wright for the Loeb Library,
London 1933.

Antin, P.: *Essai sur Saint Jérôme*. Paris 1951.

Brochet, J.: *Saint Jérôme et ses ennemis*. Paris 1906.

Cavallera, F.: *Saint Jérôme: Sa Vie et son Œuvre*, 2 vols. Paris and Louvain 1922. This work was not
finished. It is the chief factual biography, but does not discuss Jerome's thought, as had
been planned.

Cavallera, F.: *Le Schisme d'Antioche*. Paris 1905.

Génier, R.: *Sainte Paule*. Paris 1917.

Goelzer, H.: *Etude lexicographique et grammaticale de la Latinité de Saint Jérôme*. Paris 1884.

Grützmacher, G.: *Hieronymus*, 3 vols. Berlin 1901, 1906, 1908.

Haller, W.: *Iovinianus*. Leipzig 1897 (T.U., xvii, 2).

Miscellanca Geronimiana. Rome 1920. Sixteen essays.

Monceaux, P.: *Saint Jérome: sa jeunesse, l'étudiant, l'ermile*. Paris 1932.

Monceaux, P.: *St. Jerome: the Early Years*. London 1933. A translation of the above book by F. J.
Sheed.

Murphy, F. X.: *Rufinus of Aquileia*, Washington 1945.

Rand, E. K.: *Founders of the Middle Ages*. Cambridge, U.S.A. 1929, chap. IV.

Tillemont, L. de: *Mémoires pour servir à l'histoire ecclésiastique des six premiers siècles*, vol. XII.
Paris 1707.

Villain, M.: *Rufin d'Aquilée, la querelle autour d'Origène*, in Recherches de science religieuse,
XXVII (1937), pp. 5–37, 165–195.

색인 INDEXES

일반 색인

성경 색인